DIRITTO ROMANO

I - Storia costituzionale di Roma

In copertina:
JACQUES-LOUIS DAVID, *Le Sabine* (1795-1798), Parigi, Louvre.

FRANCESCO ARCARIA - ORAZIO LICANDRO

DIRITTO ROMANO

I - Storia costituzionale di Roma

G. GIAPPICHELLI EDITORE – TORINO

VIA PO, 21 - TEL. 011-81.53.111 - FAX 011-81.25.100
http://www.giappichelli.it

ISBN/EAN 978-88-348-4921-7

Composizione: Compograf - Torino

Stampa: Stamperia Artistica Nazionale S.p.A. - Trofarello (To)

al Professore Nicola Palazzolo,
inconsueta guida illuminata

Indice generale

pag.

Capitolo Primo

Dalle origini alle XII Tavole

(***Orazio Licandro***)

SOMMARIO. Prologo: 21 aprile del 754/753 a.C. – *Sezione prima*: LE ISTITUZIONI POLITICHE. 1. L'Italia nelle età del Bronzo e del Ferro. – 2. Una premessa metodologica sulla tradizione. – 3. Le strutture preciviche. – 4. Il periodo monarchico. Negazione e prove dell'esistenza di un periodo regio. – 5. Gli organi costituzionali della monarchia. Premessa. – 6. La monarchia latino-sabina. – 7. La monarchia etrusco-latina. Caratteri generali. – 8. «La grande Roma dei Tarquini» e le riforme etrusche. – 9. I collegi sacerdotali. – 10. La crisi della monarchia e il passaggio alla repubblica. – 11. Il conflitto patrizio-plebeo. – 12. Il decemvirato legislativo. – *Sezione seconda*: IL DIRITTO ARCAICO. 1. *Fas, Nefas, Ius*. – 2. Le *leges regiae*. – 3. Le XII Tavole. – 4. La giurisprudenza pontificale. – *Sezione terza*: DIRITTO E PROCESSO CRIMINALE. 1. La *pax deorum*. – 2. I *crimina*. – 3. L'embrione del processo criminale arcaico. – 4. I *delicta*.

Prologo: 21 aprile del 754/753 a.C.

Secondo la migliore tradizione (Livio, Cicerone, Dionigi di Alicarnasso, Giovanni Lido, ma soprattutto l'autorevole Varrone) nell'aprile del 754 o 753 a.C., Roma, la futura dominatrice del mondo antico, nasceva presso la riva sinistra del Tevere in prossimità della sua foce, per opera di un eroe fondatore, Romolo.

Le origini dell'Urbe ancora oggi continuano a costituire un tema affascinante e assai controverso, avvolto dalle brume delle leggende e da apporti molteplici: due progenitori Enea e Romolo, re etruschi, spose sabine ed eroi greci come Saturno ed Evandro, proveniente dall'Arcadia; e ancora Caco, insediato nell'Aventino, un predone sconfitto da Eracle, presente quest'ultimo con un suo culto precittadino presso il Foro Boario, luogo del mercato del bestiame presso l'isola Tiberina.

Stesso timbro troviamo nel racconto della fondazione realizzata mediante il *sulcus primigenius* tracciato con il vomero di bronzo trainato da un toro e una vacca, che combinava i tratti di un ancestrale rito di matrice etrusca con la concezione ideologica tutta greca dell'atto di fondazione di una città compiuto da qualcuno venuto da fuori. Oggi possiamo dire che influssi e scambi con il mondo egeo erano già fitti intorno al XIII secolo a.C.; l'archeologia ci ha consegnato numerosi segni della presenza micenea nella penisola; come pure intensi erano i contatti con le colonie greche della *Magna Graecia* sin dall'VIII secolo a.C., proprio quando a Ischia (Pitecusa) i coloni calcidesi di Eubea ne fondavano la prima, si diffondeva la scrittura alfabetica e, con i poemi omerici, sorgeva un'epica nazionale che, guardando con grande interesse alla nuova potenza emergente del Mediterraneo, intesseva una trama data dall'intreccio dei racconti sulle antichissime stirpi laziali con gli approdi nel Lazio e nella penisola italiana degli eroi stranieri, Greci e Troiani, reduci dalla guerra di Troia (Enea a Lavinio, Ulisse al Circeo, Antenore a Padova, Filottete a Sibari e Diomede a Brindisi).

Furono i Greci a raccontare Roma per primi attraverso memorie, leggende, miti (*fabulae* le chiamava Livio) di tradizione greca, legati al ciclo dei *nóstoi*, i viaggi di ritorno dalla guerra di Troia – dall'unione di Ulisse e Circe sarebbe nato il re Latino raccontava Esiodo nella sua *Teogonìa*, o, secondo una diversa variante, lo stesso fondatore di Roma, un racconto speculare a quello secondo cui Enea, fuggitivo da Troia, giunto in Italia avrebbe fondato la città chiamandola *Rhome*, dal nome di una delle schiave troiane al suo seguito – che sedimentatisi avrebbero costituito la trama narrativa di una storiografia di tradizione greca. Questa tradizione riportava la fondazione di Roma a tempi mitici appunto antecedenti o di poco successivi alla guerra di Troia; più tardi, entrata in contatto con una tradizione di matrice esogena (fatta di fonti locali, memorie orali, annali pontificali e gentilizi), produsse per mediazione un abbassamento: giungeva così la cronologia di Timeo che collocava la fondazione della *civitas* nell'814-813 a.C. Era il primo serio tentativo di raccontare la storia di Roma, inserirla in un orizzonte greco, in un contesto mediterraneo che vedeva fronteggiarsi Greci e Punici.

Lungo questo solco, presto si sarebbe sviluppata una tradizione squisitamente romana a partire da Nevio ed Ennio, il quale, pur sotto l'influsso greco, collocava la nascita di Roma tra IX e VIII secolo a.C.: questa tradizione avrebbe avuto una sua organica espressione soprattutto con la nascita dell'annalistica (Quinto Fabio Pittore, Lucio Cincio Alimento, Gaio Acilio, Aulo Postumio Albino). L'importanza dei primi annalisti, che non a caso scrivevano in greco ed erano espressione delle classi dirigenti, sta nell'utilizzazione di un abbondante materiale documentario ellenico. Così Fabio Pittore, autore di una storia di Roma in lingua greca ispirata al modello di Timeo, con influenza di Diocle, proponeva come anno di origine il 752 a.C.; e tuttavia era obbligato, nell'estremo tentativo di ricollegare l'età storica a Enea, a colmare il vuoto temporale con una lunga e artificiale dinastia di sovrani latini di Albalonga.

Fu invece grazie alla nascita dell'antiquaria (Marco Terenzio Varrone), ma soprattutto alla grande storiografia della tarda repubblica e dell'età augustea

(Livio, Dionigi di Alicarnasso, Diodoro Siculo), e forse ancor più grazie alla letteratura nazionale che il registro mutò e si uniformò, salvo piccole varianti. In quest'età d'oro della letteratura latina, furono Ovidio (ma anche Orazio) e, su tutti, Virgilio con la sua *Eneide*, il poema delle origini, a dare il maggior contributo nella codificazione di una '*vulgata*': l'arrivo nel Lazio del principe troiano Enea, la sua discendenza albana, il tema dei gemelli, la loro esposizione nelle acque, la lupa nutrice, il re crudele e usurpatore, la loro contesa per il primato e la fondazione della città, l'omicido di Remo, e poi il primo regno di Romolo, a cui seguì quello pacifico del re legislatore e sacerdote Numa Pompilio, sino ai re di stirpe etrusca.

Questo straordinario, complesso e stratificato patrimonio racconta di costumi e credenze della Roma delle origini, probabilmente risalenti a una fase anteriore alla formazione della città e anche comuni ad altre esperienze (la tradizione biblica, elementi indoeuropei, latini e italici, oltre che motivi di una favolistica universale), di cui però è davvero difficile riconoscere l'età e l'autenticità. Ecco perché è comprensibile che la lontananza del tempo renda arduo qualunque tentativo di utilizzazione delle informazioni trasmesse dalla tradizione antica e obblighi ad affidarsi ad altre scienze, prima tra tutte l'archeologia.

Le incessanti scoperte archeologiche, che da oltre un secolo continuano a regalare importanti sorprese sulle origini di Roma, da un lato, documentano una più alta antichità di vita del sito, sede di forti e diffusi insediamenti abitativi già dal XV secolo a.C.; mentre, da un altro lato, recuperano l'attendibilità di fondo della tradizione che vede tenacemente un'origine nell'atto di volontà di un eroe fondatore, Romolo, secondo una trama narrativa sino a qualche tempo fa interamente relegata sul piano del mito.

Tutto ciò impedisce la riproposizione di teorie tanto radicali quanto astratte, schematiche e semplicisticamente evoluzionistiche. Se è sempre meno possibile credere che la transizione dal villaggio alla città si sia compiuta intorno all'VIII secolo a.C. sotto lo stimolo di un modello urbano importato dalla colonizzazione greca, è altrettanto errato escludere momenti in cui il processo di strutturazione della città segnò balzi qualitativi in avanti attraverso la realizzazione di strutture pubbliche tali da farle percepire, per poi così conservarle nella memoria pubblica, quasi come 'atti di fondazione' della città ripetuti da più 'fondatori'.

Ecco perché prenderemo le mosse da quel primitivo e selvaggio territorio, fatto di fitte aree boschive, acquitrini, avvallamenti, monti e colli, dove ebbe origine una straordinaria avventura umana. Fu una storia fatta di processi lenti, non lineari e sovente tortuosi, di incontri e scontri, di fusioni e di aggregazioni di gruppi più o meno ampi e di comunità di villaggio situate sulle alture laziali, e anche di conquiste e incorporazioni, di cui vestigia importanti si sedimentarono, stratificandosi, nelle più tarde fonti annalistiche e antiquarie: tutto questo costituì la genesi di Roma. Da piccolo agglomerato di capanne sulle alture che dominavano la valle del Tevere a capitale del più potente impero della storia dell'antichità, quella straordinaria e millenaria esperienza fece di Roma anche l'indiscussa protagonista di un'unica, peculiare, irripetibile conquista dell'uomo: «l'invenzione del diritto», per dirla col titolo di un recente e felice libro di Aldo Schiavone. La sua eredità costituisce ancor oggi il cuore della cultura giuridica europea e non solo.

Sezione prima

Le istituzioni politiche

1. *L'Italia nelle età del Bronzo e del Ferro*

Per quanto si debba essere consapevoli delle esclusive peculiarità della nascita e dello sviluppo di Roma, è però indubbio che essa si inseriva *grosso modo* nel contesto generale del *Latium vetus*, a sua volta partecipe delle condizioni generali primitive dell'Italia nell'arco cronologico comprendente le età del Bronzo e del Ferro (2200-700 a.C.).

In questo lungo passaggio dalla preistoria alla storia, l'Italia fu attraversata da un processo di cambiamento, selezione e riorganizzazione degli abitati finalizzati prevalentemente al controllo del territorio e alla difesa. In questi secoli, la penisola italiana era caratterizzata da sparse comunità di villaggio con un numero assai ristretto di abitanti, legati sostanzialmente da vincoli parentali e da primari interessi economici e di difesa. Gli abitati per qualche secolo rifluirono in aggregati di modeste condizioni, senza alcuna traccia di templi o palazzi, fatti di umili abitazioni, per lo più capanne, alcune destinate a scopi di culto, i cui resti recano segni di attività distribuite equamente e con regolarità nelle maglie del tessuto comunitario. Questi tratti erano specchio delle altrettanto modeste condizioni economiche di queste piccole comunità parentali di villaggio: l'allevamento di ovini e suini, che ben si adattavano in un territorio fatto di boschi e di contenuti pascoli, si coniugava con la coltivazione di cereali poveri come il farro, alcuni alberi da frutto, mentre l'ulivo e la vite erano in costante e diffusa crescita.

I corredi funerari sopravvissuti, sintomatica spia delle società del tempo, denunciano i tratti di una cultura materiale tipica di una società fortemente egualitaria, priva di vere e proprie classi, benché articolata in una rigida separazione di funzioni secondo l'arcaica e ideologica divisione del lavoro tra i sessi, nella quale ai maschi spettava il compito sociale della guerra e alle femmine quello della tesaurizzazione e della produzione domestica dei tessuti e della ceramica e della riproduzione biologica.

Notevole è stata la forza del radicamento di questi primitivi assetti sociali contrassegnati dalle precise distinzioni di ruolo che resteranno a lungo fortemente impresse nella società e nella cultura romane, come dimostrano le vestigia sopravvissute in età storica soprattutto in ambito religioso. Da un lato, i riti di passaggio dei giovani maschi evidenziano una marcata pedagogia guerriera; da un altro lato, se osserviamo i collegi sacerdotali delle Vestali e dei *Salii*, sotto il profilo dei riti e sotto quello assai più esteriore dei costumi, la divisione di ruoli traspare ancora più visibilmente.

Questo aspetto venne però sempre più marcandosi, per avviare sostanziali mutamenti in una seconda fase, che va dalla fine dell'età del Bronzo sino all'affermazione di quella del Ferro (IX-VIII secolo a.C.). Il territorio dell'Italia settentrionale e centrale conobbe l'esperienza dei villaggi villanoviani o del modello protourbano, cioè di grandi aggregazioni di villaggio, anche discontinui per gli spazi liberi destinati all'agricoltura e al pascolo, comprendenti migliaia di individui, che sotto i punti di vista urbanistico, monumentale e anche giuridico-religioso furono assai lontani dalla città in senso proprio, sebbene caratterizzati dalla nascita di aristocrazie guerriere sorrette da un'ideologia di forza militare e di potenza economica: egemoni sul piano bellico e dunque pure economico per i frutti che la guerra forniva, queste giovani aristocrazie guerriere avviarono un netto processo di differenziazioni socioeconomiche.

Non si tratta di un fenomeno isolato o geograficamente contenuto, ma riguardante, naturalmente con le peculiarità di volta in volta in gioco, le popolazioni italiche nei primi secoli dell'ultimo millennio a.C. Il cambiamento delle articolazioni della struttura e delle organizzazioni delle comunità laziali fu comunque profondo e generalizzato. Fondamentali campagne di scavo di comunità laziali nei pressi di Roma, come quella della necropoli di Osteria dell'Osa, hanno documentato di quell'arco cronologico la formidabile rottura degli equilibri interni fra le unità di parentela e la nascita di forme di articolazione sociale permanente alla quale corrispose una sensibile disuguaglianza economica.

Questa nuova realtà venne via via strutturandosi all'interno degli stessi centri abitati nella parte centrale dell'VIII a.C. attraverso una rudimentale stratificazione sociale, certamente esito di una lunga fase di conflitti tra comunità che innescarono processi di asservimento o di integrazione degli sconfitti, produssero la conquista di nuovi territori, con incremento e accumulazione della ricchezza che a loro volta funzionarono da detonatore del conflitto interno in merito all'appropriazione dei mezzi di produzione. Il processo di formazione ed emersione delle aristocrazie guerriere è testimoniato ampiamente dai dati archeologici: al dato materiale rilevantissimo, relativo al mutamento della fisionomia strutturale delle comunità di villaggio, che in questi decenni si dotano di strutture difensive, sotto forma di *agger*, si affiancano dinamiche di crescita degli stessi, mentre nei corredi funerari le armi non sono più miniaturizzate ma reali, quali segni inequivocabili di una società in forte sviluppo, al cui vertice si consolidava un'aristocrazia guerriera dalla 'cifra' di aggressività bellica marcatamente superiore a quella della fase precedente.

I corredi tombali infatti cominciarono sempre più a differenziarsi, per far spiccare, non solo e non tanto, quelli muniti di un ricco vasellame, ma soprattutto quelli resi prestigiosi da armi difensive (elmo e scudo) e armi offensive di ferro, indicative di personaggi principeschi addirittura di provenienza straniera. Non si tratta semplicemente della comparsa del sistema gentilizio-clientelare che sarà uno degli aspetti centrali della storia costituzionale arcaica ma anche di fenomeni complessi alla base della formazione delle aristocrazie gentilizie, per cui giocarono un ruolo essenziale significativi fenomeni di mobilità sociale, a conferma del carattere aperto delle aristocrazie *in fieri* fortemente impresso nella tradizione come uno dei tratti essenziali della Roma arcaica.

Dunque, in quel decisivo arco cronologico compreso tra IX e VIII secolo a.C., si strutturava un modello sociale classista articolato in aggregazioni gentilizie, caratterizzate da una forte organizzazione e solidi vincoli di solidarietà tali da assicurare potenza, egemonia e controllo della ricchezza e dei mezzi di produzione; e, più in basso, in un ceto afflitto da una strutturale debolezza economica che viveva nelle condizioni di clientela, istituzione tanto misteriosa nelle proprie origini quanto chiara per subalternità, con funzioni di supporto all'aristocrazia gentilizia quale forza lavoro del principale mezzo di produzione e di ricchezza: la terra.

Il nesso terra-ricchezza-potenza, da tempo affermatosi nelle società tirreniche, avrebbe trovato la sua piena estrinsecazione nella guerra assunta come «il grande compito integrale, il grande lavoro collettivo che si richiede sia per occupare le condizioni obiettive di esistenza, sia per proteggere o perpetuare questa occupazione» (Karl Marx). Tutto si organizzava in funzione della guerra, come vedremo in dettaglio affrontando le strutture costituzionali di Roma arcaica.

La centralità della guerra e la sua proiezione sulla struttura istituzionale e religiosa anche nella Roma delle origini, si coglie agevolmente nelle sopravvissute cristallizzazioni nel calendario romano arcaico. La data del 23 marzo, quando si celebrava il *Tubilustrium* con le *notae feriae Marti*, dio della guerra, a cui seguiva quella del 24 marzo quando con la *classis in procinctu* il *rex comitiavit* (la formula era Q R F C = *quandoc rex comitiavit fas*); le date del 23 maggio, giorno di un analogo *Tubilustrium* con la *nota feriae Volcani*, in cui si celebrava la distruzione con il fuoco delle armi strappate ai nemici, e del 24 maggio, con l'identica previsione dell'attività regia, costituivano il simbolo dell'avvio e della chiusura della stagione bellica della durata massima del bimestre primaverile (marzo-maggio). I cicli feriali del calendario romano forniscono così un'idea abbastanza precisa di una società dominata da aristocrazie guerriere e organizzata sulla guerra che, nella sua stagione pre-oplitica, si inscriveva appunto come uno dei principi regolatori nella scansione della vita collettiva al pari della semina dei campi e del raccolto delle messi.

Oltre alla guerra, però, la dinamicità ebbe un altro potente detonatore nei contatti con gli empori marittimi dei greci della Ionia asiatica (per non dire dei contatti fenici, micenei e persino minoici che l'archeologia rivela come attivi sin dal II millennio a.C.) che rifornivano le aristocrazie etrusche e latine con manufatti e beni di lusso. Queste giovani e aggressive aristocrazie, non solo accrescevano a dismisura il proprio prestigio, ma a loro volta imprimevano a tale ricchezza un'ulteriore circolazione raggiungendo Umbri, Sabini, Piceni, insomma coprendo l'intera penisola. La particolare collocazione del sito sulle rotte commerciali, che mettevano in contatto Italia Settentrionale, Etruria e mondo greco, già approdato in Campania, con Tevere e isola tiberina funzionali ai rapporti e agli scambi, avviò rilevanti trasformazioni sociali ed economiche: tutto ciò produsse fenomeni di contaminazione culturali, religiose e sociali talmente rilevanti da fare di quel sito un laboratorio privilegiato e unico rispetto alle altre comunità del *Latium vetus* e dell'intera penisola.

Come già accennato, il sito ove sorse Roma era frequentato sin dall'età del Bronzo (metà del secondo millennio a.C.), e la formazione di Roma e il suo sviluppo furono in linea con le dinamiche evolutive che caratterizzarono l'Italia centrosettentrionale, con il passaggio da una fase preurbana a una protourbana secondo i processi di selezione degli abitati posti in migliori condizioni di difesa e di accesso tipici della cultura villanoviana. Sono gli antiquari romani, Varrone innanzitutto, a tramandare la consapevolezza del passaggio dai villaggi sparsi tipici di un insediamento pre-urbano al centro protourbano di carattere unitario chiamato *Septimontium* diviso in monti (Velia, Palatino, Cermalo, Celio, Oppio, Cispio, Fagutale) e colli (Quirinale, Salutare, Muciale, Viminale, Laziare), secondo un generale processo di sinecismi.

In questo contesto, il vero cuore o, se si preferisce, l'incubatrice delle origini di Roma furono le alture maggiori: innanzitutto il Palatino con Velia e Cermalo. Probabilmente la morfologia 'quadrata', ben adeguata a esigenze di difesa del Palatino, permise che da qui si avviasse un processo di progressivo inglobamento delle comunità sparse sugli altri vicini sistemi di *montes* e *colles*. Questo graduale ma incessante processo di espansione e aggregazione delle primitive comunità di villaggio trova una precisa eco nel rituale dei *Luperci*, collegio religioso antichissimo, la cui corsa di lustrazione avveniva secondo Varrone attorno al Palatino definito esattamente *antiquum oppidum* e non ancora *urbs*:

> Varro, *De ling. lat.* 6.34: *Ego magis arbitror Februarium a die februato, quod tum februatur populus, id est Lupercis nudis lustratur antiquum oppidum Palatinum gregibus humanibus cinctum.*
>
> [Ritengo piuttosto che febbraio sia così chiamato da 'giorno purificato (*februato*)' poiché in quell'occasione si purifica il popolo, cioè l'antico villaggio del Palatino circondato da gruppi di persone viene purificato dai nudi Luperci].

Quella che è stata definita la *Roma quadrata*, costituita dal sistema del Palatino con i suoi tre *montes* (*Palatium*, *Cermalus* e *Velia*), costituì dunque il nucleo fondamentale della prima Roma e il teatro principale di eventi e riti connessi dalla tradizione alla fondazione della città. La descrizione antica più accurata della *Roma quadrata* è quella offerta da Tacito:

> Tac., *Ann.* 12.24: *Initium condendi et quod pomerium Romulus posuerit, noscere haud absurdum reor. Igitur a foro Boario, ubi aureum tauri simulacrum aspicimus* [...] *sulcus designandi oppidi coeptus, ut magnam Herculis aram amplecteretur; inde certis spatiis interiecti lapides per ima montis Palatini ad aram Consi, mox ad curias veteres, tum ad sacellum Larundae; forumque Romanum et Capitolium non a Romulo, sed a Tito Tatio additum urbi credidere.*
>
> [Non ritengo assurdo indicare l'inizio di questa pratica e l'aspetto del pomerio romuleo. Così dal Foro Boario, dove vediamo la statua dorata del toro ... ebbe inizio il solco che limitava la città, così da includere l'Ara Massima di Ercole; da qui, disponendo cippi a distanze regolari lungo i piedi del Palatino, fino all'ara di Conso, poi alle curie antiche, infine al sacello di Larunda; quanto al Foro Romano e al Campidoglio, si crede siano stati aggiunti alla città non da Romolo, ma da Tito Tazio].

I documenti archeologici e le fonti annalistiche e antiquarie univocamente collocano in quel ristretto centro le fondamentali tradizioni religiose e laiche delle origini della *civitas*: l'intera topografia sacra fondata sul nesso Romolo-Marte, i *Salii* e la *curia Saliorum* ove si conservava il *lituus sacer*, la festa dei *Palilia*, la capanna del pastore Faustolo, il *lupercal*, il *ficus Ruminalis*, la *casa Romuli*, cioè la capanna rettangolare, funzionante forse come *regia-tabernaculum*, le *curiae veteres*. E poi la sacralità del sito segnata dal *pomerium*, cioè la linea perimetrale che correva intorno e dietro (*post*) le mura (*moerium*) le cui vestigia sono state recentemente ritrovate.

Se la Roma romulea (o *Roma quadrata*) della tradizione era dunque un antico villaggio sul Palatino, a un certo momento dotato pure di primordiali strutture difensive (non solo Varrone, ma pure antiche iscrizioni – *CIL* I.382 e I.386 – a tal proposito parlano di *moenia*, cioè mura), dobbiamo ritenere che in fin dei conti anche nella storiografia antica si fosse sedimentato il ricordo ancestrale di un'origine più antica di Roma. L'attuale avanzamento delle nostre conoscenze dimostra così la compatibilità anche di quelle versioni della tradizione che propongono una più alta cronologia, come ad esempio quella di Timeo che collocava la fondazione di Roma nel IX secolo a.C., e, da un altro lato, l'armonizzazione di queste diverse tradizioni con l'idea che lo sviluppo di Roma si inscrivesse in un complesso processo di crescita e trasformazione, di cui si è parlato nelle pagine precedenti.

In ogni caso, da quel nucleo iniziale, in qualche modo primitivamente strutturatosi, ma non ancora *urbs*, andò via via estendendosi incorporando, aggregando altre alture e gli insediamenti abitativi già esistenti, altre comunità e sparsi gruppi familiari di più ridotte dimensioni. Ecco perché, al di là della storicità di una più vasta città del *Septimontium*, il ricordo dei *triginta populi albenses* del catalogo di Plinio il Vecchio, le leghe religiose, i santuari comuni di più alta arcaicità e la nascita di nuovi, mostrano il medesimo filo rosso di un dinamico, complesso processo aggregativo. Anche i giuristi repubblicani ne conservavano con cura la memoria per le implicazioni con il giuridico sempre esistenti:

> Fest., s.v. «*Septimontio*»: *ut ait Antistius Labeo, hisce montibus feriae: Palatio* [...]; *Veliae* [...]; *Fagutali* [...]; *Suburrae, Cermalo, Oppio, Caelio monti, Cispio monti.*
>
> [Come dice Antistio Labeone, per il Settimonzio le feste relative a questi monti sono: per il Palatino ..., per la Velia ..., per il Fagutale ..., per la Suburra, per il Cermalo, per l'Oppio, per il monte Celio, per il monte Cispio].

È in ogni piega del mito della fondazione di Roma che troviamo attestati ed esaltati questi processi: a volte in forme pacifiche, come potrebbe essere il caso appena citato della città del Settimonzio, altre volte in forme violente attraverso annessione o assorbimento della comunità sconfitta, come nel caso di Albalonga.

Nel leggere (e nel tenere) insieme i dati derivanti dalle scienze moderne (archeologia, onomastica, paletnologia, epigrafia, filologia) con i dati offerti dalla tradizione annalistica e antiquaria, si svela dunque la complessità del mito della fondazione romulea, del suo sviluppo e della sua stratificazione. Alla originaria *Roma quadrata* ben presto successe una nuova Roma, frutto dell'aggregazione del sistema formato dal *Capitolium* e dalla sua *arx* e dal *Quirinalis* probabilmente per confluenza della comunità, le cui tracce insediative risalgono almeno al 1700 a.C., tradizionalmente intesa di matrice sabina e legata alla figura di Tito Tazio. Nella nuova estensione di Roma divisa in rioni ben individuati, cioè le *curiae*, si diedero spazi pubblici, politici e religiosi, di grande significato.

Nell'inospitale valle tra Palatino e Campidoglio, oggetto di una lunga e profonda bonifica per la presenza quasi costante di acque, fu realizzato il Foro (una piazza) come luogo comune aperto di incontro e di raccordo tra le comunità dei due sistemi del Palatino e del Campidoglio, sede della vita pubblica e dello svolgimento degli affari; insomma il Foro sarebbe stato per Roma ciò che l'*agorà* fu per Atene:

> Dion. Hal. 2.50.1-2: Romolo e Tazio ben presto ampliarono la città annettendo a essa altri due colli, uno chiamato Quirinale, l'altro Celio; e, separando le loro abitazioni, vivevano ognuno in un suo territorio: Romolo aveva il Palatino e il Celio (che è contiguo al *Palatium*); Tazio invece aveva il Campidoglio, che aveva occupato fin dall'inizio, e il Quirinale. Abbattuto il bosco che cresceva nella pianura ai piedi del Campidoglio e riempita di terra gran parte della palude, che, essendo sul fondo di una conca, era continuamente alimentata dalle acque che scendevano dai colli, al loro posto costruirono il foro, di cui ancora oggi i Romani continuano a servirsi; qui tenevano le assemblee e trattavano i loro affari nel piccolo tempio di Efeso che si trova un poco più in alto del foro.

Ma con l'ubicazione del Comizio, sede istituzionale del *populus* riunito in *curiae* e delle attività pubbliche, con l'annesso sacrario di Vulcano (*Volcanal*) da cui gli araldi del *rex* convocavano il popolo per l'imminente adunanza, con la realizzazione della nuova *domus* del *rex* che dall'originaria residenza sul Palatino scendeva giù, del santuario di Vesta sulle pendici del Palatino, prendeva corpo un'intensa attività urbanistica documentata dagli scavi archeologici tra l'età romulea e il regno di Numa, segno di un notevole salto di qualità nella strutturazione ideologica dell'*urbs*, nel suo spazio politico e religioso, che avrebbe raggiunto il suo fulgore con la straordinaria stagione della 'grande Roma dei Tarquini'. Fu allora che si ebbe una nuova 'fondazione' condotta da Servio Tullio, con cui si ridisegnarono la topografia ma anche, come vedremo, le istituzioni politiche dell'*urbs* e il suo modello sociale.

2. *Una premessa metodologica sulla tradizione*

Uno dei nodi principali da affrontare è quello dei documenti di natura diversa. Abbiamo già detto come l'archeologia sembri aprire orizzonti sempre più vasti e fertili alla conoscenza delle origini di Roma e che dalle risultanze che essa offre non possa affatto prescindersi. Eppure, non possiamo relegare in secondo piano la versione sulle origini di Roma codificata in età augustea e tramandataci dalla storiografia antica, perché è soltanto questa a offrire, sia pure con le incertezze e le oscurità a cui si accennava prima, un prospetto narrativo. La «trama di fenomeni appariscenti disegnata dalla prima può trovare una qualche sua spiegazione storica solo con l'ausilio della seconda, e reciprocamente la tradizione riceve conferme e profili concreti dall'archeologia»: con queste parole uno dei più grandi archeologi italiani, Massimo Pallottino, poneva il ben noto problema del rapporto tra archeologia e tradizione letteraria. In effetti, archeologia e tradizione costituiscono due complessi di documentazione certamente autonomi e illimitatamente fruttuosi nella loro sfera, ma anche complementari tra loro. «L'archeologia può costruire dei modelli, ma inevitabilmente torna al racconto letterario, senza il quale non avremmo l'ossatura stessa della vicenda che vogliamo ricostruire: è l'archeologia che ci documenta l'assetto urbanistico arcaico di Roma, ma è il racconto letterario che ci obbliga a collegarlo a Romolo o a Servio Tullio» (Guido Clemente).

Si insegna diffusamente che soprattutto per i primi secoli della storia (anche giuridica) di Roma, la scarsezza di fonti di cognizione scritte impedisce di poter affidare la ricerca e la ricostruzione su dati incontrovertibili. In effetti, il patrimonio di informazioni che ci provengono dalle opere di annalisti, storici, antiquari, letterati, poeti, oratori, retori, ecc., ha l'indubbio limite dell'enorme distanza cronologica dei fatti narrati.

Ma non solo. La mole notevole di notizie deve essere valutata con attenzione e prudenza sia perché provenienti per lo più da autori non giuristi o poco adusi al diritto sia perché essi stessi nelle loro opere non attingevano a fonti di prima mano scritte, ma a loro volta sovente si affidavano ad una tradizione orale, epica, frequentemente 'amorfa' e 'frammentaria', infarcita di esagerazioni, fatti leggendari, falsificazioni gentilizie. Un vero e proprio terreno minato per il lavoro dello storico, e segnatamente del giusromanista. In effetti, bisogna ricordare come già ai tempi di Cicerone, Livio, o Dionigi, e in generale della più matura storiografia latina e greca, fosse chiara la consapevolezza della difficoltà di delineare su basi oggettive e incontrovertibili una storia dei primi secoli di Roma.

A proposito del materiale documentario a cui si attingeva, non si negava affatto l'intento ideologico nella ricostruzione storica finalizzato alla proposizione di un fine morale dei modelli da imitare o della glorificazione della patria piuttosto che alla fedele ricostruzione dei fatti. Il rischio era quello di ricorrere alle memorie di famiglie illustri che, aspirando alla continuità nell'esercizio del potere, fondavano la loro forza sulla tradizione, sulla conservazione di storie di famiglie, reminiscenze eroiche, ecc. Ma la consapevolezza di tutto ciò era forte. In questo senso basta davvero scorrere gli scritti di Cicerone (*Brut.* 16.62: [...] *quamquam his laudationibus historia rerum nostrarum est facta mendosior* [...] *falsi triumphi, plures consulatus*) o di Livio (8.40.4: [...] *vitiatam memoriam funebris laudibus reor falsisque imaginum titulis* [...]; *inde certe et singulorum gesta et publica monumenta rerum confusa*) per comprendere quanto fosse chiaro anche a loro il fenomeno delle falsificazioni nelle *laudationes funebres* o nei *tituli imaginum*. In linea più generale, è apprezzabile la vigilanza critica di Tito Livio nell'avanzare dubbi e problematicità rispetto a una mole di documenti non pienamente affidabili e cronologicamente lontani dai fatti descritti:

> Liv. 6.1.1-2: *Quae ab condita urbe Roma ad captam eandem Romani sub regibus primum, consulibus deinde ac dictatoribus decemvirisque ac tribunis consularibus gessere, foris bella, domi seditiones, quinque libri exposui, res cum vetustate nimia obscuras velut quae magno ex intervallo loci vix cernuntur, tum quod rarae per eadem tempora litterae fuere, una custodia fidelis memoriae rerum gestarum, et quod, etiam si quae in commentariis pontificum aliisque publicis privatisque erant monumentis, incensa urbe plaereque interiere.*
>
> [Ho esposto in cinque libri ciò che i Romani compirono dalla fondazione dell'Urbe alla sua presa, dapprima sotto i re, poi sotto i consoli, i dittatori, i decemviri e i tribuni consolari, le guerre all'esterno, le sedizioni all'interno, vicende poco chiare sia perché troppo antiche, come quelle che appena si distinguono dopo lungo lasso di tempo, sia perché rari erano in quell'epoca gli scritti, unica sicura testimonianza dei fatti storici, e inoltre perché, se pure se ne trovava cenno nei commentari dei pontefici e negli altri documenti pubblici e privati, questi sono andati per la maggior parte perduti nell'incendio dell'Urbe].

Molto spesso si dimentica che anche la storiografia antica obbediva, negli intenti e nei metodi, a esigenze di ricerca critica; e l'ammissione liviana dei gravi problemi incontrati nell'esporre la storia di Roma nei primi secoli è eloquente e poggia fondamentalmente sul reperimento di documenti scritti. La storiografia latina non solo affidava con coscienza le proprie riserve sulla ricostruzione della storia arcaica, ma manifestava la fiducia soltanto nella scrittura quale più affidabile modalità di registrazione e memorizzazione delle *res gestae,* che però erano in gran parte andate distrutte nel corso dell'incendio gallico del 390 a.C. Tanto che – concludeva Livio – «quello che si tramanda a proposito di ciò che precedette la fondazione e la fondazione stessa, degno di poeti più che utile alla testimonianza di avvenimenti reali, non mi sento di darlo per certo né di respingerlo» (Liv. *praef.* 6-7).

Eppure questo atteggiamento, diremmo oggi, encomiabile e scientificamente prudente non fu raccolto dalla storiografia successiva, che ha finito invece per oscillare tra poli opposti.

E difatti è accaduto che nei secoli dell'età medioevale la tradizione abbia vissuto una stagione felice all'insegna del più assoluto acriticismo: tutto ciò che affiorava dagli antichi documenti veniva assunto con fervore fideistico, senza neppure un barlume di analisi testuale e di verifca di concordanze con altri documenti. Se si volesse avere un'idea, basterebbe ricordare il paradigma di Dante su Livio: storico «che non erra»!

Fu soltanto, in seguito, con l'approccio appassionato della scuola culta verso i testi antichi (secc. XVI-XVIII), diretta conseguenza del movimento umanistico, che si avviò una seria e profonda riflessione sul vasto oceano di informazioni su base critica e di miglior affidabilità scientifica.

Sebbene interessanti opere sul valore dei documenti antichi avessero già visto la luce, come i *Discorsi sopra la prima deca di Tito Livio* (1513) di Niccolò Machiavelli, o gli scritti di Carlo Sigonio, oppure ancora, seppure non dirette ad una ricostruzione critica, le *Considerations sur les causes de la grandeur des Romains et de leur décadence* (1734) di Charles-Louis Montesquie, la cosiddetta tendenza ipercritica ebbe il suo vero e proprio avvio con alcune figure di rilievo come il danese Jakob Voorbroek, detto Perizonio (*Animadversiones Historicae,* 1865), l'italiano Giambattista Vico e, più tardi in Francia, Louis de Beaufort (*Dissertation sur l'incertitude des cinq premiers siècles de l'histoire romaine,* 1738).

Il punto di svolta della piena affermazione in tutta Europa dello storicismo ipercritico fu però rappresentato dalla scuola storica tedesca dell'800, e in primo luogo dall'opera di Barthold Georg Niebuhr che tentò di scardinare sin dalle fondamenta la tradizione, in quanto trama narrativa essenzialmente mitica. Nacque così un importante filone della critica moderna che in qualche misura assumeva come pietra angolare lo scarso rispetto per la verità nelle narrazioni e nelle documentazioni delle opere storiche degli antichi. Il gigantesco patrimonio di informazioni veniva così travolto da uno scetticismo fondamentalista che trovava nello sprezzante giudizio liquidatorio di Tenney Frank il suo più esemplare vessillo: «assurde congetture degli scrittori che vissero molti secoli più tardi».

E mentre il vento impetuoso della metodologia storica ipercritica della tradizione, ben inserito nel clima del positivismo che attraversava interi settori dello scibile, diveniva tanto egemonico da non lasciar immune da influenza neppure il grande Theodor Mommsen, in Italia l'approccio demolitorio più radicale veniva interpretato principalmente da Ettore Pais (mentre più moderata, e dunque più accettabile nei suoi risultati scientifici, fu invece la *Storia dei Romani* di Gaetano De Sanctis). Si giunse così ben presto (alla metà del XX secolo) persino all'introduzione, quasi come categoria ermeneutica insuperabile, del 'ribassismo' per rileggere nuovamente le origini di Roma, con la conseguenza di trascinare l'età regia dal VIII al VI secolo a.C., addirittura con una, quasi umoristica, datazione di Servio Tullio al V secolo a.C. L'opera monumentale di Einar Gjerstad sul versante dell'archeologia, a fiancheggiare l'orientamento dell'autorevole storiografia appena descritto, demoliva ancora una volta la tradizione infarcita di errori, duplicazioni, travisamenti, proponendo di fatto l'inutilizzabilità della storia di Roma tramandata sino al III secolo a.C.

Tuttavia, i tentativi di recupero di un maggior equilibrio verso quanto fosse possibile utilizzare storicamente della tradizione non tardarono a infoltirsi, con gli studi di Eduard Meyer, Karl Julius Beloch, Franz Altheim. Ma fu merito degli studi di Giorgio Pasquali, Plinio Fraccaro, Santo Mazzarino e Luigi Pareti se prese largamente piede l'orientamento revisionista ostile al rifiuto aprioristico della tradizione.

Pareti, pur con punte di avvertita cautela e mediazione tra opposte sensibilità, usava queste parole: «la tradizione non va accolta e non va scartata in blocco; essa ci può informare genuinamente, ma ci può anche traviare; non è elemento disprezzabile a priori ma spesso da rigettare ad analisi compiuta o da mettere in quarantena; va studiata con cura, ma sarebbe errore grave pretendere di fondarsi su essa sola e peggio senza controllarla a fondo per delineare le vicende degli antichi popoli; come errore grave sarebbe il ritenere, per una sfiducia generica nella tradizione, che lo storico debba adattarsi ad ignorare il periodo delle origini, ch'è pure la base naturale e necessaria di tutto il divenire delle età successive». Gli ultimi decenni del secolo appena alle spalle hanno così registrato un deciso cambiamento di rotta a seguito di una formidabile stagione di scavi archeologici le cui risultanze in molti casi hanno consegnato esiti concordanti con il racconto della tradizione. Ma il cambiamento è stato possibile per il poderoso avanzamento delle nostre conoscenze anche grazie agli studi antropologici, religiosi, linguistici ed epigrafici.

Non ci si è più soltanto soffermati sulla distanza che separa i primi storiografi romani dai fatti raccontati; non si nega che i primi annalisti si siano occupati della storia monarchica di Roma attingendo verosimilmente a storiografi greci, i quali a loro volta avevano fondato i loro scritti sulla conoscenza di un ampio patrimonio di tradizioni locali orali e/o scritte indigene, cioè latine, romane, etrusche. Ma si riconosce anche altro. Per esempio che quegli stessi annalisti dovettero avvalersi di documenti epigrafici ancora esistenti quando vissero: per esempio, la *lex sacra* dell'*aedes Dianae Aventiniensis* o il *foedus Cassianum* o, ancora, il primo trattato con Cartagine erano ancora a disposizione negli ultimi secoli repubblicani di un pubblico colto; mentre, nonostante perdite e distruzioni, continuavano a circolare, sia pure attraverso mediazioni, informazioni attendibili provenienti dalle registrazioni del collegio dei *pontifices* (si consideri il caso degli *Annales Maximi*, andati perduti, sebbene forse non del tutto, nel corso dell'incendio gallico del 390 a.C.).

Si ammette pure d'altra parte che la lettura degli annalisti della storia passata della città fu condizionata da diversi altri motivi: glorificazione di membri di talune *gentes*, ispirazioni ideologiche o politiche degli stessi annalisti, 'figli del proprio tempo' (Licinio Macro era considerato lo storiografo *popularis* per eccellenza, mentre Valerio Anziate si collocava nel solco della restaurazione conservatrice ottimate condotta da Silla). Ma oggi si tende a distinguere: un conto sono i casi di falsificazione per orgoglio nazionale o familiare volti a dare lustro a una già potente famiglia o *gens*, attribuendo il merito di una vittoria o di una riforma a un personaggio piuttosto che a un altro; altro conto è 'inventare' o falsificare dati istituzionali, assetti, equilibri strutturali dei primi secoli della storia giuridica di Roma.

Tuttavia, gli scenari del dibattito scientifico più recente sono stati nuovamente scossi da una diversa tendenza, in certi casi quasi di segno radicalmente opposto, alla conservazione integrale della tradizione. Sebbene fondata su recenti e rilevanti scoperte archeologiche, essa nasconde purtroppo l'insidia di spinte eccessive in senso opposto che fanno dell'approccio conservativo integrale della tradizione metodo e obiettivo per attribuire storicità all'inestricabile congerie di miti, leggende, che avvolgono le origini di Roma. Non vi è dubbio che le recenti scoperte di Andrea Carandini alle pendici del Palatino hanno contribuito in questi ultimi decenni a grandi avanzamenti delle nostre conoscenze delle origini di Roma. In particolare, i felici rinvenimenti di una cinta muraria databile alla metà dell'VIII secolo e una porta urbica, riconosciuta come la 'Porta Mugonia' della tradizione, e di cui scriveva Varrone nella sua ricostruzione della cinta romulea, hanno indotto lo studioso a interpretarli come documenti della fondazione di Roma a opera di Romolo e a rileggere *funditus* non solo la storia delle origini di Roma ma di tutto il Lazio primitivo, con un recupero impressionante del sedimentato e stratificato patrimonio di miti, leggende in una rimescolanza di cronologie, dati archeologici, storici che appare davvero un rompicapo.

Tuttavia, il cosiddetto 'muro di Romolo', in tal modo diventato un punto di partenza piuttosto che una tappa di un processo evolutivo, ha aperto ad Andrea Carandini il varco su di un terreno molto insidioso, perché lo studioso ha finito per «costruire una successione di regni mitici di dei ed eroi del Lazio, in un nesso inestricabile di cronologie leggendarie e di cronologie archeologiche elaborate dai protostorici» (Mario Torelli).

E anche se gli studi epigrafici e filologici più raffinati ci dicono che *Romulus* (da cui è derivato il gentilizio *Romilius*) aveva un'esatta corrispondenza nella forma etrusca **Rumele* (e un gentilizio *Rumelna*), in realtà, ad oggi, la semplice scoperta di un manufatto, in questo caso una cinta muraria, non costituisce certo la dimostrazione né della storicità di Romolo né del cosiddetto 'evento' fondativo, bensì un dato che metterebbe l'insediamento precittadino, poi evolutosi nella città, in linea con gli altri abitati coevi del Lazio e dell'Etruria muniti di analoghi apparati difensivi. E, per queste ragioni, credo sia opportuno distinguere origini da fondazione. Il primo termine indicherebbe un fenomeno dinamico e complesso, assai più plausibile, il secondo invece un 'evento', un atto unico, ben preciso, riconducibile alla volontà di un capo o di una ristrettissima cerchia di capi.

In ogni caso, c'è un aspetto di metodo da non smarrire sul rapporto archeologia-tradizione: i resti di un muro fortificato piuttosto che dare concretezza storica a un mitico fondatore costituiscono un indizio del salto di qualità nel processo formativo della città, attraverso l'accrescimento della sua potenza e l'avvio di politiche urbanistiche strutturali. Lungo questo orizzonte si stagliavano le nuove aristocrazie guerriere di marca gentilizia, attraversate da influenze greche, di cui altrettanta traccia è sopravvissuta nei corredi funerari dei sepolcri nei pressi di Roma, di cui abbiamo parlato prima.

Le informazioni più recenti provenienti dalle indagini archeologiche (ceramiche, necropoli, iscrizioni) attestano evidenti e intensi scambi e influssi tra comunità del Lazio arcaico e il variegato mondo egeo sin dal II millennio a.C.; questi contatti naturalmente si infittiscono man mano che ci si avvicina alla data canonica della fondazione di Roma intorno all'VIII secolo a.C. Il filone della tradizione che vuole una presenza arcadica nel Palatino preurbano trova sempre più conferme sia nei grecismi di età micenea nella lingua latina sia soprattutto grazie ai frammenti di ceramica dipinta micenea o d'imitazione micenea recentemente rinvenuti. Da sottolineare poi con particolare riguardo la penetrazione di influenze religiose, come dimostrano i tratti di forte somiglianza dei Luperci con i *Lúkaia* arcadici, e della scrittura (Dion. Hal. 1.32.3-5; Plut., *Rom.* 21.3-5; Liv. 1.5.1-3; Ovid., *Fast.* 2.267-288; Serv., *Ad Aen.* 8.343). Proprio a tal riguardo le recenti iscrizioni rinvenute nella necropoli di Gabii – una in lettere greche e in lingua latina *saluetod tita* (su un'olla di fine VII secolo a.C.) e l'altra consistente in una sequenza di 5 lettere greche *euoin* (graffita a cotto su un vaso di produzione locale datato 830-770 a.C.) – smentiscono nettamente tutti coloro che hanno liquidato con disinvoltura quanto conservato nella filigrana del mito, ovvero dati assai interessanti e di alta attendibilità del reale contesto territoriale in cui sarebbe sorta Roma agli inizi del I millennio a.C., come per esempio il racconto di Dionigi di Alicarnasso sulla *paideia* di Romolo e Remo a Gabii:

Dion. Hal. 1.84.5: Quando i bambini furono svezzati, da coloro che li allevavano vennero portati a Gabii, città sita non lontano dal Palatino, per apprendere a fondo la cultura greca, e lì furono allevati da amici personali di Faustolo ricevendo fino alla giovinezza una completa istruzione nelle lettere, nel canto con accompagnamento musicale e nell'uso delle armi greche.

Nel racconto delle origini di Roma dello storico di Alicarnasso, si recuperava una lontana e sopravvivente tradizione che vedeva in Gabii un vivace centro di scambi commerciali e culturali già nell'VIII secolo a.C.; e Dionigi, diradando così le brume del mito, aiutava Romolo ad assumere la veste di rappresentante archetipo di un'aristocrazia guerriera, in stretto contatto anche con le colonie greche dell'Italia meridionale, e perciò intrisa di cultura greca con buona dimestichezza della scrittura: insomma, una precisa e millenaria *koiné* culturale mediterranea cui partecipavano latini, etruschi e greci.

D'altronde, non si comprenderebbe l'evoluzione di Roma se non si cogliesse una delle sue maggiori peculiarità, ossia il carattere di città aperta sin dagli albori. La saga di Romolo conteneva la notizia della fondazione di un asilo nel quale si rifugiò gente umilissima, anche briganti e schiavi fuggitivi (lo stesso Romolo del resto è collegato a Ercole e al figlio Caco, un pastore brigante); e simmetricamente analoga notizia appare nella vicenda di Servio Tullio, grande riformatore e rifondatore della città, straniero e di umili origini, artefice di un asilo che dava accoglienza agli schiavi fuggitivi (Fest., s.v. «*Servorum dies festus*»).

Idee chiare al riguardo possedevano del resto i giuristi romani, di cui traccia è rimasta nelle loro opere:

> D. 1.2.2.1-2 (Pomp. *lib. sing. Ench.*): *Et quidem initio civitatis nostrae populus sine lege certa, sine iure certo primum agere instituit omniaque manu a regibus gubernabantur. Postea aucta ad aliquem modum civitate ipsum Romulum traditur populum in triginta partes divisisse, quas partes curias appellavit propterea quod tunc rei publicae curam per sententias partium earum expediebat. Et ita leges quasdam et ipse curiatas ad populum tulit: tulerunt et sequentes reges* [...].
>
> [E allora all'inizio della nostra città il popolo cominciò a compiere atti senza legge certa, senza diritto certo e tutto era governato dai re con la mano. Poi, divenuta la città di una certa grandezza, si tramanda che lo stesso Romolo divise il popolo in trenta unità, che chiamò curie per il fatto che allora si prendeva cura della collettività per mezzo dei consigli di quelle unità. E così portò davanti al popolo alcune leggi anche curiate: ne presentarono anche i re che seguirono ...].

Questa ricostruzione di Pomponio, giurista adrianeo del II secolo d.C., ci aiuta a comprendere come la rappresentazione delle origini di Roma, o se preferiamo della sua storia giuridica delle origini, non si conformava alla visione di Romolo quale fondatore e primo re, ma certamente come il re che, primo tra tutti, tentò di governare rinunciando a un potere arbitrario e indistinto (indicato con l'ablativo *manu*) e prediligendo un potere più strutturato ed organizzato, collegato al popolo la cui volontà si sostanziava in un atto o provvedimento denominato *lex*.

In definitiva, i nostri giorni appaiono segnati da una forte tendenza conservativa del racconto della tradizione, che si caratterizza anche attraverso la sottoposizione a vaglio critico e a verifica con le sopravvivenze archeologiche e i documenti epigrafici, restituiti incessantemente dal passato all'attualità. Potrebbe trattarsi di un metodo opinabile, almeno per la storia arcaica di Roma, alla luce della profonda diversità dei documenti che si accostano (materiali provenienti dalla tradizione letteraria e rinvenimenti archeologici), tanto che, secondo un autorevole insegnamento, dati provenienti da fonti di così diversa natura dovrebbero «essere tenuti distinti nell'analisi e non comparati a sostegno vicendevole di notizie o di dati, o anche giustapposti o semplicemente inseriti in un contesto non loro. È preferibile creare quadri disgiunti, elaborati con le oramai raffinate tecniche metodologiche per i differenti tipi di documentazione; soltanto allora sarà possibile e utile un confronto che non dovrà poi mai significare conciliazione ad ogni costo e ricostruzione unitaria» (Emilio Gabba). In effetti, è indubbia la necessità di far comunque i conti con i dati di quella prevalente tradizione intrisa della solida linea culturale generale – suggestivamente definita da Santo Mazzarino «l'ortodossia repubblicana» – matrice di un canone narrativo, «in tutto debitore alla memoria aristocratica consegnata alla storiografia e all'antiquaria a lavoro fra secondo secolo ed età augustea, da cui noi quasi esclusivamente dipendiamo, secondo il quale tutto il passato (non solo giuridico, ma anche) politico, sociale e istituzionale della città veniva reinterpretato come una lunga e progressiva preparazione alla futura grandezza di Roma, e al suo presente imperiale» (Aldo Schiavone). Ciò nonostante, è indubbio come non vi sia altra strada alla continua e stringente comparazione tra documenti di natura diversa per il progresso delle nostre conoscenze nel campo del diritto, dell'archeologia, della filologia, della linguistica, dell'antropologia, della storia delle religioni.

3. *Le strutture preciviche*

Dal Settecento in poi sino al secolo appena chiusosi, un poderoso dibattito scientifico sulle origini di Roma ha visto confrontarsi due grandi filoni di pensiero. Da un lato, la vecchia ipotesi patriarcale, che vede nella famiglia la cellula primordiale del genere umano, base di processi aggregativi più ampi sino alla formazione delle entità statali. Da un altro lato, invece l'orientamento di chi vede il passaggio per frazionamento dall'indistinta orde alla formazione di *tribus*, e dunque per ulteriore differenziazione la nascita di aggregazioni di tipo clanico cioè le *gentes* per giungersi infine alle *familiae*.

Come si vede, sia pure da presupposti diversi, entrambi gli approcci tuttavia propongono un preciso sviluppo progressivo-evolutivo in senso lineare degli organismi che portò alla nascita di Roma: *familiae-gentes-curiae-tribus*, secondo il primo; orda-tribù-genti-famiglie, in base al secondo.

Leggendo le fonti sopravvissute ci accorgiamo invece di una straordinaria stratificazione di più tradizioni che nonostante le contraddizioni e il loro intrecciarsi e a volte sovrapporsi dimostrano la debolezza, o se preferiamo l'insufficienza, delle due opinioni dominanti, che nonostante tutto continuano a fronteggiarsi. Ciò che sembra in un certo modo da rivedere, come leggeremo nelle prossime pagine, è che l'evoluzione lineare qualunque essa sia – o da aggregati minori ad aggregati sempre più vasti ("famiglie-genti-curie-tribù"), oppure in senso opposto da aggregati vasti e distinti ad aggregati minori ("orda-tribù-genti-famiglie") – non appare suffragata né dai documenti della tradizione manoscritta né dalle nuove e incessanti scoperte archeologiche. Addentriamoci ancora meglio nell'esame degli organismi precivici.

a) *Gens*. – Una delle istituzioni più significative della storia arcaica di Roma è la *gens*. In età storica si configurava come un organismo vasto composto da rami familiari uniti innanzitutto dall'idea della comune discendenza da uno stesso capostipite di cui a volte si perdeva la memoria o addirittura che affondava spesso nelle brume del mito e che condividevano appunto il nome (*nomen gentilicium*), culti e riti (*sacra gentilicia*), sepolcri (*sepulchra gentilicia*), regole di comportamento (*mores gentilicii*) sanzionate (*notae gentiliciae*):

Fest., s.v. «*Gentilis*»: *Gentilis dicitur et ex eodem genere ortus, et is, qui simili nomine appellatur, ut ait Cincius: 'Gentiles mihi sunt, qui meo nomine appellantur'.*

[Si definisce *gentilis* sia colui che è nato dallo stesso genitore sia colui che porta lo stesso nome (*nomen gentilicium*), come afferma Cincio: "I miei *gentiles* sono coloro che portano il mio stesso nome"].

Per quanto la *gens* consistesse in un aggregato riconducibile sostanzialmente alla stirpe, al ceppo parentale (*gens* e *gentiles* etimologicamente collegabili a *gignere, generatio, genus*), questa rappresentazione non soddisfa del tutto, perché la documentazione esistente fa intravvedere processi aggregativi non fondati sulla discendenza: la *cooptatio*, cioè l'atto di integrazione di nuove famiglie dimostra che il vincolo parentale è da interpretare in maniera elastica.

Tale assetto corrispondeva, dunque, a un'età in cui la *gens* aveva assunto ormai fisionomia e funzioni diverse. Capire il momento e la ragione genetica della *gens* e della sua organizzazione costituisce ancora un problema aperto e appassionante. Ciò che si può dire è che il dibattito storiografico che dal '700 avvince gli studi su Roma arcaica si è incentrato su un preciso interrogativo: la *gens* costituiva un'entità preesistente alla nascita di Roma? Era la *gens*, quale organismo prestatale, a svolgere le funzioni politiche dello Stato?

Sino a qualche decennio fa, infatti, stretti dal perimetro ideologico e pregiudiziale della necessaria presenza di qualche forma di Stato sin dai primordi del genere umano, si andava alla ricerca delle organizzazioni sociali nelle società primitive alle quali riconoscere funzioni prestatuali: sulla base delle sopravvivenze gentilizie, appena descritte, si riteneva così che le *gentes* fossero delle formazioni preciviche dalle funzioni eminentemente politiche prevalentemente relative all'economia e alla sicurezza e difesa militare e che esse fossero preesistenti persino alle *familiae*.

Grazie all'accumulazione di una cospicua documentazione la cui convergenza dimostra un preciso processo evolutivo, oggi va sempre più abbandonandosi la vecchia concezione (la cosiddetta 'teoria politica') delle *gentes* quali organismi precivici che supplirono alla mancanza dello Stato attraverso alcune tipiche funzioni politiche e mediatrici. Mentre si riconosce un'opposta linea, quale dato generale dell'evoluzione delle strutture sociali del Lazio primitivo, che vide la progressione dalla realtà economica e produttiva dell'istituto familiare a quello della *gens*, avviatosi con la trasformazione degli insediamenti di poche entità familiari isolate in più ampi e forti centri abitati costituiti da una larga pluralità di *familiae*, tuttavia da quel momento caratterizzate da un'organizzazione di tipo clanico.

In altre parole, il processo genetico del modello gentilizio andò di pari passo con la fondazione della città, a sua volta inscritta nell'impetuoso processo di dissolvimento delle comunità di villaggi a società sostanzialmente paritarie a favore di vere e proprie città, contrassegnate dall'emergere di una prima rudimentale edilizia pubblica, fatta di rozze cinta murarie, fortificazioni, porte, residenze regali e sacerdotali, templi. L'epifania dei nuovi centri urbani, pensati e realizzati quali sedi di svolgimento di riti e funzioni della vita politica e religiosa, era strettamente connessa all'emersione di aristocrazie di marcata impronta guerriera.

Rafforzate dai processi di accumulazione della ricchezza e di appropriazione dei mezzi di produzione, queste aristocrazie aperte (il che spiega gli istituti della *cooptatio* tra i patrizi e della *transitio ad plebem*), maturavano la consapevolezza della loro forza, attraverso il cemento di solidi vincoli solidaristici. I gruppi familiari più forti cominciarono ad elaborare e sedimentare un'aggressiva e vincente ideologia fondata sull'organizzazione in *gentes*, affidando a simboli culturali, religiosi o cerimoniali la funzione di manifestare la forza della loro egemonia.

Era scontato che l'organizzazione gentilizia finisse così per imprimere la sua impronta alle strutture politiche e religiose della prima comunità cittadina. Ma il nucleo fondamentale restava la *familia*, come vedremo meglio tra poco. La rappresentazione graduale e un po' meccanicistica *tribus* → *gentes* → *familiae* era funzionale più a un certo approccio idealistico che alla coerenza di una ricostruzione suffragata dalla documentazione disponibile. Del resto nelle stesse superstiti vestigia dell'ideologia gentilizia si scorgono le tracce della netta tendenza a modellarsi sulla struttura della *familia* con la pretesa poi di assorbirla in quella gentilizia e lo stesso ordinamento cittadino arcaico appare assai più centrato sul ruolo dei *patres familias*, mentre un indiscusso risultato delle più accreditate indagini onomastiche dimostra che i gentilizi nascevano dai patronimici; il che significa, in altre parole, l'alta probabilità che la formazione sociale '*gens*' si sia delineata successivamente alla *familia*.

Una prova del processo apparentemente naturale e lineare tradizionalmente accettato, invero assai artificiale e mai sino in fondo compiuto, è data dalle contraddizioni dell'ordinamento curiato: il nome non gentilizio delle *curiae* più antiche e la creazione di *curiae novae*, secondo un'affidabile versione della tradizione, per volontà di Tullo Ostilio, obbligano a una lettura più articolata e dinamica. Tale divaricazione toponomastica tra i luoghi di stanziamento dei gruppi familiari più antichi e l'onomastica delle *gentes* deporrebbe per uno spostamento in avanti, non tanto della formazione gentilizia quale fenomeno sociale, ma quale struttura sociale consapevole ai fini dell'esercizio del potere politico, religioso, militare ed economico.

Come dimostra l'evoluzione storica, sino a quando le embrionali strutture politiche si poggiarono sulle *gentes*, queste contrassegnarono in senso gentilizio l'organizzazione della *civitas*; ma, man mano che le strutture istituzionali politiche si centralizzavano, via via che cominciava a stagliarsi netta all'orizzonte la figura forte di un capo politico e religioso, pronto all'occorrenza a farsi pure legislatore, a seguito di una continua espansione che non metteva però in discussione la fisionomia di città aperta disponibile all'integrazione molecolare o collettiva di nuovi elementi, le *gentes* finirono per arretrare progressivamente, con la conseguente precipitazione del modello gentilizio in una crisi irreversibile che sfociò nell'adozione dell'ordinamento timocratico centuriato con le sue necessarie implicazioni di carattere costituzionale. Simmetricamente, accadeva che analoghi mutamenti segnassero il campo del diritto privato, in cui un sintomo preciso della crisi finiva per cristallizzarsi nel versetto decemvirale relativo alla successione testamentaria con la subordinazione della successione dei *gentiles* a quella degli *adgnati*.

b) *Familia proprio iure e familia communi iure*. – Nel diritto romano convivono diversi significati di *familia*. Quello ben presto affermatosi e radicatosi in età storica indicava il nucleo familiare formato dalla coppia di coniugi con figli, un'organizzazione unitaria e stabile, dotato di propri culti, con interessi economici comuni: nei testi della giurisprudenza romana questo aggregato era qualificato *familia proprio iure*, quale insieme, secondo Ulpiano, di persone *quae sunt sub unius potestate aut natura aut iure subiectae* (D. 50.16.195.2). L'essenza che i giuristi romani tendevano infatti a sottolineare consisteva nel vincolo che teneva insieme più soggetti come *familia proprio iure*: in altri termini, non era la parentela di sangue (*cognatio*), cioè la discendenza in linea maschile dal *pater*, che aveva una particolare rilevanza ma quel vincolo di soggezione al potere del *pater familias* (*adgnatio*) che riguardava tutti coloro, anche estranei, entrati nel gruppo in base ad atti giuridici o in base a situazioni di fatto poste in essere volontariamente. In definitiva, la *familia proprio iure* non consisteva tanto nella famiglia nucleare, come potrebbe oggi intendersi, quanto in un insieme abbastanza ampio di individui *alieni iuris*, cioè persone (uomini e donne, *filii*, *filiae*, nipoti, nuore, generi, clienti, servi) prive di diritti e *in potestate manu mancipio* del *pater familias*, unico soggetto *sui iuris* in seno alla *familia*.

Un significato più ampio possedeva invece la locuzione *familia communi iure*, con cui s'intendeva quell'aggregato familiare composto dai *filii* e dalle rispettive *familiae* sorte dallo scioglimento della *familia* originaria per morte del *pater familias*. Questo più largo gruppo agnatizio (da non confondere con la *gens*) aveva una diretta rilevanza in alcuni rapporti privatistici come la tutela e la successione ereditaria.

Vi era tuttavia un altro e più pregnante significato di *familia*, certamente più antico, che sottolineava la rilevanza degli interessi economici sottesi ai gruppi parentali: *familia* significava anche complesso di cose, patrimonio. Questo arcaico, forse primigenio significato del termine, sopravvisse certamente a lungo e fu versato in forma scritta in talune prescrizioni delle XII Tavole:

> XII Tab. 5.4: *Si intestato moritur, cui suus heres nec escit, adgnatus proximus familiam habeto.*
> [Se muore senza testamento colui che non ha erede che sia uno dei suoi (*suus*), abbia il patrimonio l'agnato più prossimo].

> XII Tab. 5.5: *Si adgnatus nec escit, gentiles familias* [*habento*].
> [Se manca anche l'agnato, abbiano il patrimonio i gentili].

A questo dato filologico, si aggiungono i risultati di accurate indagini onomastiche che hanno dimostrato come dai patronimici si siano poi sviluppati i gentilizi per indicare l'appartenenza a un insieme o nucleo familiare. Ma ciò che appare davvero inoppugnabile è il sistema familiare e il ruolo del *pater familias* interamente inseriti nelle logiche cittadine, tanto da far apparire l'esclusiva preminenza del capo del gruppo familiare uno dei fulcri principali dell'ordinamento giuridico romano arcaico, il primitivo *ius civile* costituito dai *mores* selezionati, filtrati e integrati da *reges* e *pontifices*.

Era dunque la *familia proprio iure* incentrata sulla figura del *pater familias* a costituire il baricentro sociale sin dai tempi più antichi, come dimostrano i poteri vastissimi del *pater familias* sui suoi sottoposti (uomini e donne, clienti e schiavi *in potestate, manu mancipioque*); poteri tali da giungere sino allo *ius vitae ac necis*, cioè il diritto di vita e di morte. Fondamentale la dimensione spaziale in cui si esercitavano tali poteri, cioè la *domus* coperta da un'alone di esclusività dominicale e religiosa del *pater familias*, che ne fece sino all'età tardoantica un luogo inviolabile, tutelato da ogni ingerenza esterna. Non sorprende, pertanto, che già dagli scrittori di epoca tardorepubblicana, come Cicerone (*De leg.* 3.1.3), ma anche in autori successivi, come Seneca (*Epist.*

5.47.14) e persino in Giustiniano (I. 1.12.5), si proponesse il parallelismo tra la *domus* e lo Stato romano, cioè la *res publica*.

Questa complessa situazione potestativa del *pater familias*, quasi un vero sovrano, ha indotto diversi studiosi a scorgere forti analogie con il *rex*. Come nel campo del diritto pubblico, tutti erano *subiecti* al sommo potere del *rex*, civile, militare e religioso, allo stesso modo in ambito domestico, l'autorità somma era il *pater familias*.

L'essere depositario dei culti religiosi familiari, anch'essi con una dimensione spaziale domestica ben precisa, ne faceva il sacerdote della casa e della famiglia; e anche a tal proposito affiorava la simmetria con il *rex*: come nella religione pubblica si manifestava il rapporto *rex / vestales*, allo stesso modo nei culti privati dominava il rapporto *pater familias / mater familias* quasi riflesso del primo o addirittura viceversa. Persino il cosiddetto *iudicium domesticum*, di là dalle dispute dottrinarie sulla vera o presunta storicità, come ambito di giurisdizione domestica sovrintesa dal *pater familias* è indicativo di concezioni e assetti generali.

Analoghe considerazioni valgono per le concezioni relative ai rapporti internazionali. Quando si riteneva che Roma avesse subito ingiusti torti da parte di una comunità straniera, si imputava una responsabilità fatta valere attraverso una procedura con tratti di forte analogia con quelli del processo privato, non a caso nelle fonti si è conservata l'espressione *iure gentium agere*, chiaramente simmetrica al *lege agere* dei privati (Liv. 1.14.1). L'eventuale *pax* costituiva l'equivalente del *pacere* con cui si arrestava l'esecuzione violenta sulla persona del debitore, e i rapporti di sudditanza a Roma trovavano una sintesi nelle locuzioni *in fide esse* o *in fidem se dedere*, che riflettevano esemplarmente il rapporto tra *pater* e *cliens* improntato alla sacralità della *fides*.

E ancora, sul piano dei rapporti economici e dei mezzi di produzione, gli studiosi continuano a discutere della fisionomia del cosiddetto *ager gentilicius*, cioè se si trattò di terra assegnata alle *gentes* in quanto organismi unitari (e dunque in proprietà collettiva, indivisa), in regime diverso da quello dell'*ager publicus* ovvero con quest'ultimo coincidente in entrambi i casi con i tratti di 'bene comune', oppure ancora se si indicasse piuttosto la somma degli *heredia* di proprietà dei *patres familias* appartenenti a una medesima *gens*. È altresì interessante notare che al *dominium* privato individuale con il sistema di protezione giuridica non corrispondeva simmetricamente un vero e proprio diritto di proprietà delle *gentes*, né forme di tutela in qualche misura affini.

In questo senso, del resto, non esiste neppure una labile traccia di un'originaria supremazia di un *pater gentis* sugli altri *patres familias*. Da un lato, è vero che nelle fonti, invero scarse, ci si imbatte nell'espressione *princeps gentis*, da un altro lato però, a parte il fatto di trattarsi di espressione profondamente diversa da *pater gentis*, *princeps gentis* è un tardo appellativo indicante un riconoscimento privo di alcun sostrato giuridico: insomma, la locuzione indicava una guida in momenti eccezionali, che in altissima età arcaica corrispondevano ai fenomeni migratori del *ver sacrum*, mentre in età storica riguardava gli spostamenti collettivi dovuti ad altre cause, come quello dei *Claudii* guidati da *Atta Clausus* o dei *Mamertini* guidati da Stennio Mettio.

Allo stesso modo, deve osservarsi come non veniva mai in considerazione la *gens* quale entità, ma i *gentiles*: a questi le XII Tavole deferirono eredità, tutela e cura; e secondo *CIL* I.807, non dalla *gens Iulia* ma dai *gentiles Iuliei* fu consacrato un altare a *Vediovis*.

Al contrario, l'insieme dei diritti e delle relazioni privatistiche di età arcaica – ovvero l'intero nucleo dello *ius civile* costituito dall'insieme dei *mores* consolidati e filtrati da *reges* e *pontifices* – ha come dimensione primaria la *familia proprio iure*. La *civitas* era un'aggregazione di famiglie, e intanto un individuo era *civis romanus* in quanto *pater* o *filius* o *nepos*, eccetera, in una famiglia romana. In definitiva, l'ordinamento cittadino arcaico sembra il frutto di una mediazione tra *patres familias*. La struttura patriarcale della *familia* romana e dunque della società, l'assoluta ed esclusiva preminenza dei *patres familias*, il tipo di parentela, depongono per una centralità della *familia proprio iure* e del suo capo, lasciando sullo sfondo le tensioni latenti tra ordinamento cittadino e *gentes*.

Tuttavia, sebbene l'unico raffronto possibile sia quello tra Stato e *familia* piuttosto che quello tra Stato e *gens*, non necessariamente devono attribuirsi alla famiglia romana quelle funzioni politiche che Pietro Bonfante scorgeva e che lo inducevano a elaborare la sua 'teoria politica'. Pur scorgendo tratti essenziali dell'ordinamento cittadino arcaico nella struttura familiare e la necessità di reinterpretare la lettura delle origini di Roma come storia di *familiae* piuttosto che di *gentes*, la teoria bonfantina trova espliciti limiti nei caratteri della *familia* stessa. Il suo limitato ciclo vitale e, in caso di morte del *pater familias*, la sua dissoluzione e scissione in tante *familiae* quanti erano i *filii*, non depongono infatti a favore della teoria della *familia* quale piccolo Stato sotto l'autorità di un proprio capo: l'essenza primaria di uno Stato, o di un organismo con quelle funzioni, è infatti permanente e non transeunte. E in definitiva i tratti della *familia* romana inducono a liberare ogni ricostruzione moderna da quello che è stato definito 'un latente pregiudizio di tipo statualistico'.

c) *Clientes*. – Una delle istituzioni più oscure della Roma arcaica è la clientela. Sebbene sia indubbia la subalternità alle genti patrizie e il loro inquadramento nell'organizzazione gentilizia, i *clientes* rispondevano ai rispettivi *patres familias*, confermando così la centralità della *familia proprio iure* e dei *patres* nell'ordinamento cittadino arcaico. Della clientela restano ancora oggi estremamente controverse due questioni: le origini e le funzioni.

Nell'età storica lo statuto giuridico dei *clientes*, conosciuto grazie alla sopravvivenza delle informazioni relative alle cosiddette *leges regiae* e alle norme decemvirali, depone a favore di un'origine antichissima e della loro fisionomia di gruppo subalterno di carattere familiare-domestico. Il catalogo dei doveri dei *clientes* compilato da Dionigi di Alicarnasso è istruttivo:

Dion. Hal. 2.10.1-4: Questa fu la regolamentazione del patronato data allora da Romolo e che rimase in uso per lungo tempo presso i Romani. I patrizi dovevano spiegare ai propri clienti le leggi che essi ignoravano e aver cura di loro, sia che essi fossero presenti o assenti, allo stesso modo, facendo cioè tutto quanto i padri fanno per i figli. Per quanto riguardava i beni e i contratti a essi relativi, i patrizi dovevano intentare processo a favore dei loro clienti offesi, se uno di loro veniva danneggiato relativamente ai controlli e rendere conto a loro volta quando altri li citava in giudizio. E, se si potesse con poche parole dire molte cose, Romolo offrì loro tutta la tranquillità negli affari pubblici e privati, di cui soprattutto essi avevano necessità. I clienti dovevano fornire a loro volta la dote alle figlie dei patroni per le loro nozze, nel caso in cui i padri scarseggiassero di beni e dovevano versare il riscatto ai nemici se qualcuno di loro o dei figli venisse fatto prigioniero. Dovevano inoltre pagare con i propri beni quando essi perdevano le cause private, oppure erano stati condannati a pagare pubbliche ammende consistenti in pene pecuniarie, e questo lo facevano non a titolo di prestito ma di offerta di gratitudine. Così pure compartecipavano alle spese dei patroni per ottenere magistrature e dignità e per le contribuzioni da versare allo Stato, come se fra loro fossero parenti. Per entrambi poi valeva la norma per cui era empio e illegale accusarsi a vicenda o arrecare testimonianze e votazioni avverse o essere annoverato tra i rispettivi nemici. Se qualcuno veniva convinto di aver fatto qualcosa del genere era colpevole di tradimento in base a quella legge che Romolo aveva ratificato e pertanto, se veniva preso, era lecito, a chiunque lo volesse, ucciderlo come vittima di Zeus *Katachthonios*. Era infatti in uso presso i Romani consacrare i corpi di quelli che volevano uccidere impunemente a una qualunque divinità, soprattutto agli dèi ctonii, come fece allora Romolo. Appunto per questo i rapporti tra clienti e patroni, trasmessi di figlio in figlio, continuarono a esistere per molte generazioni, senza differire da veri e propri vincoli di parentela, ed era gran lode per coloro che provenivano dalle casate più illustri avere numerosi clienti, non solo conservando le successioni ereditarie dei patronati, ma anche procurandone altri grazie ai loro meriti. Straordinariamente grande era la gara di benevolenza per non farsi sopravanzare gli uni dagli altri nei favori, in quanto tutto ciò che i clienti ritenevano utile per i loro patroni lo realizzavano, per quanto erano in grado; d'altro canto, i patrizi non volevano affatto importunare i clienti e ricevere alcun donativo in denaro.

La lettura dell'importante passo di Dionigi di Alicarnasso evidenzia due problemi: a) il fondamento del vincolo della clientela; b) l'identità dei clienti.

Circa il primo aspetto, nonostante il riferimento a taluni obblighi (come quello di contribuire alle spese per l'ottenimento di magistrature e dignità) frutto di un'evidente distorsione antistorica, lo statuto giuridico del *cliens* induce a ricostruire la clientela come un'istituzione arcaica dalle origini certamente molto antiche; incompatibile con la schiavitù, non legata alla formazione delle *gentes*, ma risalente a un'età ancora più antica, quando la strutturazione dei gruppi parentali in *gentes* non si era ancora compiuta, strettamente connessa all'ambiente domestico-familiare (in particolare alla figura del *pater familias*) e all'economia del più piccolo nucleo della società romana arcaica, cioè la *familia*.

Il rapporto tra il patrono (*patronus*) e cliente (*cliens*, forse da *cluere*, cioè ascoltare per obbedire) era del tutto peculiare e caratterizzato da un reciproco vincolo di natura religiosa e morale: la *fides*. Le fonti hanno conservato le espressioni tecniche che esprimevano l'insorgenza del vincolo di clientela: *in fidem se dedere, in fidem accipere*. L'obbligo di non violare la *fides* era tuttavia reciproco, ed esponeva l'offensore, fosse *cliens* o *patronus*, alla drammatica sanzione della consacrazione agli dèi infernali:

XII Tab. 8.21: *Patronus si clienti fraudem fecerit, sacer esto.*

[Il patrono, se avrà mancato al suo dovere di difesa verso il cliente, sia consacrato agli dèi infernali].

La sacertà, ovvero la riduzione di un individuo nella condizione di *homo sacer*, costituisce un dato che da solo garantisce sull'alta antichità dell'istituzione della clientela, collocandola certamente in un'epoca in cui l'aspetto sacrale era ancora intimamente connesso con quello giuridico.

Il cliente, a dimostrazione della subalternità politica ed economica al capo del gruppo familiare, aveva una serie di doveri verso il *patronus*, e alcuni di essi anche assai onerosi come provvedere al suo riscatto qualora fosse caduto in prigionia di guerra; contribuire al pagamento delle multe inflittegli in un processo e alla costituzione della dote della figlia da sposare.

Dunque dalla sopravvivenza in età storica dei doveri del cliente verso il patrono appena descritti, dall'ancoraggio alla *fides* che improntava il rapporto clientelare in senso diametralmente opposto al modello schiavistico fondato sul potere assoluto e privo di limiti del *dominus*, dall'inserimento del cliente in seno alla famiglia arcaica come attestano inequivocabilmente le prescrizioni in tema di rapporti ereditari, deriva che lo stato di subordinazione del *cliens* tuttavia non fosse tanto fondato, come invece ancora largamente si sostiene, su vincoli gentilizi, bensì sul rapporto che lo legava al *pater familias*.

Problema di più difficile soluzione è invece il secondo, ovvero capire chi fossero davvero i *clientes*.

Su questo aspetto la frammentarietà dei documenti disponibili rende arduo dare una risposta sicura, tanto che numerose e variegate ipotesi sono state formulate. Escluso il dato della tradizione che vuole la clientela istituita da Romolo (Cic., *De re publ.* 2.9; Dion. Hal. 2.9.2; Plut., *Rom.* 13.7), poiché è affatto antistorico credere che le formazioni sociali siano il frutto di un atto di volontà del fondatore, c'è chi sostiene che l'origine della clientela sia straniera e da collegarsi così o all'asilo romuleo (Carl Wilhelm Göttling) o alla sottomissione di popolazioni di città vicine (August Immanuel Bekker) o alla *deditio* delle comunità sconfitte oppure ancora all'*applicatio* individuale di stranieri (Theodor Mommsen, Paul Willems).

Altri invece, spostando il punto di osservazione sulle condizioni economiche, hanno pensato che i clienti fossero contadini legati da una soggezione (quasi una sorta di signoria feudale) al proprietario terriero (Karl Johannes

Neumann). Lungo questo angolo prospettico, e accantonando l'identità clienti-plebei proposta da Dionigi di Alicarnasso, ci si è poi ulteriormente differenziati: ad esempio, Barthold Georg Niebuhr ha individuato nei clienti un ceto di piccoli contadini che ottenevano in proprietà dal proprietario fondiario due iugeri di terra, mentre André Magdelain ha visto nella clientela i contadini privi di cittadinanza distinti dalla plebe costituita invece dagli elementi non patrizi residenti in città.

Tutte le teorie succintamente richiamate, a parte alcune evidenti forzature che non tengono conto dei dati della documentazione archeologica relativi ai contesti economici e sociali e alla loro precisa evoluzione, mostrano aspetti di verità ma nessuna di esse è da sola soddisfacente. Ciò che invece appare chiaro, pur nella confusa e contraddittoria stratificazione della tradizione, è l'esistenza *grosso modo* di due fasi della storia della clientela.

In origine, in un preciso contesto economico di villaggi sparsi dominato da pastorizia e piccola agricoltura, i clienti, probabilmente, corrispondevano a uno strato subordinato di lavoratori agricoli di scarsa consistenza, una sorta di braccianti agricoli sui fondi dei *patres familias* o su piccoli lotti che venivano a essi concessi. Piccoli contadini o artigiani o stranieri, abitanti di piccole comunità vicine sconfitte o emigrati, insomma individui economicamente deboli che si sottoponevano al potere di un *pater familias* per godere di protezione e di mezzi di sostentamento. La forza lavoro che i clienti assicuravano apparve ben presto tanto più necessaria quanto più dalla pastorizia si passava all'agricoltura, e tutto ciò in piena coerenza con la figura dell'agricoltore romano arcaico rotto alla fatica.

Essi possedevano lo *status libertatis*, avevano capacità giuridica in quanto titolari di patrimoni e idoneità a partecipare ai processi, stante il divieto imposto al cliente e al patrono di non farsi oggetto di reciproca accusa e testimonianza: non schiavi, ma individui liberi eppure del tutto subalterni al *patronus* a cui erano legati dal peculiare rapporto giuridico-sacrale fondato sulla *fides*. Era appunto sulla *fides*, valore comune alle comunità dell'Italia centrale, come attestano i documenti relativi al collegio sacerdotale dei feziali a proposito dei rapporti cosiddetti internazionali, che si modulava il rapporto *patronus-cliens* all'insegna di reciproci doveri.

Una seconda fase coincise con la dissoluzione delle antiche strutture di villaggio e l'affermazione dell'egemonia delle *gentes*, che con la loro organizzazione, sussunta dalla *civitas* come propria, portarono a un incremento della clientela. Il consolidamento della fisionomia gentilizia di Roma, l'espansione del suo insediamento abitativo, le nuove conquiste, i mutati livelli di ricchezza, l'aumento delle diseguaglianze nei processi di appropriazione dei mezzi di produzione, l'arrivo di ampi gruppi (come il caso della trasmigrazione dalla Sabina del gruppo guidato da *Atta Clausus*, evento utilizzato dalla tradizione a giustificazione dell'origine della *gens Claudia*) non devono interpretarsi soltanto come cause di incremento quantitativo dei *clientes* ma soprattutto come fattori di trasformazione dei tratti della clientela originaria che si inseriva ancor più nell'ampio contesto gentilizio assumendo perciò stesso una maggiore proiezione pubblica, a cui non era nient'affatto estranea la sfera militare.

Non a caso, proprio nella fase gentilizia, oltre che lavoratori della terra, i clienti finirono per assumere pure le vesti di una consistente milizia privata a disposizione degli interessi collettivi delle *gentes* di appartenenza: di tutto ciò la tradizione, depurata di miti e invenzioni annalistiche, ha serbato qualche traccia, come ad esempio il ricordo della spedizione veiente dei Fabii, sconfitti al Cremera nel 479 a.C., cioè la registrazione di un drammatico evento militare che ebbe come protagonista uno sfortunato esercito privato composto da *gentiles* e *clientes* (e mercenari, secondo Dion. Hal. 9.15.4).

d) *Le tres antiquae tribus*. – Per completare il quadro delle istituzioni arcaiche, resta da discutere delle *tres antiquae tribus*: *Ramnes-Ramnenses*, *Tities-Tienses* o *Tites* e *Luceres*, secondo le denominazioni raccolte da Varrone. Trattiamo alla fine questo tema, perché per quanto tramandate come poli preurbani in cui confluirono le curie cittadine e dunque le *gentes* in base a una sorta di distribuzione della popolazione nata dalla fusione di tre componenti etniche, le tribù arcaiche, rispetto alle realtà della *familia* e della *gens*, avevano un'origine relativamente recente e artificiale e rispondevano a chiare finalità militari. Lo evidenziava, oltre ogni altra prova, la loro natura di vertice di una struttura ternaria e piramidale in cui si distribuiva la popolazione della Roma arcaica: tre *tribus*, trenta *curiae* e trecento *decuriae*, un sistema in cui le curie funzionavano da distretti di leva chiamati a fornire l'esercito primitivo, cioè la legione arcaica composta di 3 mila fanti e 300 cavalieri.

Il collegamento delle *tribus* alla sfera militare è cospicuamente attestato dagli autori antichi:

Varro, *De ling. lat.* 5.81: [...] *tribuni militum (dicti), quod terni tribus tribubus Ramnium, Lucerum, Titium olim ad exercitum mittebantur* [...].

[... I tribuni militari (si chiamano così) perché un tempo erano assegnati all'esercito in numero di tre per ognuna delle tre tribù dei Ramni, Luceri, Tizi ...].

Fest., s.v. «*Turmam*»: *Turmam equitum dictam esse ait Curiatius quasi terimam: quod ter deni equites ex tribus tribubus Titiensium, Ramnium, Lucerum fiebant. Itaque primi singularum decuriarum decuriones dicti, qui ex eo in singulis turmis sunt etiam nunc terni.*

[Torma di cavalli: Curiazio dice che fu detta così nel senso di «terza parte», poiché si sceglievano tre decine di cavalieri dalle tre tribù dei Tiziensi, dei Ramni e dei Luceri. Perciò i capi delle singole decurie furono chiamati decurioni, che da allora sono ancora tre per ogni gruppo].

Lyd., *De magistr.* 1.9: (Romolo) alle truppe aggiunse anche trecento cavalieri, avendo affidato la loro guida a un tale di nome Celerio; allora tutto l'esercito per sineddoche venne chiamato per questo motivo Celeri. Poiché la cavalleria si riuniva in tre centurie, le distinse con tre nomi, chiamandoli Ramniti, Tizi e Luceri.

Nonostante ciò, molteplici sono stati i tentativi di spiegare altrimenti genesi e funzioni delle tre antiche *tribus*: nel corso di un secolare dibattito storiografico si sono così affacciate le tesi della natura etnica delle *tribus*, quella territoriale, quella delle funzioni sociali (sacerdoti, guerrieri e produttori) e infine quella della ripartizione gentilizia. Tra queste hanno goduto di maggior seguito le prime due, ossia la tesi etnica e la tesi territoriale. Eppure entrambe da sole non spiegano del tutto nel momento in cui si fanno i conti con il complesso dei dati a disposizione. Se da un canto è vero che la tradizione, pur con tutte le varianti, ricordi l'importanza di Sabini, Latini ed Etruschi nella formazione della città (Flor. 2.6.18: [...] *Quippe cum populus Romanus Etruscos, Latinos, Sabinosque sibi miscuerit et unum ex omnibus sanguinem ducat, corpus fecit ex membris et ex omnibus unus est;* [...]); da un altro canto però non può disconoscersi il fatto che non un solo autore antico colleghi direttamente i gruppi etnici alle tribù.

Allo stesso modo, l'orientamento tendente a spiegare le *tribus* come autonomi organismi politici preesistenti, composti da *gentes* federate, e dalla cui ulteriore federazione nacque Roma, non si armonizza con la complessità e la non linearità dei processi evolutivi, incorrendo nell'evidente errore di prospettare facili schematizzazioni e comode, ma antistoriche, interpretazioni progressive e meccanicistiche.

E allora, tornare alle voci antiche senza pregiudizi e impulsi razionalisteggianti è l'unico atteggiamento scientifico conducente, e tra queste voci una delle più attendibili continua a essere Varrone, il quale delle *tres antiquae tribus* dava la seguente spiegazione:

Varro, *De ling. lat.* 5.55: *Ager Romanus primum divisus in partis tris, a quo tribus appellata Titiensium, Ramnium, Lucerum. Nominatae, ut ait Ennius, Titienses ab Tatio, Ramnenses ab Romulo, Luceres, ut Iunius, ab Lucumone; sed omnia haec vocabula Tusca, ut Volnius, qui tragoedias Tuscas scripsit, dicebat.*

[Il territorio romano fu originariamente diviso in tre parti, da cui presero nome le tribù dei Tiziensi, dei Ramni e dei Luceri. Come dice Ennio, i Tiziensi presero nome da Tazio, i Ramnensi da Romolo e i Luceri, come dice Giunio (Graccano), da Lucumone; ma tutte queste parole sono etrusche, come diceva Volnio, che scrisse tragedie in etrusco].

Varrone attingeva a una tradizione che rappresentava le *tribus* innanzitutto come ripartizioni territoriali e soltanto larvatamente in senso etnico sempreché il riferimento alle figure di Romolo, Tito Tazio e Lucumone fosse da intendere così. La spiegazione varroniana, oltre a chiarire bene che le *tribus* romulee erano istituzioni territoriali, fa capire che molto probabilmente ebbero un fondamento non tanto etnico ma sociale, perché anche sedi di gruppi diversi da tempo lì insediati, che avevano maturato la coscienza di una antica e comune discendenza, che soddisfacevano interessi economici e di difesa del territorio, e che, da un certo momento in avanti, avviatosi il processo di formazione della città costituirono anche base per il reclutamento dell'*equitatus* romano, cioè della cavalleria.

Questa evoluzione, perfettamente rispondente alle esigenze di ordine militare di un centro che compiva il salto di qualità da una morfologia protourbana a vera e propria città, si inserisce con coerente compatibilità tra il mito della fondazione della *civitas* e i processi reali che ne stettero alla base. Si tratta di una prospettiva ben diversa dalla tesi propugnata da Barthold Georg Niebuhr, secondo cui le *tribus* erano organismi unitari, in origine autonomi e poi ricompresi nel corso di un grande processo storico in una più ampia comunità costituita dalla *civitas*. L'angolazione che assumiamo è quella che aiuta invece a non perdere d'occhio che nel mito del ratto delle sabine, nell'incontro-scontro tra la comunità latina del Palatino capeggiata da Romolo e quella sabina del Quirinale guidata da Tito Tazio, così come nell'esistenza già in età arcaica di un *vicus Tuscus* che percorreva lo spazio tra Palatino e Campidoglio sull'ansa del Tevere, e il ricordo dei Luceri, Albani o Etruschi del Celio, si sedimentava il processo plurisecolare, confuso e a volte contraddittorio, di fusione di comunità di villaggi e pagi sparsi sulle alture laziali di cui abbiamo parlato nelle pagine precedenti, quel processo incessante e tortuoso che stette alla base della fondazione di Roma: fusioni e legami federativi che tracciavano nuovi insediamenti e forgiavano le istituzioni politiche (e, inizialmente, soprattutto religiose), tanto da ancorare nel mito latino-sabino persino l'idea della duplicazione della carica regia. Del resto, è ormai accertata l'esistenza in età proto-urbana di rudimentali ripartizioni territoriali, a volte di matrice religiosa (come i sacrari rionali degli Argei, poi accolti nelle curie), altre volte di segno etnico, come i distretti ricollegabili ai *populi Albenses*, uniti in un'antichissima lega presieduta da Albalonga, con una propria sede presso il Monte Cavo e con il comune culto di *Iupiter Latiaris*, secondo uno schema diffuso nel Lazio arcaico (si pensi, ad esempio, al *Concilium Latinorum* comprendente diverse città latine presso il tempio di Diana, al *caput aquae Ferentinae* che nel corso del tempo avrebbe assunto forti connotati antiromani).

L'introduzione delle tre antiche *tribus*, in altre parole, lungi dal tradurre una reale e rigida divisione etnica o territoriale proiettata poi sull'organizzazione gentilizia delle *curiae*, è piuttosto interpretabile quale artificiale e semplificata traduzione di un ormai cristallizzato e complesso sinecismo di componenti etniche e culturali eterogenee (la latina dei *Ramnes* o *Ramnenses*, la sabina dei *Tities* o *Titienses* e l'etrusca dei *Luceres* che i Romani, con facile e ingenua etimologia, spiegavano come ricollegabili rispettivamente a Romolo, Tito Tazio e Lucumone: Liv. 1.13.8) che su base territoriale si intrecciava inestricabilmente con la fondazione della città e la formazione delle sue istituzioni politiche, religiose e militari.

4. *Il periodo monarchico. Negazione e prove dell'esistenza di un periodo regio*

L'approccio ipercritico del complesso di notizie genericamente indicato come tradizione, che abbiamo descritto nelle pagine iniziali di questo libro, aveva raggiunto tratti di un radicalismo così insostenibile da negare persino l'esistenza di un'epoca monarchica nella storia di Roma. Studiosi della levatura di Ettore Pais e Luigi Pareti, che pur efficacemente avevano illustrato taluni meccanismi ingannatori dell'annalistica (le falsificazioni, gli anacronismi, le anticipazioni, le interpolazioni), tuttavia pervenivano al risultato finale di cancellare l'intera storia di Roma tramandata sin dal III secolo a.C. in quanto frutto di una gigantesca e sistematica invenzione.

Il fortunato affastellarsi, negli ultimi decenni, di nuovi reperti provenienti da importanti campagne di scavi archeologici, i progressi delle nostre conoscenze grazie ad altre discipline antichistiche hanno contribuito a creare un clima di maggiore serenità di valutazione circa le informazioni provenienti dall'annalistica, riportando su binari scientificamente più conducenti la ricerca scientifica sulle fasi più antiche della storia di Roma.

Oggi, possiamo certamente asserire che i dubbi sull'esistenza o meno di una storia monarchica di Roma appaiono del tutto fugati. Richiamare qualche dato concreto è utile.

1. La sigla QRFC (*Quando rex comitiavit fas*), presente nel calendario romano in corrispondenza del 24 marzo e 24 maggio, indicativa di un'alta arcaicità, contrassegnava quei due giorni come già predeterminati per un'attività pubblica consistente nella forte interazione tra il *rex* e i *comitia* dell'epoca.

2. La cerimonia del *regifugium*, antichissima festività che cadeva alla fine dell'anno e spiegata da Ovidio, con evidente autoschediasma, come ricordo della cacciata dei Tarquini.

3. La dimora del *rex* denominata *regia*.

4. Un celebre graffito su una coppa di bucchero recante i segni grafici *rex*.

5. Un'importante iscrizioni arcaica, rinvenuta da Giacomo Boni nel 1899, sotto una delle pavimentazioni del foro arcaico, meglio nota come *Niger lapis*, e attribuita alla seconda metà del VI secolo a.C., contiene il testo di una *lex regia* in cui sono menzionati appunto il *rex* e il suo araldo il *calator*, figura quest'ultima che richiama in radice i *comitia calata*. In effetti la presenza del *calator* – titolare della funzione di convocazione (*calare*) dei *comitia* – è importante ai fini della verifica dell'opinione degli antichi circa la relazione istituzionale tra *reges* e assemblee popolari dell'epoca; un nesso oggettivo che è ulteriormente confermato anche da un quadro di insieme di situazioni topografiche: la sede dei *calatores* era adiacente alla *Regia* e forte era il rapporto tra *Niger lapis* e *Volcanal*, luogo quest'ultimo da cui si convocava il popolo nel Comizio (come ricordava Dion. Hal. 3.1.2 e 1.87.2).

6. La ricostruzione delle vicende della *Regia*, del santuario di Fortuna, che

la tradizione collega a Servio Tullio, e la datazione delle pavimentazioni del Foro e dell'area del Comizio con i *saepta* elettorali.

7. Il ciclo pittorico della celeberrima tomba François, nel quale compaiono un *Macstrna* e un *Tarchunies Rumach*.

8. Connesso alla tradizione di Mastarna e alla tomba François, l'iscrizione *Avle Vipinas* incisa su un vaso veiente della seconda metà del VI secolo a.C.

9. La sopravvivenza in età repubblicana dell'*interregnum*, cioè il meccanismo di avvicendamento al trono di cui parleremo più avanti, che ha una sua unica spiegazione come istituto fossile dell'età monarchica che riviveva nell'emergenza dell'improvviso venir meno di entrambi i consoli.

10. Similmente, il *rex sacrorum* che troviamo nel catalogo dei sacerdozi più importanti di età repubblicana come altro fossile dell'età regia; per la verità il fossile per eccellenza, trattandosi del simulacro del *rex* (una volta capo politico, militare e religioso) e relegato soltanto *ad sacra* all'indomani della cacciata dei Tarquini e dell'instaurazione del nuovo regime costituzionale repubblicano.

11. E infine l'avversione contro ogni tentativo di concentrazione di potere nelle mani di un solo uomo qualificata come *adfectatio regni*: potremmo dire la 'Grundnorm' costituzionale e fondativa della *res publica*.

Tutto ciò in fin dei conti era chiaro agli ambienti più colti e avvertiti di Roma. Nessuno si sognava di mettere in discussione i primi secoli della storia di Roma e delle sue istituzioni politiche. Certo, potevano esserci anacronismi, visioni deformate e deformanti, inesattezze, ma il complesso enorme di dati e notizie circa l'età dei re legislatori, coerente con le civiltà (greca ed etrusca) del tempo con cui Roma ebbe i più profondi contatti, non poteva certo essere il frutto di una tarda annalistica.

5. *Gli organi costituzionali della monarchia. Premessa*

Per tutta l'epoca denominata regia gli organi, diremmo oggi, di natura costituzionale furono il *rex*, il *senatus* e i *comitia curiata*. Tuttavia, prima di entrare nel merito dell'analisi di ciascuno di essi, è utile avvertire che, per quanto assai compatta, l'epoca regia vide due fasi in cui prevalsero tratti assai differenti sia dei singoli organi in questione sia nel loro dinamico rapporto.

Una prima fase, dai moderni denominata latino-sabina, in cui il sovrano si contrassegnava come *rex-sacerdos*, dalle spiccate funzioni di guida militare (si pensi alle figure bellicose dello stesso Romolo o di Tullo Ostilio), ma in cui sicuramente prevaleva l'aspetto più civile e religioso (sotto questo profilo, Numa e Anco Marcio) e il senato costituiva una sorta di assemblea di saggi, in cui il *rex*, *primus inter pares*, conduceva in maniera condivisa gli affari di governo, mentre sullo sfondo si profilava un embrionale ruolo del popolo riunito nei *comitia curiata*. Attorno alle figure dei primi quattro re, la tradizione tendeva ad agglutinare tutte le norme relative all'organizzazione politica e costituzionale (Romolo); al diritto sacro (Numa Pompilio), alla sfera militare e allo *ius fetiale* (Tullo Ostilio e Anco Marcio). Sembra la rappresentazione di una fase dinamica e di assestamento in cui i processi di aggregazione non solo non erano conclusi ma venivano altresì alimentati proprio dal peculiare carattere della Roma delle origini quale città aperta, caratterizzata da un'aristocrazia non chiusa e in formazione, da forti fenomeni di mobilità orizzontale e verticale tali da vedere assurgere alla carica regia persino uomini di provenienza straniera.

Una seconda fase, chiamata etrusco-latina, invece appare dominata da figure di sovrani di stirpe etrusca, con una spiccata fisionomia militare, giunti al potere al di fuori dei meccanismi politici e istituzionali modellati dall'antica aristocrazia gentilizia. Gli ultimi tre re (Tarquinio Prisco, Servio Tullio e Tarquinio il Superbo) finiscono per rappresentare gli interpreti di una stagione di grandi cambiamenti, e di rotture radicali degli assetti istituzionali e degli equilibri politici gentilizi, con cui si sarebbero gettate le fondamenta di quegli ordinamenti alla base della straordinaria fortuna di Roma.

6. *La monarchia latino-sabina*

Sebbene la tarda tradizione storica tenda a descrivere sin dal principio una statalità romana, le cose furono assai più fluide e dinamiche. La descrizione che gli autori antichi, a cominciare da Dionigi di Alicarnasso, propongono di una costituzione romulea, precisa, minuziosamente elaborata ed equilibrata nelle articolazioni istituzionali e sociali, risentiva certamente degli influssi della storiografia greca incentrata sulla storia delle città (*poleis*) a cominciare dalla loro fondazione.

Ora, pur tra incertezze e contraddizioni, è possibile riconoscere l'esistenza già nell'VIII secolo a.C. di un assetto tra entità, che, per quanto rudimentali, con linguaggio moderno potremmo definire organi, titolari di funzioni politiche, aventi come baricentro un potere regio forte.

a) *Il rex*. – Il re era il capo politico, militare e religioso della città. Comandava l'esercito, amministrava la giustizia e presiedeva ai più importanti affari religiosi della città. Nonostante le notizie controverse, sovente confuse, è agevole ricavare i caratteri del tutto peculiari della monarchia romana: il *rex* era capo unico e vitalizio; irresponsabile; ed era elettivo, nei limiti in cui possa ammettersi l'elettività nella Roma arcaica.

Naturalmente non era solo nello svolgimento delle sue gravose funzioni. In campo politico e per gli affari più rilevanti, si avvaleva innanzitutto del *senatus*, cioè l'assemblea dei *patres*, che costituiva d'altra parte il suo *consilium*.

A proposito dell'amministrazione della giustizia civile, sono scarsissime le nostre informazioni per questo periodo. Può tuttavia credersi che, almeno in una prima fase, il *rex* esercitasse direttamente la funzione giurisdizionale nella sua unitarietà: il *dicere ius*, l'individuazione ed enucleazione del principio giuridico da applicare per risolvere le liti private, attraverso la consulenza dei *pontifices*, antico e prestigioso collegio sacerdotale dalle origini e denominazioni misteriose agli stessi romani, eppure da sempre competente nella sfera del diritto; e la pronuncia del verdetto:

> Dion. Hal. 2.14.1: (Romolo) Al re riservò le seguenti prerogative: innanzitutto di avere la direzione delle cerimonie sacre e dei sacrifici, che per suo tramite si compissero tutti gli atti del culto divino. Così pure sarebbe stato suo compito farsi custode delle leggi e delle patrie consuetudini, occuparsi di ogni aspetto del diritto, sia naturale che positivo, giudicare personalmente i reati più gravi e demandare ai senatori quelli di minore entità, avendo cura che non si verificassero discordanze nei giudizi, riunire il senato e convocare il popolo, esprimere per primo la propria opinione e adempiere le decisioni della maggioranza. Queste sono dunque le prerogative del re e oltre a queste il comando in guerra con pieni poteri.

Ci sono due dati che in qualche modo ci fanno credere a ciò. Il primo ci proviene dalle indagini archeologiche che hanno accertato nel Foro presso il Comizio il posizionamento del *tribunal* del *rex*, da cui esercitava le sue funzioni tra cui la *iurisdictio*. Il secondo è offerto dalla tradizione che ha serbato qualche traccia del ricordo di un tempo in cui erano direttamente i *reges* ad amministrare la giustizia:

> Dion. Hal. 4.25.2: In effetti i re che lo avevano preceduto avevano ritenuto opportuno condurre personalmente i processi e giudicare secondo modalità proprie le cause, sia private che pubbliche, mentre Servio Tullio separò le cause pubbliche da quelle private, emanava personalmente le sentenze per gli illeciti attinenti all'interesse pubblico, mentre per gli illeciti privati dispose che vi fossero dei giudici privati, stabilendo per questi come limiti e norme le leggi che egli stesso aveva redatto.

La tradizione raccolta da Dionigi di Alicarnasso è di una certa importanza: nel passare in rassegna le riforme regie, Dionigi attribuiva a Servio Tullio una sorta di riforma giudiziaria *'ante litteram'* che potrebbe essere vista, al di là della reale paternità di Servio, come il ricordo di un'avvenuta razionalizzazione della *iurisdictio* romana nella bipartizione in fase *in iure* e in fase *apud iudicem*, quest'ultima affidata appunto a *iudices privati*, che sarebbe poi restata per molti secoli la struttura fondamentale del processo privato romano.

Mentre nell'esercizio degli amplissimi poteri coercitivi e di amministrazione della giustizia criminale, le fonti concordano nell'affermare la piena titolarità regia e l'esistenza di suoi ausiliari almeno nella repressione di determinate figure di reati come i *quaestores parricidii* (per il *parricidium*, cioè l'omicidio) e i *duoviri perduellionis* (per la *perduellio*, cioè l'alto tradimento). E se nei momenti di sua assenza in città, il *rex* si avvaleva di un *praefectus urbi*, non bisogna dimenticare che, comunque, accanto a lui era pur sempre presente uno scarno 'apparato' di *lictores, calatores*, ecc., per coadiuvarlo nell'esercizio delle sue varie funzioni pubbliche.

Nell'ambito del comando militare invece il *rex* poteva contare su un *magister populi*, coadiuvato a sua volta da un *magister equitum*, figure sempre più importanti man mano che cresceva la città e si moltiplicavano gli impegni civili e militari del monarca.

Infine in campo religioso, indispensabile era la collaborazione dei collegi sacerdotali più importanti (*pontifices, augures, fetiales, vestales, flamines, salii*, ecc.).

Nella persona del *rex* si realizzava quindi una tale concentrazione di poteri da considerare inaccettabile sin da tempi assai antichi una concezione dinastica della regalità. Per quanto affascinanti tesi antropologiche, volte alla comprensione della regalità latina, ci spingano assai indietro sino ai tempi ancestrali del *rex Nemorensis*, la monarchia romana, come vedremo tra breve, si trasmetteva attraverso un meccanismo ibrido di carattere elettivo e sacrale consistente nell'*interregnum* che faceva della successione al trono un *unicum* nel quadro della cultura istituzionale dell'Italia arcaica, ricordato da Cicerone come istituzione *nova et inaudita ceteris gentibus* (Cic., *De re publ.* 2.12.23):

> Liv. 1.17.5-6: *Ita rem inter se centum patres, decem decuriis factis singulisque in singulas decurias creatis qui summae rerum praeessent, consociant. Decem imperitabant: unus cum insignibus imperii et lictoribus erat: quinque dierum spatio finiebatur imperium ac per omnes in orbem ibat, annuumque intervallum regni fuit. Id ab re quod nunc quoque tenet nomen interregnum appellatum.*
>
> [Perciò cento senatori, create dieci decurie e scelti dieci membri, uno per ogni decuria, i quali fossero a capo dello Stato, si dividono il potere. Governavano in dieci, uno solo aveva le insegne del comando e i littori; il potere era limitato a cinque giorni e toccava a turno a tutti; e per un anno si ebbe un'interruzione del regno. Da ciò questo periodo fu chiamato interregno, nome che sussiste ancor oggi].

Livio ha accolto nella sua opera la tradizione sul primo *interregnum* innescato dalla morte di Romolo che avrebbe condotto all'investitura di Numa Pompilio. Pur nella frammentarietà delle testimonianze, si ritiene che l'*interregnum* funzionasse così: alla morte del *rex*, secondo una formula religiosamente conservata anche in età successiva, gli *auspicia ad patres redeunt*, cioè il potere auspicale ritornava nella sua originaria interezza ai *patres*, forse retaggio di una fase antichissima in cui esisteva una gestione collettiva del potere e il ricorso al capo unico era eventuale e legato a fatti di particolare importanza. Da questo momento una serie di *interreges*, scelti tra i senatori, si avvicendavano al potere per cinque giorni alla volta sino a quando segni divini favorevoli, in realtà la necessaria maturazione degli accordi e dunque la volontà politica degli uomini, avrebbero individuato un designato. Una volta raggiunto il compromesso sul nuovo *rex*, il designato accompagnato dall'*augur* si sarebbe recato sull'*arx Capitolina* per attendere, entro uno spazio appositamente consacrato (*templum*), il pronunciamento della volontà divina attraverso segni inequivocabili appunto interpretati dall'apposito sacerdote: *auguria*, e non *auspicia*. Non si tratta di un dettaglio in quanto gli *auguria* avevano una funzione di incremento di forza ed effetti duraturi; mentre gli *auspicia* avevano una funzione assai meno assorbente e riguardavano, limitandosi strettamente ad essi, i singoli atti da compiere da parte del *rex* o da parte dei *magistratus* repubblicani in epoca successiva.

Una volta *inauguratus*, il *rex declaratus* scendeva nel Foro e *in comitio* veniva approvata la *lex curiata de imperio*, ovvero il provvedimento formale attraverso cui il popolo conferiva l'*imperium* (cioè il sommo potere militare) al *rex*.

Questo meccanismo di successione, in cui è evidente la partecipazione di tre componenti fondamentali secondo la cultura istituzionale del tempo, *senatus* (volontà politica), *augur* (religione), *comitia curiata* (matrice popolare), esprimeva anche uno dei valori fondanti della *civitas* poggiante sulla supremazia del riconoscimento di doti di saggezza e di abilità politica che scostavano molto l'ideologia monarchica romana dalle altre e assai diffuse concezioni ereditarie presenti nelle monarchie antiche.

Tuttavia, l'*interregnum* funzionò sino a quando la composizione della popolazione sostanzialmente non mutò e Roma rimase un centro, certo importante, ma dalla potenza confinata al *Latium vetus*. Quando però Roma finì per essere attratta nell'orbita della potenza etrusca e quando conseguentemente il quadro politico e in un certo qual modo anche quello istituzionale cambiarono profondamente a seguito di imponenti riforme, anche l'*interregnum* non costituì più l'ordinario meccanismo della successione al trono.

b) *Il senatus*. – Il *senatus*, da *senex* (anziano), era l'assemblea dei *patres*, cioè dei più autorevoli capi delle più antiche e potenti famiglie romane. Il senato, secondo un dato culturale e di valore comune alle antiche esperienze, era una sorta di *consilium* di uomini anziani e saggi che in virtù di queste doti assistevano il *rex* nello svolgimento delle sue funzioni. Le fonti dicono che al momento della sua istituzione da parte di Romolo, il senato fu composto di cento *patres* perché soltanto questi e in questo numero poterono essere:

> Fest. s.v. «*Senatores*»: *Senatores a senectute dici satis constat; quos initio Romulus elegit centum, quorum consilio rempublicam administraret.*
>
> [È abbastanza noto che i senatori sono chiamati così dall'età avanzata; Romolo all'inizio ne scelse cento, perché con il loro consiglio potesse gestire gli affari di Stato].

In realtà, se vogliamo dar credito a questa notizia, il numero del senato romuleo fu verosimilmente un punto di arrivo di una fase di assestamento degli equilibri che portò a un certo momento a selezionare cento *patres*.

Anche per il *senatus* dell'età arcaica, l'annalistica tende ad attribuire le medesime funzioni dell'età repubblicana; pertanto, il *senatus* emanava i *senatus*-

consulta, avviava la *proditio interregis* e prestava la cosiddetta *auctoritas patrum*, ovvero la convalida degli atti deliberativi comiziali.

Esclusa l'*auctoritas patrum*, che per il peculiare ruolo dei *comitia curiata* dell'epoca deve realmente credersi il frutto di un'anticipazione storica della dinamica complessa tra *senatus* e comizi repubblicani, bisogna concentrarsi sulle prime due.

I *senatusconsulta* erano espressione della tipica funzione consultiva del senato, che conservò per sempre nei secoli successivi, quale *consilium regis* prima, poi dei magistrati repubblicani; in concreto essi consistevano nei consigli rivolti al *rex* soprattutto nella conduzione degli affari politici interni e internazionali.

Il dibattito sviluppatosi in dottrina circa il carattere necessario e vincolante dei *senatusconsulta* è tuttavia il frutto non solo di condizionamenti derivanti dal loro valore assunto in età repubblicana ma anche dell'approccio di cultura giuridica moderna poco consona a un'esperienza statale dell'VIII secolo a.C. È assai probabile e sufficiente, infatti, immaginare un rapporto dialettico molto intenso tra il *rex* e i *patres*, i quali esercitavano comunque un potere di indirizzo politico altamente influente. Naturalmente, la maggiore o minore forza dei consulti senatori dipese non dal loro intrinseco valore giuridico ma dagli equilibri politici e dal grado di autonomia che il re di volta in volta riusciva ad affermare rispetto ai capi dei gruppi familiari e gentilizi più autorevoli e potenti.

La seconda funzione, storicamente certa, del senato era quella di *prodere interreges*, cioè la nomina degli *interreges* quale atto di avvio del complesso meccanismo di successione al trono denominato *interregnum* su cui ci siamo soffermati prima.

c) *I comitia curiata*. – I *comitia curiata* costituivano la prima forma assembleare del popolo romano. Nella ripartizione del *populus*, fatta risalire dalla tradizione a Romolo, il criterio dominante era quello delle *curiae*. Originariamente sorta di rioni dell'abitato, in cui erano collocati sacrari dei culti precivici (Varrone ricordava i sacrari degli Argei, in numero di 27: numero divisibile per tre ancorché non adeguato al sistema decimale), con la strutturazione dell'*urbs* il numero delle *curiae* si fissò in 30. Nelle *curiae* si riunivano i cittadini maschi, adulti e idonei alle armi (*patres*, *filii* e dobbiamo presumere anche i *clientes*) sostanzialmente su base gentilizia; in base allo schema ternario romuleo, le 30 *curiae* confluivano nelle *tres antiquae tribus*. Ciascuna *curia*, presieduta da un *curio maximus* coadiuvato da un *lictor curiatus*, ad un certo momento, man mano che si strutturavano le istituzioni cittadine, cominciò a fungere da distretto militare poiché forniva all'esercito arcaico 100 uomini di fanteria (*pedites*) e 10 cavalieri (*equites*) che contribuivano a formare la legione arcaica composta da 3.000 *pedites* (fanti) e 300 *celeres* (cavalieri).

Le *curiae* avevano ciascuna una propria sede, dove i rispettivi membri si riunivano per lo svolgimento dei comuni riti religiosi, per le festività e per le discussioni sui temi 'politicamente' più significativi per quell'aggregazione. Oggi l'avanzamento delle nostre conoscenze, grazie a raffinatissimi studi archeologici, è giunto a una più o meno precisa ricostruzione topografica della sede delle curie. In prosieguo di tempo, di pari passo al processo di strutturazione della città, la 'cifra' della dimensione politica delle curie dovette inevitabilmente accrescersi e spingere verso la realizzazione di un unico luogo in cui riunirsi tutti insieme dinanzi alle decisioni e ai problemi riguardanti l'intera comunità: il Comizio.

Tale processo evolutivo sembra confermato anche dall'etimologia del termine *curia*. Sebbene su di esso gravino molti dubbi, *curia* in qualche misura appare collegato a *Quirites*, la più antica denominazione dei Romani ostinatamente conservata anche nelle formule di età assai più tarda. Considerando il carattere e la funzione militare delle curie, la questione si chiarisce presto: secondo l'etimologia più accreditata, i termini deriverebbero da *co-viria* o *co-virites*, cioè riunione degli uomini delle curie, che annoveravano tra le principali divinità il dio *Quirinus*. Questo significato forse è in qualche modo compatibile (e non alternativo), per quanto appaia come una sorta di autoschediasma, con *quiris*, termine di origine sabina indicante la lancia, atto a sottolinearne ancor più la matrice militare e non esclusivamente politica come invece furono le assemblee della matura età repubblicana. In altri termini, anche sotto il profilo semantico, *curiae* e *comitia curiata* indicherebbero riunioni degli uomini atti alle armi, in assoluta armonia con l'originario e arcaico significato di *populus* quale *exercitus*.

Ai *comitia curiata*, quale assemblea popolare nelle forme dell'esercito arcaico, la tradizione attribuisce le tre medesime funzioni (elettiva, legislativa e giurisdizionale) che furono storicamente svolte dalle successive assemblee popolari repubblicane, e precisamente l'elezione del *rex*, l'approvazione delle *leges* cosiddette *curiatae*, i giudizi popolari:

> Dion. Hal. 2.14.3: Alla massa del popolo demandò questi tre compiti: la scelta dei magistrati, l'approvazione delle leggi e, quando lo diceva il re, la disamina delle questioni belliche, ma non con facoltà assoluta qualora tali cose non fossero parse opportune anche al senato. Il popolo non dava il suo voto tutto contemporaneamente, ma convocato per fratrie (cioè curie). Ciò che decideva la maggioranza delle fratrie veniva riportato al senato.

Giustamente insospettita dalla precisa simmetria con le istituzioni repubblicane, per alcuni aspetti del tutto incompatibili con un regime come quello monarchico, e soprattutto dall'incoerenza con il restante quadro di una realtà come quella di Roma ancora lontana da un assetto di equilibri costituzionali come quello che si raggiunse nella media età repubblicana, a lungo la critica moderna ha ritenuto questa rappresentazione della storiografia antica come un immenso abbaglio e il frutto dell'anticipazione annalistica all'epoca monarchica dei principali tratti costituzionali repubblicani.

In particolare, alla versione della tradizione annalistica, si è obiettato che le presunte funzioni deliberative dei *comitia curiata* sarebbero poco congruenti con il numero pari delle curie che non agevolerebbe sempre il raggiungimento della maggioranza; con una composizione degli stessi *comitia* anomala, cioè formata in maggioranza da soggetti *alieni iuris* (*filii* e *clientes*) o di soggetti in condizione di inferiorità politica come i *plebeii*. Le obiezioni di carattere generale poi si riflettevano nelle singole funzioni deliberative: così si è negato il carattere elettivo della monarchia romana; si è bollata come inverosimile la partecipazione dei *comitia curiata* al fenomeno legislativo arcaico (le cosiddette *leges regiae*) e altrettanto si è detto della competenza giurisdizionale in materia criminale.

Ora, è vero che l'annalistica romana nacque circa tre, quattro secoli dopo la storia della monarchia romana, e che dunque abbia profondamente risentito di influssi e concezioni di età repubblicana, tuttavia tante e convergenti sono le notizie di partecipazione popolare alle fondamentali scelte politiche della vita della comunità cittadina da obbligare alla prudenza nel rigettarle interamente: il complesso della tradizione in qualche misura resiste alla critica, anche a quella più dura e serrata, tanto da rendere ormai impossibile una radicale liquidazione. E in effetti, l'errore di fondo pare essere stato quello di muovere obiezioni non del tutto convincenti perché frutto di un analogo schematismo con categorie e assetti di epoche successive, mentre bisognerebbe provare a restare agganciati alla cultura giuridica e istituzionale e ai valori della Roma arcaica.

Innanzitutto, è vero che le successive assemblee repubblicane ebbero un numero dispari di unità votanti (centurie e tribù) a differenza del numero pari delle curie, ma il numero pari non osterebbe in via di principio alla formazione di una maggioranza, potendosi verificare in un solo caso la parità. In ogni caso l'idiosincrasia romana verso i numeri pari è certamente successiva alla 'cultura istituzionale' dei primi secoli della storia giuridica di Roma (basti ricordare i *triginta populi Albenses*, la reggenza di Romolo e Tito Tazio, lo stesso calendario arcaico romuleo era di dieci mesi, come testimonia il nome *december*).

In secondo luogo, l'argomento della disuguaglianza sociale e giuridica a Roma varrebbe anche, e forse persino più gravemente, per le assemblee repubblicane: si pensi ad esempio e più in generale ai problemi derivanti dal rapporto di soggezione del *filius*, nell'eventualità in cui fosse addirittura *magistratus* della repubblica, al proprio *pater familias*.

In terzo luogo, è tutt'altro che dimostrata l'esistenza *ab origine* o comunque in epoca regia della differenza sociale e politica tra patrizi e plebei.

Tali considerazioni invitano allora ad abbandonare facili e astratti schematismi per calarci invece nella cultura giuridica del tempo e mettere a fuoco il rapporto tra *rex* e *comitia*, procedure e sistemi di voto.

Partiamo dal fatto che tutte le attività pubbliche si svolgevano nel Foro presso il Comizio, ove vi era anche il *tribunal* del *rex*. Qui il *rex* esercitava il suo potere che si manifestava nell'*agere lege* consistente in pronunce e attività solenni di varia natura – legislativa, giurisdizionale (compresa quella criminale), negoziale – che vedeva la partecipazione passiva o, se preferiamo, di testimonianza del popolo.

Soffermiamoci ora sul significato di *lex*. Nel lessico latino *lex* non coincide con il significato moderno di legge; esso esprimeva l'idea di una statuizione di carattere vincolante posta in essere o attraverso un accordo tra almeno due parti o anche unilateralmente verso uno o più destinatari; e *lex* era termine invalso tanto nel diritto privato quanto nel diritto pubblico. Era *lex contractus* quanto le parti contraenti stipulavano; era *lex testamenti* quanto il *de cuius* avesse disposto per la trasmissione dei suoi beni al sopraggiungere della morte.

Il termine *lex*, poi, campeggiava anche nell'ambito processuale unitamente ad *actio*: la *legis actio* indicava la pronunzia di *verba sollemnia*, unilaterale, costitutiva, nel processo privato, e non diversamente accadeva nel campo della repressione criminale dove, per esempio, è sopravvissuta la documentazione della *lex horrendi carminis* relativa alle accuse di *perduellio*.

Nel campo del diritto costituzionale, *lex* era conseguentemente la pronuncia solenne e autoritativa di statuizioni da parte del *rex* che avveniva nelle forme pubbliche: secondo l'idea più accreditata, la *lex* era la veste che si faceva indossare ad antichi e cristallizzati *mores* ai quali in tal modo si dava ulteriore e maggiore forza. Dunque *lex publica* in quanto pronunciata dinanzi ai cittadini riuniti in *comitia curiata* con funzione di testimonianza.

E andiamo infine al sistema di voto. Secondo la tradizione, il voto si esprimeva per *curiae*, alla stessa stregua in seguito si espresse per *centuriae* o per *tribus*, nel senso che non esistette mai il principio 'una testa un voto', secondo cui la volontà del *comitium* si formava attraverso il voto individuale espresso o meno secondo un ordine, ma sul criterio del voto di gruppo: ciascuno inquadrato nella propria unità votante contribuiva a formare la volontà del proprio gruppo, nel nostro caso la *curia*. Tale assetto tuttavia non sembra quello delle origini. Ora, importanti e recenti studi hanno dimostrato che i *comitia curiata* si riunivano *in contione*, cioè in maniera informale:

> Liv. 1.8.1: (*Romulus*) *Rebus divinis rite perpetratis vocataque ad concilium multitudine quae coalescere in populi unius corpus nulla re praeterquam legibus poterat, iura dedit* [...].
>
> [(Romolo) Compiute le cerimonie sacre secondo il rito e chiamata in assemblea la folla, che non avrebbe potuto fondersi nel corpo di un unico popolo se non con le leggi, le diede il diritto].

A proposito del primo comizio convocato da Romolo – in cui prevale l'aspetto legislativo (*iura dedit*) – appare chiaro che non si trattava di un'assemblea deliberante, ma di un *concilium* dinanzi al quale il *rex* comunicava in forma solenne le proprie decisioni. E allora può dirsi non soltanto che i *comitia curiata* non ebbero funzioni deliberative in senso proprio, e che probabilmente soltanto in epoca monarchica avanzata si giunse al più evoluto concetto di voto, quale espressione della volontà individuale. Lo denuncia ancora una volta l'etimologia: *suffragium* ha la derivazione da *fragor, clamor*, cioè fragore, clamore, ovvero una manifestazione collettiva, indistinta, confusa del consenso, potremmo pensare al clangore delle spade o lance battute sugli scudi, tipica di una società arcaica quando l'insieme degli uomini in armi veniva radunato per comunicazioni solenni da parte dei capi politici, militari o religiosi. Che a un certo punto la volontà popolare da *fragor* si trasformò e strutturò in *suffragium* espresso *curiatim* è testimoniato dal relitto dei comizi curiati di epoca repubblicana il cui consenso veniva artificialmente prestato dai *triginta lictores* in simbolica rappresentanza delle antiche curie.

Ad ogni modo, i *comitia curiata* venivano convocati anche per atti la cui principale rilevanza era di carattere privatistico e non direttamente pubblico in quanto incidevano sulla composizione dei gruppi sociali. Si trattava della *detestatio sacrorum*, cioè della rinuncia ai *sacra* familiari; dell'*adrogatio*, cioè dell'adozione di un *pater familias* da parte di un altro *pater familias*; del *testamentum*. In tutti e tre i casi richiamati siamo dinanzi a fatti che producevano modifiche, alterazioni del tessuto sociale, con la sparizione e l'assorbimento di *familiae* da parte di altre con ripercussioni sul piano religioso; e, a proposito di essi, le fonti parlano di *calatis comitiis*, cioè comizi convocati, facendo credere che svolgessero soltanto una funzione passiva. In realtà il presunto ruolo passivo dell'assemblea curiata è più che altro la distorsione ottica di una lettura moderna. Nei tre casi richiamati è evidente, più di ogni altro aspetto, il nesso tra l'organizzazione curiata e le relazioni di parentela precittadine. E la presenza degli uomini riuniti per curie esercitava comunque una funzione di garanzia e di controllo sociale delle linee di discendenza patrilineari di modo che qualunque atto incompatibile con quel quadro di valori avrebbe prodotto una reazione.

Questa ricostruzione fa capire allora perché nella stratificazione delle versioni della tradizione emerga comunque un ruolo del comizio curiato. Certo gli storici, eruditi, antiquari del II-I secolo a.C. erano fortemente condizionati dalla sostanza costituzionale dei loro tempi, dalla dialettica dinamica *magistratus-comitia*, e dunque così interpretavano il funzionamento dell'assemblea curiata, e sovente oscillavano nella qualificazione giuridica dei provvedimenti legislativi come *leges regiae* o *curiatae*, dando adito a confusione e ai conseguenti dubbi e dibattiti. Eppure al fondo vi era un nocciolo di verità consistente appunto nella partecipazione per quanto passiva del popolo ai momenti fondamentali della vita politica e istituzionale della comunità arcaica. Quando si comunicava una *lex regia*, quando si proponeva il conferimento dei poteri militari al nuovo e *inauguratus rex* mediante la *lex curiata de imperio*, quando si accertava la responsabilità o meno di un *civis* per i crimini squisitamente politici, quando si adottava uno degli atti appena richiamati, il popolo, convocato dal *rex*, manifestava il proprio gradimento o disappunto, inizialmente nelle forme confuse del *clamor*, o *fragor*.

7. *La monarchia etrusco-latina. Caratteri generali*

Tra VII e VI secolo a.C. si avviarono poderose trasformazioni economiche, sociali e militari; il quadro delle esperienze statali del bacino del Mediterraneo ne uscì profondamente mutato; mentre nella penisola italiana sempre più si intensificarono scambi, e quindi incontri e poi scontri, tra Etruschi e Greci. In mezzo stava il *Latium vetus* e il suo nuovo astro emergente: Roma.

Nel corso del VI secolo a.C., la crescita di Roma e l'allargamento della sua influenza non restarono inosservati dalla principale potenza egemone dell'Italia centrosettentrionale, gli Etruschi e in particolare dalla *polis* di Tarquinia. Agli scambi pacifici seguì una fase di conflittualità che si concluse con l'affermazione dell'egemonia politica e per certi versi anche militare degli Etruschi e con la conseguente attrazione di Roma nella loro orbita. Il forte sentimento nazionalista romano, non potendo occultare la superiorità etrusca, ha provato ad addomesticarne la versione dei fatti spiegando la presenza di sovrani di stirpe etrusca attraverso la lente dell'originario carattere aperto di Roma, pronta non solo ad accogliere gli stranieri ma anche ad accettarli come monarchi.

La città sotto la guida etrusca si espandeva e assumeva i tratti dell'esperienza statuale dell'epoca: la città-stato. È in questi lunghi decenni che il volto di Roma, sotto il profilo urbanistico, si evolve in maniera significativa: le ricerche archeologiche ormai definiscono con assoluta nitidezza il passaggio dalla piccola città fortificata di età romulea a vera struttura urbana fatta di mura, strade, grandi edifici pubblici di culto, canali fognari, carceri; si realizza una nuova e più importante pavimentazione del Foro, si registra la risistemazione della *Sacra Via* in maniera più funzionale alle nuove concezioni politiche e religiose, persino le abitazioni private abbandonano le vecchie tecniche edilizie e vengono edificate in muratura. Insomma, pubblico e privato si rimodellano secondo i canoni dominanti nel mondo greco ed etrusco, e sorge quella che con felice espressione fu chiamata dal celebre filologo Giorgio Pasquali 'la grande Roma dei Tarquini'.

Le voci antiche sono unanimi nel tramandare le gesta di tre figure di sovrani riformatori che emergono dalle brume della leggenda: Tarquinio Prisco, Servio Tullio e Tarquinio il Superbo. Eppure, per quanto sia difficile districarsi nella selva di contraddizioni delle molteplici tradizioni, ciò che più interessa non sono tanto le vicende storiche di questo o di quel re, ma ancora una volta leggere in filigrana il cambiamento delle strutture istituzionali. E allora, prima di affrontare più analiticamente l'analisi delle fondamentali riforme etrusche, vediamo in sintesi cosa cambiò in generale sotto il profilo delle istituzioni politiche.

a) Il *rex* andò via via dismettendo quei caratteri religiosi che lo avevano sino ad allora contrassegnato, per assumere ed esibire in maniera prepotente i tratti laici del potere civile e soprattutto militare, l'*imperium militiae*, attraverso le insegne poi mutuate dai magistrati repubblicani: fasci di verghe munite di scuri, *sella curulis*, toga purpurea, ecc. La preminenza di questi tratti ha di conseguenza avviato un serrato dibattito tra gli studiosi sull'origine romana o etrusca dell'*imperium*, che rischia però di far perdere l'essenza stessa del fenomeno e cioè che la cultura romana, strettamente in parallelo con quella etrusca, ha saputo interpretare e comporre insieme i due tratti tipici della regalità romana: il potere o l'*imperium* nella sua forte declinazione militare di matrice etrusca e l'accertamento della eventuale volontà divina in merito ad assunzione (*auguria*) ed esercizio dello stesso (*auspicia*).

Coerentemente con questo quadro evolutivo, si radicarono i presupposti per una divaricazione tra poteri laici e poteri religiosi nelle cariche politiche, fenomeno che a proposito del monarca si tradusse infine nell'introduzione della figura del *rex sacrorum*, simulacro istituzionale e lessicale dell'antico *rex* capo politico e militare ormai relegato esclusivamente al campo dei *sacra*.

b) Anche il *senatus* avvertì i colpi dell'egemonia etrusca. L'accentuazione del profilo politico e soprattutto militare del *rex*, l'arrivo di nuovi gruppi stranieri e di un nuovo ceto dominante, scardinarono l'antico equilibrio politico tra *reges* e *senatus* di carattere gentilizio: non più espressione della sintesi degli orientamenti delle antiche *gentes*, del compromesso politico, diremmo oggi, tra i vari gruppi, il *rex* era più libero nella sua azione e meno condizionato dai *consulta* dei *patres*.

Una prima conseguenza fu un mutamento ideologico della monarchia, che finì per assumere i tratti delle tirannidi greche e della trasmissione ereditaria, con la rottura del meccanismo di successione al trono. Secondo le versioni delle varie tradizioni tutti i re giunsero al trono attraverso sotterfugi o congiure, inoculando il germe estraneo della successione regale per via dinastica, in ogni caso al di fuori del normale funzionamento dell'*interregnum*.

Come abbiamo poc'anzi accennato, l'arrivo a Roma di folti gruppi a seguito di aristocrazie etrusche portò all'immissione di nuovi senatori nell'assemblea dei *patres*. Questa riforma ebbe l'effetto di produrre un più grave indebolimento del senato: i nuovi senatori, che godevano della fiducia del *rex*, non solo finirono per costituire il suo 'partito', ma naturalmente ne modificarono la posizione, liberandolo dalla necessità della mediazione politica. Un esempio paradigmatico è dato dalla contrastata riforma delle *centuriae* dei *celeres* attuata da Tarquinio Prisco, il quale incontrò l'opposizione, non tanto dentro quanto fuori dal senato, dell'augure Atto Nevio. Nella progressiva e sempre più accentuata divaricazione tra *rex* e *senatus* vanno infatti individuate le ragioni della reazione gentilizia che condusse alla fine del VI secolo a.C. all'abbattimento della monarchia.

c) Mutamenti molto rilevanti si registrarono anche nel rapporto tra *rex* e *populus*. Abbiamo già sottolineato il profilo più 'popolare' dei re di stirpe etrusca, la maggiore disponibilità a tener conto di nuovi ceti emergenti estranei alla vecchia aristocrazia latino-sabina; il rapporto più diretto dunque con il *populus* soprattutto nella sua accezione di comunità dei cittadini atti alle armi, alla stregua dei tiranni greci antioligarchici e 'democratici'. Questo aspetto però costituisce il cuore delle riforme etrusche più importanti di cui ci occuperemo nel prossimo paragrafo.

8. «*La grande Roma dei Tarquini*» *e le riforme etrusche*

Tra VII e VI secolo a.C. le esperienze statali più avanzate furono investite dalla riforma epocale dell'oplitismo, che produsse imponenti cambiamenti nelle classi dirigenti nelle società e nell'economia. Toccò ai sovrani etruschi interpretarla e declinarla nella peculiare situazione del *Latium vetus* e di Roma.

In questi lunghi decenni, Roma, sempre più città etrusca, godette di un'impressionante crescita demografica, territoriale ed economica. I segni erano visibili nei numerosi interventi urbanistici ed edilizi, nel lento cammino verso una moneta, nell'incremento della produzione artigianale e in una significativa mobilità degli artisti del tempo coinvolti nella costruzione di templi ed edifici pubblici e privati e nelle case dei ceti sociali medio-alti. Fu in questo periodo che vennero commissionati il colossale tempio di Giove Capitolino o il tempio del Foro Boario, per i quali coroplasti romani o romanizzati lavorarono realizzando fastose decorazioni.

a) *Le riforme di Tarquinio Prisco*. – Tracce di riforme, per quanto timide, sopravvivono per Tarquinio Prisco. La tradizione narra che Tarquinio, figlio di un ricco esule greco, riuscì a inserirsi nel tessuto aristocratico di Roma e abilmente anche presso la corte di Anco Marcio. Riuscendo a conquistare la simpatia del re, per il divieto dinastico della successione, riuscì a divenire *rex*. L'irruzione di Tarquinio Prisco al vertice della *civitas* produsse inevitabili ripercussioni che gli storici antichi tramandano in modo sostanzialmente unanime, e di quelle di cui si serbò memoria fu l'aumento del numero dei senatori (100 o addirittura 150). Questa prima riforma, consistente nella nascita di una sorta di 'partito del re', finì per modificare radicalmente i rapporti di forza e gli equilibri politici in seno al senato:

> Liv. 1.35.6: *Nec minus regni sui firmandi quam augendae rei publicae memor centum in patres legit, qui deinde minorum gentium sunt appellati, factio haud dubia regis, cuius beneficio in curiam venerant.*
>
> [Al fine di rafforzare il suo potere, non meno che di ingrandire lo Stato, nominò altri cento senatori, che in seguito furono chiamati (*patres*) delle *gentes minores*, fazione costantemente favorevole al re, per il cui beneficio era entrata in senato].

Dion. Hal. 3.67.1: Avendo scelto cento uomini fra tutti i plebei, ai quali tutti riconoscevano valore militare e capacità politica, li fece patrizi e li inserì nel numero dei senatori, ed allora per la prima volta per i Romani senatori divennero trecento, mentre fino ad allora erano stati duecento.

A prescindere dal numero dell'incremento della compagine senatoria (le fonti antiche dicono che il numero dei senatori si stabilizzò poi definitivamente nel numero di 300 alla fine dell'età monarchica), ciò che importa è capire che in questa fase plausibilmente si colloca l'origine dell'articolazione tra *patres maiorum gentium* e *patres minorum gentium*, una distinzione tuttavia non coincidente con quella, dai contorni ancora oscuri, tra *patres* e *patres conscripti* (o soltanto *conscripti*) che troveremo sino alla fine della storia giuridica di Roma.

Di segno non sostanzialmente diverso fu il raddoppio delle *centuriae* di *celeres*. In realtà, secondo la tradizione, Tarquinio avrebbe voluto introdurre soltanto una nuova centuria di cavalieri ma, incontrando l'opposizione dell'augure Atto Nevio, aggirò il veto del sacerdote con lo sdoppiamento passandosi così da tre a sei centurie:

Flor. 1.1.5: *Hic et senatus maiestatem numero ampliavit, et centuriis tribus auxit equites, quatenus Attius Nevius numerum augeri prohibebat, vir summus augurio.*

[Egli (Tarquinio Prisco) diede maggiore importanza ai senatori con l'aumentarne il numero, e aumentò anche quello dei cavalieri nelle tre centurie, poiché Atto Nevio, augure di grande autorità, proibiva di aumentare il numero di queste].

Malgrado sia difficile scorgere le ragioni formali dell'opposizione di Nevio, forse di natura sacrale, è evidente la sostanza del conflitto in cui incappò il *rex* contro il sistema di potere gentilizio, ostile a ogni riforma istituzionale e militare che tenesse conto della mutata e accresciuta struttura della cittadinanza in cui era forte l'emersione di nuovi strati sociali preludio delle più vaste e profonde riforme serviane.

b) *Le riforme di Servio Tullio.* – Il nuovo approccio conservativo verso le fonti di tradizione manoscritta, sorretto da una rigorosa valutazione delle fonti di altra natura come come la *Tabula Lugdunense* (*CIL* XIII.1668 = *FIRA* I.43 = *ILS* 212), il ciclo pittorico della tomba François di Vulci e l'iscrizione di *Avle Vipinas*, ha strappato Servio Tullio, il Mastarna, alla dimensione della leggenda per restituirlo a quello della storia e segnatamente alla dinamica stagione riformatrice vissuta da Roma sotto la solida egemonia etrusca.

Tutti, antichi e moderni, concordano nel ritenere che la riforma di maggior impatto, tale da scardinare secolari assetti politici, economici e sociali, indissolubilmente legata al nome di Servio Tullio, sia stata quella connessa alle trasformazioni avvenute in campo militare. Nel frangente della storia collocabile tra VII e VI secolo a.C., come accadeva nel mondo greco ed etrusco, anche a Roma si abbandonava il modello arcaico di esercito incentrato, secondo un'accattivante e suggestiva definizione, sul duello eroico di stampo omerico, cioè una tattica di combattimento in cui prevalevano le figure aristocratiche dei leader, dotati di un armamento completo e sfarzoso, assicurato dalla loro potenza economica, e seguiti da una massa informe di *gentiles* e soprattutto di *clientes*, armati alla bell'è meglio. In questa cultura bellica, il corpo a corpo esprimeva anche una precisa concezione sociale, che consentiva all'aristocratico di legittimare il suo rango sociale fondato sulla nobiltà di sangue anche sul campo di battaglia attraverso la dimostrazione di virtù innate: una rappresentazione illustre è quella conservatasi nel racconto leggendario degli Orazi e dei Curiazi, il duello eroico dei campioni quale paradigma di guerra comune alla Roma primitiva e al Lazio arcaico.

Questo tramonto dell'esercito aristocratico fu determinato dallo stagliarsi, grazie ad accresciute risorse e disponibilità di metalli, di un nuovo esercito formato da soldati muniti di armi difensive e offensive che scendeva in battaglia in formazione rigida e compatta, come un muro di scudi e corazze contro cui si infrangevano gli assalti nemici: si trattava della comparsa dell'armamento oplitico e della falange.

Era finito il tempo degli eroi, dei duelli, e albeggiava una nuova era della guerra in cui a ciascun guerriero non si chiedeva prestanza ed eccellenza militare, ma disciplina, organizzazione e spirito di corpo rispetto ai compagni a cui era legato da un rapporto di solidarietà: si superava così quella «frammentarietà di azioni di corpi che si separano frequentemente dal nucleo per impegnarsi in scontri isolati» tipica degli eserciti pre-oplitici (Giuseppe Valditara).

In Grecia i primi elementi della panoplia apparvero nell'VIII secolo a.C. e già nel VII secolo a.C. questo modo di combattimento si era diffuso in tutto il mondo greco e da qui penetrato in Italia. Le fonti iconografiche documentano il passaggio dall'armamento pre-oplitico a quello oplitico come già avvenuto nell'Italia centrale intorno agli inizi del VII secolo a.C.; e nel mondo etrusco la presenza di armi oplitiche è attestata al più tardi al secondo quarto del VII secolo a.C. Non vi è discussione sul fatto che fu merito degli Etruschi la rapida la penetrazione a Roma della falange oplitica. Nelle fonti traspaiono indizi che fanno risalire già a Tarquinio Prisco l'adozione di modalità di combattimento oplitiche, ma si può dare come storicamente certo l'oplitismo a Roma nel VI secolo a.C.

L'adozione da parte dei sovrani etruschi della tattica oplitica declinata con il sistema delle centurie produsse stravolgimenti profondi e irreversibili nel sistema politico, istituzionale e sociale di Roma arcaica, attraverso il passaggio dall'ordinamento egualitario curiato a quello centuriato di carattere timocratico e gerontocratico, rispetto al quale contavano ormai sempre più potenza economica e proprietà privata, a scapito della nobiltà di sangue. Imporre all'aristocrazia una modalità di combattimento nei ranghi equivaleva a minacciarne la sua stessa identità sociale e le reazioni non mancarono. In questo senso allora non dobbiamo intendere frutto di fantasie annalistiche quelle testimonianze di anacronistici ritorni a forme di combattimenti gentilizi, o a scontri in cui si privilegiava la cavalleria sulla fanteria, o ancora lo scontro corpo a corpo come nella vicenda dei Fabi; al contrario si tratta di registrazioni di concezioni ancora non del tutto sradicate in una fase di transizione e di assestamento.

Introdotta da Servio Tullio, la riforma centuriata consistette in una vera e propria rivoluzione della struttura militare arcaica, che dall'*exercitus curiatus* passò all'*exercitus centuriatus*. Concepita per mettere in campo un esercito di fanteria pesante, la riforma serviana puntava a dotare Roma di una struttura militare all'avanguardia in grado di condurre combattimenti in massa secondo una tattica ispirata alla falange oplitica di tradizione ellenica; non a caso, secondo gli storici antichi di cultura greca, l'*exercitus centuriatus* era considerato come un vero e proprio modello dell'esercito oplitico (Diod. 23.2.1).

La popolazione maschile atta alle armi fu distribuita in 193 *centuriae*, 170 di *pedites*, 18 di *equites* e 5 di inermi, strutturate per classi di censo. Le 170 *centuriae* di *pedites* erano suddivise in 5 classi: alla prima classe appartenevano 80 *centuriae* il cui censo era pari o superiore a 100.000 assi; alla seconda, terza e quarta classe, ciascuna composta di 20 *centuriae*, venivano iscritti i cittadini con censo pari o superiore rispettivamente a 75.000, 50.000 e 25.000 assi; alla quinta di 30 *centuriae*, appartenevano i *cives* con censo pari o superiore a 11.000 (o 12.500) assi. Poi seguivano le cinque *centuriae* di inermi, perché svolgevano funzioni ausiliarie: 2 *centuriae* di *fabri tignarii* e *fabrii aerarii*, 2 *centuriae* di *cornicines* e *tubicines*, mentre 1 *centuria* raccoglieva i cosiddetti *capite censi* o *accensi veluti* cioè i nullatenenti che, in quanto sostanzialmente privi di censo, erano capaci di censire soltanto se stessi.

All'interno delle *centuriae* vi era poi un'ulteriore articolazione tra *iuniores*, cioè i *cives* di età non superiore a 46 anni, e *seniores*, cioè i *cives* di età superiore a 46 anni.

Alle *centuriae* della fanteria, si affiancavano le 18 *centuriae* di *equites* (la cavalleria), la cui appartenenza si fondava su un censo elevatissimo, comunque superiore a quello della prima classe.

* * *

Tornando alle nuove assemblee, tuttavia c'è ancora qualcosa da tenere in considerazione. Nonostante i cittadini ormai fossero inquadrati secondo criteri più rispondenti alla nuova compagine sociale e ai nuovi equilibri economici e politici determinatisi sotto l'egemonia etrusca, l'assemblea del popolo continuò a essere costituita dai *comitia curiata*. Sarebbero dovuti trascorrere ancora diversi decenni dopo l'abbattimento della monarchia, perché la giovane democrazia militare potesse funzionare secondo le nuove istituzioni popolari dei *comitia centuriata* e *tributa*.

Ma per capire davvero cosa sia imputabile a Servio Tullio e cosa invece fu esito di ulteriori e successivi processi di assestamento occorre un inquadramento preciso della riforma centuriata. C'è da credere infatti che questo sistema ben strutturato, come la tradizione lo descrive, difficilmente fu il frutto di un'operazione di ingegneria costituzionale da parte di Servio Tullio, del resto anacronistico per la Roma del VI secolo d.C., e per condizioni economiche e per sviluppo demografico. Probabilmente la riforma centuriata ebbe inizialmente una portata limitata alla sfera militare consistendo nella riorganizzazione dell'esercito in *equites*, *classis* di opliti e *infra classem*, cioè coloro non muniti di un armamento completo o addirittura privi. Tuttavia, è certo che si deve a questo re l'introduzione del censimento, presupposto necessario per l'oplitismo romano:

> Liv. 1.42.5: *Censum enim instituit, rem saluberrimam tanto futuro imperio, ex quo belli pacisque munia non viritim, ut ante, sed pro habitu pecuniarum fierent; tum classes centuriasque et hunc ordinem ex censu discripsit vel paci decorum vel bello.*
>
> [Infatti istituì il censimento, cosa utilissima per uno Stato destinato a diventare così grande, in seguito al quale gli oneri militari e civili non furono uguali per tutti come prima, ma proporzionati alla ricchezza; poi costituì le classi e le centurie, fondando sul censo questo ordinamento, adatto sia alla pace sia alla guerra].

La ricostruzione di Livio, storico di età augustea, soffre un po' dell'inevitabile schiacciamento della prospettiva quando nel giudizio sugli effetti della riforma serviana mette sullo stesso piano pace e guerra; ma indubbiamente vi è tutta la consapevolezza dell'importanza straordinaria dell'ordinamento centuriato alla base delle fortune di Roma. E il censimento, funzione che si sarebbe consolidata circa un secolo dopo, in testa a un'apposita magistratura (i *censores*), ne costituiva il fondamento.

È però appena il caso di aggiungere che i valori monetari delle classi di censo appena riportati valsero per un'epoca successiva a quella di cui stiamo parlando. L'economia romana di età serviana era sostanzialmente un'economia premonetaria – e se le notizie sono attendibili – Servio, come abbiamo prima accennato, al più sarebbe stato il padre dell'introduzione di una rudimentale moneta bronzea con immagini.

In questo senso deve ritenersi storicamente fondata la notizia tramandata da Plinio il Vecchio, ma attinta da Timeo o forse da Fabio Pittore, secondo cui Servio Tullio introdusse l'*aes signatum*:

> Plin., *Nat. hist.* 33.13.43: *Servius rex primus signavit aes. Antea rudi usos Romae Timaeus tradit. Signatum est nota pecudum, unde et pecunia appellata. Maximus census cxx assium fuit illo rege, et ideo haec prima classis.*

[Il re Servio fu il primo a far stampare un marchio sul bronzo; prima, a quanto riferisce Timeo, a Roma si usava il bronzo grezzo. Il marchio era una figura di animali domestici, da cui ebbe origine anche il termine pecunia (denaro). Il censo più alto, al tempo di quel re, era di 12.000 assi, ed era perciò questa la prima classe].

Ancora una volta scoperte archeologiche, nella fattispecie pani di rame recanti il contrassegno del cosiddetto 'ramo secco' databili agli anni 560/540 a.C., confermano la notizia pliniana ma anche quella tradizione che correttamente collega la 'riforma monetaria' serviana, il passaggio cioè dall'*aes rude* all'*aes signatum*, alla riforma timocratica dell'ordinamento *centuriatus* (Aur. Vict. (Ps.), *De vir. illustr.* 7.8: [*Servius Tullius*] *mensuras ponderas classes centuriasque constituit*).

Le ripercussioni socioeconomiche furono profonde ed evidenti: «lo scambio diventa innanzitutto scambio economico. La moneta si stacca definitivamente dai gruppi e dalle persone e pone in funzione una nozione astratta 'quantificata' di valore. Il suo significato economico è separato completamente da ogni altro significato di natura giuridica, religiosa, politica, matrimoniale, che è riconoscibile, invece, in forme tipiche d'intermediario, attardantisi, con un valore più o meno simbolico, nell'àmbito d'istituti (non economici) precisamente determinati» (Nicola Parise). Dunque l'ordinamento della *classis* in centurie e il censimento trovavano il loro logico complemento nell'introduzione di *aes* garantito da contrassegni: un'ulteriore tappa evolutiva, spia di profonde trasformazioni istituzionali, politiche, economiche e sociali che trovavano una sintesi nel passaggio dalla società a struttura di parentela alla città-stato.

Ciò che possiamo ritenere assai probabile è che in sede di verifica dei requisiti per accedere a ciascuna classe di censo, il ruolo fondamentale era occupato dalla ricchezza fondiaria. Non a caso lo stesso Servio Tullio accompagnò la riforma centuriata con un'altra relativa al riordino del territorio (la *civitas* e l'agro suburbano) sulla base della proprietà fondiaria.

Abbandonando l'arcaica tripartizione della popolazione nelle *antiquae tribus*, Servio introdusse le *tribus* come differenti distretti territoriali:

Dion. Hal. 4.14.1-2: Tullio, dopo aver cinto di mura i sette colli, divise in quattro parti la città e diede a ogni parte una denominazione ricavata dai colli, e cioè Palatina, Suburrana, Collina, Esquilina; portò il numero delle tribù da tre, come era prima, a quattro. Stabilì poi che le persone che risiedevano in ciascuna delle quattro parti, quasi fossero abitanti di villaggi, non trasferissero altrove la residenza, né venissero arruolate altrove. Stabilì poi che le leve militari e le imposte sui beni dovute per spese militari e gli altri servizi che ciascuno doveva prestare alla comunità, non venissero più espletati come prima, all'interno delle tre tribù genetiche di appartenenza, ma secondo questa quadripartizione territoriale [...].

Dion. Hal. 15.1.1-2: Divise poi tutta quanta la regione in ventisei zone, secondo quanto afferma Fabio, che chiama anche queste con il nome di tribù e in aggiunta alle quattro tribù urbane dice che durante il regno di Tullio le tribù raggiunsero il numero complessivo di trenta; ma Vennonio nella sua storia afferma che esse erano 31, cosicché assommate alle quattro esistenti nella città si raggiunse il numero delle attuali tribù, cioè trentacinque. In verità, Catone, che è il più attendibile di entrambi, non specifica il numero di queste ripartizioni territoriali. Dopo che Tullio ebbe diviso la terra in parti, quante mai fossero di numero, costruì sui monti e sulle alture, che comunque presentavano un notevole grado di sicurezza, dei rifugi che chiamò pagi, ove si riparavano tutti quelli che si trovavano nei campi, ogni volta che vi era un attacco nemico, e per lo più qui restano anche per pernottare.

Rispetto alle *tres antiquae tribus*, le nuove *tribus* serviane erano vere e proprie circoscrizioni territoriali a cui si apparteneva in base a un sistema misto combinato dalla localizzazione della proprietà agraria e dalla residenza. In altri termini, Servio dispose una nuova organizzazione territoriale, dividendo il territorio della città in quanto tale in 4 *tribus* denominate *urbanae* e il contado suburbano in un numero, nelle fonti dapprima oscillante e poi stabilizzatosi nel tempo in 31, di *tribus* denominate *rusticae*. I proprietari terrieri venivano così iscritti nelle tribù rustiche, e precisamente ciascuno in quella *tribus* in cui ricadeva il proprio fondo, mentre i titolari di ricchezza mobile o i nullatenenti, invece, sulla base della semplice residenza venivano inquadrati in una delle 4 *tribus urbanae*.

La combinazione delle riforme centuriata e tributa ebbe l'effetto di inquadrare ciascun cittadino sulla base del censo in una determinata *centuria* e sulla base della proprietà agraria o meno in una determinata *tribus*. In definitiva, il nocciolo duro delle riforme serviane, ordinamento centuriato e ordinamento tributo, volte a delineare la posizione del *civis*, si sarebbe assestato attorno al perno solidissimo della proprietà privata della terra.

Per avere un'idea della portata di queste riforme e delle ragioni della vasta popolarità che avvolse Servio Tullio è fondamentale la versione di Dionigi di Alicarnasso:

Dion. Hal. 4.9.6-8: Ora ascoltate le misure che io mi accingo a prendere in vostro favore e per le quali ho convocato l'assemblea: quanti di voi devono pagare dei debiti e non possono soddisfarli per la mancanza di mezzi, io ho in animo di soccorrerli, dato che sono cittadini anch'essi e hanno vissuto molti travagli per la patria. Affinché non siate privati della vostra stessa libertà voi che avete assicurato la libertà di tutti, metto a disposizione i miei mezzi personali per l'annullamento dei debiti. Inoltre, non permetterò che coloro i quali in futuro contrarranno debiti siano imprigionati, ma fisserò una legge che vieterà di contrarre debiti aventi per garanzia le persone fisiche di uomini liberi, ... Per quanto concerne le entrate pubbliche, affinché sia più agevole corrisponderle, dato che i poveri ne subiscono eccessivamente il peso e sono costretti a indebitarsi, ordinerò che vengano censite le sostanze di tutti i cittadini e che ciascuno versi contributi a seconda della stima effettuata, come so che si fa negli Stati più grandi e meglio organizzati; in effetti ritengo che sia più giusto e più congruo agli interessi dello Stato che chi molto possiede molto paghi, e chi invece possiede poco paghi poco. Così pure, per quanto concerne le terre pubbliche che avete conquistato con le armi, io penso che non debbano impadronirsene, come avviene ora, i più sfacciati, sia che le abbiano acquistate gratuitamente o a pagamento, ma che le abbiano quanti di voi non possiedono alcun appezzamento, così che, essendo voi liberi, non abbiate a servire e possiate coltivare le vostre terre e non le proprietà altrui; giacché non può formarsi un nobile spirito negli uomini che non possono soddisfare le necessità quotidiane.

Dion. Hal. 4.10.2-3: Sciolta l'assemblea, nei giorni seguenti ordinò che i debitori documentassero per iscritto che non potevano onorare gli impegni verso i loro creditori e per quale cifra; ricevuto l'elenco, fece installare nel foro un banco e, alla presenza di tutti, saldò i debiti ai creditori. Fatto ciò, emise un decreto reale che impegnava coloro che si erano accaparrati terre pubbliche e le possedevano a titolo privato a renderle disponibili e ordinò che si elencassero i cittadini che non possedevano appezzamenti di terra.

Dionigi di Alicarnasso contestualizza in tal modo le riforme serviane, partendo dalla consapevolezza posseduta dal re delle dure condizioni in cui si versava in caso di insolvenza debitoria e del ruolo fondamentale e delle dirette conseguenze della guerra. Due erano i *munera* che ai cittadini discendevano dalla guerra: uno indiretto cioè il pagamento del *tributum* per sostenere le spese belliche, e un altro diretto, ovvero la partecipazione di una parte della popolazione adulta e maschile alle campagne militari. La ricaduta sulle attività volte al sostentamento dei gruppi familiari era conseguentemente significativa e spesso cagionava spirali di indebitamento perché anche negli esiti vittoriosi di una spedizione militare le terre conquistate assai raramente finivano nelle mani dei più poveri o indigenti. E, in età arcaica, il processo di indebitamento produceva compressioni della libertà o addirittura la perdita della stessa per la caduta della persona del debitore nel potere del creditore attraverso il *nexum*. Accanto alle riforme centuriata e tributa, e al criterio di contribuzione direttamente proporzionale alla ricchezza, secondo una linea della tradizione Servio Tullio avrebbe arricchito ulteriormente la sua politica riformatrice sia annullando i debiti con il proprio patrimonio sia assegnando lotti di terra a chi ne avesse fatto richiesta, con la trasformazione quindi di porzioni dell'*ager publicus* in proprietà private.

9. *I collegi sacerdotali*

Nel II secolo d.C., Sesto Pompeo, attingendo dall'erudito Verrio Flacco, scriveva dell'organizzazione religiosa nel suo assetto già definitivo. Eppure, lungo la trama secolare frutto di vari assestamenti, è possibile ricavare quella arcaica:

Fest., s.v. «*Ordo sacerdotum*»: *Maximus videtur Rex, dein Dialis, post hunc Martialis, quarto loco Quirinalis, quinto pontifex maximus. Itaque in soliis Rex supra omnis accumbat licet; Dialis supra Martialem, et Quirinalem; Martialis supra proximum; omnes item supra pontificem. Rex, quia potentissimus: Dialis quia universi mundi sacerdos, qui appellatur Dium; Martialis, quod Mars conditoris urbi parens; Quirinalis socio imperii Romani Curibus ascito Quirino; pontifex maximus, quod iudex atque arbiter habetur rerum divinarum humanarumque.*

[Sommo fra tutti appare il re, poi il flamine *Dialis*, dopo di lui quello *Martialis*, al quarto posto quello *Quirinalis*, al quinto il pontefice massimo. E perciò nei banchetti il re può sedere al di sopra di tutti, il flamine *Dialis* al di sopra di quelli di Marte e di Quirino, il flamine *Martialis* al disopra di quest'ultimo; e tutti al di sopra del pontefice. Il re perché è il più potente, il *Dialis* perché è sacerdote universale, chiamato *Dium*; il *Martialis* perché Marte è il padre del fondatore della città; il *Quirinalis* perché Quirino è stato accolto da Curi per essere associato al potere di Roma; il pontefice massimo perché ritenuto giudice e arbitro di tutte le cose divine e umane].

Nel catalogo dei sacerdozi romani affiora una gerarchia che certamente rispecchiava antichi assetti e primati, non certo formatisi al tempo di Verrio Flacco o Festo: il vertice massimo riconosciuto al *rex* a cui seguivano in posizione subalterna i *flamines* quali rappresentanti delle maggiori divinità – Giove, Marte e Quirino – ci rimanda a un tempo antichissimo in cui la città era dominata dalla figura di Re-sacerdoti, detentori di poteri e di funzioni e depositari di saperi che regolavano orizzontalmente la vita politica, istituzionale, religiosa e militare.

a) *Rex sacrorum*. – Abbiamo già detto del *rex* quale capo religioso, *optimus augur* secondo gli stessi romani. Sebbene, come prima avvertito, il catalogo festino aiuti a ricostruire gli antichi equilibri religiosi della *civitas* attraverso il dualismo *rex-flamines*, il *rex* cui alludono sia Verrio Flacco sia Festo, che attinge al primo, è il *rex sacrorum*, antico simulacro della carica regia, relegata sul piano esclusivamente religioso all'indomani dell'abbattimento della monarchia e della casata dei Tarquini. Ci si è a lungo interrogati su cause e tempo dell'emersione del *rex sacrorum*, e sono due gli orientamenti prevalenti.

Alcuni ritengono che lo sdoppiamento si sia verificato in epoca etrusca, quando la preminenza dei poteri civili e soprattutto militari dei *reges* avrebbe indotto a separare da quelle sfere le funzioni religiose. Per quanto fascinosa, questa tesi non indebolisce la seconda spiegazione, per la quale è più probabile che il modellamento della vecchia figura del re soltanto come sacerdote sia stata dettata dalla paura di aver spezzato la *pax deorum*, uno dei valori fondanti della *civitas*, a seguito della cacciata violenta del *rex* e della instaurazione della diarchia consolare. A ben vedere infatti vi fu una frattura in seno alle funzioni istituzionalmente spettanti agli antichi *reges*: i consoli, titolari dell'*imperium*, ereditarono le funzioni civili e militari e in quanto connesse ad essi le funzioni religiose (sostanzialmente gli *auspicia*), mentre al *rex sacrorum* vennero riconosciute tutte le restanti funzioni religiose in quanto espressione della valenza sacerdotale dell'antico *rex*, ad eccezione della cura del culto pubblico trasferita al *pontifex maximus*. Questa genesi più recente e legata a un fatto di rottura traumatica spiegherebbe anche perché il *rex sacrorum*, a differenza dell'antico monarca politico, non dovesse sottostare al rito dell'*inauguratio* né, a differenza di quanto prescrivevano gli statuti di altre cariche sacerdotali, potesse ricoprire cariche istituzionali.

b) *Pontifices*. – Si tratta di uno dei collegi sacerdotali più antichi e via via divenuto il più insigne. L'oscurità etimologica del nome (*pontifex* = costruttore di ponti?) ancora suscita interrogativi sulle originarie funzioni di questi sacerdoti. Sappiamo che i componenti, inizialmente quattro, erano di stretta provenienza patrizia (ne doveva far parte almeno in una prima fase anche il *rex* visto che in età repubblicana ne sarebbe stato membro il *rex sacrorum*), e ben presto si specializzarono nella conoscenza dello *ius* composto prevalentemente di *mores maiorum*; che a lungo controllarono orientandone gli sviluppi attraverso l'attività interpretativa segnata da una forte impronta creativa. La connessione tra *ius*, *mos*, *pontifices* e *interpretatio iuris* fu sempre presente ai romani colti e di questa consapevolezza si è conservata traccia in un altro frammento di Festo, grammatico ed erudito del II secolo d.C.:

Fest, s.v. «*Ritus*»: *Ritus est mos conprobatus in administrandis sacrificiis.*
[Il rito è la consuetudine accertata nel compimento dei sacrifici].

Ha scritto bene Aldo Schiavone che «il *mos* figurava come la trasfigurazione simbolica» della loro esperienza «che diventava rito, regola [...]: esso consentiva di normalizzare il presente – di ridurre le sue incertezze e i suoi traumi – dandogli una misura autoconfermata dalla sua stessa continuità, riducendolo a qualcosa di archetipo e di ripetibile. Siamo alle origini di quello che si suole chiamare il "conservatorismo" romano».

Ma i pontefici non erano soltanto i giuristi che, per dirla con Fritz Schulz, si occupavano di diritto di famiglia e di diritto ereditario, ossia essenzialmente del diritto privato dell'epoca (che era parte dello *ius pontificium*; Cic., *Brut*. 42.156: *ius nostrum pontificium, qua ex parte cum iure civili coniunctum esset*). La profonda conoscenza dei culti, la sapienza in materia di sacrifici espiatori facevano dei pontefici i custodi della *pax deorum* con un ruolo altrettanto rilevante nell'ambito del diritto penale soprattutto in età arcaica. Ma essi erano anche quei sacerdoti che scandivano le fasi della vita della *civitas* e ne orientavano la pubblica opinione perché depositari di saperi arcani e aristocratici e selezionatori della memoria collettiva: i pontefici erano infatti «depositari del calendario, con le previsioni dei pleniluni, dei noviluni e dei *dies fasti*, e dunque con il decisivo controllo del tempo a fini sociali; delle sequenze formulaiche delle preghiere e delle invocazioni rituali agli dèi; probabilmente a partire dagli anni intorno al 600, anche della stessa scrittura. Inoltre, essi registravano la storia della città con gli avvenimenti più importanti: le carestie, le epidemie, le battaglie, le eclissi, i nomi dei re (poi dei magistrati); e partecipavano ai *comitia calata*, la riunione delle curie, in cui venivano compiuti atti fondamentali della vita comunitaria come testamenti, o arrogazioni (sottomissioni definitive di un *pater* al potere di un altro *pater*)» (Aldo Schiavone).

Un potere dunque enorme quello del collegio pontificale che subito dopo l'abbattimento della monarchia e l'avvento del regime repubblicano magistratuale divenne uno dei collegi sacerdotali chiave della vita pubblica dello Stato romano, il cui controllo diventava strategico nelle dinamiche politiche. Non deve stupire dunque che esso finì per essere risucchiato dal vortice della contrapposizione patrizio-plebea: sino al IV secolo a.C., i *pontifices* (come anche gli *augures*) furono cinque, ma nel 300 a.C. si sancì un compromesso anche su questo fronte di lotta, grazie al plebiscito Ogulnio che, fissando a nove il numero dei posti disponibili, ne riservò 5 ai patrizi e 4 ai plebei.

c) *Gi altri collegi sacerdotali*. – A completare il quadro dei sacerdoti-giuristi, o comunque sacerdoti le cui funzioni erano strettamente connesse allo *ius*, accanto ai *pontifices* bisogna ricordare *augures* e *fetiales*.

1. *Gli augures e il cosiddetto 'diritto augurale'*. Come si evince dalla stessa denominazione, costituivano un collegio sacerdotale antichissimo e collegato agli *auguria*: cioè un'arcana e occulta scienza di interpretazione dei segni attraverso cui si manifestava la volontà divina (cosiddetta scienza augurale), necessaria per il compimento di atti di fondamentale importanza per la comunità cittadina e le sue istituzioni.

L'antichità del collegio appare indiscutibile dal momento che nella vetusta procedura di investitura del *rex* era fondamentale l'*inauguratio*, compito rigorosamente affidato all'*augur*. Mentre per sottolineare la preminenza del *rex* rispetto al collegio degli *augures* si affermava che questo fosse *optimus augur*.

Nel campo degli studi giusromanistici, com'è noto, l'attenzione si è concentrata prevalentemente sul collegio pontificale per il ruolo centrale assunto grazie all'*interpretatio iuris*. Tuttavia, ciò ha finito per comprimere eccessivamente l'interesse verso il collegio degli àuguri la cui attività e sapienza costituirono un blocco di regole e procedure essenziali per il funzionamento degli organi costituzionali denominato 'diritto augurale'.

Non bisogna tuttavia confondere e sovrapporre le funzioni svolte dagli *augures* con quelle proprie dei *pontifices*. Le fonti distinguono, da un lato, i libri pontificali riguardanti le istituzioni e i rituali religiosi (*sacra*) e, da un altro lato, i libri augurali invece relativi agli *auspicia publica*, ossia quel sapere arcano e tecnico dell'interpretazione della volontà divina, fondamentale nell'esercizio delle attività pubbliche.

Gli àuguri in tal modo assistevano dapprima i *reges* e poi i *magistratus* che nell'esercizio delle loro funzioni avevano l'obbligo di attendere e capire la volontà divina. Detenere la scienza augurale però non relegava gli *augures* in un ambito marginale di carattere sacrale e di mera assistenza dei magistrati: essi svolgevano invece un formidabile ruolo attivo nella vita pubblica da influenzare significativamente lo sviluppo del diritto costituzionale e pubblico, giacché avevano il potere di sospendere un'assemblea popolare in corso, rinviarne la decisione ad altra data, e potevano persino giungere a decretare l'annullamento di un'elezione o dell'approvazione di una legge:

Cic., *De leg.* 2.12.31: *Maximum autem et praestantissimum in re publica ius est augurum cum auctoritate coniunctum. Neque vero hoc, quia sum ipse augur, ita sentio, sed quia sic existimare nos est necesse. Quid enim maius est, si de iure quaerimus, quam posse a summis imperiis et summis potestatibus comitiatus et concilia vel instituta dimittere vel habita rescindere? Quid gravius quam rem susceptam dirimi, si unus augur «alio <die>» dixerit? Quid magnificentius quam posse decernere, ut magistratu se abdicent consules? Quid religiosius quam cum populo, cum plebe agendi ius aut dare aut non dare? Quid? Leges non iure rogatas tollere, ut Titiam decreto collegii, ut Livias consilio Philippi consulis et auguris? Nihil domi, nihil militiae per magistratus gestum sine eorum auctoritate posse cuiquam probari?*

[Grandissimi e importantissimi sono infatti nello Stato il diritto e l'autorità degli Àuguri. E io non la penso così perché sono anch'io augure, ma perché non possiamo pensare altrimenti. Se infatti ci interessiamo al diritto, qual facoltà maggiore vi è di quella che possa o troncare se incominciate o annullare se già tenute le assemblee e le adunanze convocate dalle più alte autorità civili o militari? Che cosa di più grave dell'interrompere un affare incominciato se un augure dice «ad altro <giorno>»? E qual prestigio maggiore di quello annesso alla facoltà di decidere che i consoli debbano abdicare? Che cosa di più solenne che concedere o rifiutare il diritto di trattare con il popolo, con la plebe? E che? Annullare le leggi approvate illegalmente, come nel caso della Tizia, per decreto del collegio degli Àuguri, o delle Livie, su proposta del console e augure Filippo? Il poter dimostrare a ognuno che nulla si può fare senza la loro autorità né in pace, né in guerra, né nelle magistrature?].

Il testo di Cicerone fa capire che in un'età avanzata e ormai lontana dalla cultura arcaica e ancestrale dei primi secoli della storia di Roma gli *augures* continuassero a essere tra i principali protagonisti istituzionali della vita politica nelle loro funzioni e prerogative di controllori del legittimo funzionamento degli organi costituzionali. In definitiva il collegio degli *augures* esercitava poteri e svolgeva funzioni tali da potersi accostare, secondo un'autorevole storiografia, a quelli di una moderna corte costituzionale (Lily Ross Taylor, Francesco De Martino).

2. *I fetiales e il 'diritto internazionale'*. Discorso diverso e maggior approfondimento merita il collegio dei *fetiales*. Detentori di funzioni delicatissime nel campo dei rapporti internazionali, ma direi fondamentali in una società arcaica in cui tutto era organizzato in funzione della guerra, la quale agiva come un saldo principio regolatore delle istituzioni e della vita sociale, i *fetiales* sono stati per lo più sottovalutati in seno alla critica moderna. Dalla loro attività scaturì, per poi sedimentarsi nel corso dei secoli, un peculiare complesso normativo, detto *ius fetiale*, sulla cui base, questi sacerdoti, attraverso formule e rituali precisi, sovrintendevano ai rapporti tra Roma e popoli stranieri, in guisa tale da potersi dire, sia pure con eccesso di enfasi, di un progenitore del moderno diritto internazionale.

I dati della tradizione mostrano qualche incertezza sulla paternità della loro origine: secondo Cicerone e Diodoro Siculo la scaturigine dello *ius fetiale* era riconducibile a Tullo Ostilio; mentre Livio e Servio individuavano Anco Marzio; ma sono Dionigi di Alicarnasso e Plutarco a sostenere che i *fetiales*, in quanto tali siano stati istituiti con Numa Pompilio. A ben guardare, tuttavia, la contraddizione è soltanto apparente, perché le fonti antiche, più che dividersi su colui che istituì il collegio sembrano alludere alla paternità del nucleo sacrale e normativo vieppiù consolidatosi costituente il nocciolo originario dello *ius fetiale*. Di certo può dirsi che i feziali erano un collegio sacerdotale comune alle genti del *Latium vetus*, che le origini dello *ius fetiale* si collocavano in età monarchica, e che questo *ius* fosse sostanzialmente espressione di una medesima *koiné* culturale, dal momento che gli stessi Romani credevano che la provenienza fosse straniera, collegata al mondo greco per quanto siano da presumere collegamenti pure con l'universo etrusco (Liv. 1.32.5: *Ut tamen, quoniam Numa in pace religiones instituisset, a se bellicae caerimoniae proderentur, nec gererentur solum sed etiam indicerentur bella aliquo ritu, ius ab antiqua gente Aequiculis, quod nunc fetiales habent, descripsit, quo res repetuntur* [= *FIRA* I, p. 15 s.]; *CIL* VI.1302: *ferter resius* | *rex aequeicolus* | *is preimus* | *ius fetiale paravit* | *inde p(opulus) r(omanus)* | *discipleinam excepit*).

Naturalmente, pur trattandosi di una sfera squisitamente politica in cui di certo un'influenza rilevante fu esercitata dal *senatus*, quando si trattava di dichiarare guerra, concludere la pace, stipulare un trattato di amicizia, ecc., i feziali entravano in scena in quanto stretti e necessari collaboratori del *rex*.

Dai formulari dei *fetiales* miracolosamente sopravvissuti, seppur in maniera assai frammentaria, nelle fonti della tradizione manoscritta emergono tre distinte procedure, la dichiarazione di guerra, il *foedus*, la *deditio*, in cui pregnanti sono taluni comportamenti attinenti alla sfera giuridico-religiosa del rito. Soffermiamoci sulla dichiarazione di guerra:

> Liv. 1.32.5-14: *Ut tamen, quoniam Numa in pace religiones instituisset, a se bellicae caerimoniae proderentur, nec gererentur solum, sed etiam indicerentur bella aliquo ritu, ius ab antiqua gente Aequicolis, quod nunc fetiales habent descripsit, quo res repetuntur. Legatus ubi ad fines eorum venit unde res repetuntur, capite velato filo lanae velamen est – 'Audi, Iuppiter', inquit; 'audite, fines' – cuiuscumque gentis sunt, nominat –; 'audiat fas: ego sum publicus nuntius populi Romani; iuste pieque legatus venio, verbisque meis fides sit'. Peragit deinde postulata. Inde Iovem testem facit: 'Si ego iniuste impieque illos homines illasque res dedier mihi exposco, tum patriae compotem me numquam siris esse'. Haec cum fines suprascandit, haec quicumque ei primusvir obvius fuerit, haec portam ingrediens, haec forum ingressus paucis verbis carminis concipiendique iuris iurandi mutatis peragit. Si non deduntur quos exposcit diebus et triginta – tot enim sollemnes sunt – peractis bellum ita indicit: 'Audi, Iuppiter, et tu, Iane Quirine, diique omnes caelestes, vosque terrestres, vosque inferni, audite: ego vos testor populum illum' – quicumque est, nominat – 'iniustum esse neque ius persolvere. Sed de istis rebus in patria maiores natu consulemus, quo pacto ius nostrum adipiscamur'. Tum nuntius Romam ad consulendum redit. Confestim rex his ferme verbis patres consulebat: 'Quarum rerum litium causarum condixit pater patratus populi Romani Quiritium patri patrato Priscorum Latinorum hominibusque Priscis Latinis, quas res nec dederunt nec fecerunt nec solverunt, quas res dari, fieri solvi, oportuit, dic', inquit ei quem primum sententiam rogabat, 'quid censes?' Tum ille: 'Puro pioque duello quaerendas censeo, itaque consentio consciscoque'. Inde ordine alii rogabantur: quandoque pars maior eorum qui aderant in eandem sententiam*

ibat, bellum erat consensum. Fieri solitum ut fetialis hastam ferratam aut sanguineam praeustam ad fines eorum ferret et non minus tribus puberibus praesentibus diceret: 'Quod populi Priscorum Latinorum hominesve Prisci Latini adversus populum Romanum Quiritium fecerunt, deliquerunt, quod populus Romanus Quiritium bellum cum Priscis Latinis iussit esse senatusque populi Romani Quiritium censuit, consensit, conoscivit ut bellum cum Priscis Latinis fieret, ob eam rem ego populusque Romanus populis Priscorum Latinorum hominibusque Priscis Latinis bellum indico facioque'. Id ubi dixisset, hastam in fines eorum emittebat. Hoc tum modo ab Latinis repetitae res ac bellum indictum, moremque eum posteri acceperunt.

[Siccome Numa aveva istituito in tempo di pace riti religiosi, (Anco Marcio), volendo promuovere dal canto suo cerimonie guerresche, e che le guerre non soltanto si facessero ma anche si dichiarassero secondo un determinato rito, fissò la procedura, tratta dagli antichi Equicoli e ancor oggi seguita dai feziali, con la quale si chiedono riparazioni. Quando il messo giunge nel territorio del popolo al quale si chiedono riparazioni, con il capo bendato – è una benda di lana – dice: «Ascolta, Giove; ascolta, o territorio», e qui nomina il popolo cui esso appartiene «ascolta la giustizia divina: io sono l'inviato ufficiale del popolo romano; vengo da ambasciatore secondo il diritto umano e divino, e si presti fede alle mie parole». Formula quindi le richieste. Poi chiama a testimonio Giove: «Se io chiedo che mi vengano consegnate quelle persone e quelle cose contrariamente al diritto umano e divino, non permettere che io riveda mai più la mia patria». Questo egli ripete al momento di varcare il confine, questo alla prima persona che incontra, questo allorché entra in città, questo quando giunge nel Foro, apportando poche modifiche alla formula del giuramento. Se non vengono soddisfatte le sue richieste, trascorsi trentatré giorni, perché tanti ne fissa il cerimoniale, dichiara la guerra in questi termini: «Ascolta, Giove, e tu Giano Quirino, e voi tutti dèi del cielo, della terra e degli inferi, ascoltate: io vi chiamo a testimoni che questo popolo», e qui nomina il popolo, «è ingiusto e ci paga soddisfazione; ma su ciò consulteremo in patria gli anziani, per sapere in qual modo si possa far valere il nostro diritto». Quindi il messo ritorna a Roma per consultazioni. Subito il re consultava i senatori con queste parole: «Di queste cose, di queste controversie, di queste questioni di cui il padre patrato del popolo romano trattò con il padre patrato dei Prischi Latini e con i singoli Prischi Latini, di queste cose che essi né restituirono né risarcirono né ripararono, di queste cose che bisognava restituire, risarcire, riparare, dimmi», domandava a colui cui per primo chiedeva il parere «che ne pensi tu?» E quello: «Penso che si debba ottenerle con una guerra giusta e legittima, e così delibero e decido». Quindi si interrogavano a uno a uno gli altri; e quando la maggior parte dei presenti era dello stesso parere la guerra era decisa. Era costume che il feziale portasse un'asta ferrata o con la punta bruciacchiata e tinta di sangue al confine dei nemici e, alla presenza di non meno tre adulti, dicesse: «Poiché il popolo dei Prischi Latini e i singoli Prischi Latini hanno agito e mancato contro il popolo romano dei Quiriti; poiché il popolo romano dei Quiriti ha voluto che vi sia una guerra con i Prischi Latini e il Senato del popolo romano dei Quiriti ha decretato, deliberato, deciso che si facesse guerra ai Prischi Latini, perciò io, con il popolo romano, dichiaro e muovo guerra al popolo dei Prischi Latini e ai singoli Prischi Latini». Detto ciò scagliava l'asta nel loro territorio. In tal modo allora furono chieste riparazioni e fu dichiarata la guerra ai Latini, e i posteri accolsero quest'uso].

Frutto, come sostiene Livio, di una *lex regia* emanata da Anco Marcio, la dichiarazione di guerra contro un popolo straniero era possibile se condotta con il consenso divino che l'avrebbe resa 'giusta e legittima': in altre parole, perché le autorità romane potessero scatenare un'offensiva militare occorreva che il *bellum* fosse *iustum*. La procedura, particolarmente complessa, si avviava con il rito della *rerum repetitio*. Il rito giuridico (*ius*), scriveva Livio, vigente ai suoi tempi, era stato mutuato dagli Equicoli: il feziale incaricato, con il capo coperto di lana (sono ignote le ragioni di tale vestimento, ancorabile probabilmente ad antiche credenze delle funzioni apotropaiche e/o magiche della lana), superava il confine romano, penetrava in territorio nemico, e ascoltava Giove («*audi Iuppiter*»). Indi, affermata la sua qualità di *nuntius publicus* del popolo romano, asseriva la giustezza delle pretese risarcitorie dal popolo straniero offensore e invocava, allo stesso tempo, la punizione divina qualora le richieste fossero apparse *iniuste impieque*. Quindi, attraversando il territorio nemico, ripeteva le medesime formule dinanzi al primo uomo incontrato, all'entrata nella città e una volta giunto nel foro di questa. Non ottenendo riparazione del torto subito dal popolo romano, il feziale avrebbe ripetuto il medesimo rito per altre due volte a distanza di dieci giorni. Trascorsi inutilmente 30 o 33 giorni, il feziale avrebbe compiuto la *testatio deorum*, ovvero invocato le divinità (Giove, Giano Quirino, ecc.) sulle buone ragioni del popolo romano e sul comportamento *iniustus* del popolo straniero che rifiutava di *ius persolvere*. Ritornato in patria il feziale, il *rex* consultava i *patres* (*consultatio patrum*) perché deliberassero sul da fare (*rogatio*), nel cui merito alcuni hanno scorto corrispondenze con il processo per *legis actiones* e comunque una forte impronta tecnico-giuridica di carattere giuscivilistica.

Una volta ottenuta la deliberazione senatoria, il feziale procedeva all'*indictio belli* e al lancio dell'*hasta* in territorio nemico alla presenza di tre testimoni puberi: anche in questo caso ci troviamo dinanzi a forme e rituali dagli evidenti echi processuali nei *verba* pronunciati e nei *gesta* compiuti che richiamano aspetti peculiari della *legis actio in sacramento*, come il parallelo tra *festuca* e *hasta* (Gai. 4.16: [...] *Festuca autem utebantur quasi hastae loco, signo quodam iusti dominii; quod maxime sua esse credebant quae ex hostibus cepissent; unde in centumviralibus iudiciis hasta praeponitur* [...]).

Ma, non si capirebbe sino in fondo l'importanza del collegio feziale se non se ne sottolineasse ancora una volta la dimensione giuridica. Rammentando l'antico significato di *ius* quale innanzitutto rito, le formule e i rituali seguiti dai feziali costituiscono gli elementi necessari e sufficienti per restituire a essi il loro vero ruolo, che non era nient'affatto quello di semplici legati, nunzi delle volontà determinatesi in seno a organi politici e costituzionali quali il *rex* e il *senatus*.

La preziosa testimonianza di Dionigi di Alicarnasso è decisiva a tal riguardo:

Dion. Hal. 2.72.4-5: Non è facile enumerare tutti i compiti che spettano ai feziali per il loro gran numero, in ogni modo con un'esposizione sommaria sono i seguenti: essi devono badare che i Romani non muovano ingiustamente guerra a una città alleata; se gli altri cominciano a violare i trattati, devono inviare ambasciatori e chiedere giustizia; poi, se le richieste non vengono accolte, dichiarare guerra. Parimenti se degli alleati sostengono di aver subito dei torti da parte dei Romani e chiedono giustizia, è compito di costoro stabilire se c'è stata una violazione dei trattati a loro danno, e, se sembra loro che le accuse siano fondate, arrestare i colpevoli e consegnarli alla parte lesa. Devono giudicare sugli oltraggi fatti agli ambasciatori, aver cura che i trattati siano pienamente osservati, fare la pace e annullarla nel caso che ne sia stata stipulata una che a loro giudizio va contro le leggi sacre; indagare ed espiare le illegalità commesse dai comandanti riguardo ai giuramenti e ai trattati.

Dall'elenco accuratissimo dello storico di Alicarnasso, i feziali non si occupavano di aspetti politici nelle relazioni internazionali: molte delle funzioni elencate dimostrano infatti che i feziali esercitavano una funzione di controllo di atti e comportamenti secondo precisi parametri giuridico-religiosi. E come nella dichiarazione di guerra i feziali fissavano giuridicamente le pretese del popolo romano, nel *foedus* e nella *deditio* l'elevato tecnicismo avrebbe dovuto assicurare la formalizzazione giuridica delle clausole pattizie con il popolo straniero.

Tuttavia, l'intervento dei feziali non restava confinato alle relazioni internazionali *lato sensu*, ma la loro competenza tecnico-giuridica era una garanzia per la formulazione di quelle norme destinate a regolare pure gli affari della vita quotidiana. Un esempio illustre è senz'altro il trattato con Cartagine descrittoci da Polibio e da questo datato nel 509-508 a.C. (Polyb. 3.22.1-13), la cui cronologia e autenticità ormai sono del tutto confermate anche grazie a nuovi rinvenimenti archeologici. Il trattato romano-cartaginese è importante non soltanto per ricostruire le relazioni internazionali di Roma e la sua posizione nello scacchiere del Mediterraneo segnato dalle dinamiche tra Etruschi, Cartaginesi e Greci nel controllo dell'Italia, ma soprattutto per le clausole di diritto privato relative alle transazioni tra commercianti romani e punici in Libia e in Sardegna:

Polyb. 3.22.8: Gli affari commerciali non abbiano valore giuridico se non siano stati conclusi alla presenza di un banditore o di uno scrivano. Delle merci vendute alla presenza di questi, il venditore abbia garantito il prezzo dallo Stato, se il commercio è stato concluso nell'Africa settentrionale o in Sardegna.

Secondo l'informazione di Polibio, che dovette disporne di una copia, il trattato introduceva nell'ambito delle transazioni commerciali un sistema di controllo e di garanzie attraverso precise forme negoziali evidentemente proprie dell'universo giuridico del vicino Oriente mediterraneo ed ellenistico ed estranee al diritto romano ma di cui i feziali acquisivano consapevolezza e cognizione perché informassero i propri *cives*.

In definitiva, quello dei feziali non costituiva un collegio attinente, oltre che alla sfera religiosa, alla dimensione cosiddetta diplomatica: piuttosto che intenderli come legati o 'funzionari diplomatici', assai più pregnante e rilevante era invece la loro fisionomia e conseguentemente la loro attività di sacerdoti e giuristi, in un'età e in un quadro culturale politico e istituzionale in cui ancora una volta *ius* e *ritus* coincidevano, ma soprattutto diventava assorbente e centrale il valore normativo della *fides*, da sempre, sin dall'età arcaica, uno dei cardini principali dell'ordinamento giuridico romano.

Naturalmente, la grande stagione espansionistica romana – soprattutto quando a partire dal II secolo a.C. Roma sconfisse definitivamente la mortale nemica, Cartagine, e divenne padrona indiscussa dello scacchiere mediterraneo – per forza di cose provocò la sparizione dei feziali dai teatri di guerra e di conseguenza una certa marginalizzazione delle loro funzioni a vantaggio degli aspetti politici e diplomatici delle relazioni internazionali spettanti all'assemblea dei *patres* che agiva attraverso legati senatori.

3. *I collegi sacerdotali minori*. Oltre a quelli sin qui descritti, la vita romana era scandita dal ruolo di altri sacerdoti. In realtà, non si tratta di collegi religiosi di minor rilievo nella vita pubblica ma considerati importanti perché depositari delle più antiche tradizioni religiose romane. Tra questi ricordiamo il collegio delle *vestales*, per statuto e funzioni intimamente connesse dapprima al *rex*, in seguito al *pontifex maximus*, e preposte alla custodia del fuoco e dell'acqua; i *flamines*, nella loro articolazione nei tre *flamines maiores* (*Dialis*, *Martialis* e *Quirinalis*), che evocano tempi arcaici risalenti addirittura sino all'età del bronzo, e nei 12 *flamines minores*. E ancora i *luperci*, distinti nelle due rami dei *luperci quinctiani* e dei *luperci fabiani*, legati a culti antichissimi delle origini di Roma (i *Lupercalia*) e, secondo studi assai accurati, di influenze arcadiche penetrate in età remotissima nel *Latium vetus*; i *salii*, un collegio sacerdotale istituito secondo la tradizione da Numa Pompilio e dunque di matrice sabina, poi duplicato dall'albano Tullo Ostilio (*salii palatini* e *salii collini*), diffuso tra le popolazioni italiche – si conoscono *salii* etruschi (a Veio), *salii* sono altresì attestati in Albalonga, mentre un salio è menzionato dalle Tavole Eugubine (Tab. Iguv. VIa.14: *tettome salier 'ad tettom salii'*) – a forte carattere iniziatico e militare. E, infine, i *fratres Arvales*, una confraternita dedita al culto della Dea Dia, i cui riti appartenevano a uno stadio primitivo della religione romana e il cui *Carmen Arvale* (V secolo a.C.) presenta nella forma e nella struttura tracce di influssi greci.

10. *La crisi della monarchia e il passaggio alla repubblica*

La cacciata dei Tarquini e l'instaurazione della *res publica* rappresentano lo straordinario avvio di una nuova fase costituzionale di Roma, per lo storico del diritto tanto affascinante quanto intricata per lo stato delle informazioni: notizie frammentarie, sovente contraddittorie, incerte, segnate da chiari anacronismi, hanno indotto André Piganiol a parlare con suggestione ed efficacia di «notte del quinto secolo»; eppure un altro grande studioso, Antonio Guarino, con maggiore ottimismo, 'vede' questa notte sì profonda «ma non buia del tutto. Al contrario essa è squarciata da lampi improvvisi, che ne illuminano fugacemente, ma vividamente persone ed episodi in una sequela affascinante e favolosa di quadri, la quale costituisce appunto perciò la sua maggiore attrazione».

Ciò che bisogna però subito dire è che la storia, anche giuridica, di Roma nella fase finale della monarchia continua a essere storia italica, quale storia delle relazioni tra Greci, Etruschi, Latini, nell'Italia tirrenica. E senza un preciso contesto difficilmente potrebbero comprendersi le trasformazioni interne di Roma. La documentazione a tal proposito è confusa e in certa misura contraddittoria, ma anche grazie al racconto epico nazionale romano è possibile trarre in controluce l'ordito storico: la fase calante della potenza etrusca, il ruolo della città più potente, Chiusi, e del suo re Porsenna nel determinare la cacciata di Tarquinio, l'esilio di questo a Tuscolo e poi a Cuma, segno che il cambio di regime produsse l'isolamento romano nel contesto latino.

Sul piano interno, poi, secondo la tradizione un figlio di Tarquinio il Superbo avrebbe insidiato una giovane aristocratica moglie di Lucio Tarquinio Collatino, provocando la reazione nobiliare. Costretti alla fuga i figli del re, impedito il rientro a Roma di Tarquinio il Superbo, i ribelli avrebbero instaurato una magistratura collegiale e annuale. Anche sul versante interno deve procedersi con cautela perché, oltre i sentimenti e i motivi nazionali ed epici, emerge un quadro più articolato in cui i nomi degli stessi protagonisti fanno capire la profonda spaccatura verticale che attraversò la classe dirigente romana e la stessa casata dei Tarquini, scossa dalla crisi dell'egemonia etrusca e dalla ripresa della forza politica delle più antiche *gentes* latine.

Ora, poiché il sentiero della ricerca e della ricostruzione scientifica è lungo, difficile e rischioso, non esiste strada diversa dall'attraversare questo intricato e stratificato labirinto di documenti e versioni della tradizione su cui è ancora aperto il dibattito storiografico:

Liv. 1.60.3: *L. Tarquinius Superbus regnavit annos quinque et viginti. Regnatum Romae ab condita urbe ad liberatam annos duecentos quadraginta quattuor. Duo consules inde comitiis centuriatis a praefecto urbis ex commentariis Ser. Tulli creati sunt, L. Iunius Brutus et L. Tarquinius Collatinus.*

[Lucio Tarquinio Superbo regnò venticinque anni. La monarchia era durata a Roma, dalla fondazione dell'Urbe alla sua liberazione, duecentoquarantaquattro anni. Furono quindi eletti nei comizi centuriati dal prefetto dell'Urbe, secondo le norme stabilite da Servio Tullio, due consoli, Lucio Giunio Bruto e Lucio Tarquinio Collatino].

Dion. Hal. 4.84.3-5: E dopo che tutte le fratrie (le curie) ebbero decretato l'esilio dei tiranni, fattosi di nuovo innanzi Bruto, disse: «Poiché le nostre prime mosse sono state sanzionate secondo le norme, ascoltate anche quanto abbiamo deciso d'altro, riguardo allo Stato. Abbiamo riflettuto su quale magistratura avrà i massimi poteri relativamente all'interesse pubblico e abbiamo deciso di non instaurare più una monarchia, ma di eleggere due magistrati che avranno il potere regale per il periodo di un anno e che voi eleggiate nei comizi, votando per centurie. Se dunque anche queste decisioni sono di vostro gradimento, confermatele con il vostro voto». Il popolo lodava questa risoluzione e non ci fu nessun voto contrario. Dopo di che, Bruto si fece avanti e indicò Spurio Lucrezio come interré, che si sarebbe assunto l'incarico di organizzare i comizi, secondo le tradizioni avite. Costui sciolse l'assemblea e ordinò che tutti si recassero, subito armati, nel campo dove era loro usanza tenere i comizi. Quando essi furono giunti, scelse due uomini, che avrebbero svolto le mansioni che competevano ai re, Bruto e Collatino. E il popolo, chiamato a votare per centurie, confermò l'assegnazione della carica a queste persone. Questo è quanto fu fatto nella città in quel periodo.

Al netto delle differenze tra le varie versioni il nocciolo condiviso è il seguente: a seguito della cacciata dei Tarquini, si passò all'elezione di due consoli da parte dei comizi centuriati sotto la presidenza del *praefectus urbi* o di un *interrex*, secondo il dettato dei commentari di Servio Tullio.

Non v'è alcun dubbio che il racconto della tradizione nella sua semplicistica veste abbia fondatamente sollevato tali e tante perplessità da aver impegnato per diversi secoli l'attenzione degli studiosi: un tema gigantesco su cui si sono cimentati le intelligenze più acute con una letteratura scientifica che riempie, e continua a riempire, intere biblioteche e che qui è impossibile persino passare in rassegna.

Eppure l'impianto di fondo della tradizione sembra accettabile e, fuor di ogni dubbio storiografico, costituisce ormai un punto centrale, ossia il passaggio traumatico e violento dalle istituzioni monarchiche a quelle magistratuali repubblicane secondo quanto tramandato dalla tradizione:

Liv. 2.1.7-8: *Libertatis autem originem inde magis, quia annuum imperium consulare factum est, quam quod deminutum quicquam sit ex regia potestate numeres. Omnia iura, omnia insignia primi consules tenuere; id modo cautum est ne, si ambo fasces haberent, duplicatus terror videretur* [...].

[Ma l'origine della libertà va riportata a quel momento più per il fatto che si limitò ad un anno la potestà consolare, che perché si sia in qualche modo menomato il potere dei re. I primi consoli ne conservarono tutti i diritti, tutte le insegne; si evitò soltanto che entrambi avessero i fasci, perché non apparisse raddoppiato il terrore ...].

Vediamo perché. Secondo un orientamento a lungo in voga, l'immediata istituzione della magistratura collegiale ed elettiva del consolato sarebbe frutto di un'anticipazione storica dell'annalistica: secondo questo filone di pensiero invece l'abbandono della carica monocratica e vitalizia del *rex* si spiegherebbe in maniera assai più coerente con forme e processi evolutivi dell'epoca attraverso una fase di transizione imperniata sul ruolo di un magistrato unico e temporaneo, ma non eletto, che permise più tardi di giungere ai *duo consules* con i caratteri tipici delle magistrature repubblicane.

Le prove a sostegno di questo orientamento si riducono sostanzialmente: a) all'assenza del concetto di collegialità e di *par potestas* nel diritto arcaico; b) all'esistenza, stando ad alcuni documenti, di un *praetor* definito *maximus*, che implicherebbe altri due *praetores* o almeno un secondo però *minor*, costituendo dunque una coppia di *impar potestas*, da cui poi si sarebbe passati ai due *praetores-consules*; c) alla corrispondenza della coppia *magister populi-magister equitum* di età regia poi tramutatasi attraverso la coppia *praetor maximus-praetor minor* nella coppia repubblicana *dictator-magister equitum*; d) alla falsificazione delle liste consolari dei Fasti Capitolini in cui il secondo nome sarebbe un'aggiunta posticcia, un'interpolazione di età assai più tarda volta a riscostruire i Fasti consolari anteriori al 367 a.C., anno del compromesso Licinio-Sestio che aprì ai plebei l'accesso al consolato; e) all'inesistenza dei comizi centuriati funzionanti già nel VI-V secolo a.C. come assemblea elettiva. Tuttavia non sembra che queste osservazioni reggano saldamente a obiezioni di segno opposto.

In primo luogo, la collegialità, a differenza di quanto si sostiene con eccessiva disinvoltura, era un principio antichissimo già conosciuto dalle istituzioni di età regia o al massimo della primissima età repubblicana, come dimostra la presenza dei *duumviri perduellionis* e dei *quaestores parricidii*.

In secondo luogo, il superlativo *maximus* del *praetor*, di cui parla Livio a proposito della *lex vetusta* (Liv. 7.3.5), affissa in una parete laterale del tempio di Giove Capitolino, che avrebbe dovuto infiggere un chiodo, non indicava tanto il *praetor* che istituzionalmente e in via permanente aveva un potere maggiore sull'altro, quanto il *praetor* che nel giorno delle idi di settembre in cui cadeva l'obbligo dell'infissione del *clavum* deteneva i *fasces* e dunque possedeva l'autorità maggiore tra i due: il che sarebbe compatibile con il regime della collegialità imperniata sul meccanismo del turno per l'esercizio dei poteri. L'idea poi che il superlativo *maximus* presupponga un collegio di tre *praetores* (i due *praetores-consules* e il *prafectus urbi*, secondo l'ipotesi più recente avanzata da Giuseppe Valditara) urta contro una serie di obiezioni:

a) innanzitutto, il numero complessivo di 24 dei *lictores* che lo accompagnavano non si accorda con nessuna delle due ipotesi in campo; infatti se il *dictator* fosse stato la residuale e straordinaria sopravvivenza della figura del vecchio *rex* avrebbe dovuto averne come questo 12; se invece il *dictator* fosse stato il magistrato straordinario simulacro del magistrato supremo di un collegio composto da tre *praetores* allora avrebbe dovuto averne 36;

b) il superlativo *maximus* potrebbe riferirsi a un'epoca successiva al VI-V secolo a.C., quando cioè al numero tre si giunse con l'istituzione del *praetor urbanus* nel 367 a.C., *conlega minor* dei *praetores-consules*;

c) è utile, infine, osservare che in greco pretore-console è reso con στρατηγοὶ che è l'esatta traduzione di *praetor maximus*. Ora, se è vero che i Greci cominciarono a scrivere delle istituzioni politiche romane intorno al IV secolo a.C., nulla toglie che con quell'espressione si indicasse il latino *praetor maximus* con cui si indivduava il pretore-console che esercitava il potere in base al turno.

In terzo luogo, l'equivalenza *magister populi* = *praetor maximus* = *dictator* non convince per la natura stessa del *dictator* e del suo inquadramento sin nei primissimi assetti costituzionali repubblicani. Il *dictator*, infatti, non fu mai una magistratura annuale e di carattere permanente; quando si ricorreva ad essa per cause straordinarie, i consoli restavano in carica (era uno di essi a nominarlo secondo la procedura della *dictio*, probabilmente contenuta nei commentari degli *augures*) e mantenevano, pur dinanzi a un magistrato detentore di un *summum imperium*, il ruolo di capi della *res publica*. Se davvero il *dictator* fosse stato l'erede del *rex* la sua nomina sarebbe avvenuta per *creatio* (e non per *dictio*) e il *populus* avrebbe giocato un qualche ruolo.

Mentre la presunta interpolazione dei Fasti Capitolini, lanciata da Karl Iulius Beloch e ripresa da altri autorevoli studiosi, si mostra subito argomento di debolezza intrinseca perché sembra oltremodo strano che, delle undici famiglie plebee selezionate per manipolare le liste consolari, ce ne siano sette del tutto oscure o assai poco influenti nella storia politica romana. Al contrario, se tra IV e III secolo a.C. falsificazione ci fosse stata avremmo avuto verosimilmente l'inserimento di *gentes* assai più blasonate: il che fa pensare che quei nomi plebei siano autentici. Del resto, deve anche aggiungersi che la notizia, per quanto anch'essa contestata, di un'originaria partecipazione di membri plebei alla guida della repubblica ricorre anche a proposito del secondo decemvirato.

Infine, quanto all'esistenza dei comizi centuriati e all'effettiva titolarità di funzioni deliberative, pur non avendo dati incontrovertibili, nulla esclude che, se di errore si debba parlare, questo possa essere consistito nella confusione con i *comitia curiata*. Abbiamo visto in precedenza, e gli studiosi più avvertiti ormai non lo mettono in dubbio, come la più antica assemblea romana abbia progressivamente assunto, dietro impulso dei monarchi, un ruolo di partecipazione più o meno attiva alle scelte politiche più rilevanti, addirittura anche in materia di giurisdizione criminale con i primi albori della *provocatio ad populum*.

Tuttavia, ragionare soltanto attraverso un astrattismo e un tecnicismo costituzionali, tipici delle moderne esperienze statali, pregiudica una ricostruzione attendibile. È vero che i caratteri delle magistrature romane repubblicane si consolidarono più avanti, ma questa è una conferma della tradizione piuttosto che un ostacolo alla sua accettazione. In un'esperienza statale che mai ebbe una carta costituzionale, poteri, caratteri e funzioni degli organi costituzionali furono l'esito finale di lunghi processi di assestamento dietro spinte politiche, lotte, e precedenti.

Ma c'è di più. La storia delle istituzioni politiche romane non può essere ricostruita in maniera avulsa dalle riforme militari, segnatamente dall'introduzione dell'oplitismo, e dalle trasformazioni politiche e sociali che esse comportarono, e senza un ancoraggio al contesto politico-internazionale in cui venne a trovarsi Roma. Il nuovo ordinamento centuriato condusse all'emersione sulla scena politica di larghe e nuove fasce di popolazione rispetto a quelle protagoniste dell'ordinamento curiato. Il nuovo modello di combattimento che esigeva approcci egualitari e solidali, il rapporto stretto che esso favorì tra *populus* (nel suo significato originario di fanteria) e comandanti militari, la nascita di sodalità gentilizie, l'insofferenza verso la persistenza del vecchio modello curiato, istanze di rinnovamento e di isonomia dietro la spinta di influssi greci, il passaggio dall'esercito curiato di 3.000 unità alla legione di 4.000 *pedites*, con due reparti di 2000 uomini ciascuno, infine il raddoppiamento della legione con riduzione degli effettivi ma non dei quadri, resero instabile l'istituzione monarchica e condussero al suo abbattimento per moto violento e alla conseguente attribuzione dei poteri supremi del *rex* ai due *praetores-consules*.

La tradizione ha conservato chiare tracce della conservazione nella giovane democrazia militare dell'antica assemblea curiata, che si fatica a inserire in maniera coerente nelle ricostruzioni moderne. Sebbene non fossero più uno dei principali perni istituzionali, i comizi curiati non vennero privati delle loro funzioni, ma soprattutto mantennero la *lex curiata de imperio*. La spiegazione va cercata aiutandosi con una lettura combinata delle notizie di Polibio e di Livio sulla legione romana, grazie a cui si potrebbe ipotizzare alla fine dell'età regia un esercito di 9.000 fanti in ragione di 100 uomini per centuria. All'inizio della repubblica per le ragioni prima indicate si sarebbe giunti a una scissione con due legioni di 4.500 uomini ciascuna sotto il comando di un console. Dunque un esercito di 90 centurie avente però come base non i *comitia centuriata*, ma gli antichi *comitia curiata*, rispetto ai quali le *curiae* continuavano a costituire i distretti di leva. L'antico rapporto tra *curiae* e *consules* allora spiegherebbe il mantenimento in piena età repubblicana dei *comitia curiata* anche nel campo della sfera militare e perché i consoli avessero ancora bisogno, dopo essere stati eletti dai *comitia centuriata*, del passaggio dinanzi ai *comitia curiata* per ottenere la *lex de imperio*.

Nel frattempo dalle riunioni dei *milites* opliti si forgiava una nuova assemblea, di carattere militare, certo, ma tendente a conseguire progressivamente un profilo politico sempre più pronunciato, a cui si demandava la selezione dei loro comandanti o, se lo si preferisce, la ratifica, almeno nei primi tempi, delle scelte dei successori ad opera dei predecessori. Insomma, nuove forme di partecipazione popolare, effetto diretto dell'introduzione dell'oplitismo e del conseguente ordinamento timocratico, prima descritti a proposito delle riforme etrusche. Non deve necessariamente pensarsi a un comizio già strutturato secondo la fisionomia che esso effettivamente acquistò intorno al IV-III secolo a.C.; ma è altamente plausibile, e coerente con una linea evolutiva che aveva già spinto i *reges* etruschi a interagire direttamente con il popolo riunito in comizio, che gli uomini atti alle armi partecipassero alle decisioni di importanza vitale della città, come la scelta dei nuovi capi, con funzioni deliberative embrionali, forse inizialmente con il valore di presa d'atto e di pubblicità, nelle forme dell'*exercitus centuriatus* dietro la spinta della *plebs*. Di questo nuovo orizzonte istituzionale di partecipazione popolare probabilmente dava conto Dionigi di Alicarnasso e la tradizione annalistica.

* * *

Allora, la presenza della figura del *dictator* non deve essere intesa nel senso continuistico o evoluzionistico della figura dell'antico *rex*, poi del *magister populi*, ma nei processi reali del tempo. Roma si trovava ormai nel quadro latino e forgiava nuove istituzioni mutuando anche forme largamente invalse come la figura del *dictator* che era una delle magistrature ordinarie in molte città latine e, dato da non sottovalutare, utilizzata anche dalla Lega latina che nei momenti più critici si affidava a un *dictator* a capo di un esercito federale, che faceva restare in carica i magistrati delle varie *civitates* alleate.

Allora quando Roma, reciso il legame etrusco, divenne la potenza egemone nel *Latium*, provò a rendere compatibili le nuove istituzioni con quelle conosciute nel mondo circostante: ricorse così ai *praetores* mentre altre volte nei momenti di crisi militare più acute al *dictator*. La mutuazione del *dictator* dalla cultura istituzionale latina è confortata dai suoi principali caratteri che impediscono di immaginare una fase in cui esso costituì la magistratura ordinaria e testa di ponte per l'approdo al collegio consolare: la *dictio* invece della *creatio*, senza alcun passaggio di poteri da un predecessore e senza alcuna partecipazione popolare, la durata massima dei 6 mesi che non era un limite per contenere i rischi dell'*adfectatio regni* bensì la codificazione dell'antica consuetudine di fare la guerra nei mesi estivi e in base alla quale, finite le spedizioni militari, cessava la carica del *dictator*, i 24 *lictores* portatori dei *fasces*, costituiscono solidi elementi a sostegno di una ricostruzione alternativa a quelle sinora affermatesi.

Come superare allora la rocciosa contraddizione, e cioè che la nuova *forma civitatis* sia stata il frutto di una rottura traumatica mentre al tempo stesso si dice che al collegio dei *praetores-consules* si pervenne *ex commentariis Servi Tulli*, cioè entro un solco istituzionale? La contraddizione è soltanto apparente, perché l'abbattimento violento della monarchia non esclude l'utilizzazione di istituti già esistenti non potendo davvero immaginarsi dinamiche e processi del costituzionalismo moderno, come commissioni, riforme istituzionali, ecc.

E allora, abrogata la carica regia, il vuoto istituzionale fu subito colmato dalla scelta dell'assemblea militare dei due *praetores* ovvero dei comandanti dei due contingenti di 2000 uomini ciascuno che costituivano la legione a seguito della riforme centuriate, e che erano sotto il comando supremo del *rex* o del *magister populi* eventualmente designato. Questo dovrebbe essere il senso autentico del passaggio a due *praetores ex commentariis Servi Tulli*, la cui diversità e la minor potenzialità di potere è espressa dalla loro *auspicatio* rispetto all'*auguratio* del *rex*.

Anche il mutato contesto internazionale in cui venne a trovarsi Roma, in posizione di isolamento o comunque di seria debolezza a seguito dell'avvicendamento della talassocrazia cartaginese alla talassocrazia etrusca, contribuì enormemente a questi cambiamenti. Per esempio, Catone ha conservato l'epigrafe grazie alla quale sappiamo che nei primi anni repubblicani a capo della lega latina non vi era Roma ma Tuscolo, che esprimeva con Egerio Bebio il *dictator latinus*, mentre il santuario federale non era più quello di Diana Aventina, ma della Diana Aricina, Nemorense. Ancora, nello scontro tra i latini e i cumani e l'esercito etrusco di Arunte, figlio di Porsenna, Roma tenne un atteggiamento assai ambiguo: non soltanto non prese parte ai combattimenti, ma addirittura diede rifugio ai fuggiaschi etruschi, sintomo di una condizione non solo di debolezza ma persino di ostilità nell'ambito latino.

Il sostanziale isolamento e la pressione di altre popolazioni italiche, a cominciare dai Volsci, determinarono l'aumento dei fronti di guerra o di pericoli che spinsero Roma verso necessari e opportuni cambiamenti degli assetti militari: dallo sdoppiamento della legione, nei quadri piuttosto che negli effettivi, a un corrispondente aumento delle cariche militari.

Eppure l'assetto istituzionale fondato sui due *praetores-consules* era tutt'altro che stabile e accadeva sovente che si ricorresse in via straordinaria al *dictator*, come prima accennato. Questo collegio di *praetores*, uno e indivisibile, non ebbe subito quei caratteri che invece mostrarono i consoli nell'età repubblicana più matura, ma ciascuno di essi andò via via affermandosi nel corso del tempo: le origini dell'elettività e dell'annualità potrebbero esser dipese dall'esigenza di scegliere ogni anno i nuovi comandanti dell'esercito di leva e per sottrarsi al rischio di consolidamento di posizioni di potere; il loro *imperium* fu via via limitato – tutto il V secolo a.C. è una continua registrazione di lotte e di provvedimenti volti a limitarne l'uso arbitrario – ora con l'obbligo di deporre le scuri dai fasci una volta giunti sul *pomerium* (un dovere sacrale in realtà di pura valenza laica a tutela dei *cives* contro soprusi e prepotere dei magistrati comandanti militari), ora con l'introduzione dello *ius provocationis*.

Questo quadro evolutivo sembra anche spiegare alcune testimonianze la cui lettura in controluce fa intravedere una filigrana risalente a un'età più antica. Livio ricordava come le figure dei primi consoli fossero segnate da un forte autoritarismo dal pronunciato profilo militare; addirittura dimoravano in case simili a rocche fortificate e quasi inespugnabili, più consone ai re che ai magistrati repubblicani, come nel caso di Publio Valerio Publicola, uno dei padri fondatori della repubblica:

> Liv. 2.7.6: *Regnum eum adfectare fama ferebat, quia nec collegam subrogaverat in locum Bruti et aedificabat in summa Velia: ibi alto atque munito loco arcem inexpugnabilem fieri.*
>
> [Correva voce che egli aspirasse al regno, perché non aveva fatto eleggere un collega al posto di Bruto e perché inoltre fabbricava in cima alla Velia: lassù in posizione alta e ben difesa, stava sorgendo una vera fortezza inespugnabile].

Dobbiamo oggi ritenere del tutto fededegni i materiali di cui si avvaleva Livio, se documenti estranei alla tradizione annalistica, come il *lapis Satricanum*, attestante intorno al 500 a.C. un tal *Poplios Valesios* (Publio Valerio) uomo pubblico e leader di una consorteria militare, ci forniscono una precisa conferma di questa versione della tradizione. È innegabile la suggestiva tentazione di identificare il *Poplios Valesios* dell'epigrafe con Publio Valerio Publicola, uno dei 'padri fondatori' della repubblica. Ad ogni modo, il *lapis Satricanus* costituisce un buon elemento di prova a sostegno della presenza sulla scena politica e sociale di figure forti ma dai connotati ambigui, di cui ci parla il paradigma liviano di Valerio Publicola rimasto in carica forse per più anni da solo, *sine conlega*, proprietario di una residenza sulla sommità Velia, una sorta di inespugnabile fortilizio, riecheggiante le dimore dei dinasti etruschi (i Tarquini) sorte proprio in quei luoghi, e circondato da una forte e fedele consorteria di stampo militare (come poterono essere i *suodales martiales*). Dunque, l'esponente di una *gens*, la *Valeria*, le cui propensioni monarchiche del resto traspaiono con altrettanta chiarezza dalla tradizione (occupazione di dimore regie, seppellimento dei propri membri in un sepolcro all'interno del pomerio della città, in spregio ad un uso contrario) e che certamente era parte importante dell'aristocrazia a capo della nuova *res publica*.

Come pure Spurio Cassio, storico protagonista nella temperie del passaggio a una nuova *forma civitatis*, interpretato infondatamente da una parte consistente della dottrina quale sintomo evidente di una fase di 'dittatura costituzionale'. In realtà, il primo secolo repubblicano vide una lunga fase di gestazione e di consolidamento di istituzioni ancora fluide e in continua ricerca di un più stabile assetto: ne è prova la continua interruzione della sequenza dei collegi dei *praetores-consules*, innanzitutto dalla breve stagione decemvirale, in seguito, a partire dal 444 a.C., dal cosiddetto tribunato militare con potestà consolare. Anche il tribunato militare si inseriva nel conflitto relativo all'esclusione dei plebei dalle cariche magistratuali, esclusione, come abbiamo detto, non originaria visto che la tradizione racconta che attraverso questa nuova magistratura sarebbero caduti gli impedimenti all'accesso dei plebei (Liv. 4.7.1-3).

La storia delle istituzioni politiche dal VI al IV secolo a.C. è una storia in cui al vertice della repubblica si alternarono consolato e tribunato militare, a dimostrazione del fatto che lo scontro si dispiegò con tutta la sua pericolosità e intensità nell'ambito militare ove la *plebs*, asse portante della fanteria oplitica centuriata, non era disposta a vedere sempre relegati in posizione di subalternità i propri comandanti militari.

In questo quadro ricostruttivo si armonizza pure l'altra versione sull'origine del tribunato militare, nato per fronteggiare l'aumento dei fronti di guerra (Liv. 4.7.2): l'incremento dell'esposizione bellica, per forza di cose, finì per produrre simmetricamente una crescita d'importanza dei *tribuni militum* come figure chiave nella conduzione delle legioni accrescendone di conseguenza sia il loro peso politico, in quanto comandanti militari, sia in generale quello della stessa *plebs*. Non è certo un caso che i *tribuni militum consulari potestate* furono ininterrottamente al potere dalla guerra di Veio sino al 367 a.C., anno del compromesso Licinio-Sestio, che sancì l'assetto definitivo dei vertici della costituzione repubblicana con i due *consules* e il *conlega minor* chiamato *praetor urbanus*.

In definitiva, i dati genuini da trarre dalla tradizione sono i seguenti: a) passaggio violento dalla monarchia alla repubblica; b) successione di pretori-consoli con ricorso in situazioni di emergenza alla dittatura; c) fase del decemvirato legislativo; d) introduzione del tribunato consolare con riapparizione periodica dei pretori-consoli; e) assestamento della diarchia consolare.

11. *Il conflitto patrizio-plebeo*

Lo scoppio del conflitto patrizio-plebeo è il filo rosso che lega i secoli di storia della neonata repubblica romana. Nelle pagine precedenti abbiamo visto come all'abbattimento dei *reges* e alla fuoriuscita di Roma dall'orbita dell'influenza etrusca fosse seguita un'aspra fase di instabilità politica, istituzionale e sociale. I discendenti delle antiche *gentes*, dai cui *patres* era scaturita un'aristocrazia di sangue, donde appunto *patricii*, scelsero la strada della chiusura oligarchica in netta contrapposizione alle riforme e alle politiche filopopolari dei monarchi di stirpe etrusca.

La ripresa dell'egemonia patrizia non fu però contestuale alla caduta della monarchia, come a volte con facile schematismo si afferma. Nei primi decenni la guida della giovane democrazia militare fu aperta anche a non patrizi, come è confermato dai nomi plebei, venti in tutto, nei Fasti consolari più antichi. Si tratta di notizie autentiche, sebbene alcuni autorevoli studiosi abbiano ritenuto trattarsi di una palese falsificazione.

Tuttavia, questa fase di compartecipazione durò soltanto qualche decennio; infatti riconquistato il potere politico, i patrizi, egemoni economicamente e socialmente, detentori del controllo ferreo dei sacerdozi e dunque, per l'aspetto che più ci riguarda, dello *ius*, si fecero protagonisti di quella che, secondo la felice espressione coniata da Gaetano De Sanctis, fu definita una 'serrata' ai danni della restante popolazione. Da quel momento iniziò una nuova fase di esclusività patrizio-gentilizia attraverso il monopolio del diritto, il controllo delle cariche magistratuali e dei mezzi di produzione (terra e animali, strumenti e schiavi): tutto ciò fece dei patrizi il ceto dominante e aristocratico, il cui carattere di esclusività, in quanto nobiltà antica e illustre fondata sul sangue, finiva sempre più per rafforzarsi. In posizione più debole e subalterna (sotto il profilo politico ed economico) stava la restante, e largamente maggioritaria, massa popolare composta da tutti coloro che non potevano dirsi appartenenti a una *gens*; sebbene, come vedremo da non intendersi come blocco unico e del tutto omogeneo, questa massa andò assumendo la denominazione di *plebs*.

a) *Origine della plebe*. – L'individuazione delle origini della plebe costituisce invero uno dei problemi più intricati, e tutt'ora controversi, dei nostri studi. Nel tentativo di fornire una spiegazione soddisfacente, gli studiosi hanno infatti prodotto una sterminata letteratura, con il risultato che le molteplici opinioni sedimentatesi nel corso del lungo dibattito storiografico si possono aggregare e ricondurre sostanzialmente a due grandi cause: una diversità etnica oppure le diverse e assai squilibrate condizioni economiche. I limiti di questi punti di vista, diversità etnica e condizioni economiche, tuttavia stanno nel radicale intento di individuare una sola causa all'origine della plebe, mentre il complesso delle informazioni, dai dati delle fonti della tradizione manoscritta alle risultanze archeologiche, depongono a favore di un quadro di maggior complessità a cui concorsero diversi fattori, elementi etnici, condizioni materiali di vita, che si intrecciarono indissolubilmente diventando difficile poi distinguerli.

Un discorso a parte merita infine l'opinione di Theodor Mommsen, secondo cui l'origine della plebe risiedette nella clientela arcaica. Secondo il grande studioso, fu a seguito del processo di sfaldamento dell'organizzazione gentilizia e con la recisione del legame tra *gentes* e *clientes* che nacque la plebe, come una sorta di componente sociale della popolazione munita di una forte coscienza di classe. Vuoi per la conquista da parte dello Stato degli spazi e dei ruoli prima delle *gentes*, vuoi con l'estinzione di intere *gentes* o di rami delle stesse, secondo Mommsen, a un certo momento i *clientes* privi di vincoli gentilizi andarono a costituire la massa informe della plebe. Ora, sebbene il rapporto tra plebe e clientela sia indubbio e ben documentato dalle fonti, sarebbe sbagliata la proposta di meccanicistica identificazione avanzata da Mommsen.

Ma più in generale, deve osservarsi che tutte queste opinioni purtroppo appaiono così insoddisfacenti e fragili perché si fondano su un punto fermo tra i più difficili da rimuovere nella critica moderna, cioè che la plebe non avesse *gentes*. Come abbiamo accennato poco prima, l'esclusività della struttura gentilizia dei patrizi è il frutto di un paradossale fraintendimento e dell'accoglimento da parte della critica moderna di un motivo della propaganda patrizia conservatasi nelle fonti piuttosto che una reale situazione.

A parte le notizie di *gentes* plebee in età regia (così era registrato a proposito della *gens Papiria* da Svet., *Aug.* 2.1*: Ea gens a Tarquinio Prisco rege inter minores gentis adlecta in senatum, mox a Servio Tullio in patricias traducta, procedente tempore ad plebem se contulit* [...]); e la precisazione ricorrente nelle fonti di *gens patricia* che presuppone *gentes* che *patriciae* non erano; a parte le notizie relative a distinzioni tra *gentes* patrizie e plebee omonime (per esempio si distingueva una *gens Claudia patricia* da una omonima plebea non inferiore alla prima per potenza e dignità; Svet., Tib. 1.1: *Patricia gens Claudia, fuit enim et alia plebeia, nec potentia minor nec dignitate, orta est ex Regillis, oppido Sabinorum* [...]); è possibile, ad esempio, immaginare che le norme sulle XII Tavole relative alla successione ereditaria dei *gentiles* si riferissero soltanto a una *pars populi*, cioè ai patrizi (XII Tab. 5.4-5 e 5.7)? È credibile che le norme decemvirali relative al subentrare della *potestas* dei *gentiles* sul *furiosus* fossero prescrizioni rivolte ai soli patrizi? Inoltre a proposito della contesa concernente il divieto di *conubium* tra patrizi e plebei, Canuleio rintuzzò l'argomento della necessità di non mescolare le parentele, ricordando alla maggior parte dei patrizi, provenienti da gruppi stranieri e accolti a Roma (s'intende le *minores gentes*, cioè i nuovi aristocratici dell'età monarchica etrusca), che la nobiltà non derivava dal sangue, ma grazie alla *cooptatio* tra i *patres* (Liv. 4.4.7: *non genere nec sanguine sed per cooptationem in patres*) e all'onore che ci si guadagnava. La stessa presunta trasmissione della conoscenza auspicale attraverso la *gens* si scontrava con il dato di fatto che «la pratica auspicale poteva con pari efficacia tramandarsi nell'ambito di discendenze connesse al modello della *familia proprio iure*» (Giuseppe Falcone).

Del resto pure la vicenda di Servio Tullio, uomo dalle origini se non servili, certamente non gentilizie, asceso al trono non solo non imbarazzava alcuno, ma deponeva per l'accettazione di un simile quadro di mobilità verticale che dal basso verso l'altro e viceversa, in seguito alla depressione economica del V secolo a.C., caratterizzava le società arcaiche laziali e tirreniche e le loro aristocrazie.

Su queste basi pertanto mostra la corda la spiegazione sino a qualche tempo fa dominante, secondo cui i plebei non avrebbero potuto essere patrizi sulla base di un dato *de iure*, e cioè la mancanza degli *auspicia*: a ben vedere si tratta di una concezione che proprio perché trovava il suo fondamento in «credenze diffuse, che hanno radici profonde nel sentimento religioso» (Gennaro Franciosi), difficilmente avrebbe potuto essere aggirata: se fosse stato davvero come si sostiene, nessuna serrata e parimenti nessuna riforma legislativa avrebbero potuto rispettivamente togliere e riconoscere ai plebei quegli *auspicia* che non avrebbero mai potuto avere.

In definitiva, istituti come l'*adlectio inter patricios* e la *transitio ad plebem* dimostrano che la strada da battere è un'altra. E così, di recente tra gli studiosi più attenti (da ultimo Giuseppe Falcone) si è fatta largo una ricostruzione ben diversa dall'esclusività dell'organizzazione gentilizia in seno al patriziato. Nella versione di Livio (10.8.7) relativa alla *suasio* di Decio Mure a favore della *rogatio Ogulnia* del 300 a.C. che apriva ai plebei l'accesso al collegio pontificale, si trova la giusta chiave di lettura per intendere il significato di *gens* come 'illustre lignaggio', che derivava dall'aver un proprio avo ricoperto cariche prestigiose tanto che i plebei detentori di quei medesimi *decoria*, che rendevano così superbi i patrizi, erano nobili.

Essere patrizi significava essere senatori, magistrati, sacerdoti: lo si era dunque sulla base di parametri oggettivi diversi dalla discendenza di sangue. Un impianto squisitamente politico coerente, questo appena descritto, con l'immissione in senato dei *patres* delle *minores gentes* di provenienza straniera dell'epoca etrusca e che connota l'intervento di Decio Mure. Questi, ricordando come guerre erano state condotte sotto gli auspici presi da generali plebei (*plebeiorum ductu et auspiciis*), dimostrava l'infondatezza della pretesa esclusività di *auspicia* → *gens* → *imperium domi militiaeque* e che bisogna dunque capovolgere l'impostazione: l'esclusività dell'*imperium* si ripercuoteva su quella degli *auspicia* e non il contrario, perché la pertinenza degli *auspicia* dipendeva dall'*imperium* e non dalla cosiddetta purezza del sangue. Questa capovolta sequenza spiega tutto con maggior coerenza: le notizie di genti plebee; il rigido arroccamento patrizio sul tema dell'esclusione plebea dalle cariche magistratuali; la reazione plebea alla *lex inhumanissima* delle XII Tavole (Cic., *De re publ.* 2.63) che introdusse, non ribadì, il divieto di *conubium* tra patrizi e plebei (in questo senso Liv. 4.4.7: [...] *privatis consiliis non poteratis, nec ducendo ex plebe neque vestras filias sororesque ecnubere sinendo e patribus?*; spiega gli istituti della *cooptatio* e della *transitio ad plebem*). Si trattava, dunque, di nient'altro che di un luogo comune della propaganda politica patrizia sconfitto da Decio nel 300 a.C., eppure tuttora preservato dalla critica moderna.

Alla luce di questa ricostruzione appare evidente che la plebe si formò soprattutto in conseguenza dell'esclusione sia dal potere politico sia da quello economico dei mezzi di produzione (sfruttamento, se non paritario con i patrizi, almeno significativo dell'*ager publicus*) di una parte largamente maggioritaria della popolazione (non omogenea ma comprendente anche uno strato sociale elevato) con conseguente marginalizzazione. Gli studi più recenti infatti dimostrano come la plebe non possa essere intesa come un blocco unitario ed omogeneo ma come massa variegata a formazione stratificata: l'idea di una plebe composta da quasi tutti *proletarii*, quindi non *adsidui*, dediti prevalentemente all'artigianato, al piccolo commercio, e alla pastorizia minuta e all'agricoltura semi-intensiva, e per queste ragioni sostanzialmente economiche priva di aggregati parentali vasti (*gentes*), è semplicistica ed è oggi quasi del tutto superata.

I costanti fenomeni migratori producevano una mobilità sia orizzontale anche a livello elevato, quali i gruppi gentilizi o affini come i gruppi di *sodales* che si integravano nel tessuto cittadino già a livello di ceti dominanti, sia verticale, per il sopraggiungere di elementi al seguito dei gruppi prima indicati, nerbo del ceto cittadino intermedio. Non solo. Una moltitudine di individui stranieri e di condizioni sociali ed economiche subalterne, poi, costituiva un flusso costante che giungeva a Roma in maniera cellulare: da soli o con il ristretto nucleo familiare, perché in cerca di nuove e migliori condizioni materiali di vita, essi venivano attratti dalle potenzialità di Roma, dalle opportunità che offriva, dalle prospettive di incremento della sua potenza e sfera di influenza nel *Latium vetus*; e in ciò venivano corrisposti da una politica di favore e di integrazione nelle strutture cittadine di cui si serba traccia nelle *feriae stultorum*, cioè dei 'distratti' che avevano dimenticato la curia di appartenenza (una chiara *fictio*) e che nell'organizzazione serviana si replicava con la centuria *ne quis scivit*, per permettere sempre ai 'distratti' di essere inquadrati in una centuria.

Gli scavi archeologici hanno poi dimostrato che un altro canale di potenziamento della popolazione di provenienza straniera e socialmente subalterna furono gli *asilía* offerti dai santuari extraurbani che nacquero proprio in questo arco temporale nel mondo latino ed etrusco (per quanto riguarda Roma, Fortuna e Mater Matuta, Cerere, Libero e Libera). L'approdo a Roma di artigiani, mercanti, clienti, servi fuggiaschi, in effetti finiva per incrementare sempre più una massa fluttuante e subalterna priva però dell'antico legame della *fides* che sin dalle origini improntava il rapporto dei *clientes* con i gruppi gentilizi. Quando già nei decenni a cavallo del VI e V secolo a.C. esplodeva la crisi economica a cui seguiva per Roma anche il mutamento della *forma civitatis*, attraverso la presa del potere di ristretti gruppi, da parte degli stessi si praticò un simmetrico impossessamento della ricchezza (sostanziale *possessio* dell'*ager publicus*, che perdeva i tratti di 'bene comune') e la chiusura attraverso criteri selettivi in una ristretta oligarchia gentilizia, rivendicando una presunta esclusività: nasceva dunque per selettiva esclusione la plebe. Tuttavia la denominazione di *plebs*, da πλε̃θος come moltitudine senza nome e contrapposta ai patrizi, rende nient'affatto bene l'idea né delle origini né della sua articolazione reale. La contrapposizione tra ricchi e poveri e che i plebei fossero tutti poveri, come è stato avvertito da Antonio Guarino, è un quadro assolutamente semplicistico quanto artificioso, dal momento che non tiene in considerazione neppure il dato incontrovertibile della differenza delle condizioni materiali tra plebei *adsidui* e plebei *proletarii* (la plebe cioè essenzialmente urbana), privi di qualunque mezzo di sostentamento.

Al contrario, la genesi multiforme della plebe lascia intravedere in filigrana un'articolata stratificazione sociale, e spiega così perché nelle fonti sia rimasta traccia di potenti capi, come Spurio Cassio, che giunti al vertice della repubblica abbracciarono le rivendicazioni plebee; perché elementi plebei furono presenti persino nell'esperienza del decemvirato legislativo e nel tribunato militare con potestà consolare; e conseguentemente spiega anche perché si siano conservati *nomina gentilicia* plebei. Non a caso, come vedremo tra breve trattando delle secessioni plebee, esponenti plebei, come Menenio Agrippa, si posero quali mediatori nei momenti più aspri del conflitto per orientare πλε̃θος e *patres* verso sbocchi politici fondati su accettabili compromessi.

E anche nel caso della cosiddetta gentilità plebea, frettolosamente liquidata dalla critica moderna, bisogna distinguere: a volte l'uso del gentilizio era di origine clientelare (i *clientes* infatti portavano il *nomen* della *gens* di appartenenza); altre volte poteva essere la conseguenza di *servitus, capitis deminutio, adoptio*; altre volte ancora dovuto a impoverimento e arretramento di *gentes* patrizie o di loro rami, o addirittura espulsione dalla ristretta cerchia a seguito di condanne, come nel caso della *gens* di appartenenza di Spurio Cassio o delle *gentes Marcia* e *Volumnia* coinvolte dal tradimento di Coriolano.

Tutto ciò, però, di per sé non significa che di queste *gentes* venisse meno l'organizzazione gentilizia.

Per concludere, accanto alla massa informe di nullatenenti, di clienti, di stranieri, artigiani e mercanti (nascono in epoca serviana le corporazioni artigianali, mentre l'archeologia ha dimostrato l'esistenza di *tabernae* e un forte insediamento commerciale nel *vicus Tuscus*), che giungevano incessantemente a Roma, astro nascente dell'Italia centrale in pieno sviluppo e trasformazione grazie a potenti politiche di lavori pubblici, emergevano dall'indistinta massa (*plebs*, πλῆθος) per floride condizioni economiche genti plebee i cui capi, anche in ragione di ciò, esercitavano una forte leadership politica, ancor più rilevante nel mutato quadro dell'organizzazione militare centuriata. Il sagace esercizio di questa leadership avrebbe irreversibilmente avviato il secolare processo di parificazione patrizio-plebeo.

b) *L'organizzazione plebea*. – Abbiamo visto come l'esperienza plebea fu una storia fondata sul conflitto con il patriziato: un conflitto di equiparazione politica, sociale ed economica contro la vecchia perdurante aristocrazia gentilizia convinta, una volta abbattuti i tiranni etruschi di carattere popolare, di riassumere integralmente il controllo politico e istituzionale della *civitas*. Il conflitto esplose nella prima metà del V secolo a.C., nonostante il nuovo ordinamento centuriato avesse sancito come conseguenza l'assunzione di un ruolo inedito della massa dei *cives*. Gli storiografi antichi, senza alcuna distinzione, ricordano che la tattica più efficace condotta dai plebei consistette nella secessione.

Guidati dai leader delle famiglie più influenti che avevano maturato una più ampia presa di coscienza politica accompagnata da una maggiore partecipazione alla distribuzione del bottino di guerra, i plebei reagirono alla 'serrata' patrizia con la speculare minaccia di disertare la chiamata alla leva. Ritirandosi nel 494 a.C. sul Monte Sacro o, secondo altra versione, sull'Aventino (eppure al riguardo delle diverse varianti della tradizione, deve dirsi che l'Aventino sin dai tempi di Servio Tullio fu considerato sede plebea e idealmente luogo della maturazione delle riforme filopopolari), la plebe poneva in essere una minaccia concreta e formidabile non soltanto per gli interessi dell'oligarchia dominante ma per la stessa esistenza della *civitas*: Roma nella prima metà del V secolo a.C. si trovava in una situazione drammaticamente instabile e potenziale bersaglio di diversi nemici. Da un lato, essa era sostanzialmente fuoriuscita dall'orbita etrusca (potenza in tramonto) e, da un altro lato, entrava in conflitto, e comunque in una situazione tutt'altro che pacifica, con i Latini. Ne è prova la guerra culminata nella vittoria romana presso il lago di Regillo (499 o 493 a.C.) che fruttò il cosiddetto *Foedus Cassianum*: un'alleanza paritaria tra Roma e le città latine volta a fronteggiare la capacità di penetrazione di altre comunità italiche (soprattutto Volsci ed Equi) nel Lazio antico.

La secessione dunque mostrò così tutta la sua pericolosità ed efficacia:

privare improvvisamente la città del suo *exercitus* significava creare una intrinseca debolezza ed esporla al rischio mortale di aggressioni straniere altrettanto repentine. A tale forma di lotta politica, i plebei aggiunsero poi l'escogitazione di una struttura istituzionale che si contrapponesse organizzativamente a quella ufficiale della *civitas*. Nacquero così le istituzioni plebee – i *concilia plebis*, forma assembleare della sola plebe e da cui restarono rigorosamente esclusi i patrizi, e figure magistratuali come gli *aediles plebis* (una sorta di magistrati-sacerdoti originariamente custodi dei templi plebei) e soprattutto i *tribuni plebis*, veri e propri capi della plebe – in perfetta simmetria con l'architettura istituzionale della *civitas*, ossia i *comitia populi* e i *magistratus* della *civitas*.

I *tribuni plebis*, muniti di uno *ius auxilii* che permetteva loro di esercitare un potere di *intercessio* verso i magistrati, erano addirittura coperti da uno *status* di inviolabilità (*sacrosanctitas*) fondato su *leges sacratae* perché accompagnate da un giuramento sacro (*sacramentum*) che impegnava la plebe, in quanto tale, a intervenire contro qualunque violazione della loro persona, intesa come condotta patrizia ostile agli interessi plebei:

> Dion. Hal. 6.89.3: Nessuno costringa il tribuno della plebe ad agire contro la sua volontà, come se fosse uno qualsiasi, né lo batta o faccia battere né lo uccida o faccia uccidere: se uno commette alcune delle cose dette sia maledetto (*sacer*) e i suoi beni siano consacrati a Cerere, mentre chi uccide il trasgressore sia considerato non punibile per l'uccisione stessa.

Inizialmente il numero dei tribuni fu di due, ma presto fu portato a cinque e infine a dieci; e la loro legittimazione ebbe natura fattuale, in quanto fondata sulla forza rivoluzionaria della plebe e sulla sacralità del suo giuramento più che su un riconoscimento della *civitas*. Non tutto però è chiaro; restano ancora zone d'ombra, per esempio, sul loro carattere elettivo e sull'assemblea genetica. La stessa nascita dell'assemblea plebea (i *concilia plebis*) fu l'esito di un processo evolutivo di cui qualche traccia si è conservata proprio nella tradizione relativa all'elezione dei *tribuni plebis*. Leggendo Cicerone sembrerebbe che i primi tribuni della plebe furono creati dai *comitia curiata* (Ascon., *In Corn.* 76): è difficile dare credito a questa notizia, che appare più che altro come il frutto di dati incerti e di una tradizione confusa che residuava nell'ultima età repubblicana, mentre appare sufficientemente certo che all'elezione da parte dei *concilia plebis* si giunse certamente nel 471 a.C. grazie alla proposta del tribuno Publio Volerone e al definitivo assestamento nel numero di 10 dei membri del collegio tribunizio ancora più avanti, nel 448 a.C., sulla scorta di un altro plebiscito proposto dal tribuno Lucio Trebonio, il quale probabilmente intendeva recuperare in qualche misura l'esperienza del collegio decemvirale a composizione mista patrizio-plebea (Dion. Hal. 9.41.3).

12. *Il decemvirato legislativo*

Almeno dal V secolo a.C. in poi la poderosa ondata delle concezioni isonomiche greche perseguite attraverso la legge, sconosciute alla cultura giuridica etrusca, arrivò in Italia e, attraverso le colonie, ne risalì la penisola per investire in pieno anche Roma.

Le versioni della tradizione sono concordi nel divulgare le tensioni e le aspirazioni popolari verso un ordinamento legalistico avente un cardine diverso dai *mores maiorum* di matrice gentilizia. Le dinamiche si inscrivevano nel conflitto ormai esploso tra patrizi e plebei, nello strutturarsi di una rigida oligarchia aristocratica la cui egemonia si esercitava sia sul controllo dei mezzi di produzione (esclusione dei plebei dall'*ager publicus*), sia sul monopolio delle cariche pubbliche (esclusione dei plebei dalle cariche magistratuali riservate ai patrizi) e conseguentemente sul potere politico sia sul controllo delle fonti di produzione normativa (attraverso l'*interpretatio iuris* riservata al collegio pontificale dal quale erano esclusi, ancora una volta, i plebei).

Esigenze di limitazioni all'arbitrario esercizio del potere magistratuale e di certezza del diritto nella quotidianità degli affari e delle relazioni, avviarono una lunga stagione di rivendicazioni. In questo tormentato scenario si inscrive una delle vicende politiche e istituzionali dell'esperienza giuridica romana, il cosiddetto decemvirato di cui le fonti antiche pongono la scaturigine nelle vicende (462 a.C.) della *rogatio* avanzata dal tribuno della plebe Caio Terentilio Arsa. Nelle versioni della tradizione cerchiamo e troviamo le chiavi di lettura dello snodo politico e istituzionale del decennio successivo:

> Liv. 3.9.2-5: *C. Terentilius Harsa tribunus plebis eo anno fuit. Is consulibus absentibus ratus locum tribuniciis actionibus datum, per aliquot dies patrum superbiam ad plebem criminatus, maxime in consulare imperium tamquam nimium nec tolerabile liberae civitati invehebatur. Nomine enim tantum minus invidiosum, re ipsa prope atrocius quam regium esse; quippe duos pro uno dominos acceptos immoderata, infinita potestate, qui soluti atque effrenati ipsi, omnes metus legum omniaque supplicia verterent in plebem. Quae ne aeterna illis licentia sit, legem se promulgaturum ut quinque viri creentur legibus de imperio consulari scribendis; quod populus in se ius dederit, eo consulem usurum, non ipsos libidinem ac licentiam suam pro lege habituros.*
>
> [Quell'anno era tribuno della plebe Caio Terentilio Arsa. Egli, ritenendo che l'assenza dei consoli desse campo ai tribuni di svolgere la loro azione, dopo avere per alcuni giorni biasimato innanzi alla plebe la superbia dei patrizi, prese a inveire soprattutto contro il potere consolare come eccessivo e intollerabile per una città libera: soltanto nel nome, infatti, esso era meno odioso di quello regio, ma in realtà era quasi più abominevole; perché invece d'un sol padrone se n'erano avuti due, con potere assoluto, illimitato, i quali, liberi per parte loro da qualsiasi freno, riversavano sulla plebe tutto il terrore delle leggi e tutte le punizioni. Per impedire che si perpetuasse il loro arbitrio, egli avrebbe promulgato una legge al fine di nominare cinque magistrati con il compito di scrivere delle leggi che regolassero il potere consolare; il console avrebbe avuto sul popolo quei diritti che esso gli avrebbe conferito, invece di far valere come legge il proprio capriccio e il proprio arbitrio].

Secondo Livio, Terentilio Arsa mirava a un nuovo disciplinamento dell'*imperium* consolare che ponesse argini all'arbitrio dei magistrati supremi e che trovasse nel riconoscimento popolare la sua legittimazione in linea con le spinte democratiche provenienti dal mondo greco o magnogreco. Insomma una legge, diremmo oggi, di carattere costituzionale, relativa all'*imperium* consolare considerato come un potere dalla evidente matrice regale (*prope atrocium quam regium*). E del resto era proprio così: comando dell'esercito, interpretazione dello *ius civile*, giurisdizione, coercizione sino alla *poena capitis*, convocazione dei comizi e del senato, facevano dei *praetores-consules* quasi una coppia di *reges* piuttosto che dei magistrati operanti nel nuovo regime di *libertas* repubblicana (*consulare imperium, nimium nec tolerabile liberae civitati*). La proposta non venne però accolta e si susseguì un decennio di conflitti con la periodica riproposizione della *rogatio* sino a quando non si inviò un'ambasceria in Grecia.

Nel frattempo i plebei mettevano a frutto alcune dure vertenze e prima del decemvirato ottenendo provvedimenti volti a mitigare gli aspetti più aspri del potere consolare. In stretta successione furono così approvate due leggi, la prima (Aternia Tarpeia) nel 454 a.C. e la seconda (Menenia Sestia) nel 452 a.C., che posero alla libera *coercitio* dei consoli il limite di 30 buoi e 2 pecore (3020 assi in *aes signatum*), oltre il quale non era possibile negare l'esercizio dello *ius provocationis*.

Dunque, i tempi apparivano maturi per un compromesso, e così, un anno dopo, nel 451 a.C., *mutatur forma civitatis*, scriveva Livio: espressione che oggi suonerebbe come 'mutò la costituzione della città'. Al governo della giovane repubblica militare non vi era più una coppia di consoli ma un collegio di dieci membri, chiamati *decemviri legibus scribundis* per il compito precipuo di dare alla *civitas* un corpo di leggi scritte sulla base delle esperienze di matrice greca, passate alla storia come XII Tavole e di cui parleremo appositamente più avanti. Tuttavia sui fatti sono sopravvissute diverse e non univoche versioni, soprattutto a proposito dell'ambasceria. C'era chi, come Livio, credeva che i decemviri furono istituiti dopo il ritorno a Roma dei legati inviati a studiare la legislazione solonica e chi, come Pomponio, invece, attribuiva ai decemviri stessi l'iniziativa di rivolgersi al mondo greco:

Liv. 3.31.8: [...] *Cum de legibus conveniret, de latore tantum discreparet, missi legati Athenas Sp. Postumius Albus, A. Manlius, P. Sulpicius Camerinus, iussique inclitas leges Solonis describere et aliarum Graeciae civitatium instituta, mores iuraque noscere.*

[... Poiché erano d'accordo sulla questione delle leggi, dissentendo soltanto sui proponenti, furono inviati ad Atene come ambasciatori Spurio Postumio Albo, Aulo Manlio e Publio Sulpicio Camerino, con l'incarico di trascrivere le celebri leggi di Solone e di studiare le istituzioni, i costumi e la legislazione delle altre città della Grecia].

D. 1.2.2.4 (Pomp. *lib. sing. Ench.*): [...] *placuit publica auctoritate decem constitui viros, per quos peterentur leges a Graecis civitatibus et civitas fundaretur legibus: quas in tabulas eboreas* (o *roboreas) perscriptas pro rostris composuerunt, ut possint leges apertius percipi: datumque est eis ius eo anno in civitate summum, uti leges et corrigerent, si opus esset, et interpretarentur neque provocatio ab eis sicut a reliquis magistratibus fieret. Qui ipsi animadverterunt aliquid deesse istis primis legibus ideoque sequenti anno alias duas ad easdem tabulas adiecerunt: et ita ex accedenti appellatae sunt leges duodecim tabularum. Quarum ferendarum auctorem fuisse decemviris Hermodorum quendam Ephesium exulantem in Italia quidam rettulerunt.*

[... Parve bene istituire una magistratura di dieci uomini, per mezzo dei quali venissero chieste le leggi alle città greche e Roma fosse fondata sulle leggi: i dieci misero insieme questo corpo di norme e le pubblicarono su tavole d'avorio (o di legno di quercia), affinché potessero essere conosciute più agevolmente. In quest'anno fu concesso ai decemviri, ove fosse necessario, il sommo diritto sia di correggere le leggi, sia di interpretarle, e fu stabilito che nei loro confronti non si ammettesse la *provocatio ad populum*. Gli stessi decemviri ravvisarono che a queste prime leggi mancava qualcosa e, perciò, l'anno successivo, aggiunsero altre due tavole: da qui il nome Leggi delle XII Tavole. Alcuni riferirono che, della proposta di queste, fosse stato autore, presso i decemviri, un certo Ermodoro di Efeso, esule in Italia].

Mettendo da parte alcuni aspetti tutto sommato marginali, resta l'idea che il focolaio di questa febbre legislatrice, isonomica e in parte democratica, fu fatto divampare dalla plebe sotto un'influenza greca. Questa rappresentazione non significa accettare acriticamente la versione dell'ambasceria inviata ad Atene per studiare la legislazione solonica oppure l'altra, più temperata, sulla collaborazione con il collegio decemvirale di Ermodoro d'Efeso, esule greco, ma anche legislatore amico di Eraclito. Significa mettere in connessione la divaricazione politica e culturale prodottasi in seno alla *civitas*, ove i patrizi erano ancora politicamente e culturalmente attratti dall'universo etrusco, mentre una nuova classe dirigente plebea ormai guardava alla Grecia, o meglio alla *Magna Graecia*: la notizia pliniana secondo cui due artisti greci, Damofilo e Gorgaso, pittori e scultori, ornarono con loro opere i templi plebei di Cerere, Libero e Libera (Plin., *Nat. hist.* 35.45.154), ne costituisce un significativo riscontro.

In questa connessione si coglie la coerenza delle versioni della tradizione sui decemviri e sulle XII Tavole, e diventa secondario stabilire se l'interesse si concentrasse sulla legislazione soloniana di Atene, secondo la datazione tradizionale varata nel 594 a.C., o se invece riguardasse le esperienze legislative delle città greche in Italia – ritenendo più attendibile la versione dell'ambasceria di Zaleuco di Locri – unitamente agli assetti istituzionali democratici delle *poleis*. Sotto quell'influsso greco democratico, come è stato da più parti sottolineato, l'esperienza dei decemviri, per quanto temporalmente assai limitata, costituì una fase in cui si praticò attraverso un corpo di norme scritte l'uguaglianza giuridica e si sperimentarono forme assai più ampie e complesse di governo in regime di collegialità; ma soprattutto si operò un nuovo, sia pure infruttuoso, tentativo di recupero dell'esperienza condivisa di direzione politica mista patrizio-plebeo dei primi decenni repubblicani, quando ormai era solidamente affermato l'ordinamento oplitico causa del tramonto del combattimento individuale di stampo eroico paradigma di rango sociale e di potere dell'aristocrazia di sangue.

In questa prospettiva, allora è possibile restituire al novero delle ipotesi altamente attendibili quell'idea ben radicata nella tradizione, e che oggi sembra trovare anche voci autorevoli a sostegno, secondo cui, come abbiamo letto prima da Livio, il decemvirato avesse il compito di regolamentare per via legislativa l'*imperium* consolare. In effetti ciò che deve dirsi, sulla scorta di una recente e convincente ricostruzione di Michel Humbert, è che il codice decemvirale ebbe come destinatari i magistrati supremi nella dimensione della loro giurisdizione, espressione fondamentale dell'*imperium* e ambito privilegiato di esercizio arbitrario e indiscriminato dello stesso. Particolarmente interessante è la versione dei fatti tramandata da Dionigi di Alicarnasso:

> Dion. Hal. 9.3.2-4: Infatti i consoli e i capi del senato accusavano dei disordini i tribuni, perché volevano introdurre un nuovo ordinamento e pretendevano di distruggere quello vecchio della città. Per parte loro i tribuni sostenevano che nessuna delle loro richieste mirava a qualcosa di ingiusto o dannoso: quel che volevano era solo avere buone leggi e uguaglianza nella possibilità d'espressione. I consoli, piuttosto, e i patrizi erano colpevoli, perché accrescevano ingiustizia e arroganza, e si comportavano come tiranni. Fra questi discorsi e altri simili da una parte e dall'altra molti giorni passarono, e il tempo trascorreva a vuoto; intanto non si portava a termine in città nessun affare, né pubblico né privato. Visto che non si concludeva nulla, i tribuni smisero di fare quei discorsi e di rivolgere le loro accuse al senato; riunirono invece il popolo in assemblea, e promisero di proporre le leggi che esso avesse voluto. Il discorso fu applaudito, ed essi allora lessero subito la proposta di legge che avevano preparato. Eccone i punti principali: il popolo, riunito in assemblea legale, avrebbe dovuto scegliere dieci uomini, i più anziani e più saggi, che avessero molto a cuore l'onore e la buona reputazione; questi avrebbero dovuto scrivere leggi su tutte le materie, pubbliche e private, e poi proporle al popolo; queste leggi sarebbero state poi esposte nel foro, per regolare i diritti reciproci, per i magistrati dell'anno e per i privati.

In verità, nei Fasti Capitolini il titolo ufficiale dei *decemviri* è esattamente quello di *decemviri consular*[*i imp*]*erio legibus s*[*cribundis*]; tuttavia, sotto il condizionamento dell'autorità indiscussa di Theodor Mommsen, che ha liquidato Livio come colui che «ha mal compreso la formula», non si è prestato fede alla registrazione dei Fasti Capitolini. In altri termini, i moderni storiografi, sottolineando l'assenza nelle XII Tavole di riforme costituzionali o prescrizioni normative sull'*imperium,* hanno tratto argomento contro l'attendibilità della tradizione sulla codificazione decemvirale. Eppure il fatto che il decemvirato in sé costituì una rilevante riforma istituzionale e che al carattere di magistratura *sine provocatione* del decemvirato corrispondesse la sospensione del tribunato della plebe costituirebbero precisi indici da una parte del compromesso patrizio-plebeo e da un'altra parte del tentativo di sperimentare nuovi modelli istituzionali.

Questo passaggio cruciale della storia politica e istituzionale romana del resto non costituisce certo un *unicum* nel quadro dell'epoca. Tratti di forte analogia si trovano, ad esempio, nelle vicende ateniesi del 404-403 a.C., quando sotto l'assedio spartano si impresse una svolta radicale:

Xenoph., *Hell.* 2.3.2: Sotto l'arcontato di Pitodoro, il popolo ha deciso di eleggere trenta uomini, i quali dovranno raccogliere e mettere per iscritto le 'leggi patrie', in conformità alle quali la città sarà governata.

Ora che, pure ad Atene, ci fosse una nuova magistratura, quella dei Trenta, in sé fu una riforma costituzionale, con l'incarico di redigere un corpo di leggi scritte analogamente al decemvirato, è un fatto che sembra parlarci di un'onda lunga di tendenza verso riforme filopopolari nel contesto mediterraneo segnato da influssi greci e romani.

Un altro aspetto che negli studi più recenti va consolidandosi è il segno profondo del compromesso alla base del decemvirato e della raccolta normativa, nel senso che gli elementi di discontinuità o rottura che essi segnarono non furono semplicemente la vittoria plebea su un patriziato in rotta bensì obiettivi raggiunti attraverso una mediazione sia istituzionale sia sul piano del potere di controllo e di intervento sull'ordinamento giuridico.

Sul piano istituzionale questa idea sembrerebbe confermata innanzitutto dalle notizie, per quanto non del tutto incontrovertibili, della partecipazione al secondo decemvirato di elementi plebei e dalla sospensione delle magistrature plebee e dello *ius provocationis*.

Sul piano normativo invece numerose norme decemvirali di segno opposto sembrano convivere. Ma questo non deve essere letto come una contraddizione di un racconto falsificato bensì quale frutto di un compromesso politico tra opposte parti e visioni: si consideri ad esempio, da un lato, la repressione del lusso nei funerali e, dall'altro lato, il mantenimento del divieto di *conubium* tra patrizi e plebei. Una cosa però è certa a proposito degli anni decemvirali: quel governo e il loro prodotto, cioè le XII Tavole, si contrassegnavano per un paradigma alternativo di sovranità in cui vi era «scrittura, dove c'era stata oralità; proclamazione pubblica, dove c'era stato il segreto; norme certe e uguali per tutti, dove c'era stata prescrittività casistica e sottratta a ogni controllo» (Aldo Schiavone). Ma anche a tal proposito bisogna ammettere che senza il consenso dei pontefici i decemviri non sarebbero stati in grado di redigere quel *corpus* normativo, né ha ancora senso sostenere che il più grande *vulnus* subito dal collegio ponteficale interessò il monopolio dell'*interpretatio iuris*. La pubblicazione di una *lex*, o di un corpo normativo, non era in contraddizione con l'*interpretatio*, questa segnava un momento successivo; e d'altronde nulla o eventualmente assai poco c'era nelle XII Tavole sul piano degli strumenti tecnici, per cui l'attività pontificale nelle sue modalità del *cavere*, *agere*, e *respondere* restò sostanzialmente integra e ad essi continuarono ancora a lungo a rivolgersi i *cives* per affrontare quotidianamente i loro affari. Infatti la legislazione decemvirale, direi l'idea in sé della legge, non fu mai messa in discussione, mentre le XII Tavole non ebbero più una vita in un certo senso autonoma e, in quanto cadute nella 'custodia' dei pontefici, sopravvissero grazie alla loro *interpretatio*.

Mentre nell'universo giuridico il monopolio del sapere tecnico dello *ius* e del suo ammodernamento continuò a incentrarsi sui *pontifices*, il terreno istituzionale fu quello dove si mosse prevalentemente la reazione patrizia per segnare la fine del decemvirato. Gli indubbi aspetti di innovazione e discontinuità apparvero in ogni caso all'aristocrazia gentilizia, probabilmente alla parte più conservatrice, talmente marcati e indigeribili da suscitare immediate reazioni e la restaurazione appena nel 449 a.C. della coppia consolare, con due esponenti di due delle *gentes* più autorevoli e conservatrici del tempo, i *Valerii* e gli *Horatii*. Per attenuare il ritorno a un assetto che chiudeva ogni breccia alla plebe, i due consoli proposero tre *leges*, il cui contenuto non cessa ancora di sollevare discussioni tra gli studiosi moderni (*leges Valeriae-Horatiae*: efficacia generale dei plebisciti; divieto di magistrature sottratte allo *ius provocationis*; inviolabilità di tribuni ed edili della plebe, nonché dei *iudices decemviri*). Cosicché, mentre si lasciava che il seme fecondo, vitalissimo, dell'isonomia, dell'uguaglianza giuridica, perseguita attraverso la legge nella sua peculiare garanzia offerta dalla forma scritta, deposto nel tessuto giuridico romano cominciasse a germogliare, lo scontro si infiammava sull'idea possibile del governo congiunto, unitario, tra patrizi e plebei, della *res publica*.

Tuttavia, non costituì certo un caso che nel 445 a.C., appena 5 anni dopo l'esperienza decemvirale, giungesse una nuova sospensione del consolato e l'avvio della stagione del governo dei *tribuni militum consulari potestate*, la cui denominazione evoca con alta probabilità la chiamata al governo degli esponenti della plebe più facoltosa e politicamente egemone in un impianto istituzionale strettamente connesso al mondo militare, ove la plebe era essenziale grazie al sistema oplitico, e a concezioni di collegialità più ampie del consolato e più aderenti al sistema tribunizio plebeo. Un'altra esperienza di governo misto e unitario; una nuova tappa del processo di parificazione che formalmente si sarebbe compiuto nel 367 a.C. con un percorso simmetrico e parallelo relativo all'*aequiparatio* dei *plebiscita* alle *leges comitiales*.

Sezione seconda

Il diritto arcaico

1. Fas, Nefas, Ius

«E invero, nei primordi della nostra città, il popolo cominciò a regolarsi senza alcuna legge certa, senza diritto certo e tutto veniva governato a discrezione dei re». Questo l'esordio dell'*Enchiridion* – opera unica per impianto e finalità di carattere storico nel panorama della letteratura giuridica romana – in cui Sesto Pomponio, uno dei più noti giuristi di età adrianea, tracciava l'*origo atque processus iuris*, cioè lo svolgimento dell'ordinamento giuridico romano sin dalla sua genesi. Sopravvissuto all'oblio dei secoli grazie all'ampio squarcio raccolto dai compilatori giustinianei nei *Digesta*, l'*Enchiridion* offre il punto di avvio della nostra trattazione dedicata alle dinamiche di formazione e di sviluppo dell'ordinamento giuridico romano nella sua prima fase costituzionale.

Prendere le mosse dal rapido schizzo dedicato alla storia e all'evoluzione dell'esperienza giuridica romana, dalle origini alle XII Tavole, circa quattro secoli (D. 1.2.2.1-4), è l'occasione non tanto, o non solo, per comprendere l'idea che nel II secolo d.C. si possedeva delle fonti di produzione del diritto, ma anche, e forse soprattutto, per afferrare quali complesse difficoltà di ricostruzione storica debba affrontare l'interprete moderno.

Non vi è dubbio che tracciare un quadro quanto più nitido possibile delle fonti di produzione della fase arcaica della storia giuridica di Roma è impresa ardua, certamente complessa, per la grave insufficienza delle fonti sia ai fini della piena comprensione delle istituzioni politiche sia ancor più dell'ordinamento giuridico generale.

Lo storico del diritto è, in casi come questo, costretto a districarsi tra i documenti di una tradizione incerta, vaga, confusa, spesso contraddittoria e infarcita di errori, comunque tarda. Egli ha a che fare con documenti che riflettono una concezione del diritto e del sistema delle fonti di produzione normativa ben assestati e delineati, entro cui dopo secoli di evoluzione un posto centrale era ormai occupato – oltre che dalla tradizionale attività dei *prudentes* – dalle fonti di produzione autoritative (la *lex* innanzitutto), mentre ormai profili marginali assumevano i *mores maiorum*, o addirittura la più recente *consuetudo*. Concezioni e assetti naturalmente assai lontani da quelli di un'epoca avvolta dalle brume di un passato protostorico quasi indecifrabile, in cui concezioni, culture, valori erano quelli di arcaiche strutture preciviche. Tali considerazioni rendono allora comprensibili le pagine dell'*Enchiridion* dedicate agli albori di Roma, descritti in quel modo, segnati da un diritto incerto, dall'assenza della legge e dunque dalla discrezionalità, anzi dall'arbitrio dei *reges*. Ma dopo aver definito i contorni, tutto il resto rimane aperto.

Come è stato da più parti sostenuto, in linea di massima due sono le fonti del diritto che di certo si individuano in questi secoli: i *pontifices* e le XII Tavole. I pontefici fondavano la loro attività di *iuris prudentes* su un ceppo originario di 'norme consuetudinarie' di alta e oscura risalenza, cioè i *mores maiorum* e gli *instituta maiorum* (ma per comodità useremo soltanto l'espressione *mores maiorum*). Dal costante ammodernamento, o se preferiamo adattamento, di questo originario 'nocciolo' giuridico alle esigenze di una società all'inizio arcaica e contadina, e per tali ragioni però sostanzialmente immobile per lunghi secoli, che sostanziava la loro diuturna, incessante attività di esperti del diritto, i pontefici elaborarono quel complesso normativo che si suole definire come l'antico *ius Quiritium*.

Le XII Tavole e il decemvirato, che le produsse, rappresentarono invece un cruciale passaggio istituzionale e normativo, scintilla di un processo irreversibile nella trasformazione dell'ordinamento giuridico romano arcaico, in cui prepotentemente la *lex publica*, con la fissazione nella scrittura delle norme, si stagliò come garanzia dell'eguaglianza di applicazione del diritto a tutti i *cives*, mutò la fisionomia della città, gli equilibri politici, il diritto, incrinandone il monopolio pontificale.

Ma cominciamo dai *mores maiorum*. È opinione comune che il nucleo originario del diritto romano fosse costituito dai cosiddetti *mores maiorum*, cioè i comportamenti, o consuetudini, degli antichi (*maiores*), sempre tradotti in riti di gesti e formule, affondanti le radici nelle strutture sociali preciviche, la cui costante rispettosa osservanza assegnò loro per molto tempo un'aurea di religiosa intangibilità.

Uno dei punti più controversi nella critica romanistica risiede tuttavia nella esatta percezione della giuridicità e della effettiva intangibilità o indefettibilità dei *mores maiorum*. Sicché vi è stato chi come Max Kaser ha individuato nei *mores maiorum* una sorta di diritto naturale originario di Roma, un 'unrömisches Naturrecht', ma di cui a ragione è difficile scorgere i fondamenti; e chi più semplicemente ha invece puntato l'accento sull'aspetto consuetudinario, ancorando l'inderogabilità dei *mores maiorum* al piano religioso e precisamente al rispetto sacrale suscitato dal fatto di essere stati osservati come norme di condotta da quei *maiores* che morendo erano essi stessi divenuti divinità, numi tutelari delle famiglie, nuclei sociali primi della comunità arcaica (Antonio Guarino, Giovanni Nicosia). Tuttavia, si è anche osservato (da ultimo Mario Talamanca) come alle concezioni romane arcaiche fosse del tutto estraneo il moderno concetto di consuetudine, cioè di norma giuridica posta dalla ripetizione costante e generalizzata di un comportamento ritenuto obbligatorio. Assumendo questa prospettiva giusnaturalistica, l'obbligatorietà dei *mores maiorum* discendeva dalla loro rispondenza a un ordine naturale delle cose. A ben vedere, allora, essi non erano fonti di produzione del diritto ma strumenti attraverso cui si manifestava l'ordinamento giuridico immanente nella struttura dei rapporti socioeconomici.

Pur nella pluralità e discutibilità delle ricostruzioni dedicate all'antico nucleo del diritto romano, su due dati è difficile oggi dividersi e cioè sull'alta risalenza delle radici dei *mores maiorum*, affondanti nelle strutture gentilizie, comunque preciviche, e sullo stretto e intimo intreccio tra diritto e religione della fase arcaica della storia giuridica di Roma. Su questo secondo profilo, sebbene in passato si sia anche argomentata l'esistenza di una rigida separazione tra le due sfere del diritto e della religione, probabilmente dietro l'influsso della distinzione tra *fas/nefas* e *ius* (i primi termini riconducibili alla sfera divina, il secondo a quella umana) che compare in fonti di tarda età, vasta è la base, anche se indiziaria, di elementi che depongono per l'originaria compenetrazione tra *ius* e *religio*, caratteristica dell'ordinamento giuridico romano dei primi secoli, come peraltro di tutte le esperienze sociali più arcaiche.

Uno dei valori principali della *civitas* arcaica era la *pax deorum*, il patto di alleanza tra i membri della comunità e la sfera della divinità. Alla base del rapporto con le divinità vi era un preciso canone culturale che, immaginando gli dèi come entità assolutamente irascibili, portava alla 'teologizzazione dell'ira divina' (Jan Assmann) secondo un tratto comune alle civiltà mediterranee e del Vicino Oriente.

Divinità terribilmente irascibili e da trattare con estrema prudenza nella preservazione di una fragile alleanza, rispetto a cui qualunque atto idoneo a turbare un simile equilibrio richiedeva una giusta e immediata riparazione o attraverso interventi dei capi dei gruppi sociali minori, i *patres familias*, con procedure e misure coercitive interne agli stessi, ovvero mediante l'intervento diretto del capo della *civitas*, il *rex*, che non a caso cumulava, da apparire a volte intimamente connessi, i ruoli di capo politico e religioso.

Sono così evidenti gli influssi magico-sacrali delle prescrizioni normative arcaiche nell'ambito della repressione criminale: da talune figure criminose (come i sortilegi o le pratiche del malaugurio) a determinate sanzioni quali la *consecratio*, da cui discendeva la condizione di *homo sacer*, cioè di uomo privato della protezione umana e divina, la cui uccisione, come prima accennato, seppure non conforme al *fas* non era considerata neppure un fatto criminale di sangue da perseguire.

Di questo segno erano le fissazioni dei giorni in cui potevano compiersi determinate attività, come pure le indicazioni nel calendario di alcune date il cui profilo politico e religioso appare indiscutibile: Q R F C (*quandoc rex comitiavit fas*) e Q S D F (*quandoc stercus delatum fas*). Le suddette sigle esprimevano significative indicazioni di rilevanza pubblica: si trattava infatti dei giorni in cui il *rex* poteva *comitiare*, cioè convocare i comizi, e quando si poteva procedere alla pulizia del tempio di Vesta.

Ancora, notevole era il ruolo dei collegi sacerdotali. In primo luogo dei *pontifices*, ristretto collegio di selezionati sapienti, depositari di saperi antichi e arcani, che scandivano, attraverso il calendario, la vita della comunità e interpretavano le norme giuridiche (*mores maiorum*). I *mores* da comportamenti diventavano, mediante la formulazione dei *pontifices*, regole oggettive il cui rispetto, la cui formale applicazione, rigida e ossessiva garantiva forza, invincibilità (Aldo Schiavone).

V'è da aggiungere però che alla tradizione romana arcaica restava estranea l'idea greca di *Moira*, cioè di un ordine fisso, immutabile a cui erano sottoposti anche gli dèi. «Le sorti dell'uomo e del suo gruppo apparivano infatti determinate di momento in momento dai loro rapporti con le divinità che si riteneva presiedessero ai singoli aspetti della vita terrena e dal cui arbitrio e beneplacito si riteneva dipendessero le vicende umane; peraltro un beneplacito che poteva essere a sua volta, di momento in momento, influenzato dagli uomini stessi attraverso varie forme di invocazioni, di offerte, di sacrifici, di voti, che generavano obbligazioni reciproche fra essi e i loro dei e che sembrano porre questi rapporti sul piano di un *do ut des*» (Riccardo Orestano).

L'inscindibile rapporto tra diritto e religione non era poi esclusivo delle norme regolatrici della condotta dei privati, bensì anche di altri ambiti. Di ciò i *Fetiales*, per esempio, costituiscono una prova esemplare. Si trattava, come abbiamo visto, di un altro importante collegio sacerdotale, la cui influenza sul piano politico e istituzionale, ma se si vuole anche giuridico, è evidente nella loro tipica funzione in tema di rapporti con altre comunità: a loro si deve infatti l'elaborazione di un originario nucleo, se è lecito l'uso di questa espressione, di diritto internazionale, con il rituale prescritto per la dichiarazione del *bellum iustum*.

Tuttavia, per tentare di comprendere quale fosse l'originario rapporto tra diritto e religione è adesso opportuna qualche considerazione sulla dicotomia *ius/fas*. Problema interessante ma di difficile soluzione e comprensione persino per i Romani, che va inscritto entro quel processo di laicizzazione del diritto e dei suoi esperti, avviatosi quando organi statali cominciarono ad assumere direttamente la funzione di creazione delle norme.

Quando Isidoro di Siviglia, nel VI-VII secolo d.C., in un passo assai discusso delle sue *Etymologiae* (5.2.2) scriveva che «*fas lex divina est, ius lex humana*», in qualche modo ricordava come già da tempo la cesura tra diritto e religione si fosse consumata in modo irreversibile nella cultura giuridica romana. E sebbene nessuno forse dubitasse, e oggi dubiti, trattarsi di una distinzione priva di alcun aggancio con le concezioni romane arcaiche, è tuttavia legittimo interrogarsi sulla sua sostanza.

Fas e *nefas*, come è stato osservato, sono termini non declinabili, segno di una rigidità primordiale (Antonio Guarino), per lo più usati come aggettivazioni, qualificazioni delle azioni dell'uomo. Il *fas* (probabile derivazione dall'etimo indoeuropeo *bha* = rivelare, manifestare; posseggono il medesimo radicale i termini *fatum* e *fari*) rappresentava la sfera della liceità dei comportamenti dell'uomo, la cui adozione o meno era rimessa all'arbitrio dello stesso, conformi alla volontà divina spontaneamente rivelatasi attraverso fenomeni naturali, o interpretata dai sacerdoti. Il *nefas* indicava invece, come chiaramente depone la sua forma negativa, l'ambito del proibito dalle divinità, la cui violazione avrebbe procurato l'ira divina, la vendetta della divinità offesa sul soggetto agente o addirittura sull'intera comunità. Dunque, le espressioni ricorrenti nelle fonti di '*fas*' e di '*fas est*' indicavano, la prima, la regola religiosa e, la seconda, la liceità religiosa.

Con questa dimensione si intersecava poi un piano più squisitamente riconducibile all'uomo, cioè quello dello *ius*. *Ius*, *ious* nella sua forma più arcaica conosciuta, parola di difficile etimologia (quella oggi più seguita collega *ius*/*ious* a *yaos*/*yaoz* e alle pratiche di propiziamento delle forze occulte e soprannaturali), era composto da un complesso di valutazioni e regole relative ai comportamenti dei membri della comunità, che potevano essere definiti *iusti* o *iniusti* a seconda dei valori e delle libere, discrezionali valutazioni che si affermavano all'interno della comunità (Antonio Guarino, Wolfgang Kunkel, Kurt Latte, Giovanni Nicosia).

Probabilmente agli inizi non vi era una netta demarcazione rispetto al *fas*, eppure ben presto si avviò un processo di differenziazione che finì per enucleare due distinti complessi di prescrizioni. Che in via di massima sia stata questa l'evoluzione, che il binomio *fas*/*nefas* e *ius* rappresentasse cioè le 'connessioni' e i 'piani di scorrimento' e di confusione tra il momento religioso e quello giuridico della mentalità romana arcaica (Schiavone), e che dunque indicasse la precedenza del *fas* rispetto allo *ius* e così la subordinazione di quest'ultimo al primo sembra trovare conforto in almeno due osservazioni tra loro connesse.

Non tutto ciò che era *fas* era per ciò stesso conforme allo *ius*, così come, viceversa, non sempre un comportamento non *iniustus* risultava conforme al *fas*. Prendiamo l'esempio più paradigmatico: l'uccisione dell'*homo sacer*. Sebbene fosse lecita per il diritto della comunità, nel senso che non esponeva l'autore dell'omicidio all'accusa, essa era nient'affatto conforme al *fas*. Ritornando allora a Isidoro di Siviglia, possiamo concludere che egli, con molta probabilità, intendeva esprimere semplicemente l'idea che la sfera del *fas* fosse riconducibile a una matrice religiosa, mentre quella dello *ius* a una umana, sebbene non si possa poi non convenire con chi ovviamente sostiene che entrambe fossero il risultato di un'attività dell'uomo. Riconosciuto tale primigenio intreccio tra diritto e religione, tuttavia è difficile spingersi sino al punto di sostenere che i *mores maiorum* fossero frutto di una volontà divina rivelata; che essi insomma possedessero un fondamento teocratico similmente, per esempio, alle esperienze del Vicino Oriente: dalle leggi mosaiche alle legislazioni mesopotamiche, il carattere peculiare della loro rigidità e del rispetto che esigevano discendeva dall'idea dell'origine divina del potere legiferante.

Emblematica è, per esempio, la prescrizione del celeberrimo codice del sovrano babilonese Hammurabi in cui la fissità, l'immutabilità delle norme giuridiche sono una diretta conseguenza della dimensione divina del legislatore; *codex Hammurabi* xxv, rr. 59-74: «nel trascorrere del tempo, e per sempre, il re che governerà il paese osservi le parole giuste che io ho scritto sulla stele; che egli non cambi le leggi, che io ho stabilito, né le decisioni che ho preso, e non alteri i miei disegni».

Diverso è invece il problema, altrettanto complesso, dell'emersione dello *ius* (inteso come complesso normativo costituito in massima parte dai *mores maiorum*) che sembra però trovare in dottrina una convincente spiegazione nell'attività processuale (tra gli studiosi, seppure con differenze, Max Kaser, Giuseppe Ignazio Luzzatto, Carlo Gioffredi, Giovanni Nicosia, Giovanni Pugliese, Raimondo Santoro), verosimilmente esercitata dal *rex*. È in questo scenario che deve inquadrarsi il tema della definizione del ruolo normativo del *rex* attraverso l'esercizio dell'*imperium* e segnatamente della *iurisdictio*. Il *rex*, nella regolazione dei rapporti tra la *civitas* e i suoi componenti, creava la norma nel momento in cui l'applicava (fenomeno definito da Riccardo Orestano di «creazione fattuale del diritto»).

A proposito della *iurisdictio*, tuttavia, sono opportune alcune precisazioni. Abbiamo già detto che non esistono tracce visibili di concezioni relative a una volontà divina rivelata; ma dobbiamo anche aggiungere che neppure gli strumenti preposti all'interpretazione della volontà divina, quali l'*auspicium* del *rex* assunto prima di amministrare la giustizia o il duello ordalico (ipotesi, quest'ultima, sostenuta soprattutto da Carlo Gioffredi), erano preposti o utilizzati ai fini della creazione di norme giuridiche.

Dalla ripetizione costante di schemi rituali, e infine processuali, di accertamento di conformità a ciò che era giusto fare o assumere come propria condotta secondo le valutazioni affermatesi nei gruppi, nella comunità, si giunge allo *ius* (Giovanni Nicosia). Diverse espressioni permanevano nel linguaggio tecnico processuale (*in ius vocare, in ius ducere, in iure*), come limpido retaggio di un'età assai più antica quando l'*agere*, cioè il processo, era chiamato *ius*, testimonianze evidenti delle matrici e delle dinamiche processuali di emersione del diritto.

Analoghe difficoltà si incontrano nel momento in cui ci si interroga se all'inizio fosse presente una distinzione tra diritto oggettivo e diritto soggettivo, o se la precedenza temporale dell'uno costituisse il presupposto dell'altro. Assai probabile è che il processo genetico dei due concetti fosse contestuale. Un indizio potrebbe cogliersi, osservando ancora una volta il lessico giuridico, nella permanenza e nella coesistenza di forme ambigue come *ius esto, ius mihi est, ius feci*.

Ad ogni modo, anche a tal proposito la componente religiosa era fortemente presente: un esempio per tutti è costituito dalla *legis actio sacramento* risalente a un'età molto alta e tipica di un'economia premonetaria, in cui appunto il giuramento (cioè il *sacramentum*) aveva lo scopo di sollecitare l'intervento ed il giudizio divino e la *poena sacramenti*, sanzione questa la cui evidente funzione di sacrificio espiatorio mirava a placare la divinità offesa da chi dei due contendenti avesse prestato un falso giuramento.

Pertanto, pur senza giungere a scorgere un'eccessiva ed errata esistenza di un fondamento teocratico nella *civitas*, tuttavia il carattere pervasivo della religione era tale da compenetrarla con le istituzioni pubbliche e private tanto da farla assumere nei compiti istituzionali della comunità.

2. *Le* leges regiae

Accanto ai *mores* gentilizi, nucleo primario del nascente *ius*, venne progressivamente ponendosi la normazione regia, frutto degli interventi del *rex* nella direzione politica della città e nella regolazione dei rapporti tra i singoli individui. Secondo una tradizione pressoché univoca, da Cicerone a Livio, da Dionigi di Alicarnasso a Pomponio, i *reges* solevano presentare proposte legislative all'assemblea popolare del tempo, vale a dire ai *comitia curiata*, i quali, esprimendo un voto di approvazione o di rigetto, finivano per far qualificare tali provvedimenti come *leges curiatae*:

D. 1.2.2.2-3 (Pomp. *lib. sing. Ench.*): *Postea aucta ad aliquem modum civitate ipsum Romulum traditur populum in triginta partes divisisse, quas partes curias appellavit propterea quod tunc rei publicae curam per sententias partium earum expediebat. Et ita leges quasdam et ipse curiatas ad populum tulit: tulerunt et sequentes reges. Quae omnes conscriptae exstant in libro Sexti Papirii, qui fuit illis temporibus, quibus Superbus Demarati Corinthii filius, ex principalibus viris. Is liber, ut diximus, appellatur ius civile Papirianum, non quia Papirius de suo quicquam ibi adiecit, sed quo leges sine ordine latas in unum composuit. Exactis deinde regibus lege tribunicia omnes leges hae exoleverunt iterumque coepit populus Romanus incerto magis iure et consuetudine aliqua uti quam per latam legem, idque prope viginti annis passus est.*

[Poi, essendosi accresciuta in una certa misura la popolazione cittadina, si tramanda che lo stesso Romolo abbia diviso il popolo in trenta parti, che chiamò 'curie' per il fatto che allora espletava la cura della cosa pubblica attraverso le deliberazioni di tali parti. Così egli stesso propose al popolo alcune leggi curiate; ne proposero anche i re che seguirono. Tali leggi restarono conservate, tutte scritte insieme nel libro di Sesto Papirio, il quale fu uno tra gli uomini preminenti ai tempi in cui visse Tarquinio il Superbo, figlio di Damarato di Corinto. Tale libro, come abbiamo detto, è chiamato *Diritto civile Papiriano* non perché Papirio vi aggiunse qualcosa di suo, ma perché mise insieme, in unità, leggi approvate senza ordine. Cacciati in seguito i re con legge tribunizia, tutte queste leggi caddero in disuso e il popolo romano cominciò per la seconda volta a fare uso di un diritto incerto e di qualche consuetudine più che della legge; e tollerò ciò per quasi vent'anni].

Dion. Hal. 3.36.4: Convocò i pontefici e, avendo ricevuto da loro le scritture relative ai culti, che Pompilio aveva composto, le trascrisse su tavole e le espose nel Foro perché chiunque volesse potesse leggerle. Con il tempo, è accaduto che perissero: non c'erano ancora, infatti, stele di bronzo, ma le leggi e le scritture relative ai culti erano iscritte su tavole di quercia: dopo la cacciata dei re di nuovo ne fu fatta una copia pubblica dal pontefice Gaio Papirio, che aveva la sovrintendenza di tutti i culti.

Dinanzi a documenti come questo, nasce, dunque, nella critica moderna il problema delle cosiddette *leges regiae*, tema su cui fiumi d'inchiostro sono stati versati, e in particolare su carattere, portata normativa e imputabilità al *rex* oppure ai *comitia curiata* della legislazione arcaica. Due sono i principali orientamenti affermatisi tra gli studiosi moderni.

Da un lato, coloro che, ritenendo priva di ogni fondamento la versione della tradizione e considerando del tutto falsi i fatti narrati, concludono che ci si trova dinanzi a un esemplare fenomeno di trasposizione storica, di anticipazione a un'età molto risalente di assetti istituzionali della matura età repubblicana. In particolare, si obietta come sia integralmente calato in epoca monarchica l'*iter* legislativo tipico del rapporto tra *magistratus* e *comitia*, secondo cui alla proposta del magistrato (*rogatio*) seguiva l'approvazione dei *comitia centuriata* o *tributa*: schemi insomma che mal si conciliano con la cultura istituzionale e gli equilibri della *civitas* arcaica. Eppure, molteplici e più assorbenti sono stati gli argomenti avversi a tale punto di vista: il particolare significato di *lex* nel lessico giuridico latino, in precedenza richiamato, profondamente diverso da quello che assunse successivamente, non solo in età moderna ma anche nell'età tardoantica; il ruolo in effetti sempre marginale della *lex* nel campo della produzione normativa; l'inesistenza di vere e proprie assemblee popolari titolari di poteri deliberativi in età regia; l'inesistenza di contenuto giuridico di tali presunti provvedimenti legislativi, confinati in realtà entro una dimensione squisitamente religiosa.

E in effetti, è pur vero che il termine *lex* abbia il prevalente significato di regolamentazione di situazioni o rapporti, anche unilaterale, proveniente persino da un privato e non esclusivamente tipica del diritto pubblico (si pensi alle disposizioni testamentarie, *lex testamenti*, o alla disciplina di un contratto, *lex contractus*). Così come è ammissibile riconoscere che sia l'indubbia matrice religiosa che segna le *leges regiae* e sia i forti dubbi sull'esistenza di comizi deliberanti in età arcaica possano essere ragioni sufficienti per negare la storicità dei provvedimenti normativi dei *reges*.

Ma un esame libero da preconcetti delle fonti, dei contenuti delle norme introdotte dai sovrani latini, sabini ed etruschi, sorretto da una lucida consapevolezza sia dell'arcaicità della società e delle istituzioni politiche della *civitas* dei secoli VIII-VI a.C., sia della conseguente commistione tra diritto e religione plasticamente espressa dalla figura del *rex*, al contempo capo politico e religioso della *civitas*, farebbe emergere la debolezza dell'idea di relegare sul piano magico-sacrale le disposizioni regie, negando a esse contenuto giuridico.

E così, su un versante opposto, si sono schierati invece coloro che, con approccio prudentemente conservativo del racconto tradizionale, hanno riconosciuto una sostanziale storicità ai dati in nostro possesso. Per esempio, a proposito della controversa sanzione *paricidas esto*, prevista per l'omicidio volontario, o della *lex regia* richiamata dal giurista Marcello, che vietava il seppellimento della donna morta in stato di gravidanza prima dell'estrazione del feto (D. 11.8.2), o ancora quando si attribuiscono a Romolo le norme sulla limitazione della *potestas* del *pater familias* o della *manus*, a Numa la regolamentazione dell'omicidio volontario e involontario, a Tullo Ostilio la sanzione della *perduellio* e un sistema di purificazioni per l'incesto, oltre che allo *ius Fetialium*, in tutti questi casi affiora il dato comune della «presenza di due elementi profondamente e complessamente intrecciati tra loro»: uno religioso-rituale e un altro etico-giuridico (Pasquale Voci) che manifestano l'interesse e i valori di volta in volta in gioco della comunità.

Più delicato invece è l'aspetto del presunto carattere curiato delle stesse, cioè che queste fossero tali in quanto votate dai *comitia curiata*. È però probabile che nel fenomeno di anticipazione storica possano aver giocato anche altri elementi, in un certo senso estranei al diritto, quali l'uso della scrittura. Numerosi storici, come per esempio Dionigi di Alicarnasso, dinanzi a iscrizioni antiche hanno ritenuto di trovarsi dinanzi a documenti di età regia. Ora, per quanto possa sostenersi che le *leges regiae* fossero prescrizioni orali e in versi per aiutare la memoria (come depone il *carmen* della *lex perduellionis*), non può negarsi che fossero anche testi affidati alla parola scritta, analogamente a quanto sarebbe poi valso per le *leges comitiales* repubblicane; ed è ciò che potrebbe plausibilmente aver influenzato visioni, rappresentazioni e ricostruzioni degli storici di epoche successive. In effetti, al di là dell'attendibilità storica dei fatti narrati, i documenti e le risultanze archeologiche attestano un uso della scrittura già sufficientemente radicato nel Lazio arcaico sin dall'IX secolo a.C. Perciò è ragionevole pensare che, sia pure a fronte di un alfabetismo laziale indigeno e certo marginale, la cultura scritta a Roma costituiva privilegio di una ristretta minoranza composta dall'élite gentilizia al potere, detentrice delle cariche istituzionali e religiose in quanto depositaria di antichi saperi della città. Il rapporto tra scrittura e sfera magico-sacrale conferma, del resto, quanto sinora abbiamo descritto, e cioè una società arcaica in cui forte e intrecciata con il diritto era la componente religiosa.

Comunque, l'uso della scrittura costituiva un tratto senza alcun dubbio comune a tutte le popolazioni italiche. *Ex voto*, documenti relativi a pratiche di culto, a prescrizioni o a leggi sacre, formulati da sacerdoti, detentori degli strumenti di cultura, e iscritti ed esposti in spazi sacri, aperti o monumentali, sono espressione di una concezione in cui la scrittura conserva tutta la sua primigenia matrice magico-religiosa; come se, in altri termini, una volta tracciati, i caratteri divenissero portatori dei contenuti espressi dalle parole stesse. Ciò spiega, per esempio, la funzione riconosciuta ai documenti legati alla divinazione, quasi che essi condensassero con la forza dello scritto un sapere antico e arcano, contenente tutti i segreti per indirizzare la vita pubblica e privata. Paradigmatica, in questo senso, è la figura di Numa Pompilio che la tradizione unanime descrive come esperto del sapere sacrale e *legum scriptor* (Cic., *De re publ.* 5.3).

A parte le diverse e varie iscrizioni arcaiche giunteci, le dediche di templi, ecc., la dimensione pubblicistica della scrittura è oggettivamente percepibile e dimostrata. È sufficiente pensare all'iscrizione del cippo arcaico del Foro, meglio nota come *Niger Lapis*. La vetusta iscrizione infatti, al di là del dibattito sulla sua natura giuridica e sul contenuto, o della sua esposizione pubblica, costituisce un limpido esempio dell'uso e del valore anche ideologico della scrittura in un contesto generale, quello del VI secolo a.C., in cui «l'autorità statale, di qualsiasi genere essa sia, ha arrogato a sé, per comprensibili motivi di interesse, il controllo della scrittura grazie al quale assicurarsi la supremazia sulle masse illetterate e, nel contempo, legittimare la propria posizione di spicco» (Giulia Piccaluga).

Appare più prudente e plausibile quindi ritenere che le *leges regiae* non fossero altro che pronunciamenti solenni del *rex*, espressione del suo potere di ordinanza, dinanzi ai *comitia curiata*. Dai contenuti più vari (in cui vasta era l'attenzione verso la materia religiosa, ma pure verso i rapporti pubblici, l'ordinamento criminale e i rapporti privati), sovente doveva trattarsi di semplici ricezioni di precetti consuetudinari (*mores maiorum*) già consolidati (Luigi Capogrossi Colognesi), il cui scarso contenuto innovativo finiva comunque per assumere una maggior forza sia perché promananti dal capo politico e religioso della *civitas* sia perché suggellati con altrettanta solennità dall'adesione popolare (espressa attraverso l'applauso – *fragor, clamor* – del comizio curiato) e versati nella forma scritta.

In questa prospettiva, per concludere, adesso possono apparire più decifrabili le linee espositive della versione di Pomponio, quando nel suo *Enchiridion* collocava tra le nebbie delle origini e la confusione regnante agli inizi della repubblica – in cui il popolo ritornò a far uso di un diritto incerto e di qualche consuetudine («*iterumque coepit populus Romanus incerto magis iure et consuetudine aliqua uti quam per latam legem*») – la parentesi dei re legislatori.

Un ultimo aspetto da accennare concerne il cosiddetto *ius civile Papirianum*. Come abbiamo visto, secondo la versione accolta da Pomponio (D. 1.2.2.2) si trattava di una silloge di disposizioni regie curata, probabilmente per materia o argomenti affini, da un tale Sesto Papirio del VI secolo a.C., un contemporaneo dell'ultimo re etrusco Tarquinio il Superbo. La medesima notizia con qualche variante è sostanzialmente confermata da Dionigi di Alicarnasso (3.36), il quale però allude a un *corpus* di *leges regiae* redatto dopo l'abbattimento della monarchia da un esponente della *gens Papiria*, Gaio e non Sesto, *consul* nel 449 a.C. e *pontifex maximus* nel 441 a.C.

È oltremodo difficile illuminare i reali contorni della vicenda. Secondo

Bernardo Albanese, lo *ius Papirianum* non era una raccolta di *leges regiae* redatta da Papirio, ma un'opera dedicata a questioni di natura rituale affine o identica al *liber de iure Papiriano* di Granio Flacco. Esistevano probabilmente due versioni in circolazione, una relativa al testo delle *leges regiae* e un'altra di commento, composta nel I secolo a.C. da Granio Flacco (*liber de iure Papiriano*). Con prudenza, poi, può ritenersi che Pomponio abbia avuto tra le mani l'opera di Granio Flacco, ma resta confinato nell'oscurità, poi, se tale *ius Papirianum* sia stato un'invenzione di Granio Flacco oppure l'opera di un illustre membro della *gens Papiria*, redatta tra il IV e il III secolo a.C.

Secondo una recente, e assai interessante, interpretazione di Dario Mantovani, tra le diverse versioni della stratificata tradizione dovrebbero dipanarsi le notizie di due distinti *corpora* di norme regie circolanti in età repubblicana: uno relativo alle prescrizioni numane in campo religioso (lo *ius Papirianum*) e uno differente contenente norme di *ius civile*, diritto pubblico e penale (le *leges regiae* che la tradizione tramanda come approvate dai *comitia curiata*). In effetti, però, è arduo immaginare che in età arcaica vi fosse una consapevolezza giuridica tanto raffinata da distinguere e separare rigorosamente ciò che atteneva ai *sacra*, da ciò che riguardava il diritto costituzionale o penale (Rossella Laurendi).

Difficile dire altro, vista la lacunosità delle informazioni, ma se vi aggiungiamo i commentari regi di Servio Tullio e i commentari *pontificum*, non si è lontani dal vero nel ritenere che in epoca regia si fossero già consolidati, e circolanti in forma libraria, diversi e variegati *corpora* normativi relativi a materie e settori della vita della *civitas*.

3. *Le XII Tavole*

Secondo una tradizione consolidata, pienamente raccolta dalla storiografia romana del tramonto repubblicano e degli inizi del principato, nel 451-450 a.C., dunque nel mezzo del V secolo a.C., cioè in quel lasso di tempo che vide l'esplosione del conflitto sociale accompagnato dal processo di definizione e di assestamento delle istituzioni repubblicane e che perciò è stato con efficace e brillante suggestione definito il 'laboratorio' della repubblica, un collegio di *decemviri*, posto alla guida della neorepubblica, elaborava una raccolta di leggi scritte passata alla storia come Legge delle XII Tavole.

Senza affrontare tutti i secolari problemi, ancora dibattuti dalla dottrina, relativi a una vicenda che ha impressionato l'immaginario collettivo, il comune sentire giuridico, non solo dei moderni ma innanzitutto dei Romani stessi, deve riconoscersi come la Legge delle XII Tavole resti uno spartiacque non solo della storia delle istituzioni cittadine ma dell'intera esperienza giuridica romana. In questo senso è illuminante il fatto che quella mirabile squadra di giuristi del VI secolo d.C., incaricata da Giustiniano di realizzare la più grande raccolta di materiale normativo sino ad allora concepita, decise di salvare tra i *prudentes* romani e le opere Gaio, un giurista di età antoniniana (II secolo d.C.), e il suo commentario alle XII Tavole. Per queste ragioni ci limiteremo a tracciare la portata e la novità che essa costituì per l'ordinamento giuridico romano.

Sui molteplici aspetti problematici delle XII Tavole, come è noto, si è ormai formata una letteratura che dire oceanica potrebbe apparire un'esagerazione, mentre è solo un eufemismo, senza dire che addirittura in taluni casi si dispera di giungerne a capo. Infatti sebbene superato quell'orientamento della critica a cavallo tra Ottocento e Novecento diretto all'intera demolizione della tradizione sul decemvirato e sulla relativa legislazione, malgrado l'approccio sostanzialmente conservativo delle fonti seguito dalla più recente dottrina, restano sul tappeto numerosi problemi su cui si misurano gli studiosi. Dall'influsso greco sulle norme decemvirali che ancora di recente si tende a dimostrare (Remo Martini) alle difficoltà di ricostruzione palingenetica (Mario Lauria, Luigi Amirante e soprattutto Oliviero Diliberto); dal contenuto pubblicistico della legislazione decemvirale (Bernardo Albanese, Antonio Guarino, André Magdelain) all'attendibilità della versione sull'approvazione comiziale delle XII Tavole (Pietro De Francisci) alla natura della raccolta (Mario Bretone, Aldo Schiavone, Mario Talamanca).

Il conflitto tra patrizi e plebei, esploso all'indomani dell'abbattimento della monarchia tra patrizi e plebei, era naturalmente la conseguenza di una fase di intransigente egemonia dei vecchi gruppi gentilizi, che molto avevano subito e assai poco accettato le trasformazioni economiche, sociali, istituzionali e militari dei *reges* etruschi. Il conflitto non possedeva soltanto natura economica (non concerneva cioè soltanto l'accesso allo sfruttamento dell'*ager publicus*) o sociale (cioè la rigida separazione tra patrizi e plebei con divieto di *conubium*) oppure ancora istituzionale (vale a dire la partecipazione dei plebei alla conduzione della giovane democrazia militare), ma investiva in profondità l'ordinamento giuridico, come sino ad allora si era determinato. Soffermiamoci allora proprio su quest'ultimo punto.

Abbiamo osservato come sino a un certo momento lo *ius* risultasse costituito da un nucleo composto essenzialmente dai *mores maiorum* e dalla loro *interpretatio* a opera dei *pontifices*; abbiamo altresì osservato come in tale ambito di stretto controllo patrizio, già nel corso dell'età monarchica, lentamente ma progressivamente si fosse avviato un processo che vedeva i re assumere un ruolo di regolamentazione autonoma di rapporti pubblici e privati, fattispecie criminali, ecc., mediante proprie statuizioni solenni e in forma scritta (le cosiddette *leges regiae*). La novità era di grande rilevanza perché costituiva il primo passo volto a mettere in discussione, a scardinare il geloso monopolio, l'assoluta e riservata conservazione di un sapere antico e fondamentale per gli equilibri politici e l'egemonia nella città. Insomma, al responso di natura oracolare e orale si andava affiancando l'embrione di un comando con contenuto normativo spesso scritto e sanzionato, da parte dell'organo supremo della *civitas*, non tanto perché sganciato dalle vecchie *gentes* quanto addirittura perché segnato da una marcata, ostile impronta antigentilizia.

La serrata patrizia – metaforica e suggestiva definizione di Gaetano De Sanctis della reazione di *patres* – tentò di riportare la giovanissima repubblica entro un assetto egemonico degli antichi gruppi gentilizi, e a ciò corrispose sul piano della produzione del diritto il ripristino della centralità del modello pontificale nell'ordinamento giuridico. Dinanzi a quel ritorno a uno *ius incertum*, come scriveva Pomponio, è comprensibile che le reazioni plebee, al di là dei contenuti che il racconto tradizionale tende ad attribuire, mirassero in buona sostanza alla certezza del diritto. Dunque la legislazione decemvirale, che sotto un certo profilo non sconvolse certo l'autorità dei pontefici e la saldezza del loro monopolio sulla conoscenza del diritto né stravolse sotto il profilo dei contenuti gli equilibri e assetti sociali e politici consolidati, sicuramente in astratto dimostrò la legittima esigenza di pubblica conoscibilità da parte di chiunque ne avesse strumenti e voglia, e non soltanto di una ristretta e selezionatissima cerchia di uomini di sangue aristocratico.

Tuttavia la vita autonoma delle XII Tavole si isterilì rapidamente a seguito della ripresa della scena da parte dei pontefici e della loro tradizione sapienziale: quel testo restò un venerato e mirabile esempio di legislazione, ma le prescrizioni finirono per restare intrappolate nella ragnatela dei responsi frutto del lavorìo esegetico dei pontefici: così, secondo Aldo Schiavone, si «spiega perfettamente perché le XII Tavole non contribuirono a creare nessuna tradizione legislativa di diritto privato o processuale – e non vennero mai aggiornate: i pontefici, impadronendosene, ne avevano per così dire sterilizzato gli effetti».

È difficile, poi, stabilire se le XII Tavole furono effettivamente votate dai *comitia centuriata*, fatto di cui però nei documenti a nostra disposizione non esistono appigli certi e che presupporrebbe l'esistenza di un'assemblea con pieni ed effettivi poteri deliberativi già nella metà del V secolo a.C.

Ma è su un altro aspetto che dobbiamo concentrare l'attenzione. Infatti sebbene prudentemente si tenda ad ammettere una sorta di comunicazione solenne del magistrato dinanzi al *populus* della giovane democrazia militare, e dunque a formulare l'ipotesi che si sia trattato di un complesso normativo ottriato, più interessante è comprenderne il segno dei contenuti.

Secondo un orientamento, giustamente maggioritario, si pensa che le XII Tavole possedessero una relativa portata innovatrice sul piano del diritto sostanziale. Probabilmente buona parte del loro contenuto non era costituito che da materiale normativo già largamente sperimentato e consolidato a cui si dava da parte dei magistrati laici un nuovo e più forte suggello in via del tutto autonoma dal collegio sacerdotale dei *pontifices*.

Per fornire un esempio significativo basta osservare quanto era disposto per la *mancipatio*:

Gai. 1.119: *Est autem mancipatio, ut supra quoque diximus, imaginaria quaedam venditio; quod et ipsum ius proprium civium Romanorum est; eaque res ita agitur: adhibitis non minus quam quinque testibus civibus Romanis puberibus et praeterea alio eiusdem condicionis, qui libram aeneam teneat, qui appellatur libripens, is, qui mancipio accipit, rem tenens ita dicit:* HUNC EGO HOMINEM EX IURE QUIRITIUM MEUM ESSE AIO ISQUE MIHI EMPTUS ESTO HOC AERE AENEAQUE LIBRA; *deinde aere percutit libram idque aes dat ei, a quo mancipio accipit, quasi pretii loco.*

[La *mancipatio*, come abbiamo già detto, è una sorta di vendita immaginaria. Essa è propria ed esclusiva dei cittadini romani e si fa così: alla presenza di non meno di cinque testimoni cittadini romani puberi e di un altro della stessa condizione che regge una bilancia di bronzo ed è detto *libripens*, colui che riceve in mancipio, tenendo la cosa, pronuncia queste parole: AFFERMO CHE QUEST'UOMO È MIO SECONDO LO *IUS* DEI QUIRITI, ED ESSO MI SIA ACQUISTATO CON QUESTO BRONZO E CON QUESTA BILANCIA DI BRONZO; quindi percuote la stadera con il bronzo e lo dà a colui dal quale riceve *in mancipio*, quasi a titolo di prezzo].

Nella descrizione di Gaio, giurista del II secolo d.C., la *mancipatio*, *gestum per aes et libram*, appariva come uno schema negoziale per il trasferimento di proprietà delle *res mancipi* conosciuto già dalla legislazione decemvirale: essa si compiva mediante il bronzo non coniato (*aes rude*), e le sue origini risalivano almeno al VII secolo a.C., cioè a un'epoca la cui economia era certamente premonetaria.

Ma a dimostrazione che l'innovazione davvero dirompente consistesse più che nel contenuto nella scelta di versare il materiale normativo in forma scritta, soggiunge il particolare andamento linguistico, nel ritmo dei versetti. Esso è spia di una cultura giuridica essenzialmente fondata e strutturata sull'oralità e sulla consegna della regola di comportamento alla memoria, secondo l'impronta del modello pontificale orale e oracolare con tratti di affinità con i diritti greci:

XII Tab. 1.1: *Si in ius vocat* [*ito*]. *Ni it antestamino. Igitur em capito.*

[Se taluno chiama un altro in giudizio, vada; se non va, il *vocans* faccia l'*antestatio*. Quindi lo afferri].

XII Tab. 1.2: *Si calvitur pedemve struit, manum endo iacito.*

[Se fa ostruzionismo o cerca di sottrarsi alla chiamata in giudizio fuggendo, gli si pongano le mani addosso].

XII Tab. 1.3: *Si morbus aevitasve vitium escit, iumentum dato. Si nolet, arceram ne sternito.*

[Se è fatta valere quale impedimento una malattia o la tarda età del chiamato, chi lo chiama in giudizio gli dia una bestia da soma. Se non vuole, gli si appronti un carro coperto].

In questi scarni ed ellittici versetti, si coglie il ritmo serrato delle norme funzionale alla memorizzazione, in una sequenza, come muti fotogrammi, in cui lo scontro processuale mostra la sua filigrana di simulacro stilizzato di un'epoca antichissima in cui il conflitto interindividuale si manifestava nello scontro fisico.

Ancor più legato al contenuto è l'altro problema, su cui si è discusso a lungo, riguardante il carattere delle XII Tavole, profilo non irrilevante ai fini della ricostruzione del sistema delle fonti di produzione in questa fase. Per quanto sia largamente invalsa l'espressione codificazione decemvirale, possiamo davvero dire che le XII Tavole furono un codice? Anzi – riprendendo un'efficace rappresentazione di alcuni studiosi (Paul Frédéric Girard e Theodor Mommsen) – è possibile affermare che le XII Tavole costituirono un 'codice di contadini'? A una risposta in qualche modo soddisfacente può giungersi muovendo da un'analisi delle disposizioni sopravvissute all'oblio dei secoli, norme che trasmettono la nitida rappresentazione di una società arcaica poco mobile, in cui l'economia si fondava principalmente sull'agricoltura e sulla pastorizia con rilievo marginale, seppure esistente, degli scambi commerciali (si pensi al trattato romano-punico del V secolo a.C.). Lo dimostrano con palmare evidenza le prescrizioni sugli assetti patriarcali della *familia*, segnati dalla figura dominante del *pater*, quasi un re-sacerdote; le norme sulla proprietà; come pure le primitive previsioni di diritto criminale largamente imbevute di concezioni magico-animistiche, tipiche di una società saldamente ancorata a modelli di vita contadina e che faticava ad abbandonarne l'originario primitivismo giuridico (si pensi ad esempio al crimine consistente nell'uso di sortilegi per danneggiare le messi altrui o attrarle nel proprio fondo; o ancora alla pena di morte per combustione previa fustigazione di colui che incendiava casa e covoni di grano altrui).

Tornando però all'interrogativo principale, se si vuole affermare che le XII Tavole siano state in qualche misura l'antesignano del moderno concetto di codificazione, quale corpo scritto di norme racchiudenti *grosso modo* l'intero ordinamento giuridico o una sua branca, la risposta è negativa; anzi deve dirsi che essa non solo è lontana da una idea moderna di codificazione, ma che è persino inaccostabile a quella tardoantica. A questa arcaica e patriarcale società di contadini – per continuare a usare la sagace espressione di Paul Frédéric Girard – l'idea di una codificazione esaustiva dei rapporti privati e pubblici era estranea e si dovrà attendere un millennio perché si affermasse. A esser sinceri, le XII Tavole non corrisposero neppure alla concezione che gli stessi Romani a partire dalla tarda età repubblicana ebbero delle stesse come *fons omnis publici privatique iuris*.

Nelle XII Tavole non troviamo definizione di istituti: non si definisce né si disciplina la *patria potestas* o la *mancipatio* o cosa fosse il processo; tutto ciò era dato per presupposto.

E se cambiassimo ambito, passando dai rapporti privatistici al diritto pubblico, dovremmo ammettere che le XII Tavole non costituivano neppure lontanamente una carta costituzionale, come invece si è pensato. Scarso, innanzitutto, è il respiro dedicato alle strutture dell'architettura costituzionale della *civitas*, semplicemente presupposte, non regolamentate nel loro funzionamento o nelle loro competenze, come nel caso delle assemblee popolari, o addirittura neppure menzionate, come per i *magistratus* o per il *senatus*.

In questo senso, è stata efficacemente sottolineata la profonda differenza tra le XII Tavole e la legge in generale: l'andamento fortemente allusivo e il carattere ellittico delle norme decemvirali appaiono caratteristiche prive di ogni riscontro non solo nella tecnica legislativa moderna, ma pure nelle stesse *leges comitiales* tardorepubblicane, segnate invece da un marcato carattere analitico (Mario Talamanca).

Non deve sorprendere infine il fatto che uno spazio molto ampio della legislazione sia stato dedicato dai decemviri al processo privato (le prime tre tavole secondo l'opinione consolidata), così come disposizioni significative siano state riservate a quello criminale (si pensi alla *poena capitis* irrogabile soltanto attraverso una deliberazione del *maximus comitiatum*, ovvero dei *comitia centuriata*: Cic., *De leg.* 3.4.11 e 3.19.44; *De re publ.* 2.36.61; *Pro Sest.* 30.65). È infatti nell'ambito dell'amministrazione della giustizia, laddove controllata da aristocrazie, o da ceti dominanti, che si coglie la subalternità delle classi inferiori ed economicamente più deboli: non occorre spendere troppe parole per ricordare lo stato deteriore dei plebei rispetto ai patrizi; le difficili e dure condizioni materiali che spesso producevano il loro facile indebitamento e le disumane condizioni del debitore insolvente (*nexum*). Tale stato di cose depone per l'attendibilità della versione sulle rivendicazioni radicali in tema di certezza del diritto avanzate dalla plebe. La delicatezza e fragilità del quadro istituzionale, politico e sociale hanno fatto così avanzare l'ipotesi che la missione dei decemviri fosse quella di fissare in maniera netta e pubblica le modalità della sanzione del diritto, raccogliendo in un corpo di norme scritte ciò che per l'epoca concerneva essenzialmente l'organizzazione giudiziaria (Michel Humbert).

È innegabile che una parte rilevante delle XII Tavole guardasse ai magistrati e alla loro *iurisdictio*. L'*imperium* del magistrato nell'esplicazione della *iurisdictio* era in qualche misura l'oggetto di fondo su cui agiva la regolamentazione decemvirale: dal momento della pubblicazione delle XII Tavole nessuno avrebbe potuto, impunemente, tenere atteggiamenti riottosi o defatiganti nel momento genetico delle controversie (*in ius vocatio*) e il magistrato non avrebbe potuto chiudere un occhio dinanzi ai soprusi dei patrizi; le pene per determinati illeciti, anche perseguiti nelle forme del processo privato come nel caso del *furtum*, erano incontrovertibilmente fissate dalla legge e sottratte all'esercizio arbitrario dell'*imperium*. La radicale rottura stava proprio in questo capovolgimento di rapporto *imperium-iurisdictio*/*ius-lex*: «il magistrato pone il suo *imperium* al servizio della legge. Da sovrano, l'*imperium* è divenuto esecutore», scrive Michel Humbert.

Quanto detto aiuta anche a far capire la logica del sistema processuale romano assestato in due fasi. Nella prima, *in iure* (cioè presso il luogo ove l'organo pubblico diceva *ius*), che si consumava dinanzi al *rex* e poi al *magistratus*, i litiganti con comportamenti stilizzati e formule solenni si fronteggiavano. Nella seconda, *apud iudicem* (cioè presso un giudice), l'organo cittadino spariva e appariva un *civis*, saggio, autorevole, che avrebbe dato ragione o torto sulla base del perimetro della lite circoscritto dall'organo giusdicente. A lui non era concesso altro che verificare la corrispondenza delle parole pronunciate e degli atti compiuti dinanzi al re o al magistrato allo stato di cose.

Lo *ius* era anche e soprattutto rito e forma, e ciò venne assunto anche in tale veste persino dalla legge: potere magico delle parole o potere costitutivo dei riti impregnavano il diritto privato. A proposito del *nexum* e della *mancipatio*, per esempio, la validità dipendeva esclusivamente dalla forma e dal suo rigoroso rispetto: e in mezzo alle due alternative – validità o nullità – non esisteva altra possibilità.

Correlativamente, nel processo privato *legis actionis*, *lege agere*, non indicavano – come riteneva la cultura giuridica romana più avanzata – il processo o meglio i *modus agendi* fondati su una *lex* pubblica (in questo caso le XII Tavole): invece, come è stato sottolineato da Mario Bretone, *lege agere* è l'agire mediante un congegno verbale o rituale e tra gli stessi arcaici significati di *lex* vi è quello di rito o di formula. Il processo privato arcaico era regolato da formule e riti talmente rigidi che l'errore anche minimo e insignificante avrebbe irrimediabilmente compromesso ogni chance di vittoria processuale. Per offrire un saggio della rigida adesione al formalismo necessario secondo il diritto arcaico, Gaio ricordava il caso della sconfitta processuale di chi, avendo intentato una causa per risarcimento del danno causatogli dal taglio di viti, invece di parlare genericamente di taglio di *arbores* come prescrivevano invece le XII Tavole, indicava appunto il fatto concreto del taglio di viti (Gai. 4.11).

Il formalismo non era tuttavia un aspetto esclusivo del diritto e del processo privato. Analoghe considerazioni vanno svolte per il diritto pubblico e penale: in questo senso può richiamarsi la *lex horrendi carminis*, che la tradizione attribuisce al re Tullo Ostilio, quale procedura, o rituale, per la terribile punizione del reo di alto tradimento (Liv. 1.26.6: *Duumvir perduellionem iudicent; si a duumviris provocarit, provocatione certato; si vincent, caput obnubito; infelici arbori reste suspendito; verberato vel intra pomerium vel extra pomerium*); oppure si pensi alle forme dello *ius fetiale*, e ai rituali relativi al *foedus*, alla dichiarazione di guerra e alla *deditio*; o ancora all'*obvagulatio*: colui che, senza ragione, rifiutava la testimonianza poteva subire dinanzi alla propria porta e per tre giorni il lancio di formule di maledizione e d'infamia (XII Tab. 2.3: *Cui testimonium defuerit, is tertiis diebus ob portum obvagulatum ito*).

Le XII Tavole, a differenza di esperienze legislative del Vicino Oriente (sebbene di recente Raymond Westbrook abbia riproposto una non condivisibile lettura della normazione decemvirale in linea con la «Mesopotamian scientific tradition»), non si ponevano affatto come testo immutabile, non ne sancivano la fissità e l'immodificabilità, anzi al contrario contenevano l'importante disposizione relativa alla successione nel tempo delle norme attraverso lo *iussum populi*. Si tratta del noto versetto decemvirale:

XII Tab. 12.5: *Quodcumque postremum populus iussisset, id ius ratumque esset.*

[Tutto ciò che il popolo ha deliberato per ultimo ha valore di *ius* e deve considerarsi valido].

La medesima formulazione si trova ribadita diversamente in Livio, per il quale *ubi duae contrariae leges sunt, semper antiquae obrogat nova*: cioè in caso di leggi contrastanti prevale la disciplina della nuova (Liv. 9.34.7).

Se dunque sotto i profili contenutistici è difficile scorgere grandi novità, queste devono cercarsi altrove e precisamente nell'impatto che la legislazione decemvirale ebbe nell'ambito della produzione normativa, non perdendo di vista l'elemento esteriore, vera e sostanziale innovazione per quell'epoca e quella cultura, dell'uso della scrittura per un corpo vasto ed eterogeneo di norme giuridiche. Proprio sul sistema delle fonti di produzione del diritto la legislazione decemvirale produsse i cambiamenti più significativi, a cominciare dal processo di laicizzazione del diritto e della giurisprudenza. Ne derivarono rilevanti ripercussioni, tra cui il complesso problema del rapporto tra *ius* e *lex*, molto indagato dagli studiosi e ancora aperto. A tal proposito, rinviando alla descrizione della *lex publica* repubblicana (*perfecta, minus quam perfecta, imperfecta*), ci limitiamo qui a ricordare che da quel momento mutò il ruolo e l'incidenza del diritto consuetudinario. Oltre ai *mores maiorum* e all'*interpretatio* pontificale compariva un diritto legislativo, cioè un complesso normativo fondato sulla *lex publica*.

Una parte autorevole della dottrina (Franz Wieacker) ha sostenuto l'immodificabilità dello *ius civile*, e in particolare di quelle norme e di quegli istituti fondati sui *mores* più arcaici, argomentandone una sorta d'impermeabilità rispetto alla legge. Ma alla prova dell'analisi dei documenti la tesi non regge (del medesimo avviso sono Paolo Frezza e Giovanni Pugliese): a solo titolo d'esempio, basti osservare come il *nexum* fu abrogato attraverso una *lex Poetelia Papiria* del 326 a.C. E tuttavia, pur rifiutando la tesi dell'immodificabilità dello *ius civile*, può osservarsi come «la legislazione comiziale di diritto privato in linea di massima non si sia mai assunto, nel periodo repubblicano, il compito di mediare sul piano giuridico i nuovi bisogni che sorgevano sul piano economico-sociale. In via generale, l'intervento della legislazione si manifesta in punti del tutto particolari, a correzione di disfunzioni marginali del sistema civilistico o sotto la spinta di esigenze politiche di carattere più generale» (Mario Talamanca). In questo senso, possiamo dire che l'antico *ius civile* costituiva un nucleo normativo rinforzato, la cui innovazione sostanzialmente risiedeva sempre nelle mani di una ristretta cerchia di sapienti: i *prudentes*, prima sacerdoti e in seguito laici.

Non è un azzardo pensare che fu proprio con la codificazione decemvirale che nacque la *lex publica*, cioè una nuova fonte di produzione normativa, il cui aspetto preminente era il testo scritto, cioè un requisito che offriva maggiori garanzie di certezza e di eguaglianza nell'applicazione. Insomma, una nuova fonte di produzione che proponeva un modello di normazione agli antipodi di quello pontificale oracolare basato sull'oralità del *responsum* interpretativo.

Da allora nulla fu più come prima, perché sull'ordinamento giuridico ormai si stagliava l'«ombra di un legislatore» che godeva largo consenso popolare: lo *ius*, da allora inteso come un insieme di norme di formazione consuetudinaria precisato, esteso e ammodernato dall'*interpretatio prudentium* dei *pontifices* prima e da quella dei *prudentes* laici in seguito, non fu più considerato sfera intangibile dell'aristocrazia gentilizia.

S'inscrive proprio in questo ragionamento uno dei punti più controversi del dibattito sulle XII Tavole: cioè l'influenza greca sulle XII Tavole. Abbiamo già ricordato come i rapporti tra Roma e il mondo greco risalissero a un'età assai vetusta. Infatti, per quanto i rapporti con la cultura greca, sul piano letterario, possano farsi risalire con certezza al III secolo a.C., quando il patrizio Fabio Pittore, autore anche di un *De iure pontificio*, consegnava una storia di Roma scritta in greco, deve dirsi che i contatti e i rapporti con il mondo greco erano assai più antichi, anzi affondanti nel tempo delle origini.

Non deve stupire dunque che la legislazione decemvirale possa aver risentito di influssi greci. Il racconto, verosimile o autentico che sia, di una o due ambascerie in Atene per studiare la legislazione soloniana; la forte somiglianza di diverse norme decemvirali con prescrizioni di legislatori greci (Draconte, Solone, Zaleuco) o di città (Gortina) non aggiungono nulla di più a un dato inconfutabile: l'ispirazione ellenica della raccolta di norme scritte, come elemento di innovazione, anzi di rottura di una tradizione giuridica improntata fortemente all'oralità funzionale alla difesa di un saldo monopolio del sapere giuridico nelle mani dell'aristocrazia gentilizia.

Oltre alla certezza del diritto, l'altro cardine stava nell'uguaglianza dinanzi alla legge. Scorgere anche a tal proposito un influsso greco è immediato e in un passaggio delle *Supplici* di Euripide, quasi come in epigrafe, vi troviamo il manifesto ideologico dell'*isonomía*: «Una volta scritte le leggi, chi è debole e chi è ricco hanno uguale diritto. È lecito ai più deboli, se sono accusati, rispondere alla pari a chi se la passa bene: e il più piccolo vince il grande, se ha ragione» (vv. 433-437).

Eppure in una società di liberi diseguali (sotto i diversi profili economico, sociale, politico e giuridico), com'era la Roma del tempo divisa in patrizi e plebei, è possibile che l'esplosione della rivendicazione si fondasse appunto su ragioni esogene e non dipendesse soltanto dalla spinta di replicare l'*isonomía* del mondo greco nella *civitas*, anche se è giusto riconoscere che quella spinta di per sé avrebbe potuto costituire la giusta molla per avviare una 'stagione democratica'.

È accettabile e plausibile dire che le XII Tavole si siano ispirate alle leggi di Solone, non tanto per la recezione di norme particolari, ma per quell'orientamento politico della legislazione del *diallaktès*, così come la medesima ispirazione politica è sottesa ai due ordinamenti timocratici di Solone per Atene e di Servio Tullio per Roma. In questo senso si manifesta anche la connessione ideologica con la fine del combattimento aristocratico e diseguale a favore della tattica oplitica in cui non contavano più il sangue e le virtù individuali ma l'abilità, l'uguglianza, la solidarietà di corpo e la cieca obbedienza agli ordini del comandante.

Poi, com'è stato scritto, non bisogna dimenticare che mentre «Solone pose fine alla crisi economica e sociale imperante, abolendo debiti e la servitù che ne derivava, e stabilendo un 'equilibrio della ricchezza'», nelle XII Tavole invece «non c'è nulla di simile, e solo nel quarto secolo si incontrano misure paragonabili con quelle soloniche» (Mario Bretone). Persino le norme suntuarie sui funerali, da taluni interpretate come concessioni patrizie alla plebe, sono suscettibili dell'opposta interpretazione, ovvero norme intese a impedire un'estensione orizzontale della nobiltà a nuovi gruppi inclini a ostentare potenza economica ma anche indipendenza dall'antica aristocrazia gentilizia. Questa visuale ridimensionerebbe lo stupore per l'esistenza di norme palesemente antiplebee come l'illiceità dei matrimoni misti.

Le XII Tavole restavano comunque il frutto delle infuocate rivendicazioni democratiche avanzate dall'elemento economicamente e politicamente più debole del *populus Romanus*: i plebei. E lo strumento, ben oltre i contenuti normativi comunque assai duri e negativi per la condizione plebea, non poteva essere altro che la *lex*: con la legge la città si autodisciplinava e la legge stessa diveniva l'epifania della *polis*. Si potrebbe dire che se è vero che la realtà di Roma nella temperie del V secolo a.C. fosse quella di una città divisa tra patrizi e plebei, non deve sorprendere il fatto che questa divisione si riproducesse in simmetria nell'ordinamento giuridico nella dicotomia *ius*/*lex*. La contrapposizione tra lo *ius* segreto, quasi impenetrabile, e la *lex* proclamata e pubblicata costituivano i poli di un conflitto generale scatenato per mettere in discussione quell'impianto oligarchico postmonarchico che voleva sottrarre alla esigenza di trasparenza la regolamentazione di interi settori della vita pubblica e delle relazioni familiari e patrimoniali.

Certo, resisteva ancora, anche sotto il profilo dei valori, la supremazia del diritto consuetudinario, il *mos*, ma la legge – sia pure non particolarmente invasiva – irrompeva con la sua forza trasformatrice e con quei tratti tipici di garanzia, pubblicità e conoscibilità che assicuravano, per quei tempi, la domanda di certezza del diritto.

A tal proposito, c'è un dato indiretto ma importante da segnalare. Almeno a partire dalla seconda metà del II secolo a.C., si registrò il mutamento delle forme dell'attività edittale del pretore, che abbandonava l'oralità per assumere la forma scritta. Se questo è vero, come numerose e incontrovertibili notizie suffragherebbero, non fu frutto del caso che l'innovazione del diritto privato da quel momento avvenne mediante *edicta praetoris* piuttosto che mediante la produzione di *leges comitiales*. L'*edictum* si sostituiva dunque alla *lex*, diventando motore potente e principale dell'ammodernamento dello *ius civile*, nel momento in cui diventava un testo scritto, cioè proprio quando finiva per assumere quel tratto tipico della *lex* strumento essenziale per la certezza del diritto.

4. *La giurisprudenza pontificale*

Per comprendere appieno la millenaria esperienza giuridica romana, le ragioni della sua longevità e dell'eredità che la contrassegnarono, bisogna sempre ricordare che le origini del sapere giuridico romano risalgono alle origini della città e risiedono nel suo più importante collegio religioso: i pontefici.

Da sempre ferrei detentori e custodi dei riti religiosi, i pontefici costituivano una ristrettissima cerchia di esponenti delle più prestigiose e antiche *gentes* patrizie che esercitarono il potere per i primi secoli della storia di Roma. Non si trattava di semplici sacerdoti: come ricordava il grammatico Festo, il *pontifex maximus* era *iudex atque arbiter rerum divinarum humanarumque*, cioè giudice e arbitro di ogni questione sia religiosa sia profana.

L'etimologia incerta del loro nome (da *posse* e *facere*, secondo Q. Mucio Scevola, dunque chi aveva il potere di fare; o da *pontem* e *facere*, come preferiva Terenzio Varrone, cioè costruttori di ponti) gettava un'aurea arcana che, come abbiamo visto in precedenza, ne faceva comunque il collegio sacerdotale più importante e influente in ogni settore della vita sociale e politica perché composto da conoscitori di saperi ancestrali e impenetrabili.

Tra questi, forse quello tecnicamente più rilevante era la *scientia iuris*, la conoscenza dello *ius*. Furono nelle mani dei *pontifices*, sin dalle origini, infatti conoscenza e interpretazione del diritto, soprattutto sino a quando lo *ius* coincise sostanzialmente con il complesso dei *mores maiorum*. L'appartenenza alle *gentes* patrizie, cioè alla classe dominante, faceva dei pontefici dei necessari assistenti del *rex* e degli insostituibili riferimenti dei privati. Attraverso la loro attività principale nella vita giuridica, che andò sempre più assumendo caratteri tecnici, cioè l'*interpretatio iuris*, i pontefici si affermavano come gli unici giuristi del tempo. Essi interpretavano i *mores maiorum* che in una società arcaica, fatta di contadini e pastori, la cui economia era del tutto statica perché appunto fondata su agricoltura e pastorizia, con una scarsissima incidenza dei traffici commerciali, il complesso arcaico dei *mores maiorum*, cioè il diritto privato, si estendeva sostanzialmente al diritto familiare, a quello ereditario e alla tutela della proprietà. Gli spazi angusti di azione dei pontefici, dettati dal carattere altrettanto angusto della Roma delle origini, fecero di questi sacerdoti anche i primi giuristi.

La prima attività dei pontefici era dunque di assistenza ai privati tanto imprescindibile quanto assorbente era il formalismo giuridico. Per qualunque atto essenziale della vita quotidiana (un negozio, un matrimonio, un testamento, una lite), occorreva rivolgersi a questi sapienti. A turni annuali, infatti, uno dei membri del collegio era preposto all'assitenza dei privati che si estrinsecava nei cosiddetti *responsa*. Le risposte alle consultazioni private ci offrono gli elementi necessari per ricostruire l'attività respondente dei pontefici. Appunto perché detentori di un sapere sedimentato in una società improntata all'oralità, con i *responsa* i pontefici non fornivano norme scritte, generali e astratte, ma precetti di natura casistica tramandati attraverso formulari dal ritmo scandito per la memorizzazione. Non serviva alcuna motivazione nella risposta che il *pontifex* di turno consegnava ai privati richiedenti: i *responsa*, dal carattere orale e oracolare, contenevano soltanto elementi di corredo esteriore, come il nome del richiedente, le circostanze, luogo, tempo, ecc. Queste caratteristiche salienti dell'attività respondente dei pontefici si sarebbero mantenute anche nei *responsa* dei giuristi dell'età successiva.

Livio, storiografo di età augustea, scriveva che lo *ius civile* fosse *repositum in penetralibus pontificum* (Liv. 9.46.5), e aveva ragione perché la potenza dei pontefici si fondava proprio su questa gelosa conservazione del sapere giuridico. Oltre allo stile oracolare di cui abbiamo già parlato, le risposte venivano date non in pubblico ma ai singoli interroganti *in penetralibus*: e tali risposte oltre a essere immotivate erano indiscutibili, o forse erano immotivate perché indiscutibili. Con i *responsa* i pontefici stabilivano cosa fosse *ius* in un particolare caso; quale fosse la condotta (*verba et gesta*) da tenere, cioè il rito da rispettare con il massimo del rigore. E questi *responsa* venivano conservati, certo in documenti, formulari, che si tramandavano di generazione in generazione finendo per creare una massa alluvionale di pronunce che si sedimentavano incrementando, estendendo in verticale e in orizzontale la sfera dell'*interpretatio* pontificale. «Iniziava a costituirsi così, passando attraverso il filtro di un gruppo ristrettissimo, una sapienza potenzialmente nuova rispetto alle risorse della mentalità arcaica, intrinsecamente casistica, precettiva e puntiforme» (Aldo Schiavone).

Nonostante il fatto che a partire dalla metà del V secolo a.C., cioè dalla legislazione decemvirale, la città dimostrasse di potersi disciplinare attraverso la legge pubblica alla stessa stregua delle città greche, l'ammodernamento, le innovazioni del diritto privato romano restarono saldamente nelle mani dei *pontifices*. Anzi proprio da questo momento, cioè da una fase in cui ricompare accanto al diritto non scritto dei *mores maiorum* il diritto scritto della *lex publica*, si utilizzò la parola *interpretatio* per indicare la tecnica pontificale nella creazione dello *ius*. Come è stato efficacemente sottolineato, l'etimologia di *interpretatio* (da *interpres*, cioè mediatore, negoziatore) rimanda a un significato di adeguamento, conciliazione del diritto scritto nella sua forma fissata nella *lex* decemvirale con le concrete esigenze che di volta in volta si affermavano nella vita quotidiana.

In questo senso, i pontefici non risentirono affatto, come spesso si suole semplicisticamente dire, del sopraggiungere delle XII Tavole, al contrario seppero declinare, in un diverso atteggiare rispetto al passato, la loro attività creatrice del diritto nel rispetto dell'antica concezione dello *ius* inteso quale rito e forma.

Oltre al *respondere*, l'attività dei pontefici prendeva corpo con l'*agere* e il *cavere*, cioè con quell'ulteriore assistenza ai privati nel campo processuale e negoziale. Infatti la conoscenza tecnica dei formulari delle azioni giudiziarie e dei negozi gelosamente custodita faceva di loro gli esclusivi *iuris periti* capaci di addolcire il rigido formalismo dello *ius* di quest'epoca e così adeguare e modellare norme, schemi, formulari alle nuove esigenze che si ritenevano degne di tutela.

Per comprendere il ruolo di questi giuristi-sacerdoti e l'abilità attraverso cui interpretavano il nuovo sentire giuridico che si faceva largo nella società, un emblematico esempio è costituito dall'elaborazione dell'*emancipatio*. Apprendiamo da Gaio (1.132) che il testo decemvirale conteneva una norma limitatrice della *patria potestas*:

XII Tab. 4.2b: *Si pater filium ter venum du[uit] filius a patre liber esto.*
[Se il padre ha venduto il figlio per tre volte, il figlio sia libero dal padre].

Poiché la patria *potestas*, nella sua originaria concezione, era di per sé inestinguibile, secondo l'idea prevalente, la *ratio* della norma decemvirale sarebbe stata quella di reprimere gli abusi dello *ius vendendi* del *pater familias*. Ad un certo momento, ragioni sociali ed economiche, spinsero verso il superamento di questa rigidità per costruire schemi negoziali più adeguati ai tempi giungendo, attraverso l'attività cautelare dei pontefici, all'istituto dell'*emancipatio* del *filius familias* che era il frutto della combinazione della *mancipatio* con la *manumissio vindicta*:

Gai. 1.132: *Praeterea emancipatione desinunt liberi in potestate parentum esse. Sed filius quidem tribus mancipationibus, ceteri vero liberi sive masculini sexus sive feminini una mancipatione exeunt de parentum potestate; lex enim* XII *tabularum tantum in persona filii de tribus mancipationibus loquitur his verbis* SI PATER FILIVM <TER> VENVM DVIT, A PATRE FILIVS LIBER ESTO. *Eaque res ita agitur: mancipat pater filium alicui; is eum vindicta manumittit; eo facto revertitur in potestatem patris; is eum iterum mancipat vel eidem vel alii (sed in usu est eidem mancipari) isque eum postea similiter vindicta manumittit; eo facto rursus in potestatem patris revertitur; tertio pater eum mancipat vel eidem vel alii (sed hoc in usu est, ut eidem mancipetur), eaque mancipatione desinit in potestate patris esse, etiamsi nondum manumissus sit sed adhuc in causa mancipii.*

[Anche per emancipazione i discendenti liberi cessano di essere in potestà dei genitori. Ma il figlio in verità a mezzo di tre emancipazioni, gli altri liberi, sia di sesso maschile sia di sesso femminile, escono dalla potestà dei genitori per mezzo di un'unica emancipazione; una legge infatti delle XII Tavole parla di tre emancipazioni soltanto con riferimento alla persona del figlio con queste parole: «SE IL *PATER* HA *VENUM DATUS* PER TRE VOLTE IL FIGLIO, IL FIGLIO SIA LIBERO DAL PADRE». E la cosa si svolge così: il padre mancipa il figlio a uno; questo lo manomette *per vindictam;* ciò fatto torna in potestà del padre; il quale lo mancipa di nuovo o allo stesso o ad altro (ma si usa manciparlo allo stesso), e questo poi analogamente lo manomette *per vindictam;* ciò fatto di nuovo ritorna in potestà del padre; per la terza volta il padre lo mancipa o allo stesso o a un altro (ma si usa manciparlo allo stesso), e con tale mancipazione cessa di essere in potestà del padre, per quanto ancora non sia manomesso, bensì sempre in condizione di mancipio].

I *patres* che avessero voluto liberare i figli dalla loro *potestas* avrebbero dovuto compiere tre successive *mancipationes* seguite da altrettante *manumissiones* da parte dell'acquirente fiduciario. Dopo la terza *mancipatio,* il padre naturale perdeva la *patria potestas* e a questo punto il figlio si trovava in condizione di *mancipium* dell'acquirente fiduciario, che avrebbe potuto manometterlo direttamente e renderlo libero.

Tuttavia, dall'*Epitome Gai,* un sunto tardoantico delle *Institutiones* di Gaio, sappiamo che per il raggiungimento di determinati scopi era necessario che il fiduciario remancipasse il figlio al padre naturale:

Ep. Gai. 1.6.4: [...] *Tamen quum tertio mancipatus fuerit filius a patri naturali fiduciario patri, hoc agere debet naturalis pater, ut ei a fiduciario patre remancipetur et a naturali patre manumittatur, ut, si filius ille mortuus fuerit, ei in hereditate naturalis pater, non fiduciarius succedat.*

[... Mancipato il figlio per la terza volta dal padre naturale al padre fiduciario, il padre naturale deve fare in modo che dal padre fiduciario gli venga remancipato così che la manomissione intervenga da parte del padre naturale, onde se quel figlio muoia, gli succeda come erede il padre naturale, e non quello fiduciario].

L'informazione del rimaneggiamento delle Istituzioni gaiane ci fa comprendere come si muovessero i pontefici: poiché non si voleva che a fini ereditari si recidesse ogni legame con il padre naturale, era necessario che fosse quest'ultimo e non l'acquirente fiduciario a manomettere il figlio. Infatti secondo il regime giuridico delle manomissioni lo schiavo liberato restava vincolato al *manumissor* dagli obblighi del cosiddetto 'patronato' e il *manumissor* in caso di morte del liberto gli succedeva ereditariamente. Il figlio si trovava nella paradossale condizione di essere *liber in causa mancipii,* cioè un libero nella condizione di schiavo e dunque per evitare che in caso di morte gli succedesse il *manumissor* estraneo, i pontefici ammisero che questo potesse remancipare il figlio al padre naturale perché fosse quest'ultimo a manometterlo *vindicta* e poter quindi succedere in via ereditaria quale *patronus.* Con tale aggrovigliato meccanismo allora si salvaguardavano gli interessi economici del gruppo familiare, e soddisfacendo nuove pressanti esigenze si innovava l'ordinamento giuridico nel pieno rispetto di forme e antichi rituali.

Uno schema giova ad afferrare più agevolmente i passaggi elaborati dai *pontifices* nel loro procedere metodologico:

SCHEMA NEGOZIALE DELL'*EMANCIPATIO*
ELABORATO IN VIA GIURISPRUDENZIALE DAI PONTEFICI

Il *pater familias* mancipa il *filius*

↓

Il *mancipio accipiens* (fiduciario del *pater*) manomette *vindicta* il *filius* in condizione di *mancipium*

↓

Il *filius* ritorna nella *patria potestas* del *pater familias*

↓

Il *pater familias* mancipa per la seconda volta il *filius*

↓

Il *mancipio accipiens* (fiduciario) manomette nuovamente il *filius*

↓

Il *filius* ritorna ancora una volta nella *potestas* paterna

↓

Il *pater familias* compie la terza *mancipatio* e perde la *potestas* sul *filius*

↓

Il *mancipio accipiens* (fiduciario) remancipa il *filius* al *pater familias*

↓

Il *pater familias* acquista il *filius* come *liber in causa mancipii*

↓

Il *pater familias* manomette *vindicta* il *filius*

↓

Il *filius* diventa *sui iuris* ma resta obbligato per i doveri di *patronatus* al *pater familias* naturale

Come si vede, il metodo dei pontefici nella delicata ma importantissima fase di elaborazione di nuovi schemi negoziali era complesso, articolato, anche improntato alla farraginosità perché figli di quella cultura e di quel tradizionalismo giuridici che concepivano forma e rito, se non più come *ius* in senso proprio, certamente ancora essenziali allo stesso: ecco perché aggiravano nella sostanza i vecchi assetti normativi approdando a esiti assai lontani dalle concezioni originarie ma nel rispetto delle forme; un rispetto così rigoroso da apparire a un certo momento così grottesco da far dire a Gaio che si trattava di aspetti incomprensibili.

Sezione terza

Diritto e processo criminale

1. *La* pax deorum

La ricostruzione del diritto e del processo penale in età arcaica è uno dei compiti più complessi e ardui per lo storico del diritto. Come abbiamo accennato nelle pagine precedenti, lo stato delle testimonianze, di per sé assai lontane dall'età che si intende illuminare, è esiguo, frammentario, spesso contradditorio; le notizie appaiono a volte infarcite di anacronismi e intrecciate con elementi leggendari o epici. Ineludibile è pertanto la necessità di utilizzare qualunque fonte, anche i documenti più disparati oggetto di studi di altre discipline antichistiche, come le risultanze archeologiche, le conoscenze della filologia e della linguistica.

Su un punto tuttavia non grava alcun dubbio e cioè sul valore fondante della *civitas* della *pax deorum*, cioè il patto tra la comunità umana e gli dèi. L'intera esperienza giuridica romana fu dominata dal rapporto con gli dèi. I Romani ne avvertivano la presenza costante, spaventosa, con timore ne invocavano il favore dietro il rispetto ossessivo del rito.

Ecco perché la *pax deorum* costituiva un valore religioso e politico al tempo stesso quale condizione capace di garantire pace, ordine e prosperità alla comunità. Ed ecco perché il valore supremo della *pax deorum* faceva del *rex* non solo il capo politico e militare ma anche quello religioso della *civitas*. Conseguentemente, ogni atto tale da turbare, secondo i valori e le credenze dell'epoca, l'equilibrio tra uomini e dèi richiedeva un immediata reazione, secondo modalità differenti.

La tradizione ha conservato la memoria di un nucleo abbastanza indicativo di norme penali e delle relative sanzioni; un nucleo compatto che rimanda certamente a una fase precittadina in cui si trattava di fatti che minavano la coesione interna dei singoli gruppi familiari e gentilizi oppure si trattava di fatti riguardanti rapporti tra gruppi. Nel primo caso la repressione avveniva all'interno del gruppo sociale, nel secondo caso le modalità punitive seguivano la logica della vendetta privata da parte del gruppo offeso, rispetto alle quali l'opinione pubblica svolgeva una funzione di controllo sociale:

> Dion. Hal. 2.25.6: Se la donna commetteva qualche colpa, aveva come giudice e arbitro dell'entità della pena l'offeso. Queste colpe le giudicavano i suoi parenti insieme con

il marito; fra di esse vi era l'adulterio e, cosa che sarebbe apparsa ai Greci la più piccola di tutte le colpe, se qualche donna fosse stata trovata a bere vino. Infatti Romolo permise di punire con la morte entrambe queste colpe, come le più turpi delle colpe femminili, ritenendo l'adulterio principio di follia e l'ubriachezza di adulterio.

Man mano però che la *civitas* si strutturava nella sua architettura istituzionale, per i comportamenti considerati più gravi per la loro potenziale minacciosità verso la saldezza della comunità cittadina furono gli organi della *civitas* stessa a presiedere ed eseguire o controllare la repressione criminale nei suoi aspetti di coercizione, di giurisdizione e di esecuzione della pena.

La tradizione attribuisce infatti in maniera univoca alla legislazione regia una regolamentazione dettagliata delle figure di reati la cui repressione vedeva il diretto intervento del *rex*:

Dion. Hal. 2.29.1: Rese (Romolo) i giudizi riguardanti le offese reciproche non lunghi, ma rapidi, alcuni reati giudicando personalmente, altri rimettendoli ad altri, e commisurava le pene alla gravità dei reati. Vedendo che soprattutto la paura poteva distogliere gli uomini da ogni delitto, preparò a tal fine, nel punto più visibile del foro, un posto in cui giudicava stando seduto; inoltre una scorta di soldati, in numero di trecento, che erano davvero tremendi per aspetto, e dodici uomini che portavano verghe e scuri, con le quali battevano nel foro quelli che avevano compiuto azioni degne di castighi e decapitavano in pubblico quelli che avevano compiuto i delitti più gravi.

Questa versione della tradizione ha trovato esplicita e puntuale conferma grazie al rinvenimento nel 1899 nel Foro arcaico presso il *Comitium* del cosiddetto *cippus vetustissimus* del *Niger Lapis*, una delle più importanti epigrafi latine arcaiche, risalente alla seconda metà del VI secolo a.C. (circa 570 a.C.) e contenente prescrizioni normative regie, il cui intreccio tra valori laici e sacrali appare evidente.

Abbiamo già affrontato il tema assai problematico delle leggi di età arcaica e del loro carattere regio e/o comiziale, adesso è sufficiente ricordare che le prescrizioni regie, fossero imposte o anche approvate dal popolo riunito in comizio, consistevano sostanzialmente in ordinanze il cui contenuto non era altro che una riformulazione versata in forma scritta di antichi precetti consuetudinari orali anche, o forse in taluni casi soprattutto, di carattere religioso, in piena aderenza alla rappresentazione della figura del *rex* romano quale istituzione profondamente inserita «nella sfera del sacro» (John Scheid). Del resto è ormai indubbio che la ricerca esasperata di una distinzione tra norme laiche e precetti religiosi corrisponda a una grave distorsione di metodo storico di chi, inforcando lenti moderne, tende a ricostruire una società arcaica e i suoi valori, come la Roma delle origini.

Ad esempio, interrogarsi e dividersi sul carattere sacrale o meno della *lex Numae*, riferita da Modestino (D. 11.8.2), sull'obbligo dell'estrazione del feto prima della sepoltura della donna morta gravida, risulta poco interessante sotto il profilo storico-giuridico, dal momento che l'intreccio tra aspetti laici e religiosi è inestricabile: da un lato, vi era la sanzione della sacertà dal suo indubbio carattere sacrale, ma, da un altro lato, la disposizione numana non nascondeva l'interesse squisitamente laico di una comunità dell'estremo tentativo di salvare un nascituro, non per un allora inesistente senso etico verso la persona, ma nell'interesse collettivo: braccia per l'agricoltura e la difesa della *civitas*, se maschio, forza lavoro per l'economia domestica e funzioni di riproduzione del gruppo, se femmina.

Sia pure con difficoltà e non in maniera incontrovertibile, grazie al racconto della tradizione è possibile ricostruire l'alba della giustizia penale in Roma arcaica, perché gli antichi, storici, antiquari, lessicografi, oratori, attingevano certamente a un patrimonio di testimonianze assai attendibili attraverso cui era possibile risalire a quelle tradizioni giuridico-sacrali cristallizzate in *leges* e gelosamente conservate negli archivi regi e sacerdotali.

Nelle fonti ricorre innanzitutto la differenza tra *scelus expiabile* e *scelus inexpiabile*. La prima qualificazione riguardava quei comportamenti di minore gravità che potevano essere espiati attraverso un *piaculum*, cioè una particolare offerta (il sacrificio di un animale o la dazione di un'entità patrimoniale) da parte dell'autore dell'illecito al culto della divinità offesa; vediamone alcuni esempi:

> Plut., *Numa* 12.3: Lo stesso (Numa Pompilio) stabilì la durata del lutto in relazione all'età: non doveva esserci lutto per un bimbo inferiore a tre anni e per chi era più grande il lutto non doveva durare più mesi degli anni vissuti, fino a dieci, e per nessuna età il tempo del lutto poteva essere più lungo di dieci mesi, che è anche il tempo per il quale dovevavo restare vedove le mogli di coloro che erano morti. Chi si fosse sposata prima, doveva, secondo una legge di Numa, sacrificare una vacca pregna.

> Fest., s.v. «*Pelices*»: *Pelices nunc quidem appellantur alienis succumbentes non solum feminae, sed etiam mares. Antiqui proprie eam pelicem nominabant, quae uxorem habenti nubebat. Cui generi mulierum etiam poena constituta est a Numa Pompilio hac lege: «Pelex aram Iunonis ne tangito; si tanget, Iunoni crinibus demissis agnum feminam cae dito».*
>
> [Ora si chiamano *pelices* non solo le donne che soggiacciono sessualmente ad altri, ma anche i maschi. Gli antichi chiamavano *pelex* colei che si univa a un uomo sposato. Per questo genere di donne fu anche stabilita una pena da Numa Pompilio, con questa disposizione: «La *pelex* non tocchi l'ara di Giunone; se la toccherà, con i capelli discinti sacrifichi a Giunone un'agnella»].

A questi comportamenti le fonti aggiungono il ripudio ingiustificato della moglie da parte del marito, l'amministrazione della giustizia in un giorno vietato, la sopravvivenza alla *devotio*, ecc.

Due erano le funzioni dei *piacula*: a) *placatio* (cioè placare l'ira della divinità offesa); b) *expiatio* (cioè purificazione, eliminazione dell'impurità). A tal proposito, il pontefice massimo e autorevole giurista, Q. Mucio Scevola, riteneva che ogni colpa assunta volontariamente (cioè con dolo) non fosse espiabile.

Sebbene in età arcaica il concetto della volontarietà o meno ai fini del riconoscimento di esimenti o attenuanti fosse già in elaborazione, come dimostra la distinzione tra omicidio volontario e omicidio involontario fatta risalire a Numa, quella di Mucio Scevola sembrerebbe un'opinione tarda non del tutto confacente con i canoni della cultura giuridica dell'epoca; canoni per i quali veniva innanzitutto in considerazione il fatto in sé e il suo disvalore secondo le credenze religiose e non l'elemento soggettivo della volontà e soprattutto per i quali «l'espiabilità sia consistita nella possibilità, per il colpevole, di compiere un *piaculum*; dove il *piaculum* non era ammesso, ciò significava che il colpevole era offerto egli stesso, come *piaculum*, dalla comunità» (Pasquale Voci).

Per i comportamenti più riprovevoli invece si parlava di *scelus inexpiabile*. In tal caso nessun *piaculum* poteva bastare a riparare il torto subito dalla divinità, sicché non restava altra soluzione che abbandonare la persona del responsabile e il suo patrimonio alla volontà divina per ristabilire l'essenziale equilibrio turbato. Nei documenti della tradizione la sanzione è chiamata *supplicium* e irrogata nella duplice modalità dell'abbandono del colpevole e/o dei suoi beni alla divinità offesa (*consecratio capitis et bonorum*) o nella sua immediata messa a morte (*deo necari*):

> Dion. Hal. 2.10.3: [...] per entrambi (*patronus* e *cliens*) era empio e illegale muoversi reciprocamente accuse in tribunale o recare testimonianze avverse o dare un voto contrario o essere annoverato tra i nemici. E se qualcuno era dimostrato colpevole di aver compiuto qualcuna di tali azioni, era reo di tradimento in base alla legge che Romolo aveva stabilito, e, se catturato era lecito, a chi lo volesse, ucciderlo come vittima di *Zeus Katacthonios* (cioè sotteraneo).

> Plut., *Romulus* 22.3: Stabilì anche alcune leggi, tra le quali c'è quella severa che non consente alla donna di abbandonare il marito, ma permette all'uomo di ripudiare la moglie per uso di veleni, per sostituzione di neonati o di chiavi per adulterio; ed ordinò che, se qualcuno l'avesse ripudiata per altri motivi, parte del suo patrimonio fosse della donna e parte venisse consacrata a Demetra; e chi avesse scacciato la moglie doveva sacrificare agli dèi infernali.

Nel diritto criminale arcaico le fonti attestano la gravità della sanzione della sacertà, ossia la riduzione del colpevole nella condizione di *homo sacer*: espressa dalla formula *sacer esto* (*sakros esed* è invece la forma arcaica attestata dal cippo del *Niger Lapis*), la sanzione consisteva nell'espulsione del colpevole dal consorzio civile e nella privazione di ogni protezione umana e divina, suscettibile così di poter essere impunemente ucciso senza che l'omicida incorresse nell'accusa di uccisione di un uomo libero.

Tuttavia, l'*homo sacer* non era affatto un condannato a morte:

> Fest. s.v. «*Sacer mons*»: *neque fas est eum immolari, sed, qui occidit, parricidi non damnatur.*

[Non è conforme al *fas* l'uccisione di un *homo sacer*, ma chi lo uccide non risponderà di *parricidium*].

Tuttavia, secondo le concezioni e i valori alla base delle prescrizioni sacrali, per quanto privo di conseguenza giuridiche, l'omicidio di un uomo consacrato a una divinità oltraggiata non era affatto lecito in quanto non conforme al *fas*. Ciò che resta oggetto di un dibattito intricato e appassionante è se nella condizione di *homo sacer* si ricadesse a seguito di un processo di accertamento della responsabilità (Bernardo Santalucia) oppure automaticamente una volta commesso l'atto criminoso, di rottura della *pax deorum* (Luigi Garofalo).

2. *I* crimina

Per le fattispecie criminose la cui sanzione era qualificabile come '*deo necari*', l'irrogazione avveniva sotto la direzione o il controllo degli organi pubblici; si trattava di condotte che colpivano interessi primari della collettività tanto da potersi individuare *grosso modo* crimini contro la persona (ad esempio il *parricidium*), crimini contro la proprietà (ad esempio il furto o il danneggiamento delle messi), crimini contro la *civitas* (ad esempio la *perduellio*).

a) *Parricidium*. – Non è facile, per l'alta antichità, definire esattamente cosa concretizzasse un *parricidium*. Nei documenti antichi si trattava dell'uccisione, almeno alle origini, di un *pater familias*, cioè del capo di uno dei gruppi sociali primari; oppure, secondo una diversa opinione, esso indicava l'uccisione di un pari, ovvero l'uccisione di un qualunque uomo libero non condannato:

Fest. s.v. «*Parrici(di) quaestores*»: *Parrici(di) quaestores appellabantur, qui solebant creari causa rerum capitalium quaerendarum. Nam parricida non utique is, qui parentem occidisset, dicebatur, sed qualemcumque hominem indemnatum. Ita fuisse indicat lex Numae Pompili regis his composita verbis: «Si qui hominem liberum dolo sciens morti duit, paricidas esto»*.

[Erano chiamati *parrici(di) quaestores* coloro che solevano essere designati a compiere indagini sui delitti capitali. Giacché si diceva parricida non solo chi avesse ucciso il padre, ma anche chi avesse ucciso qualunque uomo non condannato. Che così fosse lo dimostra una legge di Numa Pompilio contenente queste parole: «Se qualcuno ha ucciso intenzionalmente un uomo libero, sia considerato 'parricida'»].

Ma nelle fonti sopravvissute si sono serbate le tracce evolutive di questo reato di sangue, lasciato verosimilmente nell'età più antica alla vendetta dei gruppi privati e poi man mano attratto alla sfera del controllo e dell'intervento degli organi della *civitas* attraverso la regolamentazione dei re. Ciò traspare anche dalle due ipotesi di omicidio, quello involontario e quello doloso, che testimoniano l'avvenuta elaborazione giuridica della differenza tra atto volontario e atto involontario, con la conseguenza che il fatto di sangue richiedeva non l'immediata reazione ma il momento dell'accertamento attraverso i *quaestores parricidii* (da *quaerere*, cioè cercare, chiedere, interrogare, dunque investigare).

Per l'omicidio volontario si applicava la controversa sanzione della cosiddetta *poena cullei* a seguito dell'altrettanto oscura formula '*paricidas esto*' con cui si qualificava a seguito di un accertamento il colpevole di omicidio. Ad oggi sono molteplici le proposte di interpretazione della formula *paricidas esto*, ma due sono fondamentalmente le posizioni che si fronteggiano. La prima, che muove da una corrispondenza semantica tra *paricidas* e *parricidium* avvalorata da un'omofonia dei due termini, attribuisce a *paricidas esto* un significato attivo: l'uccisore del padre o del genitore, o del parente, o dell'uomo, o l'uccisore perverso, o infine l'uccisore con premeditazione.

Tuttavia, secondo la penetrante osservazione di Vincenzo Arangio-Ruiz per cui «le leggi primitive contengono sanzioni e non definizioni», si è fatto largo un secondo orientamento che attribuisce a *paricidas esto* un significato passivo e, dunque, il valore di clausola sanzionatoria. Da qui essere ucciso per compensazione, o per rappreseglia, o l'uccisore sia dato al sacco o consegnato ai *parici*.

Ad ogni modo, la vetusta antichità e il carattere frammentario delle testimonianze non consentono soluzioni del tutto affidabili. La stessa *poena cullei* con le sue atroci modalità – l'omicida, cui venivano fatti indossare calzari di legno, incappucciato con una pelle di lupo, fustigato con verghe *sanguineae*, rinchiuso in un sacco con dentro un cane, un gallo, una vipera e una scimmia, veniva portato in processione su di un carro trainato da buoi neri e infine gettato nel Tevere – è tipica espressione di una società arcaica in cui riti ancestrali e simbolismi sacrali erano parte essenziale della vita quotidiana e dunque anche del diritto, soprattutto nei momenti di maggiore rilevanza pubblica, come certamente era avvertita la punizione di chi aveva volontariamente ucciso un membro della comunità.

L'omicidio involontario invece veniva represso, secondo una statuizione di Numa, in maniera solenne, pubblica (il popolo riunito *in contione*) attraverso la consegna di un ariete ai congiunti dell'ucciso perché venisse sacrificato (messo a morte) al posto dell'omicida:

> Serv., *in Verg. Buc.* 4.43: *Sane in Numae legibus cautum est, ut si quis inprudens occidisset hominem, pro capite occisi agnatis eius in cautione offerret arietem. Ergo hic bene videtur arieti dignitatem dare dicendo 'ipse', qui oblatus homicidam crimine homicidii possit exsolvere.*
>
> [Certamente nelle leggi di Numa si provvide a che, se qualcuno senza volerlo avesse ucciso un uomo, offrisse in espiazione per l'ucciso un ariete agli agnati di lui. Perciò sembra che qui opportunamente, con l'usare il termine '*ipse*', dia dignità all'ariete, perché questo, offerto come vittima, può liberare l'omicida dall'imputazione di omicidio].

La *lex* numana sembrerebbe, pertanto, aver introdotto nella regolamentazione dell'omicidio l'obbligo per i congiunti della vittima di uccidere l'omicida per impedire, alla stessa stregua delle norme greche draconiane, che l'impurità dovuta al versamento di sangue restasse tale dietro una compensazione pecuniaria.

b) *Perduellio.* – Nel diritto criminale arcaico vi erano poi fattispecie ritenute lesive dell'ordine politico e della sicurezza della *civitas*; fatte rientrare nella duttile e indeterminata figura della *perduellio*, tali condotte venivano represse con immediatezza e giudizio sommario dal *rex* attraverso l'assistenza dei *duumviri perduellionis* con la *poena capitis* eseguita con un rituale altrettanto atroce e misterioso come la *poena cullei*:

Liv. 1.26.5-7: *Atrox visum id facinus patribus plebique, sed recens meritum facto obstabat. Tamen raptus in ius ad regem. Rex, ne ipse tam e tristis ingratiqur ad vulgus iudicii ac secundum iudicium supplicii auctor esset, concilio populi advocato 'duumviros' inquit, 'qui Horatio perduellionem iudicent, secundum legem facio'. Lex horrendi carminis erat: duumviri perduellionem iudicent, si a duumviris provocarit, provocatione certato; si vincent, caput obnubito; infelici arbori reste suspendito; verberato vel intra pomerium vel extra pomerium. Hac lege duumviri creati* [...].

[Questo delitto sembrò atroce ai patrizi e ai plebei, ma al fatto si opponeva il recente merito (di Orazio). Tuttavia fu portato in giudizio dinanzi al re. Questi, affinché non fosse egli stesso autore di una sentenza dura e sgradita al popolo e del supplizio a questa conforme, convocata l'assemblea popolare, disse: «Nomino secondo legge due uomini che giudichino sull'accusa di perduellione contro Orazio». La *lex horrendi carminis* così prescriveva: «I *duumviri* giudichino di *perduellio*; se l'imputato ricorrerà contro i *duumviri* si discuta della *provocatio*; se i *duumviri* prevarranno al reo sia velato il capo; sia appeso ad un albero sterile; sia flagellato sia dentro che fuori le mura». Con questa legge furono creati i *duumviri* ...].

Appeso a un albero sterile, con il capo velato, flagellato dentro e fuori il sacro confine del *pomerium*, il colpevole di *perduellio* subiva castigo ed espiazione secondo modalità che infliggevano atroci sofferenze nonché pubbliche e infamanti umiliazioni.

c) *Altre fattispecie criminali.* – Una serie di figure criminose poi concernevano quelle condotte che colpivano innanzitutto interessi economici e che, per l'età in questione, si sostanziavano in atti di aggressione alla proprietà. Per quanto una più completa disciplina dei crimini di epoca arcaica si abbia con le XII Tavole, dalle fonti sopravvissute si ricavano notizie precise rispetto alla repressione di alcuni illeciti, come la rimozione con l'aratro delle pietre di confine colpita dalla sacertà del violatore e la conseguente *consecratio* dei buoi al dio *Terminus*; o la sottrazione notturna di messi, che esponeva il ladro alla *suspensio Cereri*. In entrambi i casi, le modalità d'irrogazione della *poena capitis* ne confermano la funzione di placare l'ira della divinità offesa dall'autore del crimine.

3. *L'embrione del processo criminale arcaico*

Parricidium e *perduellio* tuttavia recano le tracce di una giurisdizione criminale che va spostandosi sempre più verso la decisione comiziale.

Abbiamo già osservato come l'etimologia stessa di *quaestores parricidii* (da *quaerere* = domandare, cercare) contiene l'idea dell'inchiesta, rimanda a un'attività funzionale rimessa a figure pubbliche investite dal *rex* dell'accertamento di fatti e di responsabilità. È evidente che si tratti di uno stato embrionale, ma appare indubbio la funzione inquirente dei *quaestores parricidii* propedeutica alla pronuncia regia di condanna o di assoluzione.

Stesse considerazioni valgono, per quanto si disponga di notizie confuse, per la *perduellio*. Dobbiamo a Livio, infatti, il merito di conoscere il testo (*carmen*) della *lex horrendi carminis* a proposito del processo dell'Orazio, superstite del duello contro i Curazi, per l'omicidio della sorella. Chiaramente colpevole, per la flagranza del reato, Orazio tuttavia godeva del favore e della benevolenza dell'opinione pubblica per il merito di aver salvato la patria: il consenso popolare era tanto vasto che il re Tullo Ostilio pensò bene di evitare che la responsabilità della decisione gravasse unicamente sulle proprie spalle e rimise così l'onere della pronuncia ai *duumviri perduellionis*. Non solo: il re statuì anche il diritto di Orazio di *provocare* (cioè di rivolgersi al popolo) contro la decisione dei *duumviri*. Nel racconto liviano, sotto la coltre di motivi tipici di una letteratura epica nazionale, è facile cogliere una spessa stratificazione di pratiche, di innovazioni istituzionali, di *exempla*. Sebbene il riferimento alla *provocatio* costituisca certamente un'anticipazione storica, è attendibile che l'inizio di una partecipazione popolare ai crimini più gravi, sia pure in forma di assistenza passiva e di pubblicità, risalga proprio all'età dei re, quale embrione di esigenze di garantismo, di controllo sociale e di responsabilità collettiva dinanzi al fatto grave, traumatico della *poena capitis*. Fu in un simile e assai fluido contesto, segnato da precendenti e dalla ripetizione costante sino al consolidamento di quelli che superavano il vaglio sociale, che *quaestores* e *duumviri* finirono per configurarsi sempre più come ausiliari del *rex* con funzioni inquirenti e istruttorie ai fini della dimostrazione dinanzi al popolo della colpevolezza o meno di un *civis* suscettibile di pena capitale.

Al di fuori dell'ambito delle condotte configurate come reati, poi, aveva ampio margine l'esercizio discrezionale della *coercitio* del *rex* affiancato dai *lictores*, portatori dei fasci di scuri e verghe, per l'immediata punizione (*securi percussio* = decapitazione) di chi turbava l'ordine pubblico o disattendeva gli ordini regi o si macchiava di *proditio*, diremmo oggi di tradimento ai danni dello Stato, o di reati commessi in ambito militare (*defectio*, *seditio*, ecc.). Questo vasto, e spesso incontrollabile, potere di coercizione fondato sull'*imperium* avviò, di pari passo con l'aumento del peso politico dell'assemblea degli uomini atti alle armi, un processo evolutivo volto a porre limiti, freni al suo esercizio arbitrario da parte dei *reges* nei confronti dei *cives* e finì per sfociare, nella primissima età repubblicana, nel riconoscimento dello *ius provocationis*, cioè del divieto per i magistrati di mettere a morte un cittadino senza un regolare processo popolare.

4. *I* delicta

Altre fattispecie di reato erano poi denominate *delicta*, cioè reati comuni quali per esempio il *furtum*, o l'*iniuria* (inizialmente soltanto le violenze fisiche, più tardi anche quelle di carattere morale). Nonostante essi abbiano trovato una precisa regolamentazione nelle XII Tavole, è certo che la repressione di queste condotte si sia avuta anche in età monarchica. Per quanto i *delicta* fossero causa di profondo turbamento sociale, alla stessa stregua dei *crimina*, la loro repressione era tuttavia lasciata all'iniziativa della parte offesa perseguita nelle forme del processo civile.

Capitolo Secondo

Dal tribunato militare alla crisi della Repubblica

(***Francesco Arcaria***)

Sezione prima

Istituzioni politiche ed assetto del territorio

1. *La nascita ed il graduale assestamento delle strutture costituzionali repubblicane*

Gli accadimenti del biennio 451-450 a.C. ebbero un'importanza non secondaria ai fini della nascita della *res publica*, giacché, secondo la tradizione, nel 449 a.C. L. Valerio Potito e M. Orazio Barbato, restaurando la diarchia consolare, avrebbero portato a compimento l'opera legislativa dei *decemviri*, pubblicando nel Foro le XII Tavole da essi redatte, ed avrebbero fatto approvare dai comizi centuriati tutta una serie di provvedimenti volti a rassicurare la plebe. Tali *leges Valeriae Horatiae* avrebbero infatti attribuito valore vincolante ai *plebiscita*, introdotto il divieto di creazione di magistrature esenti da *provocatio* e disposto l'esclusione dalla protezione cittadina di chiunque avesse recato offesa ai magistrati plebei, prevedendo pene di carattere personale e patrimoniale non di poco conto per i trasgressori di tali norme:

Liv. 3.55.3-7: *Omnium primum, cum velut in controverso iure esset tenerenturne patres plebi scitis, legem centuriatis comitiis tulere ut quod tributim plebes iussisset populum teneret* [...] *Aliam deinde consularem legem de provocatione, unicum praesidium libertatis, decemvirali potestate eversam, non restituunt modo, sed etiam in posterum muniunt sanciendo novam legem, ne quis ullum magistratum sine provocatione crearet; quis creasset, eum ius fasque esset occidi, neve ea caedes capitalis noxae haberetur* [...] *ipsis quoque tribunis, ut sacrosancti viderentur, cuius rei prope iam memoria aboleverat, relatis quibusdam ex magno intervallo caerimoniis renovarunt, et cum religione inviolatos eos, tum lege etiam fecerunt, sanciendo ut qui tribuni plebis, aedilibus, iudicibus decemviris nocuisset, eius caput Iovi sacrum esset, familia ad aedem Cereris, Liberi Liberaeque venum iret.*

[Innanzitutto, essendo controverso in diritto se i patrizi fossero vincolati dalle deliberazioni della plebe, (i consoli Valerio ed Orazio) proposero ai comizi centuriati una legge secondo la quale ciò che la plebe avesse deliberato nelle assemblee per tribù avrebbe vincolato tutto il popolo ... Inoltre, non solo rimisero in vigore la legge consolare sulla *provocatio ad populum*, ma la resero anche più salda per l'avvenire, facendo approvare una nuova legge con la quale si vietava che si creasse una qualsiasi magistratura immune da *provocatio*; chi l'avesse creata sarebbe potuto essere ucciso lecitamente per il diritto umano e divino, e quell'uccisione non sarebbe stata considerata un delitto capitale ... ripristinarono in onore degli stessi tribuni, riprendendole dopo un lungo intervallo di tempo, alcune cerimonie che li facevano apparire sacri ed inviolabili, usanza di cui si era ormai quasi spento il ricordo; e non solo con la religione li resero inviolabili, ma anche con una legge, in virtù della quale chi avesse recato nocumento ai tribuni della plebe, agli edili, ai giudici decemviri sarebbe stato consacrato a Giove, ed i suoi beni sarebbero stati venduti a profitto del tempio di Cerere, Libero e Libera].

Siffatto racconto tradizionale è stato in passato oggetto di aspre critiche e forti contestazioni, ma oggi nessuno dubita più della storicità delle leggi Valerie Orazie, se non in riferimento alla disposizione stabilente l'efficacia vincolante generale dei plebisciti, e ciò perché la stessa tradizione attribuisce tale portata anche ad altre due leggi successive, la *lex Publilia Philonis* del 339 a.C. e la *lex Hortensia* del 287 a.C.

Ciò non equivale a dire però che le istituzioni repubblicane fossero sorte pronte e confezionate sin dal 449 a.C., giacché questa conclusione appare in stridente contrasto con altri dati del racconto tradizionale attestanti invece un non breve ed assai faticoso travaglio evolutivo attraverso il quale vennero perfezionandosi, consolidandosi ed assestandosi le nuove strutture portanti della *res publica*.

E, invero, due sono gli elementi che sembrano avvalorare tale conclusione. Da un lato, la presenza, fra le coppie consolari registrate nei Fasti per l'epoca immediatamente successiva al 449 a.C., di nomi plebei, il che è storicamente inconciliabile con la sicura circostanza che solo dopo il 367 a.C. la plebe ottenne l'accesso al consolato. Dall'altro, l'affidamento dei poteri supremi, già nel 444 a.C. (cioè, dopo pochissimi anni dalla elezione dei due consoli) e fino al 367 a.C. (quindi, per un periodo di ottant'anni), agli ufficiali dell'esercito, i *tribuni militum consulari potestate*, forse sin dal 405 e sicuramente dal 400 a.C. provenienti in parte anche dalla plebe:

Liv. 4.7.1: *Anno trecentesimo decimo quam urbs Roma condita erat, primum tribuni militum pro consulibus magistratum ineunt, A. Sempronius Atratinus, L. Atilius, T. Cloelius, quorum in magistratu concordia domi pacem etiam foris praebuit.*

[L'anno 310 della fondazione di Roma entrarono in carica per la prima volta, in luogo dei consoli, i tribuni militari Aulo Sempronio Atratino, Lucio Atilio, Tito Clelio, e la concordia che regnò in patria durante la loro magistratura assicurò la pace anche fuori].

D. 1.2.2.25 (Pomp. *lib. sing. Ench.*): [...] *factum est, ut tribuni militum crearentur partim ex plebe, partim ex patribus consulari potestate* [...].

[... accadde che furono istituiti i *tribuni militum consulari potestate*, tratti in parte dalla plebe, in parte dal patriziato ...].

In definitiva, tutti gli elementi a nostra disposizione convergono nel senso di ritenere altamente probabile che solo nel 367 a.C., cioè allorquando si sarebbe raggiunta la definitiva parificazione politica dei patrizi e dei plebei ammettendosi dalle *leges Liciniae Sextiae* che uno dei consoli potesse essere plebeo, i *consules* – denominati inizialmente *praetores* per la loro posizione di supremi comandanti militari – ritornarono ad essere magistratura suprema ordinaria, legittimando così l'interprete ad immaginare che il definitivo assetto del 367 a.C. non possa essere affatto qualificato come una mera 'restaurazione' di una situazione costituzionale concepita come consolidata e stabilizzata già nel 449 a.C.

La verità è che, dopo la parentesi decemvirale, non si poteva più ripristinare il sistema della carica monocratica regia, giacché questo avrebbe inasprito ulteriormente i rapporti con la plebe, la quale non avrebbe avuto motivo di frapporre ostacoli alla creazione di una nuova carica, connotata dalla pur semplice pluralità dei suoi due componenti, appunto i *praetores-consules*, alla quale potere accedere, se non subito, nel corso di un ragionevole lasso di tempo, come poi in effetti avvenne, nel 367 a.C., in seguito al già ricordato traghettamento istituzionale costituito dall'accesso plebeo alla carica dei *tribuni militum consulari potestate*. I patrizi, consapevoli per un verso del fatto che le richieste plebee di accedere alla carica consolare non sarebbero state eludibili per sempre e per altro verso della necessità di fronteggiare i problemi provocati dall'estensione degli impegni militari (e, in tal senso, non è senza significato la circostanza che l'ingresso dei plebei nel collegio militare risalisse ai tempi della guerra contro Veio) ed amministrativi prodotti dallo sviluppo della società romana e dagli ingrandimenti territoriali, fecero infatti buon viso a cattivo gioco, con la conseguenza che, pur di ritardare l'abolizione del principio dell'inammissibilità dei plebei alla suprema carica consolare e, insieme, di difendere Roma dai ripetuti attacchi esterni, furono disposti a cedere sull'ammissione al tribunato militare. La strenua resistenza patrizia non era però destinata a durare a lungo, sicché, complice anche il particolare momento di difficoltà di Roma causato dall'invasione gallica, le *leges Liciniae Sextiae* decretarono la fine dell'opposizione di principio patrizia sancendo che uno dei due posti di console fosse reso accessibile ai plebei.

Nel 367 a.C. il consolato appare dunque definitivamente stabilito e, come apprendiamo dal racconto tradizionale, ai patrizi non rimase che cercare di controbilanciare l'importante concessione fatta ai plebei con la creazione di un nuovo posto di *praetor*, in posizione di *conlega minor* dei due *praetores-consules*, che fu riservato esclusivamente al patriziato ed al quale venne affidata la *iurisdictio* civile, con la conseguenza che per la carica diarchica si affermò decisamente, divenendo presto definitiva, la denominazione di *consules* e per la nuova magistratura giusdicente quella di *praetor*.

2. *Il superamento del conflitto patrizio-plebeo*

Da quanto precede appare dunque evidente quanto importante sia stato il ruolo avuto dalla plebe nelle vicende storiche, politiche e sociali della seconda metà del V e della prima metà del IV secolo a.C. e, in stretta correlazione a ciò, quanto determinante fu, per il processo evolutivo delle strutture costituzionali repubblicane postdecemvirali, il superamento del conflitto patrizio-plebeo, del quale abbiamo già avuto modo di individuare la tappa iniziale nelle *leges Valeriae Horatiae*, una tappa intermedia nell'accesso al tribunato militare e quella finale nel compromesso raggiunto con le *leges Liciniae Sextiae*.

In particolare, può dirsi che, in seguito alle *leges Valeriae Horatiae*, gli organi della plebe, ed in special modo il tribunato, pur rimanendo organi di classe, persero il loro peculiare carattere rivoluzionario e, pur restando estranei all'organizzazione della *res publica*, ottennero indirettamente un qualche riconoscimento. Ecco allora che la nuova posizione assunta dai tribuni della plebe diede l'avvio ad una nuova fase della lotta contro i patrizi finalizzata a scalzarne il monopolio politico, ad affermare il diritto della *plebs* a partecipare attivamente alla conduzione della *res publica* e, in definitiva, a realizzare una completa parificazione fra le due classi.

In questo quadro di rivendicazioni, la plebe condusse la sua lotta non solo sul piano politico-costituzionale, ma anche su quello economico e sociale.

Così, se sul primo versante non priva di significato appare l'assegnazione anche ai plebei dei territori man mano conquistati, sul secondo versante si appalesa come particolarmente importante la richiesta di abolizione del divieto di *conubium* fra patrizi e plebei, che trovò accoglimento nel 445 a.C. con la *lex Canuleia*, in realtà un plebiscito approvato su proposta del tribuno Gaio Canuleio:

> Liv. 4.6.1-3: [...] *interroganti tribuno cur plebeium consulem fieri non oporteret* [...] *respondit quod nemo plebeius auspicia haberet, ideoque decemviros conubium diremisse, ne incerta prole auspicia turbarentur. Plebes ad id maxime indignatione exarsit, quod auspicari, tamquam invisi diis immortalibus, negarentur posse; nec ante finis contentionum fuit, cum et tribunum acerrimum auctorem plebes nacta esset et ipsa cum eo pertinacia certaret, quam victi tandem patres ut de conubio ferretur concessere.*
>
> [... al tribuno (Canuleio) che chiedeva perché un plebeo non potesse diventare console ... si rispose che nessun plebeo poteva prendere gli auspici e per questo i decemviri avevano escluso che potessero esservi unioni matrimoniali giuste e legittime (fra patrizi e plebei), perché gli auspici non fossero sconvolti con nascite dubbie. A questa risposta la plebe si accese ancor più d'indignazione, perché si giungeva a negarle la capacità di prendere gli auspici, quasi fosse invisa agli dèi immortali; e dato che la plebe aveva trovato nel tribuno un sostenitore decisissimo e gareggiava essa stessa con lui in ostinazione, la contesa non ebbe termine se non quando i patrizi, finalmente vinti, acconsentirono a che si mettesse ai voti la proposta relativa alla possibilità di connubio (fra patrizi e plebei)].

L'ammissione al *conubium* con i patrizi rappresentava dunque per i plebei un'altra fondamentale tappa nel cammino della loro lotta secolare per la parificazione giuridica, e quindi politica, nell'ambito della comunità romana. Ed a Livio chiarissime erano infatti le implicazioni dell'abolizione del divieto di *conubium* fra patrizi e plebei: riconosciute come *iustae*, cioè legittime, le nozze tra appartenenti alle genti patrizie ed alle famiglie plebee, cadeva necessariamente l'esclusione dei plebei e dei loro figli dalla partecipazione ai *sacra* gentilizi e, di conseguenza, dalla capacità di prendere gli *auspicia*. Veniva così rimossa implicitamente ogni preclusione giuridico-religiosa di principio all'esercizio, anche da parte della *plebs*, dell'*imperium* e, quindi, l'ultima pregiudiziale al raggiungimento del secolare obiettivo dell'accesso alle supreme magistrature cittadine, che sarà poi raggiunto nel 367 a.C. con le già ricordate *leges Liciniae Sextiae*, le quali, sancendo la fine dell'esclusivismo patrizio della carica consolare, avviarono la stabilizzazione di un ordinamento costituzionale non più connotato dal conflitto di classe, ma ispirato alla concordia tra patrizi e plebei.

La decisiva conquista dell'accesso al consolato diede il via ad ulteriori richieste da parte della plebe che condussero, nel giro di un secolo, al completo pareggiamento tra le due classi, che non comportò però la scomparsa della distinzione tra patrizi e plebei.

Pertanto, ai plebei, che avevano ottenuto già nel 409 a.C. l'accesso alla questura, venne riconosciuta la possibilità di accedere alla dittatura ed alla censura rispettivamente nel 355 e nel 339 a.C. e, in seguito ad un *plebiscitum Ogulnium* del 300 a.C., anche ai collegi degli àuguri e dei pontefici. Con l'apertura delle magistrature ai plebei e grazie anche al *plebiscitum Ovinium* del 312 a.C., stabilente che la *lectio senatus* da parte dei censori avesse luogo anche tra gli ex magistrati plebei, venne meno, di conseguenza, l'impossibilità per essi di diventare senatori, anche se i *patres* plebei conservarono a lungo, in qualità di *conscripti*, una posizione di inferiorità, in quanto alcune funzioni senatorie, quali l'*interregnum* e l'*auctoritas*, continuarono ad essere riservate esclusivamente ai senatori patrizi. Infine, anche all'assemblea plebea, i *concilia plebis*, si riconobbe il rango di assemblea costituzionale, con la conseguenza che le sue delibere divennero vincolanti anche per i patrizi. E ciò in seguito ad una *lex Publilia Philonis* del 339 a.C., che probabilmente rinnovò il disposto di una delle già ricordate *leges Valeriae Horatiae* del 449 a.C. e riconobbe così tutti i precedenti plebisciti, e ad una *lex Hortensia* del 287 a.C., che stabilì in ogni caso la piena efficacia per tutti i *cives* delle deliberazioni *de futuro* emanate dal concilio plebeo.

3. *L'espansione di Roma ed i suoi effetti sulla società romana*

In seguito all'accordo patrizio-plebeo del 367 a.C. si aprì una nuova fase della storia politico-costituzionale romana.

Dal punto di vista politico assistiamo così al prepotente affermarsi e poi al rapido estendersi della potenza militare romana, inizialmente sulle popolazioni ed i territori viciniori, poi su tutta la penisola italica e, infine, al di là del mare. Da quello istituzionale ha inizio un periodo di stabilità delle strutture costituzionali che, pur mantenendo in gran parte inalterata la loro complessiva fisionomia, vengono via via precisandosi ed articolandosi nei loro elementi portanti e principii ispiratori e, se del caso, modificandosi per adeguarsi ad una realtà economica, sociale e politica spesso in continua e rapida trasformazione, subendo così un'inesausta e talora profonda evoluzione interna.

Oltre alla già accennata compiuta parificazione patrizio-plebea, che aveva dato luogo a quel riconoscimento ed inserimento nell'ordinamento statale di organi esclusivamente plebei sfociato in un vero e proprio organismo costituzionale unitario patrizio-plebeo, l'altro fattore decisivo dell'evoluzione politica e, insieme, giuridico-costituzionale fu rappresentato dalla sempre più crescente e progressiva espansione della potenza militare di Roma, che, trasformando la città da piccola enclave laziale in vera organizzazione statale esplicante la sua supremazia dapprima su tutta la penisola italica e, in seguito, sui territori transmarini e su tutto il bacino del Mediterrraneo, produsse necessariamente i suoi effetti anche sul sistema costituzionale sul quale si reggeva la *res publica* romana.

Ovviamente, di tale inarrestabile espansione e predominio romano possono essere qui ricordate solamente e brevemente le tappe più importanti.

Per il periodo che va dal 449 al 367 a.C., si è già accennato tanto alla guerra contro Veio, la città estrusca più potente e vicina a Roma, che, protrattasi per quasi un secolo, ebbe fine vittoriosamente intorno al 396 a.C., determinando il raddoppiamento della superficie del territorio romano, quanto all'invasione gallica, che causò il saccheggio e la devastazione di Roma (390 a.C.), che fu costretta perciò a scendere a patti con i nemici pagando un pesante riscatto in cambio dell'abbandono del territorio romano da parte degli invasori.

Approfittando della debolezza militare inopinatamente mostrata da Roma nella guerra contro i Galli, si ebbe un risveglio di ostilità anche da parte delle popolazioni confinanti e, tra queste, i Latini, i quali, legati a Roma dal 493 a.C. in seguito ad un *foedus Cassianum*, divennero intolleranti della posizione di preminenza politica e militare che Roma aveva assunto all'interno di tale lega, scendendo così in guerra, insieme agli Ernici ed ai Volsci, contro l'antico alleato. La rivolta fu però domata e la lega ripristinata, seppure con modifiche favorevoli a Roma, nel 358 a.C., per essere però definitivamente sciolta nel 338 a.C. in seguito alla sconfitta subita dai Latini, che nel 340 a.C. avevano ripreso le armi alleandosi con i Campani.

La posizione egemonica assunta da Roma e le sue evidenti e crescenti mire espansionistiche resero inevitabili ulteriori conflitti con altre popolazioni della penisola italica centro-meridionale. A farne per primi le spese furono i Sanniti, che, pur impegnando Roma in una lunga ed estenuante guerra scoppiata nel 326 a.C., furono sconfitti nel 295 a.C. e, dopo qualche vana resistenza, costretti a chiedere definitivamente la pace nel 290 a.C. Nell'arco di questo trentennio i Romani erano inoltre usciti vittoriosi nei confronti di altre piccole e bellicose popolazioni dell'Italia centrale (Equi, Marsi, Peligni, Marrucini e Frentani) e, poco dopo la fine delle ostilità con i Sanniti, avevano ripetutamente e duramente sconfitto gli Etruschi, i Galli Boi e Senoni e gli Umbri, annettendo il loro territorio a Roma (283-282 a.C.).

Non restava allora che volgersi alla parte più meridionale della penisola italica ed alle sue città, cioè quella della c.d. Magna Grecia, ciò che puntualmente avvenne dapprima con la conquista di Napoli nel 326 a.C. e di alcune città della Calabria (Turi, Locri e Regio) negli anni precedenti il 280 a.C. e, successivamente, di Taranto, che, alleatasi con Pirro, re dell'Epiro, e con i Lucani, i Bruzzi, nuovamente i Sanniti e parecchie altre città greche, fu sconfitta nel 273 a.C., con conseguente annessione a Roma di tutto il rimanente territorio dell'Italia meridionale nel 266 a.C. in seguito all'assoggettamento delle popolazioni stanziate nella penisola salentina e dell'importante città portuale di Brindisi.

Se poi si tiene presente che tra il 269 ed il 268 a.C. erano stati assoggettati i Picenti e fondata l'attuale Rimini, si può concludere che, a distanza di un secolo dal compromesso Licinio-Sestio, il territorio e l'egemonia di Roma si estendevano ormai ininterrottamente su quella assai consistente parte della penisola italica che andava dall'Etruria e dall'Umbria fino allo stretto di Messina.

A questo proposito, va però sottolineato come la progressiva influenza politica esercitata da Roma sul territorio circostante fu il portato di una precisa scelta strategica militare finalizzata ad assicurare la difesa del territorio occupato, inglobato e redistribuito nelle forme più varie ai propri *cives*. In questo contesto, assumeva allora particolarmente rilievo l'esercito, che divenne così il più importante strumento di politica internazionale ed il più efficace mezzo di dissuasione verso i nemici, ciò che comportò però la necessità di una sua sempre più efficiente organizzazione che si adeguasse proporzionalmente al moltiplicarsi dei successi militari. I Romani ebbero però la lungimiranza di non utilizzare la propria forza militare per imporre condizioni inique e vessatorie alle popolazioni vinte in battaglia, alle quali, al contrario, vennero garantiti, fin dove era possibile, benessere economico e pace sociale.

L'espansione italica e la conseguente creazione di un vero e proprio stato italico avevano però aumentato a dismisura la popolazione e, soprattutto, il territorio di Roma e, con l'acquisto del controllo di mercati sempre più vasti, avevano di fatto trasformato l'antica città in una grande potenza mediterranea con la quale dovettero ben presto fare i conti ad Occidente l'impero cartaginese, il cui territorio si estendeva non solo su tutta l'Africa settentrionale, ma anche in Spagna, Sardegna e Sicilia, e ad Oriente i diversi stati ellenistici.

In questa sede le diverse tappe del conflitto con la potenza punica non possono certo essere ripercorse dettagliatamente, ma semplicemente richiamate *per indicem*. La guerra, causata dal fatto che i concorrenti interessi politico-commerciali di Roma sulla Sicilia si configuravano come una minaccia per l'impero mercantile cartaginese, scoppiò nel 264 a.C. e durò ininterrottamente fino al 241 a.C., allorquando si giunse alla stipula di un trattato di pace in virtù del quale i Cartaginesi, sconfitti nello stesso anno nell'ultima, decisiva ed epica battaglia navale delle Egadi, abbandonarono tutta l'isola e si impegnarono a pagare a Roma un'assai consistente indennità di guerra. A questa, che viene ricordata comunemente come la prima guerra punica, ne fece poi seguito una seconda, scoppiata nel 218 a.C. e causata questa volta dalla circostanza che Roma, tra il 238 ed il 219 a.C., aveva continuato ad espandersi militarmente e politicamente nel Mediterraneo e nella penisola italica settentrionale, conquistando la Sardegna, la Corsica, l'Illiria e tutti i territori a nord del Po ed insidiando l'egemonia cartaginese sulla Spagna. Questo secondo momento del conflitto romano-cartaginese, connotato da alterne vicende militari che videro affermarsi ora Roma (battaglie del Metauro e di Ilipa) ed ora Cartagine (battaglie del Ticino, del Trasimeno e di Canne), si concluse in seguito allo scontro decisivo che vide contrapposti, in una memorabile battaglia campale avvenuta nel 202 a.C. presso Zama Regia, Annibale e Scipione, che sconfisse il comandante cartaginese, costringendolo a convincere il senato della potenza nemica a ratificare, nel 201 a.C., un trattato di pace dalle condizioni ovviamente particolarmente onerose e svantaggiose per la secolare rivale. Cartagine, annientata militarmente, lo fu anche politicamente, riducendosi ad un piccolo stato non più indipendente controllato da Roma, che, tra l'altro, nel 206 a.C. aveva acquisito definitivamente al proprio dominio anche la Spagna. I sentimenti di sospetto e timore nutriti da Roma nei confronti di Cartagine non vennero però meno, sicché, approfittando del fatto che i Cartaginesi avevano reagito con le armi all'ennesimo sopruso di Massinissa, re del confinante regno di Numidia, violando così quella clausola del trattato di pace che impediva loro di muovere guerra senza il permesso di Roma, fu dichiarata nuovamente guerra a Cartagine con il non troppo scoperto intento di chiudere definitivamente la partita. Ebbe così inizio nel 149 a.C. la terza guerra punica, conclusasi nel 146 a.C. con la conquista e la distruzione di Cartagine, sul cui territorio venne costituita l'Africa, cioè la prima provincia romana sul continente africano.

La definitiva vittoria su Cartagine schiuse a Roma orizzonti ancora più ampi, sicché la nascente potenza mediterranea rivolse la propria attenzione verso l'Oriente ellenistico, anche se va riconosciuto che questo spostamento dell'asse della politica romana non fu tanto espressione di rinnovate mire espansionistiche, quanto piuttosto di preoccupazioni difensive. Ciò che è invero provato dalla circostanza che Roma si rifiutò per molto tempo di assoggettare direttamente al proprio dominio e, cioè, di elevare a province i territori orientali conquistati, preferendo invece impedire che qualcuna di tali potenze ellenistiche divenisse predominante sulle altre e potesse perciò rappresentare un pericolo anche per la potenza romana. Così, nel 200 a.C. scoppiò la guerra contro il regno di Macedonia, che fu conquistato una prima volta nel 197 a.C. e, dopo un inaspettato risorgimento, nel 168 a.C., ed analoga sorte toccò al regno di Siria nel 188 a.C., a conclusione di una guerra iniziata nel 192 a.C. Roma si rese però conto, da un canto, della falsa speranza di potere mantenere la pace nel mondo ellenistico senza procedere all'assoggettamento diretto dei territori via via conquistati e, dall'altro, dell'impossibilità di ridurre all'obbedienza il mondo greco, sempre più caparbiamente ostile all'autorità romana. Pertanto, la Macedonia, risollevatasi nuovamente nel 149 a.C., venne ridotta l'anno successivo a provincia, la prima sul suolo greco, e ad essa si aggiunse nel 126 a.C. l'Asia, la prima provincia sul suolo asiatico, mentre già nel 146 a.C. era stata sottomessa tutta la Grecia.

Le conquiste transmarine comportarono l'attrazione nell'orbita romana di popolazioni dalle più disparate origini e tradizioni, sicché, complice anche la creazione delle province, Roma andò incontro a cambiamenti epocali in campo economico e sociale, dei quali certo il più importante fu costituito dall'enorme afflusso a Roma di schiavi dai territori conquistati, che, tra l'altro, favorì l'articolarsi della popolazione romana in tre blocchi sociali diversi: i grandi proprietari terrieri, che, traendo dall'agricoltura la propria fonte di ricchezza, si dedicarono alle carriere pubbliche; coloro i quali, dediti alle grandi attività commerciali ed industriali, reinvestivano il capitale mobiliare accumulato nella creazione di nuove e sempre più redditizie imprese foraggiate dall'espansione mercantile derivante dalle conquiste militari territoriali; una composita ed eterogenea massa di persone di assai modesta condizione (artigiani, piccoli commercianti, schiavi manomessi ed immigrati dalle scarse possibilità economiche).

Parallelamente all'emergere ed al delinearsi sempre più marcatamente di siffatta articolazione sociale, la nuova classe dirigente romana si distinse in due diversi partiti: la *nobilitas*, cioè l'aristocrazia avente nel senato il proprio punto di riferimento, ed i *populares*, i cui appartenenti si servivano delle assemblee popolari e, fra queste, in primo luogo dei *concilia plebis* per portare avanti i propri progetti di politica interna ed internazionale.

4. *Il definitivo assetto costituzionale repubblicano*

Parallelamente al rapido e straordinario accrescersi della potenza politica e militare romana, la parabola dello stato patrizio-plebeo raggiunse il suo punto più alto:

> Polyb. 6.11.11-12: Tutte e tre dunque le forze di cui prima ho parlato avevano potere nella repubblica: e così attraverso queste ogni affare particolare era regolato ed amministrato con equità e scrupolosità, tanto che nessuno, neppure fra gli stessi Romani, avrebbe potuto dire se quello era un regime aristocratico o democratico o piuttosto monarchico. Ed è naturale che fosse così. Quando, infatti, poniano attenzione al potere dei consoli, ci sembra che quel governo fosse monarchico e regio; se badiamo al senato, ecco che ci sembra aristocratico, e poi, invece, se osserviamo il potere del popolo, ci appare chiaramente democratico.

> Polyb. 6.18.1-8: Poiché dunque ciascuno dei tre organi politici ha tale possibilità di danneggiare gli altri, la loro unione è conveniente in tutte le circostanze, tanto che non è possibile trovare una costituzione migliore di questa. Così quando per il sopraggiungere di qualche pericolo esterno è necessario che tutti siano concordi e che si aiutino, allora l'organizzazione politica dello Stato è tale che nessun provvedimento necessario viene tralasciato, perché tutti insieme gareggiano a fronteggiare quanto è accaduto, né viene ritardata alcuna decisione, perché tutti singolarmente e collettivamente collaborano per compiere ciò che si sono proposti. Perciò per la loro particolare forma di governo i Romani sono insuperabili e raggiungono ogni intento. Quando poi, liberati dai pericoli esterni, vivono nella tranquillità e nel benessere che loro proviene dalle vittorie, se nell'ozio e nella tranquillità, come spesso avviene, si corrompono ed insuperbendo si volgono alla violenza, allora specialmente si può vedere come lo Stato pone esso stesso riparo a quei mali. Quando, infatti, uno degli organi del potere tenta di aumentare oltre i limiti la propria autorità, cercando di sopraffare gli altri, poiché, secondo quel che ho detto prima, nessuno di essi è autonomo ed i suoi disegni di predominio vengono ascoltati dagli altri, è chiaro che essi sono destinati a fallire. Ognuno resta quindi nei limiti prescritti o perché è impedito nei suoi tentativi o per timore della reazione degli altri.

Nel suo ammirato giudizio, lo storico Polibio, il primo 'politologo' che meditò sulla costituzione romana e la illustrò ai suoi lettori greci, è chiarissimo nell'affermare che la costituzione romana si poggiasse sui tre pilastri fondamentali delle magistrature, del senato e delle assemblee popolari, ravvisando in questi tre cardini la migliore sintesi ed il felice superamento delle tre classiche forme di governo individuate da Aristotele: la monarchia, l'aristocrazia e la democrazia. Infatti, nel definitivo assetto costituzionale romano confluivano, fondendosi opportunamente, l'elemento monarchico, costituito dai consistenti poteri dei magistrati, l'elemento aristocratico, rappresentato dall'alta direzione politica del senato, e l'elemento democratico, ravvisabile nell'esercizio diretto da parte delle assemblee popolari delle funzioni legislativa, elettiva e giurisdizionale criminale.

Peraltro, siffatta costituzione appariva agli occhi dello storico greco perfetta in quanto, completandosi e contemperandosi reciprocamente in essa i tre elementi portanti grazie ai suoi accorti ed efficienti contrappesi istituzionali, sembrava potesse scongiurare il pericolo delle tre tipiche degenerazioni delle forme di governo, e cioè la tirannide (per la monarchia), l'oligarchia (per l'aristocrazia) e la demagogia (per la democrazia). Ed è probabilmente nell'avere vissuto Polibio la tragica esperienza dello sfacelo del mondo politico greco, al quale egli apparteneva, che va ricercata la sua personale convinzione che individuava proprio nella costituzione della *res publica* la vera e fondamentale causa dell'ascesa e della grandezza di Roma.

E, invero, l'impatto di Roma sul pensiero politico greco dovette essere esplosivo, apparendo l'egemonia di Roma non tanto legata alla sua pur innegabile supremazia militare, quanto piuttosto alla superiorità intrinseca del suo sistema politico-sociale e, in particolare, alla natura 'mista' della sua costituzione. Infatti, pur considerati barbari, i Romani avevano tuttavia saputo realizzare l'ideale di una forma di governo perfettamente equilibrata nelle sue tre componenti, monarchica, aristocratica e democratica, e perciò capace di coniugare le libertà interne con l'efficienza nella politica estera e la giustizia nei confronti dei popoli vinti.

Ora, in linea di principio, se si considerano isolatamente le magistrature, il senato e le assemblee popolari, non può certo parlarsi di supremazia di uno di tali singoli organi costituzionali sugli altri, giacché, nell'ottica polibiana, nessuno di essi può stare da solo senza gli altri due. E, invero, se l'interrogazione del popolo da parte dei magistrati denota la stretta dipendenza dei comizi dall'iniziativa magistratuale, è incontestabile che quest'ultima non aveva alcuna possibilità di svilupparsi e realizzarsi senza la necessaria collaborazione del senato ed il determinate concorso del suffragio popolare. Pertanto, in tali condizioni, individuare nell'uno piuttosto che nell'altro organo la causa prima degli sviluppi della costituzione della *res publica* non darebbe un'esatta rappresentazione della tecnica costituzionale romana.

Tuttavia, questa cooperazione paritetica tra i tre organi costituzionali repubblicani era nei fatti inficiata da due elementi di non poco conto. Da un lato, la circostanza che le assemblee popolari, astrattamente sovrane in quanto titolari dei tre fondamentali poteri, legislativo, elettorale e e giurisdizionale criminale, in pratica, a causa della complessità derivante dalla partecipazione ad esse di tutto il popolo e della macchinosità del loro funzionamento, potevano essere riunite ed operare solo saltuariamente. Dall'altro, il fatto che ai magistrati, che costituivano sicuramente l'organo più attivo ed operativo in quanto fornito di poteri indipendenti, difettava la continuità del loro esercizio a causa della peculiare caratteristica della temporaneità della carica da essi rivestita, normalmente di durata annuale, e del connesso divieto di iterazione.

Da tutto ciò scaturiva allora la necessitata conseguenza che la preponderanza finiva per spettare al senato, che, nel gioco reale dei rapporti con gli altri due organi costituzionali repubblicani, di fatto ebbe la prevalenza, configurandosi come il vero organo supremo regolatore della vita politica della Repubblica.

Pertanto, nonostante l'esistenza di condizionamenti e controlli reciproci finalizzati a mantenere un equilibrio di potere fra i tre organi preposti alla direzione della cosa pubblica, il governo repubblicano, destinato a durare sostanzialmente sino alla sua crisi, fu sicuramente 'senatorio' e, fondamentalmente, 'elitario'. E ciò fu perfettamente compreso dai nuovi gruppi dirigenti patrizio-plebei, che, per un verso, realizzarono progressivamente un sempre più marcato spostamento del baricentro del potere di direzione politica verso l'assemblea dei *patres* a scapito del potere magistratuale e, per altro verso, si servirono proprio del senato per elaborare e portare avanti una linea politica duratura che, esplicandosi in una direzione essenzialmente 'conservatrice' della *res publica*, fosse sempre pronta a frenare ed arginare le tendenze 'democratiche' e le sempre possibili aspirazioni riformatrici delle assemblee popolari.

5. *Le magistrature*

Per quel che concerne il concetto di magistratura, va detto che il termine *magistratus*, che indicava insieme l'ufficio pubblico (la magistratura) ed il suo titolare (il magistrato), deriva da quello di *magister* e si configura come la sintesi finale di un processo di astrattizzazione che aveva preso le mosse dalla carica del *magister populi*, nella quale va perciò individuato, con ogni probabilità, l'archetipo della figura magistratuale repubblicana.

La categoria dei magistrati comprendeva una pluralità di figure, che esamineremo distintamente nei paragrafi successivi, connotate però da principii regolatori e caratteri fondamentali comuni e, in gran parte, volutamente antitetici a quelli della carica regia:

a) Le magistrature erano innanzitutto temporanee, cioè avevano una durata limitata nel tempo, di regola pari ad un anno, e tale carattere era assolutamente contrastante con quello vitalizio del *rex*. Conseguenza di ciò erano allora non solo il necessario rinnovo ogni anno delle cariche magistratuali e, quindi, la limitazione nel tempo dell'esercizio del potere autonomo da parte del magistrato, ma anche l'impossibilità per l'organo che lo aveva investito di tale potere di poterlo revocare prima della scadenza del termine. Pertanto, non era ammessa l'*abrogatio magistratuum*, cioè la destituzione dei magistrati ad opera dell'assemblea comiziale, sicché, laddove si fosse manifestata la necessità o la semplice opportunità politica di rimuovere il singolo magistrato dalla carica, ciò poteva avvenire unicamente per mezzo di una sua, più o meno, spontanea e volontaria abdicazione, spesso imposta politicamente dal senato e giustificata non di rado dalla presenza di vizi nella presa degli *auspicia* relativi all'elezione: sul piano strettamente formale, perciò, nessuno aveva il potere costituzionale di revocare il magistrato dalla carica.

b) Strettamente collegato al carattere della temporaneità era poi quello della responsabilità dei magistrati. In linea teorica, il magistrato romano non era in quanto tale dispensato dall'osservanza delle norme civili e penali dell'ordinamento giuridico romano, e ciò è tanto vero che egli doveva prestare un doppio giuramento: il primo, nel momento in cui entrava in carica, con cui si impegnava ad osservare, al pari di un qualunque cittadino, tali norme (*iurare in leges*), ed il secondo, nel momento in cui usciva di carica, con il quale dichiarava di avere tenuto fede a quell'impegno. Tuttavia, l'affermazione di questo astratto principio incontrava, nella pratica, il grave ostacolo costituito dalla posizione di forza in cui si trovava un magistrato rispetto ad un *civis*. Da qui una storia secolare di riforme sul tema delicato e perenne delle immunità degli uomini di governo iniziata sul versante della lotta rivoluzionaria dai tribuni della plebe, che promuovevano processi popolari nei confronti dei magistrati patrizi. Alla fine della repubblica, il sistema delle *quaestiones perpetuae* regolamentava i tempi e i modi di accusa nei confronti di un magistrato in carica a seconda della fattispecie criminosa. Mentre, al fine di far valere la responsabilità civile del magistrato, se ne attendeva l'uscita dalla carica.

c) All'unicità della carica regia si contrapponeva la pluralità delle magistrature repubblicane, carattere, questo, che si riassumeva nell'attribuzione delle funzioni prima concentrate nelle mani del *rex* ad una pluralità di titolari, cioè a diverse figure magistratuali, aventi ciascuna distinte e specifiche competenze. Diretta espressione di tale pluralità era poi la collegialità della carica magistratuale. Ogni magistratura era infatti ricoperta da più membri che erano tra di loro colleghi ed erano investiti ugualmente della titolarità dello stesso unico ed indiviso potere, con la conseguenza che ciascuno di essi aveva astrattamente il diritto di compiere qualunque atto di esercizio rientrante nella sfera di competenza della propria magistratura. Il regime della collegialità, che consentiva di dirimere gli eventuali conflitti sorgenti tra i due o più contitolari del medesimo potere, era esplicazione, in realtà, del principio, promanante dalla assai risalente concezione del potere come unità inscindibile e non esclusivo del diritto pubblico, secondo cui, allorquando vi fossero più titolari di potere, ognuno di essi era potenzialmente titolare dell'intero potere, anche se, fattualmente, era contrastato nel suo concreto esercizio da un altro o da altri, che, trovandosi nella medesima posizione, erano forniti dello stesso potere. Da tale impostazione concettuale derivava allora che ciascuno dei titolari della medesima magistratura potesse esercitare il suo potere senza chiedere preventivamente l'assenso al collega, spettando a quest'ultimo la facoltà di far valere e manifestare la sua eventuale contraria volontà esclusivamente sotto il profilo negativo dell'opposizione, cioè interponendo la propria *intercessio*, che si configurava tecnicamente come un reciproco diritto di veto. Ciò significa allora che il magistrato repubblicano non aveva il potere di imporre al collega un comportamento positivo e, quindi, di far prevalere la sua volontà su quella del collega, ma unicamente il potere di impedire che la volontà del collega avesse effetti, giacché, avendo le due volontà pari forza in quanto derivanti da un potere uguale, queste si scontravano e si paralizzavano a vicenda. Ovviamente, strutturata in tale maniera, la collegialità andava incontro al reale pericolo di una paralisi del funzionamento delle cariche magistratuali derivante dal possibile e, spesso, permanente contrasto tra i membri di un collegio magistratuale, sicché si cercò di ovviare a tale inconveniente mediante l'accordo preventivo tra i colleghi (*comparatio*), finalizzato talvolta ad agire formalmente in coppia, talora ad operare una divisione dei compiti tra di loro e talaltra a ripartirsi nel tempo ed a turno l'esercizio concreto del potere, alternandosi così nel comando per periodi determinati, le due ultime evenienze potendo avvenire anche mediante sorteggio (*sortitio*). Tuttavia, in linea astratta, tanto l'accordo quanto il sorteggio non facevano venir meno il *ius intercessionis*, che, però, nei fatti e per diversi motivi, finì per non essere più esercitato, mettendo così in crisi il regime della collegialità, al quale subentrò progressivamente un sistema di divisione di sfere di competenze, dette *provinciae*, ciascuna delle quali attribuita ad un singolo magistrato.

d) Le magistrature erano inoltre elettive. I magistrati erano infatti eletti dalle assemblee popolari: ai *comitia centuriata* competeva l'elezione dei magistrati c.d. maggiori, ai *comitia tributa* quella dei magistrati c.d. minori ed ai *concilia plebis* quella dei magistrati plebei. La votazione aveva luogo, di regola, con largo anticipo rispetto alla data di entrata in carica ed al magistrato che presiedeva l'assemblea spettava di accettarne il risultato (*renuntiatio*) e di procedere conseguentemente alla formale *creatio* del magistrato eletto. Peraltro, va ricordato che, qualora un magistrato in carica fosse venuto meno prima della scadenza della carica, al suo posto subentrava un magistrato designato, in qualità di *suffectus*, che perciò assumeva la carica in anticipo, ricoprendola però solamente sino alla fine di quell'anno magistratuale, mentre per l'anno successivo si sarebbe provveduto mediante una nuova elezione.

e) Le magistrature erano infine onorarie, e ciò nel doppio significato di cariche onorifiche ed onorarie in senso moderno. Sotto il primo aspetto, le magistrature comportavano onori dai più svariati contenuti (segni esteriori distintivi dell'*imperium* o della *potestas*, obbligo per i cittadini di levarsi in piedi al passaggio dei magistrati e cedervi il passo, esercizio delle funzioni stando seduti, riserva di posti nelle cerimonie pubbliche, nel circo ed in teatro, diritto all'accompagnamento di littori, *viatores* e *praecones*). Sotto il secondo aspetto, le magistrature erano cariche che non comportavano compensi per i loro titolari, cioè gratuite, sicché il magistrato esercitava le funzioni a sue spese, che non di rado erano particolarmente gravose ed elevate. Tale principio rimase fermo per i magistrati urbani, ma non per quelli provinciali, ai quali vennero elargiti consistenti emolumenti a titolo di indennità per le spese di equipaggiamento, di vitto e di viaggio.

Le magistrature possono essere poi classificate in diversa maniera, distinguendosi innanzitutto in ordinarie e straordinarie: per le prime era previsto l'avvicendamento ininterrotto o ad intervalli periodici; alle seconde si ricorreva in via assolutamente eccezionale laddove se ne presentasse, di volta in volta, il bisogno. Una seconda distinzione vedeva contrapposte le magistrature plebee, cioè quelle che avevano avuto origine dall'organizzazione interna della *plebs*, e le magistrature patrizie, anche se quest'ultime, come si è già avuto modo di dire, furono rese accessibili nel corso del tempo anche ai plebei e, quindi, non più riservate ai soli patrizi. Una terza distinzione, concernente i magistrati curuli e non curuli, si basava sul fatto che ai primi, considerati di rango più elevato, era dato il diritto di sedersi sulla *sella curulis* e di indossare la *toga praetexta*, cioè una particolare toga orlata con una striscia di porpora che era sostituita da un'altra, inizialmente interamente di porpora (*toga purpurea*) ed in seguito anche elegantemente ricamata ed intessuta di fili d'oro (*toga picta*), in occasione della celebrazione del trionfo e nelle più solenni cerimonie pubbliche. Infine, in esclusivo riferimento ai magistrati patrizi, i soli che potevano essere titolari del diritto agli *auspicia*, cioè della facoltà di interrogare solennemente le divinità e trarne indicazioni di comportamento, si distinguevano i *magistratus maiores*, ai quali, spettando gli *auspicia maiora* o *maxima*, competeva una *maior potestas*, ed i *magistratus minores*, ai quali, spettando gli *auspicia minora*, competeva invece una *minor potestas*. E va specificato che anche tra i *magistratus maiores* poteva instaurarsi un rapporto tra *maior* e *minor potestas*, cosicché il dittatore aveva *maior potestas* rispetto ai consoli ed ai pretori e, parimenti, i consoli avevano *maior potestas* rispetto ai pretori. Conseguenza di tale sistema era che, nel caso in cui vi fosse un rapporto tra *maior* e *minor potestas*, il magistrato fornito di *maior potestas* poteva far valere questa sua superiorità bloccando l'attività di un magistrato avente *minor potestas* e, più in generale, opporgli l'*intercessio*, senza che quest'ultimo potesse opporla a lui. E, si badi bene, si trattava, in questo caso, di un diritto di veto che non si fondava su quella *par potestas* che connotava peculiarmente il già ricordato regime della collegialità, ma che funzionava in maniera unidirezionale difettando della reciprocità tipica dell'*intercessio* tra colleghi della medesima magistratura.

Discorso a parte merita poi la più importante delle classificazioni delle magistrature repubblicane, cioè quella tra magistrature *cum imperio* e magistrature *cum potestate*, che si riconnetteva ai due diversi poteri costituzionali dell'*imperium* e della *potestas*, il primo spettante solo ad alcuni magistrati e la seconda a tutti i magistrati:

> Fest., s.v. «*Cum imperio*»: *Cum imperio est dicebatur apud antiquos, cui nominatim a populo dabatur imperium.*
>
> [Presso gli antichi si diceva che è '*cum imperio*' colui al quale nominativamente veniva dato dal popolo l'*imperium*].

> Fest., s.v. «*Cum potestate*»: *Cum potestate est dicebatur de eo, qui a populo alicui negotio praeferebatur.*
>
> [Si diceva che è '*cum potestate*' colui che veniva preposto dal popolo ad un qualche affare].

Già dalla semplice lettura di questi due passi emerge la difficoltà, comune per la verità ad altre fonti nelle quali invano si cercherebbe di rintracciare una definizione concettuale di entrambi i poteri, tanto di individuare il contenuto dell'*imperium*, di precisarne i limiti costituzionali e di specificare le facoltà ad esso inerenti, quanto di circostanziare l'estrema genericità ed indeterminatezza della *potestas*, ciò che non impedisce tuttavia di elencare alcune tra le manifestazioni più importanti dell'uno e dell'altra.

Tra le rilevanti estrinsecazioni dell'*imperium* si possono annoverare: a) il comando militare (*imperium militiae*) e le connesse prerogative (come, ad es., le disposizioni sulla leva e sul bottino di guerra) ed il comando puramente civile (*imperium domi*); b) il potere di dare ordini a tutti i cittadini e di costringerli all'obbedienza (*ius coercitionis*) facendo ricorso a misure di carattere patrimoniale, quali multe (*multae dictio*) e sequestri (*pignoris capio*), e personali, quali l'arresto, la *verberatio* e, addirittura, ma con sempre più crecenti limitazioni, la messa a morte (*ius vitae ac necis*); c) il diritto di convocare il senato (*ius agendi cum patribus*); d) il diritto di convocare i comizi centuriati (*ius agendi cum populo*) e di sottoporre al loro voto una proposta (*rogatio*) e, quindi, di richiederne una deliberazione; e) la *iurisdictio*, cioè l'esercizio di funzioni giurisdizionali (che, però, spettò in seguito anche ad alcuni magistrati titolari di sola *potestas*).

Manifestazioni della *potestas* erano invece: a) un *ius coercitionis* assai più limitato rispetto a quello connesso all'*imperium* ed esplicantesi di norma unicamente per mezzo di provvedimenti concernenti il patrimonio; b) un generale potere volto a mettere in contatto il suo titolare con il popolo e di adunarlo *in contione*, cioè non ordinato per centurie o tribù, bensì al solo scopo di fare ad esso, di volta in volta, comunicazioni verbali o dichiarazioni unilaterali o di chiamarlo ad assistere ad attività compiute *publice* dallo stesso magistrato convocante; c) il *ius edicendi*, cioè il potere di emanare ordinanze vincolanti (*edicta*) nelle materie di competenza di ciascun magistrato, di carattere sia generale che speciale.

Inoltre, vennero fissandosi dei principii, talora nella prassi e talaltra in via legislativa, allo scopo di evitare che poteri troppo grandi potessero pericolosamente concentrarsi nella mani di una stessa persona. Così, fu vietato il cumulo di due diverse cariche magistratuali, sicché chi ricopriva una magistratura non poteva ricoprirne contemporaneamente un'altra; ancora, si ritenne impossibile tornare a ricoprire la medesima magistratura prima che fosse trascorso un intervallo di tempo pari a dieci anni e si stabilì che tale divieto di iterazione della carica fosse assoluto per la censura ed il consolato, con la conseguenza che nella vita si poteva essere censore o console una volta soltanto; da ultimo, una *lex Villia* del 180 a.C. sancì in due anni l'intervallo temporale necessario anche per la copertura di diverse magistrature, fissò precisi e differenziati limiti di età per l'accesso a ciascuna magistratura e stabilì l'ordine della loro successione, norme, tutte queste, che contribuirono a definire una sorta di gerarchia fra le magistrature (*ordo magistratuum*) e, conseguentemente, le singole tappe dell'*iter* che doveva essere percorso da parte di chi intendesse intraprendere la carriera politica (*cursus honorum*).

Infine, alcuni magistrati potevano affidare a propri delegati alcune speciali funzioni e circondarsi di esperti con il compito di assisterli nelle loro attività, per lo svolgimento delle quali si servivano di collaboratori subordinati, talora scelti fiduciariamente direttamente dal magistrato (come gli *accensi*, preposti ai compiti più svariati) e, più spesso, a lui assegnati, come i *lictores* (trasmettitori ed esecutori di ordini), i *viatores* (messi), i *praecones* (banditori), gli *interpretes* (interpreti) e gli *scribae* (scrivani).

6. *Il consolato*

Premesso che il prevalere della denominazione di *consules* su quella, che pure si riscontra nelle fonti, di *iudices* e di *praetores* (dove inequivoco è il riferimento alle loro funzioni rispettivamente civili e militari) testimonia chiaramente come la tradizione considerasse il consolato la magistratura collegiale per eccellenza, va subito rilevato che i consoli, ai quali spettava in primo luogo l'eponimia (cioè l'indicazione di ciascun anno con il loro nome), erano i magistrati titolari del supremo potere civile e militare, esercitato sia dentro che fuori Roma (*imperium domi militiaeque*), e che le loro competenze erano talmente ampie ed a tal punto indefinite da potersi dirsi che tutto il potere che non era specificatamente attribuito ad altri magistrati spettasse unitariamente ad essi.

La difficoltà, rispetto alle altre magistrature, di enumerare positivamente le competenze consolari non ne impedisce però una loro elencazione, che ci viene fornita, ad esempio, da Polibio, la cui testimonianza è tuttavia emblematica della difficoltà di conciliare l'esigenza di indicare quali fossero le singole attribuzioni di appannaggio dei consoli con la consapevolezza che tali magistrati fossero «arbitri di tutti gli affari pubblici»:

> Polyb. 6.12.1-8: I consoli, quando non sono lontani a capo degli eserciti, ma stanno a Roma, sono arbitri di tutti gli affari pubblici. A loro infatti sono in sottordine ed ubbidiscono tutti gli altri magistrati, tranne i tribuni. Essi introducono le legazioni in senato, propongono le deliberazioni urgenti e curano completamente l'esecuzione dei provvedimenti. Spetta a loro, inoltre, provvedere a tutti gli atti della vita pubblica che devono essere fatti con l'intervento del popolo, convocare le assemblee, presentare le leggi, presiedere all'esecuzione della volontà della maggioranza. Durante i preparativi di guerra ed in generale nella condotta delle campagne hanno potere quasi assoluto. Infatti è nel loro diritto richiedere agli alleati quanto sembri opportuno, nominare i tribuni militari, far leva dei soldati, scegliere quelli atti ai servizi. Oltre a ciò, durante le spedizioni militari, possono punire chi vogliono dei loro subordinati, hanno facoltà di prendere dall'erario quanto denaro vogliono, mentre il questore li accompagna pronto a fare tutto quello che gli viene ordinato.

Come chiaramente si evince da tale testimonianza, i consoli avevano, in generale, il compito di dirigere la *res publica* e di salvaguardare l'ordine pubblico e la sicurezza dello Stato e, in stretta connessione con tali poteri di alta sorveglianza su tutti i *cives*, avevano il diritto-dovere di adottare ogni provvedimento ritenuto necessario per il bene della *res publica* e dei suoi cittadini.

Insieme a questa piena e quasi illimitata potestà civile e militare, che si estrinsecava anche nell'esercizio di una funzione giurisdizionale che spaziava dall'ambito criminale a quello civile (titolarità della *legis actio* e preposizione alle manomissioni *vindicta*), la competenza dei consoli poteva estendersi automaticamente pure a funzioni che erano ormai divenute specifiche di altri magistrati ove questi non fossero per qualunque motivo in grado di esercitarle.

Manifestazioni fondamentali dell'*imperium domi* erano il *ius agendi cum patribus* e *cum populo* ed il connesso potere di iniziativa legislativa, nonché la nomina (*creatio*) di tutti i magistrati ordinari attraverso l'accettazione e la proposta delle candidature all'assemblea e, quindi, dopo il voto di quest'ultima (*designatio*), la proclamazione degli eletti (*renuntiatio*), mentre, nel caso di *dictio* del dittatore, il console procedeva ad una scelta autonoma non preceduta da elezione e, però, normalmente concordata con il senato. E, in quanto responsabili del mantenimento dell'ordine pubblico, i consoli esercitavano un *coercitio* che si estrinsecava in provvedimenti di polizia, dalla connotazione tanto preventiva quanto repressiva, portati in esecuzione da appositi ausiliari, provvedendo altresì ad imporre nuovi tributi e, più in generale, a gestire le risorse finanziarie dello Stato di norma secondo le direttive politiche del senato.

Si ricollegavano invece all'*imperium militiae* il comando dell'esercito e la piena responsabilità della sua guida in guerra, la leva (*dilectus*), la nomina dei comandanti militari, l'imposizione di eventuali tributi militari e l'utilizzo del bottino di guerra.

I due soli limiti costituzionali alla sostanziale illimitatezza dei poteri consolari erano costituiti dall'*intercessio* dei tribuni della plebe e dalla *provocatio ad populum,* ai quali era però sottoposto unicamente l'*imperium domi* e non anche quello *militiae,* che perciò poteva essere esercitato esclusivamente al di fuori del *pomerium* e solo nei confronti dei militari e dei nemici.

7. *La pretura*

Magistratura maggiore al pari di quella consolare e, quindi, ugualmente eletta dai comizi centuriati, presieduti di regola da un console, la pretura venne istituita nel 367 a.C., inizialmente quale organo unicamente giusdicente e riservato esclusivamente al patriziato, come controbilanciamento della concessione fatta dai patrizi ai plebei di potere accedere alla suprema carica consolare, sicché l'originario unico *praetor,* detto in origine *minor* in quanto nato appunto come *conlega minor* dei due *praetores-consules* e, in seguito, denominato *urbanus,* fu il magistrato che più di altri partecipò dei caratteri della magistratura suprema consolare. E ciò a tal punto che, allorquando i consoli fossero per qualsiasi motivo impediti nell'esercizio delle proprie funzioni o fossero assenti da Roma, era proprio al *praetor urbanus* che spettava, seppure in via eccezionale stante la sua peculiare connotazione di magistrato dalle funzioni propriamente giurisdizionali, il potere di sostituirli nel governo civile (*imperium domi*), espletando così, quasi *in toto* e non per loro delega, bensì per propria competenza, i compiti ad essi normalmente attribuiti, anche se va detto che, in linea di massima, il *praetor* evitava di compiere atti politicamente impegnativi, che, in ogni caso, potevano essere posti nel nulla dall'*intercessio* consolare.

E, nel medesimo senso, va pure ricordato che il pretore, pur essendo sicuramente titolare del *ius agendi cum patribus* e *cum populo* e, quindi, di un autonomo potere di convocare e presiedere tanto il senato quanto le assemblee e, in particolare riferimento a queste ultime, di procedere all'elezione dei magistrati minori e di esercitare una potestà di iniziativa legislativa, raramente e, in genere, per questioni di scarso rilievo si avvaleva di tali prerogative nel caso in cui i consoli fossero presenti in città. Viceversa, in quanto titolare anche dell'*imperium militiae,* il pretore veniva incaricato con una certa frequenza dal senato del comando dell'esercito fuori da Roma, e ciò da solo od insieme ai consoli, sotto la cui direzione, ma non a titolo subordinato, esercitava tutti i poteri militari che ad esso si riconnettevano.

La pretura per lungo tempo fu dunque una magistratura non collegiale, divenendolo solamente nel 242 a.C., allorquando venne istituito un secondo pretore giusdicente, il *praetor peregrinus,* allo scopo di venire incontro alle sempre più pressanti esigenze nascenti da quell'infittirsi dei rapporti economico-commerciali con gli stranieri, che necessitavano di specifica tutela giuridica, causato dall'enorme espansione delle aree di influenza romana nel bacino del Mediterraneo.

Titolari entrambi di *ius edicendi*, i due pretori ebbero così una diversa competenza giudiziaria, in quanto il *praetor urbanus* esercitò la sua *iurisdictio*, assistito da un *consilium* di giureconsulti, sulle liti insorgenti tra i cittadini romani, mentre il *praetor peregrinus* amministrò la giustizia in ordine alle liti che insorgevano tra *peregrini* di diversa nazionalità e, ancora, tra un cittadino romano ed un *peregrinus*. Ed a tale soluzione si pervenne non solo perché il pretore urbano era molto oberato nell'esercizio della sua *iurisdictio inter cives,* ma anche, e soprattutto, perché il diritto romano, in quanto gelosa prerogativa dei *cives*, non era applicabile ai *peregrini* e, per converso, questi ultimi mal si sarebbero adattati a risolvere le loro questioni in base a principii giuridici ad essi completamente estranei. Si spiega così allora la maggiore libertà di azione di cui godette il pretore pregrino, il quale, non dovendo applicare nel proprio tribunale il *ius civile*, finì per elaborare ed applicare nelle controversie sottoposte alla sua *iurisdictio* il c.d. *ius gentium,* cioè un diritto fondato sulla *naturalis ratio* e rispondente a principii giuridici fondamentali comuni a tutti i popoli.

In realtà, la ripartizione di competenze tra i due pretori non fu rigorosa sin dall'inizio, dovendosi ritenere che una loro netta divisione originariamente non esistesse, con la conseguenza che il pretore peregrino esercitò per lungo tempo la sua *iurisdictio* anche *inter cives*, che venne meno o, comunque, assai limitata solamente dalle *leges Iuliae* di età augustea:

> D. 1.2.2.28 (Pomp. *lib. sing. Ench.*): *Post aliquot deinde annos non sufficiente eo praetore, quod multa turba etiam peregrinorum in civitatem veniret, creatus est et alius praetor, qui peregrinus appellatus est ab eo, quod plerumque inter peregrinos ius dicebat.*
>
> [Quando poi, dopo un certo numero di anni, quel pretore (urbano) si rivelò insufficiente, perché nella città si riversava una grande massa anche di stranieri, fu istituito un altro pretore, che fu chiamato *peregrinus* perché per lo più amministrava il diritto fra gli stranieri (*peregrini*)].

Il giurista Pomponio, nel renderci noto che il pretore peregrino amministrava la giustizia «per lo più» (*plerumque*) fra gli stranieri, lascia chiaramente intendere che la sua *iurisdictio* avesse ad oggetto principalmente, ma non esclusivamente, le liti *inter peregrinos* e, quindi, che vi fosse comunque una sua astratta originaria estensione anche alle liti *inter cives*. Ricostruzione, questa, confortata peraltro da tutta una serie di indizi che autorizzano a ritenere che, in origine, vi fosse effettivamente una situazione di contitolarità della *iurisdictio inter cives*: la persistente possibilità di *intercessio* da parte del *praetor peregrinus* nei confronti dell'*urbanus*; il valore vincolante per i cittadini romani delle clausole edittali emanate dal pretore peregrino; la possibilità per i *cives* di continuare ad esperire, ancora dopo le sopra ricordate *leges Iuliae*, la *legis actio* davanti al *praetor peregrinus* nei residui casi della sua applicazione; la facoltà delle parti in causa di derogare convenzionalmente alla competenza (*prorogatio fori*), ormai nettamente ripartita tra i due *praetores*; l'espediente di affidare talora ad un unico pretore la *iurisdictio* urbana e, insieme, quella peregrina.

Nonostante l'evoluzione storica dei rapporti tra la sfera di giurisdizione urbana e peregrina conducesse sempre più ognuno dei due pretori ad adempiere indipendentemente dall'altro le proprie funzioni nell'ambito dei rispettivi ambiti di competenza, il principio della collegialità non venne però mai meno, estrinsecandosi, al solito, nella concreta possibilità di opporre reciprocamente l'*intercessio*, del cui esercizio un famosissimo esempio è costituito dalla sua reiterata proposizione, nel 74 a.C., da parte del pretore peregrino L. Calpurnio Pisone nei confronti del pretore urbano Verre, il quale amministrava la giustizia in maniera scandalosa e, per di più, non rispettava le direttive da lui stesso fissate nel proprio editto, dando così adito ad un pericoloso malcontento popolare che avrebbe potuto turbare gravemente l'ordine pubblico.

Qualche anno dopo la creazione del *praetor peregrinus*, più precisamente nel 227 a.C., si provvedette ad istituire due nuovi pretori, ai quali se ne aggiunsero altri due nel 197 a.C., con il compito specifico di governare le prime province, e cioè, rispettivamente, la Sicilia e la Sardegna e la Spagna Citeriore ed Ulteriore. I pretori rimasero così nel numero di sei (quattro provinciali e due giusdicenti) fino all'epoca di Silla, nella quale, estromessi dal governo provinciale, divennero otto, dei quali due, al solito, giusdicenti e sei preposti alla presidenza delle *quaestiones pepetuae*.

8. *La censura*

Pur rimanendo fuori e, in un certo senso, al di sopra del *cursus honorum*, la censura si connotò come magistratura maggiore, curule e fornita di sola, seppur particolarmente incisiva, *potestas*, che veniva conferita ai suoi due titolari dai *comitia centuriata* non annualmente, bensì ad intervalli periodici inizialmente irregolari e poi stabilizzatisi intorno ai cinque anni, anche se, come subito si dirà, i censori potevano rimanevano in carica per un periodo di tempo comunque non superiore a diciotto mesi (e ciò, in seguito ad una *lex Aemilia* del 434 a.C.), durante i quali, e non oltre, erano tenuti ad espletare la specifica, principale ed assai delicata funzione del censimento, essenziale in un sistema di organizzazione sociale a struttura timocratica come quello romano.

Il censimento era quella periodica e generale revisione della posizione familiare, patrimoniale e politica di ciascun *civis* finalizzata al suo inquadramento nell'organizzazione politico-amministrativa statuale romana e, in particolare, in seno all'ordinamento centuriato ed a quello tributo, all'interno dei quali ogni cittadino romano era inserito in base all'accertamento del censo, cioè della propria ricchezza. Appena investiti dei loro poteri, i censori, che di norma venivano eletti tra i senatori che avevano già ricoperto il consolato, emanavano un editto, detto *formula census* o *lex censui censendo*, con il quale stabilivano la data del censimento ed annunciavano i criteri ai quali si sarebbero attenuti nel valutare i beni dei cittadini. Convenuti nel Campo Marzio, tutti i *patres familiarum* dichiaravano le proprie generalità e quelle dei membri delle loro famiglie e denunciavano i propri averi, inizialmente solo gli immobili (ed i relativi *instrumenta*, quali gli animali da tiro e da soma e gli schiavi) oggetto di *dominium ex iure Quiritium* o *mancipium* ricadenti nel territorio dell'*ager Romanus* e, in seguito, anche tutte le altre ricchezze (cioè, le *res nec mancipi*). I beni dichiarati venivano poi stimati nel loro valore e, sulla base di tale accertamento, i cittadini censiti, peraltro passibili di sanzioni nel caso in cui avessero fornito notizie false od inesatte sul proprio stato, su quello dei loro sottoposti e sui beni posseduti, venivano registrati in due ruoli: uno al fine di stabilire l'imposizione tributaria (*tributum ex censu*, deliberato con un senatoconsulto, oscillante di norma tra lo 0,1 e lo 0,3% del proprio patrimonio, finalizzato alle spese di guerra e, perciò, passibile di restituzione ove il bottino di guerra fosse stato ingente) e l'altro per la leva militare ed i comizi (*tabulae censoriae*), alle cui *tribus* e *centuriae* venivano dunque assegnati. Le operazioni del censimento si chiudevano con la solenne cerimonia religiosa del *lustrum* (al quale provvedeva però solo uno dei due magistrati), che, ponendo giuridicamente fine a tale peculiare attività dei censori, ne decretava pure la cessazione dalla carica.

Ed è proprio all'ampia discrezionalità di cui i censori godevano nell'esercizio del censimento che vanno riconnessi non solo la grande fortuna di questa magistratura e l'eminente ruolo politico e sociale dei suoi titolari, ma anche una seconda funzione, alla prima strettamente collegata, che si estrinsecava in un generale potere di controllo della condotta morale (*regimen morum*) di tutti i cittadini. In occasione del censimento, infatti, i censori passavano in rassegna ogni aspetto della vita dei *cives*, sia pubblico che privato, relativo alla sfera civile e militare, ai rapporti familiari e patrimoniali ed a quelli sociali e politici, con la conseguenza che, ove tale apprezzamento non fosse stato positivo (come, ad es., nel caso di falso giuramento, falsa testimonianza, divorzio ingiustificato, negligenza dei *sacra* familiari, abuso dei poteri magistratuali, inottemperanza ai doveri militari), il nome del soggetto il cui comportamento era stato ritenuto riprovevole (*animadversio censoria*) veniva inserito nelle *tabulae censoriae* insieme ad una sorta di nota di accompagnamento corredata da adeguata motivazione, la c.d. *nota censoria*, che comportava non solo la perdita del buon nome, ma anche, e soprattutto, conseguenze assai negative sul piano strettamente giuridico, che concernevano tanto il diritto privato (quale l'*ignominia*) quanto il diritto pubblico (quali, ad es., l'esclusione dall'assemblea dei *patres* di chi fosse già senatore o di chi ambisse a divenirlo, il declassamento di un cittadino mediante il suo trasferimento da una centuria di *equites* ad una di *pedites* oppure da una tribù rustica ad una urbana, l'aggravamento dei suoi obblighi contributivi nei confronti della cassa statale e, nei casi più gravi, perfino la privazione del *ius suffragii et honorum*).

Una terza funzione fu la *lectio senatus*, cioè la scelta dei senatori, che ai censori venne attribuita, soppiantando così la preesistente competenza consolare, da un *plebiscitum Ovinium* emanato intorno al 312 a.C.:

> Fest., s.v. «*Praeteriti senatores*»: [...] *Ovinia tribunicia intervenit, qua sanctum est, ut censores ex omni ordine optimum quemque curiatim in senatum legerent* [...].
>
> [... intervenne un plebiscito Ovinio, con il quale si stabilì che i censori procedessero alla scelta dei senatori per curie, ammettendo il migliore di ciascun ordine ...].

Per comprendere appieno il significato di tale testimonianza bisogna ricordare, per un verso, che venivano chiamati a far parte del senato coloro i quali avessero rivestito con onore una magistratura di rango elevato, sicché l'assemblea dei *patres* divenne ben presto un consesso composto da ex magistrati. E, per altro verso, che, in seguito all'ormai consolidato sistema dell'elettività delle cariche magistratuali ed all'ammissione dei plebei inizialmente al consolato e poi a tutte le rimanenti magistrature, il senato si configurò sempre più come un organismo patrizio-plebeo sul cui accesso influiva indirettamente la scelta operata dal popolo attraverso l'elezione dei magistrati. Nonostante ciò, i criteri che guidavano i censori nella *lectio* dei senatori rimasero elastici anche in presenza delle disposizioni del plebiscito Ovinio, che non limitò significativamente il notevole margine di autonomia del quale godevano i censori nello svolgimento di tale importante funzione. Se si presta attenzione alle parole di Festo, si potrà cogliere nell'inciso «*ex omni ordine*» il probabile riferimento al principio secondo cui i senatori dovessero essere scelti sia tra i patrizi che tra i plebei e nel termine «*curiatim*» una possibile allusione ad un qualche non meglio precisabile collegamento con le curie. Ma è dall'espressione «*optimum quemque*» che può ricavarsi il ruolo di custodi autorevoli e temuti giocato dalla magistratura censoria nella scelta dei senatori, giacché è indubbio che con tali termini si intese innanzitutto fissare il principio che i censori dovessero scegliere discrezionalmente le persone più degne di accedere al supremo consesso e, fra queste, in primo luogo appunto gli ex magistrati (inizialmente quelli di rango più elevato, come gli ex consoli, pretori e dittatori e, in seguito, anche gli altri, come gli ex edili, tribuni e questori). Non vi è chi non veda allora come la *lectio senatus* fosse, per i censori, fonte di elevato prestigio e di non comune responsabilità e, per i candidati senatori, motivo di adesione obbligata a quelle norme comportamentali etiche e sociali omogenee ai valori dominanti delle quali erano interpreti appunto i censori e dalla cui rispettosa osservanza si faceva dipendere, in definitiva, tanto l'accesso al senato quanto la successiva permanenza in esso. E ad ulteriore riprova di ciò può addursi la circostanza che le decisioni concernenti la *lectio senatus* (e così pure quelle relative alla comminazione della *nota censoria*) dovevano necessariamente essere adottate dai due censori di comune accordo, sicché, ove fosse venuto meno per qualunque motivo uno dei due magistrati, l'altro non poteva procedere all'ulteriore svolgimento della sua azione, dovendo così dimettersi oppure attendere l'elezione suppletiva di un nuovo collega con il quale continuare ad operare. Il che la dice lunga, inoltre, in ordine al fatto che la collegialità censoria dovette essere verosimilmente diversa da quella delle altre magistrature e, in particolare, del consolato, al cui interno, come si è già avuto modo di dire, ognuno dei colleghi poteva esercitare da solo il potere indiviso del quale entrambi erano titolari, fatta salva l'*intercessio* dell'altro.

I censori ebbero infine diverse altre competenze nel campo dell'amministrazione finanziaria, provvedendo a gestire l'*ager publicus*, a dirimere le controversie fra lo Stato ed i cittadini o tra i cittadini relative a tali beni, a predisporre il regolamento delle entrate e delle spese statali, ad appaltare i singoli cespiti delle entrate (*vectigalia*) ai privati (*publicani*) che divenivano così debitori dell'erario per le somme stabilite e ad appaltare tutte le spese (*ultro tributa*) sia di tutela, manutenzione e sfruttamento dei beni statali e sia di costruzione di nuove opere pubbliche (strade, ponti, acquedotti, ecc.), ciò avvenendo con il sistema del pubblico incanto (al rialzo per i *vectigalia* ed al ribasso per gli *ultro tributa*) e per mezzo di appositi capitolati (*locationes* o *leges censoriae*).

Per questo complesso di prestigiose funzioni che, pur non trovando il loro fondamento nell'*imperium*, la rendevano la più elevata per dignità e rango, la censura divenne allora una magistratura fortemente ambita, costituendo così il suo raggiungimento l'apice della carriera politica. E ciò complice anche la duplice e non secondaria circostanza che ai censori non era in linea di principio opponibile l'*intercessio* da parte dei tribuni della plebe e nemmeno da parte dei consoli, i quali non avevano *maior potestas* nei confronti dei censori né erano loro colleghi (ciò che, viceversa, valeva ovviamente anche per i censori nei confronti dei consoli).

9. *L'edilità*

Sorta come magistratura esclusivamente plebea, alla quale il primo riconoscimento era stato dato dall'intera comunità con una delle più sopra ricordate *leges Valeriae Horatiae* del 449 a.C., che aveva sancito la sanzione della *sacertas* per gli attentatori all'integrità personale dei *tribuni plebis*, degli ignoti *iudices decemviri* ed appunto degli *aediles plebis*, l'edilità svolse, nell'ambito dell'organizzazione della classe plebea, compiti di supporto all'attività dei tribuni, vigilando e mantenendo l'ordine pubblico sui quartieri e sui mercati plebei, custodendo gli archivi e gestendo il tesoro depositati presso il tempio di Cerere sull'Aventino.

Nella rinnovata organizzazione statale disegnata dalle più volte ricordate *leges Liciniae Sextiae*, l'edilità divenne un'unica magistratura 'mista' patrizio-plebea nella quale agli originari due edili plebei si aggiunsero altri due magistrati di estrazione patrizia, cioè gli *aediles curules*, i quali rimasero tuttavia distinti dai primi sia per provenienza (in quanto eletti dai *comitia tributa*, a differenza degli edili plebei, eletti invece dai *concilia plebis*) e sia per posizione istituzionale, rango, insegne onorifiche e poteri. Pertanto, rimanendo inalterate le loro originarie connotazioni, le due coppie di edili non giunsero mai a costituire un collegio magistratuale unificato, e ciò ad onta del fatto che, nel corso del tempo, si ammise la possibilità che anche gli edili curuli potessero essere plebei.

Da qui, la conseguenza che le funzioni dei quattro edili non furono tutte indifferenziate, cioè uguali sia per la coppia plebea che per quella patrizia, provvedendosi ad operare, in via di prassi e mediante accordo o sorteggio, una certa divisione materiale dei compiti, che ebbe luogo con grande probabilità su base territoriale, spettando a ciascun edile la *cura* di una delle quattro *regiones* in cui si articolava la città di Roma:

> Cic., *De leg.* 3.3.7: *Suntoque aediles curatores urbis annonae ludorumque sollemnium* [...].
>
> [E vi siano gli edili per la cura della città, dell'annona e dei giochi solenni ...].

Cicerone puntualizza dunque che le *curae*, cioè i compiti, degli edili fossero tre, anche se poi non ne specifica i contenuti: la *cura urbis*, la *cura annonae* e la *cura ludorum*.

La *cura urbis* consisteva in una generale sorveglianza sulla città che comportava l'esercizio di poteri di polizia sui suoi diversi e molteplici aspetti edilizi: vie, luoghi pubblici, acquedotti, edifici aperti al pubblico (quali, ad es., le osterie, i lupanari e le terme), monumenti, costruzioni, sviluppo e regolamento edilizio, servizi antincendio, nettezza urbana.

La *cura annonae* si esplicava nella sovrintendenza e nella polizia sui mercati che si estrinsecava in un generale potere di controllo sull'approvvigionamento della città, sulla regolarità dell'entrata delle merci di prima necessità (in particolare, il grano) e sulla conservazione e distribuzione delle scorte di particolari generi alimentari (quali, ad es., i cereali), sul controllo dei prezzi e sulla supervisione dei pesi e delle misure.

La *cura ludorum*, consistente inizialmente nella sorveglianza di polizia sui pubblici spettacoli, si trasformò ben presto nella peculiare funzione di allestimento dei giochi pubblici e delle più solenni feste pubbliche. E si trattò di un compito di primaria importanza politica, giacché l'organizzazione dei giochi, nella quale gli edili impegnavano non di rado ingenti fortune anche personali, divenne nel corso dell'età repubblicana uno straordinario strumento di propaganda politica e personale e di acquisto del favore degli elettori. In conseguenza di ciò, l'edilità, seppure divenuta nel corso del tempo una tappa non necessaria del *cursus honorum*, fu comunque assai ambita in quanto si riteneva che il ricoprirla comportasse, per i motivi che ora si sono esplicitati, sicuri e non indifferenti vantaggi che andavano ben al di là del fatto che ai titolari di tale magistratura fossero conferiti la dignità senatoria ed il *ius imaginum* (cioè il diritto di conservare ed esibire nelle pubbliche cerimonie le maschere funebri degli antenati).

Strettamente collegato a tali *curae* e, in particolare, a quella *annonae*, era poi un generale potere di coercizione e repressione che si estrinsecava principalmente nell'inflizione di multe finalizzata, di volta in volta, ad evitare incette di beni, a contrastare ogni illegalità o frode nel commercio ed a reprimere ogni attività illecita che turbasse il regolare approvvigionamento annonario della città. E non è senza significato il fatto che tale *multae dictio* si estendesse poi ben oltre lo specifico ambito delle tre *curae*, esplicandosi così nei confronti degli usurai, dei grandi *pecuarii* che occupavano abusivamente l'*ager publicus* allo scopo di farvi pascolare i loro armenti e, addirittura, di chi avesse commesso l'odioso *crimen* di *stuprum*.

E sempre alla *cura annonae* si riconnetteva infine una limitata funzione giurisdizionale, riservata però ai soli edili curuli e non anche a quelli plebei, che era relativa principalmente alle liti nascenti dalle operazioni commerciali svolte nei pubblici mercati e che veniva esercitata sulla base di un *edictum*, il quale fu sempre considerato come fonte del diritto al pari di quello del *praetor urbanus*. E, in effetti, pur in questo limitato settore, gli edili curuli contribuirono notevolmente all'evoluzione del diritto privato repubblicano con l'individuazione di alcuni importanti principii, veicolati appunto dal loro editto, che sono giunti fino a noi, quale, ad es., quello che si applicava nel caso in cui la merce venduta, in particolare schiavi ed animali, fosse affetta da vizi occulti, per cui si diede al compratore la possibilità di agire per ottenere la restituzione del prezzo pagato (*actio redhibitoria*) od una sua riduzione (*actio quanti minoris*).

10. *La questura*

Sicuramente la più modesta delle magistrature del *cursus honorum*, del quale costituiva il gradino più basso, rappresentando così la tappa iniziale della carriera politica dei Romani, la questura, la cui origine è forse da ricollegare ai *quaestores parricidii* dell'età regia (che si occupavano dell'istruttoria e dell'accusa dei colpevoli di crimini capitali), fu inizialmente una carica che ebbe esclusivamente compiti ausiliari rispetto a quelli svolti dai magistrati supremi, dai quali erano perciò nominati, e solo in prosieguo di tempo divenne una magistratura, *sine imperio*, dotata di proprie ed autonome competenze delle quali era investita dai *comitia tributa*:

D. 1.2.2.22 (Pomp. *lib. sing. Ench.*): *Deinde cum aerarium populi auctius esse coepisset, ut essent qui illi praeessent, constituti sunt quaestores, qui pecuniae praeessent, dicti ab eo quod inquirendae et conservandae pecuniae causa creati erant.*

[Poi, come l'erario del popolo si accrebbe, perché vi fosse chi vi provvedesse, furono istituiti questori preposti al denaro pubblico, denominati così perché erano stati creati per ricercare e custodire il denaro].

Come ben si vede, i questori furono titolari soprattutto di potestà finanziarie, in quanto sorvegliavano ed amministravano l'*aerarium populi Romani* (cioè la cassa dello Stato, alimentata, in primo luogo, dalle contribuzioni imposte ai nemici sconfitti e dal bottino di guerra e, in secondo luogo, da altri tipi di entrate e proventi, quali la tassa del 5% sul valore degli schiavi manomessi introdotta da una *lex Manlia* del 357 a.C. e, soprattutto, le imposte, delle quali si dirà in seguito, introdotte nelle *provinciae*), del quale custodivano le chiavi, il tesoro, i documenti pubblici, i *senatusconsulta* e le insegne militari, provvedevano all'erogazione dei fondi necessari alle spese decise dai consoli di concerto con il senato, vigilavano sull'adempimento degli oneri tributari risultanti dalle liste censuali, perseguivano i debitori dello Stato con l'apposita procedura della *sectio bonorum* e, infine, gestivano, con obbligo di rendiconto, il bottino di guerra.

I *quaestores*, inizialmente nel numero di due e svolgenti i compiti di cui ora si è detto, per cui furono detti *urbani* od *aerarii*, già nel 421 a.C. divennero quattro, in quanto vennero creati altri due questori al precipuo scopo di assistere i consoli nell'esercizio delle loro funzioni militari e di provvedere all'amministrazione finanziaria delle legioni, svolgendo così la funzione non solo di ausiliari stabili e di consiglieri dei magistrati supremi, che addirittura sostituivano nel comando in caso di necessità, ma anche di ufficiali pagatori, di controllori contabili e di custodi ed amministratori della cassa militare e dei magazzini dell'esercito.

A questi quattro *quaestores* se ne aggiunsero nel 267 a.C. altri quattro per sopperire alle esigenze dell'aministrazione dell'Italia conquistata e, perciò, detti ora *Italici* ora *classici*, in quanto preposti al controllo delle coste e delle regioni marittime italiche ed all'allestimento ed alla supervisione della flotta (*classis*).

Nell'81 a.C. i questori divennero venti, giacché, in seguito all'espansione transmarina ed alla crescente creazione di nuove province, si rese necessario inviare in ciascuna di esse un *quaestor* in funzione di ausiliare del governatore provinciale e, in parte, con funzioni proprie, come, ad es., l'esercizio di una limitata *iurisdictio* analoga a quella degli edili curuli e l'amministrazione dei proventi delle province, nelle quali finirono per rappresentare la più alta autorità romana dopo il governatore.

Divenuti addirittura quaranta in seguito ad un provvedimento di Cesare del 45 a.C., poi revocato da Augusto, che ripristinò il numero di venti, i questori vedevano ripartiti i propri compiti da parte del senato, che provvedeva, anno per anno e secondo i bisogni, a destinarli come questori urbani, militari e provinciali.

11. *Le magistrature minori*

Sin dall'età risalente l'accesso alla questura era normalmente preceduto dall'esercizio di alcune funzioni ausiliarie magistratuali che, nel corso del tempo, divennero esse stesse cariche magistratuali, i cui titolari, giunti ad un numero complessivo finale di ventisei componenti distribuiti in sei distinti collegi, vengono comunemente e collettivamente indicati con la denominazione di *vigintisexviri*.

Uno dei più antichi ed importanti fra questi collegi fu certamente quello, istituito intorno al 290 a.C., dei *tresviri* (o *triumviri*) *capitales* (o *nocturni*), in origine operante alle dipendenze dei pretori ed in seguito (probabilmente ad opera di una *lex Papiria* emanata dopo il 242 a.C.) eletto dai comizi tributi, che curava la sorveglianza delle prigioni e l'esecuzione delle pene capitali ed aveva inoltre compiti di polizia notturna a Roma, con particolare riguardo alla vigilanza per il pericolo di incendi. Creati con il preciso scopo di combattere il preoccupante dilagare della delinquenza comune, alimentata dalla continua crescita del proletariato urbano, dal sempre più intenso afflusso di schiavi, dalle continue ed acute tensioni sociali e dalle oggettive condizioni di insicurezza in cui versavano i cittadini a causa della particolare conformazione urbanistica di Roma, i *tresviri capitales* perseguivano, di propria iniziativa o su denunzia (*nominis delatio*) di un privato accusatore, i responsabili di ogni tipo di violenza, i fabbricanti od i detentori di sostanze venefiche, i possessori di armi letali utilizzate per commettere omicidi, i ladri colti in flagranza di reato e gli incendiari, svolgendo altresì il peculiare compito, del tutto estraneo all'ambito criminale, di esigere dalle parti soccombenti le multe processuali (*sacramenta*) promesse all'erario nei giudizi civili che si svolgevano nelle forme della *legis actio per sacramentum*.

I *decemviri litibus* (o *stlitibus*) *iudicandis*, che costituivano un collegio dalle origini oscure e, comunque, quasi certamente non identificabile con quello plebeo dei *iudices decemviri*, erano invece competenti a giudicare sui processi di libertà (*causae liberales*), venendo preposti a tale funzione a partire dalla metà del IV secolo a.C. e, in qualità di magistrati stabili ed eletti dai comizi tributi, tra il 242 ed il 227 a.C.

I *quattuorviri praefecti* (*iure dicundo*) *Capuam Cumas*, attestati per la prima volta nel 318 a.C., erano in origine delegati dal pretore urbano ad amministrare la giustizia in alcune città campane (Capua, Cuma, Casilino, Volturno, Literno, Pozzuoli, Acerra, Sessa, Atella e Caiazzo), organizzate come *praefecturae*, nelle quali per motivi politici si era ritenuto necessario creare organi giusdicenti operanti sotto il diretto controllo di Roma che, solo in seguito, più precisamente alla fine del III secolo a.C., si trasformarono anch'essi in magistrati minori eletti dai *comitia tributa*, per essere poi aboliti da Augusto.

Di origine certamente meno antica furono infine altri tre collegi: i *tresviri monetales* (o *aere argento auro flando feriundo*), che vennero preposti, inizialmente in maniera saltuaria e nell'ultima età repubblicana annualmente, alla coniazione delle monete bronzee e d'argento (a partire dal 268 a.C.) e di quelle d'oro (in età sillana); i *quattuorviri viis in urbe purgandis*, che, in qualità di ausiliari degli edili, svolsero compiti tecnici ed amministrativi relativi alle strade di Roma; i *duoviri viis extra purgandis*, che dei *quattuorviri* ebbero la medesima competenza in ambito però extraurbano, venendo in seguito soppressi da Augusto.

12. *La dittatura*

Chiamato a fronteggiare le situazioni di emergenza, il dittatore fu un magistrato straordinario, fornito di *summum imperium* e *summa potestas*, nominato da uno soltanto dei due consoli, su proposta del senato o d'accordo con questo, nei momenti di grave pericolo esterno od interno per le sorti della *res publica*:

> D. 1.2.2.18 (Pomp. *lib. sing. Ench.*): *Populo deinde aucto cum crebra orerentur bella et quaedam acriora a finitimis inferrentur, interdum re exigente placuit maioris potestatis magistratum constitui: itaque dictatores proditi sunt, a quibus nec provocandi ius fuit et quibus etiam capitis animadversio data est. Hunc magistratum, quoniam summam potestatem habebat, non erat fas ultra sextum mensem retineri.*
>
> [Aumentata in seguito la popolazione, poiché nascevano frequentemente delle guerre ed altre più gravi venivano arrecate dai popoli confinanti, talvolta, richiedendolo la situazione, si decise di istituire un magistrato dotato di poteri più larghi: così furono introdotti i dittatori contro i quali non era ammesso il *ius provocationis* ed ai quali fu concesso anche di irrogare pene capitali. Questa magistratura, poiché disponeva di sommi poteri, non poteva essere esercitata per più di sei mesi].

Come ben si vede, la straordinarietà delle circostanze che davano luogo alla sua nomina imponeva, giustificandola, l'eccezionale ampiezza dei poteri del *dictator*, che si fondavano su un *imperium* in ogni caso superiore a quello di tutti gli altri magistrati maggiori e, in primo luogo, dei consoli, le cui potestà e funzioni, pur non cessando, erano così subordinate a quelle del dittatore. E ciò, a tal punto che questo *imperium* dovette apparire come un *novum genus imperii*, cioè una nuova forma di potere avente una fisionomia ed un portata non dissimili dal tanto aborrito *imperium regium*.

In realtà, la dittatura, proprio in quanto magistratura straordinaria dai poteri pressoché illimitati, contrastava non poco con i principii che si erano ormai affermati come comuni e fondamentali delle cariche magistratuali repubblicane.

Così, essendo il dittatore una carica monocratica, veniva meno innanzitutto il principio della pluralità e della connessa collegialità, ciò che faceva guardare con sospetto a tale magistratura, nelle cui mani finiva per concentrarsi un potere effettivamente troppo grande e solo in parte mitigato dalla volutamente breve durata semestrale della carica. Né può dirsi che la particolare intensità dell'*imperium* del dittatore, che comportava il venir meno della collegialità pari tipica della magistratura suprema consolare, fosse limitata dalla necessaria presenza, accanto al *dictator*, del *magister equitum*, cioè di quel magistrato alla cui nomina il dittatore doveva provvedere subito dopo la propria investitura ed al quale egli affidava, come suo luogotenente, il comando della cavalleria. Infatti, il *magister equitum*, la cui carica durava anch'essa al massimo sei mesi e cessava allorquando il dittatore avesse lasciato per qualunque motivo la propria, era, oltre che un ufficiale, certamente un magistrato di rango elevato (pari a quello del *praetor*) e dotato di un autonomo *imperium*, comportante addirittura la possibilità che il dittatore affidasse al suo titolare il comando di tutto l'esercito. Tuttavia, è incontestabile che il *magister equitum* non fosse affatto un collega, nemmeno *minor*, del *dictator*, ma un magistrato a lui subordinato e, sostanzialmente, impossibilitato ad influenzarne la condotta od a limitarne i poteri, come è testimoniato non solo dal fatto che il dittatore procedeva alla sua scelta in maniera assolutamente discrezionale, ma anche, e in maniera ancor più significativa, dalla circostanza che il dittatore poteva in ogni momento ed insindacabilmente costringere il *magister equitum* ad abdicare, sostituendolo con altra persona di maggior fiducia. E, del resto, che la posizione del dittatore fosse di assoluta preminenza, anche in quanto unico magistrato sine *conlega*, si evince pure dalle manifestazioni esteriori del suo *summum imperium*, giacché egli aveva diritto all'accompagnamento di un numero di littori doppio (ventiquattro) rispetto a quelli (dodici) spettanti al console e, per di più, diritto ad operare in città con le insegne militari, prova inconfutabile, questa, dello svanire, in capo al dittatore, della fondamentale distinzione tra *imperium domi* ed *imperium militiae*, che, proprio a causa della situazione emergenziale stante alla base del ricorso alla dittatura, finiva per essere assorbente rispetto al primo, configurando così tale magistratura come una carica dai connotati accentuatamente ed essenzialmente militari.

Una seconda deviazione dai principii che accomunavano le magistrature repubblicane era poi costituita dalla non elettività della carica, giacché, come si è ricordato all'inizio del paragrafo, il dittatore veniva nominato da un console, ciò avvenendo mediante il risalente e solenne atto rituale della *dictio*, alla quale peraltro si faceva ricondurre l'etimologia stessa di *dictator*. E la circostanza che si divenisse dittatore non per *creatio*, ma per *dictio* del console, si spiega perché quest'ultimo aveva un *imperium* inferiore a quello del dittatore, sicché doveva limitarsi a *dicere*, cioè ad indicare, la persona che avrebbe dovuto assumere la carica di dittatore, che, a causa della sua straordinarietà, non poteva essere trasmessa, come il potere consolare, dal predecessore al successore. Da qui, la conseguenza che il futuro dittatore, non essendovi appunto alcuno qualificato a provvedere alla sua investitura, assumeva da sé stesso la magistratura che andava a ricoprire.

Al contrario delle altre magistrature repubblicane, per la dittatura il limite temporale della carica era più ristretto, dal momento che egli non poteva ricoprirla per più di sei mesi, che era evidentemente ritenuto il tempo necessario e sufficiente per il conseguimento dello scopo per il quale si era proceduto alla *dictio* del dittatore. Ed anzi era prassi consolidata che, ove fossero venute meno prima le circostanze che avevano provocato il ricorso alla dittatura o, più in generale, il suo titolare avesse esaurito i compiti per i quali era stato creato, il dittatore era tenuto ad abdicare, cessando in ogni caso dalla carica allo scadere dell'anno di carica del console che lo aveva nominato.

Così, la brevità del termine assegnato alla durata della carica finiva per essere, nei fatti, l'unico limite che incontrava il suo *imperium*, che non subiva alcun controllo politico da parte del senato, il quale, nei confronti del dittatore, finiva per abdicare alla sua primaria funzione di direzione della *res publica* esercitata normalmente mediante la supervisione dell'attività di tutti gli altri magistrati. Il che non deve stupire più di tanto, ove si tenga presente che era proprio la solidarietà e l'omogeneità di indirizzi esistenti tra i gruppi politici al governo, appunto i *patres*, ed il dittatore a giustificare il ricorso a tale magistratura straordinaria, la sola ritenuta perciò idonea a salvaguardare la vita della *res publica* e, insieme, gli interessi dei ceti al potere. Ciò che, però, finiva per far assumere al senato e, insieme ad esso, ai consoli la responsabilità politica della nomina del dittatore, della quale sarebbero stati chiamati a rispondere davanti all'opinione pubblica nel caso in cui l'operato del *dictator* si fosse risolto in un insuccesso.

Inoltre, sul piano strettamente giuridico, l'*imperium* del dittatore non subiva il limite della *provocatio ad populum*, sicché il suo potere di *coercitio* sui *cives* era talmente sconfinato da riassumersi in un vero e proprio *ius vitae ac necis*, e, limitatamente all'*imperium domi*, nemmeno l'*intercessio* da parte dei tribuni della plebe. E, nella medesima ottica, va ricordato che, a differenza degli altri magistrati, il dittatore uscito di carica non rispondeva degli atti compiuti e non era nemmeno tenuto a rendere conto delle somme assegnategli per lo svolgimento delle imprese militari, ancora poteva proclamare il *tumultus* e procedere alla chiamata alle armi dei *cives* senza rispettare le formalità necessarie per l'indizione della leva e, infine, poteva proclamare il *iustitium* ed ordinare così autonomamente, senza cioè l'ordinaria autorizzazione senatoria della quale abbisognavano i consoli, la sospensione dell'amministrazione della giustizia civile.

Probabilmente proprio a causa della smisuratezza dei poteri del dittatore, la magistratura straordinaria da lui rivestita dovette però apparire sempre meno conforme alla nuova realtà politico-costituzionale repubblicana fondantesi sul già ricordato delicato equilibrio di poteri tra senato, magistrature ed assemblee popolari, sicché il ricorso alla dittatura ebbe luogo solamente nei casi veramente eccezionali, cioè quelli nei quali il dittatore appariva come il rimedio estremo (*ultimum auxilium*), e sempre più di rado nel corso del III secolo a.C., durante il quale si giunse anche ad ammettere che la sua *coercitio* subisse la *provocatio ad populum*.

Parallelamente a ciò, si andò invece affermando la prassi di nominare un dittatore per lo svolgimento di un singolo compito, talora di natura prevalentemente religiosa (ad es., *clavi figendi* o *feriarum constituendarum* o *ludorum faciendorum causa*) e talvolta di portata politica (*senatui legendo* e *comitiorum habendorum causa*), ciò che, però, non faceva di tale dittatore un magistrato affatto diverso dal *dictator rei gerundae causae*. E, invero, in favore di tale conclusione milita il rilievo che, nonostante per il dittatore nominato per un compito singolo non avesse alcun senso, questi era comunque tenuto, al pari del dittatore normale, a procedere alla nomina di un *magister equitum*.

L'ultima volta che si fece ricorso al *dictatura rei gerundi causa*, ma con limitazioni e deroghe ai caratteri ed al regime di questa magistratura tali da stravolgerne completamente la fisionomia, fu nel corso della seconda guerra punica e, più precisamente, all'indomani della disastrosa sconfitta di Canne, nel 216 a.C., mentre l'ultimo dittatore avente compiti limitati fu nominato, nella fattispecie al fine di tenere i comizi elettorali, nel 202 a.C. Per tutto il II secolo a.C. non si ebbero più dittature e fu solamente Silla, nel 82 a.C., a far rivivere la carica di dittatore, che venne poi rivestita per ben quattro volte da Cesare. Si trattò, però, di una carica costituzionalmente del tutto nuova, che di quella precedente aveva solo il nome, ma non anche le connotazioni ed i principii regolatori, ed alla quale si riconnetteva unicamente per il fatto che, pur deformata nei contorni, ne manteneva tuttavia inalterate tutte le antiche e straordinarie potenzialità repressive, il cui storico perpetuarsi indusse Antonio, in cerca di popolarità, a far sancire per legge, nel 44 a.C., la sua formale e definitiva abolizione.

13. *Il tribunato della plebe*

Divenuta una magistratura dello stato patrizio-plebeo a scapito della sua originaria connotazione di organo rivoluzionario di classe, il tribunato della plebe, i cui componenti erano eletti dai *concilia plebis*, continuò tuttavia ad avere un ruolo importante non solo come *auxilium plebis*, ma anche come garante e difensore dei nuovi ceti subalterni e delle masse popolari, esercitando un controllo politico, ispirato ora da intenti rinnovatori e non più eversivi e finalizzato perciò ad una corresponsabilità della gestione politica della *res publica*, sull'attività di direzione di quest'ultima da parte del senato e dei più alti magistrati curuli, che, per lungo tempo ancora di estrazione patrizia, erano per lo più portatori degli interessi dei ceti dominanti e delle nuove aristocrazie politiche.

In questo quadro, strumento fondamentale dell'azione dei tribuni fu certamente l'*intercessio*, che, sorta ed affermatasi come potere sicuramente non costituzionale in seguito al riconoscimento della *sacrosanctitas* tribunizia (operato, come si è già avuto modo di ricordare, con una delle tre *leges Vaeriae Horatiae* del 449 a.C.) e ricollegantesi in origine all'*auxilii latio adversus consules*, divenne in età repubblicana un vero e proprio *ius* esplicantesi come una facoltà magistratuale pienamente riconosciuta che consentiva ai tribuni di porre il veto nei confronti degli atti di imperio di qualsiasi magistrato, paralizzandone così l'azione e rendendo conseguentemente impossibile l'esecuzione delle decisioni prese dai tradizionali organi di governo della *res publica* ritenute dai tribuni pregiudizievoli per gli interessi da questi ultimi tutelati. Questa *intercessio* non si fondava però, come quella degli altri magistrati, sulla collegialità o sulla *maior potestas*, ma competeva ai tribuni in quanto tali, cioè nella loro qualità di componenti di una magistratura d'opposizione ormai costituzionalmente riconosciuta ed istituzionalizzata, sicché poteva essere esercitata nei confronti di tutti anche da parte di ogni tribuno individualmente, che a tale *prohibere* poteva perciò provvedere senza il necessario accordo dei colleghi in base al principio secondo cui *ex tribunis potentior est qui intercedit*. E, invero, tale regola era giustificata dalla circostanza che spesso i tribuni erano costretti ad intervenire in soccorso dei plebei in situazioni emergenziali che non tolleravano formali e complesse decisioni collegiali, ciò che determinò l'utilizzo del suddetto principio anche per rendere sostanzialmente inattivo il potere, spettante ad ogni tribuno in virtù della collegialità interna alla carica, di bloccare l'operato dei suoi colleghi tribuni mediante l'esercizio del *ius intercessionis*. Anche se va debitamente sottolineato che l'*intercessio* tribunizia si esplicava pienamente contro l'*imperium domi*, mentre di fatto non operava, a causa della connotazione del tribunato della plebe come magistratura essenzialmente cittadina, avverso l'*imperium militiae*, ed ancora che, per principio risalente, essa, come si è già avuto modo di dire, non poteva essere opposta al *dictator* ed ai *censores*.

Esercitata per autonoma decisione dei singoli tribuni e, più spesso, in favore di qualunque cittadino che ne facesse richiesta (*appellatio*), l'*intercessio*, fungendo sempre più da freno all'abuso od all'eccesso di potere da parte dei magistrati nell'esercizio delle loro funzioni e, in particolare, di quelle, assai delicate, concernenti l'inizio, lo svolgimento e la conclusione dell'*iter* decisionale dei comizi e del senato, finì allora per costituire non solo un formidabile strumento di tutela dei cittadini in generale, ma anche un prezioso elemento di equilibrio e di salvaguardia della legalità e della correttezza costituzionale.

Finalizzata alla tutela della propria *sacrosanctitas* e strettamente connessa al *ius intercessionis* era poi una seconda importante funzione tribunizia, cioè la *summa coercendi potestas*, in virtù della quale i tribuni comminavano multe, ordinavano il sequestro di beni, l'arresto (*prensio*) di qualsiasi cittadino e la sua detenzione *in vinculis* ed infliggevano condanne capitali senza appello:

Liv., *Per.* 48: [...] *L. Licinius Lucullus A. Postumius Albinus consules cum dilectum severe agerent nec quemquam gratia dimitterent, ab tribuni plebis, qui pro amicis suis vacationem impetrare non poterant, in carcerem coniecti sunt* [...].

[... I consoli L. Licinio Lucullo ed A. Postumio Albino, che procedevano alle operazioni di leva con grande rigore e non esentavano alcuno per favoritismo, furono gettati in carcere dai tribuni della plebe, i quali non erano riusciti ad ottenere l'esonero a favore di loro amici ...].

Come ben si vede, pur essendo i tribuni dei magistrati *sine imperio*, la loro *coercitio* fu assai più forte di quella degli altri magistrati *cum potestate* e, come si evince dall'episodio narratoci da Livio, si prestò talora ad abusi da parte di tali magistrati, che, in virtù di questa suprema potestà, erano in grado di costringere chiunque a rispettare le loro decisioni, rimuovendo, se del caso con la forza, ogni impedimento frapposto al loro agire.

La grande ampiezza di questa *coercitio* comportò allora che, a partire dagli inizi del III secolo a.C. e fino all'età graccana, il senato trovasse politicamente conveniente operare in sostanziale accordo con i tribuni, talvolta incoraggiandone o persino sollecitandone i supremi poteri coercitivi nei confronti di magistrati dai *patres* ritenuti ostili o, comunque, inaffidabili e, talora, al contrario, chiedendo ad alcuni di loro di esercitare l'*intercessio* avverso le decisioni dei colleghi reputate pericolose per l'aristocrazia senatoria o, in ogni caso, ad essa non gradite. Pur cercando in tutti modi di servirsi dei tribuni per esercitare il suo controllo politico sugli altri magistrati e, di riflesso, sulle assemblee popolari, l'assemblea dei *patres* si rese però conto che fosse comunque necessario circoscrivere la portata della loro smisurata *coercitio*, sicché favorì il dispiegarsi di tutta una serie di provvedimenti legislativi che, in effetti, ne limitarono non poco l'incidenza e ne produssero una sostanziale e progressiva trasformazione in strumento processuale di repressione criminale, assumendo così i tribuni sempre più spesso l'iniziativa di trascinare davanti alle corti criminali ordinarie ex magistrati e cittadini accusati di reati a sfondo politico.

Infine, i tribuni avevano il *ius agendi cum plebe*, in forza del quale potevano riunire i *concilia plebis* e presentare proposte alla loro approvazione, ed il *ius agendi cum patribus*, cioè il diritto, certamente inconcepibile in origine ed introdotto in via di prassi nel quadro dell'or ora rimarcata attività concertata di tribuni e senato, di partecipare alle sedute senatorie e, addirittura, di convocarle e presiederle ancor prima che una *lex Atinia de tribunis plebis in senatum legendis*, emanata in una data non meglio precisabile del II secolo a.C. (149 o 102 a.C.), consentisse agli ex tribuni di entrare a far parte del senato.

14. *Le promagistrature*

La necessità di condurre efficacemente campagne militari che non si esaurissero entro il limite annuale della durata della carica magistratuale determinò l'instaurarsi della prassi di prorogare l'*imperium* dei magistrati impegnati in tali operazioni belliche per il tempo necessario alla loro conclusione, sicché, come è attestato da Livio per la prima volta nel 327 a.C., il *consul* uscito di carica manteneva per l'anno successivo la pienezza dei suoi poteri militari nella qualità di *proconsul*:

> Liv. 8.23.10-12: [...] *Iam Publilius inter Palaepolim Neapolimque loco opportune capto diremerat hostibus societatem auxilii mutui qua, ut quisque locus premeretur, inter se usi fuerant. Itaque cum et comitiorum dies instaret et Publilium imminentem hostium muris avocari ab spe capiendae in dies urbis haud e re publica esset, actum cum tribunis est ad populum ferrent ut, cum Q. Publilius Philo consulatu abisset, pro consule rem gereret quoad debellatum cum Graecis esset.*
>
> [... Già Publilio, occupata una posizione adatta fra Palepoli e Napoli, aveva tagliato ai nemici quel collegamento che aveva loro consentito di aiutarsi a vicenda quando l'una o l'altra località era stata attaccata. Perciò avvicinandosi il giorno dei comizi elettorali, e non essendo utile per la *res publica* richiamare Publilio che stava minacciando da vicino le mura nemiche e togliersi così la speranza di conquistare da un momento all'altro la città, si trattò con i tribuni della plebe perché presentassero al popolo la proposta che quando Q. Publilio Filone fosse uscito di carica come console conservasse il comando delle operazioni come proconsole sino a quando si fosse combattuto contro i Greci].

La promagistratura, originariamente dunque il solo proconsolato, non era perciò, a dispetto del fatto che l'*imperium militiae* venisse prolungato al suo titolare con deliberazione comiziale (nella fattispecie liviana, i *concilia plebis*), una carica propriamente magistratuale, concretizzandosi invece nell'attribuzione ad un magistrato uscito di carica dell'*imperium* come se fosse ancora tale, mentre, in realtà, non lo era più e, quindi, avrebbe potuto esercitarlo in luogo di magistrato, cioè *pro magistratu*. Ed era appunto per questo motivo che il procedimento con il quale veniva attribuito tale *imperium* non era una normale *rogatio* con cui si proponeva al popolo di eleggere un magistrato, bensì un procedimento sostitutivo (*pro rogatio*), avviato da un senatoconsulto e seguito dall'approvazione popolare, con il quale ci si limitava solamente a concedere l'*imperium* a chi, non rivestendo più la carica di magistrato, poteva vederselo prolungato unicamente nella forma, appunto, della *prorogatio imperii*.

Il ricorso alla *prorogatio imperii* divenne massiccio durante la seconda guerra punica, divenendo così normale che ad un console o pretore uscito di carica venisse concessa la possibilità di portare a termine le proprie imprese belliche in qualità di proconsole o propretore. E, per questa via, si giunse anche a conferire l'*imperium proconsulare*, per la prima volta probabilmente nel 210 a.C. in favore di Scipione l'Africano, addirittura a chi non avesse ricoperto il consolato od altra magistratura *cum imperio*, sicché finirono per diventare promagistrati, con l'unico temperamento rappresentato dal ricorso ai *comitia centuriata* (ai quali si affiancarono, però, i *concilia plebis* già nel 199 a.C.), anche coloro ai quali l'*imperium* veniva attribuito, in realtà, per la prima volta.

Dal II secolo a.C. l'espediente delle promagistrature venne poi stabilmente utilizzato per fare fronte all'aumento del numero delle province, sicché, mentre il governo delle prime quattro (Sicilia, Sardegna, Spagna Ulteriore e Citeriore) era stato affidato a pretori, quello delle altre create successivamente fu invece attribuito a promagistrati. Ed il necessitato ricorso alla *prorogatio imperii* per il governo delle province – che risolveva in maniera soddisfacente sul piano organizzativo il grave problema della loro amministrazione e, però, costituiva, al tempo stesso, una ancor più grave rottura del principio secondo cui l'*imperium* era sempre strettamente connesso con la titolarità della magistratura – fu sponsorizzato e favorito dal preciso intento dei gruppi dominanti in senato di controllarne direttamente la gestione politica, spettando infatti ai *patres* destinare questo o quel promagistrato ad una o ad un'altra provincia. Con la conseguenza che anche nell'ambito delle promagistrature dovette registrarsi un progressivo aumento dei poteri del senato a scapito di quelli dei comizi centuriati e dei *concilia plebis*, il cui intervento in sede di approvazione delle decisioni senatorie fu ritenuto dall'assemblea dei *patres* fino a tardi, se non proprio giuridicamente necessario, certamente politicamente opportuno, anche se di fatto eluso dall'escamotage di non mandare nelle province i successori dei promagistrati graditi alla maggioranza del senato, che si assicurava così la loro permanenza per lunghi periodi.

15. *I sacerdozi*

I collegi sacerdotali, che erano stati preziosi collaboratori del *rex* nell'esercizio delle sue funzioni religiose, nell'età repubblicana divennero autonomi custodi dei culti e furono preposti alla celebrazione delle feste pubbliche, svolgendo perciò dei compiti che si appalesano di primaria importanza alla luce del fatto che nella religione romana l'aspetto cultuale era stato da sempre connotato da una valenza pubblica certamente superiore a quella privata, che, in definitiva, era finalizzata alla ricerca del sostegno degli dèi per il proficuo svolgimento tanto delle attività pubbliche cittadine quanto di quelle dei singoli *cives*, ai quali, nell'ottica della scrupolosa osservanza dei riti, spettava dunque di provvedere al loro regolare svolgimento.

In tale quadro, un rilevante ruolo organizzativo continuò ad essere svolto dal collegio dei pontefici e da quello degli àuguri, ai quali, in seguito ad un *plebiscitum Domitium* del 103 a.C., si poteva accedere attraverso una procedura mista prevedente un iniziale voto di una parte dei *comitia tributa* su una lista di candidati graditi predisposta dal collegio, al quale seguiva la formale *cooptatio* degli eletti nella carica sacerdotale, che era vitalizia e, di regola, cumulabile con gli altri sacerdozi e perfino con le magistrature.

Nel 300 a.C., i tribuni della plebe Quinto e Gneo Ogulnio proposero di ampliare la composizione di entrambi i collegi e di riconoscere ai plebei il diritto di farne parte. Nonostante la fiera opposizione dei patrizi, che si rendevano perfettamente conto della dirompenza di tale proposta, la quale avrebbe provocato un'insanabile rottura del secolare monopolio patrizio delle più delicate ed importanti funzioni religiose e, insieme, l'apertura di nuovi spazi all'ingerenza plebea in un ambito da sempre gravido di implicazioni solo formalmente religiose ma sostanzialmente politiche, il *plebiscitum Ogulnium* finì per essere ugualmente approvato. Così, il numero dei componenti il collegio dei pontefici e quello degli àuguri fu raddoppiato, giacché ai quattro patrizi vennero aggiunti quattro plebei, giungendosi – più tardi per il collegio pontificale e ad opera dello stesso plebiscito per il collegio augurale – ad un numero finale di nove membri. Anche se va detto che, in entrambi i collegi, l'influenza dei patrizi, seppure certamente ridimensionata dal plebiscito Ogulnio, rimase comunque notevole e, soprattutto, sproporzionata rispetto alla loro vieppiù modesta presenza numerica nella popolazione romana.

In realtà, il collegio dei pontefici, avendo perduto il monopolio dell'*interpretatio iuris* a causa del progressivo affermarsi della giurisprudenza laica, finì per concentrare la sua attività unicamente sulla materia religiosa, nell'ambito della quale continuò a svolgere un ruolo certamente ancora importante in qualità di coadiutore delle attività senatorie e magistratuali, coordinando altresì quelle di altre cariche sacerdotali da esso dipendenti, quali il *rex sacrorum*, il collegio dei Salii, i Flamini di Giove, Marte e Quirino e le Vestali, che, pur avendo perduto quasi del tutto l'originario rilievo politico, rimasero comunque di esclusivo appannaggio patrizio.

Il collegio degli àuguri mantenne le sue prerogative nell'ambito della delicatissima materia degli *auguria* e degli *auspicia*, sicché, grazie proprio al loro ruolo di interpreti ufficiali dei segni divini necessariamente propedeutici al legittimo compimento degli atti dei magistrati e, soprattutto, del popolo, del quale potevano vietare od autorizzare l'assemblea e confermare od annullare le votazioni, conservarono il potere di incidere, in maniera indiretta e però estremamente efficace, sulle attività di tutti gli organi costituzionali repubblicani.

16. *I* comitia centuriata

Sicuramente la più importante delle assemblee popolari romane, i *comitia centuriata*, sorti dalla trasformazione in forme politiche dell'*exercitus centuriatus* certamente non prima della seconda metà del V secolo a.C., erano organizzati per *centuriae*, cioè raggruppamenti di persone costituite come unità votanti.

Queste *centuriae* erano complessivamente 193, di cui 18 formate da *equites* (corrispondenti originariamente alla cavalleria e tra le quali 6, dette *sex suffragia* e probabilmente quelle più risalenti e per lungo tempo riservate ai patrizi, avevano una posizione a parte in quanto aventi il diritto di votare per prime), 170 da *pedites* (corrispondenti in origine alla fanteria e suddivise in cinque classi di diversa consistenza: 80 nella prima, 20 in ciascuna delle tre successive e 30 nella quinta) e 5 di inermi (corrispondenti ai corpi non armati un tempo al seguito dell'esercito, quali il genio e la fanfara). Le *centuriae* dei *pedites* erano poi suddivise, all'interno di ciascuna classe ed in maniera paritaria, in *centuriae* di *iuniores* (cioè coloro i quali avevano un'età ricompresa tra i 17 ed i 45 anni ed al cui interno erano prelevati i combattenti) e *centuriae* di *seniores* (cioè coloro i quali avevano un'età ricompresa tra i 46 ed i 60 anni e costituivano l'insieme dei riservisti). Delle cinque *centuriae* degli inermi, due erano costituite dai *fabri aerarii* e *tignarii* (cioè coloro i quali fornivano la manodopera preposta alle armi ed agli accampamenti) ed aggregate alla prima classe, due dai *tubicines* (suonatori di tuba) e dai *cornicines* (suonatori di corno) ed aggregate all'ultima classe, ed una dai *capite censi* o *proletarii* (cioè coloro i quali erano privi di beni patrimoniali e, perciò, censiti unicamente come *capita*).

Il criterio fondamentale che stava alla base della distribuzione di tutti i cittadini all'interno delle *centuriae* era quello del censo, cioè della consistenza patrimoniale accertata dai censori nell'ultimo censimento. Così, tra gli *equites* venivano censiti i senatori ed i più alti rappresentanti della *nobilitas* patrizio-plebea aventi naturalmente un censo assai elevato, il cui ammontare non è specificato dalle fonti e che tuttavia può ritenersi sicuramente superiore (probabilmente di almeno quattro volte) a quello richiesto per la prima classe dei *pedites*. Nelle *centuriae* dei *pedites* i cittadini venivano iscritti sulla base di una scala di ricchezza connotata da scarti, tra le varie classi, non particolarmente accentuati (probabilmente 100.000 assi per la prima ed 11.000 per la quinta e sicuramente 75.000, 50.000 e 25.000 rispettivamente per la seconda, la terza e la quarta).

La descritta composizione dei comizi centuriati finiva allora per configurare tale assemblea popolare come spiccatamente timocratica e gerontocratica.

Infatti, per ciò che concerne il primo aspetto, va rilevato che i cittadini più abbienti (in particolare, gli *equites* e gli appartenenti alla prima classe dei *pedites*), pur essendo in numero limitato, erano distribuiti in un numero sproporzionatamente più grande di *centuriae* rispetto a quelle riservate ai *cives* aventi un censo man mano decrescente e, dal momento che la *centuria* funzionava come unità votante, disponevano conseguentemente di un numero di voti sproporzionato rispetto alla loro consistenza, assicurando loro così la preponderanza nelle decisioni comiziali.

Il maggior favore di cui godevano i cittadini più ricchi era poi ulteriormente ampliato dal sistema di consultazione dei *comitia centuriata*, che vedeva votare per prime le *centuriae* degli *equites* e dopo quelle della prima classe dei *pedites* (alla quale erano aggregate le due *centuriae* dei *fabri*, che si pronunciavano subito dopo) e, così via, tutte le altre classi fino alla quinta (alla quale erano aggregate le rimanenti tre *centuriae* degli inermi):

Liv. 1.43.11: *Equites enim vocabantur primi, octoginta inde primae classis centuriae; ibi si variaret, quod raro incidebat, fiebat ut secundae classis vocarentur, nec fere umquam infra ita descenderent, ut ad infimos pervenirent.*

[Infatti si chiamavano a votare per primi i cavalieri, poi le ottanta centurie della prima classe; se non si raggiungeva un accordo, il che accadeva di rado, si chiamavano quelle della seconda classe; ma non si scese tanto in giù da arrivare all'ultima].

Come si evince dal racconto liviano, non era infrequente che la votazione si chiudesse senza la consultazione delle centurie della seconda classe, giacché, se i voti delle 18 centurie degli *equites* si fossero sommati a quelli concordi della 80 centurie della prima classe dei *pedites*, si sarebbe raggiunta la maggioranza (cioè 98 voti sul totale di 193), rendendo pertanto inutile la prosecuzione della votazione. Succedeva così che la consultazione delle centurie della seconda classe ed eventualmente delle altre fino al raggiungimento della maggioranza avvenisse di rado, in quanto, come sottolinea lo stesso Livio, era assai ricorrente che fossero concordi i voti dei cavalieri e quelli della prima classe dei *pedites* (ciò che ovviamente si verificava soprattutto sulle grandi questioni, nelle quali erano in gioco forti interessi di classe o la difesa di privilegi), dovendosi quindi immaginare che, anche laddove ciò non avvenisse, assai difficilmente si sarebbe pervenuti alla consultazione delle centurie delle classi inferiori.

In ordine al secondo aspetto, va chiarito che, all'interno dei comizi centuriati, vi era anche una prevalenza dei più anziani, cioè i *seniores*, i quali, pur non essendo certamente la metà dei cittadini, bensì un numero di molto inferiore (calcolabile nella misura di un terzo) agli *iuniores*, avevano tuttavia a disposizione, anche in questo caso in maniera sproporzionata stante il diverso coefficiente di affollamento delle centurie dei primi rispetto a quelle delle seconde, metà delle centurie e, quindi, dei voti all'interno di ciascuna classe dei *pedites*.

La prevalenza del voto dei più ricchi e dei più anziani, ai quali di fatto veniva quindi riservato l'effettivo potere decisionale, nel corso del tempo dovette apparire però meritevole di temperamento, sicché, a metà del III secolo a.C. (forse nel 241 a.C. e, comunque, tra tale data ed il 219 a.C.), all'interno dell'organizzazione centuriata furono apportati dei cambiamenti sicuramente di rilievo, dei quali però sono incerti i contenuti, che in ogni caso riguardarono tanto la distribuzione delle centurie quanto l'ordine della votazione.

I *comitia centuriata* deliberavano secondo una procedura rigorosamente definita (e, di norma, uguale per tutte le diverse funzioni svolte) e governata da un magistrato titolare del *ius agendi cum populo* (console, pretore, dittatore), che provvedeva alla convocazione (mediante un *edictum* che ne recava la data, fissata in un giorno ritenuto idoneo, detto *comitialis*), alla presa degli *auspicia* (che dovevano essere favorevoli), alla riunione (normalmente all'alba ed al di fuori del *pomerium*, solitamente nel Campo Marzio), all'ordinato svolgimento della votazione (che veniva interrotta al momento del raggiungimento del *quorum* di maggioranza che aveva luogo, all'interno delle singole centurie votanti nell'ordine più sopra descritto, *viritim*, cioè mediante la chiamata di ciascun cittadino ad esprimere il proprio voto, prima oralmente e, a partire dalla seconda metà del II secolo a.C., per iscritto), e, infine, alla proclamazione del voto (*renuntiatio*, che poteva però essere rifiutata dal magistrato, il quale ordinava la ripetizione del voto delle centurie in questione).

Le funzioni fondamentali dei *comitia centuriata* erano tre: legislativa, elettorale e giurisdizionale.

La funzione legislativa consisteva nella votazione delle leggi proposte dai magistrati, che sottoponevano all'approvazione dei comizi anche le *leges de bello indicendo*, cioè le solenni deliberazioni con le quali il popolo approvava le dichiarazioni di guerra (ciò avvenendo, verosimilmente, solo laddove la guerra fosse dichiarata contro comunità già alleate). Quella elettorale nell'elezione dei *magistratus maiores* (consoli, pretori e censori), dapprima spettando al magistrato uscente la scelta dei candidati da presentare ai comizi (che potevano perciò solamente dare la loro approvazione od opporre un rifiuto) e, in seguito, dandosi ad ogni cittadino la piena libertà di presentare la propria candidatura (*professio nominis*, in ordine alla quale il magistrato doveva limitarsi ad un controllo sull'esistenza dei suoi requisiti necessari). Quella giurisdizionale nell'esercizio della repressione criminale, che veniva attuata mediante processi di tipo accusatorio che si svolgevano in due fasi, nella prima delle quali il magistrato promuoveva l'accusa capitale (istruendo il processo, contestando i capi d'accusa e provvedendo all'assunzione delle prove davanti al popolo riunito in *contione*), esprimendosi, a seconda delle risultanze, in favore del suo ritiro oppure della proposta di condanna e del conseguente rinvio al giudizio popolare, nel qual caso si passava alla seconda fase, che si concludeva con l'assoluzione o la condanna da parte dei comizi ordinati per *centuriae*.

Esaminati la composizione, il funzionamento e le funzioni dei *comitia centuriata*, ineludibile appare, in conclusione, il quesito concernente la 'democraticità', o meno, di questa assemblea popolare.

La risposta in senso negativo a tale interrogativo sembrebbe essere supportata da alcuni innegabili rilievi: l'assoluta discrezionalità dei magistrati in ordine alla convocazione dei comizi, decidendo essi in piena libertà se e quando ciò dovesse avvenire; la mancata previsione di una discussione propedeutica al voto; l'impossibilità per i *cives* di fare proposte diverse da quelle dei magistrati o di formulare emendamenti ad esse; il frequente assenteismo della gran parte degli iscritti alle *centuriae*; l'elevata frequenza di brogli elettorali.

Tuttavia, in senso contrario può replicarsi, in primo luogo, che, se è incontestabile che i magistrati ben potevano evitare di riunire i comizi per la votazione delle *leges*, è altrettanto vero che essi non potevano sottrarsi al preciso obbligo costituzionale di indire a tempo debito l'assemblea elettorale e di accettare ogni candidatura formalmente ineccepibile. In secondo luogo, non può disconoscersi che l'impossibilità per i cittadini di presentare emendamenti alle proposte magistratuali di legge e, ancora, di presentarle direttamente essi stessi era superata, di fatto, dalla circostanza che la votazione negativa apriva il varco ad una nuova proposta magistratuale, opportunamente modificata per andare incontro agli umori e, quindi, ai desideri della maggioranza. In terzo luogo, non bisogna dimenticare che, stante l'annualità delle cariche magistratuali, la massa degli elettori aveva ogni anno la possibilità di orientare le proprie scelte anche, e soprattutto, sulla base dei programmi politici, amministrativi e legislativi presentati ed illustrati al corpo elettorale dai candidati alle magistrature.

In questo senso, allora, l'atto comiziale, considerato nella sua esteriore ed onnicomprensiva manifestazione di provvedimento legislativo, elettorale e giurisdizionale, era una deliberazione complessa che si appalesava, in realtà, come il prodotto di una cooperazione paritetica tra il magistrato ed i comizi, nonché, come si vedrà più avanti, del senato. E, invero, se è innegabile che i comizi funzionavano come assemblea deliberante unicamente su impulso del magistrato, deve però riconoscersi che i progetti di legge, le candidature degli aspiranti alle magistrature e le proposte di condanna o di assoluzione degli accusati potevano diventare *iussa* unicamente in seguito all'approvazione popolare, sicché tanto il magistrato quanto i comizi ci appaiono come due elementi paritariamente 'costitutivi' del *iussum populi*, che non può perciò essere visto come l'espressione della prevalenza dell'uno sull'altro.

17. *I* comitia tributa

Diversamente dai comizi centuriati, nei *comitia tributa*, le cui prime riunioni dovettero tenersi certamente non prima della metà del IV secolo a.C., il popolo era ripartito in *tribus* territoriali, che, costituite come unità votanti, andarono via via aumentando nel tempo fino a raggiungere il numero complessivo e definitivo di 35, 4 urbane e 31 rustiche.

Nel 312 a.C., in seguito ad un'innovazione introdotta dal censore Appio Claudio, si permise a ciascun cittadino di farsi censire nella *tribus* che preferisse, consentendo verosimilmente anche ai possessori di beni mobili, quali i mercanti e gli artigiani, di iscriversi nelle tribù rustiche, ma tale sistema fu presto abbandonato, più precisamente nel 304 a.C. ad opera del censore Fabio Rulliano, dal momento che la composizione eterogenea di tali *tribus* alterava spesso l'equilibrio delle votazioni comiziali in favore degli *humiles*, che furono perciò confinati nelle quattro tribù urbane:

Liv. 9.46.10-14: *Ceterum Flavium dixerat aedilem forensis factio, Ap. Claudi censura vires nacta, qui senatum primus libertinorum filiis inquinaverat et, posteaquam eam lectionem nemo ratam habuit nec in curia adeptus erat quas petierat opes urbanas, humilibus per omnes tribus divisis forum et campum corrupit; tantumque Flavi comitia indignitatis habuerunt ut plerique nobilium anulos aureos et phaleras deponerent. Ex eo tempore in duas partes discessit civitas; aliud integer populus, fautor et cultor bonorum, aliud forensis factio tenebat, donec Q. Fabius et P. Decius censores facti et Fabius simul concordiae causa, simul ne humillimorum in manu comitia essent, omnem forensem turbam excretam in quattuor tribus coniecit urbanasque eas appellavit.*

[Flavio per altro era stato eletto edile dal 'partito della piazza', affermatosi durante la censura di Appio Claudio, il quale era stato il primo a screditare il senato facendo cadere la scelta su figli di liberti, e poiché nessuno aveva ritenuto valida tale scelta ed egli non aveva conseguito nella curia quella potenza politica cui aveva aspirato, aveva avvilito il Foro ed il Campo Marzio distribuendo la gente di bassa condizione in tutte le tribù; ed i comizi in cui fu eletto Flavio suscitarono tanta riprovazione, che la maggior parte dei nobili depose gli anelli d'oro e le decorazioni. Da allora la città si divise in due fazioni: altro era lo scopo cui tendeva il popolo incorrotto, fautore ed amico dei benpensanti, altro quello a cui tendeva il 'partito della piazza', finché furono eletti censori Q. Fabio e P. Decio, e Fabio, sia per desiderio di concordia, sia per evitare che i comizi fossero in mano alla gente di bassa condizione, separò la folla piazzaiola e la confinò in quattro tribù che chiamò urbane].

Nell'assetto definitivo dei comizi tributi, al quale si giunse nel 241 a.C., i proprietari di un appezzamento di terra, verosimilmente anche di minima estensione, venivano iscritti nella *tribus* corrispondente al distretto territoriale nel quale ricadeva quel fondo, sicché queste tribù furono denominate rustiche in contrapposizione a quelle dette urbane in quanto corrispondenti al territorio urbano, essendo invece a noi sconosciuti i criteri in base ai quali venivano distribuiti nelle *tribus* i non proprietari terrieri.

Come è evidente, il criterio seguito per l'assegnazione dei singoli *cives* all'interno delle tribù rustiche ed urbane, che finiva per favorire le prime rispetto alle seconde dal momento che nelle *tribus* urbane l'elevato coefficiente di affollamento comportava lo scarso peso effettivo del voto di ciascun *civis* che ne faceva parte, assicurava un parziale riequilibrio della netta preponderanza attribuita ai membri più abbienti della *nobilitas* patrizio-plebea. Infatti, distribuiti nelle numerose e, però, poco affollate tribù rustiche, i medi ed i piccoli proprietari terrieri, cresciuti di numero e rafforzatisi politicamente in seguito alla continua espansione territoriale di Roma, disponevano della schiacciante maggioranza dei voti assembleari, appunto 31 su 35, che poteva essere raggiunta già con il solo voto favorevole di 18 *tribus*.

Le funzioni dei comizi tributi erano analoghe a quelle dei comizi centuriati, dai quali veniva mutuata, in maniera però semplificata, la procedura di convocazione e di svolgimento dei lavori (talora diversificata, come, ad es., in sede di votazione, alla quale le tribù venivano chiamate una dopo l'altra tranne che nell'esercizio della funzione elettorale, votando in tal caso simultaneamente), cui era preposto un magistrato *cum imperio* e, quindi, fornito di *ius agendi cum populo* (console, pretore o dittatore), ciò che non impedì tuttavia la considerazione dei *comitia tributa* nelle fonti come *comitia leviora*, cioè come un'assemblea meno importante di quella centuriata, da sempre ritenuta l'organo assembleare deliberante per eccellenza ed appellato perciò *comitiatus maximus*.

Per quel che concerne la funzione legislativa, va precisato che non esisteva un criterio generale di ripartizione di competenza tra i comizi centuriati e quelli tributi, con la conseguenza che i magistrati potevano rogare le leggi indifferentemente dinanzi agli uni od agli altri e, ancora, che le *leges tributae* avevano lo stesso valore di quelle *centuriatae*, continuando a rimanere di esclusiva competenza del comizio centuriato la *lex de bello indicendo* e la *lex de potestate censoria* anche quando, a partire dalla metà del I secolo a.C., i comizi centuriati non furono più convocati per l'approvazione delle *leges*.

I comizi tributi provvedevano poi all'elezione dei magistrati patrizi *minores*, cioè, in primo luogo, gli edili curuli ed i questori, poi i magistrati minori ricordati come *vigintisexviri* e, infine, i magistrati straordinari creati di volta in volta con compiti particolari, quali, ad es., quelli preposti all'assegnazione di terre (*agris dandis adsignandis*) od alla fondazione di una colonia (*tresviri coloniae deducendae*). Inoltre, quando nel corso del II secolo a.C. furono rese elettive tutte le cariche sacerdotali e, prima ancora, quella di pontefice massimo, per superare l'antico principio secondo cui *sacerdotia per populum creari fas non erat* si fece ricorso all'espediente di fare riunire solamente 17 *tribus* estratte a sorte fra le 35 componenti i *comitia tributa*, che nell'esercizio di questa speciale funzione elettorale presero il nome di *comitia religiosa* o *sacerdotum*.

Infine, ai *comitia tributa* competeva una funzione giurisdizionale limitata ai soli processi per multa laddove questa fosse stata irrogata dai magistrati patrizi, di solito i censori e, ancor più frequentemente, gli edili curuli e, a partire dal II secolo a.C., anche dal *pontifex maximus*, ciò che finiva per configurare l'assemblea tributa come organo di *provocatio*. Più precisamente, nei casi più gravi il magistrato, sia perché si trattava di multa superiore all'ammontare consentito e sia ancora perché lo riteneva opportuno, rimetteva la decisione al *iudicium populi*, che veniva pronunciato al termine di un processo di tipo accusatorio presieduto ed istruito da un magistrato patrizio avente il *ius multae dictionis*.

18. *I* concilia plebis

Composti non da tutto il popolo, ma dai soli plebei, erano invece i *concilia plebis*, che, organizzati per tribù territoriali a partire dal 471 a.C. e convocati ora dai tribuni e dagli edili plebei non più in qualità di organi interni della *plebs*, ma in quella di magistrati dello stato patrizio-plebeo, finirono per acquistare durante l'età repubblicana poteri deliberanti nei confronti di tutta la comunità, sicché da assemblea adottante provvedimenti vincolanti esclusivamente i plebei divenne, a tutti gli effetti, organo dello stato romano dotato del potere di prendere decisioni vincolanti per tutti:

Gell., *Noct. Att.* 15.27.4: *In eodem Laeli Felicis libro haec scripta sunt: «Is qui non universum populum, sed partem aliquam adesse iubet, non 'comitia', sed 'concilium' edicere debet. Tribuni autem neque advocant patricios neque ad eos referre ulla de re possunt. Ita ne 'leges' quidem proprie, sed 'plebisscita' appellantur, quae tribunis plebis ferentibus accepta sunt, quibus rogationibus ante patricii non tenebantur, donec Q. Hortensius dictator eam legem tulit, ut eo iure, quod plebs statuisset, omnes Quirites tenerentur».*

[Nello stesso libro di Lelio Felice è scritto ciò: «Quando non per intero ma una parte sola del popolo è convocata in assemblea, si deve parlare di *'concilium'* e non di *'comitia'*. I tribuni poi non convocano i patrizi, né possono riferire loro su qualsiasi questione. Così pure non si devono propriamente chiamare *'leges'* bensì *'plebisscita'* quei provvedimenti che sono approvati su presentazione dei tribuni della plebe, alle quali deliberazioni i patrizi non furono soggetti finché il dittatore Q. Ortensio fece approvare una legge, in virtù della quale ciò che la plebe avesse statuito avrebbe vincolato tutti i Quiriti»].

Come traspare dal testo ora richiamato, il riconoscimento dell'efficacia vincolante per il *populus universus* dei plebisciti potè avere luogo solamente quando, formatosi il nuovo ceto dirigente patrizio-plebeo, venne meno all'interno del sistema politico-sociale romano ogni differenza di rilievo tra *plebs* e *populus* e, conseguentemente, non ebbero più motivo di esistere le ragioni di tale separatezza, che, anzi, finiva per confliggere con il nuovo stato patrizio-plebeo.

Scomparsi perciò i motivi di fondo che, stando alla base dei privilegi goduti fino a quel momento dai patrizi, ne avevano decretato quella superiorità politica e giuridica formale e sostanziale sui plebei manifestantesi nell'ancora persistente distinta caratterizzazione concernente la composizione e la procedura procedurale dei *comitia* e dei *concilia* e nella perdurante impossibilità dei *tribuni plebis* di riunire i comizi, entrambe ricordate anacronisticamente da Gellio, la *plebs* cominciò ad essere considerata, quale in effetti era divenuta, sebbene ancora diversa formalmente dal *populus*, di sicuro sostanzialmente rappresentativa di questo, riconoscendosi così gradualmente, e certamente non senza contrasti, eguale efficacia alle deliberazioni adottate dai *comitia* e dai *concilia*.

Ciò avvenne a conclusione di un itinerario lento, tortuoso e difficilmente ricostruibile, la cui prima tappa era stata costituita da una delle *leges Valeriae Horatiae* del 449 a.C., che può sicuramente ritenersi un'anticipazione storica (potendo solo supporsi che, in qualche sparuto caso, come, ad es., in quello del *plebiscitum Canuleium* del 445 a.C., vi fosse stata un'imposizione di fatto nei confronti dei patrizi mediante la forza e la pressione politica plebea) di una tappa intermedia, rappresentata da una delle *leges Publiliae Philonis* del 339 a.C. (stabilente che i plebisciti dovessero essere sottoposte all'*auctoritas* del senato o, forse, che questa avesse ad oggetto addirittura la *rogatio* magistratuale), anticipatrice di quella definitiva, cioè la *lex Hortensia* del 287 a.C. in base alla quale i *plebiscita* furono definitivamente equiparati (*exaequata*) alle *leges* comiziali. Da questo momento in poi i plebisciti non solo furono promiscuamente e correntemente denominati senz'altro *leges*, ma divennero anche quantitativamente preponderanti rispetto alle leggi comiziali (ciò che deve dirsi soprattutto per quelli concernenti il diritto privato e processuale), svolgendo così i *concilia plebis* sino alla fine dell'età repubblicana un'intensa attività legislativa.

Il concilio plebeo continuò inoltre ad eleggere i magistrati plebei, divenuti ormai *magistratus populi Romani*, svolgendo altresì compiti giudiziari in relazione ai processi promossi da tali magistrati per i crimini passibili di *multae dictio*, le cui modalità di svolgimento erano analoghe a quelle dei giudizi per multa davanti ai *comitia tributa*.

19. *Il senato*

L'istituzione che costituì il baricentro del delicato equilibrio costituzionale repubblicano tra le assemblee comiziali e le cariche magistratuali fu certamente il senato.

Come si è già avuto modo di ricordare, la *lectio senatus*, cioè la scelta dei senatori, il cui numero fu portato da 300 a 600 da Silla ed addirittura a 900 da Cesare, venne attribuita ai censori, che soppiantarono così la preesistente competenza consolare, da un *plebiscitum Ovinium* emanato intorno al 312 a.C. Tale provvedimento, nella misura in cui stabiliva che chiamati a divenire senatori fossero gli ex magistrati, produsse un duplice effetto, giacché, nonostante la notevole autonomia e la grande elasticità dei criteri ispiratori della *lectio* censoria, finiva per dare rilievo indirettamente anche alla scelta operata dal popolo attraverso l'elezione dei singoli magistrati e, in stretta correlazione alla circostanza che divennero magistrati in misura sempre più crescente elementi plebei, avviò la trasformazione del vecchio senato patrizio in senato patrizio-plebeo.

E, invero, pur conservando il patriziato per tutta l'età repubblicana il suo carattere originario di casta chiusa, alla quale si poteva appartenere unicamente per nascita od adozione, il numero delle genti patrizie facenti parte della *nobilitas* senatoria andò sempre più diminuendo, mentre aumentò progressivamente quello della componente plebea, determinando così all'interno di tale *nobilitas*, alla quale di fatto si finì per accedere solamente per cooptazione, un significativo ingresso di *novi homines* (che aveva avuto inizio a partire dalle *leges Liciniae Sextiae* del 367 a.C. e che era divenuto però rarissimo nel corso del II secolo a.C.), cioè inizialmente ricchi proprietari terrieri e, in seguito, anche importanti uomini d'affari e pubblicani provenienti tutti dal 'ceto equestre' (formula, questa, designante innanzitutto gli *equites equo publico*, cioè coloro i quali avevano il privilegio di essere iscritti nelle 18 *centuriae* equestri, di cui facevano parte anche i senatori).

Il senato si riuniva normalmente nella *Curia Hostilia* e le sue sedute si svolgevano di regola a porte aperte e solo eccezionalmente, cioè allorquando motivi di opportunità lo richiedessero, a porte chiuse. Il magistrato convocante, che doveva essere fornito di *ius agendi cum patribus*, oltre al potere di indire (*senatum habere*) e presiedere la seduta, aveva la facoltà di illustrare ai *patres* la propria opinione (*dicere sententiam*), fare comunicazioni (*relationes*) al senato e chiedere il parere dell'assemblea (*senatusconsultum*), dirigendone le operazioni di voto. Prima di passare alla votazione, veniva chiesto nominativamente il parere (*sententia*) di ciascun senatore, secondo l'ordine di rango, cioè iniziando dai *censorii* (cioè gli ex censori) e, tra questi, per primo il *princeps senatus* e proseguendo con i *consulares*, i *praetorii*, gli *aedilicii*, i *tribunicii* ed i *quaestorii* (cioè gli ex consoli, pretori, edili, tribuni e questori). Ogni senatore, che era obbligato a partecipare alle sedute senatorie e che, perciò, poteva essere sanzionato dal magistrato convocante con l'irrogazione di una multa o con la disposizione di un pegno a suo carico nel caso di assenza ingiustificata, aveva il diritto di parlare quanto volesse e di tutto ciò che gli sembrasse opportuno, quindi anche su questioni non attinenti a quelle poste all'ordine del giorno, con la conseguenza che le sedute potevano protrarsi fino a sera e dovevano essere perciò aggiornate, ciò che talvolta era frutto di pratiche ostruzionistiche consistenti nell'impegnare ed esaurire con pochi interminabili interventi l'intera seduta (*diem dicendo consumere*) ed impedire così dichiarazioni o votazioni sgradite alla maggioranza dei *patres* od ai suoi più influenti esponenti. Di fatto, però, tale evenienza non era frequente dal momento che, di solito, erano solamente i senatori più autorevoli ad illustrare, motivare e formulare una *sententia* autonoma alla quale gli altri *patres* si limitavano a manifestare il proprio assenso o dissenso e, poiché l'interrogazione avveniva in ordine di rango, erano i *censorii* ed i *consulares* ad influenzare con le loro opinioni la discussione, nella quale i senatori più giovani o di rango meno elevato spesso non riuscivano ad intervenire. Esaurita la discussione, e talora anche direttamente dopo la *relatio* del magistrato convocante (ciò che poteva verificarsi laddove nessun senatore gli richiedesse il dibattito assembleare), si passava alla votazione, che aveva luogo di regola *per discessionem*, cioè per divisione nell'aula, al centro della quale stava il magistrato convocante, il quale invitava tutti quelli che la pensavano in un modo ad andare nel settore in cui si trovava il senatore che aveva espresso l'opinione da essi condivisa (*pedibus ire in alienam sententiam*) e gli altri nel lato opposto (e probabilmente proprio per questo motivo i senatori, forse solamente quelli non *curules*, che si limitavano a votare senza esprimere il proprio parere vennero denominati *senatores pedarii*). Redatto da un *relator* e da un comitato di senatori da lui scelto, il *senatusconsultum* (contenente, oltre al testo, l'indicazione del presidente della seduta, della data e del luogo della riunione, della *relatio* del magistrato e della *sententia* votata) era depositato nell'*aerarium populi Romani* sotto il controllo dei *quaestores* urbani.

Peraltro, durante tutto l'arco dell'età repubblicana frequente fu il funzionamento del senato per il tramite di commissioni ristrette: l'assemblea dei *patres* infatti provvedeva direttamente se, per la natura delle questioni che doveva decidere, non c'era bisogno di particolari indagini; in caso contrario, affidava il giudizio a suoi delegati (usualmente ricordati nelle fonti come *legati* e, talvolta, *arbitri, disceptatores, oratores*), di numero variabile (ma, comunque, non maggiore di dieci e non inferiore a due) e nominati per sorteggio, per designazione diretta del senato o per scelta del suo presidente, per lo più fornendoli di istruzioni *ad hoc* e spesso riservandosi il potere di ratifica delle loro decisioni. Il ricorso a tali commissioni, da un lato necessario al fine del funzionamento di un organo collegiale composto da un elevato numero di membri quale era appunto il senato repubblicano e, dall'altro, indispensabile per garantire continuità e rapidità sia nella fase di formazione che in quella di esecuzione, aveva inoltre il vantaggio, dal punto di vista politico-istituzionale, di mantenere all'interno del senato il meccanismo decisionale, nonché quello di controllare strettamente i membri facenti parte di tali commissioni non rigidamente vincolate entro schemi giuridici fissi, ma, al contrario, variabili per finalità, competenze e numero dei membri, per il cui tramite, in definitiva, venne canalizzata l'acquisizione di informazioni e di elementi conoscitivi necessari nel procedimento deliberativo senatorio. Così, se è vero che, servendosi di siffatte commissioni, il senato acquisiva un quadro più che esauriente della singola situazione per la quale era richiesta la sua decisione, è altrettanto incontestabile che questi organismi ci appaiono più come 'esecutori' che 'creatori' della politica dell'intero consesso, mai promotori e fattori attivi dell'elaborazione di un disegno politico organico. Perché diventassero tali, difettavano le premesse istituzionali ed operative, dal momento che il senato se ne serviva per acquisire elementi di conoscenza che poi inseriva in una visione dei problemi spesso rigida e che trovava altrove la sua legittimazione, lento com'era a recepire mutamenti ed innovazioni, anche se sovente duttile e pragmatico nelle singole scelte operative. In questo senso, nonostante l'utilizzazione massiccia ed in misura senza precedenti dell'apparato di tali commissioni, può dirsi che, proprio in quanto organismi 'attuativi' ed 'esecutori' fedeli e rigidi delle decisioni dell'assemblea, esse furono solo formalmente 'rappresentative' dell'intero consesso dei *patres*, ma, nella sostanza, assolutamente incapaci di formulari giudizi ed adottare deliberazioni autonome in nome e per conto di quest'ultimo.

Al senato continuò a spettare la risalente funzione, sacrale, giuridica ed insieme politica, di *prodere interregem*, che in età repubblicana veniva esercitata allorquando fossero venuti a mancare per qualsiasi motivo entrambi i consoli senza che fossero stati nominati i successori. Va però rimarcato che, per quanto si abbia notizia di interregni ancora fino al I secolo a.C., si trattò di un compito anacronistico, seppure idoneo ad affrontare e risolvere l'emergenza istituzionale causata appunto dalla vacanza della suprema magistratura, ed in realtà privo di effettiva importanza, riducendosi sostanzialmente ad una mera formalità dal momento che l'*interrex* nominato dai *patres* si limitava semplicemente a convocare i comizi per le elezioni della magistratura consolare.

Diversamente dall'*interregnum*, che rimase un istituto eccezionale finalizzato a fronteggiare circostanze eccezionali, l'*auctoritas patrum* fu impiegata normalmente ed indispensabilmente per il regolare funzionamento del sistema politico, del quale finì per costituire un'importante e, per lungo tempo, insostituibile componente. Essa consisteva in un atto di approvazione, convalida o ratifica delle deliberazioni delle assemblee popolari e, in primo luogo, di quelle elettive e legislative (ma, con ogni probabilità, non di quelle giurisdizionali in materia criminale) dei comizi centuriati che trovava il suo fondamento politico e giuridico, avallato dall'ideologia conservatrice dei ceti dominanti, nell'incapacità istituzionale dei *comitia* di assumere da soli decisioni vincolanti per tutta la comunità, che potevano perciò avere valore unicamente attraverso l'approvazione convalidante del senato. La deliberazione comiziale rappresentava dunque un *prius* necessario, ma inidoneo in sé a produrre autonomi effetti giuridici in quanto bisognevole appunto dell'*auctoritas patrum*, che aveva perciò la funzione di perfezionare sul piano giuridico le decisioni assembleari in quanto integrativa e, al contempo, sanante ogni vizio o carenza degli atti volitivi popolari.

In realtà, l'*auctoritas patrum* rappresentò, sin dall'inizio, un privilegiato strumento di controllo e di egemonia degli esponenti più autorevoli del ceto di governo patrizio e, poi, della *nobilitas* senatoria tanto sull'attività politica dei magistrati che sottoponevano le loro *rogationes* all'approvazione popolare quanto sulle deliberazioni adottate dal comizio centuriato, l'una e le altre messe sotto tutela con uno strumento legale dalle forti analogie con la privatistica *auctoritas tutoris*. E, invero, subito dopo la votazione comiziale, il magistrato che aveva presieduto l'assemblea ed aveva proposto la legge o la candidatura, dovere *referre ad senatum* la decisione popolare e chiedere al senato la concessione appunto della sua *auctoritas*. Appare di tutta evidenza, allora, che la subordinazione all'*auctoritas patrum* delle deliberazioni dei comizi centuriati rispondeva alla necessità politica, avvertita nitidamente dall'antico gruppo dirigente patrizio, di arginare fin dove fosse possibile il potere di un'assemblea, composta in maniera sempre più preponderante da plebei quale quella centuriata, che, inseritasi ormai a pieno titolo nelle strutture costituzionali repubblicane come organo deliberante, si sarebbe fatta prevedibilmente portatrice di esigenze ed istanze rinnovatrici confliggenti con il conservatorismo, spesso esasperato, che da sempre aveva connotato peculiarmente il ceto dominante patrizio.

Ed è perciò alla luce di questi rilievi di ordine politico-costituzionale che si spiega perché non solo la natura, ma anche, e soprattutto, l'intensità dell'utilizzazione di tale importante strumento di controllo, riservato per lungo tempo ai soli membri patrizi del senato, si traducevano, in via diretta ed immediata, in una sostanziale limitazione del potere popolare, rispondendo unicamente alle esigenze di quei gruppi politici che si coagulavano attorno a chi gestiva questo pregnante *modus* di intervento sulle decisioni assembleari popolari. Da qui, la conseguenza che l'*auctoritas patrum* si configurò talvolta come una sorta di mero sindacato di legittimità costituzionale e talora come una verifica della sola regolarità formale delle deliberazioni popolari, ma, più spesso, come l'espressione di un potere di controllo del merito delle decisioni assembleari fondato su una discrezionalità così ampia da sconfinare, in qualche caso, nell'arbitrio. Ciò che avvenne, ad esempio, nel 357 a.C., allorquando il senato, per motivi di opportunità politica, concesse l'*auctoritas* alla *lex Manlia de vicesima manumissionum*, alla cui approvazione i *comitia centuriata* erano pervenuti in seguito ad una procedura palesemente irregolare sia nella fase della convocazione, sia in quella della votazione e sia, infine, in quella della presa degli *auspicia* da parte del console Gneo Manlio Capitolino. Ed è significativo che, prendendo le mosse proprio da tale episodio, i *tribuni plebis* imposero sì l'approvazione di un *plebiscitum* (*de populo non sevocando*) che introduceva addirittura la pena capitale per chi in seguito avesse violato il divieto di convocare il popolo fuori dai luoghi tradizionali, come aveva fatto appunto Manlio Capitolino, ma si guardarono bene dal contestare la concessione dell'*auctoritas patrum* convalidante quella legge che aveva appunto provocato la loro reazione, trasformatasi nella nuova e dura normativa repressiva degli abusi magistratuali nella convocazione dei comizi centuriati. Il che significa, in altri termini, che anche i tribuni della plebe continuavano a ritenere normale e, quindi, accettavano, non importando sapere se a titolo di obbligo giuridico o *de facto*, che il controllo del senato sulle deliberazioni potesse esercitarsi ben al di là di un mero sindacato formale della loro costituzionalità, rendendo così pienamente efficaci, nonostante i vizi da cui erano affetti, provvedimenti normativi irregolari sotto il profilo giuridico-formale. Ciò che spiega appunto perché la *lex Manlia*, una volta convalidata dall'*auctoritas patrum*, entrò regolarmente in vigore, a dispetto della sua palese incostituzionalità, senza che nessuno potesse contestare la ratifica senatoria, peraltro di fatto inattaccabile dal momento che non esisteva a Roma un organo che potesse esercitare un controllo sull'accertamento compiuto dal senato avente ad oggetto astrattamente i soli *vitia in procedendo*.

Il progressivo ed inarrestabile rafforzamento dell'elemento plebeo all'interno dello stato romano repubblicano dovette ad un certo punto fare apparire l'egemonia politico-costituzionale dei *patres* che stava alla base dell'*auctoritas patrum* assolutamente sproporzionata rispetto al reale potere che il patriziato conservava nella comunità, sicché, pur non negandosene la necessità, si rese opportuno procedere ad un suo sostanziale ridimensionamento attraverso l'espediente tecnico-procedurale consistente nel mutamento della collocazione dell'*auctoritas* all'interno dell'*iter* formativo delle *leges*. Così, una delle *leges Publiliae Philonis* del 339 a.C. stabilì che l'*auctoritas* fosse richiesta al senato dai magistrati roganti non più dopo, bensì prima del voto comiziale (*ante initum suffragium*), avendo pertanto ad oggetto le *rogationes* magistratuali legislative sottoposte all'approvazione dell'assemblea popolare. Pertanto, trasformatasi sostanzialmente in un parere preventivo (che i *patres* difficilmente avrebbero negato in quanto avrebbero impedito che un progetto di legge venisse portato a conoscenza del popolo, dovendosi così assumere in pieno la responsabilità politica del loro diniego) e, quindi, non più gestibile a piacimento del senato a seconda dell'esito delle votazioni assembleari, l'*auctoritas* perse, se non tutta, certamente in gran parte quella connotazione e, soprattutto, quella forza di formidabile strumento politico-costituzionale, utilizzabile in maniera incontrollata, condizionante ed arbitraria dai *patres*, che l'aveva caratterizzato peculiarmente fino a quel momento. E se non può escludersi che un'altra delle *leges Publiliae Philonis* possa avere sancito che anche i plebisciti dovessero essere sottoposti all'*auctoritas* preventiva del senato e, ancora, che appare assai plausibile ritenere che pure le deliberazioni legislative ed elettive dei comizi tributi ne fossero soggette (ciò che, a differenza dei comizi centuriati, non è frutto di un'enunciazione astratta di tale principio e, tuttavia, comprovato da alcuni casi concreti ricordati nelle fonti), è sicuro che l'*auctoritas patrum* preventiva fu estesa da una *lex Maenia*, emanata in un non meglio precisabile anno del III secolo a.C., alla procedura per l'elezione dei magistrati da parte dei comizi centuriati.

Una terza funzione con la quale il senato esercitava il controllo e la direzione politica di tutta la vita dello stato romano fu quella che si estrinsecava nell'emanzione dei *senatusconsulta*, cioè quegli autorevoli pareri dati ai magistrati che rivolgevano ai *patres* dei quesiti concernenti la loro attività di governo, che perciò veniva politicamente indirizzata dal consesso senatorio in maniera efficace in quanto ispirata ad un linea di coerenza e continuità normalmente non attuabile dagli organi magistratuali a causa della limitata durata della loro carica.

In realtà, non furono solamente la *proditio interregis*, l'*auctoritas patrum* ed i *senatusconsulta* le funzioni che fecero del senato, a dispetto dei magistrati e delle assemblee popolari, l'organo avente la maggiore influenza, il più rilevante peso politico ed il ruolo di cardine dell'intero sistema politico-costituzionale repubblicano, giacché la supremazia dell'assemblea dei *patres* sugli altri due pilastri di tale ordinamento derivava anche dall'attribuzione al senato di ulteriori, numerosi ed importantissimi compiti:

Polyb. 6.13.1-8: Il senato ha, prima di tutto, il potere amministrativo, ed infatti controlla tutte le entrate e tutte le spese; i questori non possono ordinare spese per le varie necessità senza un decreto del senato, tranne se si tratta di richieste del console. Anche della spesa più gravosa e più importante che i censori stabiliscono ogni cinque anni per il restauro e la costruzione di edifici pubblici, il senato è l'arbitro e dal senato i censori ricevono l'autorizzazione. Al senato inoltre spetta giudicare sui reati avvenuti in Italia che richiedono l'intervento dello Stato, cioè tradimenti, congiure, venefici, assassini; inoltre, se a qualche privato od a qualche città dell'Italia occorre un arbitrato, od un giudizio, od un aiuto, od un presidio, tutto ciò è competenza del senato. Se bisogna mandare ambascerie fuori d'Italia per comporre discordie, per fare richieste, per dare ordini, per accettare rese, per dichiarare guerre, spetta al senato dare le disposizioni relative. E similmente il senato decide come si debba rispondere loro. Il popolo non ha alcun potere su questi atti. Per tutto ciò, dunque, se qualcuno si trova in Roma in assenza del console, la costituzione romana gli appare senz'altro aristocratica; molti Greci ed anche molti re sono convinti di questo, perché il senato tratta di tutte le questioni che li riguardano.

Come ben si vede dalla pur non esaustiva rassegna delle materie oggetto dell'intervento da parte del *senatus*, a questo spettava tutta una serie di estese competenze amministrative ed anche giudiziarie di importanza fondamentale concernenti la materia finanziaria (esercitando in generale un rigoroso controllo sulle entrate e sulle spese pubbliche e, in particolare, determinando e modificando le condizioni degli appalti, annullando i contratti già stipulati, concendo in uso l'*ager publicus*, decidendo in ordine all'*indictio tributi* ed accettando o rifiutando le donazioni fatte alla *res publica* ed il bottino di guerra), il campo militare (indicendo la leva e provvedendo alla suprema condotta della guerra), l'orbita federale (decidendo tutte quelle questioni riguardanti, da un lato, l'ordine interno degli enti territoriali romani tra di loro in discordia e, dall'altro, confini, occupazioni di terre demaniali, deviazioni di fiumi, servitù di vie e pagamento di tributi a Roma, insorgenti sempre tra comunità cittadine o tra queste e Roma e, ancora, tra comunità cittadine e Roma ed i privati), la politica estera (rappresentando lo stato romano nei confronti degli altri Stati, inviando le ambascerie romane all'estero e ricevendo quelle straniere, dichiarando la guerra contro le comunità non alleate e stipulando i trattati di pace o di alleanza), l'ambito provinciale (individuando le *provinciae* da assegnare ai magistrati, prorogandone l'*imperium* ove necessario ed esercitando un generale controllo per mezzo di commissioni *ad hoc* nominate), il territorio italico (organizzando il dominio romano su di esso attraverso la fondazione di colonie), la giurisdizione criminale (provvedendo alla persecuzione penale di alcuni tipi di crimini, tra i quali, in particolare, quelli politici e le *repetundae*, cioè le illecite appropriazioni ed estorsioni poste in essere dai magistrati romani a danno delle popolazioni alleate oppure sottoposte al dominio di Roma) e l'alta sorveglianza dei culti (controllando, di fatto, la vita religiosa dell'intera comunità romana).

Non vi è chi non veda, allora, come fosse proprio questo coacervo indefinito di interventi, facoltà e potestà a fondare quell'enorme peso politico ed istituzionale del senato che, per un verso, faceva apparire la costituzione romana repubblicana come senz'altro 'aristocratica' agli occhi di Polibio e dei governanti degli altri Stati del bacino del Mediterraneo e, per altro verso, si manifestava anche esteriormente, come, ad es., nell'arcinota dicitura, iscritta nelle insegne delle legioni romane pure sottoposte al comando dei magistrati e dei promagistrati, '*Senatus Populusque Romanus*', nella quale non a caso la menzione del *senatus* precedeva persino quella del *populus*.

20. *L'organizzazione del territorio italico: i* foedera, *l'*ager publicus, *le* coloniae *ed i* municipia

Sciolta la lega latina nel 358 a.C., Roma intraprese una politica espansionistica che, concretizzatasi nella progressiva ed inarrestabile conquista del territorio italico, pose il problema delle forme di organizzazione di tale dominio. Il governo territoriale delle regioni e dei popoli sottomessi non fu irreggimentato in schemi rigidi, ma, al contrario, pragmatici e duttili, che si concretizzarono, di volta in volta, in strumenti giuridici e diplomatici efficacemente rispondenti alle esigenze contingenti ed alle condizioni economiche, politiche e strategiche spesso assai diverse da caso a caso, sicché, alla fine del IV secolo a.C., l'Italia romana fu organizzata in maniera tanto complessa quanto omogenea per mezzo di *foedera aequa* e, talora, *aequissima*, ma, più frequentemente, *iniqua*, cioè alleanze imposte senza parità di condizioni da Roma, che, forte dei suoi successi militari, si riservava una posizione di supremazia nei confronti delle comunità sconfitte, le quali, a partire dai primi decenni del II secolo a.C., finirono per essere trattate non più come alleati, ma alla stregua di sudditi veri e propri.

Così, inizialmente, si procedette qualificando giuridicamente il territorio delle popolazioni vinte in guerra come *ager publicus* e destinandolo agli impieghi più disparati, e cioè talora assegnandolo in proprietà ai *cives* in piccoli lotti (*ager divisus et adsignatus*), talvolta consentendone l'occupabilità privata da parte di chi ne avesse titolo ed interesse a sfruttarlo (*ager occupatorius*), talaltra permettendone l'utilizzo collettivo a fini di pascolo (*ager compascuus*) e, in altri casi ancora, concedendone l'uso ai privati dietro il pagamento di un canone (*ager vectigalis*).

Successivamente, si preferì organizzare il territorio italico mediante l'insediamento di comunità cittadine di nuova fondazione (*coloniae*) oppure per mezzo dell'assorbimento delle comunità preesistenti all'assoggettamento militare romano (*municipia*).

Le *coloniae*, normalmente di piccole dimensioni e connotate da un'autonomia amministrativa riflettente l'organizzazione della madre patria ed estrinsecantesi quindi nella presenza di assemblee, senato e magistrati locali propri, furono insediamenti, in principio a scopo militare e, successivamente, dalle diverse finalità (ad es., miglioramento della condizione agraria del territorio della *colonia* o sfogo demografico della città di Roma), di un certo numero, di regola 300, di *cives* romani. La *colonia* veniva fondata sulla base di una preventiva decisione del senato alla quale faceva seguito l'emanazione di un *plebiscitum* che stabiliva la localizzazione dell'istituenda comunità e del suo territorio (*ager colonicus*), il numero dei *coloni*, l'estensione dei lotti da assegnare per sorteggio ai *coloni* (che ne divenivano proprietari) e la nomina dei magistrati straordinari *ad hoc* incaricati (*tresviri coloniae deducendae*), dotati di notevoli mezzi tecnici e finanziari e forniti di ampi poteri, tra cui quello di dare lo statuto (*lex data*) alla *colonia*, della quale diventavano *patroni*.

Sempre durante il IV secolo a.C., Roma fece inoltre ricorso al modello organizzativo dei *municipia*, cioè quelle comunità cittadine preesistenti alla conquista di Roma e da questa private, in misura però di volta in volta diversa, di autonomia politica. E, in realtà, a differenza delle *coloniae*, il regime giuridico dei *municipia* non fu affatto unitario, giacché il potere centrale romano, con l'abituale pragmatismo che lo contraddistingueva, scelse di non dare a queste comunità un'uguale condizione giuridica. Così, si ebbero, di volta in volta, *municipes* con cittadinanza piena ed altri invece con qualche limitazione (ad es., *sine suffragio et iure honorum*, cioè senza la possibilità di votare e di ambire alle magistrature romane); *municipia* che mantenevano la pregressa l'organizzazione interna ed altri ne venivano privati; *municipia* costituiti, unilateralmente, con una *lex* ed altri, con minore frequenza, bilateralmente, cioè per mezzo di un *foedus* intercorrente tra Roma e la città interessata. A fronte di questa diversificazione di regime giuridico, i *municipia* avevano però, al pari delle *coloniae*, un'organizzazione interna che ricalcava, di norma, quella di Roma (magistrati, senato ed assemblea), che però, in alcuni casi, poteva essere diversa, ritenendo Roma di dovere sottoporre alcuni *municipia* (come avvenne stabilmente per la città di Capua dal 211 a.C.) al suo diretto governo, esercitato da *praefecti* inviati *ad hoc* in tali comunità cittadine, che svolgevano però funzioni diverse dai *praefecti iure dicundo*, ai quali competeva, in qualità di delegati del *praetor urbanus*, la giurisdizione civile, per le questioni più importanti (residuando quelle minori ai magistrati locali), in circoscrizioni municipali più ampie (ricomprendenti *municipia* veri e propri ed altri insediamenti minori, come i *castra*, i *castella* ed i *vici*) dette *praefecturae*, i cui abitanti venivano fatti convenire allo scopo in *fora* e *conciliabula*.

21. *Le province*

In seguito alla vittoria nella prima guerra punica ed alla conseguente sottomissione della Sicilia e, successivamente, della Sardegna, si pose per Roma il problema dell'organizzazione di tali territori conquistati, per i quali il ricorso al sistema municipale era reso impraticabile dall'estrema varietà e diversità di mentalità, cultura, condizioni economiche, strutture sociali, tradizioni politiche ed ordinamentali che connotavano peculiarmente le popolazioni che vivevano nei territori extraitalici.

Così, invece di incorporare le città di questi territori o di stringere con esse nuove alleanze, Roma preferì garantirsene il controllo militare affidando inizialmente a pretori *ad hoc* istituiti una particolare competenza definita appunto dal suo ambito territoriale, che prendeva il nome di *provincia*, sicché la Sicilia fu la *provincia* del *praetor Siciliensis* e la Sardegna quella del *praetor Sardiniensis*:

> D. 1.2.2.32 (Pomp. *lib. sing. Ench.*): *Capta deinde Sardinia, mox Sicilia, item Hispania, deinde Narbonensi provincia totidem praetores, quot provinciae in dicionem venerant, creati sunt, partim qui urbanis rebus, partim qui provincialibus praeessent* [...].
>
> [Conquistata poi la Sardegna, in seguito la Sicilia, così la Spagna, quindi la provincia Narbonese, furono creati tanti pretori, quanto il numero delle province cadute in dominio (di Roma), preposti in parte all'amministrazione delle *res urbanae* (affari di Roma) ed in parte all'amministrazione di quelle provinciali ...].

Il nuovo sistema di controllo dei territori extraitalici che, in seguito all'inarrestabile espansione della potenza militare romana, venivano man mano conquistati, si concretizzava dunque nel loro affidamento ad un magistrato fornito di *imperium*, tramite il quale Roma esercitava la propria eminente sovranità su questi territori dichiarati *provincia* di un rappresentante preposto dal potere centrale al loro governo. Così, la costante corrispondenza tra le competenze assegnate a questi magistrati e gli ambiti territoriali ben definiti entro i cui confini essi esplicavano il loro *imperium* fece sì che all'originario significato tecnico di *provincia* come sfera di competenza esclusiva magistratuale si aggiungesse quello, divenuto poi corrente nel linguaggio politico-amministrativo, territoriale. E la sempre più decisa e fortunata realizzazione della politica di espansione imperialistica romana fece lievitare il numero delle province, sicché alla Sicilia ed alla Sardegna (con annessa la Corsica) si aggiunsero, nel 197 a.C., la Spagna Citeriore ed Ulteriore e, tra il 148 ed il 146 a.C., l'Africa e la Macedonia e, via via, tutte le altre, che divennero diciotto in età cesariana.

Il governatore della provincia, che, successivamente, come si è già avuto modo di ricordare, fu un promagistrato e che era assistito da un *consilium* di *legati* scelti (solitamente nel numero di dieci) secondo criteri fissati dal senato (che cercava così di garantirsi il controllo dell'operato del *praeses provinciae*) e svolgenti funzioni spesso importanti su delega di quest'ultimo, aveva poteri in pratica illimitati.

In particolare, esercitava il comando militare (indicendo leve tra i cittadini ed i *socii* e requisendo beni per l'approvvigionamento delle truppe) e la giurisdizione civile (sulla base di un editto emanato all'entrata in carica ed analogo a quello pubblicato a Roma dai pretori urbano e peregrino) e, in maniera illimitata nei confronti dei provinciali (mentre per i *cives* che si trovavano fuori Roma una delle *leges Porciae* del 195 a.C. introdusse il limite della *provocatio*), quella criminale (entrambe aventi luogo in apposite sessioni, dette *conventus*, che si tenevano nelle città più importanti della *provincia*), tutelando gli interessi romani, mantenendo l'ordine pubblico e, più in generale, amministrando il territorio provinciale (suddiviso in circoscrizioni o distretti minori detti diocesi) con l'assistenza di un complesso apparato organizzativo composto da *adsessores, comites* ed *apparitores* (*scribae, lictores, viatores, pullarii, interpretes, medici*, ecc.) e coordinato da un questore, che, oltre a coadiuvare il governatore sovrintendendo all'amministrazione finanziaria ed ai lavori pubblici, aveva anche una limitata competenza giudiziaria (analoga a quella degli edili curuli a Roma ed esercitata sulla base di un editto da lui appositamente emanato), rappresentando nella provincia la più alta autorità dopo il governatore (sostituendolo su sua delega od in caso di assenza).

Ad alcune comunità cittadine ricadenti nel territorio della *provincia*, ognuna delle quali era governata in base ad uno statuto (*lex provinciae*) di regola emanato dallo stesso comandante militare al quale si doveva l'annessione o dal magistrato che aveva ricevuto dal senato l'incarico di provvedere ad ordinare il territorio conquistato come *provincia* su delega dei comizi, venne mantenuta formalmente la preesistente organizzazione amministrativa e giudiziaria in virtù di trattati di alleanza con Roma che le garantivano determinate prestazioni da parte di tali *civitates* (dette perciò *foederatae*); ad altre venne lasciata un'autonomia interna ed un'indipendenza formale piena, rinunciando Roma a vincolarle a sé con la stipula di trattati di alleanza ed ad imporre ad esse obblighi di contribuzione ordinaria di natura finanziaria o militare (*civitates immunes ac liberae*); ad altre ancora venne concessa di fatto, cioè senza alcun atto formale, una limitata autonomia amministrativa e giurisdizionale, ma fu imposto di versare a Roma un tributo (*stipendium*) in denaro od in natura (*civitates liberae non immunes* o *stipendiariae*).

Assoggettando militarmente i territori eretti a *provinciae*, Roma non trasformò tali dominii in comunità di persone libere, ma, evitando di trasformare gli abitanti di questi territori in *cives* o *socii*, li considerò formalmente come stranieri (*peregrini*) sottoposti alla sua sovranità (*sub imperio*), quindi dei vinti (*dediticii*), come si legge nel passo di Pomponio, «*in dicionem*» del popolo romano, cioè soggetti puramente e semplicemente alla sua signoria. Questi *peregrini* furono perciò mantenuti in una condizione di sudditanza non dissimile da quella in cui versavano rispetto ai loro governanti prima della conquista romana, esonerati dal servizio militare e vessati da diversi tipi di tassazione diretta (tra cui il *tributum capitis*, di tipo personale) e di dazi (quali, ad es., i *portoria*, cioè quelli portuali) che garantivano all'*aerarium populi Romani* grandi profitti ed ingenti entrate. Essi erano inoltre privati delle loro terre, che venivano confiscate ed incorporate nell'*ager publicus* romano, accresciutosi anche in virtù dei lasciti ereditari territoriali effettuati in suo favore dai monarchi di alcuni regni orientali (come, ad es., quello di Pergamo da parte di Attalo III) e concesso in possesso temporaneo, tramite locazioni disposte dai censori e dietro pagamento di un *vectigal*, a *societates publicanorum*, cioè compagnie di appaltatori di imposte che talvolta sfruttavano direttamente il territorio provinciale (come, ad es., nel caso di cave e miniere) e, più frequentemente, lo concedevano a loro volta ai privati mediante il pagamento di un canone, in denaro od in natura, detto *vectigal* (come, ad es., nel caso di terre coltivabili e pascoli), provvedendo altresì alla riscossione delle *decumae*, cioè di quelle imposte, consistenti in una percentuale di frutti (di solito, appunto, la decima parte), al cui pagamento erano tenuti i privati che godevano in perpetuo di quella parte del territorio provinciale non ridotto ad *ager publicus*.

22. *La crisi della costituzione repubblicana*

Il susseguirsi delle spedizioni militari in tutto il bacino del Mediterraneo costrinse i contadini, che costituivano ancora la massa dell'esercito romano, a rimanere per lunghi anni lontani dai loro campi, i quali spesso venivano abbandonati e, comunque, mal coltivati. Parallelamente, le guerre vittoriose oltremare fecero affluire a Roma un'enorme quantità di schiavi, che, in quanto mano d'opera a basso costo, arrecò notevoli vantaggi economici ai medi e, soprattutto, ai grandi proprietari terrieri, favorendo così la formazione, in tutto il territorio italico, di latifondi di enormi dimensioni. La crisi dell'agricoltura italiana si aggravò ulteriormente intorno alla metà del II secolo a.C., allorquando i latifondisti iniziarono ad appropriarsi, spesso illegittimamente, dell'*ager publicus* e, soprattutto, dell'*ager occupatorius*, trascurato negligentemente dalle autorità preposte al controllo della sua gestione.

Per alleviare la dolorosa condizione di povertà nella quale versavano i contadini, resa peraltro ancora più inaccettabile dal contrasto con il progressivo arricchimento di altre classi sociali, quale, ad es., il ceto mercantile, favorito dalle fiorenti attività industriali e commerciali incrementate a dismisura tanto dall'espansione romana transmarina quanto dall'appalto di grandiosi lavori pubblici, nel 133 a.C. il tribuno della plebe Tiberio Sempronio Gracco, espressione della *nobilitas*, propose una legge agraria, che, nelle sue intenzioni, avrebbe dovuto arrecare benefici anche al proletariato urbano. Tale provvedimento, pur appoggiato da un gruppo di nobili ed inizialmente non osteggiato da molti senatori, i quali mostrarono nei suoi confronti una sostanziale indifferenza, colpiva gli interessi della grande aristocrazia terriera, che, spaventata anche dai comportamenti sempre più radicali messi in atto da Tiberio Gracco per superare le difficoltà degli oppositori (quale, ad es., la destituzione del collega Marco Ottavio, che impediva, con il suo veto, l'approvazione della legge agraria, mediante una *lex Sempronia de magistratu M. Octavii abrogando*, la quale suscitò ovviamente grande scalpore), reagì coagulando tutte le forze per qualunque motivo antigraccane. Accade così che, avendo Tiberio Gracco cercato di farsi rieleggere tribuno anche per l'anno successivo, l'aristocrazia senatoria fece di tutto per dipingere questo tentativo come un primo passo verso l'instaurazione della tirranide, sicché, interrotta l'assemblea elettorale conciliare da parte del pontefice massimo Publio Cornelio Scipione Nasica Serapione, capoparte ottimate, che utilizzò in maniera anomala la procedura eccezionale dell'*evocatio* (che consentiva a chiunque, in caso di pericolo per le istituzioni, di usare le armi contro i nemici esterni della *res publica*), si giunse allo scontro tra graccani ed antigraccani, nel quale persero la vita centinaia di cittadini, tra i quali anche Tiberio Gracco.

Il conflitto si prolungò anche negli anni successivi, e ciò anche perché il problema delle campagne non era stato risolto dalla *lex agraria* del 133 a.C., che fu sostituita dieci anni dopo da una legge agraria fatta votare da Gaio Sempronio Gracco, fratello e continuatore dell'opera di Tiberio Gracco. Anche questo provvedimento, che tendeva a sottrarre alle appropriazioni indiscriminate dei latifondisti terreni italici assai fertili e, perciò, particolarmente appetiti (come, ad es., l'*ager Campanus*), ed altri finalizzati a rinnovare le strutture dello Stato e della società (la *lex de tribunis reficiendis* legittimante il tribunato pluriennale; la *lex Sempronia de provinciis consularibus* mirante ad infrangere il monopolio senatorio sulla gestione ed il controllo del suolo provinciale; la *lex Sempronia de novis portoriis* regolante l'obbligo del rendiconto delle *societates publicanorum*; la *lex Sempronia de provincia Asia* attribuente ai *concilia plebis*, sottraendolo alla tradizionale competenza del senato, il potere di formulare lo statuto di questa nuova provincia e di stabilire il regime giuridico dei territori ereditati da Attalo III; la *lex Sempronia de capite civis* rafforzante la garanzia della *provocatio ad populum*; la *lex Sempronia de abactis* vietante ai magistrati destituiti dal popolo di accedere ad altre magistrature; la *lex Sempronia de comitiis centuriatis* stabilente che le *centuriae* fossero chiamate al voto per sorteggio e non più in base all'ordine delle classi; la *lex Sempronia iudiciaria* trasferente la funzione di giurati nei processi criminali dai senatori ai cavalieri) furono osteggiati dall'aristocrazia senatoria, che, al solito, li accreditò nell'opinione pubblica, mistificandoli pretestuosamente, come tasselli di un preciso e pericoloso disegno di acquisizione di un potere personale. A tale opposizione si aggiunse poi lo scontento della plebe urbana e dei cavalieri, che non vedevano certo di buon occhio la proposta, anch'essa 'democratica', di Gaio Cracco, non trasfusasi in *lex*, di concedere la cittadinanza ai *socii Italici* ed ai *Latini*, che costituì l'inizio della rovina di Gaio, i cui progetti politici, rispetto a quelli del fratello Tiberio, erano sicuramente più ampi, complessi e variegati, ma probabilmente supportati, come sembra trasparire dal velleitario tentativo di coalizzare interessi troppo disparati, da un minore senso pratico. Avanzata nel 122 a.C. la propria candidatura al tribunato per la terza volta, Gaio Gracco non fu eletto e l'anno successivo fu ucciso, insieme a centinaia di suoi seguaci, dal console ottimate Lucio Opimio.

Quest'ultimo aveva utilizzato i pieni poteri concessigli dai *patres* con un *senatusconsultum ultimum*, che era formalmente un autorevole parere concernente l'assoluta necessità di fronteggiare gli eventi più pericolosi per la *salus rei publicae*, ma, nella sostanza, si configurò come la tragica risposta politica dei ceti dominanti alle speranze suscitate dai Gracchi e da chi, in seguito, avesse tentato di impaurire l'aristocrazia senatoria, minacciandone gli interessi più gelosamente difesi. In virtù di tale senatoconsulto, i consoli vedevano liberato il proprio potere di ogni limite e, in particolare, erano esonerati dall'osservanza di ogni disposizione normativa assicurante ai cittadini la garanzia costituzionale della *provocatio ad populum*, finendo così per rendere lecite, con la dichiarazione di *hostis rei publicae* (inizialmente implicita e, a partire dall'88 a.C., accedente esplicitamente ed autonomamente al senatoconsulto), cioè 'nemico della patria', le uccisioni senza processo degli avversari politici più pericolosi, trasformando formalmente le fazioni antagoniste 'interne' in nemici 'esterni' della *res publica* e, dunque, violando apertamente il risalente principio che vietava di abbandonare il cittadino romano, pur ribelle o rivoluzionario, all'incontrollato *ius vitae ac necis* di qualsiasi magistrato e, persino, del dittatore.

La dichiarazione di *hostis rei publicae* ed il *senatusconsultum ultimum* furono pertanto utilizzati dal senato per difendere anche con la violenza la propria egemonia, legittimando abusi e prevaricazioni che iniziarono a far sprofondare la *res publica* in un torbido e turbolento clima di ricatti politici, sedizioni militari, rivolte sociali e vendette personali spesso sfocianti in condanne a morte, all'esilio ed a confische di beni:

> App., *Bell. civ.* 1.1.1-1.2.8: A Roma spesso il popolo ed il senato ebbero contrasti a proposito della stesura delle leggi, della soppressione dei debiti, della divisione delle terre e delle elezioni alle magistrature. Ma questi contrasti non degeneravano in guerra civile. Non si veniva alle mani. Erano soltanto dissensi e liti nell'ambito delle leggi, che le parti componevano con rispetto e concessioni reciproche … Infatti mai nessuna arma fu portata in assemblea, né si ebbero assassinii prima che Tiberio Gracco, mentre era tribuno della plebe e proponeva delle leggi, perisse in una sedizione: molti con lui furono massacrati in Campidoglio intorno al tempio dove si erano asserragliati. Dopo questo crimine le sedizioni non cessarono più ed in ogni occasione i cittadini si dividevano apertamente in fazioni contrarie, spesso portando armi con sé … Crescendo sempre più il male, si ebbero aperte rivolte contro lo Stato e spedizioni militari grandi e violente contro la patria ad opera di esuli o di condannati o di avversari che contendevano per una magistratura o per un comando militare. Nascevano ormai di frequente delle signorie o dei capipartito che tendevano al regno, poiché alcuni non congedavano le truppe affidate loro dal popolo, altri arruolavano per conto proprio, senza autorizzazione pubblica, degli eserciti per combattersi. E se una delle fazioni si impadroniva della capitale, l'altra muoveva guerra, a parole ai suoi avversari, di fatto alla patria. Giacché l'assalivano come se fosse una città nemica e si avevano spietate stragi dei cittadini presenti, per altri condanne e morte, esilii e confische, per taluni terribili tormenti.

Appiano non lascia quindi adito a dubbi laddove afferma che, mentre prima il fisiologico contrasto tra il popolo ed il senato a proposito di alcune leggi o dell'elezione di taluni magistrati o di altri importanti argomenti era composto rispettosamente e per mezzo di reciproche concessioni, dopo la morte violenta di Tiberio Gracco si ebbero dissensi e liti che degenerarono presto in un vere e proprie guerre civili.

Appare allora evidente che il senato, stringendo una stretta alleanza con i magistrati supremi ad esso più vicini conferendo loro, in maniera arbitaria ed illegale, i più ampi ed illimitati poteri per mezzo appunto della dichiarazione di *hostis rei publicae* e del *senatusconsultum ultimum*, provocava un'irrimediabile distorsione di quel sistema istituzionale, sviluppatosi armonicamente nel corso dell'età repubblicana, che aveva come suo terzo pilastro l'assemblea popolare, ora privata arbitrariamente di una delle prerogative più importanti dal punto di vista delle garanzie costituzionali dei *cives*, cioè la *provocatio ad populum*, che, come abbiamo avuto modo già di vedere, competeva separatamente e, tuttavia, non senza limiti e condizionamenti reciproci, al popolo ed ai magistrati. Il faticoso e precario equilibrio costituzionale raggiunto tra senato, popolo e magistrati e tra le forze politiche e sociali di cui questi organi dello Stato erano espressione era dunque messo seriamente a repentaglio, lasciando spazi sempre più ampi all'operato di magistrati, militari di professione e privati divenuti capipartito che, spesso legati da vincoli di stretta solidarietà politica con il senato, iniziarono a fare scempio di quelle massime libertà repubblicane che, a parole, si dicevano pronti a difendere.

Vanificate nel giro di qualche anno le più importanti riforme graccane, l'aristocrazia senatoria cercò di riprendersi quel ruolo di governo e direzione della *res publica* che era stato intaccato dal coinvolgimento politico nella vita pubblica, propugnato da Gaio Gracco, degli *equites*, che, nel 107 a.C., erano riusciti a fare eleggere al consolato, imponendolo come comandante militare nella guerra contro Giugurta, re della Numidia, una persona di loro assoluta fiducia e reclutato tra le loro fila, Gaio Mario, il quale, dopo due anni, condusse a termine vittoriosamente le operazioni militari in Africa, in occasione delle quali introdusse una riforma non di poco momento:

> Val. Max. 2.3.1: *Laudanda etiam populi verecundia est, qui inpigre se laboribus et periculis militiae offerendo dabat operam ne imperatoribus capite censos sacramento rogare esset necesse, quorum nimia inopia suspecta erat, ideoque his publica arma non committebant. Sed hanc diutina usurpatione formatam consuetudinem C. Marius capite censum legendo militem abrupit, civis alioqui magnificus, sed novitatis suae conscientia vetustati non sane propitius memorque, si militaria signa humilitatem spernere perseverarent, se a maligno virtutum interprete velut capite censum imperatorem conpellari posse. Itaque fastidiosum dilectus genus in exercitibus Romanis oblitterandum duxit, ne talis notae contagio ad ipius quoque gloriae subgillationem penetraret.*
>
> [È anche da lodare il senso della prudenza del popolo, il quale, offrendosi attivamente alle fatiche ed ai pericoli della milizia, permetteva ai generali di non impegnare al servizio militare i nullatenenti, la cui povertà era guardata con sospetto, e per questo motivo a costoro non venivano affidate armi pubbliche. Ma questa consuetudine, formatasi per lungo uso, fu violentemente interrotta da Gaio Mario, il quale impose l'arruolamento dei proletari: cittadino per altri aspetti insigne, ma non troppo riguardoso della tradizione per la consapevolezza del suo essere *homo novus*, e memore che, se

l'esercito avesse continuato a disprezzare l'apporto della povera gente, qualche maligno commentatore delle sue virtù avrebbe potuto chiamarlo il generale proletario. E così egli ritenne di dovere eliminare, negli eserciti romani, quel fastidioso genere di arruolamento, onde il contagio di simile biasimo non giungesse ad infamare la sua personale gloria].

Valerio Massimo, che non manca di sottolineare come Mario fosse perfettamente conscio di essere un *homo novus*, ricorda come questi avesse provveduto a formare il suo esercito arruolando volontari tra i nullatenenti, cioè i *capite censi*, fino a quel momento esclusi dal servizio militare. Come appare evidente, si trattava di una riforma gravida di conseguenze politiche, giacché, se per un verso i proletari erano divenuti talmente poveri da costringere già da tempo la *res publica* (contrariamente ad una vetusta tradizione) a sopperire alle spese di armamento e di vestiario degli arruolati, per altro verso l'iniziativa di Mario avrebbe avuto, come conseguenza necessitata (e, del resto, già sottolineata da Appiano nel passo più sopra riportato), la creazione di eserciti 'professionali' e stanziali formati da quanti, vedendo nel servizio militare una fonte di sostentamento economico nonché di progressione sociale, affidavano unicamente ai loro comandanti la speranza di potere vedere realizzate le loro aspettative. E non vi è chi non veda, allora, quanto la formazione di una rilevante clientela militare (che si affiancò progressivamente a quella civile, talora surrogandola, nel corso delle lotte politiche e delle connesse guerre civili) e la teorizzazione ed affermazione del primato del potere militare su quello civile fossero lontane dalle idee professate da Tiberio Gracco.

In seguito alla guerra vittoriosa contro i Cimbri ed i Teutoni nel 102-101 a.C., Mario, che rivestì ininterrottamente il consolato dal 104 al 100 a.C. in palese contrasto con il disposto della già ricordata *lex Villia* e con il consenso del senato (che, invece di prorogargli il comando nelle debite forme, e cioè conferendogli l'*imperium* di proconsole, preferì evitare che altri ne avessero uno superiore al suo), accrebbe a dismisura la sua fama ed il suo potere: egli, infatti, pur mantenendo stretti rapporti con il ceto equestre di cui era espressione, cercò con ogni mezzo di consolidare la sua posizione di supremazia militare politica evitando però accortamente di scontentare eccessivamente la *nobilitas* senatoria.

Peraltro, Mario, proprio durante la guerra contro i Cimbri ed i Teutoni, aveva concesso a singoli soldati o ad intere comunità alleate la cittadinanza romana come compenso per gli atti di valore e per la fedeltà dimostrata. Pur trattandosi di provvedimenti sporadici, che non potevano certo essere espressione di un programma politico di integrale parificazione, essi finirono però per alimentare le aspettative dei *socii Italici*, i quali vedevano nella concessione della cittadinanza non solo un efficace strumento di tutela contro gli abusi dei magistrati e dei comandanti militari di Roma, ma anche un mezzo per potere ambire alle magistrature ed al senato romani. Le aspettative degli alleati italici sembrarono trovare realizzazione in seguito ad opera del tribuno della plebe

Marco Livio Druso, che, nel 91 a.C., dopo avere predisposto alcuni provvedimenti approvati dai *concilia plebis* e finalizzati ad avere il consenso dei gruppi moderati romani ed italici e, almeno, la neutralità del senato e del ceto equestre (*frumentationes*, distribuzione di terre in tutta l'Italia, riforma giudiziaria ritrasferente ai senatori il compito di far parte delle giurie criminali, raddoppio del numero dei senatori con conseguente scelta dei nuovi *patres* tra gli *equites*), dichiarò apertamente che l'ormai scottante problema dei *socii Italici* avrebbe appunto potuto trovare una soluzione solamente concedendo ad essi la cittadinanza romana. Nello stesso anno, Druso, che in realtà non era riuscito a superare la diffidenza degli *equites* (esclusi dalle giurie criminali) e di parte degli alleati italici (in particolare, i latifondisti che vedevano intaccati i loro interessi dalla riforma agraria), fu però ucciso da mano ignota, provocando il risentimento e l'aperta ribellione dei *socii Italici*. Esplose perciò la guerra, detta 'sociale' od 'italica', che si prolungò fino all'87 a.C. ed in seguito alla quale la cittadinanza, seppure a tappe (prima agli alleati rimasti fedeli e poi a quelli che man mano si arrendevano), fu concessa a tutti i *socii* da Roma, che uscì sì vittoriosa sul piano militare, ma sconfitta su quello politico.

Quasi alla fine del conflitto con gli alleati italici, e cioè nell'88 a.C., si rese inoltre necessario inviare un esercito romano in Asia Minore per contrastare la crescente egemonia politica e territoriale di Mitridate VI, re del Ponto, che, consapevole dell'inevitabile ostilità di Roma, si preparava allo scontro militare accreditandosi presso i Greci d'Oriente come il liberatore del mondo ellenistico dalla potenza straniera romana. Il comando delle truppe non fu però affidato a Mario, che vi aspirava per rinverdire i suoi allori di comandante militare, bensì a Lucio Cornelio Silla. Mario scese perciò a patti con il tribuno della plebe Publio Sulpicio Rufo, ideale continuatore della politica di Druso, offrendogli il suo appoggio politico e quello degli *equites* in cambio del comando della guerra mitridatica, che Sulpicio fece votare revocandolo illegalmente a Silla. Questi, profondamente irritato da tale decisione presa a suo danno, rispose, in maniera altrettanto illegale ed in modo ancor più grave ed inaudito, entrando a Roma con il suo esercito in armi, facendo uccidere Sulpicio e costringendo alla fuga Mario (che morì nell'86 a.C.) ed i suoi seguaci.

Forte dell'appoggio dell'esercito e dei suoi successi militari in Oriente, Silla mirò subito a limitare drasticamente i poteri delle assemblee popolari e, soprattutto, dei tribuni della plebe (privandoli del diritto di *intercedere*, vanificando di fatto il loro potere di iniziativa legislativa e criminale nei confronti dei *concilia plebis* e precludendo ad essi la possibilità di ricoprire in seguito magistrature curuli) ed a rafforzare il governo senatorio (nominando direttamente 150 nuovi membri che colmassero i vuoti esistenti e raddoppiandone addirittura l'organico facendo ricorso ad ex magistrati amici, *equites*, soldati e, addirittura, liberti dagli ingenti patrimoni e, ancora, attribuendo ai soli *patres* la competenza giudiziaria criminale delle diverse giurie permanenti delle *quaestiones perpetuae*, vecchie e nuove, delle quali disciplinò minuziosamente la procedura ed il funzionamento), muovendosi inizialmente con una prudenza e cautela che presto lasciò però il posto ad un ben preciso e consapevole disegno riformatore volto a stabilire, anche con la violenza, il terrore e la repressione, un nuovo ordine costituzionale eversivo della *res publica* che si configurava, sostanzialmente, con una vera e propria tirannide, dallo stesso Silla mascherata formalmente come legale restaurazione dell'antico regime repubblicano allo scopo di giustificare *ex post* la sua illegittima presa del potere e le nefandezze che l'avevano preceduta (stragi di prigionieri, uccisioni di massa dei filomariani, vendette personali, vessazioni nei confronti dei *socii Italici* ostili e liste di proscrizione lasciate aperte fino all'81 a.C.):

App., *Bell. civ.* 1.98.456-100.468: Silla, detenendo di fatto un potere regio o tirannico, conseguito non con libera elezione ma con la forza e la violenza, desideroso tuttavia di apparire, almeno esteriormente, d'essere stato eletto, in questo modo pervenne ad ottenere il suo scopo ... Silla ... dal momento che non vi erano consoli, poiché Carbone era morto in Sicilia e Mario a Preneste, si allontanò un po' da Roma ed ordinò al senato di procedere alla nomina di un interré. Il senato nominò Valerio Flacco, sperando che egli avrebbe tenuto i comizi consolari. Silla, allora, scrisse a Flacco di far presente al popolo che stimava utile allo Stato, in quelle circostanze, la riesumazione della magistratura che i Romani chiamano dittatura, alla quale da quattrocento anni non si ricorreva più. Consigliava altresì che il dittatore fosse eletto non con il potere limitato ad un certo tempo, ma fino a quando avesse dato stabilità a Roma, all'Italia ed a tutto l'impero, scossi dalle rivoluzioni e dalle guerre ... Questo era il tenore della lettera di Silla ed i Romani, pur di malavoglia, non disponendo più di votazioni legali e considerando che la faccenda non dipendeva più da loro, in mezzo alla generale incertezza ... crearono Silla dittatore per quanto tempo voleva ... Tuttavia fu aggiunto, per rendere più perniciosa la titolatura, che egli era stato creato dittatore per proporre leggi, che egli stesso avrebbe ritenuto utili, e per la riorganizzazione dello Stato ... Silla, per mantenere l'apparenza della costituzione dei padri, permise l'elezione dei consoli ... Abrogò leggi e ne fece altre: vietò di ricoprire la pretura prima della questura ed il consolato prima della pretura, ed anche l'iterazione della stessa magistratura, prima che fossero passati dieci anni. Parimenti ridusse il potere dei tribuni, rendendolo molto limitato con il vietare per legge che il tribuno potesse in seguito rivestire un'altra magistratura ... Nello stesso senato, assai ridotto di numero per le rivoluzioni e le guerre, fece entrare circa trecento nuovi membri scelti tra i più illustri cavalieri ...

Con una legge centuriata fu dunque attribuita a Silla una dittatura *legibus scribundis et rei publicae constituendae*, che, a causa della natura e dell'illimitatezza dei poteri che la connotavano in maniera del tutto peculiare (durata non circoscritta a sei mesi, deliberazione comiziale e *dictio* dell'interré, funzione costituente ed istituzionalizzazione *de facto* di un incontrollato potere personale), solo formalmente si riconnetteva all'antica ed ormai desueta magistratura straordinaria repubblicana. Infatti, in virtù di essa, al nuovo dittatore spettava la facoltà di uccidere, confiscare e distribuire terre (che caddero in mano di privati, i quali divennero ben presto latifondisti), nominare magistrati (dei quali regolò minuziosamente il *cursus honorum*, i requisiti di ammissione ed i poteri), dedurre colonie (soprattutto di veterani e partigiani, che in tal modo furono legati a Silla da vincoli di tipo clientelare), fissare confini all'Italia ed all'intero territorio della *res publica*, regolare province (istituendo, ad es., la Gallia Cisalpina), designare promagistrati (separando nettamente, in forza di una *lex Cornelia de provinciis ordinandis* dell'81 a.C., l'esercizio dell'*imperium domi* da quello *militiae*, che cessarono così di essere considerati unitariamente in quanto il primo finì per competere a Roma ai consoli ed il secondo in Italia e nelle province ai proconsoli ed ai propretori), disporre liberamente dell'*aerarium populi Romani* e di fondi pubblici, appaltare opere pubbliche ed emanare leggi. E ciò anche sulla base di alcune attribuzioni religiose (tra le quali, ad es., quella, di grande significato politico-sacrale, di modificare a suo piacimento i limiti del *pomerium*) la cui titolarità in capo a Silla contribuì non poco ad incrementare il suo nuovo ed anomalo ruolo istituzionale, che finiva così per essere ammantato di una regalità non dissimile da quella dei *reges* ellenistici.

All'improvviso ed in maniera del tutto imprevedibile ed a tutt'oggi inspiegata, più precisamente sul finire dell'80 a.C., Silla abdicò però alla dittatura, ritirandosi nei suoi vasti possedimenti campani (dove poi morì nel 78 a.C.) ed uscendo così dalla scena politica di Roma, nella quale irruppe, in qualità di console, un suo iniziale seguace divenuto poi acerrimo avversario, Marco Emilio Lepido, che, postosi a capo dei *populares*, infranse definitivamente, in concorso con una parte della *nobilitas*, il sogno di Silla di potere assumere, da semplice privato ritiratosi dall'agone politico, una posizione di stabile e permanente supremazia, fondata ora non più sulla dittatura, bensì sulla fedeltà dell'esercito e, soprattutto, sul quel suo prestigio personale che avrebbe dovuto garantirgli il ruolo di supremo regolatore della vita della rifondata *res publica*.

Al di là di tali vicende storiche-politiche, va però riconosciuto che, tra le concause che contribuirono ad accelerare il processo degenerativo del sistema costituzionale repubblicano romano, vi furono quelle, alcune delle quali già ricordate, di ordine economico e sociale (trasformazione delle tecniche di conduzione agraria, formazione dei latifondi, *frumentationes*, sviluppo di imprese commerciali, bancarie, industriali e di trasporto, incremento degli appalti pubblici, esplosione del fenomeno schiavistico e del lavoro servile, formazione di un ceto di militari di professione) ed altre sono rinvenibili in ambito etico, spirituale e culturale (influsso della filosofia e della retorica greca, nuova morale di tipo individualistico, ricerca del lusso e delle raffinatezze, scetticismo nei confronti della materia sacrale ed auspicale).

E, in tale contesto, un ruolo certamente non secondario venne svolto dall'enorme espansione territoriale di Roma in tutto il bacino del Mediterraneo. L'estendersi dell'egemonia romana nei territori extraitalici aveva infatti inciso profondamente sui limiti istituzionali, demografici e geografici di una città-stato che, in definitiva, cercò di fare i conti con la nuova realtà cosmopolitica fronteggiandola con la ferma convinzione che fosse possibile restituire funzionalità alla *res publica* modificandone il rapporto tra i suoi diversi organi. In questo senso, può dirsi allora che tale progetto politico-costituzionale fu comune ai Gracchi, a Mario ed a Silla, divergendo però a seconda dell'intenzione di dare prevalenza all'uno od all'altro pilastro dell'ordinamento repubblicano, e cioè in modo da accentuare da parte dei primi il rilievo politico ed il potere decisionale del tribunato della plebe e delle assemblee popolari, a scapito del senato e degli altri magistrati (modello democratico), da parte del secondo quelli del senato, a scapito delle assemblee popolari, del tribunato e delle altre magistrature (modello aristocratico) e da parte del terzo quelli della magistratura unica straordinaria, riadattando e rendendo stabile la dittatura, a scapito di tutti gli altri organi della *res publica* diversi dal senato (modello monarchico). Tutti questi diversi disegni politici si dimostrarono però, alla prova dei fatti, fallaci ed irrealizzabili, in quanto gli organi costituzionali urbani che, a diverso titolo, avrebbero dovuto supportarli erano, in realtà, inidonei funzionalmente a governare in maniera efficace popolazioni e territori ormai troppo vasti e disparati.

23. *La fine della* libera res publica

La lotta politica che seguì all'uscita di scena di Silla vide, al solito, contrapposti i *populares* e la *nobilitas*, i primi portatori di quelle rinnovate istanze 'democratiche' che erano state mortificate da Silla e da sempre osteggiate dall'aristocrazia senatoria ed equestre e la seconda fautrice di un bieco 'conservatorismo' finalizzato alla gelosa difesa di quello *status quo* che ne ne privilegiava il ruolo politico ed il potere decisionale.

La classe dirigente nobiliare, impensierita da una serie di iniziative, talvolta demagogiche (ed in questa accezione dispregiativa venne comunemente inteso il termine *'popularis'*, designando così chi, spesso ad onta della sua estrazione nobiliare, mobilitava la folla per sostenere i propri interessi) e talaltra realmente sovversive, propugnate da Lepido, si ricompattò affidando il comando del suo esercito a Gneo Pompeo, che, in seguito alla morte di Lepido ed ai successi militari riportati in Spagna contro Sertorio, venne visto come il salvatore della *res publica* e, soprattutto, del governo senatorio. Nel 73 a.C. era frattanto scoppiata nell'Italia meridionale una rivolta di gladiatori e schiavi che, a causa dell'adesione a tale movimento da parte dei contadini liberi più poveri, rischiava di divenire pericolosa e che, perciò, doveva essere repressa senza alcun indugio, ciò che avvenne due anni dopo ad opera di Marco Licinio Crasso, il quale, grazie anche all'appoggio militare di Pompeo rientrante dalla Spagna, sconfisse il capo dei ribelli, il gladiatore trace Spartaco.

Pompeo e Crasso conclusero allora un accordo elettorale, venendo eletti al consolato nel 70 a.C. e consentendo così all'aristocrazia senatoria di riprendersi il governo della *res publica*. L'intesa tra i due, pur di breve durata, comportò l'abolizione di alcuni provvedimenti sillani e l'introduzione di qualche nuova riforma mirante a rafforzare anche gli *equites*, dai quali erano appoggiati entrambi e, soprattutto, il secondo, in quanto associato alle loro diverse attività commerciali. Il decennio successivo al 70 a.C. vide l'ascesa politica di Pompeo, che, tra l'altro, ebbe, nonostante l'ostilità di gran parte della *nobilitas* restia a concedere poteri così ampi nelle mani di personaggi capaci ed ambiziosi, due *imperia* straordinari finalizzati prima alla guerra contro i pirati (*lex Gabinia* del 67 a.C., richiesta a gran voce dagli *equites* che da questi ultimi ricevevano non poco danno per i loro traffici mercantili marittimi) e poi al riesploso conflitto mitridatico (*lex Mamilia* del 66 a.C.), l'una e l'altro vittoriosamente conclusisi nel giro di due anni. Ritornato a Roma nel 62 a.C. dall'Asia Minore, dove, in seguito ad ulteriori successi militari, aveva istituito le province di Ponto-Bitinia e Siria, Pompeo evitò di servirsi delle sue truppe per prendere il potere e, pertanto, le congedò, nella convinzione, derivante dalla sua enorme popolarità e dal suo prestigio di comandante militare vittorioso, di essere divenuto ormai l'arbitro della politica romana.

I *populares* e la maggioranza della *nobilitas* non assecondarono però i comportamenti ed i propositi di Pompeo, schierandosi apertamente contro di lui, con la conseguenza che, nonostante l'appoggio di Cicerone (che nel 63 a.C. aveva sventato la congiura di Catilina), non ottenne la ratifica dell'ordinamento delle nuove province e di una legge agraria proposta in favore dei suoi veterani. Pertanto, Pompeo fu costretto ad allearsi nuovamente con Crasso, a sua volta politicamente in difficoltà per l'intransigenza di Catone nei confronti delle richieste economiche contrattuali avanzate da alcuni pubblicani e da Crasso accettate con il consenso di Cicerone:

> Svet., *Iul.* 19: [...] *Pompeioque Marcum Crassum reconciliavit veterem inimicum ex consulatu, quem summa discordia simul gesserant; ac societatem cum utroque iniit, ne quid ageretur in re publica, quod displicuisset ulli e tribus.*
>
> [... (Cesare) riconciliò con Pompeo Marco Crasso, suo vecchio nemico sin dall'epoca del consolato, che avevano esercitato insieme nel più grande disaccordo, e strinse un patto con entrambi, inteso ad impedire che nella gestione della *res publica* si facesse qualcosa che potesse essere sgradito ad uno dei tre].

Svetonio, che non manca di sottolineare la rivalità esistente tra Pompeo e Crasso, chiarisce dunque che il nuovo accordo tra questi due antagonisti, stipulato nel 60 a.C., venne raggiunto grazia alla mediazione di Giulio Cesare, il quale, a dispetto del suo risalente lignaggio patrizio, era certamente meno forte e ricco di loro e, perciò, aveva tutto da guadagnare da una coalizione tanto con il primo quanto con il secondo, con i quali addivenne ad un'intesa meramente privata comunemente ed impropriamente ricordata come 'primo triumvirato'.

Eletto console nel 59 a.C. grazie anche all'appoggio dei suoi due alleati, Cesare si sdebitò subito nei loro confronti, ottenendo la ratifica dell'ordinamento provinciale di Pompeo ed accontentando le pretese economiche avanzate da Crasso per i suoi amici pubblicani, provvedendo altresì alla distribuzione dell'agro campano non solo ai veterani di Pompeo, ma anche, con il deliberato proposito di ripopolare i terreni agricoli abbandonati, ai *populares* che ne facessero richiesta, privilegiando nell'assegnazione dei lotti le famiglie più numerose. Sempre con il decisivo apporto di Pompeo e Crasso, che avevano in pugno tanto il *concilium plebis* quanto il *senatus*, Cesare ottenne, per un quinquennio, il governo della Gallia Cisalpina (alla quale fu aggiunto l'Illirico) e della Gallia Narbonese, assumendo così un incarico *extra ordinem* per estensione e durata. Caduti in disgrazia o, addirittura, eliminati dalla scena politica di Roma diversi esponenti oligarchici ed anticesariani ad opera di Clodio, spregiudicato tribuno della plebe, i rapporti tra Pompeo e Cesare divennero tesi, sicché si addivenne ad un nuovo accordo, che prevedeva per il primo e Crasso un secondo consolato (55 a.C.) e, rispettivamente, il governo delle due province iberiche (da esercitare discrezionalmente per mezzo di legati, potendo così rimanere a Roma) e quello della Siria e, per il secondo, un secondo quinquennio di proconsolato in Gallia finalizzato alla conquista militare dell'intera regione.

In seguito alla sconfitta ed all'uccisione di Crasso ad opera dei Parti nella battaglia di Carre del 53 a.C., Cesare e Pompeo rimasero da soli a contendersi il potere e la supremazia politica a Roma, rendendo così inevitabile lo scontro finale. Il senato si schierò in favore di Pompeo, rimasto nei pressi della capitale, permettendo che fosse eletto *consul sine conlega* e, cosa ancor più grave dal punto di vista costituzionale, che cumulasse la titolarità di questa anomala magistratura con quella dell'*imperium proconsulare*. Cesare, dal canto suo, in ossequio ad un plebiscito (ispirato da Pompeo) che lo autorizzava a presentare la candidatura al consolato prima di rientrare a Roma e ad un successiva legge riconfermante l'obbligo per i candidati alle magistrature di essere presenti nella capitale, avrebbe dovuto recarsi a Roma da privato cittadino, cioè dopo avere deposto l'*imperium proconsulare* e, quindi, essersi separato dal suo esercito. Ma, poiché in tal caso la *nobilitas* ed i pompeiani non si sarebbero certo fatti sfuggire l'occasione per metterlo sotto processo, egli, dopo avere inviato una lettera al senato con la quale dichiarava di essere pronto a deporre il proprio *imperium* a condizione che Pompeo facesse altrettanto e minacciava, in caso contrario, di provvedere personalmente a liberare Roma dall'illegalità, rispose al diniego senatorio ed alla conseguente emanazione nei suoi confronti del *senatusconsultum ultimum* varcando il Rubicone agli inizi del 49 a.C. e marciando su Roma, dove incoraggiò in maniera politicamente accorta la neutralità di gran parte dei senatori. Dopo avere conferito illegalmente l'*imperium pro praetore* al tribuno della plebe Marco Antonio, Cesare inseguì e sconfisse in Spagna i luogotenenti di Pompeo e, successivamente, si recò in Oriente, dove quest'ultimo si era traferito con le sue truppe, che furono sconfitte nella battaglia di Farsalo del 48 a.C., costringendo Pompeo a rifugiarsi in Egitto, dove fu assassinato dai cortigiani del re Tolomeo XIII, speranzosi di ingraziarsi Cesare e di ottenerne l'appoggio contro la correggente Cleopatra VII, che di Tolomeo era sorella e moglie. Cesare, però, non poteva tollerare che un senatore romano, ancorché suo nemico, fosse impunemente ucciso in un regno vassallo, sicché, legatosi anche sentimentalmente a Cleopatra, sconfisse nel 47 a.C. l'esercito di Tolomeo.

Del resto, l'egemonia politica di Cesare sugli altri organi della repubblica romana era assicurata dall'avere egli trasformato la dittatura, attribuitagli per la prima volta nel 49 a.C. (e cumulata singolarmente con il consolato nel 48 a.C.) e rinnovatagli per quattro volte negli anni seguenti, in magistratura suprema stabile in quanto confermatagli a vita agli inizi del 44 a.C.:

> Cic., *Ad Att.* 9.15.2: [...] *Volet enim, credo, S.C. facere, volet augurum decretum (rapiemur aut absentes vexabimur), vel ut consules roget praetor vel ut dictatorem dicat; quorum neutrum ius est. Etsi, si Sulla potuit efficere, ab interrege ut dictator diceretur, cur hic non possit?*
>
> [... (Cesare) – ritengo – vorrà certamente fare un senatoconsulto, vorrà un decreto degli *augures* (ci faremo trascinare, o, assenti, provocheremo scompiglio), od ancora che un pretore indica le elezioni consolari o 'dica' un dittatore; e nessuna di queste due cose è fatta secondo diritto. Del resto, se Silla potè farsi nominare dittatore da un interré, perché Cesare non potrebbe?]

> Cass. Dio 44.8.4: ... Dopo questi avvenimenti, (Cesare) fece aumentare la diffidenza, permettendo, di lì a poco, di essere proclamato dittatore a vita.

In virtù di tale anomala *dictatura*, della quale Cicerone ravvisa l'immediato precedente storico in quella *legibus scribundis et rei publicae constituendae* di Silla, nella persona di Cesare si accentrarono ben presto poteri militari e di direzione politica ed amministrativa ugualmente enormi ed illimitati, accresciuti peraltro dal fatto che egli assunse anche un consolato decennale ed alcune facoltà tribunizie, il diritto di nominare quasi tutti i magistrati senza interpellare i comizi e così pure i governatori delle province, la *praefectura morum*, la *lectio senatus* (il numero dei cui membri, scelti accuratamente in gran parte tra i partigiani del dittatore e maggiormente tra gli esponenti del ceto equestre e delle aristocrazie municipali, fu portato pletoricamente a 900), la carica di *pontifex maximus* (in virtù della quale venne riformato il calendario), il potere di conferire il patriziato e di dichiarare la guerra e la pace ed il diritto di disporre dell'*aerarium populi Romani* e di emanare editti vincolanti per tutti.

Sulla scorta di tali amplissimi poteri, Cesare, che non a caso fu il primo a rendere permanente il titolo di *imperator* (adottato verosimilmente come *praenomen* e, quindi, costituendo l'immediato precedente della formula onomastica *Imperator Caesar* in seguito fatta propria da Augusto) fino a quel momento portato dai generali romani dal giorno della vittoria a quello del trionfo, procedette a riformare la *res publica* e la società romana adottando diversi provvedimenti, accomunati, per un verso, dall'esigenza di superare le lacerazioni tra gli ordini sociali e, per altro verso, dalla consapevolezza che le nuove dimensioni territoriali e demografiche della *res publica*, l'estrema varietà degli interessi da comporre, la grande complessità dei compiti da assolvere, gli oneri del controllo, dell'amministrazione e della difesa militare delle sempre più numerose province e la necessaria rapidità delle decisioni da assumere non fossero più compatibili con il vecchio ordinamento repubblicano. Tra questi, particormente importanti furono quelli concernenti l'amministrazione della giustizia (*lex Iulia iudiciaria* del 46 a.C., che, modificando il regime introdotto da una legge fatta votare nel 70 a.C. dal pretore Lucio Aurelio Cotta, escluse dalle corti giudicanti criminali i *tribuni aerarii* e stabilì che l'*album iudicum* dei tribunali delle *quaestiones* fosse formato esclusivamente ed in parti uguali da senatori e cavalieri) e delle province (*lex Iulia de provinciis* del 46 a.C., in base alla quale i governatori non potevano rimanere in carica per più di un anno se ex pretori e di due anni se ex consoli), l'organizzazione territoriale italica (*lex Iulia municipalis*, emanata tra il 46 ed il 45 a.C., che, superando la dimensione cittadina della *res publica* e considerando unitariamente *municipia* e *coloniae* dal punto di vista della disciplina giuridica, comportò la nascita di *civitates Romanae* ancora formalmente diverse per funzione, ma sostanzialmente unificate nel regime), la proprietà terriera (*leges agraria* e *de re pecuaria*, aventi ad oggetto il latifondo e le grandi masse servili che vi prestavano la loro attività lavorativa) e l'economia dei privati (*leges Iulia de pecuniis mutuis* e *Iulia de mercedibus habitationum annuis*, rispettivamente del 49 e 47 a.C., disciplinanti i debiti e la remissione dei canoni di locazione fino ad un certo ammontare).

Il 15 marzo del 44 a.C., Cesare, mentre si accingeva a presiedere una seduta del senato, fu ucciso da alcuni congiurati (tra i quali anche esponenti del suo stesso partito), dando l'illusione che la fine traumatica del regime tirannico ed oppressore delle libertà repubblicane instaurato dal dittatore potesse condurre alla restaurazione della vecchia *res publica*. In realtà, la fiducia nelle risalenti strutture repubblicane, mostratesi inadeguate alle nuove esigenze dello stato romano e non in grado di reggere l'urto delle recenti e drammatiche vicende, era stata inevitabilmente compromessa dal trasferimento della lotta politica dal piano della regolarità costituzionale a quello della forza delle armi, degenerando così in una competizione finalizzata esclusivamente al raggiungimento di un potere personale.

L'omicidio di Cesare non portò dunque ad alcuna restaurazione della *libertas rei publicae*, ma aprì un nuovo angoscioso periodo di disordine politico e sociale e di guerre civili, che prese l'avvio dal panico scatenato da tale morte violenta tra le fila dei suoi seguaci, i quali, pur avendo ancora in mano le leve del potere grazie al console Marco Antonio ed al *magister equitum* Marco Emilio Lepido (che controllava le truppe presenti nei pressi di Roma), non ne riconoscevano tuttavia il primato, e ciò perché Antonio aveva cercato di assumere una posizione di mediazione tra il partito senatorio e dei repubblicani più intransigenti (che vedevano gli uccisori di Cesare come i liberatori della *res publica*) e quello dei cesariani (i più accaniti dei quali, come i legionari ed i veterani, volevano vendicata l'uccisione di Cesare). L'equilibrio delle forze politiche in campo, reso possibile dal compromesso con il quale Antonio promise di non perseguire penalmente i cesaricidi (alcuni dei quali, come i promotori della congiura Cassio e Bruto, furono costretti ad allontanarsi da Roma) ed abolì per sempre la dittatura (in quanto carica impiegata da Silla in poi come strumento di potere personale) ottenendo in cambio che l'intera legislazione di Cesare non fosse abrogata, durò poco, giacché il dittatore aveva nominato suo erede testamentario il pronipote Gaio Ottavio, che, adottato come figlio, assunse il nome di Gaio Giulio Cesare Ottaviano, il quale, affrettatosi ad accettare l'eredità del prozio, iniziò ad operare abilmente dando esecuzione agli ingenti lasciti disposti nel testamento in favore del popolo, suscitandone il prevedibile grande entusiasmo ed accreditandosi in tal modo presso le masse come il continuatore e perfezionatore dell'opera di Cesare e, al tempo stesso, come il restauratore della *res publica*.

Ottaviano divenne console (il 19 agosto del 43 a.C., insieme ad un altro cesariano, Q. Pedio, al quale impose di proporre ai comizi la *lex Pedia de interfectoribus Caesaris* per la persecuzione dei cesaricidi) e padrone di Roma sfruttando l'occasione offertagli da alcuni rovesci militari (culminati nella battaglia di Modena) subiti, ad opera di un esercito reclutato a proprie spese e messo a disposizione del senato (che lo ricompensò con il conferimento dell'*imperium* di propretore, essendo egli fino a quel momento un semplice privato, e con l'ammissione al senato, con l'annessa dispensa per il futuro dai termini legali per candidarsi alle magistrature), da Antonio (nei cui confronti l'atteggiamento del senato era di sospetto in quanto visto come il più ambizioso e pericoloso candidato, tra i seguaci di Cesare, a prenderne il posto). Nonostante la vittoria militare su Antonio, Ottaviano si era visto inizialmente rifiutare dal senato il consolato, il trionfo ed i compensi per i suoi veterani e, per questo motivo, era stato costretto a marciare su Roma, occupandola ed impadronendosi della cassa statale per distribuire ai veterani i compensi promessi. Da qui, trattò da una posizione di forza con Lepido ed Antonio, raggiungendo facilmente un accordo prontamente trasfuso in un plebiscito, proposto dal tribuno Publio Tizio ed emanato il 27 novembre del 43 a.C., che conferiva loro il titolo di *tresviri rei publicae constituendae*:

Liv., *Per.* 120: [...] *C. Caesar pacem cum Antonio et Lepido fecit ita, ut tresviri rei publicae constituendae per quinquennium essent ipse et Lepidus et Antonius, et ut suos quisque inimicos proscriberent* [...].

[... C. Cesare (Ottaviano) fece pace con Antonio e Lepido affinché egli stesso e Lepido ed Antonio fossero per un quinquennio *tresviri rei publicae constituendae* e ciascuno proscrivesse i suoi nemici ...].

La *lex Titia* dava così forma legale ai poteri assoluti che i tre avevano deciso di assumere durante un incontro, svoltosi nei dintorni di Bologna in un clima di reciproca diffidenza ed in presenza dei rispettivi eserciti, a conclusione del quale veniva riaffermato l'impegno di una lotta ad oltranza nei confronti dei cesaricidi e si spartivano tra loro i comandi militari e territoriali. Diversamente da quello raggiunto diciassette anni prima da Pompeo, Cesare e Crasso, che era un accordo politico di natura privata, il triumvirato di Ottaviano, Antonio e Lepido ebbe la forma di una vera e propria magistratura straordinaria collegiale, di durata quinquennale, avente potere costituente non dissimile da quello attribuito in precedenza attribuito a Silla con il conferimento della *dictatura legibus scribundis et rei publicae constituendae*. E, al suo pari, comportante perciò un *imperium* praticamente illimitato che annullava le competenze di tutte le altre magistrature ordinarie, di fatto subordinate al triumvirato ed accessibili solo a persone designate dai *tresviri*, e vanificava il ruolo politico del senato, decimato dalle guerre e dalle proscrizioni e composto ora in larga parte da partigiani dei triumviri, mostrando con grande evidenza quale peso e valore avessero ormai gli organi della costituzione repubblicana.

Come ricordato da Livio nella chiusa del passo, uno degli effetti prodotti dall'approvazione della legge Tizia fu la proscrizione degli avversari dei *tresviri* e dei loro seguaci, sicché si scatenò, come ai tempi di Silla, una vera e propria spietata caccia all'uomo, che, a causa della sete di vendetta o dei rancori politici o personali, vide cadere o subire indicibili tormenti, da un lato, folti gruppi della *nobilitas* senatoria ed equestre ostili a Cesare ed ai cesariani e, dall'altro, *homines novi*, membri illustri delle élites municipali e perfino semplici cittadini colpevoli solamente di essere ricchi, i primi nell'ottica di sbarazzarsi definitivamente della classe dirigente nemica ed i secondi in quella di impadronirsi di ingenti patrimoni che fronteggiassero le enormi spese necessarie per mantenere degli eserciti e soddisfare le sempre più pressanti richieste dei soldati e, soprattutto, dei veterani.

E, tra le vittime di questa brutale repressione, vi fu anche, abbandonato da Ottaviano alla rappresaglia di Antonio, Cicerone, che già ai tempi della guerra civile tra repubblicani e cesariani aveva preconizzato l'ormai imminente ed ineluttabile fine della *libera res publica* romana:

Cic., *ad Brut.* 1.15.10: [...] *Nullum enim bellum civile fuit in nostra re publica omnium quae memoria mea fuerunt, in quo bello non, utracumque pars vicisset, tamen aliqua forma esset futura rei publicae: hoc bello victores quam rem publicam simus habituri non facile adfirmarim, victis certe nulla umquam erit.*

[... Infatti non vi è mai stata nella nostra *res publica* nessuna guerra civile, di tutte quelle che ricordo, in cui, quale che fosse la parte vincente, non restasse qualcosa dell'antica costituzione della *res publica*: in questa guerra, se usciremo vincitori non è facile dire quale *res publica* avremo, se vinti certamente non ne avremo nessuna].

Nel 42 a.C., dopo avere sconfitto a Filippi, in Macedonia, i cesaricidi superstiti, Antonio (al quale spettarono tutte le province orientali e la Gallia Transalpina) si recò in Oriente per risanare la situazione finanziaria deficitaria dei triumviri e cercare di risolvere il problema dei Parti ed Ottaviano (al quale spettarono le rimanenti province occidentali) ritornò in Italia allo scopo di congedare e ricompensare i veterani, mentre Lepido, che non aveva partecipato alla guerra e non aveva milizie, si trasferì in Africa, ciò che, come subito si dirà, determinò la sua uscita di scena dalla politica romana.

Ottaviano, che, in realtà, non godeva a Roma di grande popolarità, con il suo rientro a Roma mirava a consolidare la sua posizione e, proprio a tal fine, nonostante nel 36 a.C. un plebiscito gli avesse riconosciuto prerogative tribunizie a vita comportanti una *sacrosanctitas* non dissimile da quella di cui godevano i *tribuni plebis*, iniziò ad ostentare grande rispetto per le funzioni esercitate dai magistrati ordinari, evitando accuratamente di intralciarle o, peggio, vanificarle, come pure avrebbe potuto in virtù dei suoi ampi poteri triumvirali. E, del resto, il triumvirato, rinnovato formalmente con un plebiscito nel 37 a.C. per altri cinque anni, nel 36 a.C. fu posto di fatto nelle condizioni di non potere più funzionare dal completo esautoramento di Lepido, che finì per mantenere unicamente la vuota carica di *pontifex maximus*. Nel frattempo, Antonio, sconfitto dai Parti, tentava di attingere ingenti mezzi finanziari dalle inesauribili risorse egiziane sfruttando la sua relazione sentimentale con Cleopatra, che però diede ad Ottaviano la ghiotta occasione di fare apparire l'antico alleato agli occhi del senato e dell'intera opinione pubblica di Roma come un uomo debole e succube di una regina straniera, sognante una monarchia di tipo orientale sul modello faraonico e, soprattutto, dimentico dei suoi doveri di magistrato romano.

Scaduto il secondo triumvirato, nel 32 a.C. Antonio ed Ottaviano, che esercitavano il loro comando su due parti del territorio romano ormai nettamente distinte non solo dal punto di vista geografico (il primo su tutte le province orientali ed il secondo su tutte quelle occidentali, con confine a Scutari, nell'Illirico), si prepararono dunque allo scontro decisivo per la definitiva conquista del potere.

A differenza di Antonio, Ottaviano comprese che la partita si giocava non solo sul piano militare, ma anche su quello politico, sicché, perfettamente conscio del fatto che la guerra contro Antonio era a tutti gli effetti un nuovo ed ennesimo *bellum civile* (che evitò formalmente facendo dichiarare la guerra non direttamente contro Antonio, bensì contro Cleopatra e, quindi, *de iure* contro una potenza straniera), operò in maniera tale da creare intorno a sé il più vasto e forte consenso sociale, che, in caso di vittoria, gli avrebbe permesso di legittimare, rendendolo stabile, indiscusso ed istituzionale, il suo incontrasto dominio su quel che restava dell'antica *res publica*.

Pertanto, per un verso intensificò, in maniera sempre più spregiudicata, la sua propaganda volta a screditare ulteriormente l'avversario, dipingendolo come una persona incapace di resistere all'ammaliante fascino di Cleopatra e, perciò, additandolo come il traditore della risalenti tradizioni della *res publica* romana. Per altro verso, facendo leva sul ricordo dei suoi successi militari, fomentò sapientemente manifestazioni plebiscitarie di fedeltà e di consenso, che ebbero luogo in Italia ed in tutto l'Occidente, le cui città e province si unirono in un solenne giuramento di obbedienza ad Ottaviano, al quale chiesero a gran voce di assumere il comando di una guerra che mettesse fine alle minacce non solo di Antonio, ma anche dell'intero Oriente:

> *Res Gestae* 25.1-2: *Mare pacavi a praedonibus. Eo bello servorum, qui fugerant a dominis suis et arma contra rem publicam ceperant, triginta fere milia capta dominis ad supplicium sumendum tradidi. Iuravit in mea verba tota Italia sponte sua et me belli, quo vici ad Actium, ducem depoposcit. Iuraverunt in eadem verba provinciae Galliae, Hispaniae, Africa, Sicilia, Sardinia.*
>
> [Liberai il mare dai pirati. In quella guerra feci prigionieri circa trentamila schiavi, che erano fuggiti dai loro padroni ed avevano preso le armi contro lo Stato, e li consegnai ai loro proprietari perché fossero puniti. L'Italia tutta giurò spontaneamente sulle mie parole e mi invocò come duce della guerra, che vinsi ad Azio. Giurarono sulle stesse parole le province della Gallia e della Spagna, l'Africa, la Sicilia e la Sardegna].

In realtà, la *coniuratio Italiae et provinciarum*, frutto di un'accorta campagna mediatica di Ottaviano finalizzata a creare un preciso parallelismo con il risalente principio repubblicano secondo cui i poteri dei magistrati avevano la loro fonte solamente nel consenso popolare, si configurava unicamente come una mera e, tuttavia, indispensabile legittimazione politica, in quanto priva di alcun valore giuridico sul piano costituzionale. E, tuttavia, tale plebiscitario giuramento di fedeltà, avente dunque i connotati di una mobilitazione di carattere solo morale, si trasformò in quel fondamento legale del quale Ottaviano aveva assolutamente bisogno per la conduzione della guerra contro Antonio, che si concluse vittoriosamente ad Azio nel 31 a.C., costringendo quest'ultimo a riparare ad Alessandria, dove trovò la morte insieme all'amata Cleopatra.

L'Egitto divenne pertanto un provincia romana e, con Ottaviano ormai padrone incontrastato dell'Occidente e dell'Oriente, ebbe così fine la gloriosa *libera res publica* romana.

Sezione seconda

Le fonti del diritto

1. *Le* leges

Tra le più importanti fonti del diritto dell'epoca repubblicana vi furono certamente le *leges*, cioè quei provvedimenti normativi che venivano formalmente approvati dal popolo riunito nei *comitia centuriata* e nei *comitia tributa* e che, perciò, prendevano il nome di *leges comitiales* (*centuriatae* e *tributa*) o, meglio, di *leges publicae*.

Il progetto di legge (*rogatio*), preparato (spesso in collaborazione con il senato ed i tecnici del diritto) e proposto alle assemblee dai magistrati titolari del *ius agendi cum populo* (consoli, pretori, dittatore), veniva affisso in pubblico (*promulgatio*) per almeno un *trinundinum* (un periodo di tempo in cui si svolgevano tre mercati consecutivi, pari probabilmente a ventiquattro giorni) affinché chiunque ne potesse venire a conoscenza ed avesse così l'opportunità di riflettere sul suo contenuto. Questo era oggetto spesso di pubbliche sedute (*contiones*) in cui avevano luogo discussioni contrarie (*dissuasiones*) o favorevoli (*suasiones*) al progetto di legge che potevano indurre il magistrato proponente, allorquando si fosse reso conto che la sua proposta di legge non incontrava il pieno favore popolare, a ritirarla, per avanzarne una nuova oppure presentare la stessa proposta opportunamente modificata, con la conseguenza che dalla successiva *promulgatio* sarebbe decorso un nuovo *trinundinum* e, soprattutto, che, in sede di votazione comiziale, non sarebbe stato possibile apportare emendamenti o correzioni al testo della *rogatio*, che poteva quindi essere o approvato o respinto nella sua interezza. La legge approvata dai comizi era poi sottoposta al senato e, ricevutone il consenso (*auctoritas patrum*), che con la *lex Publilia Philonis de patrum auctoritate* del 339 a.C. fu anteposto alla votazione comiziale (avendo così ad oggetto non il testo legislativo approvato dall'assemblea, bensì quello della *rogatio*), entrava immediatamente in vigore, venendo designata con il nome gentilizio del magistrato o dei magistrati proponenti.

E, invero, che le *leges* fossero il frutto della necessaria cooperazione dei magistrati, del popolo e del senato, cioè dei tre pilastri sui quali si reggeva l'ordinamento costituzionale repubblicano romano, è ben scolpita dalle parole del giurista Papiniano, che, ancora agli inizi del III secolo d.C., individua nella *lex* un «*commune praeceptum*» ed una «*communis rei publicae sponsio*»:

D. 1.3.1 (Pap. 1 *defin.*): *Lex est commune praeceptum, virorum prudentium consultum, delictorum quae sponte vel ignorantia contrahuntur coercitio, communis rei publicae sponsio.*

[La legge è il precetto universale, il parere di uomini saggi, la punizione dei delitti che si compiono volontariamente o per inesperienza, un impegno comune della *res publica*].

La struttura della *lex* constava di tre nuclei fondamentali: la *praescriptio*, cioè la parte iniziale del testo legislativo contenente una serie di indicazioni accessorie (quali, ad es., il nome e la carica del magistrato proponente e, ancora, il luogo ed il tempo della votazione); la già ricordata *rogatio*, cioè il testo vero e proprio della legge approvato dall'assemblea; la *sanctio*, che, lungi dal corrispondere al moderno concetto di sanzione, era costituita da un complesso di clausole miranti ad assicurare l'efficacia della nuova legge e ad inquadrare le nuove disposizioni nel contesto di quelle vigenti, evitando così il contrasto tra la nuova norma e quelle già esistenti (come, ad es., il *caput tralaticium de impunitate*, con cui si assicurava l'impunità a chi, per obbedire alle disposizioni della nuova legge, trasgredisse le disposizioni di leggi precedenti).

Nonostante il largo uso che delle *leges* si fece in età repubblicana, va però sottolineato che esse raramente dettarono norme di diritto privato, in riferimento al quale intervennero tutt'al più per correggerne eventuali disfunzioni marginali o dietro la spinta di pressanti ed ineludibili esigenze di carattere politico generale.

Infine, con riferimento alla mancata osservanza di quanto disposto dalla legge, una fonte tarda e lacunosa tratta dai *Tituli ex corpore Ulpiani* (1.1-2) sembra distinguere le *leges publicae* in *perfectae*, *minus quam perfectae* ed *imperfectae*. La *lex perfecta* (come ad esempio la *lex Cincia de donis et muneribus* del 204 a.C.) avrebbe vietato un atto, disponendone la nullità; la *minus quam perfecta* (come ad esempio l*a lex Furia testamentaria* degli inizi del II secolo a.C.) avrebbe vietato un atto ma non ne avrebbe disposto la nullità, prevedendo solamente un'eventuale pena pecuniaria a carico del trasgressore; l'*imperfecta* (come ad esempio la *lex Fufia Caninia* del 2 a.C. e la *lex Aelia Sentia* del 4 d.C.) si sarebbe limitata solo a vietare un atto, senza disporne la nullità e senza prevedere alcuna sanzione nei confronti di chi avesse violato la disposizione normativa.

2. *I* plebiscita

I plebisciti erano le deliberazioni adottate dalla plebe riunita nei *concilia plebis* su proposta dei *tribuni plebis*.

Inizialmente, tali deliberazioni vincolavano soltanto i plebei, e ciò perché alla *plebs* non veniva riconosciuto il potere di *iubere* (ordinare), tipico del *populus* riunito nei *comitia*, ma unicamente la facoltà di *sciscere* (stabilire). In seguito, però, venuto meno l'antagonismo tra il patriziato e la plebe, i *concilia plebis*, convocati dai *tribuni plebis* non più in qualità di semplici organi della plebe, ma in quella di magistrati dello stato romano (ormai patrizio-plebeo), non operarono più come un'assemblea interna alla plebe, le cui decisioni vincolavano appunto soltanto i plebei, bensì come un organo dello Stato al quale venne riconosciuto il potere di prendere decisioni vincolanti per tutti e, quindi, anche per i patrizi.

A tale riconoscimento si arrivò lentamente, faticosamente ed attraverso lunghi contrasti e tappe successive (tra cui una *lex Valeria Horatia* del 449 a.C. ed una *lex Publilia Philonis* del 339 a.C., entrambe dal contenuto e dalla portata assai difficilmente ricostruibili), delle quali l'ultima e definitiva rappresentata dalla *lex Hortensia* del 287 a.C., con cui i plebisciti vennero equiparati alle leggi comiziali, valendo così incondizionatamente come leggi dello Stato, e ciò a tal punto che, pur conservando il nome tecnico di *plebiscita*, nell'uso corrente vennero promiscuamente denominati senz'altro *leges*:

Gai. 1.3: *Lex est quod populus iubet atque constituit; plebiscitum est quod plebs iubet atque constituit. Plebs autem a populo eo distat, quod populi appellatione universi cives significantur connumeratis et patriciis, plebis autem appellatione sine patriciis ceteri cives significantur: unde olim patricii dicebant plebiscitis se non teneri, quae sine auctoritate eorum facta essent; sed postea lex Hortensia lata est, qua cautum est, ut plebiscita universum populum tenerent: itaque eo modo legibus exaequata sunt.*

[È legge ciò che il popolo comanda e stabilisce; plebiscito ciò che la plebe comanda e stabilisce. Ora, la plebe è distinta dal popolo in quanto con l'appellativo di *populus* vengono indicati tutti i cittadini, compresi anche i patrizi, con l'appellativo di *plebs* vengono indicati, con esclusione dei patrizi, i rimanenti cittadini: onde un tempo i patrizi dicevano di non essere vincolati dai plebisciti, fatti senza la loro approvazione; ma successivamente venne emanata la legge Ortensia, con la quale fu stabilito che i plebisciti vincolassero l'intero popolo: sicché, in tal modo, essi vennero equiparati alle leggi].

Gell., *Noct. Att.* 10.20.2: *Ateius Capito, publici privatique peritissimus, quid 'lex' esset hisce verbis definivit: «'lex'» inquit «est generale iussum populi aut plebis rogante magistratu».*

[Ateio Capitone, espertissimo di diritto pubblico e privato, così definisce la '*lex*': «'*lex*'» – dice – «è un comando generale del popolo e della plebe, su proposta del magistrato»].

E, invero, la maggior parte delle leggi emanate a partire dalla *lex Hortensia* (e, specialmente, relative al diritto privato) è costituita propriamente da plebisciti (quali, ad es., le leggi *Aquilia de damno* del 286 a.C., *Cincia de donis et muneribus* del 204 a.C., *Furia testamentaria* del 200 a.C., *Laetoria de circumscriptione adulescentium* del 191 a.C., *Atilia de tutore dando* del 186 a.C., *Voconia de testamentis et legatis* del 169 a.C., *Scribonia de usucapione servitutum* del 50 a.C. e *Falcidia de legatis* del 40 a.C.), che finirono gradualmente per soppiantare le leggi comiziali, preferendosi ricorrere alle deliberazioni conciliari sia per l'assidua presenza a Roma dei *tribuni plebis* rispetto ai consoli ed ai pretori, spesso impegnati militarmente all'estero o nel governo delle province, e sia perché, divenuto ormai assai esiguo il numero dei *cives* direttamente discendenti dalle antiche *gentes* patrizie, la *plebs* era divenuta di fatto rappresentativa dell'intera comunità cittadina.

3. *I* senatusconsulta

Benché sia verosimile che già nell'epoca arcaica il senato esercitasse una funzione consultiva consistente nell'emanazione, su richiesta del *rex*, di pareri (dai quali è plausibile ritenere che egli non discostasse), che tecnicamente si dissero *senatusconsulta*, su determinati argomenti, problemi o decisioni da prendere, è tuttavia solamente nell'età repubblicana che tali provvedimenti trovarono piena ed ampia applicazione, consentendo così all'assemblea dei *patres* di mantenere il controllo e la direzione politica di tutta la vita dello Stato:

> D. 1.2.2.9 (Pomp. *lib. sing. Ench.*): *Deinde quia difficile plebs convenire coepit, populus certe multo difficilius in tanta turba hominum, necessitas ipsa curam reipublicae ad senatum deduxit: ita coepit senatus se interponere et quidquid constituisset observabatur, idque ius appellabatur senatus consultum.*
>
> [In seguito, poiché la plebe cominciò a trovare difficile tenere delle adunanze, ed ancor più difficile era ciò per tutto il popolo per la grande massa della popolazione, la necessità stessa portò ad attribuire al senato la cura della *res publica*; e così il senato cominciò ad ingerirsi in tutto, ed ogni sua decisione veniva rispettata, e questo diritto si chiamava *senatus consultum*].

Il *senatusconsultum* di età repubblicana fu dunque un parere, appunto un *consultum*, espresso dal senato su una questione proposta dal magistrato, che poteva ottenere efficacia se lo stesso magistrato accoglieva nel suo editto le statuizioni in esso contenute. Dal momento che ciò nella pratica avveniva quasi sempre (e questo perché i magistrati, formalmente non vincolati all'osservanza del parere senatorio richiesto, di fatto difficilmente avrebbero potuto discostarsene non solo per l'autorevolezza dell'organo emanante, ma anche, e soprattutto, in quanto al senato non mancavano certo gli strumenti indiretti e, però, validissimi – quali, ad es., gli interventi di *tribuni plebis* amici, la dichiarazione dello stato di emergenza, i processi politici intentati contro i magistrati riottosi al loro cessare dalla carica, i *iudicia de moribus* celebrati dai censori, il diniego di erogazione dei mezzi finanziari – per ostacolare in ogni senso i magistrati che non intendessero rimettersi alle sue decisioni), sorse ben presto la convinzione che il principio proclamato dal senatoconsulto fosse una norma che sarebbe stata seguita dal magistrato nell'esercizio della sua giurisdizione. Si capisce perciò perché esso è configurato nelle fonti come un provvedimento formalmente unitario, ma dai contenuti più disparati, ben potendo questi ultimi, oggetto della richiesta magistratuale, essere politici, costituzionali, amministrativi, elettorali, tributari, sacrali, militari, criminali e processuali.

Anche se i *senatusconsulta* repubblicani, al pari di quelli emanati nell'età arcaica, costituivano espressione di una funzione meramente consultiva, che il senato esercitava nei confronti dei magistrati che ad esso si rivolgevano appunto per chiedere pareri, in sostanza i *patres*, attraverso questi autorevoli *consulta*, riuscivano ad indirizzare efficacemente tutta l'attività di governo dei magistrati e ad assicurare alla politica romana, interna ed interna, una linea di coerenza e di continuità che normalmente il singolo magistrato, stante la durata limitata della sua carica, non era in grado né di attuare, né di contrastare.

Pertanto, se è indubbio che per tutta l'età repubblicana ai *senatusconsulta* non venne mai riconosciuta l'idoneità a creare *ius civile*, altrettanto certa è, nello stesso periodo, la loro efficacia normativa, intesa, questa, come possibilità che il senato, direttamente od indirettamente, desse luogo a statuizioni vincolanti, non *de iure* (ciò che era reso impossibile dal valore formalmente consultivo del senatoconsulto), ma *de facto* (ciò che era invece reso possibile dal ruolo preminente del senato all'interno della costituzione repubblicana), per i soggetti dell'ordinamento, anche se va detto che, in realtà, assai pochi furono i senatoconsulti di età repubblicana che riguardarono direttamente l'ambito del diritto privato.

Ciò spiega allora perché in numerose fonti letterarie ed epigrafiche della tarda età repubblicana i *senatusconsulta* venissero menzionati (insieme alle altre fonti del diritto e, tra queste, anche le *leges*) non quali 'fonti del diritto' e nemmeno quali atti aventi valore normativo, quanto, più semplicemente, come facenti parte del *ius*, ciò che appare confermato dalla menzione in alcune di tali testimonianze anche di *tabulae*, *testamenta*, *testimonia* e *pacta conventa*.

Ed è proprio siffatto modo di intendere la portata dei senatoconsulti repubblicani, rimarcandone così l'importanza del loro valore 'politico', che consente di ritenere che il problema fondamentale dei senatoconsulti repubblicani non sia tanto quello di accertare se il senato, con un proprio provvedimento, potesse fissare norme direttamente obbligatorie per tutti i cittadini e, quindi, senza che fosse necessario il ricorso all'intermediazione pretoria che consentisse il prodursi di tali effetti, quanto piuttosto quello di riuscire a cogliere l''effettività' dei provvedimenti senatori: non quello che il senato potesse realmente fare, bensì ciò che esso realmente faceva. Da qui, la necessità di rendersi conto dell'esistenza o, meno, di una convinzione diffusa per cui il principio contenuto nel senatoconsulto, non necessariamente di efficacia generale e di applicazione immediata sin dall'inizio, fosse una norma che il magistrato avrebbe applicato nell'esercizio della sua giurisdizione, sicché l'unica indagine da compiere è quella della validità oggettiva ed 'effettiva' della deliberazione senatoria. E ciò, al fine di accertare se la reale opportunità e l'idoneità a risolvere una data situazione da parte di tale deliberazione fossero riuscite a dar luogo a quella convinzione diffusa di cui si è detto, nella quale, in definitiva, sembra dover riposare la nozione di 'normatività' dei senatoconsulti repubblicani.

E, in effetti, le pochissime testimonianze in ordine a senatoconsulti operanti direttamente nell'ambito del diritto privato (e cioè il senatoconsulto sul c.d. 'quasi-usufrutto' ed un senatoconsulto statuente la *proclamatio in libertatem* di una ristretta categoria di soggetti) – ammesso pure che siano effettivamente di età repubblicana e non già, come appare preferibile ritenere, di età augustea o successiva – potrebbero tutt'al più dimostrare che nell'ultimo secolo della Repubblica non vi fu alcuna difficoltà tecnica e remora politica ad ammettere tale *status quo*.

Alla luce di tali rilievi, può allora ritenersi che il motivo dello scarsissimo utilizzo del senatoconsulto in età repubblicana per incidere sul diritto privato, comprovato dall'esistenza di soli quattro provvedimenti senatori in tale ambito (il *senatusconsultum de collegiis* del 64 a.C., un senatoconsulto del 51 o 50 a.C. stabilente il tasso delle *usurae* al massimo dell'1% al mese e vietante l'anatocismo, un senatoconsulto, talora ricondotto però all'età imperiale, proibente il gioco di danaro e il c.d. '*senatusconsultum ne de servis in dominum quaestio haberetur*', anch'esso di incerta datazione, vietante l'interrogatorio degli schiavi contro il *dominus*), vada ricercato nella circostanza che la presenza di assemblee popolari ancora funzionanti spingeva piuttosto il senato a sollecitare i magistrati a presentare ad esse una *rogatio* della quale si indicavano, sia pur sommariamente, le linee.

4. *Gli* edicta magistratuum

Una delle principali fonti del diritto e, in particolare, di quello che fu chiamato *ius honorarium* o, meno frequentemente, *ius praetorium* in contrapposizione al *ius civile*, fu costituita dagli editti dei magistrati giusdicenti (tra i quali, gli edili curuli, i governatori provinciali ed i questori provinciali) e, specialmente, dei due pretori, urbano e peregrino, ai quali spettava la *iurisdictio* rispettivamente nelle controversie tra i *cives* ed in quelle tra i *peregrini* o tra i *cives* ed i *peregrini*:

> Gai. 1.6: *Ius autem edicendi habent magistratus populi Romani; sed amplissimum ius est in edictis duorum praetorum, urbani et peregrini, quorum in provinciis iurisdictionem praesides earum habent; item in edictis aedilium curulium, quorum iurisdictionem in provinciis populi Romani quaestores habent* [...].
>
> [Hanno il diritto di emanare editti i magistrati del popolo romano; ma il più rilevante diritto si ritrova negli editti dei due pretori, urbano e peregrino, la *iurisdictio* dei quali spetta nelle province ai presidi di esse; parimenti negli editti degli edili curuli, la *iurisdictio* dei quali spetta ai questori nelle province del popolo romano ...]

D. 1.2.2.10 (Pomp. *lib. sing. Ench.*): *Eodem tempore et magistratus iura reddebant et ut scirent cives, quod ius de quaque re quisque dicturus esset, seque praemunirent, edicta proponebant. Quae edicta praetorum ius honorarium constituerunt: honorarium dicitur, quod ab honore praetoris venerat.*

[Nel medesimo periodo anche i magistrati amministravano il diritto, e perché i cittadini sapessero quale diritto ognuno di loro avrebbe pronunciato su qualsiasi argomento, e potessero premunirsi, pubblicavano degli editti. Tali editti dei pretori costituirono il *ius honorarium*: si chiama *honorarium*, perché derivava dalla carica (*honos*) del pretore].

L'introduzione del processo formulare, dapprima in via di fatto nella prassi di questi due pretori e poi ufficialmente mediante il riconoscimento operato dalla *lex Aebutia* della seconda metà del II a.C., che aveva superato gli schemi ormai troppo angusti del processo *per legis actiones*, non più adatte ad una situazione sociale ed economica che aveva subito una grande evoluzione, aveva potenziato enormemente il potere discrezionale dei magistrati giusdicenti attraverso una serie di strumenti processuali dei quali essi si servirono per superare le rigide barriere imposte dal sistema del *ius civile*.

L'editto, le cui prime manifestazioni sono riconducibili al pretore peregrino per poi essere riprese anche dal pretore urbano, costituiva appunto l'insieme dei rimedi giurisdizionali escogitati dai magistrati nella loro attività e comunicati ai cittadini all'inizio dell'anno di carica del magistrato. La funzione degli editti giurisdizionali era dunque quella di rendere noti a tutti i *cives* i criteri che il magistrato avrebbe seguito nell'esercizio della giurisdizione durante il suo anno di carica, con la conseguenza che, inizialmente, gli editti, lungi dal contenere norme direttamente vincolanti per i cittadini, si caratterizzarono come una semplice esternazione, finalizzata a criteri di pubblicità e di certezza del diritto, dei principii che avrebbero regolato l'operato del pretore, il quale, in definitiva, prometteva che, ove si fossero verificate le condizioni previste dall'editto, avrebbe concesso tutela secondo determinati schemi processuali.

Successivamente, le prescrizioni edittali non servirono più solamente a giustificare *ex post* una linea di condotta praticamente opportuna attraverso l'osservanza di precedenti analoghi o, addirittura, identici, ma cominciarono a pretendere un'applicazione incondizionata ogni qual volta se ne verificassero i presupposti, raggiungendo così la dignità di norme giuridiche vere e proprie. E ciò avvenne unicamente in seguito ad una ripetuta ed ininterrotta osservanza di quelle prescrizioni edittali che, per avere dato buona prova nell'esercizio della giurisdizione, generavano e radicavano nella generalità dei cittadini la convinzione che esse non rispondessero solo ad una necessità della convivenza, ma obbligassero anche alla loro osservanza lo stesso organo che le aveva emanate e che formalmente non era vincolato, se non moralmente, dall'editto.

Principio, quest'ultimo, che venne stravolto, solamente nel 67 a.C., da una *lex Cornelia* stabilente la nuova regola che i pretori dovessero conformarsi nella loro attività giudiziaria alle prescrizioni sancite nei propri editti e, ancora, che non potesse essere neppure modificato in corso d'anno l'editto emanato all'inizio dell'anno di carica, anche se ai pretori non era vietato di integrarlo con disposizioni relative a nuove fattispecie (*edicta repentina*):

> Ascon., *in Cornelianam* 59: [...] *Aliam deinde legem Cornelius, etsi nemo repugnare ausus est, multis tamen invitis tulit, ut praetores ex edictis suis perpetuis ius dicerent: quae res studium aut gratiam ambitiosis praetoribus qui varie ius dicere assueverant sustulit* [...].
>
> [... Cornelio, poi, pur fra molti contrasti, anche se nessuno osò opporsi, propose un'altra legge, secondo cui i pretori amministrassero la giustizia sulla base dei loro editti perpetui: la qual cosa impedì ogni parzialità ai pretori intriganti, che avevano preso l'abitudine di amministrare la giustizia in modo contraddittorio ...].

> Cass. Dio 36.40.1-2: Tutti i pretori pubblicavano i principii di diritto che avevano essi stessi formulato, in base ai quali intendevano giudicare ... Poiché però essi stessi non facevano ciò una volta per tutte né rispettavano le norme scritte, ma spesso le riscrivevano, e molte – come spesso accade – per favore o per odio di qualcuno, (il tribuno Cornelio) propose una legge secondo cui essi sin dall'inizio annunciassero prima i principii di diritto che avrebbero applicato, e poi non si allontanassero da essi.

Ciò favorì pertanto il fenomeno per cui ciascun magistrato, anziché emanare, assumendo la carica, un editto integralmente nuovo, confermava l'editto dei suoi predecessori, aggiungendovi di proprio solamente un limitato numero di nuove clausole, relative ad ipotesi che i predecessori avevano ignorato od avevano regolato diversamente. Così, anche se non vi fu mai un obbligo dei pretori di uniformarsi agli editti dei predecessori, con la conseguenza che, seppur di fatto, l'editto tendeva a diventare stabile mediante la riproposizione, anno dopo anno, dei principii consolidatisi nella prassi (*edictum tralaticium*), vi fu sempre la possibilità per ciascun nuovo pretore di cambiarne le clausole che non avevano dato buona prova o di aggiungerne altre che si rendevano necessarie per adeguare il diritto alle nuove esigenze sociali ed economiche.

L'editto divenne allora ben presto lo strumento principale per introdurre le necessarie innovazioni all'interno di quel *ius civile* che era divenuto ormai inadeguato a soddisfare i bisogni nascenti dai nuovi rapporti giuridico-economici connessi all'affermarsi di un'economia di scambio incompatibile con quelle precedenti strutture socio-economiche che si erano appunto concretizzate normativamente nel *ius civile* contenuto nei *mores maiorum* e nella Legge delle XII Tavole (ed elaborato dall'*interpretatio* giurisprudenziale) e, in misura assai minore, anzi marginale, nelle *leges publicae*.

Il *ius civile* ed il *ius honorarium* costituirono dunque due sistemi normativi concorrenti e, spesso, contrapposti o, meglio, due sottosistemi normativi all'interno dell'ordinamento giuridico romano tra i quali non esisteva un ordine gerarchico, giacché, per un verso, con il *ius honorarium* il pretore non poteva introdurre nuove norme di *ius civile* né poteva abrogare, esplicitamente od implicitamente, quelle in esso già esistenti e, per converso, le norme di *ius civile* potevano rilevare sul piano del *ius honorarium* solamente laddove il pretore vi avesse fatto espresso rinvio.

Ciò, però, non significava affatto che non sorgessero problemi, dal punto di vista pratico, allorché vi fosse contrasto tra una norma di *ius civile* ed una del *ius honorarium* in riferimento alla disciplina delle singole fattispecie (come, ad es., in materia di età, vizi della volontà, patti, successione *inter vivos* e successione *ab intestato*):

> D. 1.1.7.1 (Pap. 2 *defin.*): *Ius praetorium est, quod praetores introduxerunt adiuvandi vel supplendi vel corrigendi iuris civilis gratia propter utilitatem publicam* [...].
>
> [Il diritto pretorio è quello che i pretori introdussero per la pubblica utilità, al fine di sorreggere, o di supplire, o di emendare il *ius civile* ...].

Come si evince dai verbi *adiuvare*, *supplere* e *corrigere* utilizzati da Papiniano, era proprio in relazione ai rapporti con il *ius civile* che il *ius honorarium* esplicava una triplice funzione: attuativa, laddove il pretore prevedeva una più efficace tutela per fattispecie già regolare dal *ius civile*; integrativa, allorquando si rendeva necessario introdurre una nuova regolamentazione nei casi in cui il *ius civile* non ne prevedesse alcuna; correttiva, delle tre la più pregnante, innovativa ed eversiva del sistema del *ius civile*, mediante l'eliminazione di aspetti della disciplina civilistica ritenuti insoddisfacenti sul piano della politica legislativa.

Peraltro, il *ius honorarium* non fu l'unica espressione del fenomeno, tipico e peculiare dell'esperienza giuridica romana, della concorrente pluralità di ordinamenti, giacché l'età repubblicana, accanto al *ius civile* ed al *ius honorarium*, conobbe anche un terzo complesso autonomo ed organico di regolamentazioni, e cioè il *ius gentium*, per la cui esatta comprensione occorre ricordare come l'intensificarsi dei traffici commerciali transmarini avesse avuto enormi ripercussioni sociali ed economiche che si erano concretizzate in un sempre maggiore afflusso a Roma di non cittadini, cioè di stranieri (*peregrini*). Le controversie che inevitabilmente nascevano nello svolgimento degli affari commerciali di tali *peregrini* con i *cives* non potevano però essere decise in base al *ius civile*, che era esclusiva prerogativa dei *cives*, sicché tali liti furono sin dall'inizio impostate dal pretore – inizialmente quello urbano, in quanto unico pretore giusdicente allora esistente, e successivamente quello peregrino – al di fuori degli schemi procedurali delle *legis actiones* riconosciuti appunto dal *ius civile*. In tale contesto trovò allora fertile terreno di applicazione e sviluppo il processo formulare, all'interno del quale ad essere applicate furono quelle regole che il pretore desumeva fondamentalmente dai principii ritenuti comuni ai vari popoli in quanto basati, come ricorda il giurista Gaio, sulla «*naturalis ratio*», e cioè aventi il loro fondamento giustificativo nella naturale aspirazione alla giustizia sentita da tutti gli uomini. E fu proprio per questa via che sorse allora il *ius gentium*, considerato come una sorta di massimo comune denominatore tra i diritti dei diversi popoli:

Gai. 1.1: *Omnes populi, qui legibus et moribus reguntur, partim suo proprio, partim communi omnium hominum iure utuntur: nam quod quisque populus ipse sibi ius constituit, id ipsius proprium est vocaturque ius civile, quasi ius proprium civitatis; quod vero naturalis ratio inter omnes homines constituit, id apud omnes populos peraeque custoditur vocaturque ius gentium, quasi quo iure omnes gentes utuntur. Populus itaque Romanum partim suo proprio, partim communi omnium hominum iure utitur* [...].

[Tutti i popoli che sono retti da leggi e da consuetudini si avvalgono in parte di un diritto esclusivamente proprio, in parte di un diritto comune a tutti gli uomini; infatti, quel diritto che ciascun popolo si dà, da sé e per sé, è esclusivamente suo e si chiama *ius civile*, come a dire il diritto proprio della *civitas*; quell'altro, invece, che il naturale raziocinio stabilisce fra tutti gli uomini, viene osservato egualmente presso tutti i popoli e si chiama *ius gentium*, come a dire che di quel diritto si avvalgono tutte le genti. Pertanto, il popolo romano si avvale in parte di un diritto suo proprio, in parte di un diritto comune a tutti gli uomini ...].

E, in prosieguo di tempo, la disciplina attinta dal *ius gentium*, definito plasticamente da Gaio come un diritto «*quasi quo iure omnes gentes utuntur*», non venne applicata esclusivamente ai *peregrini*, ma anche ai *cives*, ciò avvenendo addirittura non solamente per le ipotesi di rapporti (e, quindi, di eventuali controversie da essi nascenti) con i *peregrini*, ma anche per i rapporti intercorrenti tra gli stessi cittadini romani, causando così la nascita della regolamentazione giuridica di molti nuovi rapporti commerciali, che, originati dalla pratica del commercio internazionale, furono poi largamente praticati dai *cives*.

5. *La giurisprudenza laica*

Se ancora alla fine del IV secolo a.C. l'unico modo per apprendere il diritto custodito dai pontefici era costituito dall'ingresso nel loro collegio, è agli inizi del III secolo a.C. che può datarsi la nascita di una giurisprudenza che, pur continuando a dipendere dalla tradizione pontificale, non si identificò più nei pontefici né condivise quel senso di sacralità che sin dalle origini e fino all'epoca delle XII Tavole aveva accompagnato e connotato il loro operato.

Infatti, secondo il racconto tradizionale, Gneo Flavio, figlio di un liberto, divenuto edile curule nel 304 a.C. e scriba del giurista Appio Claudio Cieco (che fu censore nel 312 e due volte console nel 307 e 296 a.C.), avrebbe per primo pubblicato il calendario pontificale (contenente l'enumerazione dei giorni in cui potevano avere luogo le liti) ed un libro di azioni civili, dal titolo *ius civile Flavianum*, composto dallo stesso Appio Claudio. In seguito ad un'iniziativa promossa o, comunque, ispirata da un membro della *nobilitas*, come Appio Claudio, che nemmeno apparteneva al collegio pontificale, il monopolio di quest'ultimo sarebbe stato infranto, dando avvio al processo di diffusione e laicizzazione della conoscenza giuridica:

Liv. 9.46.1-5: *Eodem anno Cn. Flavius Cn. filius scriba, patre libertino humili fortuna ortus, ceterum callidus vir et facundus, aedilis curulis fuit* [...] *Ceterum, id quod haud discrepat, contumacia adversus contemnentes humilitatem suam nobiles certavit; civile ius, repositum in penetralibus pontificum, evolgavit, fastosque circa forum in albo proposuit, ut quando lege agi posse sciretur.*

[Nello stesso anno lo scriba Gneo Flavio, figlio di Gneo, uomo di umili origini – suo padre era uno schiavo manomesso (*libertinus*) – ma peraltro abile e facondo, fu edile curule ... Su di una cosa tutte le fonti sono d'accordo: che egli lottò con ostinazione contro i nobili che lo disprezzavano per la sua modesta condizione; divulgò il *ius civile*, gelosamente custodito negli archivi segreti dei pontefici, ed espose all'albo nei pressi del Foro il calendario dei giorni fasti, affinché ognuno fosse in condizione di sapere quando poteva agire in giudizio].

D. 1.2.2.7 (Pomp. *lib. sing. Ench.*): *Postea cum Appius Claudius proposuisset et ad formam redegisset has actiones, Gnaeus Flavius scriba eius libertini filius subreptum librum populo tradidit, et adeo gratum fuit id munus populo, ut tribunus plebis fieret et senator et aedilis curulis. Hic liber, qui actiones continet, appellatur ius civile Flavianum* [...].

[In seguito, quando Appio Claudio pubblicò e redasse in formule tali azioni, il suo scriba Gneo Flavio, figlio di un liberto, sottrattogli il libro lo consegnò al popolo; e questo risultò così gradito al popolo che Gneo divenne tribuno della plebe, senatore ed edile curule. Questo libro, che contiene le azioni, si chiama *ius civile Flavianum* ...].

Successivamente, Tiberio Coruncanio, console nel 280 a.C. e primo *pontifex maximus* di origine plebea, avrebbe introdotto l'uso di dare responsi in pubblico e di svolgere altresì attività di insegnamento del diritto:

D. 1.2.2.35 (Pomp. *lib. sing. Ench.*): *Iuris civilis scientiam plurimi et maximi viri professi sunt* [...] *Et quidem ex omnibus, qui scientiam nancti sunt, ante Tiberium Coruncanium publice professum neminem traditur: ceteri autem ad hunc vel in latenti ius civile retinere cogitabant solumque consultatoribus vacare potius quam discere volentibus se praestabant.*

[La scienza del *ius civile* fu professata da numerosissimi e grandissimi uomini ... Fra tutti coloro che raggiunsero questa scienza, nessuno viene ricordato che l'abbia insegnata pubblicamente prima di Tiberio Coruncanio; gli altri fino a lui intendevano conservare la segretezza del *ius civile* e preferivano mettersi a disposizione di chi li consultava piuttosto che di chi lo voleva apprendere].

Tali notizie riflettono un sicuro ed effettivo cambio di direzione dell'attività giurisprudenziale che si riassume nell'indiscutibile rilievo che l'apprendistato dei nuovi giuristi non fu più limitato alla sola cerchia dei pontefici, il cui monopolio venne sostanzialmente ad essere spezzato dalla circostanza che l'arte di *componere actiones*, predisporre i formulari e dare *responsa* non fu più riservata ad un ristrettissimo ceto di giuristi e, non configurandosi come un tutt'uno con la riproduzione di tale ceto, non fu più trasmessa esclusivamente al suo interno. Con la conseguenza che, per la prima volta, sacerdozio e professione giuridica si separarono, giacché potevano coesistere nella stessa persona, ma senza confondersi, e ciò nel senso che, se prima solamente un pontefice poteva essere un giurista, ora il rapporto si rovesciava, in quanto chiunque astrattamente poteva essere un giurista ed anzi la competenza del diritto diveniva un'importante qualifica anche per rivestire la carica sacerdotale.

La nuova giurisprudenza, che può definirsi 'laica' in quanto sorta in netta antitesi a quella pontificale, di cui pure era erede, si configurò come una giurisprudenza aristocratica, nobiliare o, almeno, senatoria, apparendo sociologicamente come un gruppo di liberi specialisti appartenenti, per nascita o carriera, a strati sociali della comunità romana ben individuati e definiti. La padronanza di nozioni e dottrine interpretative divenute laiche fu quindi inizialmente patrimonio di un ristretto gruppo di uomini potenti, che possiamo definire 'giuristi' nel senso moderno del termine, per i quali la conoscenza del diritto rappresentò un aspetto non isolabile di un'educazione aristocratica unitaria che aveva nella sapienza giuridica e nell'attività respondente uno dei capisaldi del suo dispiegarsi come intensa ed indispensabile presenza civile e pubblica.

La novità e l'essenza stessa della giurisprudenza laica, ben scolpite dalle già ricordate notizie tradizionali della pubblicazione delle prime opere scritte da parte di Appio Claudio e della prassi di dare responsi in pubblico introdotta da Tiberio Coruncanio, consistettero non solo, e non tanto, nello svuotamento del potere dei pontefici in conseguenza dell'emergere della posizione istituzionale della nuova giurisprudenza, ma anche, e soprattutto, nel mutamento delle modalità di formazione e della tecnica di trasmissione e conservazione del sapere giuridico. La laicizzazione della giurisprudenza e, conseguentemente, del diritto si ebbe allora solamente allorché si verificò un'apertura delle conoscenze delle tecniche interpretative ai giuristi non pontefici che decretò la fine di quel loro monopolio fondato sulla trasmissione orale delle regole giuridiche nelle quali si condensava il sapere giuridico e sulla segretezza ed irrazionalità del responso che ne impediva la possibilità di percepirne la *ratio* ispirativa. E, in questo senso, non fu allora tanto la redazione di opere scritte a determinare l'allargarsi della conoscenza giuridica oltre il privilegiato e ristrettissimo ceto dei pontefici, e ciò perché solamente ad essi era ancora dato di comprendere ed interpretare le regole che in tali opere erano riportate, quanto piuttosto la possibilità di apprendere direttamente dal giurista la tecnica dell'*interpretatio*, come *ars* che permetteva di padroneggiare e di adattare di volta in volta alla struttura del caso concreto il complesso delle regole e dei principii nei quali si compendiava la tradizione giuridica.

La trasmissione e la conservazione della *scientia iuris* rimase però prevalentemente orale, sicché ciascun novello giurista apprendeva tale *scientia* dalla viva voce e dalla discussione quotidiana con il proprio maestro e, a sua volta, l'applicava nei responsi e pareri che gli venivano richiesti, trasmettendola così ai suoi discepoli.

Affinché la circolazione delle idee e la discussione in ordine alla risoluzione dei casi fossero tali da essere alla portata ed a conoscenza di tutti, occorreva allora la presenza di una letteratura giuridica e specialistica, che non si limitasse a contenere formulari negoziali o schemi processuali, nella quale riversare i risultati dell'*interpretatio* e della riflessione giurisprudenziale. Tale letteratura, che consentiva ai giuristi di mettere per iscritto ed organizzare in uno schema organico il prodotto della loro attività e che si configurerà come lo strumento potente di trasmissione della sapienza giuridica romana, vide la luce solamente agli inizi del II secolo a.C., più precisamente nel 198 a.C., allorquando il giurista Sesto Elio Peto Cato (edile curule, console e censore rispettivamente nel 200, 198 e 194 a.C.) offrì alla conoscenza dei suoi contemporanei un'opera sistematica, dal titolo *Tripertita* od *Ius Aelianum*:

D. 1.2.2.38 (Pomp. *lib. sing. Ench.*): [...] *Sextum Aelium etiam Ennius laudavit et exstat illius liber inscribitur 'tripertita', qui liber veluti cunabula iuris continet: tripertita autem dicitur, quoniam lege duodecim tabularum praeposita iungitur interpretatio, deinde subtexitur legis actio* [...].

[... Anche Ennio lodò Sesto Elio e di lui resta un libro intitolato *'tripertita'*, che contiene quelli che si potrebbero definire i fondamenti del diritto: è detto *tripertita* perché contiene in primo luogo le XII Tavole, cui segue l'*interpretatio*, quindi si aggiungono le *actiones* ...].

D. 1.2.2.7 (Pomp. *lib. sing. Ench.*): [...] *Augescente civitate quia deerant quaedam genera agendi, non post multum temporis spatium Sextus Aelius alias actiones composuit et librum populo dedit, qui appellatur ius Aelianum.*

[... Col crescere della città, poiché mancavano alcuni modi per agire, dopo non molto tempo Sesto Elio compose altre azioni e consegnò al popolo il libro, che si chiama *ius Aelianum*].

La trattazione di Sesto Elio può dunque essere considerata come l'inizio della tradizione giurisprudenziale scritta, in quanto prima espressione di una riflessione giuridica che andava oltre le singole e concrete decisioni, tentando piuttosto di riassumerle e configurarle in maniera autonoma rispetto alla pratica da cui esse prendevano spunto. Ed è quindi solamente a partire da questo momento che può parlarsi di un'effettiva trasmissione del sapere giuridico che implicava una maggiore e più facile e sicura accertabilità delle forme interpretative alle quali risalivano gli interventi regolativi giurisprudenziali.

Correlativamente a ciò, il legame dei giuristi con il ceto politico dirigente, che aveva caratterizzato ancora il II secolo a.C., divenne più problematico e complesso, sicché nel I secolo a.C. assistiamo all'emergere di figure di giuristi che non appartenevano più solamente alla classe senatoria, ma anche all'*ordo equester* ed alle classi più umili della società romana, e tuttavia fondavano sulla fiducia nella propria dottrina e nell'autonomia dell'interpretazione la base ideologica di un'*auctoritas* spesso non confortata da illustri natali.

Ecco allora che già nella seconda metà del II secolo a.C. fiorirono e coesistettero giuristi non appartenenti a famiglie senatorie, come Manio Manilio (console nel 149 a.C.), e giuristi appartenenti alla *nobilitas*, come Giunio Bruto (pretore nel 140 a.C.) e Publio Mucio Scevola (console nel 133 a.C.):

> D. 1.2.2.39 (Pomp. *lib. sing. Ench.*): *Post hos fuerunt Publius Mucius et Brutus et Manilius, qui fundaverunt ius civile. Ex his Publius Mucius etiam decem libellos reliquit, Brutus septem, Manilius tres: et extant volumina scripta Manilii monumenta* [...].
>
> [Dopo di questi vennero Publio Mucio, Bruto e Manilio, che 'fondarono il *ius civile*'. Fra di essi Publio Mucio lasciò anche dieci brevi scritti, Bruto sette, Manilio tre; restano anche dei libri intitolati 'atti' di Manilio ...].

Si tratta dei tre più importanti giuristi successivi a Sesto Elio che, come sottolinea Pomponio, «*fundaverunt ius civile*», frase, questa, certo di dubbio significato, ma incontrovertibile nell'affermare che tali giuristi impressero alla giurisprudenza repubblicana una svolta epocale consistente nel fatto che, a partire da questo momento, presero forma alcuni dei caratteri della giurisprudenza tardorepubblicana che sarebbero rimasti inalterati fino alla prima epoca classica. E, cioè, i procedimenti logico-interpretativi raffinati – quale, ad es., il metodo dialettico, che indagava i singoli istituti giuridici per *genera* e *species* – che risentivano talora di alcuni schemi logici ed interpretativi propri della cultura greca, l'idea di riordinare gli interventi nella prassi (per loro natura eterogenei) entro schemi concettuali generali che poi costituiranno l'embrione dei concetti giuridici, la costante attenzione e la frequente partecipazione diretta alle vicende evolutive del diritto privato mediante l'attività di assistenza ai magistrati giusdicenti (in particolare, ai pretori) dei quali diventarono consulenti influenti, l'*interpretatio* concepita ancora – come ai tempi dei pontefici e dei primi giuristi laici – come un'opera non di mera ricognizione delle norme esistenti e del loro significato, bensì come attività essenzialmente libera e creatrice, attraverso la quale i giuristi partecipavano a pieno titolo, con le loro opere, al processo di creazione del *ius* e, infine, la distinzione – che, come già si è ricordato, comincia a farsi più netta appunto con i giuristi del I secolo a.C. – tra ruolo politico e ruolo tecnico-giuridico, che si esprimeva sovente con un rifiuto delle cariche pubbliche nella consapevolezza dell'autonomia della dottrina e dell'interpretazione.

L'attività del *respondere*, consistente nel prestare consigli anche su questioni non giuridiche (come, ad es., in ordine all'opportunità di dare in sposa una figlia o di acquistare o coltivare un fondo) e, in particolare, nel dare pareri tecnici sulle questioni giuridiche sottoposte ai giuristi da privati, magistrati e giudici, rimase il fulcro dell'esplicazione dell'*interpretatio*, sicché il *respondere* in ordine agli schemi processuali da adattare alla tutela di un determinato rapporto (*agere*) od agli schemi negoziali idonei al perseguimento degli effetti voluti dalle parti (*cavere*) finì per costituire un aspetto particolare ed una manifestazione specifica di una conoscenza tecnica unitaria della quale depositari erano solamente i giuristi:

> Cic., *De orat.* 1.48.212: *Sin autem quaereretur quisnam iuris consultus vere nominaretur, eum dicerem, qui legum et consuetudinis eius, qua privati in civitate uterentur, et ad respondendum et ad agendum et ad cavendum peritus esset* [...].
>
> [Se poi si chiedesse chi merita veramente la qualifica di giureconsulto, io direi colui che è esperto delle leggi e di quelle consuetudini di cui si servono i privati cittadini, e che pertanto è in grado sia di dare responsi, sia di redigere schemi processuali e negoziali ...].

I *responsa* giurisprudenziali, raccolti negli archivi familiari del giurista respondente e trascritti e riproposti in altre occasioni dai suoi *auditores* ed allievi, tendenzialmente erano concisi e talvolta privi di motivazione, recando spesso un richiamo all'autorità dei giuristi precedenti. Anche se va ribadito che la dimensione fondamentale del *responsum* era l'oralità, finendo così per configurarsi essenzialmente come strumento di trasmissione ai discepoli non di un parere irrigidito nella pagina scritta (ciò che si rendeva necessario, ad es., allorquando, sollecitato da una controversia giudiziaria, il *responsum* doveva essere comunicato al giudice), ma, al contrario, come conversazione, discussione, dialogo e persino confronto competitivo od agonistico tra le diverse opinioni in campo.

Nei *responsa* l'*interpretatio* si configurava spesso come innovativa rispetto ai modi di pensare della tradizione giurisprudenziale precedente, mettendo in luce, ad esempio, la contrapposizione tra parole (*verba*) e volontà (*voluntas*) nell'analisi di norme autoritative o di clausole negoziali e dando così luogo ad uno schema assai lontano da quelli, rigidamente formalistici, che avevano connotato la precedente *interpretatio* degli enunciati normativi o degli atti dei privati. Ed è proprio dal particolare atteggiarsi dell'*interpretatio* della giurisprudenza repubblicana come attività diversa dalla mera interpretazione del diritto vigente che discende la sicura configurabilità di tale giurisprudenza e, prima di essa, di quella pontificale, come fonte di produzione del diritto.

In realtà, un'attività di mera ricognizione delle norme vigenti era resa indispensabile dalla circostanza che i giuristi repubblicani non inventavano affatto le soluzioni od i principii che ispiravano i loro *responsa*, limitandosi piuttosto ad estrarre dall'ordinamento giuridico preesistente le une e gli altri in seguito ad un peculiare procedimento volto a rendere palese quel diritto che già esisteva, sia pure allo stato latente, nella coscienza sociale. Tuttavia, questo particolare *modus procedendi* implicava necessariamente una sostanziale creazione del diritto, giacché, sino al momento in cui il giurista non l'avesse evidenziato, il singolo principio giuridico non era conoscibile e, potremmo perfino dire, nemmeno esisteva. I giuristi, in definitiva, lungi dal limitarsi ad una interpretazione del diritto vigente, nell'accezione moderna del termine di mera ricognizione del diritto esistente, non applicavano dunque quest'ultimo al caso specifico, ma rielaboravano i suoi contenuti adattandoli di volta in volta alle diverse e sempre mutevoli esigenze della prassi.

E, in questo senso, un aspetto particolare del carattere creativo dell'*interpretatio* giurisprudenziale fu certamente rappresentato dalla rilevanza che, in essa, assunse l'*aequitas* come elemento correttivo di un'attuazione rigorosa del *ius civile* che, rigidamente applicato, avrebbe sicuramente comportato conseguenze di ingiustizia sostanziale. Pertanto, l'*aequitas* poteva essere volta ad attuare e sviluppare le interne possibilità dell'ordinamento giuridico, configurandosi allora come un procedimento interpretativo analogico ed innovativo che, fungendo come un criterio di equilibrio tra situazioni diverse e tuttavia affini, escogitava per quest'ultime una uguale regolamentazione. Più spesso l'*aequitas* era però volta a dare precise risposte a nuove esigenze di tutela emergenti nella prassi, costituendo così un limite ragionevole all'applicazione di un determinato regime giuridico e giungendo, per questa via, a dare vita ad un precetto giuridico nuovo e, addirittura, contrastante con la logica interna dell'ordinamento giuridico.

E di tale *aequitas* creativa fecero ampia applicazione i giuristi dell'ultimo secolo della Repubblica e, in particolare, Quinto Mucio Scevola (figlio di Publio Mucio Scevola e tribuno, edile, console e proconsole d'Asia rispettivamente nel 106, 104, 95 e 94 a.C.) e Servio Sulpicio Rufo (questore, pretore peregrino e console rispettivamente nel 74, 65 e 51 a.C. ed uditore di Quinto Mucio Scevola e poi di Lucilio Balbo ed Aquilio Gallo).

Insieme ad essi vanno poi ricordati anche Alfeno Varo (il più importante allievo di Servio Sulpicio Rufo e *consul suffectus* nel 39 a.C.), Aquilio Gallo (maestro di Servio Sulpicio Rufo ed allievo, a sua volta, di Quinto Mucio Scevola e pretore peregrino nel 66 a.C.), Aulo Ofilio (allievo di Servio Sulpicio Rufo), Elio Tuberone, Aulo Cascellio (questore prima del 73 a.C.) e Trebazio Testa (membro del *consilium* di Giulio Cesare).

Giuristi tutti che si trovarono ad operare nei confronti di un ordinamento giuridico certo più sviluppato di quello conosciuto dai giuristi del III e del II secolo a.C., ma tuttavia ancora in via di formazione e, soprattutto, da adeguare alle nuove e sempre più crescenti esigenze conseguenti alle profonde trasformazioni politiche ed economico-sociali della società romana. Un sistema, in definitiva, che doveva essere e fu effettivamente plasmato e modellato proprio dai giuristi di quest'epoca sotto la spinta della loro *interpretatio* creativa, con la quale si supplì alle manchevolezze della regolamentazione autoritativa, si provvedette al coordinamento ed all'integrazione di principii e regole di provenienza e portata talora disparate e si indicarono le soluzioni concrete più confacenti ai casi pratici, venendo così ad adattarsi, aggiornarsi e rinnovarsi quotidianamente l'intero ordinamento giuridico privato.

Sezione terza

Diritto e processo criminale

1. *La* provocatio ad populum

Come si è già ricordato, ai consoli spettava la facoltà di esercitare nei confronti di tutti i cittadini romani quell'ampio potere di *coercitio* che era una tipica manifestazione dell'*imperium*.

Tuttavia, per evitare ogni tentativo di sopraffazione dei loro concittadini, sin dall'instaurazione della *res publica* si manifestò la preoccupazione di limitare i poteri coercitivi della suprema magistratura cercando di subordinare l'irrogazione delle sanzioni più gravi e, in particolare, la pena di morte al giudizio del *populus* riunito in assemblea. Da tale esigenza nacque allora l'istituto della *provocatio ad populum*, da subito considerato come uno dei pilastri della costituzione repubblicana, in virtù del quale il *civis* perseguito penalmente dal magistrato nell'esercizio del suo *imperium* poteva sottrarsi alla morte ed alla fustigazione, che di norma precedeva l'esecuzione capitale, invocando l'instaurazione di un regolare processo davanti ai *comitia*. E tale importante guarentigia sorse non come un'arma di difesa della plebe contro il patriziato, ma, al contrario, come un rimedio – al quale astrattamente potevano fare ricorso, in quanto facenti parte del *populus Romanus*, anche i plebei, ma di fatto da essi non fruibile dal momento che il monopolio del potere era nelle mani dei patrizi – introdotto dalla classe patrizia per mettersi al riparo da eventuali abusi perpetrati dai suoi stessi magistrati.

Di difficile individuazione è la data in cui tale mezzo venne introdotto, giacché le fonti menzionano tre successive *leges de provocatione*.

La prima, una *lex Valeria* approvata dai *comitia centuriata* nel 509 a.C. su proposta del console P. Valerio Publicola, stabilente che nessun magistrato avrebbe potuto far fustigare e mettere a morte un cittadino romano che avesse richiesto la *provocatio ad populum*:

> Liv. 2.8.1-2: *Latae deinde leges, non solum quae regni suspicione consulem absolverent, sed quae adeo in contrarium verterent ut popularem etiam facerent; inde cognomen factum Publicolae est. Ante omnes de provocatione adversus magistratus ad populum sacrandoque cum bonis capite eius qui regni occupandi consilia inisset gratae in volgus leges fuere.*
>
> [Furono quindi presentate delle leggi che non solo assolsero il console dal sospetto di aspirare al regno, ma che giunsero a capovolgere talmente la situazione da renderlo

addirittura popolare. Da ciò il soprannome di Publicola. Più di tutte furono gradite alla gente la legge sulla *provocatio ad populum* contro le decisioni dei magistrati e l'altra sulla *consecratio* agli dèi della persona e dei beni di chi concepisse propositi di diventare re].

La seconda, una *lex Valeria Horatia* del 449 a.C. proposta dai consoli L. Valerio Potito e M. Orazio Barbato all'indomani della defenestrazione dei *decemviri*, vietante per il futuro la creazione di altre magistrature esenti da *provocatio*:

Liv. 3.55.4-5: *Aliam deinde consularem legem de provocatione, unicum praesidium libertatis, decemvirali potestate eversam, non restituunt modo, sed etiam in posterum muniunt sanciendo novam legem, ne quis ullum magistratum sine provocatione crearet; quis creasset, eum ius fasque esset occidi, neve ea caedes capitalis noxae haberetur.*

[Inoltre (i consoli Valerio ed Orazio) non solo rimisero in vigore la legge consolare sulla *provocatio ad populum*, ma la resero anche più salda per l'avvenire, facendo approvare una nuova legge con la quale si vietava che si creasse una qualsiasi magistratura immune da *provocatio*; chi l'avesse creata sarebbe potuto essere ucciso lecitamente per il diritto umano e divino, e quell'uccisione non sarebbe stata considerata un delitto capitale].

La terza, una *lex Valeria* del 300 a.C. proposta dal console M. Valerio Corvo, era di contenuto non dissimile da quello della legge del 509 a.C., che veniva però più efficacemente sanzionata poiché la nuova legge dichiarava '*improbe factum*', cioè meritevole di riprovazione morale, l'atto del magistrato che, in violazione del precetto in essa contenuto, avesse fatto fustigare ed uccidere un *civis* ad onta della *provocatio*:

Liv. 10.9.3-6: *Eodem anno M. Valerius consul de provocatione legem tulit diligentius sanctam. Tertio ea tum post reges exactos lata est, semper a familia eadem. Causam renovandae saepius haud aliam fuisse reor quam quod plus paucorum opes quam libertas plebis poterat. Porcia tamen lex sola pro tergo civium lata videtur, quod gravi poena, si quis verberasset necassetve civem Romanum, sanxit; Valeria lex cum eum qui provocasset virgis caedi securique necari vetuisset, si quis adversus ea fecisset, nihli ultra quam 'improbe factum' adiecit. Id, qui tum pudor hominum erat, visum, credo, vinclum satis validum legis: nunc vix serio ita minetur quisquam.*

[Nel medesimo anno il console M. Valerio presentò una legge sulla *provocatio*, munita di sanzione più rigorosa. Era la terza volta dalla cacciata dei re che tale legge veniva presentata, e sempre da appartenenti alla stessa famiglia. La causa di questo ripetuto rinnovarla, ritengo non sia stata altra che il prevalere della prepotenza di pochi sulla libertà della plebe. La stessa cosa, tuttavia, non avvenne con la legge Porcia, proposta per proteggere l'intangibilità della schiena dei cittadini, perché essa sanciva una grave pena a chi fustigasse od uccidesse un cittadino romano; la legge Valeria invece, dopo avere vietato di fustigare e decapitare chi si fosse rivolto al popolo, non prevedeva contro il trasgressore nient'altro, limitandosi a considerare '*improbe*' il suo comportamento. Questa – tanto era allora il sentimento dell'onore degli uomini – sembrò una sanzione sufficiente a garantire l'osservanza della legge stessa: ben difficilmente oggi si potrebbe minacciare sul serio una tale sanzione].

Ora, nonostante le prime due leggi sembrerebbero configurarsi *prima facie* come una mera anticipazione storica della terza, non vi è, in realtà, alcun valido motivo per negare la necessità della rinnovazione della norma sulla *provocatio ad populum*, giacché, a parte il fatto che la legge del 449 a.C. non aveva lo stesso contenuto delle altre due, un buon motivo poteva essere certamente costituito – come lascia intendere Livio nell'ultimo testo laddove afferma che la reiterazione si era resa indispensabile a causa del «prevalere della prepotenza di pochi sulla libertà della plebe» – dalla non infrequente circostanza che i plebei fossero messi a morte nonostante avessero chiesto l'intervento dei comizi, ciò che, del resto, è attestato dai numerosi episodi di rivolta popolare contro il magistrato che non voleva cedere alla *provocatio ad populum*. Il che, ovviamente, non vuol dire affatto che tale istituto fosse una garanzia reale per chi la invocasse, poiché la legge del 300 a.C., pur differenziandosi dalle prime due per essere più efficacemente sanzionata, nei fatti non costituiva un solido argine allo strapotere ed al sopruso del magistrato, in quanto quest'ultimo non doveva certo essere particolarmente impressionato dal fatto che il suo atto fosse ritenuto meritevole di riprovazione morale da parte della comunità, a meno che, ovviamente, a tale biasimo si accompagnasse l'eventuale irrogazione della *nota censoria*.

Quanto poi alla natura della *provocatio*, bisogna rimarcare come tale istituto sia stato configurato come un vero e proprio appello al popolo, il cui giudizio sarebbe stato così una pronuncia di seconda istanza, o, al contrario, come un rimedio specificamente politico, emerso nel corso del conflitto patrizio-plebeo quale strumento di lotta rivoluzionaria della *plebs* avverso l'esercizio arbitrario della *coercitio* magistratuale e sanzionato solamente dall'ultima *lex de provocatione*. Queste due ricostruzioni non appaiono però convicenti, giacché la prima difetta del presupposto fondamentale che l'atto magistratuale fosse una sentenza (contro la quale proporre appunto l'appello), mentre è evidente che esso aveva invece natura di provvedimento amministrativo, e la seconda, nella sua impostazione unicamente politica, presenta l'inconveniente di raffigurare la *provocatio ad populum* come un vero e proprio doppione dell'*auxilium tribunicium*, ciò che è smentito dalle diverse attestazioni delle fonti che individuano la *provocatio* e l'*auxilium* tribunizio come due strumenti di difesa della libertà concorrenti e, tuttavia, nettamente distinti l'uno dall'altro. Più fondato appare allora ritenere, in aderenza del resto a quanto emerge dalle diverse testimonianze concernenti il funzionamento della *provocatio ad populum*, che tale istituto avesse la natura giuridica di un atto di opposizione alla *coercitio* magistratuale sfociante nella richiesta di un processo criminale, di primo ed unico grado, davanti ai comizi.

In ordine a questi ultimi, può dirsi che l'assoluto silenzio delle fonti circa lo svolgimento dei processi popolari nell'età più antica della *res publica* autorizza l'inteprete a ritenere che essi si svolgessero verosimilmente davanti ai *comitia curiata*, al cui giudizio le vittime della *coercitio* magistratuale facevano dunque ricorso mediante la *provocatio ad populum*. Solo verso la metà del V secolo a.C., e precisamente sulla scorta della norma decemvirale stabilente la necessità dell'intervento dei *comitia centuriata* quando era in discussione il *caput* di un *civis*, la competenza passò a questi ultimi, con evidente soddisfazione dei plebei, i quali non guardavano certo con favore alla competenza dei comizi curiati, dominati politicamente dai patrizi, a causa dei *suffragia clientum*, a tal punto da far ritenere che, precedentemente alla Legge delle XII Tavole, i processi capitali fossero utilizzati dal patriziato come arma politico-repressiva nei confronti della plebe.

Parallelamente a tale sviluppo, ebbe modo di affermarsi anche la persecuzione criminale plebea che, esercitata ad imitazione di quella consolare, si fondava sulla *summa coercendi potestas* dei *tribuni plebis*, contro la quale, però, in quanto coercizione rivoluzionaria non legalizzata, non era sperimentabile la *provocatio ad populum*, consentendo così a tali magistrati plebei di godere di un potere di fatto superiore a quello dei magistrati patrizi. Per questa via, a somiglianza dei *comitia curiata*, la plebe si costituì, a sua volta, come collegio giudicante, presieduto da un tribuno o da un edile, arrogandosi il potere di infliggere multe e persino di pronunciare condanne a morte contro qualsiasi patrizio che si fosse reso responsabile di atti ritenuti contrari agli interessi della *plebs*.

Per evitare tali processi rivoluzionari plebei, i patrizi furono allora costretti a correre ai ripari, acconsentendo che la Legge delle XII Tavole, la quale aveva riaffermato il diritto alla *provocatio*, sancisse solennemente che fossero unicamente i comizi centuriati a pronunciare la condanna a morte di un cittadino, ottenendo, in cambio, che la stessa legge decemvirale vietasse di mettere a morte una persona che non fosse stata regolarmente condannata, ciò che comportava l'abolizione dei processi capitali rivoluzionari instaurati dai *tribuni plebis* davanti al concilio plebeo.

2. *I* crimina *dalla legislazione decemvirale alle* leges Porciae

Per ciò che riguarda il contenuto sostanziale della legislazione decemvirale, va rilevato che essa si caratterizzò, per un verso, per la notevole estensione della repressione pubblica e, per altro verso, per la spiccata tendenza a sottoporre l'arcaico regime della vendetta privata al controllo dello Stato.

Così, accanto a disposizioni riaffermanti l'illiceità di alcuni fatti già perseguiti criminalmente in forza di norme preesistenti previste dalle *leges regiae* o dai *mores maiorum* (come, ad es., l'omicidio involontario e la *proditio*), le XII Tavole contemplarono una consistente serie di nuove figure criminose che, in quanto lesive degli interessi della comunità cittadina o della coscienza politica, morale e religiosa dei consociati (come, ad es., la collusione del giudice o dell'arbitro con una delle parti in causa, punita con la pena capitale, la falsa testimonianza, sanzionata con la deiezione del colpevole dalla rupe Tarpea, e l'*occentare* ed il *malum carmen incantare*, cioè i sortilegi e le pratiche di malaugurio) e del pacifico svolgimento delle attività agricole (come, ad es., l'incendio doloso dell'altrui abitazione o dei covoni di grano posti vicino ad essa, punito con la *combustio* sul rogo del colpevole), furono assoggettate anch'esse alla pubblica persecuzione. E, parallelamente a ciò, disciplinarono altre azioni delittuose, riconosciute come lesive unicamente dei diritti dei singoli, la cui repressione fu pertanto lasciata all'iniziativa della parte lesa, delineando peraltro un nuovo sistema di composizioni legali fissate dallo Stato in una determinata somma di denaro per ciascun illecito (come, ad es., nel caso dell'*iniuria* e delle diverse fattispecie di *furtum*). In tale maniera, venne così delineandosi la fondamentale distinzione, che improntérà il diritto penale romano dell'età classica, tra i *crimina*, delitti pubblici perseguiti dallo Stato per mezzo di suoi organi investiti della giurisdizione criminale e sanzionati con la pena pubblica (corporale o pecuniaria), ed i *delicta*, perseguiti dall'offeso nelle forme del processo privato e sanzionati con la pena privata, solamente pecuniaria, dovuta unicamente alla parte lesa.

Il sistema dei crimini e delle relative pene disegnato dalla legislazione decemvirale si mantenne pressoché inalterato sostanzialmente fino al II secolo d.C., allorquando alcune leggi introdussero nuove figure di reato, quali il gioco d'azzardo (vietato da una *lex de alea* del 204-203 a.C.), l'*ambitus* (cioè la corruzione elettorale, estrinsecantesi nell'indebito accaparramento di voti mediante la distribuzione di doni agli elettori, prevista dalle *leges Cornelia Baebia* e *Cornelia Fulvia*, rispettivamente del 181 e 159 a.C., che prevedevano verosimilmente addirittura la pena capitale) e la pederastia (proibita da una *lex Scantinia* o *Scatinia* del 149 a.C.).

E, nello stesso torno di anni, vennero emanate tre *leges Porciae*, delle quali la prima, menzionata nell'ultimo dei tre testi più sopra riportati e dovuta probabilmente a Catone il vecchio, console nel 195 a.C., concesse il ricorso al popolo contro la fustigazione come provvedimento a sé stante; la seconda, proposta da Porcio Leca, tribuno della plebe e pretore rispettivamente nel 199 e 195 a.C., estese di diritto di *provocare* ai *cives* che si trovavano fuori Roma ed ai soldati nei confronti del loro comandante; la terza, di cui sono ignoti sia il proponente e sia la data, introdusse probabilmente la pena di morte nei confronti del magistrato che non si fosse attenuto alle norme della *provocatio*. La conseguenza di queste tre leggi fu allora la sottoposizione al controllo giudiziario dei comizi centuriati di tutte le esplicazioni più gravi del *ius coercitionis* magistratuale, anche oltre il limite di mille passi dal *pomerium* e perfino in ambito militare. Ed espressione concreta di tale tendenza dovette essere verosimilmente anche l'estensione della *provocatio* alle multe inflitte dal *pontifex maximus* ai membri dei collegi sacerdotali che non avessero ottemperato ai suoi ordini, la cui prima manifestazione si ebbe nel 189 a.C.

3. *Il processo*

Legittimati ad istruire il processo ed a presentare al popolo le proposte di condanna erano, come in passato, i *quaestores*, la cui competenza venne però a restringersi, dopo la Legge delle XII Tavole, unicamente ai reati comuni, spettando ancora ai *duumviri perduellionis* la persecuzione della *perduellio* flagrante. Tuttavia, in prosieguo di tempo, iniziò ad affermarsi, probabilmente intorno alla metà del V secolo a.C., e poi a diffondersi la pratica dei processi tribunizi davanti ai comizi centuriati, che è pienamente attestata agli inizi del III secolo a.C. Tale persecuzione, che finì per sostituire quella dei precedenti organi ora ricordati, perse però il suo originario carattere rivoluzionario di repressione criminale condotta davanti ai *concilia plebis* a tutela della propria persona e di chiunque violasse le prerogative plebee, per acquistare ora la nuova veste di coercizione capitale davanti ai comizi centuriati dei più gravi crimini contro le libertà cittadine. Gli stessi *tribuni plebis* conservarono inoltre l'antico potere di instaurare davanti ai *concilia plebis* processi per l'irrogazione di multe, facoltà, questa, che spettava pure agli edili plebei e che in seguito fu anche di appannaggio degli edili curuli, i quali, in quanto magistrati patrizi minori, promuovevano le loro accuse davanti ai *comitia tributa*.

Il procedimento che si svolgeva davanti alle assemblee popolari era di tipo inquisitorio, sicché era il magistrato a promuoverlo d'ufficio, intimando all'accusato a comparire ad una certa data (*diem dicere*) davanti ad un'assemblea informale del popolo (*contio*) e specificando l'imputazione e la pena ritenuta congrua per il caso trattato. L'accusato, ove richiesto, doveva fornire dei garanti della sua comparizione (*vades*), con la conseguenza che, laddove non avesse ottemperato a tale intimazione, era sottoposto a detenzione preventiva. Nel *dies* stabilito, il popolo, riunito nel Foro, ascoltava le ragioni dell'accusa esposte dal magistrato, l'imputato svolgeva le sue difese (personalmente o per mezzo di un avvocato) e venivano sentiti i testimoni addotti dalle parti:

> Cic., *De domo* 17.45: [...] *cum tam moderata iudicia populi sint a maioribus constituta, primum ut ne poena capitis cum pecunia coniungatur, deinde ne inprodicta die quis accusetur, ut ter ante magistratus accuset intermissa die quam multam inroget aut iudicet, quarta sit accusatio trinum nundinum prodicta die, quo die iudicium sit futurum, tum multa etiam ad placandum atque ad misericordiam reis concessa sunt, deinde exorabilis populus, facilis suffragatio pro salute, denique etiam, si qua res illum diem aut auspiciis aut excusatione sustulit, tota causa iudiciumque sublatum est* [...].
>
> [... come i nostri antenati hanno stabilito procedure così prudenti per i giudizi popolari, in primo luogo che la pena capitale non vada unita a quella pecuniaria, poi che nessuno venga accusato senza che sia stato differito il giorno del giudizio, che il magistrato formuli l'accusa tre volte, con intervallo di tempo, prima di irrogare la multa o di pronunciare la sentenza, che la quarta accusa avvenga nel giorno, differito di tre mercati consecutivi, in cui avrà luogo il giudizio, così anche molte concessioni hanno fatto agli accusati per cercare di placare e di ottenere clemenza; il popolo, poi, è arrendevole, facile è ottenere un voto favorevole ed infine ancora, se qualche auspicio o pretesto ha fatto perdere quel giorno, tutta la causa ed il giudizio vengono anullati ...].

Come si evince dal testo, siffatta proceduta (*anquisitio*) era poi rinnovata in altre due *contiones*, che si susseguivano a distanza di almeno un giorno l'una dall'altra, sicché, al termine della terza, il magistrato, laddove non avesse ritenuto di desistere dall'accusa, la formulava definitivamente, proponendo al popolo la condanna e fissando la data della quarta ed ultima *contio* e dei comizi giudiziari. Nella *contio* conclusiva, che aveva luogo dopo un intervallo di tre mercati consecutivi (*trinundinum*), il magistrato, sulla base delle prove raccolte nelle precedenti *contiones*, invitava l'assemblea ad esprimere il proprio giudizio sulla responsabilità dell'imputato. Pertanto, il popolo, radunatosi ufficialmente nel Campo Marzio (nel caso dei comizi centuriati) o nel Foro (nel caso dei comizi tributi), pronunciava la sentenza, inizialmente oralmente e, più tardi (più precisamente, in seguito all'emanazione, nella seconda metà del II secolo a.C., delle *leges tabellariae*), per iscritto (cioè per mezzo di tavolette cerate), non ammettendosi l'aggiornamento della votazione ad una data successiva a quella fissata, con la conseguenza che, se per qualunque motivo la sentenza non fosse stata emanata nel *dies* stabilito, il processo si concludeva ed il magistrato non poteva più riproporlo. L'esecuzione della pena capitale, che aveva luogo normalmente per strangolamento, era poi rimessa ad uno schiavo pubblico, il *carnifex*, sotto la sorveglianza dei magistrati preposti alle carceri statali, i *tresviri capitales*. Va detto però che la pena di morte veniva di fatto eseguita raramente, dal momento che si era diffusa la prassi di permettere all'imputato, fino a quando non fosse stato pronunciato l'ultimo voto decisivo per la condanna, di abbandonare il territorio cittadino e di recarsi volontariamente in esilio preso un'altra città legata a Roma da un trattato internazionale riconoscente tale diritto, con la conseguenza che all'espatrio dell'accusato faceva seguito un formale provvedimento di *interdictio aqua et igni*, comportante la perdita della cittadinanza, la confisca dei beni ed il divieto di rientrare, a pena di morte, nel territorio urbano.

Come ben si vede, la procedura utilizzata nei *iudicia populi* era complessa, farraginosa e, soprattutto, dispendiosa, in termini di tempo, per le assemblee popolari, che, insieme al magistrato procedente, rimanevano impegnate nello svolgimento di ogni singolo giudizio criminale in una misura sicuramente eccessiva. Tale rilievo induce quindi a ritenere che la repressione di alcuni tipi di reato e, in particolare, di quelli che si configuravano più come illeciti amministrativi che come figure delittuose vere e proprie non fosse rimessa in via giudiziaria ai comizi, bensì in via ammistrativa direttamente ad organi di polizia, quali i già ricordati *tresviri capitales*, che, nella loro veste di magistrati minori (seppur sforniti di una vera e propria *coercitio*), per altri ben più gravi reati (come, ad es., l'omicidio) svolgevano un'attività preparatoria del giudizio criminale, sostanzialmente di tipo istruttorio, che poteva sfociare nella comunicazione al magistrato dell'esistenza di prove sufficienti a fondare l'accusa davanti ai comizi o, al contrario, nell'archiviazione della causa in caso di una loro insussistenza, con conseguente rimessione in libertà dell'accusato, del quale, nelle more di tale attività di investigazione, avevano disposto la custodia cautelare in carcere.

E se, per questa via, anche i crimini passibili di pena capitale sovente non erano giudicati dai comizi, si può ragionevolmente ritenere che ciò accadesse, a maggior ragione, per quei delitti di lieve entità comportanti l'irrogazione di una semplice multa, sicché, in questi casi, i magistrati avevano la possibilità di evitare il coinvolgimento delle assemblee popolari avvalendosi della procedura *per sponsionem*, in virtù della quale essi si facevano promettere dall'accusato, mediante appunto una *sponsio*, il pagamento di una somma di denaro, da loro stabilita discrezionalmente, per l'ipotesi che l'accusa rivolta al reo risultasse fondata, con la conseguenza che questi, ove i fatti fossero risultati provati, veniva condannato dal *iudex privatus* al quale il *iudicium* era stato deferito.

4. *Le* quaestiones extra ordinem

Gli inconvenienti della procedura comiziale, che avevano determinato il sorgere delle procedure alternative che vedevano coinvolti i *tresviri capitales* e, addirittura, i *iudices privati* civili, aumentarono vieppiù in seguito alla crescente ed inarrestabile espansione romana, sicché, a partire dagli inizi del II secolo a.C., il senato cominciò ad affidare ai consoli o ad uno dei pretori, assistiti da un *consilium* da essi stessi nominato, la repressione di alcuni crimini particolarmente gravi, in quanto suscitanti un notevole allarme sociale (quali, ad es., le congiure, le bande armate e le associazioni a delinquere), commessi a Roma ed in Italia da cittadini romani, che, in quanto tali, avrebbero richiesto, di regola, un *iudicium populi*. In tali casi, il senato esaminava il caso portato alla sua attenzione (di solito ad opera di *delatores*) e, ove ne avesse ravvisato l'opportunità, istituiva una cognizione straordinaria detta *quaestio extra ordinem*, fornendo le relative istruzioni ai magistrati incaricati di accertare i fatti e pronunciare il giudizio (peraltro non suscettibile di *provocatio*, dal momento che esso sostituiva a pieno titolo quello assembleare), del quale erano gli unici autori e responsabili nonostante ad esso fossero giunti previa consultazione del loro *consilium*.

Il più celebre esempio di questa nuova procedura è sicuramente costituito dalla *quaestio extra ordinem* concernente i Baccanali:

> Liv. 39.14.5-6: *Censuit autem senatus gratias consuli agendas, quod eam rem et cum singulari cura et sine ullo tumultu investigasset. Quaestionem deinde de Bacchanalibus sacrisque nocturnis extra odinem consulibus mandant* [...].
>
> [Il senato deliberò di ringraziare il console per avere condotto l'indagine con particolare oculatezza ed evitando ogni disordine. Quindi si affida ai consoli la procedura *extra ordinem* per la repressione dei Baccanali e dei riti notturni in genere ...].

Nel 186 a.C., l'assemblea dei *patres*, fortemente preoccupata a causa dei gravi pericoli per l'ordine morale e sociale derivanti dalla diffusione del culto bacchico, incaricò i consoli di condurre un'inchiesta e stabilì che la partecipazione a tale culto dovesse considerarsi delitto capitale, ciò che determinò il processo e la conseguente a messa a morte di non pochi indiziati, di entrambi i sessi ed a prescindere dal loro *status civitatis*, senza che i comizi ne fossero minimamente interessati o coinvolti.

Ora, pur non disconoscendosi la facoltà del senato di istituire, senza autorizzazione del popolo, *quaestiones* criminali finalizzate a perseguire i *socii Italici* che si fossero resi responsabili di crimini contro la sicurezza dello Stato, non vi è però alcun dubbio che tale *modus procedendi* fosse contrario al risalente principio secondo cui un cittadino romano accusato di delitto capitale poteva essere giudicato solamente dall'assemblea centuriata. Pertanto, le *quaestiones extra ordinem* si configuravano, dal punto di vista strettamente costituzionale, come delle usurpazioni di un potere da sempre spettante al popolo. Tuttavia, in quanto originate da contingenze aventi una vasta risonanza sociale, esse non subirono obiezioni, con la conseguenza che al senato venne via via riconosciuta come propria una facoltà ad esso sicuramente non spettante. Da qui, un proliferare di *quaestiones extra ordinem*, volte a reprimere tanto delitti comuni (come il veneficio e l'omicidio) quanto delitti politici (come quelli commessi dai seguaci di Tiberio Gracco, la cui repressione, nel 132 a.C., suscitò una decisa reazione popolare che condusse all'abolizione di tutte le *quaestiones* capitali non istituite sulla base dell'autorità conferita da una *lex* o da un *plebiscitum*, determinando così la fine dell'esperienza delle *quaestiones ex senatusconsulto*), per quasi tutto il II secolo a.C., alle quali si affiancarono, nel medesimo periodo, *quaestiones* analoghe disposte però dal popolo (e, quindi, legittime costituzionalmente, in quanto istituite con il voto dell'assemblea popolare e, per questo motivo, operanti su un'espressa delega del potere repressivo da parte di quest'ultima), normalmente per reprimere gli abusi commessi dai magistrati romani nei confronti delle popolazioni soggette, su iniziativa dei *tribuni plebis*.

5. *Le* quaestiones perpetuae

L'introduzione delle *quaestiones extra ordinem* finì per ingenerare la convinzione che solo la creazione di corti giudicanti permanenti, alle quali fosse istituzionalmente deferita la cognizione di intere categorie di crimini già appartenenti alla competenza giudiziaria delle assemblee, avrebbe potuto condurre all'abolizione di quest'ultima. Pertanto, le *quaestiones extra ordinem* vennero progressivamente cedendo il posto a tribunali stabili, detti perciò *quaestiones perpetuae*, istituiti per legge e presieduti da un magistrato o da un ex magistrato, che dovevano inizialmente limitare e poi assorbire i *iudicia populi* e, infine, divenire infine l'organo ordinario della repressione criminale dell'ultima età repubblicana e dei primi tempi del Principato.

Il nuovo sistema delle *quaestiones perpetuae* originò dalla repressione delle *repetundae*, cioè dalle illecite appropriazioni ed estorsioni messe in atto da magistrati romani nei confronti di popolazioni alleate o sottoposte al dominio di Roma, che fino a quel momento non avevano altra possibilità che rivolgersi al senato od ai tribuni della plebe nella speranza, spesso vana, che le loro lamentele trovassero ascolto.

Nel 171 a.C. venne adottata una particolare procedura, gravida di importanti sviluppi futuri, per venire incontro alle doglianze delle popolazioni iberiche che avevano inviato a Roma una legazione per rendere edotto il senato delle spoliazioni subite da parte di tre governatori senza scrupoli. L'assemblea dei *patres* ordinò al pretore L. Canuleio, al quale era stata assegnata la Spagna, di costituire per ciascuno degli accusati un collegio di cinque *recuperatores*, scelti tra i senatori, con il compito di accertare la verità dei fatti e di condannare i responsabili alla restituzione del maltolto. La causa, alla quale i provinciali poterono partecipare unicamente per mezzo dell'assistenza di *patroni* romani, si concluse con l'assoluzione di uno degli imputati, mentre gli altri due preferirono sottrarsi al giudizio andando in esilio in località vicine.

Appare evidente allora che oggetto di tale giudizio, modellato sul procedimento recuperatorio internazionale, non era affatto la repressione di un reato, bensì la semplice restituzione di quanto estorto, ciò che era dovuto, evidentemente, alla preoccupazione dell'*ordo senatorius* di circoscrivere la responsabilità dei magistrati concussionari unicamente al campo patrimoniale, evitandone così l'esposizione a conseguenze di carattere penale. Questo rilievo, e, insieme, la circostanza che i giurati fossero di rango senatorio e, ancora, che le vittime dovessero farsi assistere necessariamente da un patrono romano, la dicono lunga allora in ordine al fatto che il provvedimento senatorio istitutivo della procedura recuperatoria mirasse più alla salvaguardia del prestigio dell'aristocrazia dominante che all'effettiva tutela delle popolazioni vessate.

La vicenda spagnola aprì però un primo varco nel sistema repressivo repubblicano, sicché, nel 149 a.C., il *tribunus plebis* L. Calpurnio Pisone Frugi fece approvare una legge, la *lex Calpurnia de repetundis*, stabilente che le accuse di estorsione mosse contro i magistrati romani dovessero essere presentate ad una corte di giustizia permanente presieduta dal *praetor peregrinus* e composta da giurati di rango senatorio, probabilmente dei *recuperatores*, reiterando, in sostanza, la procedura sperimentata per il precedente caso iberico.

Ma, su questa scia, un radicale mutamento della politica giudiziaria nei confronti delle malversazioni operate ai danni delle popolazioni soggette al dominio romano si ebbe nel 123-122 a.C., allorquando il collega di Gaio Gracco, Manio Acilio Glabrione, fece approvare un plebiscito, la *lex Acilia repetundarum*, che istituì il primo vero tribunale criminale permanente per giudicare l'operato dei magistrati concussionari, cioè la *quaestio perpetua repetundarum*. E tale provvedimento fu probabilmente preceduto da una legge giudiziaria generale, la *lex Sempronia iudiciaria*, che sostituì i cavalieri ai senatori nell'ufficio di giurati al chiaro scopo di fare dell'*ordo equester* una forza antagonista ed alternativa alla *nobilitas* senatoria.

La breccia nel sistema repressivo repubblicano era allora definitivamente aperta, giacché le malversazioni dei magistrati furono per la prima volta attratte nell'orbita del diritto penale pubblico, assumendo così la connotazione di un vero e proprio reato sanzionato da una pena criminale (commisurata al doppio del valore di quanto estorto e da versare all'*aerarium populi Romani*, che, per mezzo del questore, avrebbe poi provveduto a rimborsare i danneggiati).

La *quaestio repetundarum* era presieduta da un apposito *praetor de repetundis*, che era obbligato a formare una lista di 450 giudici, scelti tra gli *equites* e da pubblicare in un apposito albo, da cui trarre la giuria per il singolo processo mediante la scelta, da parte dell'accusatore, di 100 nominativi comunicati all'accusato, che, tra questi, sceglieva a sua volta i 50 che avrebbero composto il collegio giudicante, davanti al quale l'accusa poteva ora essere promossa personalmente dai danneggiati (che potevano tuttavia farsi rappresentare da *patroni*) e, addirittura, *alieno nomine*, cioè da parte di chiunque in nome e per conto delle vittime, senza la necessità di alcuna autorizzazione od accettazione della vittima stessa (e ciò evidentemente per evitare le possibili minacce e pressioni esercitate nei confronti delle persone offese da chi temeva di essere da queste accusato). La decisione, presa a maggioranza, comportava, in caso di condanna, un'ulteriore fase processuale, di natura civilistica, finalizzata a quantificare l'ammontare delle somme da restituire ai singoli daneggiati.

La *quaestio perpetua repetundarum* servì da modello per l'introduzione di altre corti giudicanti, che furono in seguito istituite per la repressione di altri crimini, sia comuni che politici, come la *quaestio* creata nel 103 a.C. dalla *lex Appuleia* proposta dal tribuno Saturnino per la persecuzione del *crimen maiestatis* e le successive *quaestiones* introdotte per i casi di peculato, di omicidio commesso con armi e di veneficio. Nel periodo che va da Gaio Gracco alla restaurazione sillana le *quaestiones perpetuae* istitute da apposite leggi per la persecuzione di determinati crimini non furono dunque frequenti, mentre diverse *leges* vennero emanate in ordine al titolo richiesto per l'iscrizione nell'albo dei giurati, che variò più volte in corrispondenza con le varie fasi della lotta che vide contrapposti, in questo arco temporale, il senato e l'*ordo equester*. Pertanto, si succedettero varie leggi, delle quali alcune relative alle corti in generale (*leges iudiciariae*) ed altre concernenti esclusivamente la *quaestio repetundarum*, che, di volta in volta, assegnarono il monopolio delle giurie ora ai membri di estrazione senatoria (come la *lex iudiciaria* fatta votare dal console Q. Servilio Cepione nel 106 a.C.) ed ora a quelli di estrazione equestre (come il plebiscito proposto dal tribuno C. Servilio Glaucio nel 104 a.C. in relazione alla sola *quaestio de repetundis* e la già ricordata *lex Appuleia*).

Il sistema delle *quaestiones perpetuae* fu però pienamente e definitivamente realizzato da Silla, il quale, dopo avere restituito i collegi giudicanti di tutti i tribunali al senato nell'82 a.C., riorganizzò le *quaestiones* preesistenti (introducendo una nuova procedura per la scelta dei giurati e dettando particolari norme concernenti le modalità delle loro votazioni) e ne istituì di nuove, riducendo così notevolmente il potere giudiziario dei comizi, che, formalmente non abrogato, di fatto venne drasticamente limitato ed enormemente indebolito. Le *quaestiones perpetuae* istituite o, comunque, riorganizzate da Silla furono sei: la *quaestio de repetundis* (per le estorsioni magistratuali), la *quaestio de maiestate* (comportante la pena capitale per l'alto tradimento e l'insubordinazione contro i supremi organi repubblicani e, più in generale, per ogni specie di attentato alla sovranità del *populus Romanus*), la *quaestio de ambitu* (per la corruzione elettorale), la *quaestio de peculatu* (per l'illecita sottrazione di denaro pubblico), la *quaestio de sicariis et veneficiis* (comportante la pena capitale per gli omicidi commessi con armi o sostanze venefiche, per il parricidio e per i reati contro l'ordine pubblico, quali, ad es., le bande armate) e la *quaestio de falsis* (per il falso testamentario e nummario). E tale numero comportò il necessario aumento dei pretori da due ad otto, dei quali sei destinati appunto alla presidenza delle singole *quaestiones* ed i rimanenti due, cioè i *praetores urbanus* e *peregrinus*, preposti, come in precedenza, all'amministrazione della giustizia.

Successivamente all'età di Silla furono emanate numerose altre leggi finalizzate non tanto ad istituire nuove *quaestiones* (tra queste, particolare menzione va fatta della *lex Plautia* o *Plotia de vi*, emanata tra l'80 ed il 70 a.C., che introdusse una *quaestio* non permanente per la repressione di varie ipotesi di violenza aventi rilevanza pubblica e forse di alcuni atti di violenza privata suscettibili di porre in pericolo la pace sociale, della *lex Pompeia de parricidiis*, che creò nel 52 a.C. un'apposita *quaestio* per la repressione dell'uccisione dei prossimi congiunti, e della *lex de modo credendi possidendique intra Italiam*, di età cesariana, che istituì una *quaestio* per la repressione del prestito ad usura) quanto piuttosto a modificare od a riorganizzare quelle già esistenti (come la *lex Aurelia* del 70 a.C., la *lex Calpurnia* del 67 a.C., la *lex Tullia* del 63 a.C., la *lex Iulia* del 59 a.C., la *lex Licinia de sodaliciis* del 55 a.C. e la *lex Pompeia* del 52 a.C.). Per quel che concerne la composizione delle giurie, il pretore L. Aurelio Cotta si fece promotore nel 70 a.C. di una *lex iudiciaria* stabilente che l'albo dei giurati fosse composto per un terzo di senatori, per un terzo di cavalieri e per un terzo di *tribuni aerarii* e che i collegi giudicanti fossero composti da un ugual numero di persone appartenenti a queste tre categorie e tale sistema venne modificato da una *lex Iulia*, fatta votare da Cesare nel 46 a.C., che estromise dall'*album iudicum* i *tribuni aerarii*.

Il processo delle *quaestiones*, pur articolandosi in tanti *iudicia* diversi quante erano le singoli corti giudicanti, finì per strutturarsi secondo un modello sostanzialmente uniforme.

Promosso da un'iniziativa autonoma del magistrato e prendente le mosse sempre dalla denuncia di un *quivis de populo* o, comunque, di un soggetto privato, il procedimento, di tipo accusatorio e non applicabile nel caso di concorso di persone nel reato e di concorso di più reati (potendosi infatti instaurare unicamente tra un solo accusatore ed un solo accusato e per la sola fattispecie criminosa prevista dalla legge istitutiva della *quaestio*), si articolava in più fasi. La vera e propria accusa era infatti preceduta da un'istanza preliminare (*postulatio*) con la quale il denunciante chiedeva al magistrato investito della presidenza della *quaestio* il riconoscimento della sua legittimazione ad accusare e, se i denuncianti fossero stati più d'uno, si svolgeva un giudizio preventivo finalizzato a stabilire quale fosse l'accusatore da preferire (*divinatio*). Presentata formalmente l'accusa, l'accusatore intimava all'accusato di presentarsi in tribunale (*in ius eductio*) e formalizzava, alla presenza del magistrato, il capo di imputazione (*nominis delatio*), poi lo sottoponeva ad interrogatorio (*interrogatio legibus*), al termine del quale il magistrato raccoglieva l'accusa in un processo verbale sottoscritto dall'accusato (*subscriptio*). Accettata ufficialmente l'accusa da parte del magistrato (*nominis receptio*), l'accusato, divenuto formalmente *reus*, era chiamato a rispondere unicamente del *crimen* ascrittogli ed il magistrato fissava quindi il giorno della comparizione delle parti in tribunale per la discussione della causa, ciò che avveniva, di regola, non prima di dieci giorni dalla *nominis receptio*, durante i quali l'accusato, salvo che vi fossero motivi di opportunità, non era, di norma, sottoposto a carcerazione preventiva ed il magistrato provvedeva a formare la giuria (composta da alcune decine di persone, oscillante tra tre e cinque) ed a far giurare i membri del *consilium*. Se nel giorno del dibattimento l'accusatore fosse risultato ingiustificatamente assente, il processo si estingueva, mentre, in caso di assenza ingiustificata dell'accusato, il procedimento andava comunque avanti nei suoi confronti. Nel caso di presenza di entrambi, iniziava subito la discussione davanti al collegio giudicante, durante la quale parlava per primo l'accusatore e dopo l'accusato e si procedeva poi all'escussione dei testimoni (che aveva luogo spesso mediante l'interrogatorio incrociato di un singolo testimone da parte dell'accusa e della difesa) ed alla valutazione delle prove documentali. Concluso il dibattimento, i giurati si ritiravano per deliberare, ricevendo ciascuno di essi una tavoletta cerata, recante da un lato la lettera A (= *absolvo*) e dall'altro la lettera C (= *condemno*), che dopo essere stata cancellata nel senso prescelto o, in ambedue, in caso di astensione (*non liquet*), veniva depositata in un'urna appositamente predisposta, sicché, ultimate le operazioni di voto, il magistrato (che non votava) rendeva noto l'esito dello scrutinio (ciò che poteva non verificarsi laddove l'alto numero delle astensioni avesse impedito il raggiungimento della maggioranza richiesta per la condanna o l'assoluzione, con la conseguenza dell'*ampliatio*, cioè della rinnovazione del dibattimento). La sentenza di merito si limitava ad affermare la colpevolezza o l'innocenza dell'accusato, giacché la pena era determinata, in misura fissa, dalla *lex* istitutiva della *quaestio* e, dunque, non suscettibile di essere modificata dai giurati in relazione alla gravità del reato. Nei processi *de repetundis* e *de peculatu,* nei quali la condanna consisteva in una somma di denaro commisurata al valore del maltolto, la giuria, in seguito ad un apposito procedimento, doveva inoltre accertare e quantificare il danno patrimoniale che il condannato era tenuto a pagare (*litis aestimatio*). Almeno fino all'età di Silla, le pene previste dalle leggi istitutive delle singole *quaestiones* rimasero le stesse di un tempo, cioè la morte od il pagamento di una somma pecuniaria, alle quali, a partire da una *lex Tullia de ambitu* del 63 a.C., si aggiunse, come sanzione autonoma e solo per alcuni tipi di *crimina,* l'esilio, cui faceva seguito, al solito, un formale provvedimento di *interdictio aqua et igni.* Contro la condanna inflitta dalle *quaestiones,* in quanto non costituiva esplicazione di *imperium,* non era esperibile la *provocatio ad populum,* che tuttavia fu ammessa, solamente nelle *quaestiones de vi* e *de maiestate,* da una legge fatta approvare nel 44 a.C. da Marco Antonio, la quale, da subito osteggiata dalla classe senatoria, venne però ben presto abrogata.

Limitata ai crimini commessi a Roma ed entro una cerchia di mille passi dalla capitale, la competenza delle *quaestiones perpetuae* servì da modello, negli ultimi decenni della *res publica,* per l'esplicarsi di forme di repressione criminale al di fuori del territorio urbano, sicché tribunali organizzati secondo lo schema delle *quaestiones* funzionarono anche nelle *coloniae civium Romanorum* dedotte nelle province e, probabilmente, nei *municipia* e nelle *praefecturae,* in cui è attestato sicuramente lo svolgimento di *iudicia publica.* Non è chiaro, però, se la competenza di tali giurie locali concernesse ogni tipo di reato commesso in quei territori o, più verosimilmente, solo alcuni *crimina* commessi contro le amministrazioni locali e, ancora, se queste corti locali potessero infliggere ad un cittadino la pena di morte, senza contare poi che, per talune materie, a giudicare era chiamato l'*ordo decurionum.*

Nelle province, la repressione criminale era esercitata, in forza del loro *imperium,* dai governatori, con l'assistenza di un *consilium* composto da cittadini romani residenti nella provincia e liberamente scelti dal *praeses* secondo il ceto ed il rango sociale, fatta salva, ovviamente, l'esperibilità della *provocatio ad populum* riconosciuta ai *cives* romani da una delle già ricordate *leges Porciae* del 195 a.C. La presenza di tale *consilium* determinò allora il graduale affermarsi, anche in ambito provinciale, di una procedura analoga a quella delle *quaestiones* cittadine, sicché nell'ultimo decennio della *res publica* in Cirenaica funzionarono delle commissioni di giustizia criminali formate da un certo numero di persone tratte a sorte da liste *ad hoc* compilate dal governatore provinciale. Siffatte commissioni non svolgevano però una funzione consultiva, come quelle di cui si è detto or ora, ma operavano come un vero e proprio collegio giudicante sulla colpevolezza o sull'innocenza dell'imputato e, per di più, senza che il magistrato concorresse, con il suo voto, all'emanazione della sentenza. Va detto, tuttavia, che ciò era rimesso alla discrezionalità del *praeses provinciae*, il quale era assolutamente libero di convocare tali giurie oppure di giudicare da sé, ipotesi, quest'ultima, che doveva essere tutt'altro che infrequente nel caso dei reati più gravi. Ma, in questo caso, diversa era la situazione dei sudditi rispetto ai *cives* romani, giacché, mentre nei confronti dei primi la repressione criminale non incontrava alcuna limitazione, nei riguardi dei secondi l'*imperium* del governatore era condizionato dalle guarentigie costituzionali riconosciute da sempre ai *cives* romani, i quali, laddove il *praeses provinciae* avesse ritenuto l'accusa fondata o provata, dovevano necessariamente essere inviati sotto scorta a Roma per esservi giudicati dalla *quaestio* competente.

Capitolo Terzo

Da Augusto ai Severi

(***Francesco Arcaria***)

Sezione prima

Il princeps *e le istituzioni politiche*

1. *La sostanza del Principato*

Con il nome di 'Principato' si suole comunemente designare il nuovo assetto politico-istituzionale instaurato da Ottaviano dopo la fine delle sanguinose guerre civili e delle turbolente vicende politiche seguite all'uccisione di Cesare che avevano travagliato l'ultimo secolo della *res publica* romana, alla quale si sostituì una nuova struttura costituzionale che anche agli occhi degli stessi scrittori romani si presentava come una realtà del tutto diversa da quella precedente.

Tale assetto, pur subendo inevitabili adattamenti istituzionali e diverse trasformazioni politiche, rimase sostanzialmente inalterato fino alla metà del III secolo d.C., allorquando una grave crisi sociale ed economica, manifestatasi già a partire dalla morte dell'ultimo imperatore della dinastia dei Severi (235 d.C.), iniziò a minarne le basi, preparando così l'avvento, con Diocleziano nel 284 d.C., di una nuova epoca, designata dagli storici del diritto come 'Dominato' o, in chiara contrapposizione alla prima epoca imperiale detta 'classica', 'epoca postclassica' e, ancora, con terminologia invalsa presso gli storici non giuristi, 'Tardo Impero'.

Se l'individuazione del discrimine temporale tra le due epoche imperiali è ormai tradizionalmente accettata, non pochi ed a tutt'oggi irrisolti problemi sono invece sorti in ordine alla configurazione politica e costituzionale del nuovo regime instaurato da Ottaviano, che pure è stato oggetto di disparate e penetranti ricostruzioni dottrinarie riguardanti i suoi diversi aspetti e tendenti, in definitiva, ad accentuare ora l'aspetto 'repubblicano' ora quello 'monarchico' del ruolo e dei poteri del *princeps*. E ciò in seguito alla considerazione della sicura sopravvivenza delle tre istituzioni che avevano costituito il cardine della *res publica* (senato, magistrature ed assemblee popolari) o, al contrario, dell'altrettanto certa e vieppiù schiacciante preminenza politica ed istituzionale su di esse della figura del *princeps*, che impresse al nuovo regime un'impronta decisamente autocratica abilmente ed ipocritamente mascherata dal suo fondatore sotto le mentite spoglie repubblicane. E, invero, se è incontrovertibile che gli organi repubblicani rimasero in vita, è tuttavia incontestabile che tale sopravvivenza non coincise affatto con il mantenimento di quel grande rilievo politico ed istituzionale da essi goduto fino a quel momento ed ora messo in crisi dalla posizione del *princeps* al di fuori ed al di sopra della risalente architettura costituzionale repubblicana, sicché appare irrealistico discorrere di una prosecuzione della *res publica*, come se nulla fosse cambiato. Ugualmente, se è vero che, nella sostanza, il *princeps* può essere visto come un monarca, è altrettanto indiscutibile che la persistenza dei vecchi organi repubblicani ed addirittura il loro potenziamento da parte del fondatore del Principato dimostrano che il nuovo regime fu visto da buona parte dei contemporanei, a torto od a ragione, come una restaurazione della *res publica* e delle sue istituzioni tradizionali.

Così, se da un lato si è giustamente osservato come il nuovo regime non possa affatto identificarsi con le monarchie di tipo ellenistico, in cui il sovrano è *dominus* di una comunità di sudditi (ciò che dovette essere avvertito in maniera più evidente nelle province, che non a Roma ed in Italia), e nemmeno con il *rex* arcaico, latino od estrusco, che, in effetti, si configurava come un *primus inter pares*, dall'altro si è correttamente osservato che la preminenza del potere imperiale su tutti gli altri organi dello Stato e, insieme, la concentrazione nelle sue mani di funzioni fino a quel momento accortamente frazionate nelle diverse istituzioni repubblicane impediscono di ravvisare nel Principato una pura e semplice riproposizione della *res publica*.

E ciò ad onta del fatto che non solo lo stesso Ottaviano in maniera propagandistica, ma, come si è già anticipato, anche l'opinione pubblica avvertì in larga parte il *novus ordo* come una vera e propria restaurazione dell'ordinamento repubblicano, essendo però al tempo stesso pienamente consapevole che il senso della rottura e della novità istituzionale del regime di cui Ottaviano si era autoproclamato «*auctor*» fosse assai più forte della prospettiva di una continuità nella modificazione delle vecchie strutture politiche ed istituzionali repubblicane:

Svet., *Aug.* 28.2: *Quam voluntatem, cum prae se identidem ferret, quodam etiam edicto his verbis testatus est: «Ita mihi salvam ac sospitem rem publicam sistere in sua sede liceat atque eius rei fructum percipere, quem peto, ut optimi status auctor dicar et moriens ut feram mecum spem, mansura in vestigio suo fundamenta rei publicae quae iecero»* [...].

[Questa intenzione, ripetutamente da lui (Ottaviano) esposta, venne attestata anche in un editto con queste parole: «Così mi sia concesso di mantenere la *res publica* salva ed integra nella sua sede e di ottenere la ricompensa che desidero, di essere additato come il fondatore di un ottimo assetto politico e, morendo, di portare con me la speranza che le basi della *res publica* rimarranno incrollabili quali le ho gettate io» ...].

Per superare tale impasse, che, a ben vedere, era espressione della peculiare tendenza della mentalità romana a non eliminare di colpo un ordinamento preesistente per sostituirne un nuovo, bensì ad affiancare e sovrapporre il nuovo al vecchio mediante un processo di graduale svuotamento ed esautoramento di quest'ultimo, si è allora visto nel Principato una 'diarchia' tra il principe ed il senato o, meglio, tra i nuovi organi ed istituzioni facenti capo al primo (funzionari imperiali, province imperiali, *fiscus*) e quelli ricollegantisi al secondo (magistrature, province senatorie, *aerarium populi Romani*) e ancora, sulla scia di tale dualità di ordinamenti, una sorta di 'protettorato interno', in cui il *princeps*, con l'organizzazione burocratica da esso dipendente, avrebbe assunto la veste di organo appunto 'protettore' della *res publica* e dei suoi organi. E, sulla stessa falsariga, il Principato è stato anche qualificato come un ordinamento sovranazionale legato all'ordinamento interno, rappresentato dalla *res publica*, da un vincolo giuridico di carattere internazionale, se non addirittura come uno speciale rapporto di 'patronato', nel quale il *princeps*, in virtù della sua *auctoritas*, si sarebbe posto nei confronti dei propri sudditi, cittadini e provinciali, in una relazione appunto non dissimile da quella che legava nel diritto privato i *patroni* ai *clientes*.

Queste diverse ed originali ricostruzioni appaiono però suscettibili di forte critica, giacché, ad es., la teoria diarchica finisce per appalesarsi come una sorta di sistema binario o, meglio, dualistico del tutto privo di riscontro nella concreta realtà storica, nella quale i vecchi organi repubblicani non godevano certo di piena autonomia e, soprattutto, di quella supremazia esercitata invece dal *princeps*, mancando così del tutto una direzione paritetica del principe e del senato nella gestione di Roma e del suo impero. Né con maggiore favore può essere guardata la teoria del protettorato, che, pur cogliendo indubbiamente nel segno laddove sottolinea l'aspetto or ora rimarcato della preminenza del *princeps* sulle istituzioni repubblicane nel loro complesso, non appare accoglibile nella misura in cui compara il rapporto tra il principe e lo stato repubblicano con le diverse forme di protettorato allora conosciute, specie nel mondo ellenistico, che si connotavano precipuamente in quanto intercorrenti tra un sovrano ed una città straniera, libera ed indipendente, completamente estranea all'ordinamento al quale apparteneva il re. E, a parte la difficoltà di concepire un organo protettore facente parte dello stato protetto (dal momento che il *princeps* era un cittadino romano), rimane il fatto che lo stato romano imperiale si configurava pur sempre in maniera unitaria, e non certo nelle forme di una netta separazione e contrapposizione tra due ordinamenti o, addirittura, tra due Stati, senza contare che il preteso ordinamento protettore, anziché proteggere, avrebbe finito col distruggere l'ordinamento protetto.

Ancor meno convincente appare poi l'individuazione del Principato come un 'governo misto', giacché contro tale formula, propria della filosofia politica e nota alla stessa pubblicistica antica (quale il già ricordato Polibio), si può legittimamente obiettare che la concezione sulla quale essa si fonda, cioè l'equilibrio dei poteri, era innegabilmente assente nel nuovo regime, connotato dall'egemonia politica e dalla prevalenza dei poteri del *princeps* su tutti gli altri organi della costituzione repubblicana.

La stessa varietà dei tentativi volti a qualificare costituzionalmente e, insieme, a ricondurre ad unità entro uno schema politico-istituzionale la complessa e multiforme realtà del Principato la dice lunga allora sull'insormontabile difficoltà di definire concettualmente un *ordo* la cui configurazione è resa di fatto impossibile dalle molteplici e spesso inafferrabili sfaccettature che lo connotavano in maniera del tutto peculiare e che ne impediscono, a pena di semplificarne e di appiattirne gli elementi fondanti, qualsiasi schematizzazione. Conclusione, questa, che è ulteriormente provata dalla circostanza che siffatti tentativi dottrinari di ricondurre ad un unico profilo giuridico il Principato non tengono in alcun conto una circostanza di non poco momento. E, cioè, che il regime imperiale fu un realtà storica, politica, amministrativa, sociale ed economica in continua evoluzione lungo l'arco di quasi tre secoli, durante i quali venne via via assestandosi e precisandosi in via largamente consuetudinaria, e dunque non facilmente definibile entro un preciso schema giuridico-costituzionale, del quale può però certamente dirsi che, proprio sulla scorta della estrema mutabilità del quadro storico-politico sul quale il *novus ordo* man mano andava modellandosi, si trattò di un assetto politico-istituzionale connotato da un'accentuazione sempre maggiore della carica imperiale su tutti gli altri organi dello Stato e, insieme, da una concezione autoritaria del potere imperiale sicuramente estranea al principato del suo fondatore.

E, in effetti, considerare il principato da Augusto ad Alessandro Severo come un sistema che mantenne i suoi caratteri originari ed essenziali per tutti i due secoli e mezzo di storia politica e costituzionale nei quali ebbe modo di esplicarsi costituisce un luogo comune ancora duro a morire negli studi più recenti, spesso accomunati dall'idea che l'epoca classica sia stata, dal punto di vista istituzionale, un tutt'uno, cioè come un sorta di *ordo* monolitico, completamente statico ed immutabile che sarebbe rimasto inalterato sin dai tempi di Ottaviano e fino alla dinastia dei Severi. In questo senso, allora, il Principato si presta assai difficilmente ad essere qualificato in termini giuridico-costituzionali non solo in quanto creazione politica originale non riconducibile contenutisticamente ad alcuno schema istituzionale delle esperienze statali preesistenti del bacino del Mediterraneo, ma anche perché si trattò di un nuovo regime la cui definizione appare rischiosa e, soprattutto, inappropriata proprio alla luce della discontinuità della storia che connotò, talora in termini di illuminata autocrazia e talaltra nelle forme delle soluzioni più dispostiche, i governi che ressero le sorti dell'impero da Augusto fino ad Alessandro Severo.

Se per un verso deve quindi prendersi atto dell'impossibilità di definire entro una precisa formula giuridica una realtà storica, sociale, economica e politica così complessa e cangiante, per altro verso appare doveroso rimarcare che il Principato non fu un regime che sorse tutto d'un tratto, bensì un sistema costituzionale che si venne affermando e precisando, in maniera lenta ma continua e talora faticosamente, attraverso stadi successivi che condussero ad un finale e delicato punto di equilibrio politico ed istituzionale continuamente messo a repentaglio dalle molteplici e sovente contrastanti spinte, tendenze ed ideologie che, di volta in volta, ne stavano alla base e ne costituivano la linfa vitale in ciascun momento del suo storico articolarsi. Con la conseguenza che questo processo di graduale assestamento del *novus ordo* può essere compreso nella sua pienezza alla luce non solo delle già ricordate vicende politiche dell'ultimo secolo della *res publica* che determinarono la fondazione del nuovo regime ad opera di Ottaviano, ma anche degli avvenimenti successivi, rendendo così necessaria, pur nella consapevolezza dell'arbitrarietà che sta alla base di ogni periodizzazione, l'individuazione di alcune fasi del Principato che presentano caratteri diversi e novità rilevanti sotto il profilo della sua architettura istituzionale, a sua volta espressione non di rado di mutati assetti politici e sociali.

A ben vedere, la novità introdotta con la figura del *princeps* non può essere ravvisata unicamente in un drastico mutamento istituzionale del vecchio regime repubblicano, ma deve essere vista, se non come una vera e propria 'rivoluzione romana', certamente come la sintesi di diverse e contrastanti esigenze politiche e sociali prospettata abilmente dalla propaganda imperiale come il fondamento di una nuova ideologia del potere mirante al ripristino di quell'ordine e di quella pace venuti meno drammaticamente durante il periodo delle guerre civili dell'ultimo scorcio della *res publica*. In definitiva, quindi, una sapiente miscela del vagheggiato ritorno a quell'antica *libertas* repubblicana agognata dall'aristocrazia senatoria (che era però ben consapevole di non avere la forza di imporre), dell'esigenza della classe dei cavalieri di conservare ad ogni costo la supremazia economica (spesso guadagnata sfruttando la corruzione politica), del desiderio di riscatto sociale delle masse popolari (pronte a mettersi al servizio di un qualunque padrone che riuscisse a rassicurarle con promesse demagogiche ed offerte di protezione anche in cambio del formale riconoscimento di un potere personale sempre più illimitato) e, ancora, dell'aspirazione delle élites municipali italiche a mantenere l'asse politico, sociale ed economico del mondo romano ancora imperniato sull'Italia e sulle province occidentali che gravitavano attorno ad essa.

Ciò significa allora che il problema di dare vita ad un *novus ordo* che sistemasse in termini costituzionali la situazione di fatto alla quale si era giunti dopo la morte di Antonio e Cleopatra non era avvertito solo da Ottaviano, ma anche dai diversi strati sociali del popolo romano, che, pur rimanendo gli stessi degli ultimi decenni della *res publica*, sentirono tuttavia l'esigenza di un mutamento istituzionale del vecchio regime repubblicano al quale si accompagnasse anche un rinnovamento della classe dirigente che avrebbe dovuto reggere le sorti del costituendo assetto politico-costituzionale.

Il regime instaurato da Ottaviano costituì così un *novus status rei publicae* che si distingueva da quello precedente unicamente per l'innesto nell'apparato tradizionale repubblicano di un nuovo organo permanente, appunto il *princeps*, al quale era affidato lo specifico compito di comporre i conflitti costituzionali retaggio degli ultimi decenni della *res publica* e così pure quelli che sarebbero potuto eventualmente insorgere in futuro nell'ottica propagandistica del raggiungimento dell'*utilitas communis omnium*. Ed è proprio questo il motivo che rende ardua una rigorosa classificazione del Principato secondo gli schemi formali costituzionali tipici tanto dell'esperienza antica quanto di quella odierna, costringendo così l'interprete moderno ad accontentarsi di etichettare il *princeps* alla stessa stregua di Tacito:

> Tac., *Ann.* 1.9.5: *Non regno tamen neque dictatura, sed principis nomine constitutam rem publicam* [...].
>
> [Non tuttavia col regno né con la dittatura (Ottaviano) aveva costituito la *res publica*, ma con il nome di '*princeps*' ...].

In questo senso, l'instaurazione del Principato ebbe allora ripercussioni non di poco momento sul piano sociale ed economico, in quanto, assecondando fin dove era possibile le aspirazioni di ciascuna componente del popolo romano, determinò una ridefinizione della posizione e della funzione di ciascuno dei suoi strati sociali in termini piramidali che si estrinsecava in un vertice costituito dalla figura del *princeps* ed in una base rappresentata dalle province, nelle cui popolazioni si diffuse e si consolidò definitivamente quel modello sociale ed economico 'romano' introdotto già in epoca repubblicana. E sarà proprio l'esplosione delle contraddizioni di questo sistema sociale ed economico, rimaste a lungo latenti ed irrisolte dopo l'instaurazione del Principato, che costituì una delle principali concause della fine di tale modello costituzionale e, a conclusione di un processo storico ormai maturo per il definitivo trapasso alla monarchia assoluta, dell'avvento del Dominato.

2. *La fondazione del Principato*

Come si è già ricordato nel paragrafo precedente, la nascita del Principato come nuovo assetto costituzionale fu opera di Ottaviano, che, divenuto padrone incontrastato dello stato romano in seguito alla battaglia di Azio ed alla morte di Antonio e Cleopatra, tra il 31 ed il 23 a.C. lavorò incessantemente al fine di plasmare le forme costituzionali del *novus ordo*, perfettamente conscio che si trattava di un'opera non semplice dal punto di vista politico giacché si trattava di dare all'enorme potere militare di cui disponeva ed allo straordinario prestigio personale di cui godeva presso il popolo romano una veste legale che legittimasse tale posizione di supremazia nei confronti di tutti gli altri organi dello stato romano, che di fatto lo rendeva assai simile ad un monarca, e, allo stesso tempo, gli consentisse di conservare il quadro istituzionale repubblicano per cui aveva lottato e del quale si proclamava convinto paladino.

Ecco allora che l'intera politica di Ottaviano successiva alla vittoria aziaca fu connotata da una peculiare tendenza al compromesso, cioè da una continua e sapiente ricerca della mediazione tra i contrastanti interessi di classe, che, fondandosi su una duttile comprensione della realtà del suo tempo, mirava prudentemente alla creazione di un nuovo equilibrio sociale che contemperasse le esigenze dei ceti usciti vittoriosi dalle guerre civili, quali gli *equites* ed i proletari, con le aspirazioni di rivalsa di quelli che ne erano invece usciti sconfitti, quale l'aristocrazia senatoria.

E fu proprio questo stesso spirito di compromesso o, forse meglio, questa esigenza di 'normalizzazione' che orientò Ottaviano nella ricerca della soluzione migliore da dare al problema della creazione costituzionale di quel *novus status* in cui sarebbe consistito il Principato.

In maniera studiatamente lenta ma estremamente abile, Ottaviano perseguì il suo chiaro disegno politico-istituzionale di calare nelle forme ideali repubblicane la realtà di un potere personale assoluto attraverso un'azione empiricamente propagandistica, già sperimentata con la più sopra ricordata *coniuratio Italiae et provinciarum* del 32 a.C., che lo portò nel 31 a.C. a rivestire il consolato, carica, questa, che con evidente violazione delle *leges annales* gli venne rinnovata senza interruzioni negli anni successivi, e nel 30 a.C., in seguito ad un senatoconsulto ratificato poi da un plebiscito, ad essere titolare di un'altra importante prerogativa dei tribuni della plebe, cioè il *ius auxilii*, che, aggiungendosi all'inviolabilità tribunizia attribuitagli nel 36 a.C., sanciva formalmente in maniera definitiva lo smisurato potere di cui Ottaviano era divenuto titolare dopo la morte di Antonio.

Un'altra significativa tappa di tale percorso politico fu poi costituita dal riconoscimento ad Ottaviano, nel 29 a.C., del titolo di *Imperator*, che egli aveva cominciato a portare probabilmente sin dal 38 a.C. Ora, come si è già avuto modo di ricordare, nella tradizione repubblicana *imperator* era l'appellativo con il quale i soldati acclamavano il generale vittorioso ed era stato Cesare il primo a rendere permanente tale titolo, adottandolo come *praenomen* e, quindi, incorporandolo nella propria denominazione come *Imperator Caesar*. L'ufficiale e stabile assunzione di questa formula onomastica da parte di Augusto aveva dunque un significato politico evidente e ben più profondo di quello tradizionale, giacché, in primo luogo, serviva ad indicare una posizione permanente di comando supremo, in secondo luogo assimilava i cittadini romani ai soldati, facendo così venir meno definitivamente la risalente distinzione repubblicana tra *imperium domi* ed *imperium militiae*, ed infine, proprio in virtù della trasmissibilità del *praenomen* al figlio primogenito, creava un presupposto decisivo per un futuro mutamento della forma istituzionale, introducendo accortamente un principio fondamentale della concezione monarchica, cioè quello dell'aspettativa della successione.

Nel 28 a.C. Ottaviano divenne infine *princeps senatus*, posizione, questa, che egli conserverà fino alla morte e che aveva anch'essa un un significato politico pregnante, giacché si trattava di un titolo tra i più illustri della tradizione repubblicana che ora veniva però a caricarsi di una valenza ben più autoritativa di quella sovente richiamata da Cicerone. Ciò che, del resto, è dimostrato dall'uso dell'appellativo di *princeps* insieme ad altre locuzioni, come *princeps universorum*, *princeps rei publicae universae* e *princeps civitatis*, le quali, pur non essendo sorte come titolature ufficiali dal preciso contenuto giuridico, finirono per diventare tecnicamente orientate ad esprimere il potere sociale e la posizione istituzionale di Augusto.

In verità, bisogna però rimarcare che *princeps* non era il titolo ufficiale della non ancora istituzionalizzata carica imperiale, e difatti non era ricompreso nella relativa titolatura. Eppure era un titolo che apparteneva alla nomenclatura istituzionale e di stampo eminentemente repubblicano-aristocratico, appunto però nella sua completezza di *princeps senatus*:

> *Res Gestae* 7.2: *Princeps senatus fui usque ad eum diem, quo scripseram haec per annos quadraginta fui.*
> [Fino al giorno della redazione di questo documento, fui principe del senato per quarant'anni].

Come ben si vede, Augusto fu ininterrottamente principe del senato per quarant'anni sino ai giorni della redazione delle *Res Gestae*. Ma il punto rilevante è che Augusto ricorra a un titolo repubblicano assunto per la prima volta nel 28 a.C., cioè in occasione della sua prima *lectio senatus*, e si tratta precisamente del titolo onorifico riconosciuto al senatore più autorevole che per tale ragione vedeva il suo nome indicato in apertura dell'albo senatorio e godeva secondo una prassi repubblicana del privilegio di essere interpellato come primo nell'ambito dei dibattiti dell'assemblea dei *patres*. Significativo ancora è che, qualche secolo dopo, mai troviamo Cassio Dione riferirsi ad Augusto con il termine di ἡγεμών, e semmai con αὐτοκράτωρ (ovvero *imperator*), mentre per tradurre *princeps* utilizza il ben diverso πρόκριτος appunto nel suo significato repubblicano di *princeps senatus*.

L'essere stato investito in momenti diversi della magistratura consolare e del *ius tribunicium*, del titolo di *Imperator* e della dignità di *princeps senatus* non fu dunque dovuto al caso, ma costituì il frutto di una precisa strategia politica – supportata da provvedimenti propagandistici adottati sempre nel corso del 28 a.C., quali la divisione dei fasci consolari con l'altro collega, la restituzione all'amministrazione senatoria della provincia d'Asia, l'abolizione delle norme triumvirali eccezionali con conseguente ripristino della legislazione ordinaria ed il divieto di culti stranieri – volta ad acquistare il potere non tutto in una volta e con un unico atto, bensì attraverso un processo graduale finalizzato alla concentrazione dei singoli poteri, considerati inizialmente staccati ed indipendenti l'uno dall'altro, nelle mani di una sola persona, il *princeps*.

Detentore di un enorme e, al contempo, anomalo potere di fatto, acquistato con intelligente gradualità, Ottaviano, rendendosi perfettamente conto che la sua posizione all'interno delle vecchie istituzioni repubblicane era divenuta certamente singolare e, per di più, difficilmente giustificabile sul piano strettamente costituzionale, ritenne di dovere mettere da parte la riluttanza ad abbandonare la situazione di supremazia assunta nei confronti degli altri organi della *res publica* in quanto gli apparvero ormai maturi i tempi per proporre una soluzione politica alternativa che gli consentisse di gestire meglio il suo ruolo all'interno della compagine statale romana e, soprattutto, di tradurre in forme costituzionali il suo formidabile e straordinario potere.

Il primo fondamentale momento del realizzando progetto di ingegneria costituzionale fu costituito dalla storica seduta senatoria del 13 gennaio del 27 a.C., nella quale, subito dopo avere assunto per la settima volta il consolato, Ottaviano, con un abile mossa che dovette provocare lo stupore e, soprattutto, il timore e l'angoscia di possibili nuove guerre civili, dichiarò ai *patres* di volere ritrasferire la *res publica* dalla sua *potestas* nelle mani del senato e del popolo e, conseguentemente, di rinunciare solennemente a tutte le prerogative straordinarie di cui aveva goduto fino a quel momento:

> *Res Gestae* 34.1: *In consulatu sexto et septimo, postquam bella civilia exstinxeram per consensum universorum potens rerum omnium, rem publicam ex mea potestate in senatus populique Romani arbitrium transtuli.*
>
> [Durante il sesto ed il settimo consolato, poi che ebbi posto termine alle guerre civili, potente per consenso universale, trasferii la *res publica* dalla mia potestà alle libere decisioni del senato e del popolo romano].

Come ben si vede, Ottaviano non rinunciò affatto al consolato, al *ius tribunicium* ed al titolo di *Imperator*, bensì unicamente a quella posizione di supremazia politica extracostituzionale fondata sul «*consensus universorum*».

Ora, con tale espressione non sembra alludersi tanto ad una legittimazione da parte del senato e del popolo e nemmeno alla più volte ricordata *coniuratio Italiae et provinciarum*, che aveva determinato in precedenza la concentrazione nelle sue mani di ogni supremo potere in virtù di una sorta di rapporto personalissimo, e quasi organico, tra Ottaviano e l'insieme degli abitanti (e, tra questi, significativamente anche i non *cives* romani) dell'impero romano. E, tra questi, principalmente quei larghi settori dell'*ordo equester*, costituito da affaristi, banchieri ed imprenditori, che erano rimasti ai margini dell'effettiva gestione del potere e che tentavano perciò di approdare spregiudicatamente ai vertici dello Stato per consolidare le proprie fortune anche a costo di condividere i progetti autoritari di Ottaviano, nonché le aristocrazie italiche, nei cui confronti egli aveva un debito di riconoscenza derivante dall'essere state decisive nel momento cruciale dello scontro con Antonio, costituendo così gli uni e le altre i destinatari di un'accorta politica del consenso mirante ad un loro coinvolgimento nella partecipazione al governo del costruendo modello statale non spinto però a tal punto da metterli in competizione o, addirittura, in contrapposizione con l'*ordo senatorius*, e cioè, in definitiva, a quella *concordia ordinum* che fu uno dei più importanti motivi ideologici del progetto politico-istituzionale del fondatore del Principato.

Al contrario, nuova luce sull'espressione «*consensus universorum*» è gettata dal termine «*potens*», giacché, mentre la *coniuratio* era stata un atto unitario collocabile nel tempo (e, in particolare, in vista del *bellum* contro Antonio) e per sua natura limitato temporalmente che aveva prodotto un effetto singolo (cioè l'investitura al comando di quella guerra), l'acquisita supremazia di Ottaviano viene presentata (appunto con il ricorso al lemma «*potens*») come frutto di un riconoscimento maturato nel corso di diversi anni, diffuso (*universorum*), consolidato e destinato ad avere effetti non limitati nel tempo e neppure nell'estensione del contenuto (*rerum omnium*), allontanando così l'idea che Ottaviano fosse pervenuto al potere in seguito ad una sorta di colpo di stato che aveva prodotto una sua irregolare e traumatica ascesa al vertice dello stato romano.

Ovviamente, il teatrale gesto di Ottaviano non era affatto casuale e, soprattutto, disinteressato, ma frutto di un'abile regia che, confidando nella prevedibile spontanea acquiescenza e piaggeria del senato, indusse i *patres* a conferire ad Ottaviano, con un *senatusconsultum* poi trasfuso in una legge comiziale, un atipico *imperium* decennale sulle province non pacificate, in realtà le più numerose, ricche e strategicamente importanti, che egli avrebbe potuto governare in piena autonomia per mezzo di suoi rappresentanti, evitando così ogni ingerenza del senato, al quale veniva invece lasciato il controllo sull'amministrazione di tutte le altre, governate, come in età repubblicana, da proconsoli e propretori:

Cass. Dio 53.12.1-3: In tal modo Augusto ebbe ratificato il suo *imperium* dal senato e, altresì, dal popolo. Ma, poiché, proprio così, egli desiderava essere ritenuto democratico, mentre accettava ogni cura e supervisione degli affari pubblici – dato che ciò richiedeva qualche attenzione da parte sua – dichiarava, tuttavia, che egli non avrebbe governato personalmente tutte le province, e, comunque, per quelle sotto la sua diretta gestione, questa non sarebbe durata indefinitivamente. E, di fatto, egli attribuì al senato le più deboli province, considerato che erano pacifiche; mentre trattenne per sé le più forti, asserendo che erano insicure e precarie ed avevano nemici ai loro confini oppure che esse stesse erano in grado di iniziare una seria rivolta. Perciò la motivazione da lui dichiarata era che il senato poteva senza timore disporre della migliore parte dell'impero, mentre egli stesso si assumeva le avversità ed i pericoli. Ma il suo reale proposito, tramite questa sistemazione, era quello di rendere i senatori privi di truppe ed impreparati alla guerra, mentre egli solo disponeva di armi e manteneva soldati.

Lo storico greco è dunque assai esplicito nel rimarcare che tale *imperium* sulle province non *pacatae*, che si configurava in maniera del tutto speciale dal punto di vista costituzionale in quanto sganciato a causa della sua durata decennale dalla rielezione annuale al consolato, attribuiva ad Ottaviano un potere amplissimo, esclusivo e sconfinato su tali province – dette *provinciae Caesaris*, od imperiali, in opposizione alle rimanenti, dette *provinciae Senatus*, o senatorie – e gli conferiva inoltre il comando militare pressoché esclusivo, dal momento che la gran parte dell'esercito romano era stanziata appunto in esse.

Il 16 gennaio, il senato, abbindolato dalla dichiarazione di Ottaviano di volere restituire la sovranità ai soggetti che di essa erano titolari fin dai tempi più antichi di Roma, tornò a riunirsi per ringraziare Ottaviano della sua generosa decisione, che scaltramente aveva allontanato da sé la vituperata immagine del *rex* e del *dictator* dando ai *patres* la sensazione di essere ancora in grado di riprendere il legittimo esercizio delle loro funzioni repubblicane, e ratificare così la sua sostanziale supremazia conferendogli gli onori adeguati ed attribuendogli il titolo di *Augustus*:

Res Gestae 34.2: *Quo pro merito meo senatus consulto Augustus appellatus sum et laureis postes aedium mearum vestiti publice coronaque civica super ianuam meam fixa est et clupeus aureus in curia Iulia positus, quem mihi senatum populumque Romanum dare virtutis clementiaeque et iustitiae et pietatis causa testatum est per eius clupei inscriptionem.*

[Per questo mio merito venni denominato Augusto per senatoconsulto, le porte della mia casa furono ornate pubblicamente di alloro, una corona civica fu infissa sopra la mia porta e nella curia Giulia fu posto uno scudo d'oro, la cui iscrizione attestava che il senato ed il popolo romano me l'offrivano per il mio valore, la mia clemenza, la mia giustizia e la mia pietà].

Pur non disconoscendosi, da un lato, l'alto valore politico della menzione delle virtù di Ottaviano, *virtus*, *clementia*, *iustitia* e *pietas*, iscritte nello scudo aureo offertogli dal senato e dal popolo romano e divenute poi un caposaldo dell'abile propaganda del *princeps* e del suo entourage (come, ad es., Virgilio), e, dall'altro, la posizione quasi sacrale nella quale veniva ad essere posto Ottaviano in seguito al cumulo di simboli (quali, oltre allo scudo d'oro, gli allori, che servivano ad adornare i vincitori, e la corona civica, usualmente data a chi avesse salvato un concittadino in battaglia) che, singolarmente considerati, erano stati usati già altre volte in passato, ma che, tutti assieme, finivano per porre Ottaviano al di sopra degli altri uomini, maggiore significato politico-istituzionale ebbe sicuramente il titolo di *Augustus*.

Anche se va riconosciuto che tale appellativo di per sé non conferiva ad Ottaviano alcun nuovo potere giuridico, deve infatti sottolinearsi che esso richiamava quell'*augustum augurium* con il quale era era stata fondata Roma, collegando così idealmente la persona di Ottaviano a quella di Romolo. Come quest'ultimo aveva distinto la popolazione in classi diverse con ruoli precisi, così ora Ottaviano ricostituiva il tessuto sociale dilaniato dalle guerre civili e dalle proscrizioni, istituiva un nuovo ordine rispondente alle aspettative di pace e di sicurezza, sia personale che patrimoniale, dei *cives* romani e rinnovava i valori morali ed ideologici che erano stati alla base della grandezza di Roma. In tal modo, si finiva perciò per consolidare, riconoscere e, soprattutto, legalizzare quella posizione di supremazia di Ottaviano che fino a quel momento era stata considerata del tutto eccezionale e transitoria nel quadro del nuovo ordinamento costituzionale, determinando formalmente la scomparsa del nome di Ottaviano, che diventerà *Imperator Caesar Augustus* (titolatura ufficiale che fu assunta regolarmente anche dai suoi successori e da cui scaturì, nella pratica, la più semplice designazione di *Imperator*), e gettando sostanzialmente le basi per la nascita di un *novus ordo*, fondato sull'*auctoritas*, alla quale non a caso era etimologicamente collegato l'appellativo di *Augustus*:

> *Res Gestae* 34.3: *Post id tempus auctoritate omnibus praestiti, potestatis autem nihilo amplius habui quam ceteri, qui mihi quoque in magistratu conlegae fuerunt.*
>
> [Dopo d'allora io superai tutti per *auctoritas*, ma non ebbi alcuna *potestas* maggiore degli altri che mi furono anche colleghi nella magistratura].

Augusto, nell'affermare che dal 27 a.C. in poi non avesse avuto maggiore *potestas* rispetto a quelli che gli erano stati colleghi nelle magistrature, bensì una posizione di preminenza su tutti gli altri per la sua *auctoritas*, finiva dunque per utilizzare quest'ultimo termine per esprimere la supremazia non solo politica, ma anche giuridica, di un soggetto o di un organo su tutti gli altri e, insieme, la funzione di garanzia e di integrazione di una loro carente capacità di agire, mediante l'implicito richiamo, nel diritto pubblico, all'*auctoritas patrum* repubblicana nei confronti delle deliberazioni comiziali e, nel diritto privato, all'*auctoritas tutoris* sugli atti del pupillo.

La preminenza assunta da Augusto nei confronti di tutti gli altri organi dello stato romano, fino a quel momento effettivamente straordinaria ed eccezionale, iniziò dunque ad essere regolarizzata ed inquadrata in uno schema costituzionale che, esprimendo in maniera non più transitoria la nuova realtà che stava alla base del mutato assetto politico statale, si riassumeva nel formale riconoscimento della figura del *princeps*. E, per quanto la nuova cornice costituzionale si sforzasse di ammantare di legalità la posizione di Augusto all'interno dello stato repubblicano, la rottura con la tradizione della *res publica* era evidente a tutti, dal momento che l'assommarsi nella persona di Augusto di tanti poteri, titoli e dignità rendeva la sua posizione complessiva assolutamente preminente nei confronti di quella di tutti gli altri organi repubblicani, rendendo così privo di rilievo pratico quanto affermato dallo stesso Augusto, e cioè di non avere avuto maggiore *postestas* nei confronti dei suoi colleghi in una singola magistratura.

Ora, assai discussa è ancor oggi l'esatta individuazione del contenuto dell'*auctoritas* augustea, che è stata intesa di volta in volta come una qualità personale, come alto prestigio morale e sociale e come influenza politica del *princeps* oppure come un potere giuridico vero e proprio ed unitario fondato su un 'carisma istituzionale' risultante dal complesso dei suoi singoli poteri oppure ancora, sintetizzando questa duplice configurazione giuridica e metagiuridica, come un'autorevolezza personale nei confronti delle altre magistrature derivante dalle vittorie militari, dalle cariche ricoperte e dai meriti di pacificatore e di salvatore dei cittadini che ponevano Augusto in una posizione assolutamente non comparabile con quella degli altri o, ancora, come un'imperatività che 'poneva', ma non 'imponeva' comandi e norme giuridiche. Tuttavia, è certo che l'*auctoritas* fu una qualificazione costituzionale, elevantesi al di sopra dei singoli poteri, che ideologicamente costituiva l'asse portante di quell'equilibrio non precario tra il potere sostanzialmente monarchico del *princeps* e la costituzione formalmente repubblicana tenacemente ricercato da Augusto, ponendosi così a fondamento del compromesso, imposto da quest'ultimo al vecchio ceto dirigente senatorio-equestre, tra la nuova realtà monarchica e le risalenti forme repubblicane. Prova ne sia il fatto che il termine *auctoritas* e così pure l'appellativo *Augustus* derivino dal verbo *augere*, che, utilizzato con un valore semantico non di rado contiguo ad aggettivi come *sacrus* e *religiosus* (in specifico riferimento a templi e luoghi sacri), significa 'accrescere' e, insieme, 'integrare', comportando così l'*auctoritas* l'esistenza di un suo titolare, appunto un *Augustus* nella persona di Ottaviano, che aveva motivo di esistere solo in funzione dell''accrescimento' e dell''integrazione' di altri poteri ed organi statali e, quindi, del suo configurarsi come 'potere ordinante' volto ad integrare, potenziare e coordinare efficacemente i singoli poteri ed organi repubblicani.

Così, Augusto richiamò in vita propagandisticamente un concetto giuridico e sacrale arcaico, quale era in effetti l'*auctoritas*, al fine non solo di esprimere la sua nuova e particolare posizione politico-istituzionale all'interno del vecchio stato repubblicano, ma anche di preparare il terreno ad altri innovativi interventi nella vita politica di Roma e nel suo ordinamento giuridico.

Si pensi, limitatamente al diritto pubblico, al *ius publice respondendi ex auctoritate principis*, di cui si dirà più avanti, attraverso cui Augusto, collegando appunto l'*auctoritas* al risalente *respondere* della giurisprudenza arcaica pontificale e di quella repubblicana laica, legava accortamente alle sorti del Principato una delle più importanti, vive ed ancora prestigiose componenti dell'ambiente politico-culturale romano, sicché, se è vero che il giurista al quale tale *ius* veniva concesso rimaneva un privato cittadino che dava *responsa* a chiunque ne facesse richiesta, è altrettanto indiscutibile che egli agiva *ex auctoritate principis*, cioè in virtù di un'*auctoritas* politica che si aggiungeva alla propria *auctoritas* sapienzale, concorrendo così in maniera determinante ad attribuire maggiore forza ai *responsa* pronunciati *ex auctoritate sua*. O, ancora, alla nuova configurazione data da Augusto al *crimen maiestatis*, comprendente ora ogni tipo di offesa all'*auctoritas* del *princeps* in quanto titolare della suprema carica dello stato romano.

Si tratta solo di due esempi, e tuttavia assai significativi, che fanno ben comprendere come l'*auctoritas* fosse il fondamento di quella scaltramente mantenuta nel vago «cura e supervisione» di Augusto su tutto lo stato romano di cui parla Cassio Dione all'inizio del passo più sopra riportato, che, se non può certamente intendersi come una *cura et tutela* in senso strettamente giuridico, ebbe modo di giustificare altri importanti interventi di Augusto, sempre in bilico tra tradizione ed innovazione, quali la *commendatio* dei magistrati (che solo formalmente lasciava inalterata la competenza delle assemblee popolari, in realtà svuotata di rilievo sostanziale dall'ingerenza del *princeps*), la creazione nel 27 a.C. del *consilium principis* (composto da magistrati e senatori, il cui reale potere era però di fatto vanificato dalla circostanza che tale ristretto consesso era preposto all'esame ed alla preparazione di deliberazioni da sottoporre all'assemblea dei *patres*, che in tal modo si limitava spesso a ratificare decisioni adottate sostanzialmente dal *princeps*) e l'istituzione nel 26 a.C. della *praefectura urbis* (innovazione, questa, sicuramente richiesta dalla nuova organizzazione amministrativa imperiale, che venne abilmente sfruttata da Augusto per venire incontro alle esigenze dell'*ordo senatorius* stabilendo che la nuova carica fosse ricoperta non da un cavaliere, ma da un senatore, che però agiva come un suo delegato). In virtù di tale *cura et tutela rei publicae universa*, il *princeps* potè allora svolgere un'intensa e complessa attività di promozione, direzione, controllo ed integrazione dei servizi e dei compiti amministrativi di tutto l'impero finalizzata a dare una risposta ai disparati problemi ed alle variegate esigenze di territori vastissimi e di popolazioni spesso assai diverse tra loro per lingua, costumi e civiltà, che vennero progressivamente attratti nell'orbita e nella comunità romana.

Tuttavia, nonostante l'*auctoritas* e l'anomalo *imperium* decennale sulle province non pacificate, la posizione di Augusto rimaneva ancora saldamente ancorata, dal punto di vista strettamente costituzionale, al consolato, e ciò ad onta del fatto che, proprio a causa del cumularsi nella sua persona di così tanti poteri, egli non fosse affatto un normale console. Infatti, pur dovendo apparire la sua reiterata elezione annuale a tale magistratura come una necessità politica inevitabile per mascherare la sua supremazia politica su tutti gli altri organi della *res publica*, Augusto rimaneva pur sempre un magistrato che veniva eletto annualmente e che in tale suprema carica aveva formalmente, come nel vecchio assetto politico-costituzionale repubblicano, un collega.

Occorreva dunque troncare ogni residuo legame con il regime repubblicano, ciò che puntualmente avvenne, in maniera meno clamorosa dal punto di vista propagandistico, ma con maggiore efficacia ed incisività, nel 23 a.C., allorquando Augusto rifiutò il consolato che aveva mantenuto ininterrottamente sin dal 31 a.C., ottenendo dal senato i due poteri fondamentali che rappresentarono i veri pilastri sui quali si fondò il nuovo regime, e cioè la *tribunicia potestas* a vita ed un *imperium proconsulare*, anch'esso attribuito una volta per sempre, che era superiore a quello di tutti gli altri governatori delle province e che poteva essere esercitato senza alcun limite in ogni provincia dell'impero ed all'interno del *pomerium* di Roma:

> Cass. Dio 53.32.5: E perciò il senato votò che Augusto fosse perpetuamente tribuno e gli diede il privilegio di presentare ad ogni riunione del senato qualsiasi argomento, in qualunque momento volesse, anche se in quell'epoca egli non era console. Gli permisero altresì di essere titolare una volta per tutte e perpetuamente del proconsolato, cosicché egli non doveva deporlo superando il pomerio né averlo rinnovato nuovamente. E gli diedero nei territori soggetti autorità in ogni caso superiore a quella del governatore.

La *tribunicia potestas* attribuiva ad Augusto, oltre all'inviolabilità ed al *ius auxilii* di cui egli già godeva, il *ius agendi cum plebe*, il *ius coercitionis* e, soprattutto, il *ius intercessionis*, che, di queste tre prerogative appariva certamente la più importante, in quanto non aveva nulla a che vedere con la vecchia *intercessio* dei *tribuni plebis*. Infatti, immensamente potenziata dalla sua sostanziale indefinitezza e, in particolare, dall'assenza di ogni limite temporale e spaziale al suo esercizio, quali l'annualità della carica ed il *pomerium* dell'Urbe, l'*intercessio* di Augusto veniva a connotarsi in maniera del tutto peculiare ed anomala in quanto sganciata dalla carica di tribuno delle plebe ed attribuita invece ad un soggetto, appunto il *princeps*, che, non rivestendo il tribunato, non era collega dei tribuni della plebe e, conseguentemente, era sottratto alla loro *intercessio*, con l'importante conseguenza che Augusto poteva opporre la propria *intercessio*, sempre e dovunque, a tutti, mentre a nessuno era permesso di poterla opporre a lui. Come ben si vede, la *tribunicia potestas* di cui era titolare Augusto si configurò allora come un potere forse non troppo appariscente, ma indiscutibilmente formidabile, in quanto egli, non tribuno della plebe, aveva tuttavia una *potestas* assai diversa da quella dei normali *tribuni plebis*, dovendosi così individuare proprio in tale *tribunicia potestas* la base costituzionale del nuovo regime, e ciò in quanto si utilizzava formalmente, ancora una volta distorcendolo, un istituto repubblicano per mascherare la realtà di un assetto sostanzialmente monarchico.

Nuovi documenti, come l'Editto di Paemeiobriga del 14 a.C., mostrano l'abilità di Augusto nel consolidare il proprio potere attraverso l'utilizzazione degli istituti repubblicani. Nella titolatura imperiale dell'iscrizione iberica Augusto emana l'editto nella qualità di proconsole. Egli era dunque, innanzitutto, proconsole delle province che il senato gli affidava (province che governava *in absentia* mediante suoi legati, secondo gli *exempla* pompeiani e cesariani) ed era titolare di un *imperium proconsulare* 'amplificato' che gli consentiva poteri di intervento sui governatori delle restanti province, come attestano gli Editti di Cirene, finendo così per esercitare un vastissimo potere di controllo e di direzione su tutte le province, comprese quelle senatorie. E, invero, tale *imperium*, che solo impropriamente può definirsi *proconsulare*, era *maius* rispetto a quello dei governatori provinciali e, più in generale, agli altri *imperia* magistratuali e, soprattutto, *infinitum*, giacché non era limitato temporalmente, a differenza di tutti gli altri *imperia* magistratuali e promagistratuali, e nemmeno territorialmente, diversamente dagli altri *imperia proconsularia* esplicantisi unicamente nell'ambito di una determinata provincia, estendendosi così formalmente su tutto il territorio dell'impero e persino dentro la città di Roma.

In conseguenza di ciò, siffatto *imperium proconsulare maius et infinitum* comportava poi il comando assoluto ed esclusivo di tutti gli eserciti, dovunque stanziati, da parte di Augusto, il quale veniva quindi ad assumere un inusitato potere di comando militare supremo ed unitario che costituì la base militare del nuovo regime e che, in virtù della sua anomala intensità ed estensione, sembrava riagganciarsi a quegli *imperia extraordinaria* dei quali si era fatto grande uso, in evidente spregio dei consolidati principii che regolavano l'*imperium* dei magistrati ordinari repubblicani, già negli ultimi decenni della *res publica*. E, del resto, che Augusto, memore della vittoriosa battaglia di Azio, ritenesse determinante ed irrinunciabile la forza delle armi per il mantenimento del nuovo assetto politico-istituzionale è dimostrato non solo dalla nascita di un esercito stanziale dislocato nelle province ed ai confini dell'impero, ma anche dalla creazione, ad opera appunto dello stesso Augusto, di nove *cohortes praetoriae*, cioè un corpo di soldati, particolarmente vicini al *princeps*, posti a protezione della sua persona ed a sua completa disposizione, al cui comando venne preposto un *praefectus praetorio* proveniente dall'ordine equestre. Ciò che costituisce l'ulteriore riprova, ove ve fosse ancora bisogno, dell'intelligente condotta politica di Augusto, il quale, nel fare salve le esigenze di sicurezza della propria persona, gratificava anche le aspettative dell'*ordo equester*, evitandone così l'inevitabile e comprensibile delusione derivante dalla più sopra menzionata attribuzione della nuova carica della *praefectura urbis* esclusivamente ad un membro dell'*ordo senatorius*.

La *tribunicia potestas* e l'*imperium proconsulare maius et infinitum* costituirono allora i veri cardini del nuovo assetto politico-istituzionale augusteo e gli elementi che caratterizzarono in maniera decisiva e definitiva la nuova carica imperiale, rappresentando la prima il fondamento demagogico e populista ed il secondo il perno militare della svolta costituzionale di Augusto, il quale, provvisto delle prerogative dei *tribuni plebis* e dei *proconsules* ma non delle relative cariche e, quindi, non essendo un magistrato ordinario o straordinario ma il titolare di un potere senza uguali, costruì la sua potenza e supremazia non solo sulla forza che gli derivava dal controllo sul *populus* e sull'*exercitus*, ma anche sulla piena consapevolezza dell'assoluta singolarità delle sue attribuzioni, del tutto svincolate da tutte quelle limitazioni valevoli in passato per qualsiasi vecchia magistratura repubblicana.

E, a ben vedere, era proprio questa convergenza nella stessa persona di due poteri, la *potestas* dei tribuni della plebe e l'*imperium* dei magistrati, che erano sorti in netto antagonismo e si erano sviluppati in un rapporto dialettico sfociante alla fine in un faticoso equilibrio, politico e, insieme, giuridico-costituzionale, tra forze sociali diverse e contrapposte, a configurarsi come una gravissima deviazione dal sistema repubblicano, che ricevette così un colpo mortale anche nell'assetto delle sue disparate forze economiche e sociali.

In forza delle vicende istituzionali del 27 a.C. e, soprattutto, del 23 a.C., il progetto politico di Augusto fu portato così a compimento con la fondazione del Principato, cioè di un *novus ordo* che, emerso non immediatamente ed unitariamente, bensì ricostruito prudentemente e lentamente e, tessera dopo tessera, alla stessa stregua di un mosaico, si differenziava nettamente tanto dal sistema repubblicano, per l'innesto in siffatto modello di uno stabile organo monocratico avente il compito di coordinare costituzionalmente gli organi dell'ordinamento cittadino ed i rapporti tra poteri centrali e poteri locali, quanto da quello cesariano, dal quale si distingueva nettamente perché il *princeps* non era titolare di autonomi e pregnanti poteri dittatoriali (ciò che, del resto, si evince chiaramente dal passo di Tacito riportato nel paragrafo precedente), bensì fornito di un'*auctoritas* che poteva soltanto integrare, ma non certo surrogare gli altri poteri costituzionali.

3. *I poteri del* princeps

Se la *tribunicia potestas* e l'*imperium proconsulare maius et infinitum* furono i poteri fondamentali di cui Augusto si servì per la costruzione del Principato, altri, e di poco rilievo, se ne aggiunsero nell'ottica di un ulteriore rafforzamento della sua posizione di supremazia all'interno del *novus status rei publicae* da lui instaurato.

Così, già titolare nel 30 a.C., in virtù di due senatoconsulti poi ratificati dai *concilia plebis*, del potere di giudicare, su materie ed entro limiti ancor oggi discussi, in grado d'appello e, nel caso di condanna penale pronunciata da una *quaestio* per un solo voto di maggioranza, del potere di integrare con il proprio voto quelli della minoranza, in modo da ristabilire la parità dei suffragi e, conseguentemente, di giungere all'assoluzione del reo (c.d. *calculus Minervae*), ad Augusto, il cui nome nel 29 a.C. era stato incluso nel *Carmen Saliare*, venne attribuito, sempre nel 23 a.C. (come ricorda Cassio Dione nel passo riportato per ultimo nel paragrafo precedente), il diritto di convocare il senato in qualunque momento volesse, pur non essendo più console, e di farvi qualsiasi proposta o *relatio* che doveva essere ascoltata prima di tutte le altre (*ius primae relationis*).

Inoltre, egli divenne titolare del diritto di dichiarare la guerra e di concludere la pace, con il connesso diritto di stringere alleanze e stipulare trattati, del diritto di estendere a suo piacimento i limiti del *pomerium* di Roma (*proferre pomerium*) e del già ricordato diritto di *commendatio* dei candidati alle magistrature con efficacia vincolante. E, ancora, gli vennero conferiti altri importanti titoli, soprattutto religiosi e sacrali, quali quelli di *pontifex maximus* (12 a.C.) a vita (divenendo così Augusto il capo ufficiale della religione romana), *augur*, *XV virum sacris faciundis*, *VII virum epulonum*, *frater arvalis*, *sodalis Titius* e *fetialis*, ed onori, quali i *vota pro valetudine* periodici (ogni quattro anni), consistenti in pubblici e solenni voti di propiziazione e ringraziamento per la sua salute, la consacrazione dell'*ara Fortunae Reducis* (19 a.C.) e dell'*ara Pacis Augustae* (9 a.C.), l'elevazione di alcune date (come quelle della sua nascita e della sua prima elezione al consolato) a pubbliche festività e, infine, il mutamento del nome del mese *Sextilis* in *Augustus* (8 a.C.).

Nel cumulare progressivamente siffatti poteri, titoli, onori, dignità ed altre prerogative di minore importanza Augusto fu però assai attento a respingere sistematicamente qualunque magistratura repubblicana ordinaria e, soprattutto, straordinaria, quali il consolato «*annuum et perpetuum*» e la dittatura, dichiarando programmaticamente nel 22 a.C. che, al pari della *tribunicia potestas* e dell'*imperium proconsulare maius et infinitum*, si sarebbe limitato solamente al loro mero esercizio:

Cass. Dio 53.17.3-4 e 11: ... Poi, per dare l'apparenza che questo potere scaturisca non da una forma di egemonia personale ma dalle leggi, gli imperatori si attribuirono tutte le funzioni delle magistrature che erano in vigore durante la repubblica per concessione del popolo, assumendone anche i titoli, tranne quello della dittatura. Infatti, costoro molto spesso diventano consoli, e ci si rivolge sempre loro con il titolo di proconsoli ogni volta che si trovano al di fuori del pomerio ... Queste sono dunque le istituzioni che gli imperatori hanno adottato desumendole dalla repubblica, mantenendole sostanzialmente con le loro funzioni originarie, e di cui utilizzarono anche i nomi delle cariche per dare l'apparenza di non mantenere il possesso di nessuna carica che fosse stata loro precedentemente concessa.

Res Gestae 5.1 e 3: *Dictaturam et apsenti et praesenti mihi delatam et a populo et a senatu M. Marcello et L. Arruntio cos. non recepi* [...] *Consulatum quoque tum annuum et perpetuum mihi delatum non recepi.*

[Non accettai la dittatura offertami, sia in mia assenza, sia in mia presenza, dal popolo e dal senato, durante il consolato di M. Marcello e L. Arrunzio ... Non accettai neppure il consolato, che allora mi era stato offerto annuo ed a vita].

Il rifiuto in particolare della dittatura può allora essere interpretato come l'ennesima espressione propagandistica di un progetto politico volto a coinvolgere la maggior parte dei cittadini nell'appoggio al futuro governo di Augusto, il quale, ricorrendo a tale espediente, da un lato si metteva al riparo da un'eventuale dichiarazione di tirannide nei propri confronti e, dall'altro, finiva per farsi pregare dai vari ordini sociali di ascendere al vertice del *novus ordo*. Pertanto, con questo patto di complicità che ancorava saldamente il proprio potere alle diverse componenti sociali dell'epoca, Augusto mostrava la volontà di accettare il potere unicamente in seguito alla pressione esercitata dalle masse e, quindi, per il bene comune, dando così l'impressione di obbedire ad un'imposizione di coloro sui quali avrebbe governato.

E, invero, la più emblematica espressione di questa precisa strategia politica è certamente rappresentata dall'offerta, fattagli più volte dal senato e dal popolo tra il 19 e l'11 a.C., della *cura legum et morum*, cioè di una carica straordinaria, non avente precedenti nella precedente esperienza repubblicana, che avrebbe conferito ad Augusto l'importante compito di sovrintendere al risanamento dei costumi ed al riordinamento della legislazione:

Res Gestae 6.1: [...] *senatu populoque Romano consentientibus ut curator legum et morum summa potestate solus crearer, nullum magistratum contra morem maiorum delatum recepi.*

[... nonostante il senato ed il popolo Romano fossero d'accordo che io, da solo e con la massima *potestas*, fossi nominato curatore delle leggi e dei costumi, io non volli ricoprire alcuna magistratura in contrasto con i *mores maiorum*].

Augusto rifiutò dunque ogni volta l'offerta della nuova carica affermando che si trattava di una magistratura «*contra morem maiorum*», ma non rinunciò affatto ad esercitare le funzioni che si ricollegavano a tale *cura legum et morum*, fondandola ora sulla *tribunicia potestas* ora semplicemente sull'*auctoritas* di cui già godeva, ciò che è provato dalla scrupolosa opera di risanamento dei costumi e dall'imponente legislazione delle quali egli si fece promotore con il supporto di Agrippa e Mecenate, gli *homines novi* del nuovo regime che avrebbero ben presto liquidato definitivamente la vecchia oligarchia repubblicana:

Res Gestae 8.5: *Legibus novis me auctore latis multa exempla maiorum exolescentia iam ex nostro saeculo reduxi et ipse multarum rerum exempla imitanda posteris tradidi.*

[Con nuove leggi, proposte per mia iniziativa, richiamai in vigore molte costumanze dei nostri maggiori, che ormai stavano scomparendo dalla vita dei nostri tempi, ed io stesso offrii alla posterità esempi di molte cose da imitare].

Svet., *Aug.* 34.1: *Leges retractavit et quasdam ex integro sanxit, ut sumptuariam et de adulteriis et de pudicitia, de ambitu, de maritandis ordinibus* [...].

[Modificò alcune leggi ed altre ne stabilì di nuove, come quella relativa alle spese, e quella sugli adulteri, quella per la difesa del pudore, quella sui brogli elettorali, quella sul matrimonio ...].

Come ben si vede, l'intreccio tra ricostituzione della *res publica* e rigenerazione del diritto e della morale rimaneva solo formalmente a fondamento del regime instaurato da Augusto, il quale era perfettamente consapevole della carattere innovativo della sua legislazione, ciò che è reso palese dall'utilizzo non casuale dell'aggettivo *novus*, in riferimento appunto alle *leges* da lui propugnate, che si connotarono perciò in maniera fortemente innovativa, se non addirittura eversiva, del preesistente ordinamento giuridico repubblicano. Ed il termine di paragone sembra essere la disgregazione etica e giuridica degli ultimi decenni della *res publica*, che imponeva dunque *leges novae* in grado di contrastare efficacemente le nefaste tendenze di un'età che aveva smarrito gli antichi valori. Ed è proprio a questi che Augusto, rifondatore tanto delle strutture costituzionali della *res publica* quanto del suo tessuto morale, volse la propria attenzione, riportandoli in vita per offrirli come «*exempla imitanda posteris*». Ciò avvenne però in virtù di *leges* approvate «*me auctore*», cioè proposte in forza dei suoi poteri magistratuali o, comunque, proposte da altri magistrati su suo diretto od indiretto suggerimento, con l'effetto di rendere noto a tutti, ove mai ve ne fosse bisogno, che la loro paternità politica, come si evince chiaramente dai due verbi in prima persona «*reduxi*» e «*tradidi*», era in ogni caso di Augusto.

L'indicazione politica era dunque evidente, giacché, se a Silla, Pompeo, Cesare ed i triumviri Lepido, Antonio e lo stesso Ottaviano erano state attribuite magistrature straordinarie aventi lo scopo di rigenerare l'etica ed il *ius* naufragati nella generale crisi delle istituzioni repubblicane, ora Augusto intendeva proseguire tale cammino da una posizione completamente differente, cioè rifiutando ogni carica straordinaria ed estranea alla tradizione repubblicana, quale era appunto la *cura legum et morum*, simile a quelle istituite *ad hoc* per i suoi illustri predecessori. Tali cariche non si attagliavano infatti al tema di quella spesso nominalistica restaurazione repubblicana, programmaticamente e propagandisticamente perseguita da Augusto, che si riassumeva nel rifiuto di ricoprire siffatte cariche straordinarie e, al contempo, nell'accettazione delle sostanziali funzioni ad esse collegate, da svolgere attraverso strumenti aventi un aggancio quanto meno formale nella costituzione della *res publica*.

E, nella medesima ottica, può ancora ricordarsi che Augusto, il quale aveva proceduto ad una prima *lectio senatus* e ad un primo censimento rispettivamente nel 29 e 28 a.C., in seguito operò altre due *lectiones* (nel 18 e nell'11 a.C.) e censimenti (nell'8 e 14 d.C.) non assumendo però la carica di console, bensì sulla base di un *imperium consulare* il cui esercizio gli consentì di raggiungere l'obiettivo prefissatosi di avere un'assemblea senatoria ancora più omogenea e, soprattutto, malleabile e disponibile ad assecondare gli ulteriori sviluppi della sua politica e dei suoi progetti istituzionali.

In questo senso, il principato di Augusto, lo si voglia intendere o meno come una monarchia mascherata, fu certamente un regime improntato all'ambiguità come consapevole scelta politica, anche se imposta dalla necessità di rimettere in piedi un complesso quadro politico e sociale fortemente connotato dalla presenza di gruppi che non avrebbero facilmente digerito la sostituzione del *novus ordo* alle ormai fatiscenti strutture repubblicane.

Proprio per questo motivo, il progetto politico di Augusto appare allora, ancor oggi, come l'espressione di una mente raffinatissima che ebbe ben presente quali possibili reazioni avrebbero potuto provocare, nei ceti dominanti dell'epoca e, più in generale, nell'opinione pubblica romana, l'utilizzo di poteri in linea di massima e nominalmente rientranti negli schemi dei poteri magistratuali e, tuttavia, staccati dalle singole magistrature alle quali facevano capo, la distorsione dei loro limiti temporali e territoriali fissati da una plurisecolare prassi repubblicana e, ad onta della loro originaria straordinarietà ed eccezionalità, la loro normalizzazione e stabilizzazione in capo ad una sola persona, nella quale venivano a cumularsi integrandosi e potenziandosi a vicenda. Augusto, perfettamente consapevole di tutto questo, fu però intelligente, se non addirittura geniale, nel fare apparire a tutti ciascuno di tali poteri, in sé considerato, come assolutamente non difforme dalla tradizione costituzionale repubblicana, ma mentre in questa ogni potere era stato frazionato ed attribuito ad organi diversi controbilanciandosi, ostacolandosi e limitandosi l'un l'altro, ora, al contrario, si aveva la ricongiunzione e la concentrazione dei diversi poteri repubblicani, spesso ampliati a dismisura, nelle mani di una sola persona, dando luogo, conseguentemente, ad un diverso assetto costituzionale caratterizzato precipuamente da una nuova unità di potere.

Un organo nuovo era dunque definitivamente sorto dalle ceneri delle vecchie strutture repubblicane, alle quali venne così a sovrapporsi non in qualità di magistrato ordinario o straordinario, bensì come una figura diversa ed una carica nuova che aveva avuto il merito salvare la *res publica*, circostanza, questa, che spiega perché, nel 2 a.C., Augusto, dopo varie esitazioni che lo indussero a mettere momentaneamente da parte la sua notoria riluttanza ad assumere cariche ed onori che non fossero strettamente conducenti al suo progetto istituzionale, accettò l'ancora una volta populistico titolo onorifico, e tuttavia carico di rilevante significato politico, di *pater patriae*.

4. *Il Principato da Augusto a Traiano*

Alla morte di Augusto, avvenuta nel 14 d.C., il Principato era ormai una realtà istituzionale saldamente radicata, che, con i suoi immediati successori e fino a Traiano, continuò a poggiare, sotto il profilo costituzionale, sulle medesime basi sulle quali l'aveva costruito il suo fondatore.

Il regime giuridico del Principato nel I secolo d.C. si appalesa perciò agli occhi dell'interprete moderno non tanto come una dualità di ordinamenti distinti e contrapposti, bensì come una sovrapposizione di nuove figure, di nuovi poteri e di nuovi organi alle istituzioni repubblicane. E, invero, l'indiscussa supremazia politica di Augusto su tutti gli altri organi dello stato repubblicano continuò ad apparire non come un potere istituzionalizzato, bensì come una situazione di fatto derivante dalla sua *auctoritas*, anche con i suoi immediati successori, cioè con gli imperatori della dinastia giulio-claudia: Tiberio (14-37 d.C.), Caligola (37-41 d.C.), Claudio (41-54 d.C.) e Nerone (54-68 d.C.). Costoro, infatti, pur con sfumature diverse, portarono avanti il medesimo progetto politico-istituzionale di Augusto, mantenendo formalmente in vita i vecchi organi che avevano rappresentato i pilastri della costituzione repubblicana (magistrature, comizi e senato), sia pure fortemente depotenziati di importanti funzioni e, soprattutto, privati di effettiva autonomia ed indipendenza dall'onnipresente ingerenza del *princeps*.

Così, pur cercando, al pari di Augusto, di far rimanere la figura del *princeps* ed i suoi poteri costituzionali nell'alveo della risalente tradizione repubblicana, affermando la persistente necessità di un'espressa deliberazione popolare che conferisse ogni potestà al *princeps* e, insieme, evitando di concepire la carica imperiale come ereditaria appunto perché fondata sull'*auctoritas*, gli immediati successori di Augusto non rinunciarono a quell'opera di distorsione delle vecchie istituzioni repubblicane, provocata dalla nuova figura del *princeps*, che si concretizzò così nel progressivo ed incessante accentuarsi di quell'attività di affiancamento del *princeps* agli organi della *res publica* finalizzata a sottrarre ad essi le residue forze vitali, lasciandoli sopravvivere sempre più come simulacri, per poi sostituirvi i nuovi organi del costruendo imponente apparato burocratico imperiale. Ecco allora che, seppure con intensità diversa (si pensi, ad es., a Caligola, il quale fu il primo imperatore a rivendicare a sé un potere autocratico che si fondava su una concezione orientalizzante dell'autorità imperiale; a Claudio, che coinvolse i liberti nel suo progetto di rinnovamento dell'amministrazione statale, riuscendo così a soddisfare la loro esigenza di un'ascesa sociale che non si trasformasse necessariamente in una coscienza di classe; a Nerone, che, venuto meno l'iniziale apporto di Seneca, nella seconda parte del suo governo orientò la sua politica in senso decisamente ed apertamente antisenatorio, favorendo, al contempo, i ceti meno abbienti attraverso significativi interventi finanziari), i vecchi organi repubblicani finirono per isterilirsi e perdere quasi del tutto significato politico e rilievo costituzionale, facendo pertanto venire meno quegli elementi che nella costituzione augustea avevano funzionato da contrappeso al potere del *princeps*.

Se già subito dopo Augusto si ebbe nella coscienza dei *cives* romani la percezione che il *princeps* non fosse più una carica straordinaria ed eccezionale che si era sovrapposta ad una struttura costituzionale, quella repubblicana, rimasta intatta ed immutata, bensì un organo stabile che via via andava esautorando tutti gli altri organi della costituzione repubblicana, con gli imperatori della dinastia dei Flavi, cioè Vespasiano (69-79 d.C.), Tito (79-81 d.C.) e Domiziano (81-96 d.C.) cominciarono a vacillare i caratteri tipici del principato augusteo e, soprattutto, il suo fondarsi sull'*auctoritas principis*. Infatti, con tali imperatori, divenuti tali dopo il *longus et unus annus* (tra il 68 ed il 69 d.C.) che aveva visto avvicendarsi al potere ben tre imperatori (Galba, Otone e Vitellio), l'aspetto autoritario iniziò ad appalesarsi con più evidenza, manifestandosi, da un lato, nell'ancora maggiore concentrazione di poteri nella persona del *princeps* mediante l'assunzione formale, diretta e stabile di cariche repubblicane (come, ad es., la censura da parte di Domiziano) e, dall'altro, nell'ulteriore semplificazione ed erosione delle competenze repubblicane, molte delle quali (come, ad es., la funzione normativa, elettorale e giurisdizionale, in materia civile e penale ed anche in sede d'appello) vennero ora a concentrarsi, seppure di fatto e con gradualità, nelle mani del *princeps*, che inaugurò una politica di integrazione dei provinciali nella cittadinanza e, soprattutto, di rafforzamento dell'apparato militare e difensivo dei confini dell'impero, al cui governo centrale venne preposta, da Vespasiano ed ancor più da Domiziano, una vera e propria burocrazia tecnica e specializzata non più di appannaggio dei liberti, bensì degli *equites*.

Con ciò non può tuttavia dirsi che il 'carattere repubblicano' del principato di Augusto fosse venuto meno, ciò che appare confermato anche dal fatto che la base sociale ed economica del potere del *princeps* continuò a ricalcare gli schemi chiusi della tradizione repubblicana, cioè la distinzione in classi sociali ed ordini politici impenetrabili come compartimenti stagni: liberi e schiavi, cittadini romani e provinciali, senatori e cavalieri. In questo senso, allora, il regime imperiale degli immediati successori di Augusto e, più in generale, del I secolo d.C., proprio perché si basava ancora sulla medesima struttura sociale ed economica degli ultimi decenni della *res publica*, si configurò certamente come una perpetuazione di tale assetto e di quello, politico e costituzionale, augusteo, del quale costituì certamente una continuazione nell'ottica di un sua razionalizzazione. E, in quest'ottica, può dirsi che non fu probabilmente casuale la circostanza che a traghettare l'impero verso la svolta adrianea, preceduta dal principato di Traiano (98-117 d.C.), il primo tra i provinciali a divenire imperatore e sotto il cui governo l'impero raggiunse la massima estensione territoriale, fu un anziano senatore, Nerva, che, nei soli tre anni del suo principato (96-98 d.C.), si fece anche promotore di rilevanti interventi di politica economica.

5. *Il Principato da Adriano ai Severi*

L'avvento al trono di Adriano (117-138 d.C.) costituì certamente il periodo chiave della storia del Principato, in quanto conteneva tutti gli elementi che permettono di configurarlo come una 'rivoluzione' non dissimile da quella augustea, e ciò perché tale imperatore, pur non apportando mutamenti costituzionali di rilievo, diede luogo ad un'imponente opera di consolidamento e completamento delle istituzioni imperiali che comportò tanto una modificazione radicale dell'assetto sociale augusteo quanto una concezione radicalmente nuova del potere imperiale.

Infatti, per ciò che riguarda l'aspetto sociale, per un un verso si attenuò di molto l'ancora persistente contrasto tra i contrapposti sistemi politici repubblicano ed imperiale, impersonati dal senato e dal *princeps*, che raggiunsero così un equilibrio pressoché stabile, seppure peculiarmente connotato da un rafforzamento del potere centrale facente capo al *princeps* certamente non controbilanciato da quello effettivo del senato (ed ancor meno da quello delle assemblee popolari e dei magistrati), nei confronti delle cui prerogative il rispetto imperiale fu spesso solo esteriore. E, per altro verso, l'istituzionalizzazione di una gerarchia burocratica equestre in posizione non più di inferiorità, ma di diversità rispetto all'*ordo senatorius*, pose il *princeps* al di fuori ed al di sopra di tutte le classi sociali, costituendone elemento di equilibrio e di fusione.

Dal punto di vista costituzionale si ebbe invece un'effettiva centralizzazione della gestione politico-amministrativa dell'impero veicolata da diverse riforme, attraverso le quali iniziò a prendere corpo l'idea di uno Stato avente compiti di direzione e controllo sempre più estesi e differenziati, che riguardarono la burocrazia imperiale (i cui *officia* vennero completamente istituzionalizzati con la loro verticalizzazione e, soprattutto, con la sistematica eliminazione di ogni residuo privatistico, tanto nell'assunzione dei funzionari imperiali quanto nella configurazione e nell'affidamento delle loro funzioni), la cancelleria imperiale (ristrutturata in *scrinia*, la cui direzione era di norma affidata ad eminenti giuristi), il *consilium principis* (ora concepito, diversamente da quello di Augusto, non più come come riunione informale di *amici principis*, bensì come un istituzionalizzato 'consiglio di stato' composto da alti funzionari ed eminenti giuristi) e la produzione del diritto (accentrata nelle mani del *princeps* in seguito alla codificazione dell'editto pretorio, all'unificazione della giurisprudenza attuata attraverso l'eliminazione del *ius respondendi ex auctoritate principis* ed al nuovo e decisivo impulso dato ai nuovi tipi di *constitutio principis*, quali le *epistulae* ed i *rescripta*).

Con Adriano il fondamento dell'autorità imperiale allora non fu più, come ai tempi di Augusto ed ancora per tutto il I secolo d.C., l'*auctoritas principis*, ma un autonomo, accentrato ed assorbente potere decisionale che, a dispetto del motivo propagandistico della *libertas restituta* spesso presente nella monetazione adrianea, consente di concludere che, mentre Augusto fu l'*auctor* del *novus status*, Adriano fu il fondatore del secondo Principato, cioè di un *novus ordo* che andava ben oltre la concezione 'repubblicana' tipica del principato augusteo.

Il II secolo d.C., spesso enfatizzato da alcuni intellettuali del tempo e dagli storici contemporanei come il 'secolo d'oro' per l'universale *pax romana*, fu certamente un secolo di pace, ma questa età felice dell'impero ebbe il suo contrappeso in un pressoché totale immobilismo nella vita politica sociale, politica e culturale che certo non favorì le classi inferiori e che raggiunse il suo apice durante il principato del primo imperatore della dinastia degli Antonini, Antonino Pio (138-161 d.C.), al quale successe, dopo un periodo di correggenza con il fratello adottivo Lucio Vero (161-169 d.C.), Marco Aurelio, che governò da solo fino al 177 d.C. e poi insieme al figlio Commodo fino al 180 d.C.

Dedito fin da fanciullo agli studi filosofici (supportati dagli insegnamenti di retorica impartitigli da Marco Cornelio Frontone) ed avviatosi quindi in età precoce ad incarnare quella figura di imperatore-filosofo la cui idealizzazione resisterà incontrastata sino ad oggi, Marco Aurelio non fu soltanto un imperatore amante degli studi e di una vita appartata, ma anche un uomo di governo pronto a sobbarcarsi a tutte le fatiche che il ruolo di *princeps* comportava e spesso abile nel fare ricorso alle armi della diplomazia per imporre la propria volontà alle pur da lui privilegiate classi sociali superiori dei senatori e, soprattutto, degli *honestiores*, cioè le élites del potere centrale e locale che si contrapponevano agli *humiliores*, che raggruppavano invece tutti quei *cives* che non rientravano tanto nell'*ordo senatorius* quanto in quello *equester*. La sua opera fu però improntata ad una prudente cautela che non si estrinsecò in riforme mirate a scardinare o, comunque, ad innovare il consolidato assetto sociale, politico ed istituzionale adrianeo, quasi che egli avesse piena coscienza del fatto che, come il filosofo ha i suoi principii, anche l'imperatore ha le sue esigenze, finendo così per ammettere controvoglia che l'indiscriminata applicazione di quei principii potesse recare nocumento allo Stato.

All'estinzione nel 192 d.C. della dinastia degli Antonini con la morte di Commodo, il cui principato fu contraddistinto da megalomanie, intrighi, repressioni e, soprattutto, da un'evidente connotazione antisenatoria (tanto che divenne patrizio addirittura un liberto, perdendo così il patriziato il suo genuino significato di aristocrazia gentilizia ed ereditaria in netta contrapposizione alla plebe, ridotta ora ad una sorta di variegato sottoproletariato urbano mirante a quell'assistenzialismo statale di cui la massima espressione fu la sempre più diffusa prassi delle *frumentationes*), seguì un breve e convulso periodo di quasi sei mesi, che vide avvicendarsi al potere prima Pertinace e poi Didio Giuliano, a conclusione del quale assunse lo scettro imperiale Settimio Severo (193-211 d.C.), cioè il primo imperatore della dinastia dei Severi: Caracalla (dal 211 al 212 d.C. con il fratello Geta e da solo fino al 217 d.C.), Eliogabalo (218-222 d.C., dopo la parentesi dell'impero di Macrino, il prefetto del pretorio che aveva fatto uccidere il suo imperatore) ed Alessando Severo (222-235 d.C.).

In quest'epoca toccherà il suo culmine il processo, già iniziato con Adriano, di universalizzazione della classe dirigente mediante l'immissione di esponenti delle città dell'Occidente romanizzato ed anche dell'Oriente, che si estrinsecò nella quasi definitiva scomparsa della distinzione tra l'Italia e le province e, in seguito alla concessione della cittadinanza a tutti i sudditi dell'impero da parte di Caracalla nel 212 d.C., tra *cives* e provinciali. E ciò fu il frutto della politica livellatrice dei Severi, che impressero al Principato una svolta ulteriormente autoritaria, se non addirittura talvolta dispotica e tirannica, che, connotata peculiarmemente dalla base eminentemente militare del potere imperiale (e, invero, era stata proprio un'usurpazione dell'esercito a determinare l'avvento al trono di Settimio Severo), da una lotta decisa contro le vecchie classi dirigenti e da una politica di maggior favore versi i ceti inferiori, si manifestò, oltre che nell'unificazione territoriale, demografica e giuridica di tutto l'impero conseguente alla completa romanizzazione delle province dell'impero, anche nella definitiva surrogazione della burocrazia imperiale all'apparato tradizionale repubblicano e nella compiuta omogeneizzazione delle strutture amministrative e giudiziarie imperiali, agevolata peraltro dalla ormai pressoché completa assimilazione tra diritto romano e diritti locali.

E, a quest'ultimo proposito, deve rimarcarsi come gli imperatori della dinastia dei Severi furono tutti talmente consapevoli dell'importanza di tale fusione e, insieme ad essa, del decisivo ruolo giocato dall'irradiamento della normazione imperiale, divenuta ora 'burocratica' e 'palatina', nelle parti più estreme dell'impero da improntare la loro legislazione ad un carattere 'itinerante'. Infatti, convinti dell'idea, solo apparentemente stridente con l'impronta assolutistica impressa al potere imperiale, che il *princeps* dovesse essere facilmente e personalmente accessibile da tutti i cittadini dell'impero, gli esponenti di tale dinastia trascorsero buona parte del loro tempo a visitare le province più remote dell'impero palesandosi ai loro abitanti come governanti attenti tanto alle loro esigenze economiche ed ai loro bisogni sociali quanto alle loro aspettative giuridiche. Il viaggio fu dunque un'avveduta e sapiente tecnica di propaganda politica e giuridica, assolvendo così ad una ben precisa funzione: viaggiare è governare. La legislazione itinerante, che si potrebbe definire persino 'nomade', costituì allora non solo un efficacissimo mezzo di unificazione giuridica e di diffusione del diritto imperiale, ma anche un fattore decisivo che condusse alla definitiva stabilizzazione del potere imperiale ed alla solidità dell'organizzazione amministrativa e burocratica statale, dando così ulteriore prova della lungimiranza politica degli imperatori-soldati.

Nonostante l'avvento della dinastia severiana avesse segnato una nuova svolta all'interno del Principato connotata peculiarmente dalla definitiva scomparsa della città-stato e dal completo dissolvimento della prospettiva romanocentrica per fare spazio ad una monarchia universale, non si può tuttavia disconoscere che i caratteri essenziali di tale monarchia rimasero comunque quelli del principato classico, e non già, come avverrà in seguito, delle monarchie orientali. Prova ne siano, da un lato, la circostanza che era ancora il senato l'organo formalmente investito del potere di conferire ed eventualmente revocare i poteri imperiali e, dall'altro, il fatto che non si era ancora giunti alla divinizzazione dell'imperatore vivente.

Se è dunque indiscutibile che i Severi rimasero nell'alveo costituzionale del Principato, è altrettanto incontrovertibile però che, con la morte nel 235 d.C. di Alessandro Severo, l'ultimo imperatore di tale dinastia, si spezzò il delicato equilibrio politico-istituzionale tra principe, senato ed esercito sul quale si era retto il Principato nella sua ultima fase evolutiva, ciò che determinò l'inizio della decadenza istituzionale del regime instaurato da Augusto sfociata poi, grazie anche ad altre fondamentali concause economiche, finanziarie, sociali, militari e religiose, nell'avvento del Dominato.

6. *La successione imperiale*

Il nuovo assetto costituzionale escogitato da Augusto come un'abile sintesi di forme repubblicane e di sostanza monarchica, connotato peculiarmente dalla circostanza che il suo fondatore cumulava nella propria persona più poteri, ciascuno dei quali conferiti separatamente dagli altri senza alcuna base istituzionale, di quanto nessun altro magistrato avesse mai fatto prima di lui e, soprattutto, da quell'elemento indefinito di origine extracostituzionale e di natura carismatica che era l'*auctoritas*, ben difficilmente poteva assicurare l'esigenza fondamentale della sua continuità.

E, invero, la preoccupazione di assicurare un sistema di successione nella carica del *princeps* fu sicuramente avvertita già dallo stesso Augusto, il quale era perfettamente consapevole che la soluzione di tale problema si presentava particolarmente difficile e delicata proprio a causa di quel compromesso tra il rispetto dei principii costituzionali repubblicani e la realtà di un nuovo potere monocratico ed unitario sul quale si fondava il regime da lui inaugurato. Infatti, la previsione di un sistema di successione di tipo monarchico, comportante l'affermazione pura e semplice del principio ereditario, si sarebbe scontrata innanzitutto con la stessa base costituzionale sulla quale il principato augusteo si era andato costituendo, cioè la necessità o, forse meglio, l'inevitabilità di un'investitura diretta e personale da parte del senato e del popolo, e poi con il fondamento ideologico dell'*auctoritas*, che, in quanto carisma personale del *princeps*, non poteva certo trasformarsi in una carisma istituzionale da conferire al suo successore. Il paradosso politico-costituzionale del Principato, consistente appunto nell'impossibilità che una monarchia di fatto potesse fare affidamento, per la trasmissione del potere, al principio della successione dinastica, rappresentò allora il vero punto debole del nuovo assetto introdotto da Augusto, che sarebbe stato così esposto, alla morte del *princeps*, al fondato pericolo dell'apertura di lotte per la sua successione, facendo precipitare il *novus ordo* nel disordine e nella confusione come ai tempi delle guerre civili.

Anche in questo caso la soluzione del problema venne cercata e rinvenuta Augusto sulla via del compromesso. Egli, infatti, pur avendo piena contezza del fatto che, alla sua morte, il suo successore avrebbe dovuto ricevere l'investitura costituzionale di tutti poteri dal senato e dal popolo, manifestò la sua ferma volontà di indicare egli stesso la persona del successore e mantenere altresì la sua successione nell'ambito della propria famiglia facendo ricorso all'espediente dell'adozione.

Per comprendere bene l'importanza di tale soluzione, bisogna ricordare come già nella *res publica* l'adozione si era configurata come un importantissimo strumento utilizzato dalle grandi famiglie della *nobilitas* per trasmettere in eredità non solo potenza economica, cioè beni e patrimoni, ma anche, e soprattutto, potenza politica, in pratica vincoli gentilizi, parentele e legami clientelari. E, del resto, lo stesso Augusto era stato adottato da Cesare, sfruttando abilmente tale adozione come punto di partenza e di appoggio per la sua ascesa politica. Ora, anche l'adozione imperiale comportava tuttò ciò, ma, a ben vedere, in essa c'era di più, giacché comportava un'eredità spirituale, addirittura più accetta alla mentalità senatoria della filiazione di sangue. L'adottato diveniva così erede, dal punto di vista del diritto privato, del patrimonio del *princeps* e, quel che più contava, successore nella sua *auctoritas*, alla quale avrebbe cercato di aggiungere la propria. Pertanto, l'adozione, che era in sé un atto di diritto privato inidoneo a far nascere una pretesa giuridica a succedere nella carica di *princeps* e, quindi, a realizzare la devoluzione del principato, per la quale era sempre necessaria la formale investitura del popolo e del senato, dal punto di vista politico trasmetteva comunque una vocazione morale che richiamava tale investitura, ponendo di conseguenza l'adottato in una posizione politica molto forte e non facilmente scalzabile. In altri termini, tenendo ben presente la distinzione esistente tra i due momenti della successione imperiale, cioè la designazione e l'investitura, bisogna riconoscere che per la prima l'adozione costituiva una mossa fondamentale e decisiva. E, invero, il compromesso tra la designazione da parte del predecessore e l'investitura del popolo e del senato permise nella gran parte dei casi di attuare un trapasso non drammatico del potere imperiale.

In realtà, sin dalla morte di Augusto si era venuta attuando una prassi in forza della quale la legittimazione all'esercizio dei poteri imperiali, ed in particolare della *tribunicia potestas* e dell'*imperium proconsulare*, scaturiva da un atto complesso, precisamente un senatoconsulto approvato successivamente dai comizi, che venne chiamato, ad imitazione dell'antica procedura in vigore prima per il *rex* e poi per i magistrati, *lex de imperio*, con la quale venivano peraltro ratificati gli atti eventualmente posti in essere dal nuovo *princeps* prima della solenne investitura:

D. 1.4.1*pr.* (Ulp. 1 *inst.*): *Quod principi placuit, legis habet vigorem: utpote cum lege regia, quae de imperio eius lata est, populus ei et in eum omne suum imperium et potestatem conferat.*

[Quel che il principe ha deciso ha vigore di legge: ciò perché con la legge regia, che viene emanata per attribuirgli l'imperio, il popolo conferisce a lui ed in lui ogni suo *imperium* e *potestas*].

Del contenuto di tale *lex de imperio* siamo informati grazie ad un'iscrizione bronzea che riproduce la *lex de imperio Vespasiani*, con la quale nel 69 d.C. venne appunto legittimato il potere di Vespasiano, strutturata in otto clausole che autorizzavano Vespasiano ad esercitare una serie di facoltà che erano state già riconosciute ad Augusto, Tiberio e Claudio, mancando invece i nomi di quegli altri imperatori il cui ricordo ed i cui provvedimenti erano stati cancellati per ragioni politiche in seguito rispettivamente alla *damnatio memoriae* (che colpì, tra gli altri, Nerone e Domiziano) ed alla *rescissio actorum* (che colpì Caligola) o la cui investitura era stata ritenuta irregolare (come nel caso di Galba, Otone e Vitellio). In sostanza, si trattava dei poteri che ad Augusto erano stati conferiti in vari momenti e con diversi atti ed ai suoi successori erano stati concessi complessivamente, i quali venivano ora richiamati con una formula che, invece di dilungarsi a definire esattamente la loro singola portata, si limitava a fare riferimento al modo in cui quelle potestà erano state esercitate dai predecessori di Vespasiano. Il che mostra, per un verso, che si aveva una certa difficoltà a definire l'ampiezza e probabilmente anche il fondamento dei poteri e delle facoltà del *princeps* e, per altro verso, che tali potestà erano considerate inerenti alla posizione complessiva del principe e che quindi la loro enumerazione doveva verosimilmente essere contenuta in un atto globale di investitura di tutti i poteri.

Nonostante ciò, l'investitura da parte degli organi costituzionali repubblicani finiva *de facto* per essere data proprio alla persona designata mediante adozione dal predecessore, e ciò in virtù di un compromesso che, permettendo in molti casi di attuare un trapasso del potere non traumatico del potere imperiale, in tale maniera era stato concepito già da Augusto. L'adozione di Tiberio si concretizzò infatti in un doppio atto, e cioè nella sua formale *adrogatio* e, insieme, nella solenne dichiarazione (*renuntatio*) di Augusto secondo la quale il designato, in qualità di arrogato, era l'erede al potere. Su questo dualismo di privato e pubblico Augusto fondava allora la giustificazione costituzionale di un atto, appunto l'adozione, che assai poco rispondeva allo spirito di legalità connotante abilmente la costruzione augustea del *novus staus rei publicae*, che aveva invece il suo presupposto nel principio secondo cui era il *princeps*, cioè l'uomo migliore in quanto dotato di maggiore *auctoritas* rispetto a tutti gli altri, a scegliere la persona alla quale trasferire tale somma di potestà extracostituzionali e di carisma personale nella quale consisteva il potere imperiale, che ne faceva, a sua volta, l'uomo migliore al quale affidare le sorti del *novus ordo*.

Ma, come spesso accade, la concretà realtà del potere si dimostrò più forte degli schemi costituzionali, giacché gli imperatori della dinastia giulio-claudia praticarono un'adozione esclusivamente familiare finalizzata a mantenere il potere imperiale all'interno della propria casata, ciò che, a ben vedere, solo apparentemente confliggeva con le tradizioni libertarie repubblicane, dal momento che l'aspirazione a trasmettere il potere in siffatta maniera appariva perfettamente in linea, addirittura perpetuandola, con la concezione ereditaria, tanto morale quanto patrimoniale, che permeava l'arcaica organizzazione gentilizia romana:

> Tac., *Hist.* 1.16.1: [...] *Sub Tiberio et Gaio et Claudio unius familiae quasi hereditas fuimus: loco libertatis erit quod eligi coepimus; et finita Iuliorum Claudiorumque domo optimum quemque adoptio inveniet.*
>
> [... Sotto Tiberio, Caligola e Claudio siamo stati come un'eredità che si trasmette nella stessa famiglia; sarà come una libertà di fatto che noi (Galba) abbiamo incominciato ad essere eletti; e, finita la dinastia giulio-claudia, il migliore sarà trovato attraverso l'adozione].

Nel discorso pronunciato da Galba per l'adozione di Pisone Liciniano, che però non divenne poi imperatore, è infatti evidente tanto la critica della prassi di Augusto e dei suoi successori di trasmettere il potere unicamente a propri familiari «*quasi hereditas*», quanto la circostanza che il potere essere eletti costituisse invece, nella prospettiva senatoria di Galba, una parvenza di libertà, e tuttavia, estintasi la casata giulio-claudia, era pur sempre all'adozione che si sarebbe dovuto fare ricorso per trovare il migliore (ovviamente, nell'ottica di Galba, tra i senatori) destinato a diventare imperatore.

Pur essendo l'adozione un'idea portante dell'ideologia non solo di Augusto, ma anche dell'aristocrazia senatoria, essa era tuttavia formalmente inidonea a sciogliere il nodo della successione imperiale, dal momento che permaneva, come un vero macigno istituzionale, il principio, evocato implicitamente dallo stesso Galba, secondo cui, alla morte del *princeps*, si ritornava al punto di partenza, cioè alla scelta del successore da parte del senato del popolo e del senato. Tuttavia, se per un verso non può disconoscersi che non era affatto semplice risolvere la contraddizione, intrinseca alla devoluzione del nuovo assetto instaurato da Augusto e rispecchiantesi nei due distinti atti della designazione e dell'investitura del *princeps*, tra un carisma dinastico trasmesso attraverso l'eredità (rispondente alle attese della popolazione, soprattutto di quella orientale) ed il carisma istituzionale attribuito dai due vecchi organi repubblicani (e, specialmente, dal senato, tradizionalmente propenso alla scelta del migliore), per altro verso occorre prendere atto che tale dilemma concerneva la costruzione del Principato, ma non certo la sua sostanza di monarchia ereditaria. Ciò che, del resto, è testimoniato dalla circostanza che l'accesso al trono imperiale della gran parte degli imperatori del Principato si svolse all'interno di un quadro dinastico avente come presupposto un'eredità naturale o fittizia. La trasmissione del potere in via dinastica, fatta eccezione per alcuni imperatori che pervennero al principato senza una base familiare di sangue od adottiva (come, ad es., nel I secolo d.C., Galba, Otone, Vitellio, Vespasiano e Nerva), rappresentò dunque la normalità, confermando così che, nella prassi, il principio dinastico fu determinante nella scelta del futuro imperatore, finendo per costituire nel tempo uno dei pilastri portanti del Principato, sicché la scelta fu rimessa, e non senza nuovi conflitti, ai due organi repubblicani a ciò formalmente preposti, ma in realtà sempre più spesso al solo senato, soltanto nei casi di morte violenta del *princeps* in carica senza che questi avesse provveduto a designare il suo successore.

Tale principio fu inoltre rafforzato da un altro espediente al quale fecero ricorso gli imperatori, cioè quello di associare al potere colui che si voleva designare alla successione conferendogli poteri analoghi a quelli del *princeps* già durante la propria vita. E fu sempre Augusto che, per primo, aprì il varco per l'ingresso di questo secondo principio, attribuendo a Tiberio titoli (quale, ad es., quello di *princeps iuventutis*), onori e privilegi particolari (quale, ad es., il giuramento di fedeltà da parte di tutti) e, soprattutto, poteri reali sempre più ampi, ottenendo così l'effetto politico di moltiplicare il più possibile i segni esteriori della designazione alla carica che vedrà in seguito Vespasiano designare direttamente ed ufficialmente il figlio Tito mediante il conferimento del *praenomen Imperatoris*, scavalcando comizi e senato, ed Adriano insignire il suo successore con il titolo di *Caesar*, che poi diventerà quello ufficiale per indicare la persona designata a succedere.

Pur essendo l'associazione al potere, al pari dell'*adoptio*, uno strumento giuridicamente debole, dal punto vista politico essa era tuttavia addirittura più forte di quest'ultima, dal momento che poneva il designato nella posizione giuridica di correggente, con l'importante conseguenza che, alla morte del *princeps*, vi era un soggetto che deteneva già, in tutto od in gran parte, il potere, condizionando così decisamente la successiva investitura sempre riservata formalmente al popolo ed al senato, che assai difficilmente si sarebbero però discostati dalla designazione del suo successore fatta in vita dal *princeps*.

Il definitivo passaggio dalla semplice associazione al potere alla piena correggenza, cioè ad una posizione paritaria non finalizzata esclusivamente alla successione, si ebbe però solamente con Marco Aurelio e Lucio Vero:

SHA., *Vita Marci* 7.5-6: *Post excessum divi Pii a senatu coactus regimen publicum capere fratrem sibi participem in imperio designavit, quem Lucium Aurelium Verum Commodum appellavit Caesaremque atque Augustum dixit. Atque ex eo pariter coeperunt rem publicam regere. Tuncque primum Romanum imperium duos Augustos habere coepit, cum imperium sibi relictum cum alio participasset* [...].

[Dopo la morte del divino Pio, obbligato dal senato ad assumere il governo della cosa pubblica, (Marco Aurelio) designò come partecipe del potere il fratello, che chiamò Lucio Aurelio Vero Commodo, ed a lui conferì i titoli di Cesare e di Augusto. Da quel momento cominciarono a governare paritariamente lo Stato; da allora, per la prima volta, l'impero romano cominciò ad avere due Augusti avendo l'uno chiamato l'altro a partecipare a quel potere a lui lasciato ...].

Marco Aurelio, associando nel proprio potere Lucio Vero, duplicò nei fatti il Principato, con la conseguenza che entrambi «*coeperunt rem publicam regere*», sicché, da quel momento e per la prima volta, l'impero romano «*duos Augustos habere coepit*», i quali governarono infatti congiuntamente e, soprattutto, «*pariter*» (ciò che, del resto, è confermato dalla circostanza che le costituzioni imperiali di questo periodo sono formalmente imputate tanto all'uno quanto all'altro), e se Lucio Vero, pervenuto al trono per designazione di Marco Aurelio, a questi era *de facto* subordinato, ciò avveniva in ossequio ad un principio non scritto che stava alla base di questa nuova sistemazione costituzionale.

Insieme all'adozione ed all'associazione nel potere, poi sfociata in correggenza vera e propria, un ruolo non secondario nel gioco politico tra designazione ed investitura del nuovo *princeps* venne poi svolto dalle coorti dei pretoriani e, soprattutto, dagli eserciti, il cui intervento, che si esplicò per le prime in vere e proprie congiure di palazzo e per i secondi nell'acclamazione, avente con ogni verosimiglianza anche valore costituzionale, come imperatori dei propri comandanti militari prima ancora che si fossero pronunciati i *patres* od addirittura in contrasto con l'investitura senatoria, fu in più occasioni decisivo. E questo ruolo è riscontrabile nel corso di tutto il Principato, dall'acclamazione di Germanico nel 14 d.C. all'ascesa di Claudio e Nerone per scelta dei pretoriani e sino agli avvenimenti del già ricordato *longus et unus annus*, alla fine del quale venne acclamato imperatore Vespasiano.

Ed era stato proprio tale imperatore, perfettamente consapevole della sua estraneità alla dinastia giulio-claudia ed all'aristocrazia senatoria e, soprattutto, del fatto che la sua ascesa al trono imperiale fosse avvenuta all'insegna dell'usurpazione e dell'illegalità dal momento che il suo *imperium* scaturiva dall'imposizione della forza militare, a mettere da parte l'*auctoritas*, sostituendo a tale supremazia *extra ordinem*, volta a coordinare e ad integrare i diversi poteri ed i variegati gruppi sociali, un dichiarato e pregnante comando monocratico e decisionale riconosciuto come tale a tutti i livelli e, per di più, accompagnato dall'affermazione che solamente i suoi figli, e non altri, sarebbero stati i suoi successori:

Svet., *Vesp.* 25: *Convenit inter omnis, tam certum eum de sua suorumque genitura semper fuisse, ut post assiduas in se coniurationes ausus sit adfirmare senati aut filios sibi successuros aut neminem* [...].

[Tutti concordano nel dire che egli (Vespasiano) fu sempre così sicuro del destino suo e dei suoi da osare affermare in senato, dopo le continue congiure tramategli contro, che a lui o sarebbero succeduti i suoi figli o nessuno ...].

E ciò, ad onta della più sopra menzionata *lex de imperio Vespasiani*, che aveva operato una riconciliazione forzata tra il *princeps* usurpatore e gli organi repubblicani formalmente deputati a conferirgli l'*imperium* nell'ottica, fintamente legalitaria perché basantesi su una reciproca fiducia tra organi *de facto* posti non sullo stesso piano, di conferire a questi ultimi, ed in particolare al senato, non solo il potere di discriminare i *principes* da quelli usurpatori ricorrendo alla dichiarazione di *hostis publicus* (cioè una declaratoria che colpiva *ex nunc* il futuro imperatore) ed alla *rescissio actorum* (cioè l'annullamento degli atti dell'imperatore), ma anche la facoltà di sanzionare eventuali comportamenti non conformi all'affidamento mediante un giudizio politico che poteva sfociare nella *damnatio memoriae* (comportante, oltre alla cancellazione del nome dagli atti e dai luoghi pubblici, il divieto di funerali solenni, di erezione di statue e di onori alla memoria del *princeps* defunto e, ancora, di giuramenti nel suo nome) e, per converso, di attribuire al *princeps* il compito specifico non già di sostituirsi agli altri organi costituzionali repubblicani, bensì di comporre eventuali conflitti coordinando ed indirizzando i diversi poteri e le varie forze sociali.

L'ideologia legalistica che stava alla base di tale *lex de imperio* serviva però solamente a mascherare, legittimandolo con quelle due sue clausole, la sesta e la settima, la prima delle quali conferiva a Vespasiano il *ius* e la *potestas* di compiere ogni atto che egli avesse reputato necessario «*ex usu rei publicae*» e la seconda lo esentava dall'osservanza di leggi e plebisciti (gettando così le basi per l'affermazione definitiva, in età severiana, del principio secondo il quale l'imperatore era *legibus solutus*), un regime monarchico, autocratico ed ereditario, e non certo a valorizzare la presunta sovranità del senato e del popolo, che, proprio in seguito all'*adoptio*, all'associazione nel potere ed all'acclamazione dei pretoriani e degli eserciti, il più delle volte si trovarono di fronte al fatto compiuto e, quindi, alla necessità politica di non potere fare altro che ratificare decisioni prese altrove, sicché furono veramente rari i casi in cui vi fu la possibilità di compiere un'effettiva scelta (come, ad es., con l'elezione di Nerva) con *senatusconsulta* e *leges* che non fossero dei semplici atti protocollari.

7. *Gli organi della costituzione repubblicana*

Per comprendere meglio l'assetto costituzionale instaurato da Augusto occorre esaminare il ruolo istituzionale avuto al suo interno dai tre pilastri portanti sui quali era stata costruita e si era retta fino a quel momento, seppure in maniera traballante in seguito alle già ricordate travagliate vicende politiche del I secolo a.C., la *res publica* romana: le magistrature, le assemblee popolari ed il senato. Si vedrà allora come sul piano strettamente formale il quadro costituzionale complessivo non fosse mutato rispetto a quello repubblicano, mentre su quello sostanziale le funzioni di tali organi furono a tal punto compresse e depotenziate da ridurli, in misura minore o maggiore e nel giro di pochi anni o, tutt'al più, di qualche decennio, ad una mera apparenza.

a) Le magistrature furono quelle che subirono maggiormente il contraccolpo della presenza del *princeps* e dei suoi funzionari al vertice dell'amministrazione imperiale e, tuttavia, sopravvissero, salvo poche eccezioni, vedendo addirittura accresciuto il loro prestigio rispetto a quello goduto nel periodo della crisi della *res publica*. Riservate ora esclusivamente a membri dell'*ordo senatorius* e pur private in gran parte delle più importanti funzioni, che vennero appunto esercitate dall'imperatore e dai suoi delegati, esse continuarono però ad essere ambite non solo per la loro ancora notevole autorevolezza, ma anche perché l'avere ricoperto una magistratura permetteva l'accesso al senato ed ai più alti posti dell'amministrazione statale.

Augusto stabilì regole ancora più rigide per il *cursus honorum* concernenti la necessità di percorrerne tutti i gradi intermedi ed i limiti minimi di età, prevedendo però, al contempo, la possibilità di ottenere dal senato una dispensa da tali limiti e riservando al *princeps* il potere di far saltare uno o più gradi iniziali mediante un'*adlectio* tra gli ex magistrati di una categoria superiore.

Il consolato, che era la carica più in concorrenza con quella del *princeps*, fu subito svuotato del suo potere politico, anche se, in compenso di tale *deminutio*, gli venne attribuita una limitata competenza giudiziaria *extra ordinem* (in materia di fedecommessi, alimenti e *datio tutoris*). Il numero dei consoli, ai quali continuarono ad essere attribuite importanti funzioni (quale, ad es., la presidenza del senato e delle assemblee popolari) e prerogative (come, ad es., l'eponimia), rimase sempre di due, nonostante Augusto avesse cercato, in maniera ancora una volta propagandistica, di portarlo addirittura a tre, suscitando la prevedibile reazione di quanti, senza nemmeno giustificare il diniego con la considerazione che siffatta modifica avrebbe alterato uno dei principii fondamentali della costituzione repubblicana, ritenevano il suo potere già limitato dalla presenza di un solo collega:

Svet., *Aug.* 37: [...] *Exegit etiam, ut quotiens consulatus sibi daretur, binos pro singulis collegas haberet, nec optinuit, reclamantibus cunctis satis maiestatem eius imminui, quod honorem eum non solus sed cum altero gereret.*

[... (Augusto) chiese inoltre di avere, ogni volta che gli veniva assegnato il consolato, due colleghi invece di uno; ma non riuscì nell'intento, perché tutti obiettarono che la sua autorità veniva già abbastanza limitata dal momento che esercitava tale magistratura con un altro invece che da solo].

Tuttavia, al fine di creare nuovi spazi a chi proveniva dalle altre magistrature, che, come subito si dirà, andavano aumentando sempre più, si fece ricorso all'espediente di ridurre la durata in carica dei consoli, dapprima a sei mesi, poi a quattro mesi e infine, sotto i Severi, addirittura a due mesi, con la conseguenza che si elessero più coppie successive di consoli ogni anno (i primi due, detti *consules ordinarii*, erano gli eponimi e gli altri erano chiamati *consules suffecti*), ciò che indubbiamente non accrebbe il prestigio della carica, finendo anzi per accelerarne la decadenza politica e ad avviarla così a diventare quasi del tutto onorifica.

La censura, già in decadenza negli ultimi decenni della *res publica*, scomparve del tutto, nonostante i tentativi di Augusto (che la ripristinò nel 22 a.C. con l'elezione di Lucio Munazio Planco e Paolo Emilio Lepido) e poi di Claudio (che ne esercitò le funzioni insieme a Lucio Vitellio) di rivitalizzarla, in seguito alla formale e permanente inclusione della *potestas censoria* nella carica imperiale decretata da Domiziano (indicato in alcune monete dell'85 d.C. come *censor perpetuus*).

Un ruolo meno marginale e subalterno ebbero i pretori urbano e peregrino, i quali, a causa della funzione tecnica della *iurisdictio* sulla base della quale continuarono a svolgere attivamente la loro originaria funzione giurisdizionale almeno fino al principato di Adriano, inizialmente sembrarono non risentire del mutamento di regime. E, invero, in età augustea e per tutto il primo secolo del Principato, la carica pretoria, venendo meno la sua funzione di supporto degli interessi della classe dominante, ora assunta dal *princeps*, fu sempre più svuotata dei suoi caratteri politici e vieppiù rivestita di tecnicità, ciò che rendeva tale magistratura ancora fortemente ambita, in quanto ritenuta in qualche modo al riparo da pesanti interferenze del nuovo potere politico. Tuttavia, i pretori finirono in seguito per subire anch'essi notevoli limitazioni derivanti per un verso dalla crescente concorrenza della *cognitio extra ordinem* dei funzionari imperiali e dall'intervento dello stesso *princeps* nei processi, sia in primo grado che in appello, e per altro verso dall'attribuzione di diverse funzioni giurisdizionali ai consoli c, soprattutto, ad altri pretori di nuova creazione. Il numero dei pretori, alcuni dei quali continuarono a dirigere le *quaestiones perpetuae* sino a quando esse non decaddero, fu infatti progressivamente aumentato durante i primi due secoli del Principato fino a raggiungere complessivamente il numero di 18, e ciò appunto in seguito all'istituzione di nuovi pretori ai quali vennero attribuite limitate competenze giudiziarie: il *praetor hastarius* (creato da Augusto con funzione di presidenza del tribunale dei *centumviri*, competente in materia ereditaria), i due *praetores fideicommissarii* (istituiti da Claudio e poi ridotti ad uno da Tito), il *praetor qui inter fiscum et privatos ius diceret* (creato da Nerva), il *praetor tutelaris* (istituito da Marco Aurelio) ed il *praetor de liberalibus causis* (introdotto probabilmente sotto i Severi).

Mantenuti nel numero di sei, gli edili, la cui presenza è attestata ancora per il III secolo d.C. anche in riferimento alla loro componente plebea, videro ben presto svuotarsi ed atrofizzarsi le loro competenze, che vennero attribuite in gran parte (*cura urbis* ed *annonae*) ad appositi funzionari imperiali ed in minor misura (*cura ludorum*) alla pretura (alla quale venne affidata da Augusto nel 22 a.C.), residuando tuttavia per tutto il I secolo d.C. la loro originaria funzione giurisdizionale inerente al controllo dei mercati.

I questori conservarono invece una buona vitalità, risentendo assai poco del nuovo regime grazie alla loro posizione tradizionalmente non elevata all'interno del *cursus honorum* ed alla natura meno spiccatamente politica delle loro attribuzioni, che finirono così per agevolarli in quanto vennero inquadrati ed utilizzati all'interno del *novus ordo*. Divenuti quaranta con Cesare e ridotti a venti da Augusto, rimanendo in tale numero anche in seguito, continuarono, in maggior misura (probabilmente non meno di dodici), ad essere inviati nelle province senatorie (sia come ausiliari del governatore e sia come titolari di limitate ed autonome funzioni giurisdizionali) e, in minor numero, a rimanere a Roma (svolgendovi funzioni varie, tra le quali quella, affidata da Augusto a due di essi posti alle dirette dipendenze del *princeps*, e detti perciò *quaestores Augusti*, per scopi diversi inerenti alla sua persona, tra i quali, in particolare, la lettura delle comunicazioni e dei discorsi imperiali in senato).

I tribuni della plebe, pur conservando, fino a tardi e sempre nel numero di dieci, le antiche potestà (come, ad es., il *ius auxilii*, l'*intercessio*, la *coercitio* e la *multae dictio*) e prerogative (inviolabilità), persero del tutto la loro importanza politica in seguito alla già ricordata attribuzione al *princeps* della *tribunicia potestas* a vita (giustificata formalmente appunto dalla sopravvivenza del tribunato) e, soprattutto, della connessa inattaccabile *intercessio*, finendo così per diventare spesso uno strumento per la realizzazione di quei progetti politici portati avanti dagli imperatori in rappresentanza della *plebs*.

Infine, l'ordine religioso venne formalmente rivitalizzato, ciò che testimonia come lo scopo degli imperatori e, in particolare, di Augusto, nel momento in cui si ridava consistenza alle pratiche religiose tradizionali, fosse quello di evitare l'affievolimento dei tratti identitari della risalente comunità romana ora minacciati dal confluire a Roma di culture e religioni molteplici e disparate. E, tuttavia, dietro tale preoccupazione si celava l'intento di utilizzare alcune cerimonie sacrali arcaiche e repubblicane nell'ottica, appunto anche religiosa, di fare apparire il *novus ordo* come l'inizio di un nuovo tempo, ciò che può evincersi, ad esempio, dall'organizzazione nel 17 a.C. dei *Ludi Saeculares*, cioè di quelle feste, di antica origine, con le quali i Romani celebravano il compimento di un *saeculum*. Il nuovo regime non poteva però limitarsi, dal punto di vista religioso, a conciliare l'attenzione alle esigenze tradizionali del passato religioso romano con il riconoscimento dei nuovi culti provenienti dalle più diverse regioni dell'impero, giacché occorreva che tra le nuove divinità fossero accolte anche, e soprattutto, quelle familiari del *princeps*, il cui culto fu così affidato da Tiberio ad un nuovo collegio sacerdotale, quello degli *Augustales*, deputato a diffonderlo in tempi rapidi in tutto l'impero.

b) Le assemblee popolari, che avevano perduto già nel corso dell'ultimo secolo della Repubblica (più precisamente, in età sillana) la funzione giurisdizionale criminale (in favore delle giurie delle *quaestiones perpetuae*), andarono incontro ad una rapida ed irreparabile decadenza, con la conseguenza che, fatta salva una temporanea ripresa della loro funzione legislativa sotto Augusto (che si fece promotore di numerose leggi concernenti la disciplina del processo civile e criminale e, soprattutto, l'assetto dei rapporti di famiglia, con le quali perseguì i suoi scopi di politica demografica e di risanamento dei costumi), il loro ruolo all'interno del nuovo assetto costituzionale fu, ad eccezione dell'intervento (attestato almeno fino a Vespasiano e, comunque, ridottosi sempre più ad una mera formalità, per scomparire del tutto verosimilmente dopo Adriano) nel conferimento dei poteri al *princeps* mediante una *lex de imperio*, del tutto secondario.

Ciò dipese, in particolare, dal fatto che le assemblee popolari, concepite sin dai loro primordi come organi decisionali di una ristretta comunità cittadina, erano ormai del tutto inidonee a governare uno Stato nel quale le progressive estensioni della cittadinanza romana avevano di fatto reso impossibile una convocazione nell'Urbe in un unico giorno degli aventi diritto al voto (passati dagli oltre novecentomila, secondo il censimento del 70-69 a.C., ad oltre quattro milioni, in seguito al censimento del 28 a.C.), non di rado residenti nelle regioni più remote dell'impero. E, del resto, una radicale riforma del sistema di espressione del voto era sicuramente estranea al progetto politico di Augusto ed alle preoccupazioni dei suoi successori. Ben si comprende allora perché gli organi assembleari popolari o, meglio, dopo la scomparsa già prima dell'avvento del Principato dei *comitia centuriata* (decretata materialmente dalla previsione normativa prevedente la raccolta dei voti espressi con lettera sigillata nei *municipia* e nelle *coloniae* e l'invio a Roma per le operazioni di spoglio, senza richiedere lo spostamento dei *cives* nella capitale), i *comitia tributa* ed i *concilia plebis*, seppure formalmente rinvigoriti da Augusto, già con i suoi immediati successori videro assottigliarsi drasticamente e rapidamente le loro residue attribuzioni legislativa ed elettiva.

In particolare riferimento a quest'ultima, una serie di riforme, prima di Augusto (nel 5 d.C.) e poi di Tiberio (nel 19 e 23 d.C.), finirono per svilire e ridurre il ruolo comiziale ad una mera approvazione (*renuntiatio*) dell'elenco dei magistrati da eleggere compilato da una ristretta assemblea di senatori e cavalieri (*destinatio magistratuum*) e, forse già nell'ultima fase del principato dello stesso Tiberio, il compito di procedere alla nomina dei magistrati passò al senato, con riserva sempre dell'indicazione vincolante (divenuta tale dopo un'iniziale raccomandazione non agli elettori, detta *suffragatio*) di alcuni nomi da parte del *princeps* (*commendatio*):

Tac., *Ann.* 1.15.1: *Tum primum e campo comitia ad patres translata sunt. Nam ad eam diem, etsi potissima arbitrio principis, quaedam tamen studiis tribuum fiebant* [...].

[Allora per la prima volta l'elezione dei magistrati fu trasferita dal campo Marzio al senato. Infatti, fino a quel giorno, anche se le cariche più importanti erano soggette all'arbitrio del principe, alcune tuttavia venivano lasciate alla volontà delle tribù ...].

A partire da Adriano i magistrati furono poi in parte designati direttamente dall'imperatore ai comizi ed in parte nominati dal *princeps* al senato, che provvedeva così alla *destinatio* in ossequio alla volontà imperiale e, subito dopo, alla *renuntiatio* ai *comitia*, il cui intervento si ridusse così ad una mera formalità. Infine, con i Severi, la *creatio magistratuum* spettò esclusivamente all'imperatore, venendo così meno il principale elemento discretivo tra magistrati (eletti dalle assemblee popolari) e funzionari imperiali (nominati dal principe).

c) Tra i vecchi organi della costituzione repubblicana, il senato fu certamente quello che conservò maggiore importanza e dignità e che cercò di contrastare più a lungo il crescente ed inarrestabile affermarsi della nuova carica del *princeps* al vertice dello stato romano, sicché sarebbe errato considerare il consesso senatorio, specie nel I secolo d.C., una figura meramente formale e del tutto sottomessa all'autorità imperiale.

Augusto, ben consapevole che l'assemblea dei *patres* costituiva il baluardo ideologico di una *nobilitas* gelosa delle sue prerogative e dei suoi privilegi economici e sociali, tenne conto di tali esigenze evitando intelligentemente di soverchiare politicamente il senato, che ricondusse così all'interno del *novus ordo* in una posizione di apparente parità, quasi che, nell'assetto costituzionale del Principato, tra *senatus* e *princeps* vi fosse una divisione di poteri.

In realtà, tale 'diarchia', che sembra appalesarsi addirittura squilibrata in favore del senato alla luce della più volte ricordata circostanza che era proprio l'assemblea senatoria (inizialmente con i comizi e, in seguito, da sola) a provvedere formalmente all'investitura del *princeps*, era solo apparente. Infatti, se il *princeps* in linea di principio mostrava rispetto e deferenza nei confronti dell'alto consesso senatorio e questo collaborava con l'imperatore nella gestione ordinaria e nell'amministrazione quotidiana degli affari statali (ad es., approvando le sue *orationes* e continuando a ricevere le ambascerie degli stati stranieri e ad amministrare l'*aerarium populi Romani* e le province senatorie, che, pur non avendo una grande importanza strategica, costituivano pur sempre un'ambita fonte di ricchezza economica), di fatto ciò dipendeva dalla buona volontà del titolare del potere imperiale, che era il solo a determinare il grado di coinvolgimento del senato nella gestione del *novus status rei publicae*, spesso favorendo una partecipazione non tanto dell'organo nel suo complesso, quanto dei suoi singoli componenti e di sue commissioni numericamente ristrette (come avvenne, ad es., con Augusto, Tiberio, Claudio, Nerone, Vespasiano, Nerva e Marco Aurelio).

Da quanto ora detto discende allora che solo una visione 'dinamica' dei rapporti tra senato e principe può consentire all'inteprete moderno di comprendere quale sia stato il ruolo politico-istituzionale dei *patres* in età imperiale. E ciò anche alla luce del fatto che, nell'ottica del *princeps*, il problema non stava tanto nel ridurre le competenze del *senatus*, quanto piuttosto nel controllarlo e, ancor più, nell'attrarlo all'interno della propria orbita, con la conseguenza, solo apparentemente paradossale, che un senato completamente imbelle ed asservito era altrettanto dannoso, dal punto di vista politico, di un senato recalcitrante o manifestamente ostile. E, invero, gli imperatori, a differenza di quanto avevano fatto per le assemblee popolari, avevano l'interesse a mantenere in vita, fin dove fosse possibile, le attribuzioni del senato per non turbare eccessivamente la classe senatoria e tutte le coscienze ancora legate a quei valori tradizionali di cui i *patres* erano considerati portatori. Così, a prescindere da quella tradizione letteraria di ispirazione senatoria che valutava gli imperatori come 'buoni' (come, ad es., Tito, Nerva, Traiano, Antonino Pio e Marco Aurelio) o 'cattivi' (come, ad es., Caligola, Claudio, Nerone, Domiziano, Settimio Severo, Caracalla, Macrino ed Eliogabalo) a seconda del comportamento tenuto da ciascuno di essi nei confronti del senato, si alternarono principati nei quali il senato fu completamente asservito al potere imperiale ad altri in cui l'assemblea dei *patres* ebbe invece un peso politico non indifferente e non abdicò alle proprie funzioni (come, ad es., sotto Tiberio, che non prese mai alcuna alcuna decisione senza prima averne informato il senato, Vespasiano, che partecipò a tutte le sedute senatorie, Adriano, che più volte manifestò la sua riprovazione nei confronti di quegli imperatori che non si erano comportati nei riguardi del senato con la dovuta deferenza, ed Alessandro Severo, che si fece promotore di una spiccata politica filosenatoria che rese effettivamente più ampia la partecipazione dei *patres* al governo dello Stato).

Nel 18 a.C., operando una rigorosa selezione finalizzata a ridare lustro al senato, Augusto operò una *lectio* che riportò a 600 il numero dei senatori (lievitato ad oltre 1000 in seguito alle massicce ed indiscriminate immissioni effettuate nell'ultimo scorcio del I secolo a.C. e, in particolare, dopo la morte di Cesare), da selezionare attraverso un complesso meccanismo di operazioni miste di cooptazione e sorteggio (per cui ognuno dei 30 senatori da lui chiamati a far parte di una commissione avrebbe dovuto scegliere a sua volta 5 nominativi e dai 150 nominativi così raccolti ne sarebbero stati sorteggiati, a far parte del senato, solamente 30, in maniera tale da raggiungere, attraverso analoghe operazioni che iniziavano dalla scelta di 5 nominativi da parte di ciascuno dei nuovi eletti, il numero complessivo di 600 senatori), e che rinnovò profondamente la composizione dell'assemblea, dalla quale furono esclusi i libertini, le persone di condizione sociale non elevata, coloro che fossero divenuti *cives* da troppo poco tempo e, più in generale, chi non fosse ritenuto sufficientemente degno di entrare a far parte del consesso, stabilendosi inoltre che requisito necessario per accedervi fosse un censo pari ad un milione di sesterzi (di cui un terzo, con Traiano, e poi di un quarto, con Marco

Aurelio, costituito da fondi posti in suolo italico), con la conseguenza che il suo venir meno avrebbe comportato l'esclusione dall'assemblea, alla quale si poteva essere ammessi anche per volontà del principe indipendemente dal fatto che si fosse rivestita una magistratura. Anche se, in realtà, come è facile intuire, Augusto, per mezzo di tale *lectio*, che fece seguito ad una prima (del 29 a.C.) con la quale aveva provveduto a rimuovere il non trascurabile numero di 200 senatori (50 dei quali ritiratisi volontariamente) e che precedette altre due *lectiones* dell'11 a.C. e del 4 d.C. (quest'ultima operata però con la mediazione di un collegio di tre senatori), effettuò delle epurazioni compensate da scelte e cooptazioni politicamente mirate a tacitare le poche voci discordi che ancora rimanevano e, soprattutto, a far entrare nel consesso senatorio persone fedeli e ligie al nuovo regime (che, preoccupate più di perpetuare gli antichi privilegi propri della *nobilitas* repubblicana che non di perseguire il superiore interesse dello Stato, si accontentarono di percorrere una carriera all'ombra del principe), assicurando in tal modo una solida base di consenso alla volontà imperiale.

Probabilmente nel 9 a.C., venne poi emanata la *lex Iulia de senatu habendo*, che disciplinò il procedimento di formazione delle deliberazioni senatorie mediante l'introduzione di norme che innovarono profondamente il funzionamento dell'assemblea: le sedute del senato dovevano avere luogo di regola a data fissa (calende ed idi di ciascun mese, esclusi settembre ed ottobre: *senatus legitimus*), consentendosi in via eccezionale la convocazione in giorni e mesi diversi (*senatus indictus*) e stabilendosi il numero legale per la validità dei diversi tipi di pronunce senatorie; la presenza dei senatori alle adunanze divenne obbligatoria e contro gli assenti ingiustificati si procedeva alla comminazione di una multa, da pagarsi da parte di ciascun senatore estratto a sorte ogni cinque assenti; il *ius agendi cum patribus*, spettante anche al *princeps*, gli consentiva di *referre* personalmente all'assemblea oppure di affidare a magistrati da lui delegati la lettura di una sua *oratio*, con l'ulteriore e importante conseguenza che il *senatusconsultum* approvato in base a *relatio* od *oratio principis* era sottratto ad ogni *intercessio*. Peraltro, Augusto, apparentemente per semplificare la discussione in senato, ma di fatto per pilotarne la decisione, usò sorteggiare ogni sei mesi un limitato numero di *patres* con i quali trattava in precedenza gli affari che venivano poi discussi dall'assemblea in seduta plenaria.

Anche per ciò che riguarda le funzioni può dirsi che, dei tre pilastri della costituzione repubblicana, il senato fu sicuramente quello che resistette più a lungo al crescente strapotere del *princeps*, partecipando, sia pure in via prevalentemente formale, alla sua investitura e decretandone, dopo la morte, la divinizzazione o, al contrario, la *damnatio memoriae* e la *rescissio actorum*, e continuando ad esercitarne qualcuna delle vecchie (quali, ad es., quelle, più sopra già ricordate, inerenti inerenti al governo delle province senatorie ed all'amministrazione dell'*aerarium populi Romani*). I *patres*, però, dovettero ben presto rassegnarsi a perdere, in favore della *nova auctoritas*, le precedenti attribuzioni in materia di politica interna ed estera e, in stretta correlazione a ciò, il potere di sorreggere, indirizzare e dirigere l'attività dei magistrati mediante i *senatusconsulta*, che si trasformarono progressivamente in deliberazioni contenenti principii giuridici e, quindi, dal valore non più consultivo, bensì normativo.

A fronte di ciò, il senato assunse tuttavia nuove funzioni, tra le quali quella più sopra ricordata di eleggere i magistrati, il compito di amministrare (per mezzo di un collegio di tre senatori, i *praefecti aerarii militaris*) la cassa speciale istituita da Augusto nel 6 a.C. per distribuire i premi ai veterani congedati (*aerarium militare*) e, soprattutto, una competenza giudiziaria criminale di primo grado (esercitata fino agli ultimi decenni del II secolo d.C.) e civile d'appello (esercitata per tutto il Principato e fino agli inizi del VI secolo d.C.) avente ad oggetto le sentenze di primo grado pronunciate dai *iudices privati* formulari (verosimilmente già dall'8 d.C.), dai giudici erariali (a partire da Nerone) e dai *consules* (a partire da Marco Aurelio), operando in entrambi i casi su delega del *princeps* e, quindi, con un'autonomia procedurale e decisionale da questi condizionata e limitata in vario modo, ma non fino al punto da rendere le sentenze senatorie (probabilmente solo quelle civili di secondo grado) ulteriormente ricorribili all'imperatore, ciò che fu espressamente vietato da Adriano:

Tac., *Ann.* 14.28.1: [...] *Auxitque patrum honorem statuendo ut, qui a privatis iudicibus ad senatum provocavissent, eiusdem pecuniae periculum facerent, cuius si qui imperatorem appellarent* [...].

[... (Nerone) diede maggiore lustro alla dignità dei senatori stabilendo che coloro i quali appellassero al senato le sentenze dei giudici privati fossero soggetti al rischio del pagamento della stessa multa stabilita per gli appelli all'imperatore ...].

Svet., *Nero* 17: [...] *cautum ut* [...] *ab aerario causae ad Forum ac reciperatores transferrentur et ut omnes appellationes a iudicibus ad senatum fierent.*

[(sotto Nerone) ... si stabilì che ... i processi si svolgessero non più nell'erario, ma nel Foro, davanti ai recuperatori, e che tutti gli appelli avverso le sentenze emesse dai giudici fossero proposti al senato].

SHA., *Vita Marci* 10.9: *Senatum appellationibus a consule factis iudicem dedit.*

[(Marco Aurelio) stabilì che il senato fosse giudice d'appello avverso i provvedimenti del console].

D. 49.2.1.2 (Ulp. 1 *de app.*): *Sciendum est appellari a senatu non posse principem, idque oratione divi Hadriani effectum.*

[Dovrebbe essere noto che, secondo un'*oratio* del divo Adriano, non era possibile appellare dal senato all'imperatore].

Tale giurisdizione, pur configurandosi indubbiamente come una concessione imperiale volta in qualche modo a compensare la notevole riduzione dell'attività di governo del senato in età imperiale, fornisce allora importanti elementi di valutazione in ordine al rilievo politico-istituzionale avuto dai *patres* in tale epoca, inducendo così a rivedere l'immeritato ed ancor oggi prevalente giudizio di svalutazione pressoché totale del ruolo svolto dal consesso senatorio durante il Principato, lungo il cui storico dispiegarsi l'assemblea senatoria mantenne, pur se tra alterne vicende, la sua vitalità ed influenza, anche se ciò non giova certo a configurare il senato come un organo in grado di costituire una valida alternativa allo strapotere imperiale.

8. *I funzionari imperiali*

L'assetto costituzionale augusteo, che si connotava peculiarmente per la sovrapposizione dei poteri imperiali a quelli dei vecchi organi repubblicani e per il progressivo ed inarrestabile accentramento nella persona del *princeps* di sempre nuove funzioni, rese inevitabile la creazione di un'organizzazione, a lui facente capo, che lo affiancasse o lo sostituisse nell'esercizio di tali crescenti e complesse funzioni, sicché già con Augusto sorsero nuovi organi, tradizionalmente indicati con il nome di 'funzionari imperiali', che in parte svolsero compiti sottratti alle magistrature repubblicane ed in parte ebbero attribuzioni del tutto nuove.

Tuttavia, bisogna sottolineare che all'inizio del Principato e per quasi tutto il I secolo d.C. non vi fu piena contezza dell'ampiezza dell'organizzazione burocratica che stava sorgendo parallelamente a quella repubblicana e che era destinata ad espandersi fino a coprire tutti i rami dell'amministrazione statale, ciò che determinò il nascere dell'apparato burocratico imperiale in maniera spontanea e spesso legata alla necessità del disbrigo di funzioni mai prima previste od alle quali il *princeps* preponeva persone poste alle sue dirette dipendenze, quindi senza che i nuovi uffici e le nuove cariche, che ebbero perciò origine e natura non di rado completamente diverse, rientrassero in un generale disegno di riordinamento amministrativo statale. Alcuni dei nuovi funzionari non furono allora concepiti inizialmente come dipendenti pubblici, bensì come dipendenti privati del *princeps*, che se ne serviva per lo svolgimento dei propri compiti in virtù di un rapporto configurato giuridicamente in termini privatistici, ciò che avvenne, ad es., per i *procuratores*, la cui figura era chiaramente mutuata da quella del *procurator* del diritto privato e che tali rimasero sicuramente con Augusto e Tiberio, mentre già a partire da Claudio e poi specialmente con gli Antonini e, soprattutto, i Severi il loro rapporto non fu più con il singolo imperatore, bensì con la carica imperiale. Gli uffici imperiali, affidati a personale specializzato (non più reclutato tra i liberti, come ai tempi di Claudio, che sul punto aveva abbandonato la rotta politica di Tiberio, sotto il cui principato una *lex Visellia*, del 24 d.C., ne aveva vietato l'accesso alle magistrature ed ai senati locali) da Vespasiano e Domiziano ed organizzati in maniera sempre più razionale ed efficiente da Adriano (che li inquadrò stabilmente in un ordine burocratico al cui interno ciascuna carica aveva un preciso rango ed una determinata retribuzione) e poi dai Severi (che completarono e stabilizzarono la riforma adrianea), formarono dunque l'apparato amministrativo del nuovo regime, finendo per costituire una carriera, anche se non organizzata rigidamente come il *cursus honorum* magistratuale repubblicano, che venne chiamata 'equestre', dal momento che la maggior parte dei funzionari imperiali proveniva dall'*ordo equester*, in contrapposizione a quella magistratuale, che venne detta 'senatoria' in quanto riservata ai soli membri dell'*ordo senatorius*. E, in questo senso, può dirsi che l'*ordo equester*, costituente il bacino dal quale gli imperatori attinsero in maniera sempre più massiccia per dare corpo alle nuove strutture imperiali affiancandolo progressivamente e poi sostituendolo definitivamente all'*ordo senatorius*, finì per diventare la spina dorsale dell'impalcatura burocratico-amministrativa dello stato romano.

I funzionari imperiali nacquero «*extra ordinem*», cioè con caratteri competamente differenti e, addirittura, antitetici rispetto a quelli delle magistrature repubblicane:

D. 1.2.2.33 (Pomp. *lib. sing. Ench.*): [...] *nam praefectus annonae et vigilum non sunt magistratus, sed extra ordinem utilitatis causa constituti sunt* [...].

[... infatti i *praefecti annonae* e *vigilum* non sono magistrati, ma sono istituiti *extra ordinem* per motivi di utilità ...].

In primo luogo, i funzionari del *princeps* erano suoi rappresentanti e, quindi, nominati direttamente da lui, mentre i magistrati erano eletti dal popolo, assumendo perciò la qualifica di *magistratus populi Romani*. Pertanto, i funzionari esercitavano i loro poteri unicamente su delega del *princeps*, che ne restava titolare esclusivo, mentre i magistrati venivano investiti di un potere proprio, *imperium* o *potestas*, del quale assumevano l'autonoma titolarità, con la conseguenza che, in caso di impedimento, essi potevano delegarne l'esercizio ad altri, ciò che era invece vietato ai funzionari, i quali, in virtù del principio *delegatus delegare non potest*, non avevano la possibilità di delegare un potere di spettanza imperiale. Inoltre, in stretta correlazione a ciò, i funzionari rimanevano in carica se e fino a quando avesse voluto il *princeps*, che, come li aveva nominati, così poteva revocarli dall'ufficio riassumendo il potere loro delegatogli, a differenza dei magistrati, la durata della cui carica era limitata nel tempo (normalmente ad un anno) e per di più prefissata, con l'importante conseguenza che prima della scadenza nessuno poteva rimuovere il titolare.

In secondo luogo, per i funzionari imperiali valeva il principio della subordinazione gerarchica dell'inferiore al superiore (*in primis*, ovviamente, al *princeps*), con l'obbligo, per il primo, di ottemperare ed uniformarsi agli ordini ed alle direttive del secondo, che aveva inoltre il potere di sostituirsi al sottoposto nell'esercizio diretto delle sue funzioni, mentre i magistrati erano tra di loro indipendenti ed i loro rapporti erano regolati in base al potere negativo di *intercessio* da parte del collega (titolare di *par potestas*) o del magistrato avente *maior potestas*.

Infine, i funzionari imperiali erano regolarmente stipendiati, a differenza dei magistrati, la cui carica era completamente gratuita.

Deve tuttavia rimarcarsi che la netta contrapposizione tra funzionari imperiali e magistrati repubblicani di cui ora si è detto non fu, in realtà, così netta, dal momento che alcuni caratteri fondamentali delle cariche magistratuali vennero via via attenuandosi in seguito all'influenza esercitata dai principii regolanti i *nova officia* imperiali. Così, ad es., i magistrati eletti su *commendatio* vincolante del *princeps* di fatto potevano considerarsi nominati dall'autorità imperiale (senza contare che, come più sopra si è già ricordato, l'elezione dei magistrati non dipese più dal popolo, ma dal senato) e, ancora, alcuni magistrati, come i *quaestores Augusti* ed i proconsoli preposti al governo delle province senatorie, ricevettero un regolare stipendio al pari dei funzionari imperiali.

Analogamente, in alcune cariche imperiali è dato riscontrare una certa commistione con aspetti propri delle magistrature. Ciò deve dirsi, ad es., per i *curatores*, che, oltre ad essere scelti tra gli appartenenti all'*ordo senatorius*, erano nominati dal *princeps* con il consenso del senato, ed ancora per i *legati Augusti pro praetore*, che, ugualmente scelti all'interno dell'*ordo senatorius*, si riallacciavano all'analoga carica promagistratuale repubblicana.

Al vertice dell'apparato burocratico imperiale, nel quale, a partire da Adriano, i funzionari vennero divisi in quattro classi gerarchiche alle quali corrispondevano stipendi di diverso ammontare, furono posti i *praefecti*.

I *praefecti praetorio*, istituiti da Augusto nel numero di due (che in seguito variò, talora aumentando fino a tre e talaltra scendendo ad uno), diventarono ben presto la più alta carica imperiale, configurandosi come una specie di capi di stato maggiore (che, a partire da Nerone, provvedevano all'approvvigionamento dell'esercito mediante l'esazione dell'*annona militaris*) ed una sorta di vice-imperatori (come, del resto, è testimoniato dal fatto che il prefetto del pretorio presiedeva il *consilium principis* in sostituzione del *princeps*) ed assurgendo così, non di rado, a posizioni di formidabile, straordinaria e reale potenza politica (come, ad es., nel caso di Seiano), in virtù della quale ebbero spesso un ruolo decisivo nelle vicende della successione imperiale. Estratti dall'*ordo equester* e preposti dall'imperatore al comando delle *cohortes praetoriae* (inizialmente nove e poi dieci, ciascuna delle quali composta da mille uomini), costituenti più che una guardia del corpo del *princeps* una sorta di corpo speciale formato dal fior fiore della gioventù italiana votata alla carriera militare, sotto i Severi videro estendere il loro comando a tutte le truppe che si trovavano in Italia (ad eccezione delle coorti urbane e della seconda legione Partica, permanentemente stanziata da Settimio Severo ad Albano), iniziando altresì ad esercitare, sulla scorta dei loro originari compiti di polizia e di disciplina sui militari basati sulla titolarità del *ius gladii*, una giurisdizione criminale di primo grado su tutta l'Italia, a partire dal centesimo miglio (cioè, circa 160 km.) da Roma, e d'appello, in luogo dell'imperatore (*vice sacra*), sulle sentenze civili e penali dei *praesides provinciarum*, ciò che spiega l'affidamento di tale importante carica a fior di giuristi, come Papiniano, Paolo ed Ulpiano. Nonostante comunemente si ritenga il contrario, non pochi dubbi sussistono in ordine alla facoltà di emanare norme generali purché non in contrasto con leggi o costituzioni imperiali:

> C. 1.26.2 (Imp. Alex. A. *Restituto*): *Formam a praefecto praetorio datam, et si generalis sit, minime legibus vel constitutionibus contrariam, si nihil postea ex auctoritate mea innovatum est, servari aequum est.* (a. 235 d.C.)
>
> [È giusto che rimanga in vigore una norma, anche di portata generale, posta dal prefetto del pretorio e non contraria a leggi od a costituzioni imperiali, qualora successivamente non venga innovato qualcosa in forza della mia autorità].

Benché sembrerebbe doversi concludere che il *praefectus praetorio* avesse avuto lo stesso potere normativo generale del *princeps*, con l'unica limitazione della non contrarietà a quest'ultimo ed alle *leges*, si deve tuttavia ritenere che tale potere prefettizio non sia mai esistito e che la portata del provvedimento dell'imperatore Alessandro Severo sia stata molto più limitata di quanto possa apparire *prima facie*. E ciò perché non si è tenuto in debito conto il significato del termine «*forma*» presente nella costituzione, che, a causa della sua estrema indeterminatezza, non può in alcun modo far concludere nel senso del suo sicuro riferirsi ad un atto normativo prefettizio, dovendosi piuttosto ritenere che nella costituzione si alludesse ad un più limitato potere di dare ordini, istruzioni e direttive, in primo luogo ai componenti del proprio *officium*, appunto mediante una *forma* che poteva anche essere «*generalis*» in quanto inviata, alla maniera delle odierne 'circolari' amministrative, a tutti i funzionari dipendenti dal prefetto del pretorio tenuti ad osservarla. In definitiva, si può allora ritenere che il prefetto del pretorio fosse titolare tutt'al più di un potere regolamentare e di ordinanza, anche di carattere generale, ciò che sembra essere confermato anche dalla considerazione che l'attenzione degli imperatori non fu mai dedicata ad accrescere la già minacciosa potenza dei prefetti del pretorio, ma, al contrario, a limitarla. E, invero, a differenza di tutte le altre funzioni imperiali ad essi delegate, quella normativa era troppo importante perché il *princeps* vi rinunciasse, accrescendo smisuratamente la posizione istituzionale del *praefectus praetorio* a scapito di una delle più gelose prerogative imperiali sulle quali si fondava l'autorità medesima dell'imperatore, che solo assai più tardi, e precisamente nei primi decenni del VI secolo d.C., avrebbe riconosciuto efficacia normativa, se non addirittura legislativa, agli *edicta* dei prefetti del pretorio.

Istituito da Augusto nel 26 a.C. come una carica probabilmente non stabile, il *praefectus urbi* lo divenne sicuramente già con Tiberio. Unico tra i *praefecti* ad essere tratto dall'*ordo senatorius* (più precisamente, tra i *consulares*) e ricollegantesi nel nome ad una carica che risaliva addirittura all'epoca arcaica (circostanze, queste, che la dicono lunga in ordine alla prudenza politica di Augusto volta a rendere ben accetto il *novum officium* all'aristocrazia senatoria ed al suo calcolato intento di legarlo in qualche maniera alle istituzioni tradizionali romane), il *praefectus urbi*, che risiedeva a Roma, aveva il comando delle *cohortes urbanae* (inizialmente tre e poi quattro) ed esercitava importantissime funzioni civili. Egli, infatti, aveva poteri di polizia finalizzati, in generale, al mantenimento dell'ordine pubblico e, in particolare, alla sorveglianza dei luoghi pubblici più affollati (come i circhi, i teatri ed i mercati, sovrapponendosi così, fino a soppiantarla in breve tempo, alla *cura urbis* degli *aediles*) e, quindi, degli spettacoli, al controllo dei cambiavalute (*nummularii*) ed alla vigilanza sui prezzi di alcuni generi alimentari (come, ad es., la carne) e sulle associazioni. Inoltre, esercitava una giurisdizione criminale inizialmente estesa a tutta l'Italia e, a partire da Settimio Severo, limitata dalla concorrente competenza del prefetto del pretorio al territorio di Roma ed al centesimo miglio circostante:

> Coll. 14.3.1-2: *Frequens est etiam legis Fabiae cognitio in tribunalibus praesidum, quamquam quidam procuratores Caesaris usurpaverint tam in provinciis quam Romae. Sed enim iam eo perventum est constitutionibus, ut Romae quidem praefectus urbis solus super ea re cognoscat, si intra miliarum centesimum sit iniuria commissa: enimvero si ultra centesimum, praefectorum praetorio erit cognitio. In provincia est praesidum provinciarum* [...].
>
> [Processi ai sensi della legge Fabia (in materia di plagio) sono frequenti anche nei tribunali dei governatori provinciali, e tale competenza è stata talvolta usurpata anche dai procuratori imperiali, tanto nelle province quanto in Roma. Ma adesso, attraverso le costituzioni imperiali si è stabilito che a Roma la competenza su tale materia spetti al solo *praefectus urbi*, se il reato è commesso entro il centesimo miglio da Roma; al contrario, se il reato è commesso oltre il centesimo miglio da Roma, la competenza spetterà al *praefectus praetorio*. In provincia la competenza spetta al governatore provinciale ...].

Tale competenza penale si estese tuttavia a tal punto da ricomprendere, alla fine del II secolo d.C., qualsiasi *crimen*, determinando così la fine delle *quaestiones perpetuae*, ed ad essa si aggiunse anche una competenza civile (concernente determinati tipi di interdetti, le controversie nelle quali erano parti gli *argentarii*, le cause attinenti ai rapporti tra padroni e schiavi e tra patroni e liberti e le azioni in materia di tutela e curatela), in entrambi i casi essendo sempre possibile ricorrere in appello al *princeps*.

Ugualmente istituito da Augusto allo scopo di risolvere i sempre più gravi e delicati problemi della *cura annonae*, affidata in età repubblicana agli edili e dallo stesso fondatore del Principato inizialmente a dei quasi magistrati come i *curatores* ed i *praefecti frumenti dandi*, il *praefectus annonae*, avvalendosi di una complessa organizzazione burocratica (che Traiano connotò peculiarmente affiancando al prefetto dell'annona due *subpraefecti*, estratti anch'essi dall'*ordo equester*, con funzioni di aggiunti), ebbe compiti inerenti all'approvvigionamento ed alla distribuzione dei generi di prima necessità (in particolare, il grano), procedendo alla requisizione nelle province, al trasporto a Roma (servendosi anche dell'opera di associazioni private di lavoratori, quali i *mensores frumentarii*, i *saccarii*, i *navicularii* ed i *pistores*) ed alla conservazione nei magazzini pubblici (*horrea publica*) presso l'Aventino. E, in stretta correlazione a tale competenza, svolse un'intensa attività di prevenzione e di repressione delle incette, delle speculazioni e delle frodi alimentari, esercitando altresì una funzione giurisdizionale limitata ai reati annonari.

E sempre Augusto, anche in questo caso dopo alcuni vani tentativi di ridare efficienza alla magistratura degli edili (ponendo alle loro dipendenze un corpo di vigili nel 23 a.C.) ed in seguito alla divisione territoriale di Roma in 14 *regiones* (affidate a magistrati, quali gli edili, i tribuni ed i pretori, estratti a sorte) e 265 *vici* (retti da *magistri* elettivi), creò nel 6 d.C. il *praefectus vigilum*, che, posto a capo di 7 coorti di *vigiles* (ognuna per due *regiones* e formata da mille uomini al comando di un *tribunus*) ed esautorata di fatto la competenza della vecchia magistratura repubblicana, ebbe il compito di vigilare sugli incendi (provvedendone tanto allo spegnimento quanto alla prevenzione, attività entrambe particolarmente frequenti ed onerose viste le condizioni dell'edilizia a Roma, connotata peculiarmente da costruzioni a più piani, dette *insulae*, di scarsa solidità e separate da strade non di rado anguste, che, insieme alla mancanza di illuminazione notturna, facilitavano tanto il sorgere ed il rapido propagarsi di incendi quanto il concreto pericolo di crolli), sulle inondazioni del Tevere e, in generale, sulla pubblica sicurezza notturna, esercitando in connessione ad esso anche un'importante funzione giurisdizionale criminale (ciò che è testimoniato dall'attribuzione di tale carica ad insigni giuristi come Scevola e Modestino), seppure limitata ai reati meno gravi, in sé stessi considerati od in riguardo alla persona del reo, dalla concorrente competenza territoriale del *praefectus urbi*:

> D. 1.15.3.1 (Paul. *lib. sing. de off. praefecti vigilum*): *Cognoscit praefectus vigilum de incendiariis effractoribus furibus raptoribus receptatoribus, nisi si qua tam atrox tamque famosa persona sit, ut praefecto urbi remittatur* [...].
>
> [Il *praefectus vigilum* ha giurisdizione sugli incendiarii, gli scassinatori, i ladri, i rapinatori, i ricettatori, a meno che il reo sia così turpe ovvero così famigerato da dovere essere rinviato al *praefectus urbi* ...].

Assai dubbio è invece l'esercizio di funzioni giurisdizionali civili, giacché la sicura competenza del *praefectus vigilum* in materia di locazione appare riconducibile ad un'attività amministrativa e di polizia (autorizzazione all'apertura di abitazioni o depositi al fine di effettuare l'inventario delle cose che vi si trovavano od alla chiusura dell'edificio locato nel caso di inadempimento dell'obbligo di corrispondere la pigione), che solo alla fine del Principato, più precisamente sotto Alessandro Severo (come attestato da una controversia, relativa all'obbligo di un collegio di *fullones* di pagare il corrispettivo per il godimento del suolo pubblico, che diede luogo, tra il 226 ed il 244 d.C., a tre giudicati, uno dei quali imputato a Modestino nella sua qualità di *praefectus vigilum*), potrebbe essere stata affiancata dall'espletamento, probabilmente occasionale, di compiti giudiziari.

Nella gerarchia della burocrazia imperiale, subito dopo i *praefecti* erano collocati i *procuratores*, che costituirono certamente la categoria più numerosa di funzionari imperiali. Considerati inizialmente come semplici mandatari del *princeps*, si stabilizzarono ben presto come funzionari pubblici che si differenziavano, per rango e grado di carriera, in virtù dell'ammontare dello stipendio percepito. Le loro funzioni, principalmente amministrative, furono le più varie, sicché, a seconda dei servizi prestati, si ebbero *procuratores bibliothecarum, ludorum, viarum, aquarum, metallorum, a voluptatibus Augusti*. Alcuni di essi esercitarono poi importanti funzioni finanziarie e fiscali (quali i *procuratores a rationibus, a censibus* e *fisci* e quelli preposti alla *vicesima hereditatum* ed al *patrimonium*), tanto nelle province imperiali quanto in quelle senatorie, altri vennero impiegati come sostituti dei governatori provinciali (*procuratores vice praesidum*) e ad altri ancora fu affidato addirittura il governo di alcune province imperiali (*provinciae procuratoriae*).

Il terzo gradino dell'assetto burocratico imperiale era rappresentato dai *curatores*, la cui posizione istituzionale era resa ibrida dal fatto che la loro nomina era concertata tra il *princeps* ed il *senatus* e si innestava sulla carriera senatoria. Molti di tali *curatores*, aventi compiti amministrativi, furono istituiti da Augusto, che, in maniera populistica, spacciò la loro creazione (e quella di altre cariche, tra le quali il *praefectus urbi*) come un atto, se non proprio necessario, certamente opportuno al fine di coinvolgere nell'amministrazione del *novus status rei publicae* un maggior numero di cittadini e, tra questi, principalmente i senatori:

> Svet., *Aug.* 37: *Quoque plures partem administrandae rei p. caperent, nova officia excogitavit: curam operum publicorum, viarum, aquarum, alvei Tiberis, frumenti populo dividundi, praefectura urbis, triumviratum legendi senatus et alterum recognoscendi turmas equitum, quotiensque opus esset* [...].
>
> [Affinché all'amministrazione della *res publica* partecipasse un maggior numero di cittadini, (Augusto) istituì nuovi uffici: la cura delle opere pubbliche, delle strade, degli acquedotti, dell'alveo del Tevere, della distribuzione del grano al popolo, la prefettura della città, un triumvirato per la scelta dei senatori ed un altro per l'ispezione degli squadroni di cavalleria, tutte le volte che fosse necessario ...].

Oltre ai *curatores operum publicorum* (*et aedium sacrarum*), *viarum, aquarum, alvei Tiberis* (*et cloacarum* a partire da Traiano) e *frumenti populo dividundi* menzionati da Svetonio, vanno ricordati i *curatores regionum urbis*, creati da

Adriano per l'amministrazione delle *regiones* augustee e, soprattutto, i *curatores rei publicae*, creati probabilmente agli inizi del II secolo d.C. e nominati direttamente dal *princeps* tra gli appartenenti all'*ordo senatorius* ed *equester*, che furono preposti all'amministrazione dei *municipia*, delle *coloniae* e delle *civitates* delle province.

Alla base della burocrazia imperiale erano collocati i *legati Augusti pro praetore*, che, pur essendo reclutati tra i *consulares* ed i *praetorii* dell'*ordo senatorius*, erano, in realtà, dei luogotenenti militari preposti dal *princeps* (che delegava loro il proprio *imperium*) al governo di alcune province imperiali ed al comando delle legioni ivi stanziate, in linea di principio senza fissazione di alcun termine per la durata della loro carica (dalla quale cessavano quindi solamente alla morte dell'imperatore che li aveva nominati, anche se ciò nella pratica avveniva normalmente dopo tre o cinque anni di permanenza nell'ufficio).

Infine, bisogna ricordare che fin dall'inizio del Principato i *principes* si circondarono di un vasto stuolo di collaboratori, impiegati, segretari ed ausiliari con il compito di esecutori materiali delle funzioni che man mano si andavano assommando nella persona dell'imperatore e che da questi non potevano certo essere esplicate senza il loro aiuto. Tuttavia, sino agli inizi del II secolo d.C. questi uffici non furono organizzati in maniera stabile e definitiva e, soprattutto, con carattere pubblico, continuando ad essere concepiti come uffici aventi una connotazione privata, se non addirittura domestica (come è testimoniato dal fatto che ad essi erano spesso adibiti gli schiavi ed i liberti della *domus* imperiale). Solo con Adriano si ebbe la più importante riforma di tale burocrazia centrale, il complesso dei cui uffici suole denominarsi 'cancelleria imperiale' (locuzione che deriva dal termine *cancellarius*, con il quale veniva designato l'addetto ai cancelli della corte imperiale o del tribunale), della quale vennero fissati con precisione l'accesso (riservato a funzionari scelti dall'ordine equestre, dei quali si determinarono la carriera e la remunerazione), l'ordinamento e le competenze. La cancelleria imperiale finì così per rivestire un ruolo di primaria importanza nella politica legislativa e giudiziaria degli imperatori e fu appunto in seguito alla riforma adrianea che ad alcuni di questi uffici, prima di secondaria importanza, vennero attribuiti compiti di primo piano nell'attività di produzione e di interpretazione del diritto, tanto che a capo di essi vennero spesso preposti illustri giuristi.

Gli *scrinia* nei quali si articolava la cancelleria imperiale erano cinque, ciascuno dei quali denominato con la preposizione *a* od *ab* seguita dall'indicazione dell'oggetto dell'attività svolta.

L'*ab epistulis*, risalente quasi sicuramente ad Augusto e diviso da Adriano in due sezioni (*ab epistulis latinis* ed *ab epistulis graecis*, entrambe dirette da *magistri*), aveva il compito di redigere le costituzioni imperiali in forma di *epistulae* e di diffondere tutta la corrispondenza ufficiale imperiale. Erano perciò di sua competenza la nomina di funzionari ed impiegati subalterni, la concessione di privilegi e, soprattutto, le istruzioni che il *princeps* dava a funzionari e magistrati in risposta ai loro quesiti, spesso sollevati in relazione all'esercizio delle loro funzioni giurisdizionali.

L'*a libellis*, istituito probabilmente da Claudio, si occupava della redazione delle risposte date dall'imperatore alle richieste rivolte dai privati nella forma di *preces*, *libelli* e *supplicationes* ed aventi i contenuti più disparati (concessioni, benefici, privilegi, dispense), anche se, a partire da Adriano, tale competenza si restrinse ai soli *rescripta* o *subscriptiones* (così denominati in quanto annotati in calce allo stesso libello), cioè a quelle *constitutiones*, preparate dai giuristi della cancelleria e munite del sigillo imperiale, con le quali i *principes* rispondevano ai quesiti di diritto posti dai cittadini, contribuendo in maniera determinante, grazie anche all'affidamento della direzione di tale *scrinium* a grandi giuristi come Papiniano ed Ulpiano, allo sviluppo ed all'affermazione della politica imperiale nel campo del diritto privato.

L'*a cognitionibus*, istituito da Claudio e sviluppatosi maggiormente sotto i Severi, ebbe il compito di coadiuvare l'imperatore (ed il suo *consilium*) nell'esercizio dell'attività giudiziaria, in particolare istruendo i singoli processi, civili e penali, sottoposti alla sua *cognitio*, in primo grado ed in appello, e provvedendo alla redazione dei *decreta*, cioè le sentenze conclusive di tali giudizi, spesso innovatrici del diritto vigente.

L'*a rationibus*, già esistente con Tiberio, sicuramente organizzato da Claudio ed affidato alla direzione di un *procurator a rationibus* da Adriano, ebbe importanti competenze di coordinamento e di amministrazione delle diverse entrate che affluivano al *fiscus Caesaris* dai vari *fisci* provinciali, acquistando così grande rilievo in quanto centro di gestione delle finanze imperiali.

L'*a memoria*, istituito da Adriano (che duplicò così lo *scrinium a studiis*, probabilmente creato da Claudio), ordinato stabilmente dai Severi e divenuto alla fine del Principato lo *scrinium* più elevato della cancelleria imperiale, ebbe originariamente il compito di preparare, stendere e conservare in un apposito archivio le dichiarazioni pubbliche, i discorsi e le *relationes* dell'imperatore e, in seguito, quello di redigere i *codicilli* (contenenti la nomina dei funzionari), i *diplomata* (permessi vari) e le *adnotationes* (una specie di *rescripta*), interferendo così con le competenze degli *scrinia ab epistulis* ed *a libellis*.

9. *Il* consilium principis

Nonostante l'organizzazione burocratica imperiale ora descritta, l'amministrazione centrale non era tuttavia in grado di soddisfare tutte le necessità di governo, giacché il progressivo ed inarrestabile estendersi dei poteri del *princeps* finì per concentrare nella sua persona ogni tipo di funzione, da quella amministrativa, normativa e giurisdizionale a quella di supremo interprete del diritto. Pertanto, l'enorme mole di lavoro che doveva essere svolta quotidianamente dall'imperatore e la quantità delle decisioni, anche politiche, che da questi dovevano essere adottate resero ben presto ineludibile il ricorso ad una collaborazione da parte di persone esperte nei diversi settori oggetto dell'attività di governo dei *principes*.

In questo senso, bisogna ricordare che già in età repubblicana esisteva un precedente al quale rifarsi, e cioè il *consilium* del quale si servivano i pretori nello svolgimento delle loro funzioni giurisdizionali. Si trattava di un ristretto collegio di consiglieri (*adsessores*) e, tra questi, non di rado giuristi, ai quali tali magistrati, senza alcuna formalità e senza alcun vincolo per la loro autonomia decisionale, richiedevano frequentemente dei pareri che suffragassero l'adozione dei provvedimenti ritenuti più significativi, o dei quali si giovavano sedendo in giudizio. Gli imperatori non dovevano allora fare altro che ripristinare questa vecchia consuetudine, che a sua volta si riallacciava all'arcaico consiglio parentale dei *patres familiarum* e che trovava precisi addentellati nei gerarchizzati *consilia amicorum* dei re ellenistici ed in quelli repubblicani che assistevano i comandanti militari nelle operazioni belliche, circondandosi stabilmente di persone di loro fiducia, che li coadiuvassero nello svolgimento delle loro funzioni in relazione alle specifiche competenze possedute da ciascuna di esse, quindi giuristi e magistrati per l'attività giudiziaria, normativa, consultiva e di interpretazione del *ius*, funzionari imperiali di più alto rango per quella amministrativa e finanziaria, senatori di maggior prestigio ed influenza per quella politica e comandanti supremi per quella militare.

Dalla prassi dell'imperatore di consultare i collaboratori più intimi nacque così il *consilium principis*, che, sorto con Augusto come riunione informale dei familiari e degli *amici principis*, cioè delle persone più vicine all'imperatore, si consolidò progressivamente lungo tutto l'arco del Principato fino a divenire un permanente organo di governo a tutti gli effetti:

> Cass. Dio 53.21.4-5: Cosa più importante di tutte, (Augusto) scelse quali consiglieri per periodi di sei mesi i consoli (o l'altro console, quando egli stesso rivestiva la carica), un rappresentante per ciascuna delle altre magistrature, e quindici persone scelte a sorte fra il corpo senatoriale, con il risultato che tutta la legislazione proposta dagli imperatori è di solito comunicata, dopo una discussione da parte di questo organo, a tutti gli altri senatori. Peraltro, sebbene propose certi argomenti dinnanzi all'intero senato, tuttavia egli seguì generalmente questo piano, considerando più opportuno affrontare la maggior parte delle materie tramite una consultazione preliminare e le più importanti in ambito ristrettissimo; e qualche volta sedette persino con questi uomini in sede giusdicente.

Come ben si vede, la trasformazione di questa prassi consultiva dei *principes* in un organo ufficiale di consulenza non fu opera di Augusto, né dei suoi immediati successori, quasi tutti ostentatamente ed apparentemente rispettosi della costituzione repubblicana e, al contempo, pienamente consapevoli che il *consilium* avrebbe consentito loro di esercitare il potere avendo sempre la precisa e rapida percezione degli umori delle diverse componenti della società romana. In questo senso, il *consilium* di Augusto, nella sua natura, struttura e composizione, mostra quanto il fondatore del Principato fosse ancora legato a certi schemi del ceto di governo senatorio repubblicano, ciò che è reso evidente dalla presenza, all'interno del suo *consilium*, non solo dei magistrati, ma anche, e soprattutto, di una commissione di senatori insieme alla quale discutere ed istruire preventivamente le questioni attinenti alla normazione e, più in generale, alla gestione degli affari di governo. Anche se, in realtà, nulla di preciso sappiamo circa la sua effettiva funzionalità ed operatività, un dato tuttavia sembra sicuro, e cioè che tale commissione costituì un ingegnoso espediente messo in atto da Augusto per scongiurare lo scontro frontale tra il suo crescente potere e quello dell'assemblea dei *patres* e, perciò, perpetuato da Tiberio, che portò a venti il numero dei senatori che ne facevano parte, e da Claudio.

La commissione senatoria introdotta da Augusto, proprio nella misura in cui entrava a far parte del *consilium* in rappresentanza dell'assemblea dei *patres*, costituì allora il raccordo istituzionale tra il principe ed il senato e non è un caso che ad essa si rifece, dopo la parentesi decisamente assolutistica ed antisenatoria del governo di Caracalla, Macrino ed Eliogabalo, Giulia Mamea, madre di Alessandro Severo, la quale, in considerazione della giovane età dell'imperatore, predispose un consiglio di reggenza, composto da sedici senatori eminenti per l'età veneranda e la vita intemerata, che fossero collaboratori e consiglieri del *princeps*, rappresentando così il nucleo iniziale del *consilium* dell'ultimo imperatore della dinastia dei Severi. E la presenza di commissioni senatorie all'interno dei *consilia principum* sembra essere attestata anche per altri imperatori, come Caligola, Nerone, Domiziano, Nerva, Adriano (come si dirà più avanti), Marco Aurelio e Lucio Vero, dei cui *consilia* furono chiamati a far parte senatori di particolare rango, capacità ed autorevolezza, che, in quanto qualificati nelle fonti con la stessa terminologia adoperata per designare i membri delle commissioni senatorie operanti all'interno dei *consilia* (e, cioè, di volta in volta come *primores civitatis*, *proceres*, *optimi de senatu*, *splendidi viri ordinis*), divennero *consiliarii* in quanto componenti di tali commissioni scelti non soltanto per le loro intrinseche qualità morali, ma anche, e soprattutto, sulla base delle specifiche competenze e capacità di ciascuno di essi. Il fatto poi che siffatte commissioni vengano individuate nelle fonti talora come organismi delegati dal senato e talaltra come espressione diretta del *princeps* si spiega tenendo presente, da un lato, che occorreva comunque un atto imperiale legittimante il loro ingresso nel *consilium* e, dall'altro, che la scelta operata dall'autorità imperiale aveva ad oggetto proprio i componenti designati dal senato, ciò avvenendo in maniera non dissimile da quel che accadeva per la nomina del *praefectus urbi* e del *praefectus praetorio*, oggetto di una sorta di provvedimento congiunto senatorio-imperiale.

Occorre però sottolineare che, per tutto il I secolo d.C., alla pratica di riunirsi in *consilio* non corrispose alcun organismo o corpo che fosse formalmente definito ed inquadrato nell'assetto burocratico imperiale, spesso non disdegnando gli imperatori di consultare separatamente gli amici più fidati, anziché di farlo come gruppo fisso di partecipanti al *consilium*, ciò che del resto si evince dalla parte finale del testo dioneo. Dal quale emerge prepotentemente, più in generale, che il carattere essenziale del *consilium* augusteo era l'assenza di qualsiasi formalità, con la conseguenza che il *princeps*, ovviamente non vincolato dai pareri espressi dal proprio *consilium* (regola, questa, che non sarebbe venuta meno anche in seguito, come è testimoniato, ad es., dal fatto che Commodo non esitò a concludere la pace sul Danubio contro il diverso avviso degli autorevoli consiglieri ai quali il padre Marco Aurelio lo aveva affidato), era libero di consultare chi riteneva opportuno e così pure di bandire dal *consilium* persone a lui non gradite, anche se non è difficile immaginare che vi fosse, in linea di massima, la tendenza a far partecipare alle sedute sempre gli stessi consiglieri, e ciò anche da parte dei successori di chi li aveva nominati, ed i titolari di certe alte e fiduciarie cariche come i *praefecti praetorio*. In questo senso, può dirsi allora che, fino agli inizi del II secolo d.C., si ebbero tanti *consilia* quanti erano i casi per la cui soluzione essi venivano costituiti, variando perciò continuamente per composizione, a seconda della specificità delle questioni trattate, numero e procedure di convocazione.

La svolta costituzionale dei *consilia principum* si ebbe con Adriano, che, prendendo atto della circostanza che siffatti organismi andavano via via istituzionalizzandosi, diede un più deciso impulso alla prassi degli imperatori precedenti di consultare informalmente chi volessero riassettandola nella forma di organismi stabili, presieduti dal *princeps* (e, in sua vece, da un *praefectus praetorio*), articolati nelle diverse componenti (di cui facevano parte *consiliarii* ora regolarmente stipendiati e reclutati a titolo permanente anche tra gli *equites*), definiti nelle funzioni e, di conseguenza, divisi verosimilmente in sezioni (competenti per specifiche materie) e, per di più, aperti alla partecipazione dei giuristi (ciò che era avvenuto saltuariamente già con Claudio e che si verificherà in maniera sempre più crescente in seguito, allorquando i successori di Adriano chiameranno a far parte dei loro *consilia* fior di giuristi, come Meciano sotto Antonio Pio, Marcello e Scevola sotto Marco Aurelio e Modestino sotto Alessandro Severo):

> SHA., *Vita Hadr.* 18.1: *Cum iudicaret, in consilio habuit non amicos suos aut comites solum sed iuris consultos et praecipue Iuventium Celsum, Salvium Iulianum, Neratium Priscum aliosque, quos tamen senatus omnis probasset.*
>
> [Quando giudicava, (Adriano) aveva nel suo consiglio non soltanto i suoi amici o quelli del suo seguito, ma anche giuristi, ed in particolare Giuvenzio Celso, Salvio Giuliano, Nerazio Prisco ed altri, purché tuttavia godessero della fiducia del senato].

Erroneamente, però, si vedrebbe nella riforma adrianea il progetto di configurare il *consilium principis* come strumento del potere imperiale capace di governare con autonomia in sostituzione dell'ormai inadeguato apparato di governo repubblicano e, in particolare, del senato.

Infatti, se si presta attenzione alla parte finale del testo, si vedrà che del *consilium* adrianeo facevano parte non solo i giuristi Giuvenzio Celso, Salvio Giuliano e Nerazio Prisco, ma anche «*aliosque, quos tamen senatus omnis probasset*», cioè anche altri membri, non necessariamente giurisperiti, che tuttavia avessero avuto l'approvazione del senato, con la conseguenza che di tale *consilium* avrebbero fatto parte in primo luogo gli *amici et comites* dell'imperatore, in secondo luogo i giuristi e, infine, i membri *probati* dal senato. Da ciò la conclusione che il senato provvedeva alla nomina di un determinato numero di *consiliarii* i quali, come è specificato dall'«*omnis*» che accompagna il termine *senatus* in funzione specificativa del ruolo rappresentativo-sostitutivo dell'assemblea giocato da tali membri di nomina senatoria, agivano all'interno del *consilium* in rappresentanza dell'intero consesso senatorio. E questo in virtù di un preciso disegno politico-istituzionale di Adriano, che, concedendo al senato il potere di investitura di alcuni membri del suo *consilium*, finiva per attribuire alle sue decisioni un rilievo politico ed un'efficacia giuridica non indifferenti. Per questo motivo non sembra possibile ravvisare la nascita ed il successivo estendersi delle funzioni del *consilium principis* in corrispondenza di un troppo repentino esaurirsi del ruolo ricoperto dal senato. Al contrario, si deve ritenere che il processo di formazione e di crescita del primo si sia snodato durante il Principato parallelamente alla persistenza vitalità dell'assemblea dei *patres* nello stesso periodo, garantita appunto dalla presenza nei *consilia* di commissioni senatorie numericamente ristrette. E, in questo senso, si può ritenere che la prassi costituzionale di cooptazione di siffatti organismi senatori da parte dell'imperatore evitò non di rado a quest'ultimo pericolosi confronti con il vecchio consesso repubblicano nel quadro di quel continuo misurarsi del *princeps* con il *senatus* che caratterizzò l'età del Principato, con la conseguenza che la presenza delle commissioni senatorie all'interno del *consilium principis* dipese anche dal vario atteggiarsi dei rapporti tra le due massime autorità.

La riforma adrianea può allora essere vista come una tappa fondamentale di quel processo dinamico che aveva avuto inizio con la nascita dei *consiliarii* di Augusto e che avrebbe portato i *consilia* imperiali, ulteriormente rafforzati da Marco Aurelio (con il quale compare il titolo di *consiliarius* ad indicare il consigliere titolare e del cui *consilium*, riunitosi nella seduta del 6 luglio del 177 d.C. attestata dalla *Tabula Banasitana*, fecero parte sei cavalieri e sei senatori) e dai Severi (i cui *consilia* furono sostanzialmente monopolizzati dai giuristi Papiniano, Paolo ed Ulpiano nella veste di prefetti del pretorio), a consolidarsi definitivamente nel Dominato come *consistorium*, cioè come un articolato corpo istituzionale di alti funzionari e dignitari di corte strettamente collegato ai diversi rami dell'amministrazione imperiale.

Pertanto, bisogna tenere conto, più di quanto si sia fatto fino ad ora, del ruolo che il *consilium principis* svolse, durante il Principato, nel rapporto tra il *princeps* ed il *senatus*. E, invero, nelle relazioni istituzionali tra queste due fonti essenziali, anche se ovviamente diseguali, del potere, il *consilium principis* fu, per composizione e funzione, l'organo di mediazione dei primi due, divenendo così il terzo soggetto del reale gioco politico, ciò che è anche dimostrato dalla sua non casuale crescente posizione di prestigio e di potere, fino a quando, appunto nel Dominato, l'imperatore esautorò di fatto il senato, riducendolo a funzioni sostanzialmente decorative.

Ciò non vuol dire però che tra il *princeps* e l'apparato burocratico imperiale il *consilium principis* rappresentò una struttura intermedia, quasi come una sorta di odierno 'consiglio dei ministri', con responsabilità e ruoli rigorosamente predefiniti e, soprattutto, *ad hoc* preposto da una volontà diversa da quella dell'imperatore. Un'interpretazione modernizzante di tal fatta sarebbe infatti falsante, dal momento che, in realtà, il principe gestiva il potere in assoluta indipendenza ed autonomia e, soprattutto, circondato ed assitito dalle persone che gli erano più gradite, senza alcun condizionamento di pubblicità od obblighi di pubblicità e trasparenza.

Tuttavia, è indiscutibile che, nella loro qualità di persone inserite a pieno titolo nell'organo di consulenza dell'imperatore, i giuristi, più di ogni altro *consiliarius*, ebbero un ruolo decisivo nell'attività normativa imperiale e nell'evoluzione del diritto privato romano, e ciò ad onta del carattere 'burocratico' che la giurisprudenza cominciò ad assumere già con Adriano, consolidandosi poi in età severiana.

10. *L'amministrazione finanziaria e fiscale*

L'espansione territoriale romana, che subì un'ulteriore e forte accelerazione nell'età del Principato, comportò un'enorme dilatazione dei bisogni e dei correlativi compiti pubblici in svariati campi ed in molteplici direzioni: realizzazione e manutenzione delle opere pubbliche civili (strade, porti, acquedotti, teatri, templi) e militari (fortificazioni), svolgimento del servizio postale e di trasporto delle persone che viaggiavano per conto dello Stato (*cursus publicus*), amministrazione e difesa dei territori provinciali, cura della pubblica istruzione (istituzione di scuole pubbliche ed erezione di biblioteche) e della pubblica assistenza (*frumentationes*, distribuzione dei generi di prima necessità ai più bisognosi ed istituzioni alimentari per i fanciulli indigenti) e, infine, mantenimento della burocrazia imperiale e dell'esercito professionale permanente (nelle sue diverse componenti, quali le legioni, le truppe ausiliarie e le flotte).

I predetti compiti dilatarono notevolmente le voci di spesa relative a ciascuno di essi, incidendo sensibilmente sul fabbisogno finanziario dello stato romano e sollevando così il delicato problema del raccordo contabile tra l'ammontare delle entrate (*ratio quaestuum*) e la necessità delle spese (*necessitas erogationum*) e, quindi, della correlazione funzionale tra imposte e vantaggi sociali, con cui furono costretti a misurarsi la classe dirigente del nuovo regime e, in primo luogo, gli stessi imperatori. Questi, ispirandosi a precise e talora rigorose direttive di politica finanziaria concernenti le modalità ed il *quantum* del prelievo fiscale, la perequazione del carico tributario tra italici e provinciali e la configurazione di un limite etico-economico all'imposizione tributaria, intervennero allora non solo controllando e razionalizzando l'apparato finanziario preesistente (ad es., sostituendo progressivamente il sistema dell'esazione affidata a *civitates* ed a funzionari imperiali al tradizionale e risalente metodo dell'appalto ai *publicani*, sulla scorta di un'opzione di principio favorevole al metodo della riscossione diretta) e, insieme, integrandolo con nuove strutture finanziarie, ma anche cercando di rendere certa ed uniforme l'imposizione tributaria (integrata peraltro con il sistema dei *munera publica*, cioè prestazioni onerose, a carico di funzionari e collettività, articolati in *munera personalia*, prestazioni personali, intellettuali o fisiche, *munera patrimonalia*, anticipazioni all'ente pubblico del gettito tributario del distretto municipale, e *munera mixta*, prestazioni patrimoniali e personali) mediante l'istituzione di un catasto generale (*forma censualis*), integrato da censimenti tributari, di tutti i territori dell'impero.

a) L'ordinamento finanziario repubblicano aveva avuto un'unica cassa centrale, l'*aerarium populi Romani* (denominato anche *aerarium Saturni*, dal nome del tempio in cui era custodito), alla quale si aggiungevano le singole casse sacerdotali, quelle delle singole province (amministrate dai questori provinciali) e la speciale cassa degli edili curuli, alimentata dalla pecunia *multaticia*, e, come si è già ricordato, il senato disponeva di un potere di controllo ampio e generale su tutta l'amministrazione finanziaria dello Stato e sull'operato dei magistrati e degli incaricati della pubblica gestione. E, invero, la particolare posizione dell'assemblea senatoria nell'ambito dell'organizzazione repubblicana conferiva a tale controllo un rilievo costituzionale altissimo, più di quanto potesse derivarne da un qualsiasi organo appositamente incaricato della vigilanza finanziaria, sicché la mancanza di una suprema ed indipendente magistratura preposta all'esame dei conti ed all'accertamento della responsabilità finanziaria non può essere additata come causa di imperfezione o di insufficienza del sistema finanziario repubblicano. Inoltre, dato l'ordinamento costituzionale repubblicano, qualsiasi atto del senato non poteva essere eseguito se non per il tramite dei magistrati, in particolare i consoli ed i questori, i quali furono i veri amministratori del tesoro pubblico.

Con l'avvento del Principato l'importanza dell'*aerarium populi Romani* cominciò a declinare e, purtuttavia, esso continuò a svolgere una funzione abbastanza importante, ciò che può essere compreso solamente alla luce della politica di Augusto, il quale, anche in questo campo, si ispirò al principio secondo cui gli istituti e gli organi repubblicani dovevano sopravvivere, sicché anche l'*aerarium* costituiva una struttura che andava mantenuta, se non addirittura potenziata, pur trattandosi, al solito, di rispetto formale verso un istituto avviato sin da questo *princeps* ad una lenta ma progressiva decadenza.

Si spiegano così non pochi interventi operati da Augusto e dai suoi immediati successori. Infatti, nel 28 a.C. si provvedette alla modifica dell'amministrazione erariale sostituendo i questori con due *praefecti aerarii Saturni*, da scegliersi annualmente, da parte del senato, nella categoria degli ex pretori. L'istituzione di questi magistrati di rango pretorio costituì pertanto il primo tentativo effettuato dall'autorità imperiale per scuotere le basi dell'antico sistema, limitando così, con qualche soddisfazione formale concessa al senato, l'ingerenza di quest'ultimo nell'amministrazione finanziaria statale. E, invero, la circostanza che la designazione di tali *praefecti* fosse affidata al senato non significa affatto che a questo si intendesse riservare una parte effettiva nella direzione delle finanze, ma era soltanto un espediente per mascherare le reali intenzioni del *princeps*, senza destare eccessivi allarmi nell'alto consesso che aveva per secoli controllato la politica finanziaria di Roma. Appena cinque anni dopo, nel 23 a.C., a capo dell'*aerarium* troviamo due *praetores aerarii*, designati a tale ufficio mediante sorteggio fra i pretori in carica, che furono sostituiti da Claudio, nel 44 d.C., da due *quaestores aerarii Saturni*, i quali duravano in carica tre anni ed erano nominati direttamente dal principe. Ora, le modalità di nomina (non più ad opera dei comizi e del senato) e la durata (non annuale) delle loro funzioni tradiscono inequivocabilmente gli scopi perseguiti da tale imperatore con la sua riforma: sottrarre l'*aerarium* ed i suoi amministratori alla vigilanza del senato, rendendoli soggetti alla volontà imperiale. Nerone, nel 56 d.C., riformò nuovamente l'intera materia, mettendo a capo dell'*aerarium* due ex pretori, con il titolo di *praefecti aerarii Saturni*, al solito da lui nominati e destinati a rimanere in carica, come i questori precedenti, per tre anni, la cui presenza, fatta eccezione per una breve parentesi temporale (limitata probabilmente a Vespasiano e durante la quale all'*aerarium* furono preposti dei *praetores aerarii*), è attestata per tutto il Principato (e fino al 344 d.C., ossia finché l'*aerarium populi Romani* riuscì ad avere un'esistenza formalmente autonoma ed indipendente dal *fiscus Caesaris*, di cui si dirà più avanti).

Peraltro, un esempio altamente indicativo della prudenza tattica e, al contempo, della lungimiranza politica con le quali Augusto procedette sulla via delle riforme concernenti l'amministrazione finanziaria può vedersi nella creazione dell'*aerarium militare*. Infatti, come si è già avuto modo di ricordare, nel 6 d.C. egli istituì questa cassa speciale per risolvere il problema dei veterani, divenuto urgente in seguito alla costituzione di un esercito permanente e non più risolvibile per mezzo di assegnazioni coloniarie, risultando più opportuno allo scopo i pagamenti in denaro. Tale cassa fu costituita da nuove entrate (l'imposta del 5% sulle eredità, *vicesima hereditatum*, introdotta con una *lex Iulia* proposta e fatta votare da Augusto per riequilibrare il peso tributario tra *cives* e provinciali, e l'imposta dell'1% sulle vendite pubbliche all'incanto, *centesima rerum venalium*) e da elargizioni dirette del *princeps* (per un ammontare di 170 milioni di sesterzi) ed alla sua direzione furono preposti tre *praefecti* di rango pretorio, i quali non erano nominati né dal principe, né dal senato e né dai comizi, bensì scelti per sorteggio, sebbene dipendessero dall'imperatore in quanto capo dell'esercito ed avente perciò il potere di disposizione dei fondi ad esso destinati. L'istituzione dell'*aerarium militare* inferse dunque un grave colpo alla vecchia costituzione repubblicana, in quanto si era sottratto al senato un potere fondamentale, fino a quel momento formalmente rispettato. Si trattava però di un'innovazione estremamente logica. Infatti, dal momento che, come si è or ora rilevato, l'esercito era alle esclusive dipendenze del *princeps* ed era questi a provvedere al pagamento degli stipendi e dei premi ai militari, l'istituzione dell'*aerarium militare* rappresentava il riconoscimento definitivo del *novus ordo*. E ciò va detto anche se non conosciamo con precisione l'ambito del nuovo istituto, se cioè esso servì, come si è già rilevato, solamente alla sistemazione dei veterani (come sembrebbe doversi dedurre dalla circostanza che, dopo il 13 a.C., Augusto propose di tacitarne le pretese non più con assegnazioni di terre, bensì con premi in denaro) oppure ebbe il carattere di una vera e propria cassa militare, destinata a sostenere tutto il carico dell'amministrazione militare.

b) In realtà, sin dal 27 a.C., con l'assunzione dell'amministrazione di varie province (cioè quelle cosiddette imperiali) da parte di Augusto, si può dire che una parte del sistema finanziario dello stato romano fosse passato sotto il controllo diretto del *princeps*. Ecco quindi, come immediata conseguenza del mutamento politico-istituzionale determinatosi con l'avvento del Principato, il sorgere del *fiscus Caesaris*, quale cassa pubblica facente capo all'imperatore, in contrapposizione all'*aerarium populi Romani*, quale cassa centrale statale facente capo al senato.

Le due amministrazioni, quella dell'*aerarium* e quella del *fiscus* (termine designante i recipienti costituiti da tessuti vegetali, cioè cesti, sacchi o cassette realizzati con vimini, giunchi e ginestra ed usati, tra l'altro, per la conservazione del denaro), rimasero sempre ed a lungo formalmente distinte, sia per quanto riguardava le entrate e le spese che per quanto concerneva l'organizzazione ed i rispettivi controlli, anche se l'amministrazione imperiale, attraverso un lento ma preciso sviluppo storico, affiancò in un primo tempo e poi sostituì definitivamente quella repubblicana. Pertanto, parallelamente allo svuotamento dell'*aerarium* a vantaggio del *fiscus*, si formò un minutissimo quanto colossale apparato organizzativo, le cui strutture non ci sono ancora del tutto note, per cui sin dall'inizio il *fiscus* si presentò come l'unione di un patrimonio sterminato e di un'organizzazione burocratica ed amministrativa capillare che lo rendeva operante. I due momenti non sono dissociabili se non astrattamente, dal momento che, in quanto patrimonio organizzato, il *fiscus* abbracciava l'intero territorio dell'impero in una rete fitta di amministratori, funzionari, agenti, esecutori e controllori, sicché in ogni provincia ed in ogni città si avevano addetti alla riscossione delle entrate ed alla loro gestione, i quali curavano anche i rapporti di carattere economico, negoziale e giudiziario cui tali attività davano luogo.

Del resto, anche la storia della ripartizione delle entrate statali tra *fiscus* ed *aerarium* indica un graduale processo di accentramento nel primo a scapito del secondo, che si concluse sotto i Severi. Infatti, nonostante si ignori quando ciò sia esattamente avvenuto, alcuni cespiti vennero distolti dalla loro originaria devoluzione all'*aerarium* per passare al *fiscus*, come i beni dei condannati alla pena capitale (*bona damnatorum*), i beni dei cittadini morti senza lasciare eredi (*bona vacantia*) e, infine, i beni deferiti *mortis causa* a persone incapaci di ricevere in base a leggi speciali (*caduca*). Inoltre, nonostante la divisione delle province tra senato e principe comportasse anche una divisione dei proventi tra *aerarium* e *fiscus*, una parte delle entrate provenienti dalle province senatorie fu attribuita alla cassa dell'imperatore, alla quale, già dall'inizio alimentata dall'imposta fondiaria delle province imperiali (*tributum*) e dai proventi delle miniere, cominciarono ad affluire pure i proventi derivanti dall'applicazione di pene pecuniarie e di dazi doganali (*vectigalia*).

Come si è già accennato, tutto questo comportò allora la necessità di un apparato organizzativo finanziario facente capo all'imperatore che controllasse i proventi delle province imperiali e, più un generale, le entrate del *fiscus*. A tale scopo gli imperatori inizialmente si servirono dei propri schiavi e liberti, ma ben presto li sostituirono con funzionari appartenenti all'*ordo equester*, i *procuratores*, i quali non svolsero solo funzioni amministrative, ma, a partire da Claudio, anche giudiziarie. Essi divennero così i giudici, meglio informati di qualsiasi altro, in una materia speciale e nuova, quale era il *ius fisci*, resa peraltro più vasta e complessa dai frequenti interventi imperiali e dove solo raramente venivano applicate le norme del diritto pretorio. Ed è importante sottolineare che, nonostante tali funzionari non potessero infliggere ammende, condannare ad una pena ed ordinare il sequestro dei beni in contestazione prima della pronuncia della sentenza definitiva di condanna, i *procuratores* ebbero pure il controllo finanziario delle province senatorie. Inoltre, nelle cause da essi decise, assunsero contemporaneamente la veste di parti interessate, cioè rappresentanti del *fiscus*, e di giudici.

Un'importante innovazione fu poi costituita dalla creazione, ad opera di Nerva, del *praetor fiscalis*, organo imparziale, a differenza dei *procuratores*, rispetto all'amministrazione fiscale, la quale, nelle controversie decise da tale pretore, veniva rappresentata dai *procuratores* od anche da privati *delatores*. A tale organo si fece ricorso solamente per processi di cognizione (e non di esecuzione), nei quali il giudizio era rimesso, ad imitazione del processo formulare, ad un giudice da lui nominato in seguito ad estrazione a sorte in un albo apposito, con possibilità di ricusazione da parte degli interessati.

In seguito, Adriano istituì l'*advocatus fisci*, cioè una sorta di avvocatura dello Stato limitatamente alle questioni fiscali, che, in prosieguo di tempo, fu affiancato da un'organizzazione periferica incentrata su più *advocati fisci* con specifica competenza territoriale.

L'attività dei *procuratores*, del *praetor fiscalis* e degli *advocati fisci* era poi coordinata da una struttura centrale, e cioè dal già ricordato *scrinium a rationibus*, diretto da un *procurator a rationibus* (o *rationalis*) appartenente all'ordine equestre e con il rango più elevato nella carriera degli uffici (quello di *trecenarius*), il quale era coadiuvato da ausiliari, tra cui il *procurator summarum rationum*, e da subalterni (*adiutores* e *tabularii*).

Naturalmente, i poteri sul *fiscus* spettanti al *princeps* non erano sottoposti a controllo, né vi era obbligo di rendiconto o, almeno, non vi era la possibilità pratica che un rendiconto fosse richiesto, dal momento che ciò sarebbe potuto accadere giuridicamente solo alla scadenza del potere imperiale. Tuttavia, rendiconti (*rationes imperii*) più volte furono resi pubblici dagli imperatori (come, ad es., Augusto e Caligola), anche se si trattava, in realtà, di meri bilanci generali aventi scopo informativo.

Peraltro, l'illimitatezza dei poteri del *princeps* sul *fiscus* pone due problemi, strettamente connessi l'uno con l'altro, di ordine giuridico e dommatico, cioè quello della definizione giuridica del *fiscus* e quello dell'appartenenza, o meno, di esso all'imperatore.

Ora, si potrebbe immaginare che soggetto giuridico del *fiscus* fosse il *princeps*, per cui il primo era proprietà privata del secondo, e ciò in quanto l'imperatore amministrava il *fiscus* con criteri assolutamente propri e senza obbligo di rendere conto ad alcuno e, inoltre, perché il *fiscus* era ereditabile anche per testamento, con regole cioè di diritto privato. Viceversa, si potrebbe ritenere che soggetto giuridico del *fiscus* fosse lo Stato, del quale il *princeps* sarebbe stato il rappresentante. O, ancora, che il *fiscus* costituisse una persona giuridica a sé stante.

Per quanto tali ricostruzioni possano considerarsi parzialmente giustificate, esse hanno tuttavia in comune il difetto di volere esprimere in termini di dommatica moderna una situazione di compromesso legata a concetti tipicamente romani. E, invero, la pubblicistica romana, che identificava lo Stato con il *populus Romanus*, non poteva ritenere *publica* la finanza imperiale, dato che essa non apparteneva al *populus Romanus* (*res publica* era infatti solamente la *res populi*), sicché doveva necessariamente considerarla *privata*, non essendoci altra alternativa:

D. 43.8.2.4 (Ulp. 68 *ad ed.*): *Hoc interdictum ad ea loca, quae sunt in fisci patrimonio, non puto pertinere: in his enim neque facere quicquam neque prohibere privatus potest: res enim fiscales quasi propriae et privatae principis sunt* [...].

[Non credo che questo interdetto riguardi quei luoghi che sono nel patrimonio del fisco; infatti in essi il privato non può fare né proibire alcunché, giacché le cose del fisco sono quasi proprie e private del principe ...].

D'altra parte, il *princeps* non era un privato come gli altri, giacché la sua posizione ufficiale, i suoi titoli e la sua stessa denominazione lo differenziavano radicalmente da tutti i cittadini, con la conseguenza che la proprietà sulle province imperiali e, quindi, sul *fiscus*, al quale i loro proventi affluivano, riconosciuta al *princeps* dai giuristi romani non era quella quiritaria od altra proprietà di diritto privato.

Anche alla luce di tali rilievi, bisogna allora prendere atto della circostanza che il rapporto interno *princeps-fiscus* era al di fuori dell'alternativa *publicum-privatum*, in maniera non diversa da come il *princeps* stesso ne era al di fuori ed al di sopra. Rispetto all'imperatore il *fiscus* era quindi 'oggetto' di un diritto di cui egli era titolare, ma ciò non perché *princeps* od organo dello Stato, bensì in quanto la sua preminenza nell'ambito dell'organizzazione pubblica, cioè il suo essere egli stesso ordinamento, lo legittimavano a disporre di quel complesso di beni e dell'apparato amministrativo che lo rendeva operante.

Quanto ora rilevato riguarda però il profilo 'interno' del *fiscus*, cioè il rapporto intercorrente tra esso ed il *princeps* ed il modo di qualificarlo giuridicamente. Diverso, invece, è il discorso concernente quello 'esterno', vale a dire il profilo dei rapporti tra il *fiscus* ed i privati, costituito dal momento dinamico delle attività amministrative che lo riguardavano. Da questo punto di vista, è chiaro che il *fiscus*, proprio per la sua stessa struttura organizzativa e per la funzione che doveva svolgere nell'ordinamento imperiale, si presenta agli occhi dell'interprete moderno come un centro di riferimento autonomo, idoneo quindi ad essere titolare di numerosi rapporti giuridici, anche se non divenne mai una 'persona giuridica' nel senso che i giuristi romani assegnavano a tale qualifica, cioè una mera figura di diritto privato. E ciò perché l'emergere del momento 'soggettivo' del *fiscus* nei suoi rapporti con i privati non sopraffece mai la relazione di appartenenza di esso all'imperatore.

c) Peraltro, è fuor di dubbio che il *princeps*, e per primo Augusto, avesse, all'infuori dei beni del *fiscus*, beni di famiglia o, comunque, suoi personali, cioè un *patrimonium* avente origine e carattere privati.

Tale circostanza e, insieme, il fatto che, sotto Claudio, è attestata la presenza di un *procurator Augusti a patrimonio*, provano dunque non soltanto l'esistenza di un *patrimonium* privato distinto dal *fiscus*, ma anche quella di una sua separata amministrazione. Che poi questo *patrimonium* fosse trasmissibile liberamente *mortis causa*, si evince dalle diverse istituzioni di erede e legati disposti dai vari *principes* a favore di persone diverse dai rispettivi successori nella suprema carica imperiale.

A partire però dalla dinastia flavia, tale *patrimonium* assunse una configurazione diversa, divenendo così una sorta di 'patrimonio della corona', sicché i beni che ne facevano parte venivano acquistati dal *princeps* in forza della designazione e dell'adozione da parte del predecessore.

Certamente, poi, la connessione della titolarità del *patrimonium* a quella della funzione imperiale non poteva implicare l'indisponibilità, da parte dell'imperatore, dei beni ricompresi appunto nel *patrimonium*. Tuttavia, essa dovette suscitare delle remore a disporne per scopi suscettibili di essere qualificati come meramente privati, sicché può dirsi che, agli inizi del II secolo d.C., è indiscutibile la presenza di un complesso di beni spettanti all'ufficio imperiale in quanto tale ed acquistati dal *princeps* in forza dell'*electio* e dell'*adoptio* dello stesso da parte del predecessore.

Accanto al *fiscus* ed al *patrimonium*, intesi il primo come cassa centrale dell'imperatore ed il secondo come patrimonio afferente alla 'funzione' del principe, vi era però anche la *res privata principis*, inerente invece alla 'persona' del *princeps*.

La sua istituzione può infatti essere ricollegata all'intento, da parte degli imperatori, di isolare, attraverso tale qualificazione, un complesso di beni dei quali il *princeps* potesse disporre liberamente, senza che ciò comportasse un'incidenza dell'atto di disposizione sul *fiscus* o sul *patrimonium*.

La presenza di un *procurator rationis privatae* durante il principato di Antonino Pio induce a ritenere che, già con questo imperatore, fosse esistente l'organizzazione di una *ratio privata*, che risulta comunque sicuramente documentata sotto Commodo, provvedendo poi Settimio Severo a costituirla come *procuratio rei privatae*. E, invero, la particolare attenzione prestata dagli imperatori alla propria *res privata* è testimoniata, da un lato, dall'istituzione dell'Idiologo, funzionario avente competenze assai vaste in materia finanziaria e fiscale, il quale sovrintendeva alle molteplici attività relative all'amministrazione dei beni imperiali in Egitto, e, dall'altro, dall'esistenza di una raccolta papiracea di istruzioni emanate dagli imperatori e dai funzionari imperiali romani in Egitto ed a lui indirizzate, cioè il famoso *Gnomon* dell'*Idios Logos*, in pratica una sorta di codice fiscale contenente norme specificamente dettate per la realtà egiziana ad uso appunto del più alto funzionario del reparto finanziario della più importante delle province orientali.

Dall'esistenza del *fiscus*, del *patrimonium* e della *res privata*, come amministrazioni finanziarie separate ed indipendenti facenti capo all'imperatore, si dovrebbe dunque dedurre l'ammissibilità di una distinzione tra rapporti riferibili al *princeps* in quanto tale e rapporti a lui pertinenti sotto un profilo esclusivamente privatistico. Purtuttavia, dal regime giuridico di ciascuna di tali strutture finanziarie si evince che le differenze tra di esse fossero solo formali, risultando difficile, se non impossibile, una distinzione dal punto di vista sostanziale. Così, ad esempio, l'esistenza della *res privata* come patrimonio privato dell'imperatore non implicava, per i beni che vi rientravano, un regime differenziato rispetto a quelli ricompresi nel *fiscus* o nel *patrimonium*. Infatti, se può riconoscersi l'illimitata disponibilità, da parte dell'imperatore, dei beni rientranti nella *res privata*, anche l'alienabilità delle *res fiscales* e di quelle costituenti il *patrimonium* era fuori discussione.

Si tratta, in definitiva, dell'ennesima prova della difficoltà, se non addirittura dell'impossibilità, di una distinzione – qui come altrove – tra un ambito privatistico ed un ambito pubblicistico dei rapporti facenti capo al *princeps*.

11. *L'Italia*

Sotto Augusto ed i suoi immediati successori, l'Italia, comprendente i territori dalle Alpi al mare, mantenne ancora quella condizione giuridica privilegiata che la diversificava dalle province, con l'importante conseguenza che la popolazione italica fu naturalmente destinata ad alimentare la nuova classe dirigente dell'impero, dal cui governo seppe trarre cospicui vantaggi. Così, solamente il suolo italico era suscettibile di *dominium ex iure Quiritium*, cioè di vero ed esclusivo diritto di proprietà dei singoli, ed era conseguentemente immune da tributi. Ancora, tutte le popolazioni stanziate su tale suolo (e, quindi, tanto quelle che si trovavano nella condizione di *Latini* e di *socii Italici*, quanto i *peregrini* o provinciali, abitanti dei territori al di là del Rubicone e, in seguito, del Po) avevano la cittadinanza romana ed erano escluse dal reclutamento delle legioni. Infine, a tutte le comunità cittadine venne praticamente riconosciuto l'ordinamento municipale, realizzandosi in tal modo un vero e proprio decentramento amministrativo e, in parte, anche giurisdizionale, che determinò un rafforzamento dell'autonomia locale.

Roma, che aveva acquistato il definitivo ruolo di 'capitale' dell'impero, e l'Italia, in virtù della loro posizione di primo piano rispetto al restante territorio dell'impero, erano quindi considerate quasi come un'unica entità, in netta contrapposizione ai territori provinciali. E, d'altra parte, non poteva essere diversamente dal momento che Augusto si era proposto come supremo difensore e principale interprete delle aspettative dell'Occidente e, in particolare, dell'Italia, contro il disegno di egemonia orientale di Antonio.

Successivamente, più precisamente a partire dai primi decenni del II secolo d.C., si ebbe però un deciso mutamento del quadro ora descritto, giacché la crescente ingerenza del sempre più consolidato potere imperiale nei confronti degli altri organi centrali dello stato romano finì per estendersi anche a quelli periferici, manifestandosi in un'ordinatrice, accentratrice e talora asfissiante attività di vigilanza e di controllo sulle città italiche che ne determinò il progressivo affievolirsi dell'attività politica ed il lento spegnersi dell'autonomia amministrativa. Ciò comportò allora una graduale eliminazione di ogni sostanziale diversità tra città italiche e città provinciali e, quindi, un livellamento tra la condizione dell'Italia e quella delle province, che, già promosso da Traiano ed Adriano (entrambi di origine spagnola) e successivamente incentivato dagli imperatori della dinastia dei Severi (di origine africana), troverà il suo sbocco definitivo nel primo Dominato, durante il quale l'Italia venne sostanzialmente ridotta alla stregua di una qualsiasi provincia.

Per meglio comprendere tale evoluzione storica, bisogna ricordare che Augusto aveva suddiviso l'Italia in 11 *regiones* (le denominazioni di ciascuna delle quali furono tratte dai nomi etnici delle popolazioni stanziate sin dai tempi più antichi nei rispettivi territori), che fondamentalmente tali rimasero fino agli ultimi secoli dell'impero. Questa divisione in regioni ebbe scopi prevalentemente censitari e, forse, solo occasionalmente amministrativi (quali la riscossione di alcune imposte, come la *vicesima hereditatum* e la *vicesima manumissionum*, e la gestione delle proprietà statali). Ma, in realtà, Augusto perseguiva lo scopo di realizzare con profonde innovazioni una struttura organizzativa coordinata con quella propria di Roma, favorendo così la piena integrazione delle aristocrazie municipali italiche nel governo politico dell'impero. E, invero, l'or ora ricordato l'utilizzo dei tradizionali nomi geografici ed etnici per designare le singole *regiones* (*Latium et Campania, Apulia et Calabria, Lucania et Bruttii, Samnium, Picenum, Umbria, Etruria, Aemilia, Liguria, Venetia et Histria, Transpadana*) induce a ritenere che, alla base di tale suddivisione, vi fosse il tentativo di riproporre con forza il motivo ideologico dell'unità etnica e politica delle popolazioni italiche, senza però sfociare in un anacronistico regionalismo e senza neppure forzare oltremodo la concezione unitaria raggiunta, ma, più semplicemente, nell'ottica di seppellire definitivamente in funzione pacificatoria il tragico ricordo della guerra sociale.

La riforma augustea finì tuttavia per costituire la base dei crescenti interventi imperiali nell'amministrazione e nella giurisdizione di tutta l'Italia, divenendo così le regioni, in prosieguo di tempo, delle vere e proprie circoscrizioni amministrative e giudiziarie alle quali furono preposti dei funzionari imperiali aventi una precisa competenza territoriale che si estendeva appunto alle varie *regiones*.

Tra questi, *curatores aquarum* e *viarum* e, specialmente, *curatores rei publicae* o *civitatis*, fiduciari del *princeps*, tratti prevalentemente dall'*ordo senatorius*, aventi lo scopo non di attuare il disegno del potere centrale di limitare o coartare l'autonomia cittadina, bensì la lungimirante finalità di far convergere gli interessi del governo imperiale con quelli delle aristocrazie municipali, un particolare rilievo ebbero i *consulares*:

SHA., *Vita Hadr.* 22.13: *Quattuor consulares per omnen Italiam iudices constituit.* [(Adriano) istituì quattro ex consoli con la funzione di giudici per tutta l'Italia].

Adriano affidò dunque a quattro ex consoli il compito di amministrare la giustizia in Italia, ma tale riforma, dei cui contenuti quasi nulla sappiamo, ebbe vita breve, giacché fu abolita da Antonino Pio.

Tuttavia, tale carica fu ripristinata in qualche modo da Marco Aurelio (e formalmente anche da Lucio Vero) con l'istituzione, in un periodo non meglio determinabile oscillante tra il 163 ed il 166 d.C., dei *iuridici*:

SHA., *Vita Marci* 11.6: *Datis iuridicis Italiae consuluit ad id exemplum, quo Hadrianus consulares viros reddere iura praeceperat.*

[Per provvedere alle necessità dell'Italia assegnò ad essa dei giudici, adottando il criterio seguito da Adriano, che aveva disposto che la giustizia fosse amministrata da uomini di rango consolare].

La creazione della nuova carica comportò sicuramente una profonda trasformazione delle tradizionali strutture giudiziarie dell'impero romano, contribuendo in maniera decisiva, da un lato, ad accelerare il processo di provincializzazione delle forme procedurali romane e, dall'altro, a favorire la realizzazione del progetto di unificazione amministrativa dell'impero. Pertanto, l'Italia, ad esclusione di Roma e del territorio circostante, la cui area fu riservata alla giurisdizione dei due pretori urbano e peregrino e del *praefectus urbi*, venne divisa in quattro circoscrizioni amministrative e giudiziarie insieme, affidate appunto ai *iuridici*, magistrati di rango pretorio, a differenza di quelli adrianei, aventi invece rango consolare.

Ora, nonostante ancor oggi incerti siano la natura e l'estensione delle loro attribuzioni ed i confini delle loro competenze, soprattutto in relazione a quelle dei pretori, dei magistrati municipali e delle prefetture, un dato è sicuro, e cioè che i *iuridici* giudicassero *extra ordinem* sicuramente in materia di nomina del tutore, di fedecommessi e di decurionato. Questo rilievo ci fa allora comprendere appieno l'importanza della riforma di Marco Aurelio, alla cui base, e per la prima volta, stava l'idea di una competenza *extra ordinem* di carattere generale, e non più limitata a singole materie. Ciò che deve dirsi, a maggior ragione, ove si pensi che le funzioni dei *iuridici* dovettero essere probabilmente più estese, ricomprendendo più ampiamente tutte le liti civili il cui oggetto superava la competenza dei magistrati municipali, tutti quegli atti che oggi diremmo di volontaria giurisdizione e l'insieme delle procedure *extra ordinem* per le quali è inverosimile pensare ad un'estensione della competenza dei magistrati municipali ovvero all'esclusiva competenza dei funzionari imperiali a Roma. Senza contare poi che la competenza dei *iuridici* in prosieguo di tempo si allargò ulteriormente, rendendo necessario l'intervento dell'imperatore Macrino, il quale, vietando ad essi di rendere giustizia oltre i limiti fissati da Marco Aurelio, ricondusse la loro competenza entro l'ambito originario.

In realtà, benché alla riforma di Marco Aurelio non fosse estranea l'esigenza di ridurre il carico di lavoro dei pretori urbano e peregrino (ai quali occorreva rivolgersi laddove fosse superato il limite di valore delle cause di competenza dei magistrati municipali e che comportava perciò fastidiosi aggravi per i litiganti, che dovevano spostarsi fino a Roma), con l'istituzione dei *iuridici* si realizzava un ben più vasto progetto, e cioè quello, momentaneamente attuato da Adriano e poi cassato da Antonino Pio, di sottrarre competenze ai pretori urbano e peregrino in favore di giudici *extra ordinem* aventi competenza tendenzialmente onnicomprensiva.

E, a ben vedere, non si trattò di un progetto isolato, bensì di un tassello, certamente il più appariscente, di una più ampia strategia imperiale volta, per un verso, a mantenere ferme le competenze dei magistrati municipali, che non furono infatti intaccate da quelle dei *iuridici*, e, per altro verso, ad erodere quelle dei magistrati di origine repubblicana operanti a Roma. Fu così che l'introduzione dei *iuridici*, finalizzata com'era all'equiparazione delle strutture giudiziarie italiche a quelle affermatesi nel resto dell'impero, finì per provocare la subitanea diffusione in Italia di forme processuali nuove e gestite da organi giusdicenti la cui estrazione burocratica si poneva in netto contrasto con la tradizionale organizzazione dell'*ordo iudiciorum*, contribuendo così non poco al già avanzato decadimento degli organi giusdicenti a quest'ultimo preposti.

Infine, con i Severi, e precisamente a partire dal 215 d.C., sulla scena italica comparvero i *correctores*, fiduciari dell'imperatore che, per le loro funzioni di vigilanza e di amministrazione su singole regioni o su gruppi di regioni italiche (nonché su città provinciali), finirono per esautorare *curatores* e *iuridici*, preparando così il campo alla riorganizzazione dioclezianea, che, con la riforma delle province, avrebbe sancito il definitivo venir meno della condizione privilegiata dell'Italia.

12. *Le province*

Il sistema di governo delle province durante il Principato assunse una fisionomia diversa rispetto all'assetto vigente durante l'età repubblicana, nella cui fase finale si era diffusa una concezione della signoria dei territori conquistati come una sorta di proprietà la cui titolarità spettava ad un solo soggetto, il *populus Romanus*.

Ora, con la restituzione augustea della *res publica* a popolo ed al senato, il *princeps* veniva a configurarsi come un terzo soggetto accanto ad essi, sicché, come si è già avuto modo di ricordare, nel 27 a.C. Augusto lasciò al popolo ed al senato l'amministrazione di alcune province e trattenne sotto il suo diretto controllo quelle non ancora del tutto pacificate (che, non a caso, erano di fatto anche le più ricche), che necessitavano perciò della stabile presenza di forti contingenti militari il cui comando era riservato all'autorità imperiale. Da qui nacque allora la fondamentale divisione tra province senatorie e province imperiali che divenne permanente per tutto il Principato e che si cristallizzò nel senso che alla gestione senatoria rimasero, salva qualche rara eccezione, solamente le province inizialmente attribuite al senato da Augusto, mentre tutte quelle di nuova creazione entrarono a far parte del novero delle province imperiali, ciò che, del resto, rientrava perfettamente nella logica di un regime che andava evolvendosi in senso marcatamente monarchico:

Strabo, *Geogr.* 17.3.25: Di tutte queste regioni soggette ai Romani, alcune sono governate da re, altre i Romani le tengono loro stessi, chiamandole province, e vi inviano governatori ed esattori di tributi ... Quanto alle province, esse sono state divise in modi differenti nelle differenti epoche, ma al presente sono come le ha sistemate Cesare Augusto: ... Augusto divise l'intero territorio in due parti; una parte l'assegnò a sé stesso, l'altra al popolo. A sé stesso diede quella parte che necessita di un controllo militare (ed è quella barbara e vicina a popolazioni non ancora domate, o sterile e difficile da mettere a cultura, sicché, mancando di tutto il resto, ma essendo ben fornita di posti fortificati, morde il freno e si rifiuta di obbedire), mentre al popolo diede l'altra parte, quella pacificata e che si può facilmente governare senza armi. Divise poi l'una e l'altra in parecchie province, delle quali le une sono dette di Cesare, le altre del popolo. Ed alle sue province Cesare invia duci ed amministratori, dividendone le regioni in modi diversi nei diversi tempi e governandole sulla base delle varie contingenze; nelle province del popolo, invece, il popolo stesso manda ex pretori od ex consoli. Ed anche queste province sono suddivise in parti diverse quando la necessità lo richieda.

Strabo, *Geogr.* 3.4.20: Al giorno d'oggi ... alcune province vengono assegnate al popolo ed al senato ed altre all'imperatore di Roma ...

Nonostante Strabone si riferisca quasi esclusivamente al *populus*, relegando quasi intenzionalmente il *senatus* in una posizione costituzionalmente defilata rispetto al primo, non vi è alcun dubbio che il centro politico di attribuzione delle province non imperiali fosse l'assemblea dei *patres* e non il popolo romano. Infatti, sebbene sotto il profilo squisitamente giuridico queste province cadessero nel *dominium populi Romani*, il controllo politico era detenuto dal consesso senatorio, che, come subito si dirà, disponeva la nomina dei governatori, sicché non costituisce affatto una forzatura distinguere convenzionalmente, con riferimento alla sfera d'influenza politica, le province in senatorie ed imperiali. Tale distinzione, sulla base della quale Augusto ed il senato praticamente si spartirono le rispettive sfere d'influenza, finì allora per fornire la base territoriale alla supremazia militare del *princeps* e la giustificazione del suo *imperium*, sancendo, al contempo ed inequivocabilmente, la posizione di inferiorità del senato e la sua subalternità politica all'iniziativa politica imperiale.

Piuttosto, deve sottolinearsi che, per quanto la schematizzazione di Strabone sia in linea di massima accettabile laddove spiega che il criterio fondamentale di differenziazione tra le due categorie di province consistesse nel bisogno o meno di un controllo militare e dunque nello stanziamento o meno di eserciti, con la conseguenza che nel primo caso sarebbe stato il *princeps* ad assumersi l'onore del governo e della pacificazione e nel secondo caso il popolo avrebbe invece beneficiato di territori più tranquilli (con tutto ciò che ne derivava per il pacifico svolgimento dei traffici commerciali), tale quadro appare però eccessivamente semplificato dal momento che manca di dare pieno conto della reale complessità della situazione, che, fronteggiata dall'elasticità notoriamente connaturata al pragmatismo romano, imponeva la presenza di legioni anche nelle province senatorie laddove lo richiedessero esigenze politiche e militari (come, ad es., nell'Illirico, in Africa ed in Macedonia).

Quindici alla fine dell'età repubblicana e quasi raddoppiatesi già con Augusto (e ciò in seguito alle nuove espansioni territoriali, alla trasformazione in province di ex stati vassalli ed al riordinamento dei vecchi territori provinciali), le province divennero quarantacinque nel II secolo d.C. (durante il quale, più precisamente sotto Traiano, l'impero romano raggiunse la sua massima estensione territoriale) e, di queste, non più di una decina furono quelle senatorie.

Il governo delle province senatorie era affidato a promagistrati scelti, normalmente per sorteggio e partendo dai più anziani nelle cariche, tra coloro che avevano ricoperto il consolato (ciò che valeva per le sole province dell'Africa e dell'Asia) e la pretura (ciò che valeva per le rimanenti province, ancorché anche a tali governatori fosse stato esteso nell'uso comune il titolo di *proconsules*, cioè indipendentemente dalla funzione da loro eserciatata in precedenza) almeno cinque anni prima dell'assunzione del governatorato (e ciò in seguito al ripristino, da parte di Augusto, della *lex Pompeia de provinciis* del 52 a.C.). La carica era di durata annuale, ma era prorogata sino all'arrivo del successore ed era suscettibile di eccezionale iterazione sulla base di una deliberazione del senato, ed i governatori, muniti di *imperium* e *potestas*, svolgevano le loro funzioni, prevalentemente amministrative e giurisdizionali, formalmente in nome del *populus Romanus*, al quale apparteneva la proprietà del suolo di queste province ed al quale veniva pagato uno *stipendium* da parte dei privati che avevano in concessione il godimento dei *praedia* in esse ricadenti, detti *stipendiaria*. Peraltro, pur essendo accompagnati da littori (12 per i *proconsules* e 6 per i *propraetores*), i governatori di tali province non ne avevano il comando militare e, inoltre, pur essendo promagistrati, erano regolarmente stipendiati al pari dei governatori delle province imperiali (perdendosi così uno dei caratteri peculiari delle magistrature repubblicane, e cioè la onorarietà, vista ora come un possibile e pericoloso incentivo alla commissione di ogni genere di ruberie, concussioni e malversazioni a danno dei provinciali da parte dei loro governatori). Infine, come nell'epoca repubblicana, nell'esercizio del loro ufficio essi furono coadiuvati, in posizione subordinata ed con funzioni ausiliarie, da *legati* (nominati dal governatore, previa autorizzazione del senato, e talvolta dell'imperatore, nel numero di tre nelle province consolari e di uno in quelle pretorie) e *quaestores* (uno per ogni provincia, ad eccezione della Sicilia, dove ve ne erano due, con il compito di occuparsi delle questioni finanziarie), tutti investiti di imperio propretorio, mentre l'amministrazione delle proprietà imperiali (e talora anche la gestione delle miniere e la percezione di determinate imposte, come la *vicesima hereditatum*) era di competenza di un *procurator*, che, subordinato al governatore ma nominato direttamente dal *princeps* e da questi dunque dipendente, era sicuramente una presenza ingombrante per il *praeses provinciae* e la sua squadra di governo testimoniante in maniera fin troppo scoperta l'ingerenza dell'imperatore nell'amministrazione della provincia e, perciò, foriera di possibili aspri conflitti di competenza tra le due sfere potestative.

Le province imperiali erano invece governate dall'imperatore, in virtù di un *imperium proconsulare* senza però rivestire la relativa carica, per mezzo di propri funzionari.

Normalmente questi erano i *legati Augusti pro praetore*, nominati dal *princeps* (e quindi forniti di *imperium* derivante da quello del *princeps*) tra i consolari od i pretorii a seconda dell'importanza (anche militare) della provincia, accompagnati da 5 littori ed aventi tanto il comando delle legioni stanziate nelle province quanto ampie funzioni amministrative e giurisdizionali, che esercitavano avvalendosi di altri funzionari (come, ad es., il *iuridicus provinciae*, il quale, in ambito giudiziario, rappresentava il *legatus Augusti* nei distretti in cui era divisa la provincia, i *legati legionis*, sottoposti in linea di principio all'*imperium* del *legatus Augusti* ed i *procuratores*, generalmente con competenze di ordine finanziario).

Ma, già con Augusto e, in seguito, in numero sempre maggiore, si affermarono anche i *praefecti* (posti a capo, ad es., della Giudea, della Sardegna, della Corsica, della Dacia inferiore e della Mesopotamia) e, soprattutto, i *procuratores Augusti*, i quali, membri dell'*ordo equester*, titolari di ampi poteri civili e militari e forniti a partire da una certa epoca anche del *ius gladii* (cioè del potere di mettere a morte direttamente *cives* romani), furono preposti a quelle province imperiali, che dal loro nome vennero dette procuratorie, di recente conquista ed ancora particolarmente turbolente, connotate da condizioni di notevole arretratezza e da uno scarso livello di civiltà urbana e, non di rado, innestatesi sui territori degli ex regni vassalli definitivamente annessi a Roma, nei quali l'imperatore si presentava allora come una sorta di successore dei precedenti monarchi, accentuandone così il preminente carattere di dominii imperiali.

Diversamente dai governatori delle province senatorie, i *legati Augusti* ed i *procuratores* non potevano avere alle loro dipendenze altri legati o magistrati minori come i questori ed i *praedia* delle province imperiali erano sottoposti al *tributum*, prendendo così il nome di *praedia tributaria*, dovuto all'imperatore in quanto titolare della proprietà del suolo di tali province.

Va però chiarito che, nonostante l'indubbia diversa natura giuridica delle figure di governatori provinciali ora passate in rassegna, esse ebbero tuttavia dei tratti comuni che nel corso del Principato le resero meno differenti di quanto fossero in origine, quali, oltre alla già circostanza della percezione di uno stipendio fisso, il fatto che, al momento della loro partenza per la provincia, ricevessero tutti delle istruzioni imperiali (*mandata*) e tutti fossero tenuti ad applicare i provvedimenti loro destinati, sia che provenissero dal *princeps* e sia che promanassero dal *senatus* (ciò che reso evidente dall'applicazione dei *senatusconsulta* anche nelle province imperiali, come è attestato, ad es., dal già ricordato *Gnomon* dell'*Idios Logos*).

Anche nel caso dell'amministrazione delle province si realizzava dunque quel compromesso tra la forma repubblicana e l'effettivo potere imperiale sul quale era nato e si fondava il Principato, e tuttavia, mentre i governatori delle province senatorie governavano per troppo poco tempo e per di più erano condizionati dalla presenza di altri magistrati minori e, soprattutto, dai funzionari, come i già ricordati *procuratores*, nominati direttamente dall'autorità imperiale, con i quali era inevitabile il sorgere di conflitti di competenza, il *princeps* governava senza limitazioni ed interferenze, ciò che, del resto, è confermato da quanto subito si dirà in ordine alla più anomala delle province imperiali.

Una condizione politico-amministrativa particolare ebbe infatti l'Egitto, la cui dipendenza diretta ed esclusiva dall'imperatore era resa ancora più evidente e marcata rispetto alle province procuratorie, alle quali tale provincia pure può essere assimilata per quel riguarda alcune strutture amministrative e, soprattutto, il personale burocratico ivi utilizzato. E ciò a tal punto che il collegamento dell'Egitto al resto dell'impero, attuato da Augusto e mantenuto dai suoi successori, potrebbe configurarsi, pur con un'evidente esagerazione, come un'unione personale tanto spiccata da ritenersi quasi che non si trattasse di una vera provincia incorporata, al pari delle altre, nel territorio dell'impero.

In questo senso, la sistemazione dell'Egitto appare agli occhi dell'interprete odierno come l'ennesimo ed assai significativo esempio di quell'efficace e lungimirante strategia di Augusto finalizzata alla progressiva costruzione del *novus ordo*. Tra gli stati ellenistici dei quali Roma si era via via venuta impadronendo, l'Egitto era infatti quello che aveva caratteri sociali, economici e culturali del tutto peculiari, giacché vi convivevano due culture, l'egizia e l'ellenistica, più giustapposte che fuse, alle quali se ne aggiungeva ora una terza, quella romana. Augusto, pienamente consapevole di ciò, riuscì ad escogitare un ordinamento provinciale che conciliasse il più possibile la singolare situazione e condizione egiziana con le esigenze di stabilità della conquista e dell'amministrazione romana, riconoscendo all'Egitto una posizione speciale o, forse meglio, una sorta di 'statuto speciale', ampiamente giustificato dall'importanza politica, economica e strategica sotto il profilo militare di tale regione, che la differenziava nettamente da tutte le altre province dell'impero romano.

Infatti, l'imperatore vi si presentava nelle vesti di un vero monarca, quale successore dei Faraoni; gli veniva prestato il giuramento di fedeltà e gli venivano tributati onori divini al pari dei suoi predecessori tolemaici; le date erano indicate, come risulta dai documenti ufficiali, secondo gli anni di regno di ciascun imperatore, e non con il nome dei consoli come accadeva in tutto il resto dell'impero. Inoltre, agli appartenenti all'*ordo senatorius* era interdetta la possibilità di ricoprire cariche nel governo e nell'amministrazione dell'Egitto e, per evitare ogni pericolo di ingerenza senatoria negli affari di tale provincia, ad essi fu anche vietato, sin da Augusto, addirittura lo stesso accesso al paese senza una speciale autorizzazione imperiale.

Peraltro, a capo dell'Egitto non fu preposto un *proconsul*, come sarebbe stato coerente con la restituzione di tale territorio al popolo romano, bensì un *praefectus Aegypti*, che era una sorta di viceré, la durata della cui carica non era prefissata, e che, a dispetto del suo pur altissimo rango equestre (secondo solo a quello del *praefectus praetorio*, costituendo ciò l'ennesima prova della forte tendenza augustea ad attuare una politica di favore verso gli *equites* che però non coincidesse con la mancanza di un controllo costante anche sui membri dell'*ordo equester*, come sembra doversi dedurre dal fatto che il divieto di accesso in Egitto senza il permesso imperiale valeva anche per i cavalieri illustri), aveva il comando delle truppe ivi regolarmente stanziate (ciò che costituiva una significativa deroga al principio vigente per tutte le altre province, nelle quali il comando militare era affidato ai *legati Augusti*, tratti dall'*ordo senatorius*), essendo altresì titolare di una competenza generale che si estendeva all'attività amministrativa ed alla funzione giurisdizionale (esercitata sulla base di un editto valido anche oltre la scadenza di carica del *praefectus* che lo aveva emanato). E, del resto, la singolare posizione dell'Egitto rispetto alle altre province è testimoniata dalla posizione costituzionale proprio del *praefectus Aegypti*, il quale riceveva il suo *imperium* in base ad una legge comiziale a somiglianza del proconsole, alla cui carica tale prefetto veniva perciò assimilato. Tuttavia, tale anomalia è più che altro apparente, dal momento che può essere interpretata come un'ulteriore dimostrazione della mediazione augustea tra schemi repubblicani e nuove istituzioni. Infatti, restituito al *populus Romanus*, l'Egitto era governato sì da un fiduciario del *princeps* e, tuttavia, tale funzionario, al pari dei *proconsules* traenti l'*imperium* da una *lex* (secondo il disposto della *lex Cornelia de provinciis ordinandis* dell'81 a.C.), rinveniva la legittimazione del suo *imperium* non in una delega imperiale, bensì in una *lex* comiziale. Siamo allora in presenza, ancora una volta, di un formidabile esempio augusteo di innovazione istituzionale innestata nelle forme tradizionali che tendeva a conservare.

Tra gli altri funzionari più importanti operanti in Egitto in funzione di coadiutori del *praefectus Aegypti*, tutti appartenenti all'*ordo equester*, vanno poi menzionati, oltre a quelli facenti parte del *consilium* del *praefectus* (non di rado provenienti dal regime tolemaico), il *iuridicus Alexandriae*, avente compiti giudiziari (ad es., in materia di *datio tutoris*) non limitati alla sola Alessandria, il già ricordato *Idiologus*, investito di funzioni assai vaste ed estese in materia finanziaria e fiscale, e gli epistrateghi, preposti ai tre grandi distretti nei quali era suddiviso l'Egitto.

Infine, va ricordato che anche durante il Principato nelle province si riunivano annualmente delle assemblee, detti *concilia*, che, lungi dall'essere semplici organi addetti a funzioni religiose per il culto dell'imperatore, erano una sorta di organi rappresentativi dei sudditi provinciali, assimilabili perciò ai *collegia licita* privati aventi scopi religiosi o, più probabilmente, configurabili come enti aventi la natura giuridica di istituzioni pubbliche. In realtà, esse acquisirono un ruolo specifico all'interno di ogni provincia, che fu più o meno rappresentativo a seconda della diversa sensibilità mostrata da ciascun imperatore nei confronti delle esigenze di cui tali *concilia* erano portatrici. Di fatto, queste assemblee erano monopolizzate da personaggi influenti della vita provinciale, spesso legati al governo centrale e, quindi, incapaci di gestirle autonomamente. In ogni caso, esse avevano un'organizzazione interna ed esercitavano dei poteri disponendo di una propria cassa e, quindi, di una propria finanza (le assemblee orientali avevano addirittura il diritto di battere moneta propria) e procedendo altresì alla formazione del bilancio di spesa ed all'approvazione dei conti.

I *concilia* di cui ora si è detto non vanno però confusi con i *conventus*, cioè quella sorta di assemblee giudiziarie tenute, durante l'anno, dal governatore provinciale, che, percorrendo il territorio di propria competenza e fermandosi nella città principale di ciascun distretto della provincia, vi esercitava la funzione giurisdizionale (avente ad oggetto sia questioni tra città, sia controversie tra *cives* e tra *peregrini* e sia ancora conflitti di competenza tra i magistrati locali) al cospetto di magistrati, giudici, contendenti, avvocati e cittadini, i quali, confluendo contemporaneamente nel medesimo luogo, evitavano così di essere costretti a recarsi tutti nel capoluogo della provincia.

13. *Le autonomie cittadine*

Premesso che, durante il Principato, la tipologia delle organizzazioni cittadine rimase formalmente invariata rispetto all'esperienza repubblicana, giacché continuò a sussistere la fondamentale distinzione tra *civitates Romanae*, *civitates Latinae* e *civitates peregrinae* e, nell'ambito delle prime due categorie, quella tradizionale in *municipia* e *coloniae*, bisogna sottolineare che, con l'estensione della cittadinanza romana a tutte le popolazioni italiche, avvenuta in seguito ad un processo iniziato nei primi decenni del I secolo a.C. e conclusosi alla fine dell'età repubblicana, ogni differenza di statuto e posizione giuridica dei *municipia* e delle *coloniae* andò sempre più attenuandosi, con la conseguenza che tutte le città italiche si avviarono ad essere rette secondo un ordinamento pressoché uniforme designabile genericamente ed onnicomprensivamente come 'municipale'.

Gli organi locali, titolari dell'esercizio dell'autonomia cittadina, ovviamente entro i limiti in cui essa era consentita dal potere centrale, rimasero in vita, svolgendo le loro funzioni attivamente lungo tutto il I secolo d.C., anche se, in seguito, l'autonomia e la vita politica cittadina si avviarono ad una progressiva decadenza, finendo poi per esaurirsi del tutto a causa dell'intensificarsi dell'asfissiante controllo e della pesante ingerenza del potere imperiale.

I magistrati municipali, forniti di *potestas*, continuarono ad essere, di norma, in numero di quattro, dei quali due, i *duoviri iure dicundo*, aventi un rango più elevato e competenze non dissimili da quelle che erano spettate ai consoli nella Roma repubblicana, e due, i *duoviri aediles*, di rango minore e con competenze analoghe a quelle degli edili operanti nella capitale. Essi erano inoltre considerati tutti assieme come un'unica magistratura collegiale, sicché venivano denominati correntemente *quattuorviri* e, in particolare, i primi due *quattuorviri iure dicundo* e gli altri due *quattuorviri aediles*, anche se alcune città erano rette solamente dai *duoviri iure dicundo* (ciò che accadeva più frequentemente per le colonie) ed altre *civitates* (soprattutto i municipi) erano governate, oltre che dai *quattuorviri*, anche da *quaestores* (normalmente due, ma talora anche tre, cinque o sette). I *duoviri* o *quattuorviri iure dicundo* erano responsabili del censimento (e perciò erano detti anche *quinquennales*) ed esercitavano una funzione giurisdizionale limitata alle controversie di minore importanza (per valore, presumibilmente tra i 10.000 ed i 15.000 sesterzi, e per materia, concernente le azioni di *furtum* e di *iniuria* ed gli atti c.d. *magis imperii quam iurisdictionis*), restando competente il *praetor urbanus* per quelle che superassero tale limite.

Accanto a tali magistrature, in ogni città esistevano dei comizi popolari (tributi o curiati, a seconda dell'unità di voto), entrati in una fase di decadenza già agli inizi del Principato (in analogia a quanto avvenuto per i *comitia* in Roma) ed aventi un ruolo marginale limitantesi in sostanza all'elezione dei magistrati locali ed all'emanazione di *decreta* onorifici, ed un senato locale, costituito da *decuriones* facenti parte di un *ordo* analogo a quello *senatorius* di Roma e scelti nell'ambito dell'aristocrazia municipale mediante *lectio* operata dai *quinquennales* oppure per cooptazione. Questo consesso locale, titolare di una serie di privilegi (tra quali il più importante era certamente costituito dall'essere il nucleo principale della classe degli *honestiores*, in contrapposizione agli *humiliores*, che si identificavano sostanzialmente con i *plebeii*), era, in realtà, l'effettivo detentore del potere in quanto aveva un'autorità superiore sui magistrati, i quali, seppure formalmente non vincolati all'applicazione dei suoi *consulta*, incorrevano tuttavia in sanzioni penali in caso di inosservanza dei suoi *decreta*. Tuttavia, in seguito alla decadenza socio-economica delle città ed ai pesanti oneri gravanti sui *curiales*, la partecipazione all'*ordo* finì per non essere più ambita da parte dei maggiorenti locali, trasformandosi addirittura in un peso che venne progressivamente imposto a tutti i proprietari fondiari, fatte salve alcune ben precise cause d'esenzione.

Inoltre, va ricordata la figura giuridica dell'*origo*, che indicava, senza alcun nesso con lo *status civitatis*, l'appartenenza di un soggetto ad una città allo scopo di determinare il *ius honorum* e l'assunzione dei *munera*, con la conseguenza che, in quanto finalizzata ad esigenze esclusivamente amministrative, un individuo poteva avere un'*origo* non coincidente con la cittadinanza. Ed tale istituto si aggiungeva l'*adstributio*, cioè il rapporto che legava, sotto il profilo amministrativo e giudiziario, una comunità ad una città romana o latina verso cui la prima era tributaria.

Peraltro, va ricordato che, mentre per quasi tutta l'età repubblicana lo statuto municipale veniva concesso solamente alle città italiche e le *coloniae* venivano dedotte anch'esse unicamente sul suolo italico, nel Principato, sulla scia di quanto era già avvenuto nell'ultimo periodo della *res publica*, si estese la costituzione municipale a città provinciali e vennero fondate colonie anche nelle province, fenomeno, questo, che riguardò, in particolare, i territori provinciali occidentali che subirono un più intenso processo di romanizzazione, come la Sicilia, la Spagna, le Gallie e l'Africa, anche se non sembra che vi sia mai stata una *lex municipalis*, che, sul modello delle odierne 'leggi-quadro', avrebbe dettato una disciplina organizzativa e funzionale uniforme ed identica per tutti i *municipia*. Le colonie ed i municipi ubicati nelle province erano organizzati, in linea di massima, secondo lo stesso schema delle *civitates* italiche e non dissimili erano pure i limiti alla *iurisdictio* dei magistrati locali (sia per valore, non esistendo però un limite unico per tutte le città, e sia per materia, spettando al governatore provinciale le controversie di maggior rilievo, come, ad es., i *praeiudicia de libertate*) e, tuttavia, in tali territori la distinzione formale tra *municipia* e *coloniae* si mantenne più a lungo (e, cioè, fino al II secolo d.C.). Inoltre, come si evince dalla circostanza che diverse città provinciali già titolari dello statuto municipale si rivolgevano al *princeps* per chiedergli il conferimento dello *status* di *colonia* e, quindi, la trasformazione da *municipia* in *coloniae*, questa seconda posizione era ritenuta preferibile alla prima (probabilmente per i privilegi che i *coloni*, generalmente veterani militari, riuscivano ad ottenere dagli imperatori), e ciò a differenza di quanto era avenuto per le *civitates* italiche. Anche se va precisato che, in tali casi, non si trattò tanto di deduzioni di nuove colonie con conseguente effettivo insediamento di *cives* romani, quanto piuttosto di frequente riconoscimento dello *status* di *colonia* (c.d. 'colonia onoraria') a comunità cittadine provinciali preesistenti ed a *civitates peregrinae*, e, in stretta correlazione a ciò, che, nelle province, si mantenne la distinzione tra le *coloniae civium Romanorum* (cioè quelle effettivamente *deductae* mediante nuovi insediamenti) e le più numerose *coloniae latinae* (cioè quelle comunità peregrine alle quali era stato concesso il *ius Latii*, divenendo così colonie di diritto latino, alcune delle quali più agevolate, rispetto alle altre, in relazione all'acquisto della cittadinanza romana da parte dei singoli soggetti ivi stanziati).

Ancora, vi erano le *civitates peregrinae*, che erano le città di diritto straniero distinte formalmente in *foederatae* e *sine foedere liberae* a seconda dei trattati internazionali (sempre più rari nel Principato) che le legavano a Roma, ma di fatto discriminate dalla concessione alle seconde della *libertas* da parte del *princeps* (ciò che avveniva di frequente in favore delle città dell'Oriente ellenizzato, per le quali la dichiarazione di libertà poteva rappresentare una valida alternativa alla concessione dello *status* di città latina o romana). Le istituzioni cittadine erano quelle tipiche delle città-stato: le magistrature (arconti, basilei, strateghi, pritanei, ecc.), il senato locale (*boulé*, da non confondere con la *gerousía*, cioè una sorta di consiglio degli anziani con funzioni amministrative di importanza secondaria) e l'assemblea popolare (*ekklesía*).

Per ciò che riguarda la giurisdizione, è sicuro che il suo ambito dipendesse dal grado di autonomia goduta da ciascuna città ed verosimile che le questioni civili e penali fossero inizialmente risolte dagli organi locali senza un'eccessiva ingerenza dell'autorità romana, che, però, a partire dal II secolo d.C., iniziò a limitare l'autonomia locale mediante l'attribuzione delle controversie di primo e secondo grado al governatore della provincia. Infine, vi erano delle *civitates peregrinae*, tra le quali rientravano tanto le città greche ed ellenizzate dell'Oriente quanto le città dell'Occidente e della penisola balcanica, alle quali Roma non riconobbe mai formalmente un grado di autonomia, che perciò vengono comunemente denominate 'autonome di fatto', sicché ad esse veniva consentito di continuare a mantenere la precedente struttura etnico-politica sino a diversa decisione del governo romano.

Un problema diverso e complesso è poi costituito dai limiti del pluralismo normativo riconosciuto da Roma alle autonomie locali, cioè, in altri termini, il diritto da applicare agli abitanti delle diverse *civitates* dell'impero.

Per quanto riguarda le *civitates Romanae*, essendo indiscussa l'applicazione del diritto romano, può ritenersi che, a differenza delle *coloniae*, ai *municipia* fosse riconosciuto un potere di normazione in ordine a quelle materie espressamente riservate all'autonomia cittadina, potendo così i loro abitanti vivere anche *legibus suis et suo iure*.

Per quel che concerne l'autonomia normativa delle *civitates Latinae*, l'applicabilità del diritto romano ai Latini dell'impero è fuor di dubbio, come si evince da un capitolo della *lex Irnitana*, databile indicativamente all'81-84 d.C., contenente un esplicito rinvio generale al *ius civile* per disciplinare i rapporti tra i cittadini del *municipium* spagnolo di Irni non previsti dallo statuto:

> Lex Irn. 93: R(UBRICA). *De iure municipum. Quibus de rebus in h(ac) l(ege) nominatim cautumve scriptum<ve> non est, quo iure inter se municipes municipi Flavi Irnitani agant, de iis rebus omnibus ii inter s[e eo i]ure agunto, quo cives Romani inter se iure civili agunt agent. Quod adversus h(anc) l(egem) non fiat quodque ita actum gestum com prehensumque erit, id ius ratumque esto.*
>
> RUBRICA. Il diritto dei *municipes*. Sulle fattispecie non previste ed espressamente riportate nella presente legge, in ordine al diritto in base al quale i *municipes* del municipio Flavio Irnitano agiscano tra loro, essi – per tutte queste fattispecie – agiscano tra loro in base allo stesso diritto in base a cui i cittadini romani agiscono ed agiranno fra loro. Qualunque cosa non avvenga contro la presente legge, si svolga, sia attuata ed intesa in conformità (alla legge), sia legittima e sancita.

Per le *civitates peregrinae*, naturalmente, restava salva l'applicazione dei diritti locali, dovendosi tuttavia distinguere tra *peregrini alicuius civitatis* e *peregrini nullius civitatis*.

Per i primi si poneva la questione della 'doppia cittadinanza', in ordine alla quale va detto che, mentre fino alla tarda età repubblicana non era affatto consentito cumulare le cittadinanze di due città, bisognando dunque scegliere o quella romana o quella straniera, tale orientamento mutò radicalmente già nelle ultime fasi della crisi della *res publica* e si rafforzò agli inizi del Principato sotto la spinta dell'esigenza dei *principes* di legare alla casata ed alla politica imperiali le aristocrazie locali. Infatti, acquistando la cittadinanza romana e perdendo contestualmente quella originaria, le élites locali difficilmente sarebbero state in grado di continuare una vita integrata nella comunità di origine, e ciò non solo in vista delle cariche pubbliche da ricoprire, ma anche, e soprattutto, per l'impossibiltà di avvalersi dei tribunali e del diritto locale. Da qui, l'esigenza di riconoscere la doppia cittadinanza, di cui un esempio significativo è rappresentato dall'editto, emanato tra il 41 ed il 34 a.C., con il quale si concesse al navarca Seleuco (riconosciuto espressamente cittadino anche di *Rhosos*) ed ai suoi familiari, oltre al diritto di mantenere o ricoprire sacerdozi e magistrature, la cittadinanza romana ed il diritto di rivolgersi, se convenuti od accusati, ai giudici romani oppure agli organi giusdicenti della propria città, o di altre città, espressamente contemplate, con la significativa facoltà di pretendere l'applicazione dei relativi diritti.

Per i *peregrini nullius civitatis*, che non facevano riferimento ad alcun ordinamento cittadino, i rapporti erano invece regolati da tutte quelle norme per le quali il governo romano avesse disposto l'applicazione, anche se normalmente si faceva ricorso alle consuetudini locali, con la conseguenza che tali *peregrini*, anche laddove fossero stati beneficati della cittadinanza romana, permanevano nella posizione giuridica e, quindi, nei relativi obblighi verso la comunità di origine.

14. *La cittadinanza romana e la* constitutio Antoniniana

La storia della concessione della cittadinanza romana aveva subito una prima svolta in seguito al già ricordato *Bellum sociale* dell'89 a.C., conclusosi con la vittoria militare di Roma, ma con il successo politico dei *socii Italici*, che raggiunsero così l'obiettivo prefissatosi. La cittadinanza agli italici e così pure quella alla Gallia transpadana nel 49 a.C. aprirono la strada a nuove e numerose concessioni di cittadinanza operate nel Principato ad intere comunità (ad es., da parte di Claudio) e, successivamente, alla fondazione di città romane (in particolare, da parte di Traiano ed Adriano).

Nonostante ciò, l'impero romano non costituì un organismo unitario, bensì, come si è appena visto, un variegato e complesso *corpus* avente una struttura fondamentalmente pluralistica ed al centro del quale stava la *civitas romana*, da tempo estesa ormai a tutta l'Italia. E ciò avvenne perché lo stesso governo romano non mostrò per lungo tempo alcun interesse ad imporre un ordinamento giuridico uniforme in tutto l'impero od anche in singole province e, conseguentemente, a costruire un pesante e dispendioso apparato amministrativo che lo sorreggesse. Pertanto, per i primi due secoli del Principato prosperò il pluralismo normativo, che, incoraggiato dalla mancata imposizione del diritto romano alle popolazioni sottomesse, non venne insidiato neppure dal progressivo diffondersi della *civitas romana*, anche se va detto che i nuovi cittadini, nel sottoporre le loro controversie al vaglio della giurisdizione dei governatori provinciali, si adeguarono, il più delle volte spontaneamente, ai canoni propri del diritto romano, che, per questa via, esercitò una forza di attrazione tale da consentirne l'enorme diffusione nelle province più periferiche dell'impero (come è attestato, ad es., per l'Arabia e la Dacia, dove frequente fu l'utilizzo di istituti romani, quali, rispettivamente, l'*actio tutelae* e la *mancipatio*).

Perché fosse portato a compimento il graduale processo di trasformazione dello stato-città in stato-impero, cioè in un organismo unitario connotato, alla stregua degli stati moderni, da unità di territorio, popolazione ed ordinamento giuridico, fu necessario attendere il 212 d.C., anno in cui l'imperatore Antonino Caracalla, con un editto di portata epocale che semplificò notevolmente lo *status* delle autonomie locali di cui si è detto nel paragrafo precedente e che costituì uno dei momenti culminanti della politica severiana di unificazione del diritto e, quindi, di livellamento delle condizioni giuridiche delle diverse componenti della popolazione dell'impero, concesse a tutti gli abitanti dell'impero, che ne fossero precedentemente sprovvisti, la cittadinanza romana:

> P. Giess. 40.1: L'imperatore Cesare Marco Aurelio Severo Antonino Augusto dice: «Ora invero ... è necessario piuttosto cercare, lasciando da parte le accuse e le calunnie, in quale modo io possa rendere grazie agli dèi immortali, che con questa vittoria ... mi salvarono. Ritengo perciò di potere soddisfare la loro maestà nel modo più solenne e scrupoloso se gli stranieri, quanti sono entrati nel numero dei miei uomini, io riporti ai riti religiosi in onore degli dèi. Concedo dunque la cittadinanza romana a tutti gli stranieri che vivono nel territorio romano, restando fermo ogni genere di organizzazione cittadina eccetto quelle dei *dediticii*» [...].

> Gai. 1.14: *Vocantur autem peregrini dediticii hi, qui quondam adversus populum Romanum armis susceptis pugnaverunt, deinde victi se dediderunt.*
>
> [Vengono poi chiamati *peregrini dediticii* coloro che un tempo, prese le armi, combatterono contro il popolo romano, ed essendo quindi stati sconfitti, fecero la *deditio*].

> D. 1.5.17 (Ulp. 22 *ad ed.*): *In orbe Romano qui sunt ex constitutione imperatoris Antonini cives Romani effecti sunt.*
>
> [Coloro che vivono in terra romana, per la costituzione dell'imperatore Antonino, sono stati resi cittadini romani].

Ora, non è affatto semplice fornire un quadro esauriente delle diverse ipotesi avanzate e degli appassionati dibattiti dottrinari suscitati dalla *constitutio Antoniniana*, e tuttavia può dirsi che le principali questioni, a parte quella concernente le effettive motivazioni che ne stavano alla base (rintracciate, di volta in volta, nel desiderio di Caracalla di assoggettare i *peregrini* alle imposte dovute dai cittadini oppure di abolire l'odiosa divisione degli abitanti dell'impero tra cristiani e non cristiani o, al contrario, di indurre i *peregrini* a non abbandonare il culto pagano arginando così l'espansione del Cristianesimo od ancora nell'opportunismo politico di tale imperatore volto ad accattivarsi la simpatia e la gratitudine dei sudditi dell'impero e, in particolare, delle popolazioni di quell'Africa di cui i Severi erano originari, specie dopo il moto di esecrazione suscitato dall'uccisione del fratello Geta), riguardano i destinatari del provvedimento e la sopravvivenza degli ordinamenti locali.

Per ciò che concerne il primo problema, bisogna rilevare che, secondo quanto si legge nella parte finale del papiro ora riportato, la cittadinanza sarebbe stata concessa a tutti gli abitanti dell'impero romano, ad eccezione dei *dediticii*, cioè, come chiarisce Gaio, quei *peregrini* considerati indegni di ricevere l'importante beneficio a causa della loro perdurante riottosità ad accettare il dominio romano.

In realtà, non è facile stabilire chi fossero i *peregrini dediticii* e da cosa fossero esclusi, potendosi pensare ai *peregrini nullius civitatis* esclusi dalla concessione della cittadinanza. Tuttavia, a ben vedere, tale identificazione appare non plausibile ove si tenga presente che nel papiro, riconnettendosi l'eccezione alle *civitates*, si ammette la conservazione delle organizzazioni cittadine ad eccezione di quelle *dediticiae*. Conseguentemente si intenderebbe come soppressa la condizione di *dediticius* a differenza di altri *status* personali inferiori (come, ad es., i *libertini Aeliani*, cioè gli schiavi manomessi, ma privati della cittadinanza per avere riportato condanne infamanti in stato di schiavitù) la cui permanenza non sarebbe stata interessata dal provvedimento di Caracalla. E, in questo senso, la documentata assunzione del gentilizio romano di Aurelio da parte degli abitanti delle campagne egiziane confermerebbe che l'estensione della cittadinanza ebbe verosimilmente quella portata generale, di cui peraltro discorre il giurista Ulpiano nel terzo testo sopra riportato, non discriminatoria di alcuni gruppi di sudditi dell'impero e che riguardò anche coloro che erano stati privi sino a quel momento di qualunque *status civitatis*.

Ma, stando a quanto si legge nella parte centrale del papiro, si potrebbe pure ipotizzare che quest'ultimo non contenesse affatto la *constitutio Antoniniana de civitate danda*, bensì un diverso provvedimento politico-religioso, finalizzato all'unificazione dei culti professati dai *milites* romani, in qualche modo propedeutico al provvedimento di Antonino relativo alla concessione della cittadinanza.

Comunque sia, un dato appare però incontestabile, e cioè che dopo il 212 d.C. gruppi di sudditi residenti nell'impero rimasero privi di cittadinanza romana, come, ad esempio, alcune popolazioni barbariche di nuovo insediamento (quali i Visigoti nel 381 d.C.), senza contare poi che ci sono pervenuti diversi *diplomata militaria* di concessione ai veterani del *conubium* con donne *peregrinae*. E, ancora, vanno ricordati gli *status* di coloro che perdevano la cittadinanza in seguito a condanna penale, i *Latini Iuniani* (cioè gli schiavi manomessi senza l'uso di forme solenni) ed i più sopra ricordati *libertini Aeliani.*

Di difficile soluzione è poi il secondo problema, riguardante il diritto che si applicava ai *novi cives* dopo la *constitutio Antoniniana.*

Così, si potrebbe ritenere che il provvedimento di Caracalla avesse abrogato i diritti locali, che, soppiantati dal diritto romano, sarebbero sopravvissuti residualmente e fattualmente.

Tale ricostruzione, pur supportata da due testimonianze letterarie risalenti alla metà ed alla fine del III secolo d.C. (rispettivamente Gregorio il Taumaturgo ed il retore greco Menandro di Laodicea) nelle quali è chiaramente detto che il diritto vigente per tutti fosse quello romano, mostra però un'intrinseca debolezza giacché, nel tentativo di ricondurre ad un piano fattuale la notevole diffusione ed applicazione dei diritti locali, opera un riconoscimento di tale fenomeno.

Al contrario, si potrebbe immaginare che il diritto romano, lungi dal soppiantare ordinamenti locali e tradizioni giuridiche di antica risalenza, ne avesse consentito la vigenza in virtù del regime della doppia cittadinanza oppure relegandoli al grado di consuetudini.

Tuttavia, tale visione non appare accoglibile in riferimento alla doppia cittadinanza, dal momento che questa non avrebbe avuto più motivo di esistere in seguito al mutamento formale delle *civitates peregrinae* determinato dall'estensione generale della cittadinanza romana e, ancora, perché non avrebbe potuto comunque spiegare la sopravvivenza dei diritti nazionali delle popolazioni dei territori direttamente amministrati dal governo romano.

Diversamente sembrebbe doversi dire invece in relazione alle consuetudini, in quanto alcuni elementi deporrebbero in favore di una sopravvivenza dei diritti locali alla stregua di consuetudini, purché non in contrasto con le norme romane ritenute inderogabili. Basti pensare, infatti, a quali difficoltà sarebbero andati incontro i cittadini meno abbienti ed acculturati nell'uso dei *certa et sollemnia verba*, ciò che avrebbe richiesto una conoscenza della lingua latina ed un ceto di giuristi all'altezza della situazione, entrambe le circostanze sicuramente meno riscontrabili nella parte orientale dell'impero. Ed allora non è certo casuale che dalla prassi documentale egiziana concernente il diritto privato si evinca l'assenza dell'imposizione tanto del diritto romano quanto della lingua latina (tranne alcune eccezioni, come il testamento e la tutela), controbilanciata però dalla prassi di munire i documenti negoziali della clausola stipulatoria romana. Le resistenze più forti alla perdurante vigenza dei diritti locali provenivano però dalla cancelleria imperiale, che nei casi controversi non accettava l'applicazione di norme locali contrastanti con i principii indisponibili del diritto romano. Ciò, se per un verso potrebbe costituire una conferma del fatto che il diritto ritenuto applicabile fosse quello romano, per altro verso attesta la decisa volontà dei *novi cives* di non privarsi dei propri ordinamenti locali.

In conclusione, come si evince anche dalle affermazioni di alcuni giuristi della fine del Principato (come, ad es., Paolo), che, proprio nel momento in cui ricordavano i principii base del diritto romano ed ammonivano chi fosse chiamato ad applicare il diritto a non incoraggiare i *novi cives* a ricorrere a prassi inammissibili secondo il diritto romano, sembrano andare nella direzione della sopravvivenza, sia pure come consuetudine, dei diritti locali, appare allora più equilibrato ritenere che, in seguito all'emanazione della *constitutio Antoniniana*, si innescò un profondo processo di assimilazione delle normazioni locali, sia pure all'interno di un quadro di prevalenza del modello giuridico romano.

E, in questo senso, si può dunque fondatamente ritenere che l'attuazione del provvedimento di Caracalla dovette essere probabilmente meno traumatica rispetto alla sua pur innegabile dirompenza. E ciò anche tenuto conto dell'avanzato processo di romanizzazione della gran parte delle province imperiali, dell'incisivo ruolo svolto dagli editti dei governatori provinciali in ordine all'assimilazione tra diritto romano e diritti locali, delle ancora frequenti concessioni della cittadinanza a singoli soggetti o ad intere comunità non molto tempo prima dell'emanazione della *constitutio Antoniniana* (come, ad es., alla tribù di Banasa, nella Mauritania, da parte di Marco Aurelio nel 177 d.C.) e della diffusa esigenza di uniformità fiscale tra *cives* e provinciali (peraltro disattesa, dal momento che, in seguito al provvedimento di Caracalla, all'estensione della *vicesima manumissionum* e della *vicesima hereditatum* ai *novi cives* non corrispose un'analoga estensione dell'imposta fondiaria ai fondi italici). E non è difficile immaginare allora che i nuovi cittadini dovettero fare spesso uso del diritto romano per utilizzare norme od istituti a loro più favorevoli (come, del resto, è attestato, per la metà del III secolo d.C., dall'utilizzo dell'*emptio venditio*, della *fideipromissio* e dell'*interdictum uti possidetis* in Siria).

In ogni caso è però indiscutibile che la concessione della cittadinanza a tutti coloro che vivevano *in orbe Romano*, proprio nella misura in cui determinava la costituzionalizzazione del rapporto tra Italia, *civitates foederatae*, *civitates sine foedere liberae* e province, assimilava gli ordinamenti amministrativi di tali *civitates* a quelli tradizionali dei *municipia* e delle *coloniae* e rendeva uguali di fronte al potere centrale, senza distinzione alcuna tra romani originari e popoli annessi, tutti i provinciali di tutti i territori dell'impero, favorì, accelerandolo, il percorso verso quell'unità che sarà poi raggiunta nel Dominato, costituendo, al contempo, la prova che il fine delle espansioni e delle progressive annessioni di territori e popoli a quelli dell'impero fosse stato nel tempo anche quello dell'inclusione o, meglio, dell'integrazione politica in un organismo unitario, pur nell'inevitabile diversità delle lingue e delle culture.

La concessione della cittadinanza a tutti gli abitanti dell'impero e la conseguente estensione ad essi dell'ordinamento giuridico romano possono allora essere viste come la pietra tombale del modello di stato-città e, quindi, della prospettiva romanocentrica fino a quel momento ancora dominanti, per fare spazio ad una monarchia universale giuridicamente formalizzata tanto sotto l'aspetto pubblicistico quanto sotto il profilo privatistico, anche se il fine ultimo della *constitutio Antoniniana*, e cioè l'introduzione di un modello organizzativo statale connotato peculiarmente da un forte senso di comunanza politica e giuridica tra le diverse componenti dell'impero, fu raggiunto solo parzialmente, giacché, come si è visto, istituzioni e diritti locali sopravvissero comunque, mantenendo effettivamente e non di rado una buona vitalità. E ciò fu dovuto al rispetto che il governo romano mostrò nei confronti delle preesistenti forme di aggregazione istituzionale affidandone la gestione del potere locale, seppure non incondizionatamente, alle aristocrazie tradizionali e, quindi, diffondendo in tutto l'impero un ideale di vita che si riconosceva in modo esclusivo nel quadro della città in quanto istituzione, con l'importante conseguenza che tale modello costituì, per l'insieme dei quadri dirigenti delle autonomie locali, l'indispensabile presupposto della condivisione di un sistema di valori capace di garantire la durevole coesione dell'intera compagine imperiale.

Sezione seconda

Le fonti del diritto

1. *Le* leges *ed i* plebiscita

La politica legislativa dei primi imperatori non fu diretta a creare nuove forme di manifestazione di volontà aventi valore normativo destinate a sostituire quelle tradizionali della *res publica*, ma piuttosto a sviluppare quelle forme legislative repubblicane attraverso le quali potesse esprimersi più facilmente la volontà del *princeps*.

Così, Augusto ridiede vigore all'attività legislativa dei comizi, notevolmente scemata nel I secolo a.C. (tra le poche *leges* di tale periodo può ricordarsi la *lex Cornelia de captivis* dell'81 a.C.), facendo votare numerose leggi dai *comitia tributa* o, con più frequenza, dai *concilia plebis*, su proposta dei magistrati o presentandole egli stesso in forza della sua *tribunicia potestas*, nella piena consapevolezza che questa legislazione e anche quella che formalmente non portava il suo nome provenisse da lui, con la conseguenza che vi era un'impronta unificatrice che accomunava tutti i provvedimenti fatti votare dalle assemblee popolari.

La ripresa dell'attività legislativa comiziale e conciliare era dunque certamente coerente con il generale disegno di restaurazione repubblicana portato avanti dal fondatore del Principato, il quale ben comprese che, per gli aspetti più importanti delle sue riforme, appariva politicamente necessario servirsi dello strumento della *lex publica* (intesa in senso lato e, quindi, comprensiva del *plebiscitum*) quale era stato concepito in età repubblicana, e cioè come il risultato finale di un procedimento complesso derivante dall'accordo tra magistrati, popolo e senato e, per questo motivo, capace di produrre atti vincolanti per i tutti i suoi destinatari.

La legislazione augustea rivestì una notevole importanza nel campo del diritto privato (*lex Iulia de maritandis ordinibus*, del 18 a.C. e *lex Papia Poppaea*, del 9 d.C., leggi ispirate all'ideologia del ripristino dei valori tradizionali e del risanamento dei costumi e decisamente orientate a favorire un incremento demografico, con le quali venne riordinato l'intero diritto matrimoniale; *lex Fufia Caninia*, del 2 a.C. e *lex Aelia Sentia*, del 4 d.C., che limitavano le manomissioni degli schiavi; *lex Iulia de collegiis*, del 7 a.C.), processuale (*leges Iuliae iudiciariae*, del 17 a.C., che regolarono organicamente tutto il processo civile e criminale) e penale (le già ricordate *leges Iulia maiestatis*, *Iulia de adulteriis coercendis* e *Iulia de vi publica et privata* e la *lex Iulia sumptuaria*, del 18 a.C.).

Già subito dopo Augusto la legislazione comiziale iniziò però a decadere rapidamente, sicché, fatta eccezione per qualche importante legge emanata durante il principato dei suoi immediati successori (come, ad es., la *lex Iunia Norbana* fatta votare da Tiberio nel 19 d.C. al fine di riordinare tutto il sistema delle manomissioni), essa si esaurì del tutto alla fine del I secolo d.C. con l'emanazione dell'ultima *lex* di cui abbiamo notizia, cioè una legge agraria proposta da Nerva nel 97 o 98 d.C.

E l'estrema rarefazione di leggi dopo Augusto si spiega con il fatto che non dovette essere altrettanto facile per i suoi successori continuarne il sapiente ed accorto operato, sicché la legislazione comiziale come strumento di politica del diritto fu ben presto soppiantata da altre fonti del diritto, tra le quali, in primo luogo, i senatoconsulti.

2. *I* senatusconsulta

Ben presto alla funzione legislativa delle assemblee popolari si era andata affiancando, fino a soppiantarla del tutto, una più diretta partecipazione del senato all'attività di produzione del diritto, sicché, durante il Principato, i *senatusconsulta*, che fino a quel momento (ed ancora fino ad Augusto) avevano avuto ad oggetto prevalentemente il diritto pubblico, riguardarono invece fondamentalmente questioni di diritto privato.

In tal modo, per un verso si compensava il senato della diminuzione della sua influenza nel campo del diritto pubblico, dovuta all'accentramento del potere politico nelle mani dell'imperatore, mediante l'attribuzione di fatto, se non formalmente, di una funzione normativa concernente il diritto privato per l'esercizio della quale le assemblee popolari non sempre davano sufficienti garanzie, e per altro verso si attuava, attraverso le svariate modifiche introdotte nel diritto privato, un'indiretta forma di controllo sull'attività dei magistrati giusdicenti, che non potevano certo prescindere, nell'amministrazione della giustizia, dalle innovazioni introdotte mediante i senatoconsulti.

Se è dunque indiscutibile che l'emersione dei *senatusconsulta* come strumento di trasformazione del diritto privato sia stata uno dei fenomeni tipici del Principato, meritevole di attenzione appare allora il problema delle modalità di produzione degli effetti delle deliberazioni senatorie di tale periodo, cioè quello dell'esistenza, o meno, di un vero e proprio 'potere normativo senatorio'.

A tal proposito, occorre preliminarmente ricordare come la già sottolineata sfasatura tra la forma della deliberazione senatoria ed i suoi diversi contenuti connotante i senatoconsulti di età repubblicana rimase anche nell'età del Principato, sicché il *senatusconsultum* costituì presso i giuristi classici una figura unitaria di fonte del diritto dal punto di vista formale e terminologico, ma non anche da quello sostanziale, giacché furono qualificate come *senatusconsulta* deliberazioni senatorie di qualsivoglia contenuto, come, ad esempio, le sentenze senatorie conclusive delle *cognitiones* criminali di primo grado e civili d'appello. Da tale rilievo scaturisce allora la conseguenza della possibile esistenza di diversi tipi di senatoconsulti sotto il profilo dell'efficacia, ciò che, del resto, risulta avvalorato non soltanto, come ora si è detto, dalla stessa esistenza di 'senatoconsulti-sentenze', ma anche dal fatto che, nell'età del Principato, vi furono *senatusconsulta* operanti all'interno del *ius honorarium* in quanto necessitanti dell'intervento del pretore, *senatusconsulta* esplicanti la loro efficacia direttamente sul piano del *ius civile*, *senatusconsulta* meramente interpretativi del *ius* e *senatusconsulta* di diritto pubblico (come i senatoconsulti Osidiano, Volusiano ed Aciliano) e criminale (come, ad es., i senatoconsulti che stabilivano nuovi casi d'indegnità a succedere; il *senatusconsultum Silanianum*, che prevedeva il divieto di apertura del testamento del defunto prima che fosse avvenuta la *quaestio* dei servi e, ancora, l'acquisto della libertà da parte del servo che avesse denunciato l'uccisore; il *senatusconsultum Libonianum*, che sancì la nullità della disposizione di ultima volontà *sibi adscripta*; il *senatusconsultum de naufragiis*, che regolò le implicazioni privatistiche scaturenti dalla repressione criminale della rapina in occasione di naufragio; il *senatusconsultum Neronianum adversus falsarios*, che regolò le modalità con le quali dovevano essere redatti gli atti *inter vivos* ed i *testamenta*; il *senatusconsultum Memmianum*, che stabilì che l'adozione simulata non avesse alcun valore al fine di ottenere cariche pubbliche e nemmeno per prendere possesso di eredità) contenenti però norme accessorie di diritto privato.

Ora, tenuto conto anche di tali rilievi, l'affermare che, durante il Principato (spesso senza indicare quando, ma dando quasi per scontato che ciò sia avvenuto sin dal suo inizio), i senatoconsulti avrebbero acquistato valore 'normativo' finisce per confondere insieme problemi diversi: il primo, concernente la possibilità per il senato di porre norme giuridiche; il secondo, riguardante il riconoscimento della capacità di porre norme immediatamente operanti e, perciò, al pari delle norme poste da una *lex comitialis*, riceventi da sé efficacia, senza bisogno di un altro strumento (ad es., il già ricordato editto pretorio) che le rendesse efficaci ed a prescindere dalla loro equiparazione alla *lex*; il terzo, consistente nel quesito se le norme poste dal senato avesse in qualche modo valore 'legislativo', cioè fossero generali ed astratte e, dunque, vincolanti per tutti i cittadini.

E, si badi bene, si tratta di tre problemi che non solo devono essere tenuti distinti concettualmente, ma che emergono anche in momenti diversi.

Così, quanto al primo problema, se si va a guardare ai singoli senatoconsulti della prima età imperiale, ci si accorge che nulla di diverso vi era rispetto a quanto avveniva già nell'ultima età repubblicana, cioè che il senato interveniva talora nell'ambito del diritto privato ponendo dei principii di diritto modificativi rispetto alle norme vigenti, ciò avvenendo però mediante la sollecitazione ai magistrati giusdicenti ad adeguarsi nell'esercizio della loro *iurisdictio* ai principii più o meno dettagliatamente posti dai *senatusconsulta* e, quindi, alla stessa maniera di quel che era accaduto nell'ultima età repubblicana, nella quale, come si è visto, la presenza di assemblee popolari ancora funzionanti induceva il senato a sollecitare i magistrati a presentare ad esse una *rogatio* della quale si indicavano, sia pure non dettagliatamente, le linee. Ed era proprio questa la situazione che si era presentata ancora in età augustea, nella quale la ripresa dell'attività comiziale e l'impulso ad essa dato da Augusto spiegano certamente l'ancora scarsa attività senatoria nel campo del diritto privato.

Quanto al secondo problema, che consiste nel chiedersi se ed a partire da quando i senatoconsulti furono ritenuti sufficienti a creare norme immediatamente operanti nell'ambito del *ius civile*, occorre invece attendere il II secolo d.C. o, tutt'al più, gli ultimi anni del primo. Infatti, le testimonianze concernenti i più noti senatoconsulti del I secolo d.C. – come il *Silanianum* (10 d.C.), l'*Ostorianum* (44 d.C.), il *Vellaeanum* (54 d.C.), il *Trebellianum* (56 d.C.), il *Neronianum* (emanato tra il 60 ed il 64 d.C.), il *Macedonianum* (dell'età di Vespasiano) e il *Pegasianum* (dell'età di Vespasiano) – mostrano concordemente come l'attuazione concreta dei principii da essi affermati fosse rimessa all'opera del pretore, che li recepiva nel suo editto. Al contrario, si può notare come, tra la fine del I e gli inizi del II secolo d.C., alcuni senatoconsulti posero norme immediatamente vincolanti per i magistrati giusdicenti senza l'intermediazione dell'editto pretorio. Si tratta del *Rubrianum* (emanato tra il 99 ed il 102 d.C.), del *Dasumianum* (119 d.C.), del *Vitrasianum* (122 d.C.), dell'*Articuleianum* (123 d.C.) e dell'*Iuncianum* (127 d.C.), che disciplinarono la materia delle libertà fedecommissarie disponendo che il *praetor fideicommissarius* pronunciasse la libertà dello schiavo in una serie di ipotesi di assenza dell'onerato dal giudizio. Siamo cioè in presenza di un caso di 'sentenza costitutiva' resa possibile dalla circostanza che il processo entro cui si operava fosse quello della *cognitio fideicommissaria*, ciò che spiega, appunto, la circostanza che tali disposizioni senatorie fossero immediatamente efficaci nel giudizio di libertà, senza bisogno dell'intermediazione edittale. E si comprende allora perché in questi casi la forma in cui si esprimevano tali senatoconsulti non fosse più quella di un invito, bensì di un 'imperativo categorico'. Verso la fine del principato di Adriano, più precisamente nel 133 d.C., fu emanato il noto *senatusconsultum Tertullianum*, al quale seguì più tardi (178 d.C.) il *senatusconsultum Orphitianum*, che regolarono la successione della madre ai figli e viceversa. In questo caso, si trattava di provvedimenti senatori che incidevano vistosamente sul piano del *ius civile*, dal momento che creavano nuove ipotesi di successione legittima civilisticamente sanzionata dall'attribuzione alla madre o, rispettivamente, ai figli della qualifica di erede e non di *bonorum possessor*. E così pure incisero certamente sul *ius civile* altri due senatoconsulti emanati durante il principato di Adriano ed entrambi ricordati comunemente con il medesimo nome di *Iuventianum*, dei quali il primo (129 d.C.) innovò profondamente il regime dell'*hereditatis petitio* ed il secondo (136 d.C.) ammise l'esercizio di tale *petitio* da parte dell'*heres* contro chi in mala fede avesse usucapito *pro herede* una cosa ereditaria. Si può dire allora che in età adrianea i senatoconsulti ebbero ormai pieni effetti civili, effetti cioè che erano del tutto simili a quelli delle leggi comiziali.

In questo senso, e solo in questo, si può perciò comprendere, da un lato, l'affermazione del giurista Gaio che il senatoconsulto «*legis vicem optinet, quamvis fuerit quaesitum*»:

> Gai. 1.4: *Senatus consultum est, quod senatus iubet atque constituit; idque legis vicem optinet, quamvis fuerit quaesitum.*
>
> [Il senatoconsulto è ciò che il senato comanda e stabilisce, ed esso tiene luogo di legge, per quanto ciò sia stato discusso].

E, dall'altro, la grande difficoltà di individuare nelle altre fonti giuridiche di epoca classica il percorso attraverso il quale i senatoconsulti assunsero progressivamente valore appunto 'legislativo': non certo nel senso che i *senatusconsulta* fossero riconosciuti solo allora come atti aventi valore 'normativo', e neppure che essi venissero ora intesi come 'norme generali ed astratte', ma che a seguito di un lungo processo e di un dibattito che non dipendevano esclusivamente dalla loro natura, ma anche da fattori esterni quali l'esaurirsi dell'attività comiziale prima, l'emergere in seguito delle giurisdizioni speciali e, infine, la codificazione dell'editto, portò poi i senatoconsulti ad operare con gli stessi effetti della *lex* comiziale. Circostanza, questa, che fa allora comprendere appieno perché la *quaestio* ricordata da Gaio circa il «*legis vicem optinere*» dei senatoconsulti non avesse più ragione di esistere a partire dall'età adrianea.

Ed è proprio alla luce di tali considerazioni in ordine alla produzione di effetti *iure civili* da parte dei senatoconsulti adrianei che si spiega perché, a differenza di molti dei *senatusconsulta* del primo secolo dell'impero, nei quali, trattandosi di istruzioni rivolte ai magistrati, ciò che veniva in immediata considerazione era l'*actio*, in quelli di età successiva quel che veniva in rilievo era, al contrario, il *ius*, cioè il diritto sostanziale, apparendo allora chiaramente che non era il senato ad acquistare nuovo potere rispetto a prima, ma era il pretore che via via lo andava perdendo, a beneficio dell'assemblea dei *patres*:

> D. 1.3.9 (Ulp. *16 ad ed.*): *Non ambigitur senatum ius facere posse.*
>
> [Non si dubita che il senato possa creare diritto].

Infine, quanto al terzo problema, se cioè i senatoconsulti ponessero 'norme generali ed astratte', vincolanti per tutti i cittadini, questo non è verò né per il primo né per il secondo secolo del Principato e, in ogni caso, appare come un quesito mal posto dal punto di vista della concezione romana. Ed è semmai solamente verso la fine dell'epoca classica che può forse parlarsene, quando cioè l'*oratio principis* assumerà le caratteristiche, anche formali, della legge. Anche in questa funzione l'intervento degli imperatori, dapprima indiretto, si fa sempre più diretto ed immediato, sicché è a partire da Claudio che i *principes* presero l'uso di proporre essi stessi, anziché i magistrati, alcuni provvedimenti senatori. Con la conseguenza che l'atto del senato, il quale dapprima continuò a chiamarsi *senatusconsultum*, seguito dal nome aggettivato del proponente anche qualora questi fosse l'imperatore, nell'uso finirà poi per essere designato con il nome di *oratio principis in senatus habita*, dandosi così la prevalenza al provvedimento del principe su quello, meramente formale, del senato, che del primo, soprattutto alla fine dell'epoca classica, si limitava semplicemente a prendere atto. Anche se va escluso che già con Claudio l'*auctoritas* imperiale qualificasse la decisione del senato, elevandola ancor di più, seppure in via di fatto, a fonte del diritto, ed incrementandone così il valore normativo, giacché, in siffatta maniera, si verrebbe a collocare troppo indietro un fenomeno che, come si è visto, si verificò sicuramente molto tempo dopo.

Da quanto precede risulta evidente allora che si dovrebbe procedere ad una revisione del concetto di 'normatività' dei *senatusconsulta* e, più in generale, delle fonti del diritto romano, spesso inteso in termini moderni, e ciò tal punto da dubitare seriamente che la figura del 'senatoconsulto normativo' sia mai esistita presso la giurisprudenza romana e ritenere che esso sia invece il frutto di un travisamento o, forse meglio, di un'invenzione della dottrina romanistica, che ha voluto individuare con concetti dell'odierna giuspubblicistica delle fonti, quali la 'normatività', la 'generalità', l'astrattezza' e la 'novità', delle realtà giuridiche insuscettibili di una tale operazione come appunto i *senatusconsulta*. Insomma, prima di addentrarsi nello studio dei senatoconsulti, tanto quelli di età repubblicana quanto quelli di età imperiale, l'interprete dovrebbe avere sempre ben presente l'incombenza del pericolo costituito dalla trasposizione di concetti moderni, e per essi basterebbero quelli di 'normazione' e 'legislazione', ad istituti e contesti dell'antichità, rendendosi così assolutamente necessario sottoporre primariamente ad analisi i concetti adoperati dallo storico del diritto e dal giurista moderno in riferimento a quelli che furono invece usati dai Romani per descrivere la effettiva realtà e portata di tale fonte di produzione senatoria. E, in questo senso, occorre dunque interrogarsi ancora se i concetti tradizionali di 'norma' e di 'fonte del diritto' siano idonei a distinguere e focalizzare i senatoconsulti dagli altri fattori produttivi di *ius* e, conseguentemente, se non sia il caso di mantenere una notevole elasticità di concetti nei quali sussumere la loro realtà storica, ammonendo così l'interprete moderno, ove ve ne fosse ancora bisogno, a condurre ogni ricerca su esperienze giuridiche del passato con un occhio rivolto verso quella realtà e con l'altro rivolto verso i progressi della scienza giuridica, per non lasciarsi sfuggire gli strumenti di comprensione che quest'ultima va via via forgiando.

3. *Gli* edicta magistratuum

In età augustea e per tutto il I secolo d.C., l'editto del pretore mantenne una notevole vitalità, assolvendo al ruolo di mediazione tra il potere politico, incarnato dalla produzione normativa che a qualunque titolo faceva capo al *princeps*, e la concreta attuazione degli interessi tutelati, veicolata dall'esercizio della funzione giurisdizionale, sicché il rinnovamento del diritto privato di tale periodo fu in massima parte determinato proprio dalla paziente opera dei pretori che, succedendosi ogni anno l'uno all'altro, apportavano via via le loro innovazioni nell'editto dei predecessori al pari di quanto avveniva nell'età repubblicana avanzata. E ciò a tal punto da far ritenere che l'editto della prima età imperiale fosse addirittura assai più ricco di nuove clausole di quanto non lo fosse quello del secolo immediatamente precedente.

Nonostante il testo dell'editto non fosse consolidato ancora agli inizi del II secolo d.C., è certo però che, al suo interno e già a metà del I secolo d.C., era possibile distinguere una parte ormai stabilizzata, contenente i principii consolidatisi nella prassi della giurisdizione pretoria e che perciò veniva riprodotta ogni anno senza modifiche (*edictum tralaticium*), ed una parte, che diveniva sempre più ridotta, contenente le innovazioni introdotte dai nuovi pretori rispetto all'editto dell'anno precedente. Infatti, è assai verosimile ritenere che, fino all'epoca adrianea, l'editto fosse sempre aperto a nuovi incrementi suggeriti dall'esperienza dei singoli pretori e presumibilmente introdotti non sempre con l'editto iniziale, ma anche quando se ne presentava concretamente l'esigenza nel corso dell'anno. E, sotto questo profilo, non si può escludere che l'editto iniziale di ogni singolo pretore contenesse di norma quasi esclusivamente clausole tralatizie, alle quali si aggiungevano quelle poche novità che venivano sollecitate al magistrato neoeletto nel periodo precedente l'entrata in carica.

Secondo la tradizione, la possibilità per i pretori di introdurre modifiche al testo dell'editto venne meno, producendo così l'esaurimento dell'attività creatrice del diritto da parte dei pretori, in seguito ad un provvedimento dell'imperatore Adriano, che avrebbe incaricato il giurista Salvio Giuliano di riordinare il testo dell'editto, divenuto ormai «*perpetuum*», cioè immutabile, con la conseguente avocazione al *princeps* del potere di introdurre nuove disposizioni o di modificare quelle esistenti:

c. Tanta 18: [...] *cum et ipse Iulianus legum et edicti perpetui subtilissimus conditor in suis libris hoc rettulit, ut, si quid imperfectum inveniatur, ab imperiali sanctione hoc repleatur. Et non ipse solus, sed et divus Hadrianus in compositione edicti et senatus consulto, quod eam secutum est, hoc apertissime definivit, ut, si quid in edicto positum non invenitur, hoc ad eius regulas eiusque coniecturas et imitationes possit nova instruere auctoritas* (a. 533 d.C.).

[... mentre lo stesso Giuliano, accuratissimo autore di leggi e dell'editto perpetuo, nei suoi libri lasciò scritto che, se si trovasse in esso qualche imperfezione, si supplisse ad essa con una decisione imperiale; e non egli solo, ma anche il divino Adriano, nella composizione dell'editto e del senatoconsulto che la seguì, chiarì definitivamente che, se qualcosa non si fosse trovata stabilita nell'editto, potesse la nuova autorità deciderla sulla base dei principii nonché delle interpretazioni e degli esempi in esso contenuti].

La 'codificazione' dell'Editto, che assume un significato esemplare entro la più generale tendenza monopolizzatrice dell'attività normativa connotante peculiarmente il principato adrianeo, nasceva quindi da un'evidente esigenza di praticità e di armonizzazione dell'attività giudiziaria all'interno di un nuovo sistema burocratico incompatibile con un editto sempre variabile e, insieme, dal continuo bisogno di creazione di nuovo diritto non più affrontabile attraverso l'invenzione di nuove *formulae* in successivi editti.

Ma, oltre a ciò, vi era certamente anche un forte motivo politico, e cioè che un magistrato come il pretore, vincolato solamente nei limiti dell'editto da lui stesso emanato, non poteva essere tollerato a lungo a fianco di funzionari facenti capo direttamente al *princeps* che li aveva nominati.

Con la codificazione dell'Editto e, soprattutto, con la conseguente sottrazione al pretore (ed agli altri magistrati giusdicenti) del potere di emanare editti, si metteva così fine alla mirabile attività creatrice del diritto da parte di tale magistrato, al quale non rimaneva altro che continuare ad esercitare la sua *iurisdictio* in armonia con le regole fissate nell'editto ormai codificato e, quindi, sotto il controllo dell'autorità imperiale, unicamente alla quale spettava ora il compito di apportare all'Editto perpetuo quelle correzioni, integrazioni ed aggiunte, suggerite dalla prassi giudiziaria, che non potevano più essere attuate nella revisione annuale dell'Editto e nemmeno ad opera di una pur sempre possibile interpretazione analogica da parte del pretore.

4. *Le* constitutiones principum

Le costituzioni imperiali furono la diretta espressione della volontà dell'imperatore, delle quali non si pose mai in dubbio il loro carattere vincolante, e ciò nonostante sia ancor oggi assai dibattuto il problema del fondamento del potere normativo imperiale da cui esse promanavano (di volta in volta individuato nell'*auctoritas*, nella *tribunicia potestas* o nell'*imperium proconsulare maius et infinitum*), ricollegato formalmente solo nel III secolo d.C. ad una *lex de imperio* con la quale l'imperatore si sarebbe vista delegata dal popolo la propria facoltà di emanare *leges*:

Gai. 1.5: *Constitutio principis est, quod imperator decreto vel edicto vel epistula constituit; nec umquam dubitatum est, quin id legis vicem optineat, cum ipse imperator per legem imperium accipiat.*

[La costituzione del principe è ciò che l'imperatore stabilisce con decreto, oppure editto, oppure lettera. Né mai si dubitò che ciò tenga luogo di legge, dal momento che lo stesso imperatore riceve il potere per mezzo di una legge].

D. 1.4.1*pr.*-1 (Ulp. 1 *inst.*): *Quod principi placuit, legis habet vigorem: utpote cum lege regia, quae de imperio eius lata est, populus ei et in eum omne suum imperium et potestatem conferat. Quodcumque igitur imperator per epistulam et subscriptiomem statuit vel cognoscens decrevit vel de plano interlocutus est vel edicto praecepit, legem esse constat. Haec sunt quas vulgo constitutiones appellamus.*

[Quel che il principe ha deciso ha vigore di legge: ciò perché con la legge regia, che viene emanata per attribuirgli l'imperio, il popolo conferisce a lui ed in lui ogni suo *imperium* e *potestas*. Tutto ciò, quindi, che l'imperatore dispone con una lettera od in calce (al quesito), o decreta in sede giurisdizionale, od afferma in sede extragiudiziaria, o prescrive con un editto, risulta essere legge. Queste sono quelle che comunemente chiamiamo costituzioni imperiali].

Durante tutto il I secolo d.C., per il quale una legge giustificativa del potere normativo del *princeps* non sarebbe stata compatibile con la sua volontà di occultarlo sotto forme repubblicane, non si può dunque parlare di provvedimenti normativi del principe e nemmeno di un potere di emanare atti aventi valore di legge, sicché il verbo *constituere* ebbe il generico significato di 'fissare' o, meglio, 'sistemare organicamente'.

E, invero, in tale periodo le disposizioni emanate dal principe vennero redatte nella forma e nello stile degli atti dei magistrati repubblicani, cioè come espressione normativa del cittadino investito di pubblici poteri, sicché il modello di normazione per gli imperatori non fu la legislazione, bensì l'attività dei magistrati. Si ebbero così gli *edicta* ed i *decreta*, cioè due diverse emanazioni dell'*imperium proconsulare maius et infinitum* di cui il principe era investito che erano immediatamente riconducibili al *ius edicendi* ed alla *iurisdictio* dei magistrati e promagistrati repubblicani.

Gli editti imperiali non furono altro allora che gli editti magistratuali, ma con un'efficacia più ampia nel tempo e nello spazio, connessa appunto alla maggiore ampiezza dell'*imperium proconsulare* del principe, avendo così valore per tutto l'impero e durata estesa a tutta la vita dell'imperatore. Inoltre, gli editti imperiali, pur presentandosi esteriormente simili a quelli magistratuali, erano diversi anche nella sostanza, giacché, mentre questi ultimi costituivano un programma per l'attività giudiziaria del magistrato stesso, i primi contenevano, in realtà, disposizioni generali ed astratte concernenti la generalità dei cittadini dell'impero o comunità e territori più ristretti (ad es., una o più province) e dirette a coloro che dovevano farle osservare.

L'altra forma di manifestazione della volontà imperiale immediatamente discendente dalla concezione repubblicana del potere del *princeps* fu il *decretum*, cioè una decisione giudiziaria civile o penale pronunciata dal principe, in prima istanza od in appello, e redatta dalla cancelleria *a cognitionibus*. Infatti, già Augusto ed i suoi immediati successori avevano cominciato ad assumere la *cognitio* non solo dei processi criminali, ma anche, e soprattutto, delle controversie tra i privati, appunto in primo grado od in seconda istanza, e tale *cognitio*, ovviamente *extra ordinem* perché sottratta all'*ordo iudiciorum privatorum et publicorum* e, cioè, non svolgentesi nelle forme del processo (civile) formulare e del processo (penale) delle *quaestiones perpetuae*, si concludeva appunto con un *decretum*, che, al pari del *decretum* del magistrato giusdicente, aveva valore vincolante fra le parti in causa. E fu nel corso del II secolo d.C. che anche i *decreta* acquistarono una portata generale, dal momento che si attribuì ad essi valore di *exemplum*, cioè di un precedente, se non formalmente, almeno di fatto vincolante per i giudici di processi analoghi.

L'accentramento della funzione legislativa nelle mani del principe fu opera dell'imperatore Adriano, il quale, in base a quella stessa volontà di accentramento dell'attività di produzione giuridica che aveva dato luogo alla codificazione dell'Editto, moltiplicò le forme di manifestazione della volontà imperiale dando impulso a tre nuovi tipi di costituzioni imperiali, i *mandata*, le *epistulae* ed i *rescripta*, che concorsero in maniera decisiva a far sì che gli interventi del *princeps* sul terreno legislativo, fino a quel momento solo occasionali, divenissero più regolari e si istituzionalizzassero, così da imporsi come la fonte normativa di gran lunga preminente che contribuì, più delle altre, all'evoluzione del diritto dell'epoca classica. E ciò a tal punto che le *constitutiones principum* costituirono nel loro complesso una sorta di terzo sistema normativo, il *ius novum* od *extraordinarium*, che si affiancava ai preesistenti *ius civile* e *ius honorarium*.

I *mandata* erano delle istruzioni date per iscritto dall'imperatore ai funzionari dipendenti e, in particolare, ai governatori provinciali, che, appunto in quanto concepite come un rapporto privatistico (e, cioè, il contratto di mandato), avrebbero dovuto avere, e probabilmente all'inizio ebbero, efficacia limitata alla vita dell'imperatore emanante ed al funzionario al quale erano destinate. Tali provvedimenti, benché aventi ad oggetto prevalentemente questioni amministrative, ebbero tuttavia un rilievo non secondario anche per alcuni settori del diritto privato, in ordine ai quali rilevanti furono le innovazioni apportate dall'imperatore con tale tipo di *constitutio* (come, ad es., il *testamentum militis*).

Le *epistulae* erano le risposte, redatte dalla cancelleria *ab epistulis* (*latinis* e *graecis*), che l'imperatore dava alle comunità cittadine od alle assemblee provinciali, ma, soprattutto, ai magistrati od ai funzionari in ordine a quesiti, dubbi e perplessità su questioni giuridiche che questi ultimi, a loro volta ugualmente mediante *epistulae*, gli ponevano nell'esercizio delle loro funzioni, specialmente giurisdizionali, e che l'autorità imperiale provvedeva ad inviare direttamente al magistrato o funzionario richiedente.

I *rescripta*, che ebbero subito una grande sviluppo e che ben presto divennero prevalenti rispetto a tutti gli altri tipi di *constitutio principis*, erano invece le risposte, redatte dalla cancelleria *a libellis*, che l'imperatore dava direttamente ai privati, i quali, prima di agire in giudizio o nel corso di esso, ritenevano opportuno consultare preventivamente la più alta autorità dello Stato, la cui risposta veniva scritta in calce al *libellus* con il quale la parte aveva inoltrato la richiesta all'imperatore e notificata al richiedente mediante pubblica affissione (*propositio*).

Ancora nel II secolo d.C., tuttavia, l'efficacia normativa delle *epistulae* e dei *rescripta* (nonché, come si è già ricordato, dei *decreta*) non fu così immediata come quella degli *edicta* (e anche dei *mandata*), con i quali l'imperatore esprimeva deliberatamente e consapevolmente principii giuridici generali, sicché furono sempre persone diverse dal *princeps*, quali i giuristi, i magistrati ed i funzionari, che, applicando costantemente a casi analoghi le decisioni imperiali, vi attribuirono valore di principii giuridici generali e, quindi, conferirono ad esse gradualmente ed indirettamente efficacia di norme di legge.

E questo riconoscimento indiretto dell'efficacia normativa delle *constitutiones principum* è bene espresso nel passo di Gaio più sopra riportato, laddove tale giurista, che scriveva negli anni del principato di Antonino Pio, affermava che non si era mai dubitato che le costituzioni imperiali tenessero il posto della legge (*nec umquam dubitatum est, quin id legis vicem optineat*). Ciò che Gaio mette in rilievo nel rapporto con la legge non è allora tanto l'assunzione della qualifica di fonti normative (che certamente competeva già agli atti imperiali del primo secolo, sia pure in senso diverso rispetto alle leggi) e nemmeno un ipotetico carattere di disposizioni generali ed astratte (che neanche all'epoca di Gaio gli atti imperiali avevano ancora, dal momento che erano piuttosto considerati come *exempla*, per quanto di grande autorevolezza), bensì il fatto che anche gli atti del *princeps* in certi casi potevano essere fonti costitutive di *ius civile*, cioè produttive di effetti diretti sull'ordinamento senza l'intermediazione dell'editto pretorio. E si capisce allora perfettamente perché Gaio, a differenza di quanto aveva detto per i senatoconsulti, affermasse che per le costituzioni imperiali non vi erano mai stati dubbi in ordine al *legis vicem optinere*. Infatti, mentre per i *senatusconsulta* l'emersione del riconoscimento di un effetto simile a quello delle leggi comiziali era stata lunga e faticosa, avvenendo solamente tra fine del I e gli inizi del II secolo d.C., per le *constitutiones principum* il problema non si era mai posto, giacché, quando erano emerse come categoria generale, l'intermediazione edittale non esisteva più e l'Editto stesso, ormai codificato, era divenuto una fonte autoritativa esterna al magistrato che doveva applicarlo e, quindi, allo stesso livello delle altre.

Fu solo più tardi, e cioè agli inizi del III secolo d.C., che si finì per considerare la volontà imperiale, in qualunque forma espressa, norma di legge a tutti gli effetti, ciò che è chiaramente detto nel passo di Ulpiano più sopra riportato, laddove tale giurista dell'epoca dei Severi, dicendo senz'altro che quanto stabilito dal principe «*legis habet vigorem*» e, addirittura, «*legem esse constat*», affermava espressamente l'equiparazione di tutte le costituzioni imperiali nella generale efficacia legislativa.

Sino alla fine del Principato (ed ancora con Diocleziano) la produzione normativa imperiale continuò però a manifestarsi nelle forme classiche, e cioè soprattutto mediante *epistulae* e *rescripta*, e questo dato terminologico riflette una concezione del potere imperiale che, lungi dall'attribuirsi la potestà legislativa, preferì estrinsecarsi in *constitutiones* che erano ancora, come nei primi due secoli dell'impero, atti interpretativi (seppur esclusivi perché provenienti dall'imperatore) del *ius* e, quindi, normativi solo in quanto autorevoli precedenti:

D. 1.4.1.2 (Ulp. 1 *inst.*): *Plane ex his quaedam sunt personales nec ad exemplum trahuntur: nam quae princeps alicui ob merita indulsit vel si quam poenam irrogavit vel si cui sine exemplo subvenit, personam non egreditur.*

[Alcune di queste (costituzioni imperiali) hanno chiaramente carattere personale e non possono assurgere a precedente: ciò che infatti il principe ha concesso a qualcuno per i suoi meriti, o ha irrogato a titolo di pena, o ha elargito a qualcuno, senza precedenti, per aiutarlo, non si applica che a quella persona].

In Ulpiano, che pure con il «*legis habet vigorem*» ed il «*legem esse constat*» aveva accentuato il rapporto tra *constitutio* e *lex* radicalizzando terminologicamente e, dunque, portando alle estreme conseguenze il «*legis vicem optineat*» di Gaio, il quadro di riferimento è sempre lo stesso dei primi due secoli dell'impero, giacché si discorre ancora di costituzioni che «*ad exemplum trahuntur*» e, quindi, di un'efficacia delle *constitutiones principum* non come rigido comando generale proprio della legge, bensì solamente come autorevole precedente. '*Exemplum*' e '*lex*' furono dunque i concetti di cui si servirono i giuristi romani per spiegare il valore normativo delle costituzioni imperiali, anche se ciò avvenne non decidendo se una *constitutio* dovesse essere definitivamente equiparata ad una *lex* o trattata semplicemente come un *exemplum* e, perciò, lasciando volutamente nel vago il meccanismo della validità delle costituzioni imperiali: una sfuggente indeterminatezza, questa, che, a ben vedere, rifletteva l'ambigua indefinitezza sulla quale Augusto aveva edificato il Principato.

5. *La giurisprudenza classica*

Come nel periodo precedente, anche nel Principato il fattore che più di tutti contribuì all'evoluzione dell'ordinamento giuridico romano fu certamente costituito dall'opera interpretativa della giurisprudenza.

I giuristi classici ebbero innanzitutto il compito di elaborare e coordinare le non poche innovazioni introdotte nel tempo dalle fonti autoritative prima ricordate (quali le *leges*, i *senatusconsulta*, gli *edicta magistratuum* e le *constitutiones principum*), inserendole armonicamente nel sistema del *ius*, sicché il loro operato si sovrappose all'apporto più palesemente normativo di tali fonti, riassumendone ed integrandone i risultati.

Così, sulla scorta di quell'*interpretatio* da sempre intesa non come operazione logica finalizzata alla mera ricognizione delle norme esistenti e, quindi, all'interpretazione in senso stretto e moderno del loro significato, bensì come attività assai più libera e sostanzialmente creatrice del diritto, la giurisprudenza classica partecipò attivamente al processo di formazione del *ius*, ciò avvenendo però nella convinzione che la *iuris prudentia* non dovesse essere una scienza astratta, volta ad elaborare costruzioni dottrinarie puramente teoriche, ma, proprio al contrario, come concreta *iusti atque iniusti scientia*, mirante al raggiungimento di risultati pratici di giustizia.

Da questo punto di vista, tuttavia, a differenza della giurisprudenza pontificale e laica, che, operando nei confronti di un ordinamento giuridico in via di formazione, scarsamente evoluto e palesemente inadeguato rispetto alle nuove e sempre più pressanti esigenze economiche e sociali nascenti dalla continua espansione dello stato romano, aveva svolto un'attività più marcatamente ed intensamente creativa, la giurisprudenza classica appare meno ricca di principii e di soluzioni nuove, giacché, sostenuta da una non comune capacità costruttiva e da una tecnica raffinata, preferì dedicarsi piuttosto all'elaborazione, allo sviluppo, alla sistemazione ed alla riflessione teorica del *ius* che si era venuto a creare in maniera tumultuosa ed alluvionale nei secoli precedenti e, in particolare, nel periodo repubblicano. Ed è proprio tale attività, nella quale si compendiavano la perfezione del metodo, il vigore del pensiero, l'impeccabilità dei procedimenti logico-interpretativi, la straordinaria coerenza delle costruzioni e la continua ricerca dell'*aequitas* (intesa come costante aderenza alle variegate esigenze della realtà) nelle soluzioni concrete di volta in volta prospettate, che ha fatto guadagnare a tale giurisprudenza la qualifica di 'classica', che è stata poi estesa per riflesso tanto all'ordinamento giuridico quanto al periodo del Principato, per cui si discorre comunemente non soltanto di giurisprudenza classica, ma anche di diritto classico e di epoca classica.

Il primo secolo del Principato si connotò precipuamente per l'intensità della *disputatio fori*, cioè di quel confronto giurisprudenziale, spesso sfociante in vero e proprio contrasto, che vide protagonisti non solo le singole figure di giuristi, ma anche le *sectae*, cioè i circoli culturali che si contendevano l'influenza da esercitare sui magistrati giusdicenti. Nascono così le due scuole dei Proculiani e dei Sabiniani, che, sorte da un antagonismo personale tra Ateio Capitone, giurista mediocre ma ligio ad Augusto e perciò da questi avviato ad una brillante carriera politica, ed Antistio Labeone, giurista assai più colto e di spirito vivace, autore di numerosissime opere che lasciarono una traccia indelebile presso i giuristi successivi e però fieramente avverso ad Augusto, presero consistenza solamente in una fase successiva, allorquando, con i discepoli di questi due giuristi, quello che all'inizio era un dissenso meramente personale si trasformò in un vero e proprio contrasto, talora dai forti toni, fra circoli contrapposti:

D. 1.2.2.47-48 (Pomp. *lib. sing. Ench.*): *Post hunc maximae auctoritatis fuerunt Ateius Capito, qui Ofilium secutus est, et Antistius Labeo, qui omnes hos audivit, institutus est autem a Trebatio. Ex his Ateius consul fuit: Labeo noluit, cum offerretur ei ab Augusto consulatus, quo suffectus fieret, honorem suscipere, sed plurimum studiis operam dedit:*

et totum annum ita diviserat, ut Romae sex mensibus cum studiosis esset, sex mensibus secederet et conscribendis libris operam daret. Itaque reliquit quadringenta volumina, ex quibus plurima inter manus versantur. Hi duo primum veluti diversas sectas fecerunt: nam Ateius Capito in his, quae ei tradita fuerant, perseverabat; Labeo ingenii qualitate et fiducia doctrinae, qui et ceteris operis sapientiae operam dederat, plurima innovare instituit. Et ita Ateio Capitoni Massurius Sabinus successit, Labeoni Nerva, qui adhuc eas dissensiones auxerunt [...].

[Dopo di lui (Tuberone), i giuristi più autorevoli furono Ateio Capitone, che fu allievo di Ofilio, ed Antistio Labeone, che seguì tutti i predetti giuristi, ma che fu specificamente discepolo di Trebazio. Tra essi, Ateio fu console; Labeone, benché Augusto gli offrisse di diventare console supplente, rifiutò di accettare la carica, e si dedicò intensamente agli studi; era solito dividere l'anno in modo da trascorrere sei mesi a Roma con gli altri studiosi, e da allontanarsi poi per altri sei mesi, onde dedicarsi a scrivere i suoi libri. Lasciò pertanto quattrocento volumi, moltissimi dei quali sono ancora consultati. Questi due giuristi per primi produssero per così dire due diverse scuole: infatti, Ateio Capitone continuava su una linea tradizionale, mentre Labeone, per le sue doti d'ingegno e confidando nella propria dottrina, visto che si era dedicato anche ad altre branche del sapere, introdusse moltissime novità. Ad Ateio Capitone seguì Massurio Sabino, a Labeone Nerva, che accentuarono ancor più tali contrasti ...].

Gell., *Noct. Att.* 13.12.1-2: *In quadam epistula Atei Capitonis scriptum legimus Labeonem Antistium legum atque morum populi Romani iurisque civilis doctum adprime fuisse. «Sed agitabat» inquit «hominem libertas quaedam nimia atque vecors usque eo, ut divo Augusto iam principe et rempublicam obtinente ratum tamen pensumque nihil haberet, nisi quod iussum sanctumque esse in Romanis antiquitatibus legisset».*

[In una lettera di Ateio Capitone troviamo scritto che Antistio Labeone fu dottissimo nelle leggi e nei costumi dei Romani e nel diritto civile. «Ma egli» aggiungeva «era preso da un senso eccessivo ed irragionevole di libertà, fino al punto che, pur essendo già principe e signore della *res publica* il divino Augusto, tuttavia nulla egli accettava come valido ed apprezzabile se non ciò che rinvenisse nelle sue letture come disposto e sancito nei tempi più antichi di Roma»].

Come ben si vede, il giudizio che Pomponio dà di Labeone e di Capitone, affermando per il primo che «*plurima innovare instituit*» e per il secondo che «*in his, quae ei tradita fuerant, perseverabat*», sembrerebbe rovesciare completamente quello che lo stesso Capitone aveva dato in una sua lettera, nella quale, al contrario, aveva mostrato il fierissimo attaccamento di Labeone all'antica *libertas* repubblicana. Ma, in realtà, si tratta di giudizi che stanno su due piani del tutto diversi: l'uno su quello strettamente politico e l'altro su quello dell'interpretazione del diritto. E non è affatto scontato che non possano coincidere in una stessa persona l'attaccamento ai valori tradizionali e la capacità di un'interpretazione evolutiva del diritto.

Comunque sia, le due *sectae* presero il nome non da Labeone e Capitone, ma piuttosto da Proculo (uno dei primi allievi di Labeone) e da Sabino (il più importante dei discepoli di Capitone). Fra i giuristi proculiani possono qui ricordarsi Cocceio Nerva, Pegaso, Celso padre, Celso figlio, Nerazio Prisco e Giuvenzio Celso, tra i Sabiniani Cassio Longino, Celio Sabino, Giavoleno Prisco,

Aburnio Valente, Tusciano e Salvio Giuliano, il quale, non disdegnando di avvicinarsi alle dottrine della scuola avversa e mostrandosi così superiore al tradizionale contrasto fra le due *sectae*, che infatti presso i giuristi a lui posteriori appare definitivamente superato (ad eccezione di Gaio), ne determinò la fine.

Ora, al di là delle personalità dei singoli giuristi, è assai difficile individuare quali fossero i reali e profondi motivi delle *dissensiones* tra le due scuole (tra le quali possono ricordarsi quelle in materia di età, *res mancipi*, condizione, *occupatio*, accessione, specificazione, *solutio* e mandato), sicché, a fronte delle non poche spiegazioni proposte (che ravvisano il motivo del contendere talora nel fatto che i Sabiniani fossero più conservatori, tradizionalisti e più legati ad un'interpretazione letterale e formalistica, mentre i Proculiani sarebbero stati più aperti alle innovazioni e più attenti all'evoluzione sociale, talvolta nella circostanza che i primi avrebbero rivolto maggiore attenzione al *ius gentium*, mentre i secondi al *ius civile*, talaltra nella tendenza sistematica degli uni ed in quella casistica degli altri), appare probabilmente più ragionevole ritenere che non sia possibile trovare un unico filo conduttore che giustifichi tutte le *dissensiones* e che l'adesione di ciascun giurista all'una od all'altra *secta* fosse dettata più da motivi personali e familiari che da concezioni giuridiche e metodologiche diverse.

Peraltro, come nel periodo precedente, anche nell'età imperiale il *responsum* continuò ad essere lo strumento privilegiato dell'*interpretatio* giurisprudenziale e, tuttavia, anche in questo ambito il potere imperiale pretese di esercitare, fin dall'inizio, la propria pesante interferenza, attuata mediante l'introduzione dell'istituto del *ius publice respondendi ex auctoritate principis*, con il quale Augusto ed i suoi immediati successori realizzarono un controllo dell'attività giurisprudenziale e della sostanziale autonomia dei singoli giuristi, che, se non ben incanalate nell'alveo della politica imperiale, avrebbero potuto costituire un serio ostacolo all'affermarsi delle nuove istituzioni, ciò che era dimostrato dalla circostanza che, fra i giuristi, vi era chi, come il già ricordato Labeone, non nascondeva affatto la sua palese ostilità verso il nuovo regime imperiale:

D. 1.2.2.48-49 (Pomp. *lib. sing. Ench.*): [...] *Massurius Sabinus in equestri ordine fuit et publice primus respondit: posteaque hoc coepit beneficium dari, a Tiberio Caesare hoc tamen illi concessum est. Et, ut obiter sciamus, ante tempora Augusti publice respondendi ius non a principibus dabatur, sed qui fiduciam studiorum suorum habebant, consulentibus respondebant: neque responsa utique signata dabant, sed plerumque iudicibus ipsi scribebant, aut testabantur qui illos consulebant. Primus divus Augustus, ut maior iuris auctoritas haberetur, constituit, ut ex auctoritate eius responderent: et ex illo tempore peti hoc pro beneficio coepit* [...].

[... Massurio Sabino appartenne all'ordine equestre e per primo diede responsi a titolo pubblico: questo privilegio cominciò ad essere dato in seguito, tuttavia era stato a lui concesso dall'imperatore Tiberio. E sia detto per inciso che, prima dell'età di Augusto, il *ius publice respondendi* non veniva concesso dagli imperatori, ma quei giuristi che si fidavano della propria preparazione davano responsi a chi li consultava; e non davano in ogni caso responsi firmati, ma di solito li scrivevano ai giudici, oppure quelli che li consultavano attestavano (quale fosse il loro parere). Il divino Augusto fu il primo che, per accrescere l'autorità del diritto, stabilì che i giuristi dessero i responsi in base alla sua *auctoritas*; ed a partire da quel momeno tale concessione cominciò ad essere richiesta come un privilegio ...].

In pratica, il principe concedeva ad alcuni giuristi la facoltà di *respondere ex auctoritate principis*, rafforzando così con la propria *auctoritas* quella facoltà di dare responsi che i giuristi avevano avuto da sempre. Astrattamente tale concessione non era altro che un mero titolo onorifico, che non incideva per nulla sul valore formale dei *responsa* e che era per tutti uguale, ma, nei fatti, proprio nella misura in cui questo *ius publice respondendi* veniva accordato solamente ad alcuni giuristi (in teoria, i più meritevoli, ma, in realtà, spesso unicamente i più fidati), finiva per porre su piani diversi i singoli giuristi, e ciò a seconda che avessero, o meno, questa speciale facoltà, con la conseguenza che anche i magistrati ed i giudici, ai quali i responsi venivano presentati, finivano per l'esserne influenzati:

Inst. 1.2.8: *Responsa prudentium sunt sententiae et opiniones eorum, quibus permissum erat iura condere. Nam antiquitus institutum erat, ut essent qui iura publice interpretarentur, quibus a Caesare ius respondendi datum est, qui iuris consulti appellabantur. Quorum omnium sententiae et opiniones eam auctoritatem tenent, ut iudici recedere a responso eorum non liceat, ut est constitutum.*

[I *responsa prudentium* sono i pareri e le opinioni di coloro ai quali veniva consentito di creare diritto. Infatti anticamente era stabilito che vi fossero coloro che interpretassero pubblicamente i *iura*, ai quali tale *ius respondendi* era stato attribuito dall'imperatore, e che venivano chiamati giureconsulti. I pareri e le opinioni di tutti costoro hanno tale autorità che, come fu stabilito, non è lecito al giudice discostarsi dal loro responso].

Tuttavia, si può ritenere che il *ius publice respondendi* servisse, in sostanza, più a confermare il ruolo centrale dei giuristi nel sistema di produzione normativa, probabilmente offuscatosi negli della crisi della *res publica*, che a tentare di imbrigliare la libertà dell'*interpretatio* giurisprudenziale e, conseguentemente, a condizionare, attraverso i *responsa prudentium*, l'attività dei pretori e dei giudici. E, invero, se tale istituto fosse stato uno strumento di controllo del ceto dei giuristi da parte del *princeps*, vi sarebbe stata certamente una ripercussione sulla *disputatio fori* e sulle scuole. E, invece, non vi è alcuna traccia di un diverso peso che avrebbero avuto i giuristi 'autorizzati' dal principe rispetto a quelli che non lo erano, né di alcun giurista si dice che era investito di *ius respondendi ex auctoritate principis*, ma, al contrario, tutti vengono citati dai giuristi successivi senza il benché minimo accenno a tale titolo.

Come subito si dirà, l'uso del *ius publice respondendi* non sortì però gli effetti sperati sul piano dell'effettivo controllo della giurisprudenza, e questo dimostra che, al di là dei condizionamenti derivanti dal ceto di appartenenza o dal prestigio acquisito per effetto dell'autorità imperiale, la tecnicità della funzione giurisprudenziale era ancora talmente spiccata da rendere l'elaborazione giuridica pressoché impermeabile alle pressioni esterne e, in particolare, ai tentativi di ingerenza del potere imperiale:

Svet., *Cal.* 34.2: [...] *De iuris quoque consultis, quasi scientiae eorum omnem usum aboliturus, saepe iactavit «se mehercule effecturum, ne quid respondere possint praeter eum».*

[... Riguardo poi ai giureconsulti, come a voler abolire ogni uso della loro scienza, (Caligola) si vantò spesso che «per Ercole, avrebbe fatto in modo che nessuno potesse dare alcun responso all'infuori di sé stesso»].

E fu proprio in virtù di questa tecnicità che la funzione dei giuristi passò pressoché indenne dalla svolta augustea e dalla progressiva ed inevitabile accentuazione in senso autoritario da parte dei successori dei fondatore del Principato, tra i quali, come si legge nel passo di Svetonio in riferimento Caligola, vi era addirittura chi pretendeva di impedire ai giuristi di *respondere* e, per di più, di sostituirsi ad essi, in via esclusiva, nell'esercizio di tale funzione.

In ogni caso, all'epoca di Adriano troppi e difficilmente controllabili dovevano essere i giuristi muniti del *ius publice respondendi* e gli stessi giudici dovettero trovarsi in serie difficoltà in quanto venivano ad essi esibiti responsi fra loro contrastanti, ma tutti ugualmente emanati sulla base dell'*auctoritas principis*. Tale imperatore dovette allora intervenire stabilendo che le opinioni dei giuristi avessero 'valore di legge' unicamente qualora fossero tra loro concordi, mentre in caso di disaccordo il giudice sarebbe stato libero di scegliere la soluzione che gli fosse sembrata più ragionevole:

Gai. 1.7: *Responsa prudentium sunt sententiae et opiniones eorum, quibus permissum est iura condere. Quorum omnium si in unum sententiae concurrunt, id quod ita sentiunt, legis vicem optinet; si vero dissentiunt, iudici licet quam velit sententiam sequi: idque rescripto divi Hadriani significatur.*

[I *responsa prudentium* sono i pareri e le opinioni di coloro ai quali è consentito creare diritto. Se i pareri di tutti costoro sono concordi, ciò che essi ritengono tiene il posto della legge; se invece non sono concordi, al giudice è consentito seguire il parere che vuole; e ciò è ribadito in un responso del divino Adriano].

A ben vedere, Gaio non accenna in alcun modo al *ius publice respondendi* e nemmeno ai responsa in senso stretto, allargandone il significato sino a comprendervi le «*sententiae*» e le «*opiniones*» in qualunque modo espresse, nelle quali è dunque assai difficile intravedere un collegamento con il *ius respondendi ex auctoritate principis*. Inoltre, la frase «*permissum est iura condere*» non può riferirsi ad un atto di concessione imperiale quale appunto quello concedente tale *ius*, il cui contenuto non era infatti la facoltà di creare diritto (che non poteva essere concessa dal *princeps*), bensì quella di dare responsi privati *ex auctoritate principis*. Né deve trarre in inganno il l'utilizzo del verbo «*permitto*», giacché esso, in questo caso, ha il significato di 'rimettere', 'affidare', 'confidare', indicando così il ruolo che sin dai tempi più antichi era stato affidato ai giuristi, cioè non tanto quello di creare nuovo diritto, bensì quello di costruire, comporre ed ordinare il diritto, dandovi stabilità con il mettere insieme ed armonizzare, anche teoricamente, le sue diverse componenti. Gaio, in definitiva, con l'espressione «*iura condere*» faceva riferimento, puramente e semplicemente, alla risalente concezione romana secondo la quale l'*interpretatio prudentium* costituiva di per sé fonte del diritto e, quindi, in quanto tale, era vincolante per i giudici. Pertanto, il rescritto di Adriano menzionato da Gaio non faceva altro che, come si evince anche dal verbo «*significatur*», riaffermare siffatta concezione, ma senza attribuire ai *responsa prudentium* alcun nuovo valore che prima non avessero.

Adriano precisava tuttavia che un responso non poteva essere vincolante per il giudice qualora ve ne fosse un altro di contenuto contrario, ciò che può allora essere interpretato nel senso che tale imperatore avesse inteso risolvere non il problema dell'efficacia del *ius respondendi*, ma, più limitatamente, quello del contrasto tra norme. Gaio, in definitiva, non diceva nulla di nuovo rispetto alla concezione repubblicana, specificando solamente che, al di fuori del caso di unanimità, i pareri dei giuristi partecipavano sì alla creazione del *ius*, tanto è vero che il giudice poteva applicarli, ma non erano immediatamente vincolanti, ciò che era stato appunto ribadito dalla costituzione adrianea laddove aveva sancito il «*legis vicem optinet*» solamente per il caso di *responsa* concordi.

E, invero, che Adriano non intendesse tanto privilegiare i responsi dei giuristi muniti di *ius publice respondendi* rispetto a quelli degli altri giuristi con l'attribuzione ai primi di un'efficacia vincolante, quanto piuttosto livellare gli uni agli altri, è confermato ancora da Pomponio:

> D. 1.2.2.49 (Pomp. *lib. sing. Ench.*): [...] *Et ideo optimus princeps Hadrianus, cum ab eo viri praetorii peterent, ut sibi liceret respondere, rescripsit eis hoc non peti, sed praestari solere et ideo, si quis fiduciam sui haberet, delectari se populo ad respondendum se praepararet.*
>
> [... E perciò l'ottimo imperatore Adriano, ad alcune persone di rango pretorio che gli chiedevano l'autorizzazione a dare responsi, rispose con un rescritto che ciò non si poteva chiedere, ma si soleva soltanto elargire, e che pertanto egli si rallegrava se qualcuno, avendo fiducia nel proprio sapere, si predisponesse a rispondere alle consultazioni dei cittadini].

Di fronte ad un'ennesima richiesta di concessione del *ius publice respondendi*, Adriano rispose che quello di dare *responsa* non era un privilegio che dovesse chiedersi, bensì una facoltà fondata innanzitutto sulla propria perizia e sulla fiducia accordata dal popolo, per cui se qualcuno si sentisse in grado di dare responsi, lo facesse pure liberamente, senza bisogno di chiederlo all'imperatore. Al di là del tono ironico della risposta, chiara appare la volontà di Adriano di non fare ulteriori concessioni di *ius respondendi ex auctoritate principis*, e ciò non certo al fine di ristabilire la libertà della funzione del *respondere*, bensì, più semplicemente, perché il favore richiesto era privo ormai di alcun valore.

Infatti, i *responsa* che a partire da questo momento contarono furono solamente quelli dati dai giuristi che facevano parte del *consilium principis*, persone cioè di sicura fiducia dell'imperatore che, per loro carica, potevano dare responsi rivestiti del sigillo imperiale. I giuristi più autorevoli divenivano così gli interpreti ufficiali della normazione imperiale e gli altri dovevano invece accontentarsi della mera attività didattica o teorica, essendo a tutti chiaro che tanto i primi quanto i secondi vedevano fortemente limitata quell'autonoma funzione creatrice del *ius* che era stata il carattere dominante della giurisprudenza precedente.

Tuttavia, non si può disconoscere il fondamentale apporto della giurisprudenza classica tanto allo sviluppo ed all'efficacia dell'attività di produzione normativa imperiale quanto al coordinamento di tutte le norme di varia provenienza ed al loro organico inserimento in un 'sistema'. Ed è appunto per l'innegabile influsso esercitato dai giuristi sulla normazione imperiale che le costituzioni imperiali casistiche, ed in particolare, i rescritti, finirono per assolvere alla stessa funzione svolta dai *responsa* giurisprudenziali e divenire così gli stessi responsi emanati però dalla cancelleria imperiale e, quindi, muniti di valore ufficiale. In tal modo, i giuristi che operavano nel *consilium principis* attribuivano allora alle loro decisioni, munendole appunto del sigillo imperiale, un valore che i responsi degli altri giuristi non avevano, ripristando così quella gerarchia fra i *responsa* che l'abolizione del *ius publice respondendi* avrebbe dovuto eliminare.

Oltre all'attività respondente, la giurisprudenza classica si dedicò largamente alla produzione di opere giuridiche, attraverso le quali i *iurisperiti* dell'età del Principato e, in particolare, quelli che operarono tra Antonino Pio ad Alessandro Severo, tra i quali vanno ricordati Gaio, Pomponio, Africano, Venuleio, Meciano, Marcello e Scevola (per l'età degli Antonini) e Papiniano, Trifonino, Callistrato, Paolo, Ulpiano, Marciano, Macro e Modestino (per l'età dei Severi), costruirono un enorme patrimonio di dottrine ed un raffinato strumentario di concetti e tecniche, messi peraltro a disposizione dell'imperatore in quanto molti di essi, come si è già detto, furono anche giuristi-burocrati, svolgendo la loro preziosa attività nel *consilium principis* e nella cancelleria imperiale oppure ricoprendo le più alte cariche dello Stato.

I generi letterari ai quali i giuristi classici si dedicarono furono i più vari e, fra i principali gruppi o tipi di opere che si riscontrano nella sterminata produzione giuridica classica, si possono segnalare le opere di *ius civile* (grandi trattazioni di commento ai *libri iuris civilis* di Sabino e di Quinto Mucio), i *libri ad edictum* (grandi commenti all'editto del pretore o di altri magistrati, quali gli edili curuli ed il governatore provinciale, e, quindi, trattazioni di *ius honorarium*), le opere di casistica (*libri responsorum*, grandi raccolte di decisioni di casi presentatisi ai giuristi nel corso della loro attività respondente; *libri quaestionum* e *disputationum*, raccolte di decisioni e soluzioni di casi non concretamente verificatisi, bensì immaginari e di solito discussi dal giurista con i suoi discepoli; *libri epistularum*, raccolte di pareri, su casi teorici e pratici, dati dal giurista per lettera), le opere sistematiche (*libri digestorum*, in realtà raccolte di *responsa* e *quaestiones* che costituivano vaste trattazioni sistematiche nelle quali ad una prima parte ordinata secondo il sistema dell'editto, ma comprendente anche la trattazione dei corrispondenti istituti di *ius civile*, seguiva una seconda parte relativa alle materie non inquadrabili nel sistema edittale), le opere monografiche (condotte sotto forma di commento a singole leggi o senatoconsulti, come, ad es., i *libri ad legem XII Tabularum, ad legem Aelia Sentiam, ad legem Iuliam de adulteriis, ad senatusconsultum Tertullianum*, o dedicate a singoli argomenti od istituti, come, ad es., i *libri de verborum obligationibus, de re militari, de iudiciis publicis, de poenis, de iure fisci, de fideicommissis, de cognitionibus, de appellationibus, de testibus, de officio*), le opere di commento o critica agli scritti di altri giuristi (ad es., *libri ad Neratium, libri ex Plautio, notae ad Scaevolam*) e, infine, le opere elementari del diritto privato romano (fra cui i *libri regularum, definitionum, sententiarum* ed *opinionum*, tutti destinati alla scuola, ma anche ai pratici, e soprattutto le *institutiones*, aventi finalità eminentemente didattiche, tra le quali particolare menzione va fatta di quelle di Gaio in quanto rappresentano l'unica opera della giurisprudenza classica pervenutaci quasi completa e direttamente, al di fuori cioè della compilazione giustinianea di cui si dirà più avanti).

Sezione terza

Diritto e processo criminale

1. *I* crimina

Il passaggio dalla *res publica* al Principato comportò anche un mutamento nel sistema repressivo criminale, anche se esso, come per molti altri settori della vita pubblica e del diritto, non fu brusco ed immediato, ma, al contrario, lento e graduale, sicché nuovi istituti processuali si affiancarono progressivamente a quelli di matrice repubblicana, che continuarono a rimanere in vigore per essere prima gradatamente affiancati e poi del tutto soppiantati.

Il sistema delle *quaestiones perpetuae* fu definitivamente ed organicamente disciplinato con la *lex Iulia iudiciorum publicorum*, fatta votare da Augusto nel 17 a.C., che regolamentò, razionalizzandoli e unificandoli, non pochi principii e momenti di tale procedimento (quali, ad es., la legittimazione all'accusa e la forma di quest'ultima, le *excusationes* del *munus iudicandi*, il numero dei *patroni*, le dispense dall'obbligo di testimoniare, la custodia preventiva degli schiavi, i rapporti tra i giudici e le parti, la difesa degli assenti, l'*album iudicum* e l'età minima per i giurati), sul cui esito finale lo stesso Augusto sarebbe potuto intervenire in maniera decisiva, dal momento che gli venne riconosciuto il diritto, in caso di condanna per un solo voto di maggioranza, di aggiungere il proprio voto a quelli della minoranza, determinando così la parità dei suffragi e consentendo quindi l'assoluzione del reo (c.d. *calculus Minervae*, o 'voto di Minerva', con specifico riferimento all'intervento di tale dea in favore di Oreste nell'areopago di Atene).

A questa importante *lex iudiciaria* si aggiunsero altre *leges* concernenti alcune singole figure di reato, in precedenza già disciplinate, che vennero ora regolamentate in maniera diversa o più dettagliata: *la lex Iulia de maiestate*, votata probabilmente nel 27 a.C., che diede un assetto definitivo al *crimen maiestatis* mediante una minuta elencazione di tutti quei comportamenti delittuosi che potevano integrarne la fattispecie, per la quale era prevista la pena dell'*interdictio aqua et igni*; la *lex Iulia de ambitu*, del 18 a.C., che, pur prevedendo anch'essa probabilmente l'*interdictio aqua et igni*, mitigò il rigore della disciplina tardorepubblicana repressiva della dilagante corruzione elettorale (ciò che può essere anche interpretato come un segno del mutato clima politico e costituzionale); la *lex Iulia de vi publica et privata*, di data incerta (collocabile tra il 19 ed il 16 a.C.), che precisò definitivamente le fattispecie della *vis publica* e di quella *privata*, prevedendo, nel primo caso, la pena dell'*interdictio aqua et igni* e, nel secondo caso, la confisca di un terzo del patrimonio e l'interdizione dalle cariche pubbliche; la *lex Iulia de peculatu*, anch'essa di data incerta (forse dell'8 a.C.), che ridisciplinò, ampliandone la fattispecie, il *crimen ambitus* ed irrogò la pena di una multa ammontante al quadruplo del valore del maltolto. Inoltre, Augusto istituì due nuovi tribunali permanenti, per i reati di adulterio (*quaestio de adulteriis*, creata da una *lex Iulia de adulteriis*, votata probabilmente tra il 18 ed il 16 a.C., che attrasse per la prima volta l'adulterio, nelle sue diverse manifestazioni, quali lo *stuprum*, l'*incestum* ed il *lenocinium*, nell'ambito dei crimini pubblici) e per i crimini annonari (*quaestio de annona*, creata da una *lex Iulia de annona*, probabilmente del 18 a.C., che però non durò molto, dal momento che fu ben presto soppiantata dalla *cognitio extra ordinem* dei *praefecti annonae*).

Nel corso del I secolo d.C., le norme originarie contenute nelle leggi istitutive delle singole *quaestiones* vennero estese ad opera di alcuni senatoconsulti (come, ad es., il *Libonianum* del 16 d.C., il *Messalianum* del 20 d.C., il *Licinianum* del 27 d.C. ed il *Geminianum* del 29 d.C. per il *falsum*; il *Claudianum* del 47 d.C., per le *repetundae*; il *Volusianum* del 56 d.C., per la *vis*), che, per via di interpretazione analogica, ricondussero sotto l'orbita dei *crimina* preesistenti nuove fattispecie ritenute meritevoli di repressione criminale, con la conseguenza di accrescere notevolmente il novero dei comportamenti criminosi perseguibili per mezzo delle forme processuali ordinarie, ciò avvenendo però mediante l'attribuzione ai nuovi casi della medesima pena prevista per le fattispecie originarie.

2. *La* cognitio extra ordinem

In realtà, il sistema delle *quaestiones perpetuae*, pur ridisciplinato da Augusto, presentava degli inconvenienti non da poco, sia sul piano politico (quale la difficoltà per l'autorità imperiale di esercitare un reale controllo su giurie costituite da privati cittadini, tratti mediante sorteggio da un *album iudicum* talmente ampio da non consentire significative interferenze del *princeps* nella sua composizione) e sia sul piano più propriamente tecnico (riguardanti principalmente la formazione, il numero ed il funzionamento delle corti giudicanti, nonché il loro giudizio, che non poteva estendersi alle ipotesi di concorso di persone e di reati e nemmeno graduare la pena tenendo conto delle circostanze soggettive ed oggettive delle diverse figure criminose), che determinarono, fin dai primi anni del Principato, l'inizio di una lenta decadenza dei tribunali ordinari, destinata poi a trasformarsi in un inarrestabile declino culminato nella loro scomparsa tra la fine del II secolo e gli inizi del III d.C. Ma ciò avvenne anche, e soprattutto, per la sempre più vasta e pervasiva ingerenza del potere imperiale nella sfera della repressione criminale, che, dopo avere favorito in un primo momento (appunto, con Augusto) il diffondersi delle *quaestiones*, contribuì, subito dopo (già con gli immediati successori del fondatore del Principato) ed in maniera decisiva (con Adriano), all'instaurarsi e poi al definitivo affermarsi (con Adriano) di un nuovo tipo di procedimento criminale svolgentesi, secondo regole processuali nettamente distinte da quelle dei *iudicia publica* e, in particolare, senza la partecipazione di giurati, davanti allo stesso imperatore o ad un suo delegato dal momento della sua introduzione fino a quello del giudizio. Tale procedimento, individuato correntemente con il nome di *cognitio extra ordinem* dal momento che era sorto e si era sviluppato completamente al di fuori del sistema processuale e criminale dell'*ordo iudiciorum* e, quindi, senza i vincoli e le restrizioni formali tipici della giurisdizione ordinaria, inizialmente si affiancò e poi si sostituì alle *quaestiones perpetuae*, dando così luogo alla formazione di un diritto criminale *extra ordinem* destinato a sostituire progressivamente il risalente regime dei *crimina* e delle relative pene.

Nonostante ancor oggi sia controverso il fondamento della *cognitio extra ordinem* imperiale, ricollegato ora ai singoli poteri di cui era investito (come la *tribunicia potestas*, l'*imperium proconsulare* e la *consularis potestas*), ora ad una clasusola specifica della *lex de imperio*, ora al plebiscito del 30 a.C. che riconobbe ad Ottaviano, oltre alla *tribunicia potestas* a vita, il potere di *ékkleton dikázein*, cioè di 'giudicare su richiesta', ed ora – ed è questa l'opinione che appare preferibile – alla sua *auctoritas*, un dato è però inoppugnabile. E, cioè, che l'imperatore, il quale raramente giudicava da solo, preferendo farsi assistere dal già ricordato *consilium principis*, poteva avocare al proprio tribunale, di sua iniziativa o su richiesta degli interessati, non solo la cognizione di *crimina* non previsti dalle *leges publicae*, ma anche quella di ipotesi delittuose per le quali era stata preordinata una *quaestio*, che, in tale maniera, venivano sottratte alla competenza del giudice ordinario. E tale prassi, documentata già con Augusto, si generalizzò con Claudio, a partire dal quale il tribunale imperiale si stabilizzò quale supremo tribunale dell'impero giudicante i più svariati tipi di crimini (comuni, politici e militari), sia in prima istanza che in grado d'appello avverso le decisioni emanate, in Italia e nelle province, da magistrati o funzionari da lui dipendenti (*appellatio ad Caesarem*), sostituendosi così questo giudizio imperiale di secondo grado alla risalente *provocatio ad populum* (della quale la *cognitio* d'appello imperiale non può però essere vista come una diretta derivazione, trovando probabilmente il suo fondamento, al solito, nell'*auctoritas* del *princeps*). L'appello – che fu avvertito dai cittadini come un'importanza garanzia dal momento che ogni ricorrente riteneva di affidarsi in tal modo ad un organo *super partes*, come l'imperatore, in linea di principio non influenzabile, a differenza degli altri *iudices*, come, ad es., i governatori provinciali, da realtà o spinte localistiche – in origine poteva essere proposto unicamente al tribunale imperiale, ma, ritenendosi ogni giurisdizione come una funzione delegata dal *princeps* ed essendosi formata nel corso del Principato una vera e propria gerarchia di funzionari, ben presto si ammise la possibilità che contro la sentenza di un funzionario fosse possibile ricorrere in appello ad un altro funzionario di grado più elevato, sicché l'*appellatio* perse la sua originaria connotazione di rimedio eccezionale per trasformarsi in mezzo ordinario di impugnazione delle sentenze. Infine, l'imperatore esercitava la sua giurisdizione per delegazione, cioè attribuendo in via generale e permanente la cognizione di determinate materie a propri funzionari o rimettendo la decisione di singoli casi a giudici *ad hoc* nominati, detti *iudices dati*.

Attraverso tale delega imperiale, durante tutto l'arco del Principato e parallelamente alla giurisdizione del *princeps*, si andò perciò sviluppando anche una competenza giudiziaria dei suoi funzionari e, in particolare, di quelli di più alto rango, cioè i *praefecti*, destinata ad affiancare progressivamente e poi a soppiantare del tutto le *quaestiones perpetuae*.

Il *praefectus urbi* esercitava una giurisdizione criminale inizialmente estesa a tutta l'Italia e, a partire da Settimio Severo, limitata dalla concorrente competenza del prefetto del pretorio al territorio di Roma ed al centesimo miglio circostante e tale competenza penale, che traeva origine dalle sue attribuzioni di polizia nell'Urbe e che dovette manifestarsi ben presto (e, cioè, verosimilmente già agli inizi del Principato, nonostante le sue prime documentate attestazioni risalgano a Nerone), finì per concernere un numero sempre maggiore di reati, precedentemente perseguiti attraverso la procedura ordinaria, e ricomprendere così, alla fine del II secolo d.C., qualsiasi *crimen*.

Sempre in ambito cittadino, una più circoscritta competenza penale venne attribuita al *praefectus vigilum*, il quale, in connessione con le sue funzioni amministrative di vigilanza sugli incendi e, in generale, sulla pubblica sicurezza notturna, esercitò, probabilmente già durante il I secolo d.C., una giurisdizione criminale limitata ai reati meno gravi, in sé stessi od in considerazione della persona del reo, dalla concorrente competenza territoriale del *praefectus urbi*.

Parimenti, il *praefectus annonae*, in stretta correlazione alle sue funzioni amministrative e di polizia annonarie, esercitò una funzione giurisdizionale limitata ai reati che, a qualunque titolo, si riconnettevano all'annona.

Oltre le cento miglia da Roma e su tutta l'Italia, la giurisdizione criminale era esercitata, alla fine del II secolo d.C., dal *praefectus praetorio*. Tale competenza penale, che si era sviluppata in stretta connessione con i suoi originari compiti di polizia e di disciplina militare basati sulla titolarità del *ius gladii* divenendo stabile con Marco Aurelio, era tanto di primo grado (a partire da Adriano) quanto d'appello (a partire dai Severi), avendo ad oggetto le sentenze emanate in prima istanza dai governatori provinciali. E le sentenze del prefetto del pretorio, in quanto pronunciate in rappresentanza dell'imperatore (*vice sacra*), divennero, a partire dai Severi, inappellabili, cioè non ulteriormente ricorribili al tribunale imperiale.

Nelle province la giurisdizione criminale era esercitata dai governatori, i cui poteri repressivi, agli inizi del Principato, variavano sensibilmente a seconda che i *crimina* fossero stati commessi da peregrini o da cittadini romani, sicché, tanto nelle province senatorie quanto in quelle imperiali, nei confronti dei primi l'*animadversio* del governatore si esplicava liberamente (seppure entro i limiti derivanti dall'autonomia giurisdizionale delle singole *civitates*) e spesso in forma analoga a quella delle *quaestiones* cittadine, mentre nei confronti dei secondi, ove questi avessero commesso dei crimini puniti con la pena capitale, la repressione criminale dei *praesides* incontrava il limite costituito dalle guarentigie riconosciute costituzionalmente ai *cives*, i quali, in base alla *lex Iulia de vi publica*, dovevano essere inviati a Roma per il giudizio davanti al tribunale imperiale od a quello senatorio. Questo regime andò però modificandosi profondamente nel corso del Principato, dal momento che i *principes* avevano inaugurato la prassi di delegare ad alcuni governatori di province imperiali posti a capo di un esercito, limitatamente alla sfera militare, il *ius gladii*, cioè la suprema giurisdizione capitale spettante agli imperatori sui cittadini romani, in forza della quale tali *praesides provinciarum* acquisirono il diritto di condannare a morte un soldato, che fosse cittadino romano, senza che questi potesse fare ricorso alla *provocatio*. Per questa via, il *ius gladii* fu in seguito concesso con sempre maggiore larghezza ed al di là dell'originario e ristretto ambito militare, sicché, dopo l'editto di Caracalla, questa importante prerogativa divenne di appannaggio dei governatori di rango senatorio e, subordinatamente ad una concessione imperiale (divenuta ben presto una mera formalità), anche di quelli di rango equestre, senza alcuna limitazione. Pertanto, per i *cives* romani, privati della *provocatio*, l'unico rimedio a loro disposizione era costituito dall'appello all'imperatore, che però spesso non giungeva alla cognizione imperiale proprio per l'intervento dei governatori provinciali, i quali, nella loro veste di *iudices a quo*, potevano rifiutarsi di ricevere gli appelli proposti unicamente allo scopo di procrastinare l'esecuzione della sentenza, quelli aventi ad oggetto pronunce fondate sulla confessione del reo, quelli interposti da determinate categorie di appellanti (come i condannati per reati contro la pubblica sicurezza, che andavano puniti immediatamente) e, infine, quelli che si basavano su motivi palesemente infondati.

Inoltre, come si è avuto modo di ricordare, già nel corso dell'età repubblicana il senato era più volte intervenuto nel campo della repressione criminale con provvedimenti di carattere straordinario giustificati da condizioni di emergenza, quali la creazione della *quaestio* per lo scandalo dei Baccanali nel 186 a.C. e l'emanazione di *senatusconsulta ultima* e la dichiarazione di *hostis rei publicae* dai tempi dei Gracchi e fino alle più recenti vicende di Catilina e, tra il 43 ed il 29 a.C., di Quinto Gallio, Salvidieno Rufo ed Antioco II. In realtà, in tutti questi casi l'assemblea dei *patres*, lungi dal funzionare come organo giusdicente, non esercitava alcun potere giurisdizionale che si estrinsecasse in sentenze di condanna pronunciate a conclusione di un processo, ma si limitava ad adottare ed attuare decisioni di natura esclusivamente politica volte ad annullare le garanzie costituzionali dei cittadini ampliando eccezionalmente i poteri repressivi dei supremi magistrati sul presupposto dello stato di pericolo in cui versava la *res publica*. Fu solo a partire da Augusto che il senato iniziò ad esercitare una giurisdizione criminale di primo grado, il cui *dies a quo* è ravvisabile nel processo contro il *praefectus Aegypti* Cornelio Gallo del 27-26 a.C. e quello *ad quem* negli ultimi decenni del II secolo d.C., in seguito alla definitiva affermazione della giurisdizione dell'imperatore e di quella dei funzionari che operavano su sua delega (in particolare, i *praefecti praetorio* ed *urbi*):

Amm. Marc., *Res gest.* 17.4.5: [...] *Cornelius Gallus, Octaviano res tenentes Romanas Aegypti procurator, exhausit civitatem plurimis interceptis, reversusque cum furtorum arcesseretur et populatae provinciae, metu nobilitatis acriter indignatae, cui negotium spectandum dederat imperator, stricto incubuit ferro* [...].

[... Cornelio Gallo, che era procuratore dell'Egitto all'epoca in cui Ottaviano governava l'impero romano, devastò la città (di Tebe) con continue malversazioni. Ma quando, dopo il suo ritorno a Roma, fu accusato di furti e spoliazioni ai danni della provincia (della Tebaide), per timore del profondo sdegno della nobiltà, alla quale l'imperatore aveva dato l'incarico di indagare sul suo operato, si uccise gettandosi sulla sua spada ...].

Tra gli aspetti più importanti della *cognitio* criminale senatoria, modellata sul sistema accusatorio delle *quaestiones* della cui procedura erano ripresi e, tuttavia, innovati diversi momenti, vanno segnalati la competenza a decidere in ordine a crimini di diversa natura (*maiestas, repetundae, perduellio, peculatus, iniuria, vis, homicidium, falsum, adulterium*) per lo più commessi dagli stessi senatori, da membri dell'*ordo senatorius* e da personaggi di alto rango (ciò che non garantiva loro automaticamente un trattamento di favore) o che comunque avevano destato risonanza nell'opinione pubblica per la loro gravità (come appunto nel caso di Cornelio Gallo), l'agire del senato in seguito ad un atto di delega da parte dell'imperatore (come si desume dalla frase «*negotium spectandum dederat imperator*» di cui al testo), l'ingerenza spesso decisiva del *princeps* sull'andamento del processo con ogni mezzo atto a condizionarlo (come, ad es., far discutere una certa causa dal senato piuttosto che dalle *quaestiones* o dal proprio tribunale e viceversa, influenzare la decisione dei *patres* votando per primo ed impedire l'ammissione dell'accusa e l'emanazione della sentenza in forza della sua *intercessio*), la presentazione dell'accusa criminale in forma scritta, il procedere del tribunale senatorio (presieduto normalmente dai consoli) per mezzo di commissioni numericamente ristrette di *patres* giudicanti in rappresentanza dell'intero consesso, il non essere limitata dalle restrizioni formali delle *quaestiones* (con la possibilità, quindi, di perseguire nuove fattispecie di reati non previste dalle *leges* istitutive dei tribunali permanenti, di procedere contemporaneamente contro più persone o per più reati, di conferire all'accusato, od al suo difensore, per l'arringa difensiva un tempo maggiore rispetto a quello concesso all'accusatore, pari ad un terzo di quello dato all'accusato, e di graduare le pene stabilite dalle leggi aggravandole o mitigandole in base alle circostanze oggettive e soggettive del reato), l'emanazione della sentenza (la cui esecuzione poteva essere impedita dal *princeps* nel caso in condanna alla pena capitale) e l'irrogazione, tra le altre pene e sanzioni, anche della *damnatio memoriae*, per mezzo di più *senatusconsulta*.

Contrariamente alle *quaestiones perpetuae* e, come si appena detto, al tribunale senatorio, la *cognitio extra ordinem* dei funzionari imperiali era informata al principio inquisitorio, sicché, non essendovi bisogno di un accusatore e di un'*accusatio*, i delegati del *princeps*, nella contestuale veste di accusatori, inquirenti e giudici, assumevano essi stessi l'iniziativa della persecuzione (eventualmente su rapporto degli organi di polizia a loro disposizione), regolavano lo svolgimento del processo (che aveva luogo anche in caso di contumacia dell'imputato), conducevano l'istruttoria (avvalendosi anche dei *delatores*, che, in questo caso, non erano degli accusatori in senso tecnico, bensì dei semplici informatori, sicché la loro denuncia si configurava come una mera segnalazione di reato, per la quale particolari requisiti di forma furono previsti solamente agli inizi del III secolo d.C.), raccoglievano e valutavano le prove (con la più ampia discrezionalità e disponendo anche l'interrogatorio con tortura degli schiavi e delle persone libere di non illustri natali) ed emanavano la sentenza (godendo della più ampia libertà di apprezzamento nel determinare la specie di sanzione da irrogare e nel commisurare le pene alla gravità ed alle circostanze del reato, nonché alla condizione personale, al rango sociale ed al grado di colpevolezza del reo, che non poteva spingersi però sino al punto di concedere la grazia, detta *indulgentia* o *venia*, di competenza esclusiva del *princeps* e del *senatus*).

E fu proprio questa vasta discrezionalità del funzionario giudicante, non di rado sfociante nell'arbitrio e, perciò, oggetto di ripetute e, tuttavia, elastiche direttive imperiali formulate in *epistulae*, *rescripta* e *decreta* e volte a salvaguardare l'assoluta libertà dei delegati del *princeps* (nell'evidente presupposto che nessun crimine fosse perfettamente uguale ad un altro) e, al contempo, a porre un freno agli eccessi del suo esplicarsi (spesso in materia di assunzione e valutazione delle prove, come è testimoniato dai diversi ammonimenti imperiali concernenti il divieto di condannare sulla base dei semplici sospetti e di porre domande capziose nel corso dell'interrogatorio, l'opportunità di commisurare l'efficacia probatoria delle testimonianze alla personalità ed alla condotta morale del singolo testimone e la necessità di ritenere insufficiente la confessione non confortata da altre prove), che diede luogo al progressivo sorgere di un nuovo sistema punitivo certamente assai più complesso ed articolato di quello delle *quaestiones perpetuae*:

> D. 48.19.13 (Ulp. 1 *de appell.*): *Hodie licet ei, qui extra ordinem de crimine cognoscit, quam vult sententiam ferre, vel graviorem vel leviorem, ita tamen ut in utroque modo rationem non excedat.*

[Oggi è consentito a colui che ha la giurisdizione *extra ordinem* sui crimini pronunziare la sentenza che vuole, o più severa o più mite. Ciò, però, in maniera tale da non eccedere, in ambedue i casi, la misura].

Infatti, a differenza di quanto accadeva nell'età repubblicana, nella quale era invalsa la prassi di evitare la pena di morte con l'esilio, ora la condanna alla pena capitale veniva effettivamente eseguita (fatti salvi, *de facto* e sempre che non si trattasse di reati di particolare gravità, i membri dell'*ordo senatorius* e dell'*ordo equester* ed i *decuriones*), di norma, mediante la decapitazione con la spada (riservata ai soli *honestiores*), ma anche, per i crimini particolarmente gravi o commessi da persone appartenenti alle classi sociali più umili (come gli schiavi e gli *humiliores*), tramite la crocifissione (*damnatio in crucem*), l'esposizione alle belve nell'arena (*damnatio ad bestias*) e la vivicombustione (*vivi crematio*), trattandosi in tutti questi casi non di modi diversi di esecuzione della pena di morte, bensì di pene a sé stanti ed aventi una propria specificità ed un proprio ambito di applicazione, anche se tutte tendenti allo scopo comune della soppressione fisica del condannato. Accanto a questi *summa supplicia* vi erano poi altre pene che, pur non essendo immediatamente privative della vita, potevano tuttavia metterla a serio repentaglio a causa della loro gravosità e, perciò, erano assimilate alle pene recanti la morte: la condanna ai lavori forzati nelle miniere (per gli *humiliores*), all'esecuzione coattiva di opere pubbliche (strade, bagni, cloache, ecc.), all'esibizione nel circo come gladiatori (*damnatio in ludum gladiatorum*), al combattimento con le fiere (*damnatio in ludum venatorium*) ed alla deportazione (cioè al domicilio coatto perpetuo, normalmente su un'isola e riservato ai soli *honestiores*, che, in età traianea, si sostituì all'antica *interdictio aqua et igni*). L'irrogazione della pena capitale e delle altre pene ora ricordate comportava per il condannato, posto nella condizione di *servus poenae*, la privazione della capacità giuridica, lo scioglimento del matrimonio, la confisca dei suoi beni e la perdita del diritto di disporre e ricevere per testamento, con la conseguenza che solamente una generale *restitutio in integrum* dell'imperatore poteva farlo ritornare nella situazione precedente alla condanna. Inoltre, erano previste altre pene meno severe, come la relegazione (riservata ai soli *honestiores*, consistente nel confinamento su un'isola od in un'oasi del deserto oppure nel divieto di residenza in determinati luoghi e, a differenza della deportazione, di durata non necessariamente perpetua e non comportante la perdita della cittadinanza e la confisca dei beni), ed anche alcune sanzioni corporali, che sovente accompagnavano la pena capitale, come il percuotimento con bastoni (per gli *honestiores*) o la flagellazione (per gli *humiliores* e per gli schiavi, in quanto ritenuta infamante). E carattere normalmente accessorio aveva pure la confisca del patrimonio (*publicatio bonorum*), che talora seguiva automaticamente la condanna e talaltra veniva discrezionalmente inflitta dal giudicante con la sentenza, che peraltro poteva anche recare misure sanzionatorie minori, di carattere pecuniario (*multae*) o di altra natura (come, ad es., le limitazioni al conseguimento degli *honores*, l'interdizione dall'esercizio di uffici o professioni e l'esclusione dalla partecipazione ai pubblici appalti), la cui concreta applicazione era rimessa al libero apprezzamento dell'organo giusdicente. Infine, come nell'età repubblicana, anche nel Principato la reclusione non ebbe carattere di pena, ma funzione preventiva di custodia dell'imputato (finalizzata ad evitarne la fuga o ad impedire l'inquinamento delle prove), regola, questa, che però non dovette essere osservata scrupolosamente nelle province, nelle quali, in aperto contrasto con le reiterate e ferme direttive imperiale ribadenti la funzione tradizionale dell'istituto, il carcere venne ampiamente utilizzato come pena a sé stante del tutto sganciata dalle esigenze di detenzione preventiva di chi era sottoposto a giudizio.

Parallelamente all'affermarsi del nuovo sistema delle pene, profonde modificazioni vennero determinandosi, nel corso del Principato, nella configurazione delle diverse fattispecie criminose.

Tra queste, la trasformazione più rapida e profonda fu certamente subita dal *crimen maiestatis*. Con la già ricordata *lex Iulia de maiestate* del 27 a.C., Augusto aveva conferito alla lesione maiestatica un assetto tendenzialmente stabile, attraverso la minuziosa elencazione delle fattispecie sanzionate, tutte in qualche modo riconducibili al concetto di offesa e di attentato alla sicurezza ed al prestigio dello Stato e delle sue istituzioni. I contorni del *crimen maiestatis* subirono così, già agli inizi del Principato, una radicale trasformazione, sicché la fattispecie assunse la precisa connotazione di reato contro l'imperatore, che ormai si presentava come la personificazione dello Stato, con la conseguenza che, durante il Principato, vi rientrarono ogni forma di offesa e di attentato nei confronti del supremo reggitore dell'impero. Il carattere di 'reato politico' assunto dal *crimen maiestatis* già in età augustea comportò però il frequente ancoraggio delle condotte criminose sussumibili in tale reato a situazioni contingenti e ad episodi particolari che assai raramente trapelano dai testi giuridici. E ciò è ancor più facilmente comprensibile ove si pensi che l'estremo rigore ed il carattere emergenziale o, addirittura, vendicativo della normazione imperiale in materia di *maiestas* erano finalizzati a contrastare coalizioni e contestazioni politicamente potenti e pericolose e, soprattutto, a colpire avversari politici altolocati che, magari rivestendo importanti cariche all'interno della stessa amministrazione imperiale, si andavano organizzando in ostili, temibili ed agguerriti corpi separati, rivendicando autonomie, poteri ed immunità e, così facendo, si ponevano in competizione, se non addirittura in alternativa, all'imperatore. Da tutto questo discende allora una delle più importanti caratteristiche del *crimen maiestatis* e della sua repressione in età imperiale, e cioè l'estrema vaghezza dei capi di imputazione con i quali furono processati e condannati molti cittadini romani sospettati di condotte politicamente eversive dell'ordine costituito. L'indeterminatezza e l'elasticità della figura criminosa erano infatti funzionali all'esigenza di lasciare al *princeps* la possibilità, ove occorresse, di qualificare come *crimen maiestatis* qualsiasi comportamento che potesse costituire un pericolo, anche solo potenziale, per il potere imperiale, con la conseguenza che si finì per punire a titolo di lesa maestà non solo, e non tanto, molti reati 'comuni', ma anche, e soprattutto, condotte politiche, comportamenti sociali ed azioni militari che, pur non rientrando in alcuna fattispecie criminosa, erano tuttavia ritenuti meritevoli, per il loro contenuto e per le loro modalità, di essere repressi a titolo di *crimen maiestatis*.

Parimenti, profonde modificazioni subirono il *crimen repetundarum*, nella cui fattispecie furono sussunte anche le condotte criminose di chi non fosse governatore provinciale, come i funzionari ed i decurioni corrotti, i giudici che avessero pronunciato sentenze prezzolate e, più in generale, le persone investite di pubbliche funzioni che avessero commesso estorsioni ed abusi (*concussio*); il *crimen vis*, nella cui figura furono fatti rientrare alcuni comportamenti arbitrari o violenti tenuti in ambito contrattuale e testamentario; il *crimen homicidii*, esteso fino a ricomprendere l'uccisione intenzionale di uno schiavo, la soppressione e l'esposizione di neonati e l'omicidio colposo e preterintenzionale, ma non anche il procurato aborto (che fu represso come autonomo reato *extra ordinem* dagli inizi del III secolo d.C.) ed il parricidio (che rimase fattispecie autonoma di reato); il *crimen falsi*, che venne ampliato a dismisura in relazione all'oggetto del reato (documenti, nomi, pesi e misure, crediti, sigilli, ecc.).

Interessanti sviluppi si ebbero poi in relazione ai crimini contro l'amministrazione della giustizia, quali la *praevaricatio* (cioè la collusione tra l'accusatore e l'accusato al fine di escludere un altro accusatore non disposto a compromessi con il reo e, quindi, di ottenere l'assoluzione di quest'ultimo), la *tergiversatio* (cioè il doloso abbandono dell'accusa) e, soprattutto, la *calumnia* (che, repressa in età repubblicana per opera della *lex Remnia*, dell'80 a.C., come dolosa proposizione di un'accusa infondata, fu estesa dal *sentusconsultum Turpillianum* del 61 d.C. all'istigazione ad accusare e da successive costituzioni imperiali alla *delatio*).

Al contrario, in misura minore fu ritoccato il *crimen peculatus*, alla cui fattispecie vennero ricondotte le sottrazioni di denaro a danno del patrimonio delle comunità municipali e la distruzione o l'alterazione di tavole e registri pubblici.

Altri *crimina* furono invece riformati in tutt'altra direzione, come, ad es., il *crimen ambitus*, che, in seguito al trasferimento al senato della scelta dei candidati per le magistrature avvenuto in età tiberiana, divenne un reato perpetrabile solamente fuori da Roma.

Accanto alla persecuzione nelle forme della *cognitio extra ordinem* di fattispecie criminose riconducibili all'*ordo iudiciorum publicorum*, il Principato conobbe poi la creazione di nuovi *crimina* completamente estranei alle previsioni delle *leges* e dei successivi *senatusconsulta*, ciò avvenendo mediante l'attrazione nella sfera della repressione pubblica *extra ordinem* di alcune figure delittuose fino a quel momento sanzionate con un'azione penale privata (come, ad es., alcune forme qualificate di *iniuria*, la violazione del sepolcro, l'abigeato, il borseggio, il furto nelle terme, il furto con scasso, il furto notturno, il saccheggio e l'*expilata hereditas*, cioè l'appropriazione di beni appartenenti all'eredità giacente) oppure senza alcuna riconduzione a delitti previsti da leggi od a delitti privati (come, ad es., lo *stellionatus*, reato dai contorni sfuggenti ed imprecisati comprensivo di ogni tipo di atti fraudolenti non rientranti in uno specifico titolo di reato, quali, ad es., la vendita di un bene ipotecato, la sottrazione fraudolenta di un bene venduto e la dazione in pegno di cosa altrui; il *plagium*, consistente nella riduzione in schiavitù di un uomo libero e nel sequestro o nell'istigazione alla fuga di uno schiavo altrui; il dardanariato, cioè l'incetta o l'occultamento di merci a scopi speculativi; il *crimen receptorum*, cioè il favoreggiamento personale di banditi o malfattori; la rimozione di cippi od altri segnali di confine; l'evasione dal carcere con effrazione).

Va infine ricordato che lo sviluppo e l'ammodernamento del sistema repressivo criminale del Principato fu dovuto, oltre ai già ricordati interventi imperiali per mezzo di *decreta*, *epistulae* e *rescripta* ed ai *senatusconsulta*, anche alla giurisprudenza, il cui apporto al diritto ed al processo criminale dell'epoca, seppur non paragonabile con quello ben più incisivo dato all'evoluzione del diritto privato, si appalesò senz'altro come significativo. Infatti, i giuristi classici commentarono le norme penali contenute nelle antiche *leges*, nelle *constitutiones principum* e nei *senatusconsulta*, redassero talora scritti specifici dedicati al diritto ed al processo penale e talvolta se ne occuparono nelle opere concernenti gli *officia* di quei funzionari imperiali che esercitavano la cognizione criminale. Anche se non può disconoscersi che un contributo sui temi penalistici più rilevante della riflessione giurisprudenziale venne fornito dai retori, i quali, a differenza dei giuristi, vivevano da protagonisti i processi criminali dal momento che vi svolgevano il ruolo di avvocati difensori, sicché fu verosimilmente dalla loro attività forense che nacquero e si affermarono nuovi principii di diritto criminale, come, ad es., in tema di elemento soggettivo del reato o di graduazione della colpa, poi accolti e recepiti soprattutto nei *decreta* imperiali.

Capitolo Quarto

Dall'anarchia militare a Giustiniano

(***Orazio Licandro***)

SOMMARIO. *Sezione prima*: RIFORME ISTITUZIONALI E TRASFORMAZIONI ECONOMICHE E SOCIALI. 1. Premessa. – 2. La cosiddetta anarchia militare. – 3. Gallieno e Aureliano: i germi dell'assolutismo imperiale. – 4. Diocleziano e la monarchia assoluta. – 5. L'impero dioclezianeo. – 6. La grande crisi del III secolo e le riforme economiche e finanziarie. – 7. Costantino. – 8. Lo Stato dioclezianeo-costantiniano. – 9. Gli uffici periferici. – 10. Riforme e conservazione tra Diocleziano e Costantino. – 11. Le città. – 12. Cosa sopravvisse dell'antica costituzione repubblicana. – 13. Le riforme militari e la 'questione' Barbari. – 14. Classi sociali. – 15. L'impero e il cristianesimo. – 16. Gli eredi di Costantino. – 17. 476 d.C. Romolo Augustolo e Odoacre: 'caduta senza rumore' dell'impero romano d'Occidente? – 18. Il protettorato gotico di Teoderico. – 19. La riconquista giustinianea. – 20. La fine della *pars Occidentis*: l'invasione dei Longobardi e le riforme di Maurizio e di Eraclio. – *Sezione seconda*: LE FONTI DEL DIRITTO. 1. Le fonti del diritto. Premessa. – 2. Le costituzioni imperiali. – 3. L'apparizione dei *codices*. Le raccolte private: i *codices Gregorianus* e *Hermogenianus* e le *constitutiones Sirmondianae*. – 4. Il primo codice ufficiale: il *Codex Theodosianus*. – 5. I caratteri della giurisprudenza tardoantica. – 6. Le opere della giurisprudenza tardoantica. – 7. La consuetudine e la prassi: il fenomeno della volgarizzazione del diritto. – 8. Il problema dell'autenticità dei testi: interpolazioni tardoantiche e massimazione delle costituzioni imperiali. – 9. *Leges* romano-germaniche: *Lex Romana Wisigothorum, Codex Eurici, Lex Romana Burgundionum, Edictum Theoderici*. – *Sezione terza*: DIRITTO E PROCESSO CRIMINALE. 1. La nuova architettura giudiziaria. – 2. Il processo. – 3. Reati e pene. – *Sezione quarta*: LA COMPILAZIONE GIUSTINIANEA (*Francesco Arcaria*). 1. Giustiniano. – 2. Il *Codex*. – 3. I *Digesta*. – 4. Le *Institutiones* e lo studio del diritto. – 5. Le *Novellae*. – 6. Il diritto bizantino.

Sezione prima

Riforme istituzionali e trasformazioni economiche e sociali

1. *Premessa*

Sino alla metà del secolo scorso gli studi sull'età tardoantica costituivano una sorta di intraprendenti scommesse pionieristiche che si avventuravano oltre le 'colonne d'Ercole' del classicismo. Le stesse iniziali espressioni come 'basso impero', ormai del tutto desuete, escogitate per indicare *grosso modo* l'arco temporale compreso tra Diocleziano e la cosiddetta caduta della *pars Occidentis* dell'impero romano, apparivano sovente intrise di una valenza assolutamente negativa. Nulla di più sbagliato e distorcente.

Quelli del tardoantico furono i secoli difficili e complessi, di cui è impossibile un'interpretazione univoca e qualunque tentativo di *reductio ad unum*, ma gravidi di grandi e potenti trasformazioni rispetto alle quali occorre evitare l'errore di ricadere in pregiudizi ideologici e di valore. Furono i secoli in cui lo Stato imperiale romano si munì di una vera e propria e articolata burocrazia; si gettarono le fondamenta solide dell'assolutismo; l'ordinamento giuridico romano segnato dall'apporto centrale della giurisprudenza vide l'affermazione della legge quale atto autoritativo per eccellenza sovrastante qualunque altra fonte normativa; furono anche i secoli di una gigantesca guerra di religione, in cui il cristianesimo, dopo una dura stagione repressiva, affermò la sua solida egemonia sulle istituzioni imperiali e nella società romana. Ma c'è di più. Il tardoantico costituisce anche quel tornante della Storia in cui, accanto alle vicende politiche, costituzionali e giuridiche di cui ci occuperemo, intorno alla prima metà del VI secolo maturarono quasi contestualmente due eventi altrettanto memorabili non solo in sé ma per la carica simbolica che subito acquisirono e per gli effetti che dispiegarono nel millennio successivo. Uno in Oriente e l'altro in Occidente, essi segnarono due passaggi miliari nella storia dell'uomo: a Est la grande compilazione giuridica, segmento del visionario disegno di Giustiniano di 'rifondazione' dell'impero romano; a Ovest l'elaborazione della *Regula* di Benedetto da Norcia, vera scaturigine del monachesimo europeo.

Mentre nell'opulenta Costantinopoli una mirabile squadra di giuristi ed esperti di diritto incaricata dall'imperatore s'impegnava nel più colossale lavoro di raccolta mai concepito di materiale giuridico che avrebbe lasciato all'Occidente la grande eredità giuridica dell'esperienza romana, nel ventennio terribile e tristissimo della cosiddetta guerra greco-gotica, il monastero di Benedetto diventava un simbolo di rifugio, di produzione economica, di cultura, vera e propria scintilla della storia del monachesimo in Europa. *Corpus iuris civilis* di Giustiniano e *Regula* di Benedetto, due fatti epocali che avrebbero impresso forti e indelebili segni (sotto il profilo del diritto, della cultura, dell'economia, della politica e della società) nella storia dei secoli successivi sino alla modernità.

Oggi, a poco più di un secolo e mezzo dall'invenzione del tardoantico da parte di Jacob Burckhardt, poi efficacemente ripreso nel 1901 da Alois Riegl, il quadro è radicalmente e positivamente mutato. Gli enormi progressi storiografici compiuti nell'ultimo cinquantennio sulla comprensione dell'età tardoantica ci permettono da un lato di mettere meglio a fuoco gli enormi stravolgimenti istituzionali, politici, economici e sociali che lasciarono radici e segni profondissimi nell'impero romano, gettando le fondamenta di ciò che sarebbe stato nel volgere di qualche secolo il Medioevo europeo, e dall'altro di superare taluni schemi storiografici interpretativi a volte logori, altre volte schematici, ma di per sé insufficienti come crisi, crollo, caduta dell'impero romano d'Occidente, per lasciare il campo ad analisi più complesse e a criteri interpretativi più duttili come trasformazione o transizione.

Eppure c'è ancora molta strada da fare. Molto da studiare, comprendere, da ripensare e correggere. Ad esempio, proprio con riguardo all'età giustinianea e al salto storiografico rispetto al 476 d.C. che tuttora campeggia nella manualistica, è stato assai negativo il condizionamento generato dall'approccio tradizionale verso l'ultima fase della storia giuridica dell'impero romano: assunto il dogma della caduta nel 476 d.C. dell'impero romano d'Occidente, la sua prosecuzione a Oriente è stata considerata contro ogni testimonianza antica come un''altra storia', ovvero quella di un impero bizantino del tutto estraneo all'esperienza millenaria romana. Invece la storia dell'impero romano era lontana dal chiudersi; molti secoli avrebbero continuato a vedere il Mediterraneo segnato dal ruolo egemonico di Roma e ancor più da Costantinopoli; cosicché resta da rimeditare su quella che tuttora viene inetrpretata come la cesura traumatica della storia dell'intero Occidente, cioè il 476 d.C. Con la più celebre destituzione della Storia, cioè quella di Romolo Augustolo, un insignificante usurpatore ma a torto considerato l'ultimo imperatore di Roma, si cristallizzava, secondo una plurisecolare tradizione storiografica, in un archetipo ridondante di *páthos*, la cosiddetta caduta dell'impero romano d'Occidente, e conseguentemente si separavano dalla storia dell'Occidente le sorti dell'Oriente da Giustiniano in avanti, perché sede di un impero greco-bizantino, realtà ed esperienza statuale diversa dall'impero romano, anzi a quest'ultimo estranea.

Fortunatamente, grazie alla cospicuità delle fonti antiche, alla qualità e ricchezza delle informazioni, vedremo quanta artificiosità ristagna in questi canoni storiografici e in simili cesure, e come sia possibile superare barriere, pregiudizi e ritardi culturali sino a ricorrere a efficaci ossimori come quello di Arnold Hugh Martin Jones che a proposito del periodo del tardoimpero ha parlato di un 'luminoso crepuscolo', o di Momigliano autore della suggestiva metafora della 'caduta senza rumore' dell'impero romano d'Occidente.

2. *La cosiddetta anarchia militare*

Nonostante tradizione e convenzione più che consolidate e persistenti continuino a imporsi in ogni trattazione dell'età tardoantica (o del dominato o del tardoimpero), assumendo come punto di partenza l'ascesa al potere di Diocleziano, non c'è dubbio che i prodromi si trovino nell'età immediatamente postseveriana e nei decenni successivi. Furono decenni di crisi generale ma soprattutto, per quanto più direttamente interessa il nostro campo di studi, furono decenni di crisi politica, istituzionale ed economica che condussero alla frantumazione del modello imperiale di età classica: collasso di prestigio e autorevolezza dell'istituto imperiale, devastante logoramento tra militari e società civile, svuotamento di antiche istituzioni come il senato, ma anche ridefinizione della figura dell'imperatore:

> Aur. Vict., *De Caes.* 37.5: *Abhinc militaris potentia convaluit ac senatui imperium creandique ius principis ereptum* [...].
>
> [In seguito, il potere dei militari si accrebbe e fu sottratto al senato il comando e il diritto di nominare il principe ...].

Questa fase d'inaudita turbolenza istituzionale – sovente negletta dagli studi storico-giuridici, denominata comunemente 'anarchia militare', secondo una formula che tenta di nascondere platealmente la difficoltà di scovarne una compiuta e soddisfacente definizione politica e giuridica – è di fondamentale importanza per comprendere le poderose riforme del quarantennio a cavallo tra III e IV secolo, che avrebbero plasmato quel complesso di fenomeni, aspetti e mutamenti istituzionali che caratterizzarono il cosiddetto impero tardoantico, quale prodotto di una svolta profonda e radicale nella storia giuridica imperiale di Roma avvenuta sotto i regni di Diocleziano e Costantino.

* * *

Nel periodo compreso tra il 235 d.C. e il 285 d.C., l'impero romano fu avvolto da una crisi politica e istituzionale tra le più acute e turbolente della sua storia; un impero mondiale rischiava di frantumarsi a seguito di crisi regionali (tra le più gravi l'usurpazione di Postumo, autore di una parentesi secessionista: l'impero delle Gallie, in seguito comprensivo pure di Spagna e Britannia), scontri micidiali per l'avvento al potere, incursioni delle popolazioni germaniche a ridosso dei confini e sempre meno efficacemente contrastate sul piano militare, crisi d'identità dell'aristocrazia senatoria e ruolo sempre più determinante degli eserciti.

A proposito del ruolo dei militari, alla base delle possenti dinamiche che si innescarono, secondo autorevoli studiosi (da Santo Mazzarino a Ronald Syme), si era dinanzi a sintomi chiari di una rivoluzione. Ma forse, come è stato più efficacemente sostenuto, il mutamento stava nella traslazione negli ambienti militari rispetto al passato dei processi di selezione della classe politica e dirigente dell'impero: lo stato di guerra permanente, l'esposizione costante a pericoli indussero l'opinione pubblica a rivolgersi ai militari per la difesa e la ricostruzione politica dell'impero.

Vediamo i passaggi più salienti che precedettero la tetrarchia, definita da Ronald Syme la 'seconda rivoluzione romana'.

Quando agli inizi del 235 d.C., Massimino, un oscuro *praefectus tironibus*, veniva acclamato imperatore nei pressi di Magonza e subito messi a morte Severo Alessandro e la madre Mamea, si comprese bene come qualcosa di profondo stesse avvenendo. Non interessa tanto il dibattito sulle reali origini di Massimino, sulla sua ascesa al potere, sul profilo squisitamente militare del regno di Massimino, quanto piuttosto lo scontro che si avviò con l'aristocrazia senatoria per l'egemonia politica: il ridimensionamento del ruolo senatorio e l'attacco ai patrimoni dei membri dell'*ordo* fecero precipitare la situazione.

Dopo appena tre anni, nel 238 d.C., infatti si aprirono profonde crepe nel regno di Massimino da cui emersero sulla scena politica ben sei imperatori. Epicentro fu l'Africa Proconsolare. A causa di un atto di prepotere di *Thysdrus*, un oscuro procuratore imperiale, ai danni di alcuni rampolli di aristocratica discendenza, si scatenava una rivolta e a catena una serie di eventi che avrebbero condotto prima all'uccisione di quel procuratore e quindi all'acclamazione come Augusto di un anziano senatore: Marco Antonio Semproniano Gordiano. Il nuovo Augusto in avanzatissima età (80 anni) chiamò subito al suo fianco come secondo Augusto il figlio quarantenne e consolare. L'evento, salutato con grande favore dal senato, produsse l'immediata dichiarazione di *hostes rei publicae* di Massimino e del figlio Massimo, precedentemente nominato Cesare. Tuttavia dopo appena tre settimane, Capeliano, governatore della Numidia, spazzava via i due Gordiani, e le fila della ribellione venivano ripresi dal senato che riunito nel tempio di Giove Capitolino designava come imperatori Marco Clodio Pupieno Massimo e Decimo Celio Calvino Balbino.

Il principato di Pupieno e Balbino costituì un'inaspettata fiammata e una pagina memorabile dell'orgoglio aristocratico senatorio diretta a riproporre un modello di governo imperiale ispirato alla tradizione aristocratica repubblicana, ma, per l'inadeguatezza della formula, ebbe una durata effimera: dopo appena tre settimane Pupieno e Balbino venivano travolti dal dissenso dei militari saldatosi con un malcontento del popolo presso il quale pulsioni dinastiche avevano fatto ampia breccia. I due principi furono uccisi dai pretoriani e il senato, sotto la pressione delle rivendicazioni degli strati popolari più turbolenti, costretto a riproporre un altro membro dei Gordiani, il giovanissimo Gordiano III.

Grazie all'iscrizione trilingue (greco, partico e medio-persiano) di *Naqsh-*

i-Rustam, (l'antica Persepoli), un documento imponente chiamato da Michail Ivanovič Rostovcev *Res Gestae divi Saporis*, sappiamo che nel 244 d.C., a Mesiche, Gordiano III trovava morte (per mano dei suoi soldati) a seguito di una battaglia asperrima e disastrosa contro l'esercito del sovrano persiano *Shahpur* I. L'esercito romano acclamava subito come nuovo Augusto Marco Giulio Filippo che qualche anno dopo, nel 247 d.C., si associava al trono come collega il figlio omonimo. Anche il regno dei due Filippi ebbe breve durata: le difficoltà sulle frontiere, le usurpazioni incessanti (Pacaziano in Occidente, Iopatiano e Uranio Antonino in Oriente), i successi militari in Pannonia e Mesia di un valente generale Decio, portarono ben presto i Filippi alla morte e quest'ultimo al soglio imperiale nel 249 d.C. Decio, che inaugurava la prima persecuzione generale contro i cristiani, cadeva però a tradimento nel 251 d.C., e veniva acclamato imperatore dai resti del suo esercito Treboniano Gallo. Continuava frenetica la successione degli imperatori e nel 253 d.C. era la volta di Emiliano che restava in carica e in vita sino a quando il senato riconosceva come Augusto Valeriano subito pronto ad associarsi al potere il figlio Gallieno. Fu l'apice della crisi. Irruzioni continue di popolazioni germaniche; ripresa delle ostilità persiane con Valeriano che finì, primo imperatore della storia, i propri giorni in prigionia nemica; l'esperienza separatista di Postumo, l'ascesa irresistibile di Odenato: insomma l'impero sembrava davvero sul punto di cedere.

3. *Gallieno e Aureliano: i germi dell'assolutismo imperiale*

Nonostante le formidabili turbolenze, è a questi due imperatori, Gallieno e Aureliano, assai più di tutti gli altri che si succedettero in questa fase, che si devono alcuni rilevanti interventi riformatori in campo amministrativo e militare. Come vedremo meglio, le riforme varate da Gallieno e Aureliano produssero come semi germoglianti effetti che si definirono ancor più marcatamente in età dioclezianea-costantiniana. Ma soprattutto a loro si devono le nuove fondamenta ideologiche, poi irrobustite e perfezionate da Diocleziano, della carica imperiale in un quadro di profondo riassetto politico e istituzionale.

Sebbene oggi si tenda a ridimensionare il ruolo innovatore di Gallieno in ambito militare, rigettando la tesi della creazione di vere e proprie armate mobili, senza dubbio con questo imperatore si cominciò a ricorrere a corpi – con un ruolo decisivo della cavalleria – atti a spostarsi rapidamente per fronteggiare singole crisi e incursioni delle popolazioni barbariche.

Ma ciò che soprattutto deve riconoscersi a Gallieno è l'origine del mutamento dello statuto senatorio. Secondo un'informazione di Aurelio Vittore (*De Caes.* 33.34), l'imperatore introdusse il divieto per il senato di percorrere la carriera militare, tanto rigido da vietare addirittura che i senatori potessero soltanto recarsi presso le truppe: allontanando i senatori dai comandi militari e dal controllo degli eserciti, Gallieno, per quanto non si sappia con quanta consapevolezza, avviò la separazione della carriera militare da quella civile con un rafforzamento del potere centrale.

Gallieno fu anche un precursore di quelle riforme monetarie poi segnate assai più nettamente dalle politiche di Diocleziano e Costantino: fu il primo imperatore, infatti, a indebolire ancora una volta il potere senatorio sottraendo ad esso la coniazione delle monete di rame in funzione di difesa del potere d'acquisto del *denarius*.

Sul versante della politica religiosa, l'atteggiamento di Gallieno attraversò due fasi: una prima segnata dalle persecuzioni cristiane con due aspri editti (il primo nel 257 d.C. e il secondo nel 258 d.C.) firmati con il padre Valeriano; una seconda di segno opposto, quando nel 260 d.C. con l'emanazione di un editto di tolleranza che apriva alla Chiesa un lungo periodo di pace con l'impero e quindi di consolidamento sociale. Il bilancio della monarchia di Gallieno può dunque dirsi positivo, nonostante l'ostilità delle fonti che ne dipingono invece un personaggio molle e persino abietto: i successi militari, la pace religiosa, la lunga durata del suo potere, depongono invece a favore di un imperatore avveduto e moderato in una temperie particolarmente infuocata.

Tuttavia, pur nella rilevanza di queste riforme, la caotica frammentarietà del quadro politico e istituzionale restava sostanzialmente invariata: uno dei casi tra i più eclatanti e interessanti della crisi meritevole di essere ricordato perché foriero di grandi pericoli fu l'esperienza dell'usurpazione di Postumo e del suo singolare *Imperium Galliarum*. Il fenomeno secessionista, che aveva al proprio interno altri elementi peculiari come i *Bacaudae* (contadini celto-romani autori di rilevanti sollevazioni), coprì circa un quindicennio (260-274 d.C.) e vide dopo Postumo avvicendarsi, come altrettanto effimere figure di imperatori, dapprima Mario, poi Vittorino, infine Tetrico. L'inquietante parentesi gallica costituì in effetti un vero pericolo per la tenuta della *pars Occidentis* dell'impero: per quanto di portata macroregionale, quell'esperienza secessionista interessò dapprima le Gallie ma presto si estese, contaminando Spagna e Britannia.

Il processo di disgregazione era assai più grave di quanto potesse pensarsi, infatti i fenomeni di regionalizzazione si diffusero e un altro caso tanto emblematico quanto pericoloso fu la parentesi orientale di Palmira, in cui si costruì un vero e proprio impero incentrato sulla città carovaniera sotto il regno di Odenato prima, a cui il governo imperiale riconobbe il correttorato *totius Orientis*, per la copertura del fronte orientale minacciato dal nemico persiano, e di Vaballato dopo.

Nonostante i fallimenti, perché i due regni secessionisti furono ripresi da Aureliano, resta indubbio che si trattò in un caso di un trauma dalla durata anche lunga e nell'altro di una consapevole scelta imperiale dettata da necessità e debolezza militare; in altri termini furono esperienze che, seppur diversamente, contribuirono alla lacerazione del tessuto politico e istituzionale unitario dell'impero romano, le cui tracce indelebili restarono visibili anche nell'infuocata temperie delle vicende dei tempi successivi.

A Gallieno subentrò nel 268 d.C. Aurelio Valerio Claudio II, detto poi il Gotico, per i successi militari contro i Goti e per averli immessi per la prima volta all'interno del *limes* romano come *laeti*. Claudio era atteso da un impegno difficile: un impero politicamente disgregato in tre tronconi e da riunificare. La peste stroncò in meno di due anni ogni proposito di Claudio e toccò ad Aureliano la sorte di dirigere l'impero. Nonostante lo scuotimento profondo del governo imperiale durante questi decenni, il suo indebolimento, a cui corrispondeva comunque anche lo sfaldamento di altre istituzioni, cominciò a farsi largo una teologia politica dell'istituto monarchico che avrebbe ben giustificato l'incipiente assolutismo imperiale: una monarchia di diritto divino nel quale investitura e legittimazione avrebbero avuto una matrice divina senza più alcuno spazio reale per interventi di altri organi.

Era in realtà l'epilogo di un lungo processo di deterioramento: nell'età postseveriana senato ed esercito avevano dato una pessima prova di se stessi nel governare pacificamente la successione al trono. Nel meccanismo di successione al trono fu soprattutto il senato ad aver perduto ogni voce mentre Aureliano, approfittandone, anticipava tempi e assetti che si sarebbero dispiegati pienamente in epoca dioclezianea.

Giunto al potere nel 270 d.C., grazie all'acclamazione delle truppe stanziate sul Danubio, Aureliano si adoperò con successo nella ricomposizione delle fratture interne all'impero dovute ai fenomeni di disgregazione regionale riconducibili all'azione di usurpatori, e alle poderose irruzioni di popolazioni barbariche: i successi militari di Aureliano, come quello sugli Alamanni o la liquidazione dei conti con regni tradizionalmente ostili, come quello di Palmira, gli valsero la fama di *restitutor orbis* (come attestano le monete coniate dalla zecca imperiale), il restauratore illirico, e gli garantirono autorevolezza e ampi margini di consenso per interventi di politica economica. Tra questi risalta maggiormente, nel tentativo di spezzare l'inflazione, la riforma monetaria con cui introdusse una nuova moneta, l'*Aurelianianus*, di maggior pregio (bell'aspetto argentato e appesantita) che avrebbe sostituito lo svalutato *Antoninianus* a suo tempo introdotto da Caracalla e che sopravvisse per circa vent'anni sino alla riforma dioclezianea.

In questo duro, ambizioso disegno di ricomposizione e di rinascita dell'impero, assai abile e duratura negli effetti fu l'iniziativa di Aureliano soprattutto in campo politico e ideologico: per quanto Aureliano sia storiograficamente sottovalutato sotto questo aspetto, non c'è dubbio che egli andò sempre più caratterizzandosi come l'autentico apripista di quelle riforme poi condotte sino in fondo innanzitutto da Diocleziano e in ultimo perfezionate da Costantino.

Un'anonima fonte tardoantica (Anonym. *apud* Cass. Dio 3) riporta un'allocuzione di Aureliano ai suoi soldati: «In occasione di una rivolta militare, Aureliano disse che i soldati si ingannavano, se ritenevano che il destino dei re fosse nelle loro mani; era invece il Dio che gli aveva dato la porpora, e la mostrava con la destra, e che stabiliva anche il tempo del regno». Aureliano segnava una svolta: egli affermava il concetto secondo cui l'imperatore era tale per volontà divina e pertanto la voce degli eserciti, che comunque ne formalizzava l'acclamazione, si attutiva assai. L'ancoraggio al *Sol Invictus*, lo stesso imperatore rappresentante e vicario, non dio stesso, l'uso per la prima volta del diadema alla maniera orientale, la Zecca di Serdica che, per commemorare nel 274 d.C. la riunificazione dell'impero squassato da dinamiche disgregatrici e usurpazioni, batté nella monetazione imperiale la leggenda *Deo et Domino nato Aureliano*, costituivano segni indiscutibili di una nuova e diversa alba nella storia dell'impero romano: la nuova fase dell'ideologia imperiale assolutistica e autocratica era iniziata. Nel 275 d.C. l'ennesima congiura andava però a buon fine e Aureliano cadeva nei pressi di Bisanzio, mentre si accingeva a una spedizione per ultimare la conquista della Mesopotamia. Si susseguivano sul soglio imperiale Tacito (275-276 d.C.) e Probo (276-282 d.C.), un monarca, quest'ultimo, di tendenze favorevoli al senato e amante della pace e dunque poco apprezzato dai soldati impiegati per lavori civili; e infine Caro, Carino e Numeriano (282-284 d.C.). Presto il testimone sarebbe presto passato a Diocleziano.

4. *Diocleziano e la monarchia assoluta*

Nel 284 d.C. (in un momento incerto tra settembre e novembre) moriva in circostanze misteriose Numeriano. Le testimonianze non sciolgono il dubbio se la morte dell'imperatore fu dovuta a una grave malattia o alla mano dell'uomo. Resta il fatto che né il prefetto del pretorio Apro, al seguito di Numeriano, né il comandante del corpo scelto dei *protectores* C. Valerio Diocle, si accorsero del fatto. Ma quest'ultimo riuscì a volgere la vicenda a suo favore. Addossando la responsabilità al prefetto del pretorio Apro, lo eliminò dinanzi ai soldati in maniera efferata, così un nuovo uomo forte, un altro generale di origine illirica, C. Valerio Diocle, poi M. Aurelio C. Valerio Diocleziano, veniva acclamato dalle truppe orientali nuovo imperatore e diveniva dominatore assoluto nel 285 d.C. dopo la vittoria di *Margum* su Carino.

Ben collocato nel solco già tracciato da Aureliano, Diocleziano plasma la nuova fisionomia della carica imperiale che sembra assumere sempre più i caratteri delle monarchie orientali e di stampo ellenistico. Ciò si desume non solo dalla denominazione dell'imperatore ora *dominus*, ma soprattutto dal cerimoniale di corte: l'uso del diadema e della porpora ingioiellata, le vesti di seta e d'oro, la sua persona sottratta al contatto pubblico e sempre chiusa nel suo palazzo (Aur. Vict., *De Caes.* 39.2-4; Eutrop. 9.26), l'introduzione dell'*adoratio* (cioè la genuflessione e il bacio dell'orlo del mantello) per coloro che erano ammessi al suo cospetto, l'accentuazione degli elementi religiosi della sua figura, il *consilium principis* che in questa età si avvia a mutar pelle per preludere a un organo diverso persino nella sua denominazione (*consistorium*). Questi aspetti del regno di Diocleziano hanno fatto descrivere quest'ultimo come una sorta di monarca di diritto divino sul modello orientale. Il fasto e le sue forme, tuttavia, non devono sempre e comunque prevalere sulla sostanza o farne velo. Infatti, non evidenziare al tempo stesso gli aspetti di forte differenza rispetto alle monarchie orientali, per lo più caratterizzate da concezioni divine e dinastiche, è quantomeno fuorviante.

Diocleziano, infatti, come vedremo tra breve, restava ancorato a una salda tradizione imperiale pagana che aveva sempre intessuto l'aurea del *princeps* di elementi spirituali, religiosi. Egli, distaccandosi dall'ideologia solare di matrice aureliana, utilizzò per sé l'epiteto di *Iovius* e per il suo collega quello di *Herculius* per dimostrare che le innovazioni si innervavano su un piano di continuità con la migliore tradizione romana nel suo rapporto con il mondo delle divinità:

> Incerti panegyricus Constantio Caesari dictus 4.1: *Et sane praeter usum curamque rei publicae etiam illa Iovis et Herculis cognata maiestas in Iovio Herculioque principibus totius mundi caelestiumque rerum similitudinem requirebat.*
>
> [E certamente per l'utilità e la cura dello Stato, anche quel potere affine a Giove ed Ercole trovava una corrispondenza in Giovio (Diocleziano) ed Erculio (Massimiano), principi di tutto il mondo e delle cose divine].

Non venne mai usata la locuzione *dominus et deus*; mentre il richiamo alle divinità tutelari dell'impero, Giove ed Ercole, non deve essere frainteso perché ai contemporanei era chiaro che quegli epiteti indicavano imperatori: non 'Gottkaisers' (imperatori-dèi), ma 'Kaisers von Gottesgnade' (imperatori per grazia divina) che partecipavano della forza, dei poteri e delle virtù degli dèi.

Anche l'altro tratto delle monarchie ellenistico-orientali, cioè l'aspetto dinastico, fu fortemente respinto da Diocleziano, per rinsaldare ancor di più l'ancoraggio del regime della successione imperiale al modello della scelta dei migliori e dell'adozione.

5. *L'impero dioclezianeo*

a) *La grande riforma istituzionale: la cosiddetta Tetrarchia.* – Una delle principali innovazioni istituzionali di Diocleziano fu la tetrarchia, letteralmente governo dei quattro, che troviamo plasticamente rappresentata dallo splendido complesso statuario di porfiro della Basilica di San Marco di Venezia, che ritrae i quattro imperatori abbracciati in coppia. Consapevole dell'esistenza del gigantesco problema di funzionamento del regime imperiale, consistente nell'assenza di un vero e istituzionalizzato meccanismo di successione al trono, e conscio che ciò stava proprio alle radici della terribile fase dell'anarchia militare, una volta giunto al potere, Diocleziano si affrettò ad affrontare il delicatissimo problema.

Tuttavia, è bene subito precisare che, contrariamente a quanto con eccessiva semplificazione a volte si scrive, la tetrarchia non fu una riforma introdotta d'un sol colpo, sulla spinta di uno stato d'emergenza, ma vide un suo graduale affermarsi e assestarsi in più tempi: man mano che le pressanti esigenze di governo e le turbolenze militari e di ordine pubblico si imponevano all'attenzione di Diocleziano, il suo disegno si plasmava, prendeva forma e complessità.

Così nel 286 d.C., due anni dopo il suo avvento al potere, l'imperatore chiamava accanto a sé un altro generale, Massimiano, un uomo incolto (un *semiagrestis* secondo Aurelio Vittore) originario della Pannonia, avviando una diarchia, un governo a gestione collegiale, sicuro tuttavia di vantare un'indiscussa egemonia personale. Fu però soltanto sette anni dopo, l'1 marzo del 293 d.C., a giungersi alla piena definizione della riforma istituzionale con l'associazione al potere di due *nobilissimi Caesares*. Essa schematicamente vedeva due Augusti, uno per l'Occidente (Massimiano) e uno per l'Oriente (Diocleziano), e con medesima ripartizione territoriale due Cesari (Costanzo Cloro e Galerio), in posizione subalterna ai due rispettivi Augusti (collegialità dispari). La diarchia cedeva così il passo a una tetrarchia:

Aur. Vict., *De Caes.* 39.30: *Et quoniam bellorum moles* [...] *acrius urgebat, quadripartito imperio cuncta, quae trans Alpes Galliae sunt, Constantio commissa, Africa Italiaque Herculio, Illyrici ora adusque ponti fretum Galerio, cetera Valerius retentavit.*

[E poiché l'elevato numero di guerre ... costituiva il problema più urgente, diviso in quattro il governo, assegnata la Gallia Transalpina a Costanzo (Cloro), l'Africa e l'Italia ad Erculio (Massimiano), l'Illirico, fino allo stretto del Ponto, a Galerio, Valerio (Diocleziano) ritenne per sé le parti restanti].

Lo schema riportato da Aurelio Vittore, trovava in Lattanzio una rappresentazione precisa e pragmatica: «nello Stato, due siano i detentori del governo e ce ne siano pure altri due di aiuto» (*De mort. pers.* 18.5):

Questa forma di governo avrebbe dovuto rispondere, secondo i disegni e le aspettative di Diocleziano, a diversi aspetti problematici ed endemici del governo imperiale:

α) ripartire il peso, ormai gravosissimo per un uomo solo, delle incombenze di governo su più soggetti: dunque quattro persone, due Augusti e due Cesari;

β) assicurare su un vastissimo impero mondiale, ormai attraversato da dinamiche e tensioni nuove alcune delle quali foriere di forti rischi di disgregazione, una maggior presenza del governo imperiale attraverso una ripartizione di sfere territoriali di intervento: Occidente e Oriente. La presenza al vertice dell'impero di quattro uomini – specificamente di due per ciascuna *pars imperii* e non più uno soltanto – costituiva certamente sotto il profilo organizzativo e amministrativo un indiscutibile avanzamento;

γ) regolamentare, una volta per tutte, la successione al trono imperiale con automatismi per ricondurla su basi squisitamente politiche, impedendo per il futuro un ritorno al caos istituzionale dovuto all'arbitrio e alle violenze da parte degli eserciti diretti come formidabili strumenti di pressione dai loro generali. Il compromesso instabile e delicato raggiunto attraverso una sintesi di concezioni e valori repubblicani che si concretizzava nello strumento dell'adozione, istituto giuridico di diritto privato ma utilizzato nella prassi politica delle grandi famiglie repubblicane per finalità politiche, appariva ormai logorato nella sua antica declinazione dalla temperie politica. L'altro cardine del compromesso, cioè l'associazione al potere, richiedeva invece un rinsaldamento.

Le guerre civili, l'irrompere delle nuove concezioni del potere imperiale e, più in generale, di una nuova ideologia monarchica di stampo orientale spingevano verso una contaminazione delle forme di successione imperiale sperimentate con altre forme. In questo senso, l'innovazione dell'automatismo tetrarchico avrebbe dovuto assicurare, nei disegni di Diocleziano, il pacifico avvicendamento al soglio imperiale: alla morte o abdicazione di un Augusto sarebbe succeduto il rispettivo Cesare che, divenendo Augusto, avrebbe a sua volta nominato un proprio Cesare. I quattro tetrarchi sarebbero stati inoltre legati dall'adozione mentre ulteriori vincoli familiari intrecciavano vite e sorti politiche di Augusti e Cesari attraverso i matrimoni dei secondi con le figlie dei primi.

A ben vedere, dunque non si tratta di novità in senso assoluto: il ricorso a più figure per ripartire i carichi di governo fu un'esigenza sempre presente a cui si rispose appunto con l'associazione al potere, sin dall'età augustea; come pure il caso di due Augusti parificati, a ben vedere, ebbe il suo precedente già nel 177 d.C. con Marco Aurelio e Lucio Vero e Commodo: non a caso Diocleziano volle costruire il suo rapporto con Massimiano prendendo come modello quello tra Marco Aurelio e il *frater* Lucio Vero, tanto da integrare il suo nome con il gentilizio *Aurelius*. Ma anche nel periodo predioclezianeo si ebbero diarchie: Pupieno e Balbino, Massimino e Massimo, i due Gordiani, i due Filippi, Valeriano e Gallieno. La novità, se così può dirsi, è che nell'esperimento di Diocleziano riprendeva vigore il motivo repubblicano della scelta del migliore; e se il ricorso all'*adoptio* era un esplicito richiamo del principio caro alla dinastia Antonina (monarchia adottiva ed elettiva), pur nel rifiuto di un impianto dinastico, si lasciava intravedere l'intenzione di prediligere in qualche misura linee di appartenenza familiare.

Inoltre, nell'ispirazione dioclezianea, l'architettura della riforma tetrarchica possedeva quell'impronta teocratica che da un lato giustificava il potere degli imperatori e dall'altro costituiva la base per costruire l'idea di una *familia divina* che in futuro sottraesse la successione ai rischi sempre incombenti, in un quadro di destrutturazione politica, di usurpazioni maturate negli ambienti militari. In tal modo, il tema spinosissimo della successione imperiale sarebbe stato depurato dell'elemento pericoloso degli eserciti, in una dialettica virtuosa in base alla quale il nuovo Augusto sarebbe stato soltanto apparentemente il frutto di un accordo politico in cui un ruolo da protagonisti era pur sempre riconosciuto all'aristocrazia senatoria e agli ambienti militari, mentre in realtà si era ormai all'affermazione piena e completa dell'autocrazia che trovava in se stessa il proprio fondamento di legittimità in quanto promanazione delle divinità tutelari dell'impero romano.

In questo senso, si possono combinare le conclusioni a cui sono pervenuti studi recenti: Diocleziano, da un lato, con la creazione della famiglia divina, escludeva dalla partecipazione al potere imperiale chiunque non vi appartenesse (Frank Kolb); mentre, da un altro lato, sulla scorta dell'inquadramento offerto dal pensiero giurisprudenziale, si pensi al giurista funzionario Arcadio Carisio, tentò di giustificare, o forse sarebbe più giusto dire tentò di non far entrare in insanabile collisione la costruzione tetrarchica e più in generale i poteri del *princeps* con il tradizionale impianto delle magistrature repubblicane (Valerio Marotta).

In ogni caso la successione sarebbe dovuta avvenire nella concordia e nel silenzio delle armi: e in effetti la nuova forma istituzionale assicurò oltre vent'anni di pace e di governo unitario fra i quattro tetrarchi. Niente guerre, niente congiure, nessuna rivolta: uno straordinario successo, quello di Diocleziano, per un impero stremato, frutto di un governo abile, determinato e sorretto da un consenso generale verso un impianto strutturale e ideologico che permise l'avvio della riorganizzazione amministrativa e delle robuste riforme in campo monetario, fiscale, economico e religioso. Un encomio conservato in un papiro egiziano è oltremodo eloquente della cifra del programma politica e religioso del potente imperatore illirico:

> P. Oxy. 4352, 5.2.18-31: *Zeus* Capitolino, mosso alfine a pietà dell'umana stirpe, concesse in dono la signoria di tutte le terre e di tutto il mare all'imperatore Diocleziano, che è immagine del Dio. Questi estinse la memoria di precedenti angosce, per quanti ancora patissero gettati in orridi ceppi in un luogo privo di luce. Ma ora il padre rivede il figlio, la moglie il marito, il fratello il fratello, di nuovo liberi, come se per la seconda volta tornassero dagli Inferi alla luce del Sole. Con gioia *Diogenes*, salvatore della città, accoglie la benevolenza del buon imperatore, e solerte concede alle città il beato oblio delle sofferenze. Con gioia tutta la terra prende sollievo come alla luce di un'età dell'oro, e il ferro, distolto dal massacro di uomini, giace senza sangue nel fodero.

In sintesi, e a tal riguardo sono utili le parole di Werner Hartke, può dirsi che: «Diocleziano costruì il potere imperiale dei due Augusti [...] come un collegio divino e fraterno di imperatori funzionari pubblici. La sua continuità doveva essere assicurata dalla cooptazione e, attraverso l'adozione, i titolari della carica imperiale, determinati in maniera durevole, dovevano essere uniti vicendevolmente in un vincolo interiore. L'adozione assunse un significato di principio giuspubblicistico e come tale alla fine tramontò».

Tuttavia, come già detto, il fulcro vero del sistema era il carisma di Diocleziano, la sua indiscussa egemonia di cui godeva presso i colleghi e le classi dirigenti, a cominciare dall'aristocrazia senatoria, mentre l'efficacia del meccanismo di successione era più un auspicio dello stesso imperatore e in certa misura possiamo dire pure dell'altro Augusto, Massimiano. L'architettura era infatti destinata a non sopravvivere al suo *auctor*.

Nell'1 maggio del 305 d.C. Diocleziano abdicava, e si ritirava a vita privata nel suo castello di Spalato, convincendo a fare altrettanto anche il riluttante Massimiano; l'anno dopo, nel 306 d.C., moriva Costanzo Cloro, e riesplodevano violenti gli scontri e un altro lungo periodo di guerre civili, instabilità e caos istituzionale, per l'irrompere sulla scena di altre forti personalità come Costantino e Massenzio. La turbolenza si sarebbe placata anni dopo con il successo del 312 d.C. di Costantino su Massenzio a Ponte Milvio forte dell'alleanza con Licinio. Sarebbero però passati non molti anni ancora e l'impero sarebbe ritornato con l'eliminazione di Licinio sotto una guida unica con Costantino nel 324 d.C. e con la riaffermazione forte del principio dinastico: a quel punto, il meccanismo istituzionale della tetrarchia poteva dirsi irrimediabilmente infranto.

b) *La grande riforma amministrativa*. – Diocleziano, da uomo d'ordine e pragmatico qual era, non pensò affatto che i gravi problemi di un impero complesso come quello romano potessero risolversi soltanto con una riforma del sistema di governo; si applicò così con tenacia e bisogna riconoscere con efficacia di risultati in una grande riforma di riorganizzazione dello Stato, che si mostrò profonda e in qualche misura radicale non al centro ma nell'amministrazione periferica.

Per migliorare il governo territoriale, Diocleziano aumentò il numero delle province attraverso uno 'spezzettamento' delle esistenti in due o tre parti:

> Lact., *De mort. pers.* 7.4: *Et ut omnia terrore complerentur, provinciae quoque in frusta concisae: multi praesides et plura officia singulis regionibus ac paene iam civitatibus incubare* [...].
>
> [E affinché ogni parte dell'impero fosse pervasa dal terrore, anche le province furono frammentate: molti governatori e parecchi uffici gravavano sulle singole regioni e quasi su ogni città ...].

Le province, in tal modo moltiplicatesi, furono sottoposte a governatori ormai denominati *praesides* di rango senatorio (ad eccezione dell'Italia governata per lo più da *correctores* e di Africa e Asia ove venivano invece inviati *consulares* di rango senatorio). Tuttavia, depurata dalla ostile propaganda cristiana di Lattanzio, si capisce che la frammentazione delle province voleva rispondere a una logica di governo più rigoroso del territorio, cioè un governo più attento e vicino. Ma vi era un altro tratto evidente nella riforma dioclezianea, cioè lo spostamento dei poteri militari dai governatori provinciali a comandanti subalterni (*duces*) che rispondevano assai più direttamente all'imperatore. Nella strategia di rafforzamento dell'impero, Diocleziano si preoccupò della riduzione del pericolo di governatori troppo potenti e lontani da controlli centrali che nei decenni alle spalle avevano prodotto la stagione degli usurpatori su scala regionale.

Su un livello superiore stavano circoscrizioni amministrative più ampie, denominate *dioceses*, che raggruppavano più province, ricadenti sotto la giurisdizione di un *vicarius*. In verità, sulle diocesi non abbiamo informazioni dirette, nel senso che soltanto un particolare documento amministrativo, il *Laterculus Veronensis*, mostra per primo la suddivisione dell'impero in dodici diocesi, ma la redazione di detto documento risalirebbe a una fase successiva, cioè al 314 d.C. Tuttavia, che la paternità delle diocesi sia attribuibile a Diocleziano sembra certa poiché sono attestate a partire dal 298 d.C. aggregazioni di province geograficamente omogenee (in cui è possibile riconoscere le diocesi) sotto la responsabilità di *agentes vice praefectorum praetorio* o *vicari praefectorum*. I vice (o vicari) prefetti del pretorio dunque divennero ben presto funzionari stabili di questi grandi accorpamenti territoriali di più province che a loro volta furono la base delle più grandi partizioni territoriali rappresentate dalle prefetture territoriali, rette dai *praefecti praetorio*, riformate da Costantino.

La frammentazione delle province in unità regionali più ridotte, il maggior numero di governatori con territori più 'governabili' e il loro stretto raccordo con i vicari prefettizi, produssero un profondo mutamento dei rapporti tra potere centrale e *cives*: tra le righe delle invettive di Lattanzio, traspare con chiarezza il fastidio aspro per la presenza assai più capillare dello Stato, che spingeva verso un rapporto molto più stretto e incisivo con i *cives* ai fini del loro adeguamento alle politiche imperiali in materia economica, fiscale e religiosa.

Per quanto concerne invece i prefetti del pretorio, nonostante in passato si sia creduto che in età tetrarchica e per simmetria fossero stati portati a quattro, oggi studi più attenti fondati su nuovi documenti epigrafici di recente rinvenimento hanno dimostrato come essi in età dioclezianea avessero mantenuto il loro ruolo di funzionari centrali restando sempre in numero di due, uno per ciascun Augusto. Diocleziano, in altri termini, non incise affatto sulla carica prefettizia che restò una carica centrale dell'apparato burocratico.

Sempre legata alla persona dell'imperatore, con alti compiti di strategia militare e di amministrazione civile, e in quest'ambito soprattutto con le delicate funzioni di giurisdizione civile e criminale di cui si è trattato in precedenza, il prefetto del pretorio fu un componente stabile del *comitatus* continuando ad essere il funzionario di grado più elevato. Sotto il suo controllo ricadevano il *rationalis summae rei*, sovrintendente della monetazione e della riscossione delle tasse in denaro, e il *magister rei privatae*, preposto al controllo delle rendite dei beni dell'imperatore. Ciò portò sempre più il *praefectus praetorio* a occuparsi anche di questioni finanziarie ovviamente legate ai territori e a interagire sempre più strettamente con i *vicari* e i *praesides*, gettando così le basi per le riforme costantiniane di profonda ristrutturazione della prefettura del pretorio.

Per il resto, ritroviamo quelle figure di funzionari affermatesi già in età classica: il *magister memoriae*, capo della segreteria personale dell'imperatore, e coordinatore degli altri *magistri*: da quelli della cancelleria imperiale (*a libellis, ab epistulis, a cognitionibus*, a cui vennero addetti i *notarii*) al *magister a commentariis*, preposto agli archivi, e al *magister censum*, addetto ai censimenti. Queste figure, tutte insieme costituirono il cosiddetto *comitatus*, cioè un organismo che rappresentava il cuore del potere politico, amministrativo e militare dell'impero e che seguiva ovunque l'imperatore nei suoi spostamenti per affrontare e risolvere *in loco* e tempestivamente questioni di governo.

Resta tuttavia da evidenziare un aspetto. Il tratto più rilevante del disegno di riorganizzazione dell'ossatura imperiale condotto da Diocleziano stette nella separazione delle funzioni civili da quelle militari; e anche a tal proposito è giusto riconoscere che Diocleziano non fu un radicale innovatore, ma si mosse lungo un solco già tracciato da predecessori, e in particolare su questo terreno da Gallieno, che puntò ad attenuare il ruolo dei senatori nella sfera militare vietando loro il comando degli eserciti e addirittura di potersi recare presso le truppe.

Ad ogni modo, se sino ad allora il governatore provinciale aveva rappresentato la più alta autorità militare presente nei territori, con Diocleziano molti *praesides* vennero privati della loro sfera di attribuzione militare per essere relegati soltanto sul piano dell'amministrazione civile; al contempo comparvero i *duces*, da cui originarono una distinta carriera e una gerarchia squisitamente militare affiancata a quella civile. Naturalmente entrambe le gerarchie, per quanto fra loro indipendenti, facevano capo all'imperatore.

Il complesso delle riforme amministrative varate da Diocleziano, e strettamente connesse alla riforma istituzionale della Tetrarchia, indubbiamente accrebbero enormemente l'apparato dell'impero, ne ispessirono ranghi e articolazione, delineando davvero un nocciolo duro di struttura amministrativa e burocratica che nella sua progressiva maturazione sarebbe stato chiamato Stato. La consapevolezza di questi mutamenti è dimostrata dal fatto che mentre dalla pubblicistica di età classica, di cui esempi luminosi furono l'*Enchiridion* di Pomponio e la fioritura di una significativa letteratura giuridica, si tese a offrire una sistemazione di magistrature e di talune cariche imperiali, nell'età tardoantica si affermò invece una linea di riflessione sugli *officia* ovvero sui compiti che un funzionario dell'impero era chiamato a svolgere nell'ambito della sua attività di governo, esercitando il potere di cui era titolare.

Non c'è dubbio però che le riforme di Diocleziano contribuirono ad aumentare il fabbisogno e dunque la spesa imperiale, fatto certo non positivo per lo stato di crisi economica, e tuttavia insensato per sostenere, come talvolta capita di leggere, che in tal modo Diocleziano aggravò le condizioni generali dell'impero. Al contrario proprio da questa riorganizzazione, che come vedremo tra breve fu completata e consolidata da Costantino, l'impero trasse grande giovamento tanto che, pur profondamente trasformato nel suo impianto ideologico, istituzionale, economico e sociale, riuscì a superare una delle fasi più critiche della sua storia.

6. *La grande crisi del III secolo e le riforme economiche e finanziarie*

Nella seconda metà del III secolo d.C. esplodeva una lunga e difficile recessione economica, i cui incipienti segni si erano già manifestati in età severiana. La crisi economica si aggiungeva alle turbolenze istituzionali e politiche già descritte: il progressivo declino del commercio e della forza espansiva del capitale commerciale, la crisi dell'industria urbana e dell'imprenditorialità, la scarsa natalità, le devastanti invasioni barbariche – cause, da un lato, di distruzione e spopolamento di intere città e, dall'altro, di abbandono delle campagne, fenomeno, quest'ultimo, alimentato pure dalla naturale tendenza dei contadini a rifugiarsi nelle città in cerca di maggior benessere e sicurezza – costituirono l'insieme dei fattori di una delle più pesanti recessioni della storia, con profonde ripercussioni e trasformazioni sociali. L'impero romano rischiava di essere messo pericolosamente in ginocchio. A questa grave situazione tentò di reagire la tetrarchia guidata da Diocleziano con un pacchetto di riforme assai incisivo: a) una prima riforma riguardò la politica monetaria; b) una seconda, connessa alla prima, consistette nel cosiddetto *Edictum de pretiis rerum venalium*, un gigantesco calmiere dei prezzi di merci, prestazioni e servizi; c) una terza poderosa riforma infine fu quella del fisco denominata *iugatio/capitatio*.

a) *La politica monetaria*. – Grazie al rinvenimento di nuovi documenti (dal papiro di Panopoli all'editto monetario di Afrodisiade, ai nuovi frammenti di Ezani dell'*Edictum de pretiis*), si possiede un quadro assai più ampio e complesso della politica monetaria condotta da Diocleziano e dal suo governo tetrarchico. Innanzitutto adesso si può dire con certezza che l'avvio della nuova monetazione, ormai agganciata all'oro, non è più ascrivibile a Costantino, perché già con Diocleziano compare nell'impero una moneta aurea denominata *solidus*. Ma la riforma monetaria, che può dirsi varata nel 296 d.C., è stata definita «un tentativo di plurimetallismo», in quanto fondata su una gamma articolata di monete: α) una moneta d'oro (*solidus*); β) una moneta d'argento (*argenteus*) di 1/96 di libbra; γ) una moneta di rame di tre tipi, di cui il più pesante (*nummus*, e non *follis*, secondo un'errata e purtroppo diffusa denominazione) corrispondente a 1/32 di libbra. Queste tre monete avevano valore sostanziale diverso e fisso, cioè non corrispondente al valore metallico di ciascuna e stabilito, come si evince dall'iscrizione di Afrodisiade, discrezionalmente dall'imperatore.

La riforma, per quanto apprezzabile nel suo sforzo, non sortì l'effetto sperato. La contrazione della disponibilità dei metalli preziosi, la tendenza a tesaurizzare le monete pregiate e il conseguente sfavore verso la moneta più vile produssero appunto la progressiva sparizione della moneta pregiata e la svalutazione dell'altra, cosicché non solo non si arrestò il fenomeno inflattivo, ma addirittura si registrò un innalzamento dei prezzi. Questo effetto costituì la genesi dell'Editto dei prezzi.

b) *L'Edictum de pretiis rerum venalium*. – Il permanere di un grave, intollerabile per i ceti meno abbienti, fenomeno inflattivo, spinse Diocleziano a tentare una seconda e diversa strada: non più un intervento diretto sul corso della moneta, ma il tentativo di un rigido governo dei prezzi. Così fra il 20 novembre e il 9 dicembre del 301 d.C. veniva pubblicato l'*Edictum de pretiis* che è, se non il più importante, certamente uno dei più imponenti documenti epigrafici che ci sono giunti dall'antichità.

Caduto in un oblio lungo circa 15 secoli, le notizie sull'*Edictum* sino a qualche tempo fa si riducevano ad un passo di Lattanzio (*De mort. pers.* 7.6-7), ad una annotazione dei Fasti Hydatiani (302 d.C.), e a due frammenti, l'uno generico, di Malalas (*Chronogr*. 12.307, linn. 2-5) e l'altro ambiguo di Aurelio Vittore (*De Caes*. 39.45). E difatti senza i rinvenimenti, invero numerosi, di frammenti dell'editto in un'area molto vasta dell'impero, oggi non avremmo una reale percezione dell'importanza di questo atto legislativo della tetrarchia dioclezianea. Il provvedimento, redatto nel testo originale soltanto in latino, introduceva un gigantesco e capillare calmiere dei prezzi delle merci e dei servizi offerti sul mercato, e tra questi naturalmente anche quelli socialmente più rilevanti, senza precedenti nella storia giuridica di Roma, se si eccettuano alcuni marginali tentativi, come l'intervento di Giuliano che provò a evitare il rincaro del grano, o altri timidi interventi di controllo dei prezzi o di lotta contro la speculazione, le cui tracce si scorgono in D. 48.12.2, frammento relativo ad una *lex Ulpia de annona* e a un *rescriptum* di Marco Aurelio e Lucio Vero.

I tetrarchi, ma non si sbaglia nell'attribuire a Diocleziano la vera paternità dell'*Edictum*, concepirono il calmiere mossi dall'esigenza di dare una risposta forte e durevole alla crisi economica in atto; in particolare si vedeva nella cupidigia degli speculatori che innalzavano incessantemente i prezzi la causa delle gravi spinte inflattive.

L'*Edictum de pretiis* si divide in due parti. Nella prima, una sorta di preambolo autocelebrativo e con spunti autobiografici, dopo aver ricordato la stato di pace conseguito grazie alle vittoriose campagne militari in cui versava l'impero, i tetrarchi spiegano le ragioni del provvedimento: temperare gli eccessi, contenere la sfrenata avidità, contrastare la cupidigia furiosa e incontrollata che non teneva in alcun conto l'interesse generale, sradicare insomma tutti quei fenomeni che si ripercuotevano sulla povera gente, già in miserrime condizioni. È l'interesse generale il motivo che costantemente nell'Editto si richiama dal governo imperiale; sebbene le categorie o, se preferiamo le fasce sociali, a cui gli imperatori guardavano fossero gli strati popolari più poveri e i militari a cui del resto lo stesso Diocleziano era particolarmente legato.

Dal punto di vista del governo imperiale, le misure varate non erano poi così radicali e rigide, dal momento che – si afferma nella prima parte dell'Editto – si intendeva non tanto fissare un preciso prezzo, bensì sancire un tetto massimo (un *modus*) di ogni merce o servizio, con la conseguenza che a seconda delle diverse condizioni economiche e sociali dei territori dell'impero vi fosse in realtà piena libertà e spirito equo nella fissazione dei prezzi.

La seconda parte invece contiene la tariffa, cioè il calmiere vero e proprio con l'elenco dei prezzi massimi delle merci – da quelle di prima necessità o di largo consumo a quelle più voluttuarie e preziose – dei noli, dei salari dei prestatori d'opera, ecc.

Anche da una semplice rassegna dell'elenco delle voci viene fuori uno straordinario affresco della vita romana: carni, pesci, vini, condimenti, droghe, i lavori più disparati, metalli preziosi, piante, animali da riproduzione, marmi, carta, cera, ecc. A cui bisogna poi aggiungere anche i dati ottenuti con i frammenti di Afrodisia contenenti l'elenco dei noli marittimi. Insomma, si ricavano preziose coordinate per inquadrare e indagare la storia economica, la grave recessione che attanagliò l'impero romano nell'ultimo ventennio del III secolo d.C., la vivacità, vastità e complessità delle relazioni economiche e degli scambi commerciali.

Legato all'altro editto monetario relativo all'introduzione del *denarius* varato soltanto tre mesi prima (1 settembre 301 d.C.), l'*Edictum de pretiis* ha spesso suscitato negli studiosi il pressante interrogativo se mai esercitò un impatto reale sui prezzi, ed in quale misura. Jean-Michel Carrié ha così supposto che la tariffa fosse rispettata soltanto nelle transazioni controllate dallo Stato, come nell'*adaeratio*, «ma, forse, anche per le spese personali dei soldati o di altri funzionari statali, i quali disponevano di una forza di intimidazione tale da imporre la sua applicazione: insomma l'Editto svolgeva un'azione reale sui prezzi nei soli casi che interessavano veramente la pubblica autorità e dava soddisfazione all'esercito». Se l'ipotesi fosse esatta dovrebbe ritenersi che ciò costituì un risultato assai insufficiente rispetto al disegno ed all'ispirazione del provvedimento, che probabilmente fece amaramente riflettere il governo imperiale tanto da rinunciare alla sua applicazione.

Ma del resto vi erano anche altre ragioni di perplessità circa il mantenimento in vigore dell'editto. La straordinaria natura di disciplina autoritaria e rigidamente dirigistica dei prezzi si scontrò infatti duramente con le difficoltà di ordine pratico; con l'assenza di un efficace e territorialmente diffuso apparato di coercizione e repressione; e conseguentemente con l'impossibilità di applicazione reale e capillare, malgrado la durezza delle sanzioni previste (la *poena capitis*) ai violatori e a chi tra la popolazione, per smodato desiderio di acquistare, colludesse con gli speculatori:

> Lact., *De mort. pers.* 7.6-7: *Idem cum variis iniquitatibus immensam faceret caritatem, legem pretiis rerum vanalium statuere conatus est. Tunc ob exiqua et vilia multus sanguis effusus, nec venale quicquam metu apparebat et caritas multo deterius exarsit, donec lex necessitate ipsa post multorum exitium solveretur.*
>
> [Poiché con le sue svariate iniquità (Diocleziano) provocò un'immensa carestia, cercò di emanare una legge sui prezzi dei generi di mercato. Allora per generi comuni e di poco valore corse il sangue e, a causa della paura, qualsiasi mercanzia spariva e la carestia divampò ancora di più, finché quella legge, sotto la spinta stessa degli eventi, dopo aver provocato la morte di tante persone, fu abrogata].

Eppure, l'iscrizione è assai preziosa per lo storico del diritto anche sotto altri profili. Si tratta infatti di un esemplare di costituzione imperiale integro e per giunta, cosa assai rara, pervenutoci nella originale redazione della cancelleria imperiale, e non in una versione manoscritta con i consueti rimaneggiamenti. Sicché l'*Edictum* offre notevoli spunti per l'analisi dei problemi della legislazione imperiale, della sua formazione e trasmissione.

Innanzitutto, il testo epigrafico contiene l'*inscriptio* completa dei nomi dei tetrarchi, delle loro cariche, dei loro titoli, dati che ovviamente sono assenti nelle costituzioni contenute nei *codices* e nelle compilazioni miste tardoantiche mentre al contrario nei frammenti epigrafici dell'editto che conserviamo non vi è traccia della *subscriptio*.

Anche il lungo enfatico, ampolloso, ridondante preambolo in cui si espone la *ratio* del provvedimento, secondo una tecnica di redazione legislativa sconosciuta alle leggi repubblicane, ma probabilmente assai frequente nelle costituzioni imperiali, rappresenta, come è stato osservato da Edoardo Volterra, una di quelle parti che ritenute superflue venivano soppresse nell'opera di riduzione o sunteggiatura.

Dall'editto si possono trarre tutti gli elementi di valutazione dell'ideologia dioclezianea della concezione degli strumenti di governo per affrontare e governare l'economia. L'Editto del resto deve essere calato nello stato dei tempi e interpretato all'interno del quadro complessivo delle riforme dioclezianee: da quella fiscale (cosiddetta *capitatio iugatio*) a quella monetaria, all'introduzione del regime vincolistico, ecc. Per quanto possa ammettersi che le riforme fossero tutte contrassegnate da una sorta di 'inadeguato' dirigismo, e da metodi coercitivi che, diretti a limitare fortemente la libertà economica individuale e a frenare l'insopprimibile esigenza di ricambio nelle classi sociali, costituirono i presupposti di un'economia priva dell'indispensabile dinamicità che la grave crisi invece richiedeva, è profondamente sbagliato sostenere ancora che le politiche dioclezianee costituirono un fallimento. Al contrario questo imperatore, uno dei più grandi della storia romana, fu decisivo nell'affrontare problemi giganteschi e a rinsaldare uno Stato rovinosamente fiaccato dal vuoto di potere e dalle guerre civili della cosiddetta fase dell'anarchia militare. E dal preambolo del provvedimento in questione affiora la tensione morale e politica che guidava l'azione di governo di Diocleziano:

> *linn.* 115-150: *Placet igitur ea praetia, quae / subditi brevis scriptura designat, ita totius orbis nostri observantia contineri, ut omnes intellegant egre/diendi eadem licentiam sibi esse praecisam, non impedita utique in his locis, ubi copia rerum perspicietur afluere, / vilitatis beatitudine, cui maxime providetur, cum praefinita avaritia compescetur. Inter venditores autem / emptoresque, quibus consuetudo est adire portus et peregrinas obire provincias, haec communis actus debebit esse / moderatio, ut, cum et ipsi sciant in caritatis necessitate statuta rebus praetia non posse transcendi, distractionis / tempore ea locorum adque discursuum totiusque negotii ratio subputetur, quae iuste placuisse perspicitur nusquam / carius vendituros esse qui transferunt. Quia igitur et apud maiores nostros hanc ferendarum legum constat fuisse / rationem, ut praescripto metu compesceretur audacia quod rarum admodum est humanam condicionem sponte beneficam / deprehendi, et semper praeceptor metus iustissimus officiorum invenitur esse moderator placet, ut, si quis contra formam / statuti huius conixus fuerit audentia capitali periculo subiugetur. Nec quisquam duritiam statuti putet, cum in promptu ad/sit perfugium declinandi periculi modestiae observantia. Eidem autem periculo etiam ille subdetur qui, comparandi cupiditate avaritia / distrahentis contra statuta consenserit. Ab eiusmodi quoque noxa immunis nec ille praestavitur, qui habens species victui adque usui necess/arias post hoc s<ib>i temperamentum exist<u>maverit subtrahendas, cum poena vel gravior es<s>e debeat inferentis paenuriam quam contra statu/ta quatientis. Cohortamur ergo omnium devotionem, ut res constituta ex commodo publico benignis obsequis et debita religione teneatur, m[a/x]ime cum e{r}i<u>s modi statuto non civitatibus singulis ac populis adque provinciis, sed universo orbi provisum esse videatur, in cuius pe[rnici]/em pauci atmodum desaebisse noscantur, quorum avaritiam nec prol<i>xitas temporum nec divitiae, quibus studuisse cernuntur, m[iti]/gare aut satiare potuerunt.*
>
> [Si dispone, quindi, che i prezzi indicati nella breve tariffa seguente siano osservati in tutto il mondo di nostro dominio, in modo che ciascuno intenda che gli è preclusa la facoltà di superarli, senza che, in quei luoghi dove si osserva l'abbondanza, sia impedito di godere del beneficio dei prezzi bassi, dal momento che proprio a questo si vuole soprattutto provvedere, quando l'avidità sarà stata completamente repressa. Inoltre nei rapporti fra i venditori e i compratori che hanno consuetudine di frequentare i porti e di percorrere le province straniere, questa disposizione universale dovrà essere un freno, in modo che, sapendo essi che in periodo di rincaro non è permesso di superare i prezzi stabiliti per le merci, nel momento della vendita facciano un calcolo dei luoghi, dei trasporti e di ogni aspetto dell'affare, da cui risulti evidente quanto è stato giustamente deliberato, cioè che in nessun luogo possono vendere a prezzo più alto, coloro che trasportano le merci. Poiché, dunque, come è noto, anche presso i nostri antenati la ragione delle leggi era stata quella di reprimere gli abusi col timore della pena – in quanto è ben raro trovare l'indole umana spontaneamente disposta al bene, e sempre il timore risulta, come un freno, la migliore guida nell'adempimento dei doveri – si dispone che se qualcuno avrà tentato di contravvenire ai precetti di questo provvedimento, per la sua audacia andrà soggetto alla pena capitale. E nessuno giudichi rigorosa questa norma, poiché esiste il mezzo per evitare tale pericolo con l'osservanza della moderazione. Alla stessa sanzione andrà soggetto anche colui che, per smodato desiderio di acquistare, si sarà accordato, contravvenendo alle disposizioni, con l'avidità del

venditore. Né dalla stessa pena andrà esente chi, avendo prodotti necessari all'alimentazione e agli usi della vita, dopo questo provvedimento di moderazione avrà pensato di sottrarli dal mercato, dovendo essere la pena di chi provoca la penuria ancora maggiore di quella di colui che perturba, contravvenendo alla nostra volontà. Esortiamo dunque il senso di lealtà di tutti, affinché questa norma stabilita nell'interesse pubblico sia osservata con benevola obbedienza e con la dovuta scrupolosa coscienza, soprattutto per il fatto che, con tale disposizione, si è inteso provvedere non a singole città o popoli e province, bensì a tutto il mondo di nostro dominio, alla cui rovina si sa che hanno tuttavia infierito pochi uomini, l'avidità dei quali non riuscirono a mitigare o saziare né i tempi propizi né le ricchezze, accumulate con ogni sforzo.].

Eloquente questo lungo frammento dell'*Edictum* che non necessita alcun commento, perché lascia trasparire con ogni evidenza quelle coordinate ideologiche che contrassegnarono l'ostinazione di Diocleziano nel perseguire il suo disegno di risanamento economico, sociale e politico dello Stato romano, tanto da essere d'accordo con le suggestive parole di Marta Giacchero secondo cui, quasi romanticamente, nel preambolo dell'*Edictum* si ode «un grande grido umano, prima di essere una somma di formule curiali».

Comunque sia stato, il provvedimento imperiale, cadde presto in desuetudine, e deve ritenersi senza neppur una formale abrogazione.

c) *La riforma fiscale: iugatio/capitatio*. – Crisi economica e attuazione delle riforme istituzionali e burocratiche fecero sì che il fabbisogno imperiale crescesse. Diocleziano si vide così costretto a riflettere sul flusso delle entrate nelle casse dell'impero e a congegnare una gigantesca riforma del fisco con l'obiettivo di un risanamento finanziario dell'impero. Si deve a Friedrich Karl von Savigny la denominazione della riforma dioclezianea del fisco ovvero la *capitatio/iugatio*. In verità, prima di descriverne il contenuto, è utile avvertire come anche in questo caso non si sia dinanzi a una riforma elaborata subito compiutamente e dunque introdotta in blocco. La documentazione sopravvissuta invece spinge a credere che Diocleziano varò la nuova disciplina fiscale con graduale pragmatismo e l'applicò in maniera non uniforme e omogeneo. Egli si convinse della necessità di rivedere l'arbitrario sistema delle *indictiones extraordinariae*, cioè le requisizioni in natura per fronteggiare emergenza finanziarie, regolarizzandolo attraverso censimenti a scadenza fissa e certa. Dunque ogni cinque anni si procedeva agli accertamenti fiscali (*indictiones*) nel corso dei quali a seguito delle dichiarazioni dei cittadini si inquadravano contribuenti e proprietà sostanzialmente attraverso due parametri: il fondo (*iugum*) e la forza lavoro (*caput*). Grazie a un meccanismo complesso e a una molteplicità di indici si fissava il tributo sulla base del terreno, l'estensione, il tipo di coltivazione, la produttività: lo *iugum* era dunque un'unità di imponibile la cui definizione dipendeva dunque da quei parametri variabili. In tal modo fondi venivano suddivisi in tali unità fiscali detti appunto *iuga*, che contenevano a loro volta unità di superficie (*iugera*); il tributo sulle terre non produttive era invece fissato in astratto da commissioni locali autorizzate dal governo imperiale:

P. Cair. Isid. 1: I nostri previdenti imperatori, gli augusti Diocleziano e Massimiano e i cesari Costanzo e (Galerio) Massimiano, si sono accorti che l'imposizione delle tasse avviene in modo che alcuni contribuenti pagano troppo e altri troppo poco. Essi hanno deciso nell'interesse dei provinciali di sradicare questa odiosa e perniciosa abitudine e di pubblicare un editto che risani la situazione stabilendo come le tasse debbano essere assegnate.

CTh. 7.6.3. IMPPP. VALENS, GRATIANUS ET VALENTINIANUS AAA. MODESTO PP. *Provinciae Thraciarum per viginti iuga seu capita conferant vestem: Scythia et Moesia in triginta iugis seu capitibus interim annua solutione dependant: per Aegyptum et Orientis partes in triginta terrenis iugis, per Asianam vero et Ponticam dioecesim ad eundem numerum in capitibus seu iugis annua vestis collatio dependatur* [...]. (a. 377 d.C.)

[Le province delle Tracie paghino il vestiario per i militari nella misura di venti unità fiscali terriere (*iuga*) o unità fiscali personali (*capita*). La Scizia e la Mesia paghino annualmente nella misura di trenta *iuga* o *capita*; l'Egitto e le parti dell'Oriente nella misura di trenta *iuga* di terreno; nelle diocesi dell'Asia e del Ponto, la tassa annuale sul vestiario sarà pagata secondo lo stesso numero di *capita* e *iuga* ...].

L'imposta però, come anticipato, era mista, cioè gravava sui fondi ma anche su persone e animali ivi stanziati. Da qui i *capita*, cioè le unità di forza lavoro conteggiate appunto per *caput* (1 *caput* = un uomo; o frazioni di *caput*, come per le donne e gli animali); variabili erano pure i limiti di età, che apprendiamo dalle fonti papiracee. In questo sistema pertanto gli individui non rilevavano direttamente in quanto tali ma per la loro capacità di lavoro in relazione alla terra e alle loro necessità. A tal fine è pure utile precisare che nel concetto di *caput* vi rientravano oltre che il *pater familias* e gli altri familiari anche schiavi e coloni, cioè tutti i soggetti che contribuivano comunque all'attività produttiva.

In estrema sintesi può dirsi che la riforma fiscale intendeva garantire una maggiore equità attraverso una riscossione fondata sulla produttività della terra e del numero di lavoratori impiegati. Esistono però taluni aspetti che bisogna chiarire, perché le testimonianze antiche sulla riforma fiscale sono incerte, frammentarie, e per taluni versi pure contraddittorie:

a) in primo luogo, non si ha notizia della data della riforma, restando aperta l'ipotesi che essa fu introdotta gradualmente;

b) in secondo luogo, non sempre *capitatio* e *iugatio* erano utilizzate insieme per calcolare l'imponibile: infatti risulta che alcune tasse si pagavano secondo la *capitatio*, mentre altre in base alla *iugatio*;

c) in terzo luogo, parrebbe che la sua concreta applicazione non sia stata affatto uniforme, dal momento che diversi papiri egiziani documentano che in Egitto (ma dobbiamo presumere altrettanto in talune regioni dell'impero) la *iugatio/capitatio* si combinava con altri criteri di prelievo fiscale;

d) in quarto luogo, dalle fonti ne emerge una percezione pubblica controversa: secondo alcuni si trattò di una buona riforma, giacché le sottese finalità (assicurare un gettito costante allo Stato, colpire evasori, evitare gli arbitri e le discriminazioni del precedente sistema di imposizione tributaria) riscuotevano ampio consenso, mentre per altri l'intervento imperiale fu iniquo, sbagliato e asfissiante.

A tal proposito è sufficiente ricordare le aspre lamentele di Lattanzio: «si misuravano i campi zolla a zolla, si contavano le viti e gli alberi, si catalogavano gli animali di ogni specie, si prendeva nota individualmente dei nomi delle persone; in ogni città si riuniva la popolazione del luogo e della campagna» (*De mort. pers.* 23.2). Testimonianze come quella di Lattanzio, spesso intese come una presenza ossessiva e totalizzante dello Stato, dimostrano invece quanto rigore e quanta dedizione l'apparato imperiale profuse nell'applicazione della riforma, che abbisognava come presupposto di un grande e accurato censimento sistematico per comporre la cosiddetta *formula generalis*, cioè la quota fiscale relativa ai vari territori. Un papiro greco d'Egitto, fortunatamente salvatosi e rinvenuto nel 1923 (P. Cair. Isid. 1.3-4), contiene un editto prefettizio di Aristio Optato del 297 d.C., con cui si annunciava ai cittadini dell'impero il capillare accertamento finalizzato ad assicurare la precisione dei dati al fine di colpire, o quantomeno ridurre, evasione, iniquità, arbitri per assicurare una razionalizzazione del sistema fiscale nella direzione di un più solido equilibrio tra esigenze statali e quelle di una maggiore giustizia fiscale verso i cittadini, soprattutto verso gli strati popolari e meno abbienti.

Se ciò è indiscutibile, è altrettanto impossibile negare quanto fosse rigido il sistema, perché la valutazione imperiale delle necessità finanziarie avveniva a monte e in astratto e quindi sulla base del fabbisogno stabilito si procedeva al prelievo fiscale. Eppure il governo imperiale era consapevole dell'alta probabilità di brutte sorprese: il tasso comunque fisiologico di evasione fiscale, le eventuali carestie, i saccheggi e le devastazioni sempre possibili a causa delle incursioni barbariche, soprattutto per le terre di confine, avrebbero potuto diminuire, in maniera anche rilevante, il flusso previsto. Ma una volta stabilito, il gettito fiscale era quello e non poteva variare, salvo *deficit* di bilancio. Tutto ciò naturalmente indusse Diocleziano e i suoi colleghi tetrarchi a prevedere un sistema di salvaguardia, e anche in questo caso il governo imperiale intervenne in maniera davvero forzosa ed eccessivamente rigida, con conseguenze profonde e in taluni casi assai negative nel sistema sociale.

Ciò che però ci interessa di più è sapere, ed è cosa certa, che tale riforma del fisco lasciò una netta impronta ed esplicò effetti duraturi nei secoli successivi.

7. *Costantino*

Quando nel 305 d.C. Diocleziano decideva di abdicare e, ritirandosi nello splendido palazzo di Spalato, costringeva Massimiano a fare altrettanto, la tetrarchia fondata sul carisma del suo *auctor* finì per mostrare tutta la sua fragilità. Divenuti infatti *Augusti* Galerio e Costanzo Cloro e *Caesares* Valerio Severo e Massimino Daia, ben presto si scatenarono ostilità e conflitti. Nel 306 d.C., morto a York Costanzo Cloro, l'esercito non acclamò imperatore il successore costituzionale ma il figlio di Costanzo Cloro ovvero Flavio Valerio Costantino. A Roma, nel corso del medesimo anno, veniva acclamato imperatore Marco Aurelio Valerio Massenzio, figlio di Massimiano, e quest'ultimo, disattendendo l'accordo con Diocleziano, ritornava sulla scena politica nel tentativo di riconquistare il titolo di *Augustus*.

Il vecchio Diocleziano provò a rimettere in sesto la sua creatura con una conferenza a *Carnuntum* nell'autunno del 308 d.C.: l'esito di *Carnuntum* vide accanto a Galerio un nuovo *Augustus* Publio Flavio Valerio Liciniano, più noto come Licinio, mentre furono legittimati Cesari Costantino e Massimino Daia. Nonostante il carisma del vecchio imperatore fosse abbastanza integro, Diocleziano manifestò tutta la sua incolmabile lontananza dal potere politico, anzi non nascose neppure il fastidio: «poteste voi vedere a Salona i frutti dell'orto che ho piantato con le mie mani, certo non pensereste mai di chiedermi ciò», con queste parole aspre e stanche, raccolte nell'*Epitome de Caesaribus* (39.6), Diocleziano rispondeva a chi lo sollecitava a ritornare sulla scena. E fu così che, per quanto all'inizio formalmente accettato, l'accordo di *Carnuntum* venne presto sconfessato. Massimino Daia si autoproclamò Augusto e il vecchio collega e sodale di Diocleziano Massimiano radunò un esercito muovendo contro Costantino. Sconfitto però a Marsiglia, Massimiano nel 310 d.C. moriva in circostanze misteriose probabilmente costretto al suicidio. L'anno dopo, il 311 d.C. a Serdica, moriva Galerio e dunque scompariva dalla scena politica l'ultimo dei tetrarchi originari; pure questo evento contribuì a peggiorare la situazione politica. Nonostante vari tentativi di pacificazione e di accordo ormai le alleanze erano chiare: da un lato, Costantino e Licinio che si sostenevano vicendevolmente e, dall'altro, Massenzio e Massimino Daia. Massenzio fu sconfitto da Costantino nel 312 d.C. presso Ponte Milvio, mentre Massimino Daia, sconfitto in Oriente ad Adrianopoli da Licinio, moriva nell'estate del 313 d.C. a Tarso. Alla fine dello stesso anno, anche Diocleziano cessava di vivere, dopo aver proposto ai due vincitori, Costantino e Licinio, la ricostituzione della tetrarchia.

Il governo imperiale, tra alti e bassi nei rapporti, fu tenuto congiuntamente da Costantino in Occidente e da Licinio in Oriente, sino alla ripresa delle ostilità e dello scontro finale che maturò nel 324 d.C., quando il 3 luglio Costantino conseguì una vittoria decisiva su Licinio ad Adrianopoli mentre il figlio Crispo ne sbaragliava la flotta nell'Ellesponto. Qualche mese dopo Licinio, incorrendo in un'altra sconfitta a Chrysopolis (Üsküdar [Scutari]), si arrendeva a Costantino che lo avrebbe fatto giustiziare nel 325 d.C.

Rimasto solo al potere sino al 337 d.C., Costantino moriva ad *Ankyron*, presso Nicomedia, aprendo il varco al principio dinastico e dividendo l'impero tra i suoi tre figli *Augusti*:

Eutr. 10.6.2: *Eo tempore res Romana sub uno Augusto et tribus Caesaribus, quod numquam alias, fuit, cum liberi Constantini Galliae, Orienti Italiaeque praeessent.*

[In quel tempo, lo Stato romano fu governato da un Augusto e tre Cesari, fatto mai accaduto prima di allora, essendo i figli di Costantino a capo della Gallia, dell'Oriente e dell'Italia].

***

Passando a trattare le riforme di Costantino, deve subito dirsi che sul piano istituzionale l'imperatore proseguì il cammino riformatore tracciato da Diocleziano che, come vedremo dettagliatamente nelle prossime pagine, portò alla creazione di un impianto burocratico e istituzionale forte e solido che ben presto sarebbe divenuto il cuore pulsante del potere imperiale.

Innovazioni significative furono introdotte sul piano militare relativamente sia alla struttura dell'esercito sia ai suoi vertici.

Uno degli interventi più incisivi di Costantino, almeno per l'impatto che ebbe sull'opinione pubblica, fu la fondazione della nuova capitale orientale, Costantinopoli, l'11 maggio del 330 d.C. Un fatto enorme che avrebbe esplicato imprevedibili e irreversibili conseguenze sugli equilibri imperiali, con uno spostamento del baricentro politico e istituzionale in Oriente a danno di Roma e dell'Occidente. Simmetricamente, l'imperatore non intese restituire alcun privilegio al vecchio ordine senatorio; al contrario cercò di modificarne la fisionomia introducendo nuovi elementi. Non solo aumentò il numero dei senatori da 600 a 2000 ma, stando allo storico siriaco Ammiano Marcellino, Costantino reclutò senatori anche tra i barbari, essendo lui il primo imperatore ad aver concesso loro l'onore del consolato (Amm. Marc., *Res gest.* 21.10.8).

Sebbene ancora si discuta serratamente sul Costantino cristiano, e sebbene sia forse più conducente riconoscere nell'imperatore una svolta sincretistica tra il dio cristiano e il culto del *Sol invictus*, notevolissimi furono gli effetti della sua scelta di campo a favore del cristianesimo. Sia con l'Editto di tolleranza di Milano del 313 d.C., sia con il Concilio di Arles del 324 d.C. in cui riunì i vescovi occidentali per stroncare lo scisma donatista sia, infine, con il Concilio di Nicea (l'odierna İznik) del 325 d.C., il primo grande concilio ecumenico nella storia della Chiesa, che mise al bando la dottrina di Ario, Costantino, appellato ἐπίσκοπος τῶν ἐκτός ὁ τρισκαιδέκατος ἀπόστολος, chiudeva la stagione di ostilità verso i cristiani e la loro fede. Subito corrisposto, nel quadro dell'imprevedibile e inedita alleanza con l'impero, dalla nuova linea del clero che ad Arelata sancì la pena della scomunica per i soldati che avessero abbandonato il servizio militare.

In merito alle politiche fiscali, Costantino non si discostò dalle linee dioclezianee. Pur mitigando gli eccessi repressivi della tetrarchia e il ricorso massiccio alla delazione, Costantino operò per assicurare il gettito necessario al fabbisogno imperiale incrementando il novero delle imposte riscosse in oro e argento. Si introdussero così: a) l'*aurum coronarium* gravante sui curiali per eventi solenni; b) il *crysargyron*, nelle due forme dell'*aurum comparaticium* che colpiva la proprietà fondiaria e della *collatio lustralis* gravante invece sulle rendite dei beni mobili derivanti da attività commerciali e artigianali; c) infine, la *collatio glebalis* (o *follis senatorius*), una sorta di 'patrimoniale' a carico dei senatori ripartita in diversi scaglioni relativi all'entità dei loro patrimoni.

Come abbiamo già visto a proposito di Diocleziano, sul piano della politica monetaria, nonostante quanto si sia sinora creduto, gli studi più recenti hanno dimostrato che in realtà sia da riconoscere al fondatore della tetrarchia il merito di aver agganciato la monetazione all'oro. Tuttavia è indubbio che con Costantino la diffusione della moneta aurea, *solidus*, si accrebbe notevolmente, divenne la moneta delle nuove aristocrazie e conseguentemente l'oro divenne il perno strutturale del sistema monetario.

Infine, grazie a un'importante serie di costituzioni contenute nel *Codex Theodosianus*, possiamo ben dire che Costantino praticò con determinazione una politica normativa in materia di corporazioni tesa a consolidare la linea di tendenza, già presente con Diocleziano, a vincolare ai mestieri i cittadini addetti all'erogazione di servizi pubblici, dando vita a una sorta di regime vincolistico che riguardava non soltanto le persone ma anche i patrimoni degli associati.

8. *Lo Stato dioclezianeo-costantiniano*

Grazie alla *Notitia Dignitatum*, documento contenuto nel *Codex Spirensis* rinvenuto nel 1426 dall'umanista Nicola di Cusa, e soprattutto alle costituzioni imperiali raccolte nei codici imperiali ufficiali, e in particolar modo quelle del *Codex Theodosianus*, che costituiscono un vasto e ricco giacimento di informazioni di inestimabile valore, gli studiosi dispongono di buon materiale per dare una ricostruzione sufficientemente nitida dell'ossatura dello Stato imperiale tardoantico.

a) *L'imperatore*. – Nelle pagine precedenti abbiamo delineato i mutamenti relativi ai caratteri della carica imperiale e della sua corte. Abbiamo evidenziato le innovazioni esteriori del fasto e del cerimoniale imperiale, l'*adoratio* o la *proskýnesis*, l'uso della porpora, il *silentium*, lo stare in piedi al suo cospetto, ecc., insomma tutti aspetti mutuati, secondo una cospicua letteratura, dal cerimoniale dei regni orientali. Studi più recenti hanno invece illustrato come alcuni di tali segni esteriori si fossero già manifestati in età predioclezianea e, in qualche misura, persino quasi laicizzati. Eppure il dato più rilevante è l'idea di sacro e, pur non essendo un dio, di partecipazione al divino che avvolge l'imperatore. Conseguenza di simile sacralizzazione, accettata e sostenuta dai padri e polemisti cristiani, era non solo un lessico appropriato (*sacrarium*, *interiora sacraria*, *penetralia*, ecc., per quanto concerneva per esempio il palazzo o la sala delle udienze), ma soprattutto l'isolamento dell'imperatore e dunque la sua invisibilità. È stato giustamente osservato come un imperatore del IV secolo non abbia avuto più poteri di un *princeps* del II secolo, ma certo la situazione era mutata e, rispetto a duecento anni prima, uno degli aspetti più vistosi era proprio l'isolamento in cui viveva l'imperatore e a cui simmetricamente corrispondeva la sua visibilità come epifania. Preservando antiche concezioni e prassi della cultura ellenistica la nascita o l'arrivo di un re era un *evaggélion*, una buona notizia da accogliere con *laetitia, gaudium, felicitas*: si consolidava sempre più l'*adventus* quale festa per eccellenza nella cultura politica e istituzionale dell'impero romano.

Il carattere quasi sacro della carica imperiale, d'altronde, trovava un suo punto di forza anche nel meccanismo di successione che non prevedeva nessuno spazio alla partecipazione popolare. Sebbene nel digesto di Giustiniano si sia conservato un testo di Ulpiano (D. 1.4.1*pr.*), facente riferimento al conferimento popolare dell'*imperium* attraverso una *lex regia*, in realtà siamo dinanzi a una finzione giuridica con cui si voleva agganciare la nomina imperiale a una vetusta e nobile tradizione: resta incerto se il riferimento ulpianeo riguardasse davvero l'antica e monarchica *lex curiata de imperio* o assai più verosimilmente la *lex de imperio* relativa al conferimento dei poteri dei *principes*.

Del meccanismo di successione, invece, sappiamo con certezza che non partecipava il popolo e che gli interventi dell'esercito, seppure in molti frangenti ebbero un peso politico decisivo, non erano affatto legittimi sul piano squisitamente costituzionale. Il ruolo determinante nell'avvicendamento alla porpora era svolto dall'Augusto in carica, che formalmente nominava o riconosceva il successore come Augusto o come Cesare: sono noti i casi in cui un Augusto rifiutò il riconoscimento perché convinto trattarsi di un usurpazione (tale fu ad esempio il caso di Romolo Augustolo, che tramite il padre Oreste detronizzò il legittimo imperatore, Giulio Nepote, ritiratosi in esilio in Dalmazia); oppure i casi in cui prese le armi in difesa del legittimo collega contro tentativi di usurpazione (Teodosio I liquidò Massimo Magno, assassino di Graziano, e Eugenio, usurpatore del trono di Valentiniano II).

L'imperatore era titolare di poteri formalmente illimitati. Egli costituiva il vertice del potere esecutivo, strutturato rigidamente lungo una piramide gerarchica di funzionari (civili e militari); a ciò si aggiungeva il sommo potere in materia finanziaria e tributaria, mentre in campo giurisdizionale rappresentava l'istanza massima e ultima sia nelle cause civili sia in quelle penali; infine nel campo religioso ne deteneva la direzione suprema, ruolo e poteri che furono ancora più evidenti da Costantino in poi, quando gli imperatori romani riuscirono a esercitare un ruolo di forte ingerenza e a volte di direzione e di orientamento religioso.

Infine, un'attenzione particolare merita un ultimo, fondamentale sotto il profilo giuridico, carattere della carica imperiale, cioè la titolarità piena ed esclusiva del potere legislativo: come vedremo più dettagliatamente più avanti, le *constitutiones* imperiali divengono l'unica fonte ufficiale di produzione normativa, essendo cessato ogni alito vitale in materia dei precedenti organi costituzionali (*comitia, praetor, senatus*), tanto da essere chiamate *leges*.

Il progressivo consolidamento di questa concezione, produsse anche una sua radicalizzazione sino a proporre la particolare e sostanziale identità dell'imperatore con il diritto stesso. Egli non soltanto veniva definito come padrone, signore delle leggi (Liban., *Or*. 59.162), rettore della giustizia (*ILS* 765), ma ci si spingeva persino a considerarlo legge vivente (esemplare Them., *Or*. 59.162; 5.2.64; 16.19.212d; 19.2.228), soprattutto in età giustinianea:

> Nov. 105.2.4 (Imp. Iustinianus A. *Strategio comiti sacrarum largitionum ex consule et patricio*): [...] il successo e la prosperità dell'imperatore sono fondati su tutte le cose che sono da noi (cioè, dall'imperatore stesso) stabilite; al quale imperatore Dio ha sottoposto anche le leggi, avendolo inviato fra gli uomini come legge vivente [...]. (a. 537 d.C.)

Ciononostante, quantunque si guardasse all'imperatore come l'artefice unico delle leggi e *nómos* vivente, non ci si spinse mai sul piano astratto e teorico sino all'affermazione del suo essere *legibus solutus*. Una costituzione di Valentiniano III del 429 d.C., conservata sempre nel *Codex Iustinianus*, infatti, enunciava, sì, la sottomissione dell'imperatore alle leggi (C. 1.14.4 [Impp. Theodosius et Valentinianus AA. *ad Volusianum pp.*]: *Digna vox maiestate regnantis legibus alligatum se principem profiteri: adeo de auctoritate iuris nostra pendet auctoritas. Et re vera maius imperio est submittere legibus principatum. Et oraculo praesentis edicti quod nobis licere non patimur indicamus*), ma ciò non implicava il venir meno dell'obbligatorietà delle legge anche per lui: una concezione, questa, che sembra ben ripresa da Isidoro di Pelusio (*Ep*., 3.306), secondo cui «l'imperatore retto dalle leggi è legge vivente».

b) *Gli uffici imperiali centrali. Il consistorium e i funzionari palatini*. – Il *sacrum consistorium principis* rappresentava l'organo consultivo per eccellenza, erede diretto del *consilium principis*, il cui mutamento di nome fu probabilmente legato alla nuova ideologia imperiale e ai relativi fasto e protocollo, in base ai quali dinanzi all'imperatore dove starsi in piedi e non più seduti. Il *consistorium*, la cui istituzionalizzazione, secondo Francesco Amarelli, non era affatto compiuta in età dioclezianea, era formato dagli organi istituzionali monocratici, in particolare dal gruppo dei 'ministri' più importanti dell'imperatore di cui parleremo tra breve: il *quaestor sacri palatii*, il *magister officiorum*, i ministri finanziari cioè i *comites sacrarum largitionum* e *rei privatae*, il *praepositus sacri cubiculi*, erano funzionari, definiti anche palatini (da *Palatium*), partiti da condizioni modeste, non appartenenti ad alcun *ordo*, e che finirono ben presto per costituire insieme al *praefectus praetorio in comitatu* (le cui funzioni di vertice amministrativo erano del tutto evidenti) il centro nevralgico del potere imperiale.

Il *quaestor sacri palatii*. Si tratta di uno dei funzionari più importanti dell'apparato burocratico centrale, presto promosso dagli *spectabiles* agli *illustres*.

Il *quaestor sacri palatii*, la cui istituzione per quanto non precisamente attestata è probabilmente da ricondurre alla stagione riformatrice costantiniana, mentre il suo definitivo assestamento risalirebbe a un momento successivo a partire dal dominato di Costanzo II, era una sorta di ministro della giustizia ed eminente consulente giuridico del governo imperiale.

La sua attività si articolava principalmente: a) nella direzione della sfera della potestà normativa imputabile all'imperatore: dalle *leges* di carattere generale all'attività rescrivente relativa alle *preces* avanzate dai privati (e per questa ragione il *quaestor sacri palatii*, privo di propri *officia*, si avvaleva degli *scrinia* delle cancellerie *a memoriae, ab epistulis* e *a libellis*); b) nell'amministrazione della giustizia in quanto presidente del *consistorium*, quando quest'organo svolgeva funzione di 'corte suprema' in primo e in secondo grado su delega dell'imperatore.

Il *magister officiorum*. Era l'altro funzionario centrale di vertice, tanto che si discute, sebbene non si tratti di una disputa granché rilevante, se primeggiasse rispetto al *quaestor sacri palatii*. Una cosa invece è certa: le sue funzioni erano altrettanto vitali per l'imperatore e l'impero nella sua complessità. Il *magister officiorum*, inizialmente con la denominazione di *tribunus et magister officiorum*, nomenclatura che svela una matrice anche di natura militare della carica, fu il frutto della riorganizzazione della cancelleria imperiale voluta da Costantino, si presume intorno al 320 d.C. dato che le sue prime attestazioni risalgono a due costituzioni imperiali, una del 320 d.C. (CTh. 16.10.1) e la seconda del 323 d.C. (CTh. 11.9.1).

Il *magister officiorum* era a capo degli *officia palatina* (*officium memoriae, libellorum, epistularum*, a cui si aggiunse quello *admissionum* competente a regolare le udienze concesse dall'imperatore) mentre i vecchi *magistri* degli *scrinia* cancellereschi furono presto subordinati alla sua direzione. Nell'ambito di questa sfera di competenza si colloca anche il ruolo del *magister officiorum* sul versante della politica internazionale, giacché era lui che si occupava dei rapporti con ambascerie e delegazioni degli Stati stranieri.

Ma le funzioni del *magister officiorum* non erano però relegate al campo dell'amministrazione squisitamente civile, nel senso che sotto il suo comando si trovavano sia le *scholae palatinae*, cioè la guardia imperiale a cavallo che aveva sostituito le coorti dei pretoriani e gli *equites singulares*, sia la *schola* degli *agentes in rebus* che, oltre al tradizionale compito di corrieri postali, costituiva un corpo imperiale politicamente strategico in quanto militarizzato e con funzioni investigative e di intelligence su tutto il territorio dell'impero. Tali funzioni, a cui si sommavano la giurisdizione sui *palatini*, sulle truppe di confine e sui *duces* e ancora la sovrintendenza delle fabbriche d'armi, facevano naturalmente del *magister officiorum* un potentissimo ministro imperiale con poteri di ingerenza anche nelle sfere militare e giurisdizionale, tale da giustificare la rapida ascensione dal rango degli *spectabiles* a quello degli *illustres*.

Su un piano inferiore stavano invece i ministri, se è lecito così definirli, dell'economia e delle finanze: il *comes sacrarum largitionum* e il *comes rerum privatarum*. I due funzionari soppiantarono sin dalla prima età costantiniana il *rationalis summae rei* e il *magister rei privatae*. Il *comes sacrarum largitionum* era a capo di una struttura assai articolata e territoriale consistente nella rete dei *comites largitionum* e dei *rationales summarum* dislocati nelle diocesi. La principale funzione del *comes* consisteva nella materia fiscale: sovrintendeva al *fiscus* imperiale e alla riscossione dei tributi (quelli in denaro, non l'aderazione che spettava al prefetto del pretorio), coniugando la relativa funzione giurisdizionale *vice sacra*; inoltre a lui facevano capo una serie di responsabilità e compiti di carattere amministrativo-finanziario, come il pagamento degli stipendi dei funzionari civili e militari, il controllo di zecche, miniere e manifatture di Stato, il commercio estero: insomma, un vero e proprio ministro delle finanze e del tesoro.

Il *comes rerum privatarum* invece era competente su tutto ciò che riguardava il patrimonio privato dell'imperatore, cioè la *res privata principis*. Anch'egli si avvaleva di una fitta rete di collaboratori, come i *rationales rei privatae* presenti nelle province, per amministrare i grandi latifondi imperiali (*saltus*). Questa funzione si integrava con la competenza del *comes rerum privatarum* alla riscossione degli affitti delle proprietà imperiali e con l'acquisizione dei beni dei condannati, dei beni rimasti vacanti per assenza di eredi (i *caduca*) e di quelli appartenenti a colui nei cui confronti fosse sopraggiunta una causa di indegnità. Come il precedente *comes*, quello *rerum privatarum* dal IV secolo acquistò funzioni giurisdizionali nelle materie di sua competenza.

Una figura particolare era poi il *praepositus sacri cubiculi*, una sorta di gran ciambellano di corte che, a capo di personale assai specializzato come i *cubicularii* e i *silentiarii*, agiva per la salvaguardia della persona dell'imperatore e della sua quiete. Per Francesco De Martino, «l'istituzione dei *praepositus sacri cubiculi* costituisce un momento importante nella trasformazione dello Stato in monarchia assoluta». Forse è una valutazione eccessiva nel senso che non si trattò di una vera e propria causa di trasformazione bensì di una delle tante spie della trasformazione che interessò la carica imperiale. Ad ogni modo, la diuturna vicinanza alla persona dell'imperatore permise al *praepositus sacri cubiculi* di divenire una carica assai influente a corte e più in generale nel quadro della nomenclatura imperiale, tanto da precedere nella *Notitia Dignitatum* i quattro ministri civili.

c) *Il comitatus*. – Già da prima, ma soprattutto dopo la trasformazione della piccola città di Bisanzio in Costantinopoli, come altra capitale dell'impero romano accanto a Roma, e a seguito delle innovazioni nell'impianto della macchina imperiale, accadde sempre più spesso che l'imperatore spostasse il baricentro amministrativo in altre città ove decideva di risiedere più o meno stabilmente. E poiché ogni atto era ormai a lui riconducibile in quanto sovrano assoluto, nella percezione pubblica si giunse a considerare capitale ogni città dove l'imperatore di volta in volta operava: così, oltre a Roma, per es. Milano, Treviri, e poi Ravenna in Occidente, o Antiochia e Nicomedia, oltre a Costantinopoli, in Oriente. In questo impero universale e cosmopolita Roma era ormai soltanto nominalmente la capitale e non costituisce nessuna sorpresa, dunque, che già in epoca postseveriana uno storico come Erodiano potesse scrivere che «Roma è dove si trova l'imperatore»: ἐκεῖτε ἡ Ῥώμη, ὅπου ποτ᾽ ἄν ὁ Βασιλεὺς (1.6.5).

Per avere un'idea chiara di questo peculiare approccio basta guardare al *comitatus*. Sarebbe improprio definire il *comitatus* come un organo istituzionale, evitando simmetrie amministrative moderne possiamo dire che si trattava di un assetto particolare e complesso composto da più organi monocratici o collegiali. Del *comitatus* faceva parte innanzitutto il *consistorium*, fondamentale organo consultivo dell'imperatore composto dai più importanti ministri, e di cui abbiamo parlato in precedenza, che assisteva l'imperatore nell'adozione delle decisioni e costituendo al tempo stesso il cuore del *comitatus*.

Insomma questo nocciolo duro dell'apparato burocratico aveva la sua ragion d'essere perché strettamente legato alla figura dell'imperatore, il quale non assumeva affatto un profilo sedentario. Il *comitatus* dunque seguiva l'imperatore nei suoi continui, incessanti spostamenti, fossero viaggi di natura politica nei territori dell'impero o ispezioni delle linee di confine, perché da lì l'imperatore affrontava i problemi e le emergenze di governo adottando le misure di volta in volta necessarie: rapporti diplomatici, questioni militari o di ordine pubblico, giurisdizione, risposte alle petizioni di vario genere, e tra queste quelle relative a questioni controverse di diritto, nomine di funzionari civili e militari, rilascio dei codicilli d'ufficio, ecc.

Man mano però che procedevano le innovazioni istituzionali con l'introduzione e il consolidamento della separazione delle funzioni civili da quelle militari, nel *comitatus* cominciarono ad apparire anche figure squisitamente militari: i *magistri peditum et equitum praesentales*, che erano i comandanti militari presso la corte imperiale. Accanto ai *magistri militum* ad un certo punto apparvero pure i *comites* a capo dei *domestici et protectores*, cioè la guardia del corpo dell'imperatore.

Tale complessità di funzioni spiega facilmente perché l'imperatore avesse bisogno di avere al proprio seguito una macchina complessa e consistente; e in effetti oltre ai ministri, l'apparato del *comitatus* era davvero così imponente da lasciare una forte impressione presso la popolazione quando si muoveva o giungeva nelle città ove l'imperatore si fermava: il personale domestico (*castrensiani*), gli addetti alla serenità (*silentiarii*) e alla sicurezza (*scholae palatinae*) della casa imperiale; le segreterie dei dipartimenti di Stato, *memoria*, *epistulae*, *libelli*, con relativi *magistri*, *scrinia* e *notarii* (quest'ultimi diretti dal *primicerius notariorum* con funzioni di verbalizzazione delle sedute del *consistorium* e di redazione del *Laterculum maius*, elenco delle cariche più elevate, mentre il *Laterculum minus* era tenuto dall'*officium memoriae* sotto la direzione del *quaestor sacri palatii*); in taluni casi – come per Valentiniano I – l'imperatore si muoveva persino con la zecca principale; infine i corpi militari.

9. *Gli uffici periferici*

a) *Prefetture*. – Per concludere e per esigenza di comodità espositiva e didattica, un cenno a parte merita il *praefectus praetorio*. Abbiamo già trattato della figura del *praefectus praetorio* a proposito delle politiche riformatrici di Diocleziano e Costantino, e come abbiamo visto il discorso risulta più o meno complicato perché nel breve volgere di qualche decennio, quello che era stato l'uomo di fiducia dell'imperatore, anzi quello a cui costui era solito sia consegnare la sicurezza della propria vita sia riconoscere una sorta di condirezione dell'impero, cominciò a retrocedere per approdare a un piano periferico grazie alle riforme costantiniane. Separato dall'imperatore e dalla sua *comitiva*, il prefetto del pretorio fu trasformato da funzionario centrale in funzionario di vertice di grandi circoscrizioni regionali, le *praefecturae*, comprensive di ripartizioni territoriali minori come le diocesi e le province. Nel suo definitivo assetto il sistema prefettizio, secondo quanto risulta dalla *Notitia Dignitatum*, si articolò in quattro *praefecturae*: due per la *pars Occidentis* (Italia e Gallia) e due per la *pars Orientis* (Illirico e Oriente).

I prefetti del pretorio ebbero poteri civili alti e vasti di gestione e di controllo del territorio e dell'ordine pubblico; nel campo dell'amministrazione della giustizia continuarono a esercitare una giurisdizione di secondo grado in luogo dell'imperatore (*vice sacra*) nei confronti delle sentenze dei governatori provinciali e in determinati casi anche una giurisdizione di primo grado. Lo stretto collegamento con i territori ricadenti nella prefettura di competenza, e dunque con vicari e governatori provinciali, consentiva ai prefetti del pretorio l'esercizio di ampi poteri nella determinazione dell'*annona* e nella conseguente esazione dei tributi. Oltre a sovrintendere all'applicazione della normativa imperiale, essi erano dotati di un potere normativo autonomo, purché non confliggente con quello dell'imperatore, che prendeva corpo nelle cosiddette *formae generales*.

I loro poteri militari, ovvero il comando operativo degli eserciti e la relativa *coercitio*, furono invece trasferiti ai *magistri militum* in un quadro di riorganizzazione della sfera militare altrettanto radicale, che vedremo tra breve.

Queste valutazioni di carattere generale devono tuttavia essere un po' ridimensionate per evitare di incorrere in facili e distorcenti schematismi, perché due dei quattro prefetti del pretorio, e cioè quelli d'Italia e d'Oriente, restarono presso le rispettive corti imperiali continuando a partecipare direttamente al governo centrale in quanto membri del *consistorium* e del *comitatus* imperiali.

Ad ogni modo, non va messo in discussione il declino della prefettura del pretorio, o se si preferisce la rilevante diminuzione del suo peso specifico politico. Non sorprende infatti che da questa fase in avanti non abbiamo più prefetti del pretorio a dominare, o a segnare come uomini chiave, le dinamiche e le vicende politiche e istituzionali dell'impero. E mentre appaiono sempre più lontani e sbiaditi i tempi severiani segnati dall'impronta dei grandi giuristi prefetti del pretorio (Paolo, Ulpiano, Papiniano), si stagliano nette le figure dei *magistri militum* di origine barbarica, da Stilicone ad Aspar, da Aezio a Ricimero, a Oreste, nuovi potenti signori della guerra e della politica imperiale, sovente arbitri e risolutori delle crisi e delle lotte per la conquista del soglio dell'impero.

b) *Diocesi.* – L'accresciuto numero delle province finalizzato ad assicurare governi più efficaci facilitava la realizzazione di un altro segmento della riforma amministrativa, cioè la formazione di una partizione territoriale più vasta, comprendente più province omogenee per collocazione geografica, storia e tradizione, denominata diocesi. A capo delle diocesi stavano i *vicarii*, originariamente supplenti dei prefetti del pretorio. Essi, pur essendo gerarchicamente subordinati al rispettivo prefetto del pretorio, possedevano una giurisdizione in qualche misura sganciata e autonoma. Infatti, oltre alla competenza di secondo grado sulle pronunce civili e penali dei governatori provinciali, il vicario godeva di un rapporto particolare con l'imperatore in quanto le sue sentenze, inappellabili dinanzi al prefetto del pretorio, potevano essere impugnate soltanto presso il tribunale imperiale. I poteri di vigilanza territoriale dei vicari erano altrettanto penetranti quanto quelli dei prefetti del pretorio sia nel campo dell'ordine pubblico sia nel campo della riscossione dei tributi, ambito quest'ultimo per il quale operavano funzionari tecnici sotto le direttive del *comes sacrarum largitionum* e del *comes rerum privatarum.*

c) *Province.* – Per quanto concerne le province abbiamo detto della loro frammentazione e del conseguente aumento del numero: più province di dimensioni più ridotte avrebbero consentito un carico di governo più sopportabile e pertanto garantendo, in astratto, più efficienza ed efficacia. A tal proposito, la novità più rilevante riguardò l'omogenizzazione delle figure dei governatori: a parte l'eccezione dei *proconsules* d'Asia, d'Africa e di Acaia, territori per cui rimase l'antica organizzazione amministrativa, per le altre province da quel momento i governatori furono genericamente appellati *consulares*, o *correctores*, o più comunemente *praesides*. La differenza ormai stava sostanzialmente nel diverso rango: i proconsoli appartenevano agli *spectabiles*, mentre gli altri ai *clarissimi*, cioè all'ultimo grado dell'*ordo senatorius*, perché si era giunti a un regime uniforme. I governatori provinciali, anch'essi privi di poteri militari, avevano, sebbene su scala ridotta e all'interno della gerarchia imperiale, le competenze di carattere amministrativo, fiscale e giurisdizionale di cui abbiamo sinora trattato. A proposito di quest'ultima funzione, v'è da dire che le sentenze dei governatori provinciali erano appellabili o presso i prefetti del pretorio o presso i vicari; nel secondo caso, come abbiamo visto prima, i cittadini potevano avvalersi di un terzo grado di giurisdizione presso l'imperatore, perché le sentenze dei vicari erano appunto a loro volta appellabili.

d) *Officia*. – Da un diverso punto di vista, deve dirsi che il complesso e articolato apparato vedeva le figure di vertice, che abbiamo sin qui descritto, a capo di una struttura a rete e gerarchicamente ordinata di funzionari denominata *officium*. Nei documenti sopravvissuti è sufficientemente agevole constatare lo sforzo di costruire per quanto possibile l'ossatura dell'apparato imperiale nella nuova ristrutturazione. Le numerose costituzioni imperiali raccolte nel Codice Teodosiano rappresentano in qualche misura lo specchio limpido dello sforzo compiuto, a volte anche in maniera frammentaria e insufficiente per poter considerarsi un impianto davvero logico e coerente. Dai libri del Codice Teodosiano relativi alla questione si trae subito l'idea di come anche nell'ottica dei compilatori non ogni settore dell'amministrazione fosse oggetto di attenzione e riflessione; eppure, affiancando al Codice altri documenti come la *Notitia Dignitatum*, appare chiaro come uno dei perni o denominatori comuni dello sforzo definitorio e classificatorio fosse l'*officium*, nella sua duplice accezione: una astratta e spersonalizzante concernente il coordinamento funzionale delle prestazioni pubbliche del servizio imperiale nelle sue diverse articolazioni, e l'altra invece concreta di natura corporativa relativa all'insieme del personale subalterno che operava in ciascun ufficio.

e) *Amministrazione dell'Italia*. – Discorso a parte merita l'Italia che da tempo subiva un lento, ma costante processo di provincializzazione compiutosi in età dioclezianea. L'origine è lontana e appare complesso ricostruirne fasi e passaggi, ma *grosso modo* possiamo dire che la provincializzazione dell'Italia affonda le radici nel principato adrianeo con l'istituzione dei *consulares*, poi divenuti *iuridici*. Questi, sebbene con funzioni precipuamente giurisdizionali, si distinsero anche per esercitare competenze in altri settori dell'amministrazione (annona, vigilanza sull'applicazione di atti normativi, aspetti inerenti la vita cittadina, ecc.). In età severiana, accanto agli *iuridici* compaiono i *legati Augusti ad corrigendum* che rappresentano gli antesignani dei *correctores*. Secondo Andrea Giardina, con Caracalla, in realtà complessivamente nell'età dei Severi, si era diffuso un modo nuovo, più libero e aperto, direi flessibile e in grado di piegarsi, modellarsi sulle esigenze di volta in volta in questione, di concepire il governo dell'Italia.

Con Aureliano la spinta verso la provincializzazione diventa poderosa grazie all'istituzione di un *corrector totius Italiae* e al contestuale venir meno degli *iuridici*. Il sistema dei correttorati, intesi ormai come governatorati provinciali con ampiezza e generalità di funzioni in campo amministrativo e giurisdizionale, dilagò con Diocleziano e l'Italia si trovò così ad assistere a una divisione del suo territorio in province. Dal *Laterculus Veronensis*, la più antica documentazione delle riforme amministrative di Diocleziano, apprendiamo di una ripartizione territoriale dell'Italia in dodici province governate quasi tutte da *correctores* (1. *Venetia et Histria*; 2. *Aemilia et Liguria*; 3. *Flaminia et Picenum*; 4. *Tuscia et Umbria*; 5. *Campania*; 6. *Apulia et Calabria*; 7. *Lucania et Bruttii*; 8. *Sicilia*; 9. *Sardinia*; 10. *Corsica*; 11. *Alpes Cottiae*; 12. *Raetia*): la grande prevalenza dei *correctores* su *proconsules* o *praesides* si spiega come una vischiosità lessicale formale in omaggio a un passato prestigioso dello statuto giuridico dell'Italia ben diverso da quello dei territori provinciali.

Le ragioni della provincializzazione dell'Italia vanno ricercate nell'approccio del fiscalismo che connotava linee portanti della politica imperiale da Caracalla in avanti. Sicché anche la spinta della ristrutturazione dell'Italia maturò nella visione riformatrice di Diocleziano del riassetto del sistema di governo provinciale: frammentare l'estensione delle province esistenti, aumentarne il numero e riorganizzarne la fiscalità. Di conseguenza l'Italia, nel suo territorio e nella sua popolazione (comprensiva dei gruppi dirigenti) perse la sua immunità tributaria e cominciò a essere gravata della nuova fiscalità basata sulla *capitatio/iugatio*.

Ritornando sul piano dell'organizzazione amministrativa, l'Italia mostrava comunque tutta la sua peculiarità: sul piano formale non ci furono mai due diocesi d'Italia, così come non esistette mai una limitazione della diocesi italiciana alle sole province annonarie. In origine il governo spettava a un unico *vicarius Italiae*, competente sull'intero territorio della penisola a eccezione di Roma. A questo stato di cose seguì però un ulteriore processo evolutivo al termine del quale l'assetto amministrativo dell'Italia era ancora mutato. Sulla base del *Laterculus Veronensis* e della *Notitia Dignitatum*, il regime amministrativo dell'Italia appare articolato in due vicariati, uno comprendente l'Italia settentrionale (la cosiddetta *Italia annonaria*) e sottoposto al *vicarius Italiae* e un altro che raccoglieva le province centromeridionali (la cosiddetta *Italia suburbicaria*) sottoposto invece al governo del *vicarius urbis Romae*.

C'è un'ultima considerazione da fare riguardo al processo di provincializzazione dell'Italia. Com'è stato detto, le quasi unanimi valutazioni negative pronunciate dagli storici sembrano piuttosto il frutto dell'ottica nazionalistica moderna che un'interpretazione aderente alla sensibilità antica: l'Italia perdeva privilegi fiscali e amministrativi ma non si avvertiva alcun regresso o catastrofe, al contrario. Per quanto possa apparire paradossale i documenti antichi dimostrano che anche i gruppi dirigenti non ostacolarono affatto le riforme dioclezianee in materia; forte era la consapevolezza che all'accresciuto numero delle province, adesso anche in Italia, corrispondeva un elevato grado di opportunità di avanzamenti sociali e di costruzione di carriere; e altrettanto consci si era che queste riforme producessero trasversalismi sociali in senso verticale, determinando un mutato quadro di alleanze e nuovi equilibri sociali: l'introduzione del tributo in Italia infatti innescò inattese dinamiche aggregatrici nel latifondo, ove si assisteva all'insorgere di legami di solidarietà tra *domini* e *coloni*. Insomma, per farsi un'idea, può dirsi che le dinamiche solidaristiche che esplosero nell'Africa di Massimino il Trace contro il potere centrale, allo stesso modo si verificarono nell'Italia di Totila; oppure è sufficiente pensare al paradossale rifiuto in massa della libertà da parte di un numero considerevole di schiavi del suburbio romano che chiedevano di poter restare a coltivare la terra nell'*oîkos* di loro radicamento.

f) *Roma e Costantinopoli*. – Roma e il suo territorio godevano di uno statuto speciale in quanto autonomi e non dipendenti neppure dal *praefectus praetorio* ma direttamente dall'imperatore. L'impianto dell'apparato amministrativo era sostanzialmente quello dell'età classica al cui vertice stava il *praefectus urbi*. Esponente dell'alta aristocrazia senatoria, appartenente agli *illustres*, il prefetto dell'Urbe esercitava i suoi tradizionali compiti di amministrazione e di controllo dell'ordine pubblico, per l'espletamento dei quali si avvaleva della collaborazione di altri funzionari di grado inferiore, come i *praefecti annonae* e *vigilum*, i *curatores* competenti in vari settori dell'amministrazione pubblica. Amplissima poi era la sua funzione giurisdizionale, in primo e in secondo grado (per cause civili e penali), concorrente con quella del *vicarius urbis Romae*, giacché per l'appello avverso le sentenze dei governatori delle province ricadenti nell'*Italia suburbicaria* la sua competenza si estendeva oltre il limite del centesimo miglio da Roma.

Un fatto però che segnò davvero la vita dell'impero anche sotto il profilo del diritto costituzionale, con conseguenze neppure minimamente immaginabili dai protagonisti, fu la fondazione di Costantinopoli. Abbiamo accennato prima al mutamento profondo del rapporto tra l'imperatore e Roma, ormai non più residenza imperiale già con Diocleziano che le aveva preferito, variando nel corso del suo regno, Antiochia, Sirmio, Nicomedia. Eppure l'evento che rese davvero irreversibile il declino, anche in termini di prestigio formale, del cuore antico dell'impero, avvenne appunto l'11 maggio del 330 d.C., quando Costantino decise di realizzare la seconda Roma sulle sponde del Bosforo: una nuova grande città che portasse il suo nome. In posizione strategica (sia dal punto di vista della maggiore difendibilità sia da quello economico per l'accesso assai più facile alle grandi vie di comunicazione), sul sito dell'antica cittadina di *Byzantium*, Costantinopoli si inquadrava anche simbolicamente nell'impressionante e sagace propaganda della nuova èra costantiniana. La nuova capitale era una sorta di 'clonazione' di Roma: dotata delle medesime istituzioni, con un senato i cui membri si distinguevano dagli omologhi del senato romano non per funzioni ma soltanto per il titolo di *clari* più tenue di *clarissimi*. Notevoli furono le misure di incentivazione adottate da Costantino per favorire il trasferimento dei cittadini nella nuova capitale; poderosi gli interventi urbanistici e architettonici. Cosicché mentre Roma perdeva il suo ruolo di perno occidentale del governo imperiale, Costantinopoli veniva concepita come vera residenza imperiale e nuovo cuore pulsante dell'impero, della sua politica e della vita culturale.

I secoli successivi avrebbero confermato pienamente tutto ciò e la straordinaria lungimiranza del suo fondatore.

10. *Riforme e conservazione tra Diocleziano e Costantino*

Il confronto tra Diocleziano e Costantino costituisce uno dei motivi fondamentali di una secolare storiografia. Si trattò come appare chiaro di due figure centrali ciascuna a modo proprio tanto peculiare da rendere inutile e a volte persino fuorviante ogni tentativo di paragone. Non sono mancati infatti giudizi negativi e lusinghieri sia per l'uno sia per l'altro, come pure valutazioni complessive contraddittorie.

Al riguardo è sufficiente porsi alcuni interrogativi per sottrarsi alla tentazione di attribuire necessariamente il primato all'uno o all'altro, cominciando dal primo: chi fu il riformatore, Diocleziano o Costantino? Se guardiamo all'avvio delle poderose riforme istituzionali ed economiche e sociali potremmo dire che tutto ha preso avvio con il dominato di Diocleziano e che Costantino proseguì quel difficile cammino di riforme, le perfezionò o se preferiamo le portò sino alle estreme conseguenze. Se invece ci si chiede chi fu conservatore, sotto questa diversa angolatura Diocleziano apparve agli occhi dei contemporanei ma anche dei posteri come il conservatore per eccellenza; o meglio l'imperatore che più di tutti, con ogni determinazione, volle perseguire l'obiettivo di rinsaldare l'impero restaurandolo nelle sue fondamenta politiche, culturali e religiose classiche come impero genuinamente romano e pagano; quell'impero fondato sul rispetto della tradizione e che per tale ragione richiedeva una disperata difesa degli antichi valori. Insomma, la straordinaria abilità di Diocleziano fu quella di essere un grande riformatore nel segno della tradizione, e la combinazione tra riformismo e tradizionalismo non costituisce sempre un ossimoro.

Diocleziano, al di là dello scontato motivo della propaganda cristiana dell'imperatore malvagio ed empio persecutore dei cristiani, riuscì a rimettere faticosamente in piedi un impero lacerato, prostrato dalle guerre civili, destrutturato nel suo potere centrale e frantumato in quello periferico, travagliato da una poderosa crisi economica, assicurando a esso un futuro. *Felicissimum saeculum* è l'altisonante riconoscimento che campeggia nella iscrizione del portico del foro della città di Mididi fatto costruire dal prefetto del pretorio Aristobulo nel 294 d.C. (*CIL* VIII.608).

Non è un giudizio di parte, quello di Aristobulo, come potrebbe a prima vista e banalmente pensarsi, perché il riconoscimento del merito dell'opera dioclezianea si rinviene agevolmente negli stessi testi patristici e, tra questi, persino in quelli a lui più ostili: basti pensare a Lattanzio che non è riuscito a celare, forse anche per disappunto, la febbrile attività dell'imperatore in ogni settore, persino in quello dell'edilizia pubblica (circhi, basiliche, fabbriche d'armi, ecc.), tanto da ammettere che regnò con la massima prosperità finché non si sporcò le mani con il sangue dei giusti (*De mort. pers.* 7.8), cioè con l'avvio della stagione persecutoria dei cristiani, sebbene lo stesso Lattanzio riconosca la maggiore e determinante responsabilità di Galerio piuttosto che di Diocleziano. E altrettanto deve dirsi di qualche facile ironia di fatua matrice liberista che, pur pervadendo alcuni giudizi di storiografi moderni, nondimeno non riesce neppure minimamente a mettere in ombra la grandezza dell'uomo di Stato e il suo sincero attaccamento a una millenaria tradizione.

Costantino, come si sostiene da molti, fu un grande e duttile innovatore, capace di fiutare le novità del suo tempo e straordinariamente abile a cogliere l'avanzata egemonica del cristianesimo tanto da delineare i presupposti di un'alleanza duratura sino all'epilogo della trasformazione dell'impero romano in uno Stato confessionale. Da questo punto di vista non vi è alcun dubbio che Costantino agli occhi della dominante cultura tradizionale apparisse quasi un rivoluzionario.

Anche sul piano del diritto e delle fonti di produzione normativa, Diocleziano appare più un conservatore nella sua radicale difesa del diritto romano e del ruolo della cancelleria imperiale la cui attività per coerenza restava saldamente ancorata al modulo dell'elaborazione casistica attraverso i *rescripta*; mentre fu sotto il dominato di Costantino che apparve la novità della *lex generalis* nel novero delle fonti di produzione normativa imperiale. E, ancora, mentre il primo puntava ad affermare attraverso l'intensissima attività rescrivente della sua cancelleria l'assoluto primato del diritto romano da applicare in ogni angolo dell'impero, con Costantino si assistette a una maggiore recezione delle influenze provenienti da tradizioni giuridiche orientali.

Il secondo centrale interrogativo: Diocleziano e Costantino possedevano la medesima concezione del potere? In effetti, su questo punto reale e delicato esisteva una netta differenza tra i due grandi imperatori che li rendeva irriducibilmente lontani: la concezione della successione al trono. Mentre Diocleziano infatti tentò di restare rigorosamente ancorato alla concezione imperiale classica della designazione del migliore pur con la chiamata 'graduale' al potere attraverso il meccanismo tetrarchico, con Costantino si imboccherà invece con decisione la strada del principio dinastico, ancorché non formalizzato, senza alcuna preoccupazione della stabilità del potere e ben presto foriero dei processi di disintegrazione dell'unità dell'impero.

Ad ogni modo, semplificazioni e schematizzazioni rischiano davvero di far perdere di vista gli esiti storici delle vicende politiche dei due grandi e poliedrici imperatori, sicché nel complesso può dirsi che le riforme di Diocleziano e di Costantino riuscirono a risollevare le sorti dello Stato romano, a traghettarlo fuori da una delle più gravi crisi affrontate da Roma nel corso della sua millenaria storia, ad assicurare lunghi periodi di stabilità politica ed economica e in definitiva ancora secoli di vita al più grande impero del mondo antico.

11. *Le città*

La *constitutio Antoniniana* del 212 d.C., con cui si concesse – salvo qualche insignificante e non ancora neppure dimostrata eccezione – la cittadinanza a tutti gli abitanti dell'impero, e la riforma amministrativa avviata da Diocleziano abolirono sostanzialmente la maggior parte delle distinzioni politiche relative alle città. Divenute di fatto *municipia civium Romanorum*, le città conservarono talvolta vecchi titoli come quello di colonia romana, con un valore però soltanto onorifico. Del resto anche in età precedente si registrarono casi di città che, già da prima libere o federate, tentarono di mantenere antichi diritti e privilegi. Secondo alcuni studiosi (Arnold Hugh Martin Jones) già nel III secolo, a causa del grave fenomeno inflattivo, città e colonie di diritto italico (*coloniae iuris Italici*) avevano già perduto i loro privilegi fiscali. Non più riscosso, il *tributum* venne sostituito dalle nuove imposte dioclezianee e dal cosiddetto *aurum coronarium*, una sorta di tassa periodica in oro non monetizzato, che traeva origine dal costume di offrire corone d'oro all'imperatore.

Per quanto concerne lo *ius Italicum* resta da confermarne sopravvivenza ed estensione a Costantinopoli (CTh. 14.3.1, a. 370-373 d.C.?). Tuttavia venuta meno l'immunità fiscale per il suolo italico, lo *ius Italicum* risultava essere ormai un privilegio formale, svuotato di reale contenuto, e concernente soltanto le forme giuridiche del possesso e del trasferimento della proprietà.

La presenza assai più invasiva dell'imperatore si avvertì anche nella vita e nell'organizzazione amministrativa delle città. Infatti tra gli organi cittadini bisogna distinguere quelli di nomina imperiale dalle antiche istituzioni propriamente locali.

Il ricorso ai *curatores*, incontrati in età classica con compiti di controllo finanziario pur nel rispetto dell'autonomia cittadina, con Diocleziano registra un vistoso incremento: presenti, secondo la documentazione disponibile, sino al VI secolo, i *curatores* diventano un'istituzione stabile che amplia sempre più le proprie competenze inoltrandosi persino nel campo del mantenimento dell'ordine pubblico. Sebbene assimilato alle magistrature locali, il *curator* ne differiva profondamente per la nomina (una formula esplicita ricorrente nelle *epistulae* imperiali è *curator datus ab imperatore*), per l'assenza di collegialità e per la durata della carica, in quanto dipendente dalla volontà imperiale (CTh. 12.1.20, a. 331 d.C.).

Diversa invece la figura del *defensor plebis* o *civitatis*. Istituito nel 368 d.C. da Valentiniano I (CTh. 1.29.1), il *defensor* costituì l'unico esempio di funzionario cittadino dalla fisionomia cangiante: in una prima fase era nominato da un organo dell'amministrazione imperiale centrale cioè il *praefectus praetorio*, e con poteri estranei alla materia finanziaria; in una seconda fase si assestò più come organo misto per metà statale e per metà municipale per il trasferimento della sua nomina dal prefetto del pretorio alle curie cittadine.

Le ragioni dell'istituzione del *defensor* risiedevano in chiare esigenze di giustizia: la difesa delle classi più deboli dalle vessazioni dei *potentes*. Questa spinta spiega le modalità di scelta dei *defensores*, selezionati dai prefetti del pretorio tra le migliori personalità locali (ex governatori provinciali, funzionari dell'amministrazione palatina, avvocati) esclusi però decurioni e funzionari del proprio *officium* o quelli provenienti dagli *officia* dei *vicarii* e dei governatori provinciali: era infatti proprio il fenomeno del prepotere di costoro che giustificava l'esistenza e l'intervento del *defensor civitatis*.

Il *defensor* ebbe funzioni giurisdizionali circa le cause di minore entità; curava la formazione dei ruoli di imposta e soprattutto tutelava, raccogliendone i reclami, i meno abbienti contro estorsioni e ingiuste pretese di esazioni fiscali.

Nel 490 d.C., quando Onorio dispose che la nomina del *defensor* provenisse dal vescovo, dal clero e dalle curie cittadine e quindi ratificata dal prefetto del pretorio e quando analogamente fu disposto per l'Oriente da Anastasio I nel 505 d.C. la fisionomia del *defensor* fu stravolta. Esso ormai traeva anche formalmente la propria legittimazione da quei notabili i cui arbitrii avrebbe dovuto contrastare: l'ambiguo e scontato dovere di gratitudine dell'eletto verso i propri sostenitori non costituiva certo il miglior presupposto per un sereno esercizio delle funzioni (CTh. 1.29.7, a. 392 d.C.).

Giustiniano, consapevole dei limiti di quelle riforme, nella sua intensa stagione di ricostruzione dell'impero, provò pure a risolvere la crisi morale e di prestigio in cui versava il *defensor* attraverso un rafforzamento delle funzioni e dell'autonomia (Nov. Iust. 15, a. 535).

Per quanto concerne invece la tradizionale organizzazione del governo cittadino, sopravvivevano gli antichi *magistratus* e le *curiae*.

Le figure magistratuali rimasero sostanzialmente invariate. In Occidente, è documentata la presenza di duoviri, edili, questori; mentre in Oriente restarono attive le magistrature nazionali dalle denominazioni più svariate: strateghi, pritani, gimnasiarchi, ecc. Nonostante la conservazione delle non rilevanti funzioni giurisdizionali, tuttavia è indubbio che ruolo e prestigio dei magistrati risentirono della presenza costante di *curatores* e *defensores* che finirono ineluttabilmente per oscurarli.

L'effettivo governo della città, però, era detenuto dalla *curiae*, cioè dai consigli cittadini. A queste partecipavano tutti quei cittadini dotati di un cospicuo patrimonio, i *decuriones*, perché erano costoro che, dovendo provvedere alla riscossione delle imposte, avrebbero potuto ricevere la chiamata a sopportare, in caso di inadempienza dei concittadini, la pressione fiscale gravante sulla città. A tal proposito, il patrimonio richiesto all'origine era di natura immobiliare. Nel 342 d.C. Costanzo aveva disposto che facessero parte delle curie i proprietari di almeno 25 iugeri (CTh. 12.1.33). Successivamente, per fronteggiare le crescenti esigenze fiscali e il correlato fenomeno della fuga dei *curiales*, si dispose l'iscrizioni nei consigli pure di quei cittadini titolari di patrimoni mobiliari di una certa entità: risale al 439 d.C. una novella di Valentiniano III con cui si sancì un patrimonio minimo di 300 solidi (Nov. Val. 3.4). In effetti la condizione dei *decuriones* era davvero terribile perché essi erano responsabili anche dell'annona, dell'ordine pubblico e dei lavori pubblici, oltre a essere tenuti a una infinita serie di servizi (*munera*) per l'amministrazione; non a caso Maggioriano rappresentava i *decuriones* come *nervi rei publicae* e *viscera civitatum*. Ma proprio per la pesantezza della condizione si diffuse ben presto la tendenza a rifuggire da tali cariche, fenomeno questo che procurò gravi reazioni. La carica di decurione venne assoggettata a un vero e proprio regime vincolistico: si entrava nell'*ordo* ereditariamente, si veniva iscritti negli elenchi, i figli dovevano risiedere stabilmente in città, mentre il *praeses provinciae* era l'unico funzionario munito del potere di autorizzarli a lasciare la città.

Assai rapida fu invece la parabola discendente delle assemblee popolari. Cessato da tempo un loro ruolo effettivo nel governo delle città, non si ha quasi più traccia della loro esistenza se non trasformate in riunioni, presso sedi non istituzionali (teatri, circhi), in cui avevano luogo acclamazioni oppure proteste a seguito di comunicazioni relative a provvedimenti di vario genere, sia che provenissero dall'autorità centrale sia da quella periferica.

Nelle fonti in realtà sembrerebbe trovarsi qualche traccia a favore della persistenza di una certa vitalità delle assemblee popolari cittadine. È il caso per esempio della costituzione di Costantino emanata a Nicomedia nel 326 d.C., la quale attesterebbe la sopravvivenza, almeno per l'Africa, della elezione dei magistrati consuetudinariamente riconosciuta alle assemblee popolari:

> CTh. 12.5.1. IMP. CONSTANTINUS A. TIBERIANO COMITI PER AFRICAM. *Ii magistratus, qui sufficiendis duumviris in futurum anni officium nominationes inpertiunt, periculi sui contemplatione provideant, ut, quamvis populi quoque suffragiis nominatio in Africa ex consuetudine celebretur, tamen ipsi nitantur pariter ac laborent, quemadmodum possint ii, qui nominati fuerint, idonei repperiri* [...] (a. 326 d.C.).
>
> [Quei magistrati, che dispongono le nomine per completare l'organico dei *duumviri* per l'anno successivo, provvedono a loro rischio, in quanto, sebbene in Africa la nomina (dei *duumviri*) avvenga anche, secondo la consuetudine, in base al suffragio popolare, tuttavia i magistrati stessi si adoperano al fine di potere individuare le persone idonee per la nomina].

In effetti, tra tutte, la funzione elettiva delle assemblee popolari fu forse l'unica sopravvivenza delle loro funzioni democratiche, sebbene anche per essa già a partire dal II secolo d.C. era cominciata la parabola discendente. Una prova di tale progressivo esautoramento si rinviene proprio nel suddetto provvedimento costantiniano: l'accenno alla consuetudine in fin dei conti dimostra che l'intervento popolare non aveva più quel pregnante significato istituzionale e politico, mentre si riduceva in realtà a una semplice formalità di acclamazione della nomina dei nuovi magistrati di fatto nominati dai predecessori.

Resta da dire dei *concilia provinciae*. Essi costituivano assemblee di respiro provinciale composte appunto dai delegati delle *civitates* di una medesima provincia, quest'ultima intesa come unità amministrativa.

Sorte ai primordi del principato e associate con il culto di Roma e di Augusto, tali assemblee – composte inizialmente da *honorati* provinciali, mentre nel VI secolo d.C. furono immessi pure i vescovi – rappresentavano gli interessi della provincia, con facoltà di inviare delegazioni presso il governo imperiale non solo per sollecitare riforme amministrative, chiedere remissioni di imposte ritenute inique, ma soprattutto per denunziare l'uso distorto per fini personali dei poteri dei funzionari (Amm. Marc., *Res gest.* 18.1.4; 28.6).

L'opportunità di mantenere vivi simili organismi, in definitiva, fu ritenuta essenziale dagli stessi imperatori che videro nei *concilia provinciae* uno strumento istituzionale di vigilanza sull'attività di governo dei funzionari locali e dei governatori provinciali. Le numerose costituzioni imperiali conservate nel *Codex Theodosianus* – alcune anche direttamente indirizzate a *concilia provinciae* (ad es. CTh. 11.30.5, a. 329 d.C.) – testimoniano la particolare attenzione degli imperatori verso questo livello istituzionale periferico.

Non deve sembrare, pertanto, una mera coincidenza che, all'indomani della riconquista dell'Italia dopo il terribile ventennio delle guerre gotiche, Giustiniano abbia istituito un organismo simile (cui partecipavano vescovi e grandi latifondisti) competente a eleggere il governatore provinciale. La bontà di quest'ultima riforma trovò, poi, una sanzione ufficiale e generale in una costituzione di Giustino II, con cui essa venne estesa a tutto il territorio dell'impero (*Pragm. Sanctio* 7.12; Nov. Iust. 149).

12. *Cosa sopravvisse dell'antica costituzione repubblicana*

Provare a individuare cosa sopravvivesse ancora dell'antica costituzione repubblicana è cosa vana e pure inutile, se non a descrivere un quadro nella sua completezza. Se il ciclo vitale delle tradizionali assemblee popolari si era già esaurito da secoli, qualche attenzione meritano ancora le sopravviventi magistrature e il senato.

a) *Magistrature repubblicane.* – Delle antiche magistrature romane sopravviveva assai poco. Il consolato, che aveva perduto ogni rilievo politico già nei secoli precedenti, continuò a essere la magistratura eponima, come è limpidamente attestato dalle *subscriptiones* delle costituzioni imperiali. Di nomina rigorosamente imperiale, il consolato insieme alla pretura restò titolare di una limitata *iurisdictio*.

Lo stravolgimento maggiore, in questo senso, fu subito dal *praetor*: la nuova e radicale torsione autoritaria del sistema delle fonti di produzione normativa attorno alla figura dell'imperatore riduceva a non più di un simulacro la vecchia carica pretoria. Sebbene il *praetor* fosse riuscito a mantenere una sua straordinaria importanza e centralità per il ruolo tecnico di magistratura giusdicente nei primi secoli dell'impero, dal III secolo in avanti vide ulteriormente limitata la sua *iurisdictio* ad ambiti residuali in materia di *tutela, restitutio in integrum, manumissio, emancipatio* e *causae liberales.* Si trattava insomma di una figura istituzionalmente quasi inerte che mantenne una rilevanza soltanto perché a un certo momento venne collegata, come requisito, al sistema di nomina dei senatori, divenendo per essi un *munus* diretto al finanziamento e alla gestione dei giochi pubblici.

Anche la questura sopravvisse almeno sino al V secolo, ma è menzionata nelle fonti, comprese quelle giuridiche, soltanto come *munus* per i ludi, mentre di edilità curule e plebea e tribunato della plebe residuano menzioni attestate per via epigrafica che appaiono però del tutto insufficienti a farne comprendere una perdurante effettività delle loro funzioni. Al tempo stesso tuttavia deve ammettersi che la persistenza di tutte le tradizionali magistrature non fu lo sterile attaccamento a una tradizione ormai sepolta ma una scelta consapevole da cui il ceto senatorio continuava a trarne forza ideologica.

b) *Senato.* – Il senato tardoantico costituisce un'istituzione profondamente diversa dall'organo costituzionale che abbiamo tratteggiato sia per l'età repubblicana sia per quella imperiale. Sminuito nella sua importanza dalla perdita della centralità di Roma come sede imperiale e poi anche per l'istituzione dell'omologo organo di Costantinopoli, colpito nel prestigio pure dalla sua composizione pletorica (2000 membri sedevano nel senato costantinopolitano e altrettanto deve presumersi in quello di Roma), il senato si ridusse a un'assemblea, certo autorevole e politicamente significativa, dell'aristocrazia costituita in misura prevalente da latifondisti e alti funzionari degli *officia palatina,* ma non più centrale.

I senatori erano suddivisi in tre ranghi: innanzitutto gli *illustres,* poi seguivano gli *spectabiles,* infine i *clarissimi* (gli omologhi del senato costantinopolitano erano invece soltanto *clari*). Le competenze ben presto apparvero alquanto limitate: il senato era presieduto dal *praefectus urbi* e pertanto sovrintendeva innanzitutto all'amministrazione della città di appartenenza (cassa e approvvigionamento); designava i magistrati repubblicani da sottoporre alla nomina imperiale; dibatteva i temi politici di suo interesse adottando un senatoconsulto a cui seguiva di solito un rescritto imperiale; decretava l'erezione delle statue imperiali; a compensazione della perdita della funzione normativa attraverso *senatusconsulta,* in esso si leggevano i discorsi e i testi delle leggi indirizzate dall'imperatore, funzionando così come organo di pubblicazione, e con Teodosio II venne formalmente inserito nell'*iter* di formazione delle leggi; mentre in momenti particolari veniva ancora chiamato, sebbene più in via formale che sostanziale, ad acclamare i nuovi imperatori.

In realtà il senato avrebbe dovuto fungere anche da organo di consultazione dell'imperatore in aggiunta al *consistorium*: eppure poiché soltanto Costantinopoli, come abbiamo prima ricordato, restò residenza fissa dell'imperatore, tale funzione consultiva fu svolta soltanto dal senato della *pars Orientis* e comunque per questioni non particolarmente rilevanti.

Una limitata funzione di giurisdizione criminale fu attribuita al senato romano da Graziano attraverso l'istituzione del *quinquevirale iudicium* (una commissione di 5 senatori estratti a sorte e presieduta dal *praefectus urbi Romae*). Inizialmente limitata ai senatori della diocesi suburbicaria, Onorio in seguito estese tale giurisdizione speciale a tutti i componenti dell'assemblea senatoria, che esercitò pure una più contenuta giurisdizione civile d'appello.

Nonostante la perdita della sua antica centralità, infine è giusto riconoscere che il senato di Roma, nella crisi del V e VI secolo, a fronte di un potere imperiale frantumato nella *pars Occidentis* e conseguentemente ormai sbilanciato a Oriente, espresse un apprezzabile profilo politico. Negli scritti di Simmaco e Rutilio Namaziano, nell'attività politica e diplomatica delle potenti famiglie occidentali dei *Decii* e degli *Anicii* si condensa l'ultimo estremo e orgoglioso disegno dell'aristocrazia senatoria di rientrare nel grande gioco del potere: un tentativo tanto più illusorio quanto interamente avvolto dall'insuperabile paradosso della sopravvivenza dell'*ordo senatorius* inscritta nel dissolvimento del sistema politico e istituzionale che sino ad allora era stato la ragione della sua esistenza.

13. *Le riforme militari e la 'questione' Barbari*

La ristrutturazione dell'impero sin qui delineata non poteva non investire potentemente pure la sfera militare.

Poderosi flussi migratori di popolazioni germaniche, spinte da altrettanti formidabili spostamenti nel continente asiatico, entrarono in urto con le politiche espansionistiche dell'impero già nel II secolo d.C., ma certamente dal III secolo in avanti costituirono un problema gigantesco ponendo all'ordine del giorno non più l'estensione dei confini ma il mantenimento degli stessi.

In un anonimo trattatello, il *De rebus bellicis*, trovano spazio lo sgomento e la preoccupazione di un contemporaneo che assiste a un mondo assediato di cui sembra presagire la fine:

> Anon., *De reb. bell.* 6.1-4: *In primis sciendum est quod imperium Romanum circumlatrantium ubique nationum perstringat insania et omne latus limitum tecta naturalibus locis appetat dolosa barbaries. Nam plerumque memoratae gentes aut silvis teguntur aut extolluntur montibus aut vindicantur pruinis; nonnullae vagae solitudinibus ac sole nimio proteguntur. Sunt quae paludibus fluminibusque defensae nec inveniri facile queunt, et tamen quietem pacis lacerant inopinatis incursibus. Ergo huiusmodi nationes, quae aut talibus subsidiis aut civitatum castellorumque moenibus defenduntur, diversis et novis armorum sunt machinis prosequendae.*

[Bisogna innanzitutto rendersi conto che il furore dei popoli che latrano tutt'intorno stringe in una morsa l'impero romano e che la barbarie infida, dall'ambiente naturale minaccia da ogni lato i nostri confini. Infatti, questi popoli si nascondono per lo più nelle selve o s'inerpicano sui monti o sono difesi dai ghiacci; alcuni invece vagano e sono protetti dai deserti e dal sole cocente. Ci sono poi popolazioni difese dalle paludi e dai fiumi, che non è facile scovare e che tuttavia lacerano la pace e la quiete con improvvise incursioni. Genti come queste, che si difendono ricorrendo alla natura dei luoghi o alle mura delle città e delle fortezze, devono essere aggredite con varie e nuove macchine militari].

Goti, Alamanni, Sarmati, Quadi, Unni, Eruli, Sciri, Alani, Svevi, Franchi, Vandali, oltre ai nemici di sempre come i Persiani, materializzavano la paura collettiva, soprattutto dopo la terribile *clades* del 378 d.C., quando i Goti annientarono ad Adrianopoli l'esercito romano guidato da Valente rimasto sul campo e indussero persino la corte di Valentiniano II a trasferirsi per cautela a Milano:

Amm. Marc., *Res gest.* 31.4.9: *Per id tempus nostri limitis reseratis obicibus, atque ut Aetnaeas favillas armatorum agmina diffundente barbaria, cum difficiles necessitatum articuli correctores rei militaris poscerent aliquos claritudine gestarum rerum notissimos* [...].

[A quei tempi, quando furono aperte le porte delle nostre frontiere e orde armate di barbari si riversarono dappertutto come le ceneri dell'Etna, la gravità della situazione avrebbe richiesto alcuni comandanti militari assai famosi per le loro imprese ...].

Insomma dalla fine del IV secolo d.C. il confine reno-danubiano era costantemente attraversato da un numero crescente di tribù germaniche che si insediavano all'interno dell'impero o ne scorrevano il territorio: si pensi ai Suebi che nel 449 d.C., sotto la guida del loro re Reivhar, devastarono la Tarraconense; ma il caso più eclatante fu quello dei Visigoti di Alarico che misero per giorni a ferro e fuoco Roma nel 410 d.C.: si trattò di un enorme tragico disastro, la vera 'caduta' di Roma percepita come la frattura per eccellenza, il drammatico trauma della storia di Roma. Tutta l'opinione pubblica internazionale ne uscì scossa e quella grande paura segnò anche l'ispirazione di Sant'Agostino per la sua opera più grande: *La Città di Dio*.

Il 'pericolo' barbari finì per costituire un'altra vera emergenza a cui l'impero cercò di porre rimedi articolati che finirono per produrre trasformazioni graduali ma profonde sia sul piano organizzativo-militare sia su quello squisitamente politico-istituzionale. Ed è proprio leggendo insieme i due aspetti che si riesce a capire perché i Barbari costituirono al tempo stesso una minaccia e una risorsa o comunque un elemento peculiare delle vicende politiche e costituzionali del tardoimpero.

La ripartizione amministrativa dell'impero in due *partes*, lo sdoppiamento della carica imperiale, l'accentuazione dell'aspetto militare dell'imperatore, la netta separazione tra cariche civili e cariche militari, l'emergenza difensiva, costituirono un potente motore di riforme militari.

Lungo il versante della sfera militare, Costantino seppe interpretare le esigenze sempre più pressanti, tanto da apparire a buon ragione un innovatore assai più radicale di Diocleziano. Mentre quest'ultimo si limitò a un'intensa opera di erezione di fortificazioni di frontiera, all'accrescimento dei ranghi dell'esercito e all'introduzione embrionale dei comandi di zona (i *duces*), si debbono proprio a Costantino le innovazioni più incisive che nel breve volgere di qualche decennio portarono alla definizione dell'esercito del V secolo. A seguito della netta divaricazione tra funzioni civili e militari vennero istituiti il *magister peditum* e il *magister equitum*, sorta di capi di stato maggiore per ciascuna arma presso il *comitatus* imperiale e perciò detti *praesentales*, i cui comandi sovente in Occidente venivano unificati nella figura del *magister utriusque militiae*, mentre la nuova divisione dell'esercito ben presto si articolò in truppe *palatinae, comitatenses, limitaneae*.

Le *scholae palatinae*, di cui abbiamo già fatto cenno in precedenza, avevano soppiantato la guardia pretoria dell'imperatore e stavano sotto il comando del *magister officiorum*.

Grazie alla *Tabula* di *Brigetio*, contenente un provvedimento imperiale del 311 d.C. che accordò particolari esenzioni e vantaggi fiscali a soldati e veterani, abbiamo la prima attestazione documentale della presenza dei *comitatenses*. La *Notitia Dignitatum* circa un secolo dopo, grazie al suo repertorio di cariche militari e civili, ci informa dell'esistenza della dicotomia *comitatenses/limitanei* configurabile come il definitivo assetto dell'esercito romano tardoantico.

I *comitatenses* costituivano l'esercito campale dotato di una certa mobilità ed erano sotto il comando dei *magistri militum praesentales* e a immediata disposizione degli imperatori, mentre i *limitanei*, posti a difesa dei confini, rispondevano agli ordini dei *duces* provinciali.

La fondamentale funzione strategica dei *comitatenses*, per quanto sia consigliabile evitarne l'enfatizzazione, era basata sulla loro mobilità: non legati a una regione, i *comitatenses* costituivano una potente forza militare pronta a intervenire dinanzi a eventuali crisi dovute a pericolose penetrazioni del *limes* o per contrastare con rapidità tentativi di usurpazione del trono imperiale, tanto frequenti a partire dalla fine del IV secolo.

Si discute sulla datazione di questo sistema. In particolare, si è incerti se i *milites comitatenses* che facevano parte del *comitatus* dell'imperatore fossero davvero di matrice costantiniana. In realtà già con Diocleziano, ma anche prima con Claudio II il Gotico e con Gallieno (e c'è chi si spinge indietro sino a Settimio Severo o addirittura Marco Aurelio), operavano corpi militari d'intervento con una forte componente di cavalleria al seguito e sotto il diretto comando dell'imperatore. Ma è indubbio che il *comitatus* tetrarchico appare cosa ben diversa da quello costantiniano costituito dalle *scholae palatinae* che, all'indomani della vittoria su Massenzio, sostituirono le coorti pretoriane e gli *equites singulares* disciolti dall'imperatore. Secondo gli studi più avvertiti, per evitare confusione e fraintendimenti non bisognerebbe utilizzare il termine *comitatus* per indicare i *comitatenses* successivi al 312 d.C. Se questi erano contrapposti ai *limitanei*, non era certo per la loro appartenenza a un 'esercito centrale d'intervento', ma per il loro stanziamento nei principali centri politico-amministrativi ed economici, e ancor più per il loro statuto all'interno dell'esercito.

La seconda articolazione militare dell'esercito, cioè i *limitanei* (da *limes*, confine, cioè posti a guardia dei confini), consisteva in una sorta di truppe locali che costituivano l'esercito territoriale. Tuttavia, i *limitanei* non erano affatto milizie locali composte da soldati agricoltori come erroneamente si è creduto, ma unità regolari di truppe addestrate la cui unica differenza rispetto ai *comitatenses*, come abbiamo poc'anzi detto, era la condizione:

> Syn., *Epist.* 78: Non renderanno né a loro stessi né a noi alcun servizio se verranno privati delle gratificazioni imperiali, se non avranno più la rimonta dei loro cavalli, né le forniture d'armi, né denaro sufficiente per il loro ruolo di combattenti. Non permettere che i tuoi compagni d'armi siano ridotti a un rango più basso; fa che mantengano in piena sicurezza la loro precedente dignità e non siano privati delle loro prerogative.

Il frammento riportato della lettera, con cui il retore Sinesio scongiurava l'imperatore di non ridurre al rango di *limitanei* i cavalieri Unnigardi appartenenti ai *comitatenses*, ne costituisce un'evidente e preziosa prova documentale.

Oltre a tali riforme che plasmarono il nuovo volto dell'impero romano, la necessità di difendere le frontiere condusse il governo imperiale ad attuare una linea di interventi infrastrutturali e di fortificazione delle stesse. Naturalmente per quanto utili non erano certo la soluzione al fenomeno migratorio barbarico che prendeva corpo in costanti incursioni e saccheggi ai danni delle popolazioni romane di confine, impossibili da arginare solo con la forza militare. L'insicurezza, come abbiamo visto in precedenza, si ripercuoteva poi sul piano sociale ed economico: i cittadini abbandonavano le campagne per cercare rifugio nelle città o nei centri fortificati con generale depauperamento dell'agricoltura che continuava a essere la spina dorsale dell'economia imperiale. Tutto ciò spinse il governo imperiale ad articolare la propria linea e avviare politiche di inclusione di gruppi e tribù entro i confini dietro uno scambio: terre su cui stanziarsi pacificamente in cambio di prestazioni militari in difesa del *limes* romano.

Questi accordi, in verità da tempo praticati lungo determinate frontiere, come quelle germaniche e sarmate, in Africa con i Mauri e lungo il deserto egiziano, ecc., si stringevano attraverso trattati specifici tra il governo imperiale e i leader tribali di volta in volta disponibili che conseguentemente facevano acquistare lo *status* di *foederati* alle loro genti. E uno degli istituti giuridici finalizzati allo scambio era la cosiddetta *hospitalitas*, ovvero la concessione di un terzo della terra e delle case a ricompensa dei servigi militari difensivi prestati all'impero. Fu proprio a causa del mancato rispetto della *hospitalitas* da parte di Oreste che Odoacre mosse con la sua variegata coalizione barbarica per destituire Romolo Augustolo nel 476 d.C.

La *Notitia Dignitatum* tuttavia ci informa anche di gruppi barbarici indicati come *laeti*, i cui insediamenti erano in Italia, Gallia e nelle province danubiane; e addirittura si menzionano liste di *praefecti laetorum*. Ma dei *laeti* restano ancora oggi assai oscure origine e condizione giuridica, potendo soltanto ipotizzarsi che si trattava di gruppi migranti accettati dentro i confini della *pars Occidentis* dell'impero dietro obblighi di natura militare (Tac., *Germ.* 28). Del resto, dalle *Res Gestae* di *Shahpur* I si ricava quanto già massicciamente ai tempi di Gordiano III si ricorresse alla leva di genti barbare (*linn.* 6-7: «levò da tutto l'impero dei Romani e dalle popolazioni dei Goti e dei Germani un esercito»).

La questione 'Barbari' congiunta alle vicende riformatrici militari poco prima analizzate funzionò come un moltiplicatore di effetti, non sempre affatto positivi, sugli equilibri istituzionali, politici e sociali dell'impero. Uno di questi fu la barbarizzazione dell'esercito (in proporzioni davvero di massa per quanto riguarda le truppe) e dei suoi alti comandi. Dalla metà del IV secolo in avanti i *magistri militum* sempre più spesso furono valenti condottieri di stirpe germanica e consumati leader politici (basti pensare a Stilicone, Aezio, Aspar, Ataulfo, Ricimero, Teoderico) che divennero ininterrottamente i veri arbitri della scena politica e delle lotte per la successione al trono sino al fatidico 476 d.C.

Un'altra conseguenza negativa fu l'accresciuto peso dell'esercito. Un'interessante lettura propugnata da un grande storico, Michail Ivanovič Rostovcev, della cosiddetta 'militarizzazione dell'impero', ebbe sino a qualche tempo fa grande fortuna in seno alla critica moderna, ma oggi mostra tutta la sua fragilità dinanzi alle obiezioni recentemente avanzate. Uno studioso esperto di cose militari e di amministrazione, come Jean-Michel Carrié, ha lucidamente analizzato la fase, correggendo la lettura rostovceviana, sino a poco tempo fa assai accettata. Le conclusioni di Carrié sono acute e in effetti del tutto convincenti; pur concedendo che si possa parlare di rivoluzione, precisa: «Una rivoluzione dunque, che però impiegò più di un secolo a produrre i suoi effetti e rimase ben lontana da una redistribuzione dei poteri. Assicurò la promozione collettiva di alcuni gruppi, familiari o regionali: e pensiamo ancora una volta agli "Illirici". Contribuì assai più a rinnovare il personale dell'Impero che non a rimettere in discussione posizioni di prestigio, come dimostra la relativa stabilità della composizione del Senato. Gli ufficiali, provenienti dall'ordine senatorio o saliti dalla gavetta, non spazzarono affatto via l'aristocrazia senatoria che era insediata agli inizi del III secolo, se non altro perché non si trovavano a condividere i medesimi luoghi di potere. La "militarizzazione" dell'Impero, se pure si vuole mantenere, mal si accorda con schemi semplicistici».

Carrié ha ragione. In una simile temperie, ciò che bisogna accuratamente evitare sono le ricostruzioni fondate su schemi affetti da innaturale rigidità. Eppure, sebbene lontani dal riproporre la tesi di Rostovcev, bisogna riconoscere che le fonti attestano l'inequivocabile e progressivo declino, sia pure non traumatico, dell'aristocrazia senatoria, soprattutto occidentale, a vantaggio della dimensione militare da cui provennero istanze di promozione e rinnovamento collettivo di alcuni gruppi familiari o regionali e di cui limpidi e paradigmatici esempi sono offerti dalla sequenza degli Illirici imperatori-soldati e dall'importante testimonianza di Lattanzio relativa all'invio massiccio nelle province di *iudices* militari, senza *adsessores* e privi di ogni formazione e cultura giuridica (*De mort. pers.* 22.5).

È un fatto incontrovertibile che in quei lunghi decenni l'asse politico e strategico si sia spostato in quella regione dello scacchiere imperiale, ossia l'*Illyricum*: un'area vastissima compresa tra la Rezia e la Mesia inferiore munita di una 'scuola militare' di eccelsa formazione individuabile nel grande comando di *Sirmium*, istituito da Filippo l'Arabo. *Sirmium* fornì a lungo una vera e propria élite di generali che si facevano politici e imperatori, che riflettevano sulle sorti dell'impero e selezionavano i ricambi al vertice. In questi nuovi equilibri politici e 'costituzionali' acquista un senso davvero preciso parlare di 'Soldatenkaiser', non eletti dalla massa informe e volubile degli eserciti, ma frutto delle consapevoli decisioni di ristrette e qualificatissime giunte militari di alti ufficiali, legati da un vincolo di solidarietà, che declinavano la *militaris potentia* come nuovo paradigma dell'antico senso aristocratico del *munus* militare da rendersi all'impero.

14. *Classi sociali*

A partire dal II secolo d.C. il clima di grande recessione che travagliò l'impero romano mutò profondamente le strutture che stettero alla base della straordinaria espansione imperialistica di Roma, la cui ampiezza massima si raggiunse con Traiano.

Il progressivo declino del commercio e della forza espansiva del capitale commerciale, la crisi dell'industria urbana e dell'imprenditorialità, la declinante natalità, carestie e pestilenze, le devastanti invasioni barbariche, portatrici non solo di distruzioni materiali ed economiche ma anche dell'impoverimento e spopolamento di intere città e del simmetrico fenomeno dell'abbandono delle campagne per ragioni di insicurezza dei contadini indotti a rifugiarsi nelle città, i vari movimenti rivoluzionari contadini (come per es. quello dei *Bagaudae* in Gallia) insorgenti dal disagio economico e sociale intrecciati a una esplosione del fenomeno del brigantaggio, costituirono l'insieme dei fattori che avviarono un graduale ma irreversibile processo di ruralizzazione dell'impero: trasformazioni economiche, nella specie prevalentemente dell'economia agraria, e trasformazioni sociali.

Un segno di questi poderosi processi involutivi è dato dalla scomparsa a causa dell'inflazione della vita bancaria e delle attività finanziarie dei privati dalla metà del III alla metà del IV secolo d.C.: si riducono i prestiti in denaro a vantaggio dei prestiti stipulati in derrate, mentre le cosiddette 'vendite a consegna differita', formule tipiche delle economie rurali, sono sostanzialmente prestiti in denaro rimborsati in natura con un alto tasso di interessi camuffato.

I rapporti tra città e campagna non si fondarono più tanto sulla forza dei centri di produzione urbana, bensì ancor più che in passato sulla proprietà terriera. L'agricoltura, infatti, oltre a continuare a costituire la spina dorsale dell'economia romana, divenne la fonte principale di reddito e ricchezza producendo in tal modo nuovi assetti sociali.

Il mutamento del quadro generale verso la netta prevalenza delle grandi concentrazioni di proprietà agrarie, sollecitate dagli interessi dell'impero e della Chiesa, nonché dai ceti cittadini più elevati, e diffuse maggiormente in Occidente piuttosto che in Oriente, non dissolse però del tutto la media e piccola proprietà coltivatrice, sebbene fu inevitabile l'accentuarsi del divario tra i diversi strati della compagine sociale, in termini di benessere e di effettiva partecipazione alla vita politica ed economica dello Stato.

I latifondisti costituirono ben presto, e più di quanto lo fossero stati in precedenza, lo strato sociale di punta determinante per la politica economica e legislativa dell'impero.

Quanto fosse rilevante la qualificazione sociale attraverso la proprietà ci è noto grazie a un editto dell'imperatore Giuliano, relativo a privilegi in materia penale, in cui la distinzione che campeggia è tra *locupletes* e coloro che *per egestem abiecti sunt in faecem vilitatemque plebeiam* (CTh. 9.42.5, a. 362 d.C.), piuttosto che tra *honestiores* e *humiliores* assai più diffusa o quella forse ancor più aderente tra *possessores*, *curiales* e *plebei* (CTh. 9.31.1, a. 409 d.C.).

E tuttavia proprio il rapporto tra grande proprietà agraria e potere centrale risultò, per taluni versi, decisivo per le sorti dell'impero. Non può proprio dirsi, infatti, che intercorse sempre una vera e propria comunanza d'interessi tra il regime imperiale e i latifondisti: anzi spesso la conflittualità fu manifesta. Proliferava ormai un germe di pericolosa disaffezione verso lo Stato che trovava gran parte delle ragioni della sua esistenza e alimento nell'incapacità dei governi imperiali che si susseguivano di far fronte efficacemente alla crisi economica: la prospettiva che si stagliava sempre più all'orizzonte era un quadro politico-istituzionale destrutturato e il tessuto sociale seriamente compromesso.

Uscito rafforzato dalle riforme istituzionali realizzate e da una politica volta a ricostituire una nuova e più salda classe dirigente sotto la conduzione di Diocleziano e Costantino, il regime imperiale tentò di ovviare alla crisi economica con un approccio forse eccessivamente dirigista e senza disdegno verso il ricorso a metodi coercitivi, alcuni dei quali addirittura diretti a porre limitazioni alla libertà economica individuale e freni eccessivi all'insopprimibile esigenza di ricambio e mobilità nelle classi sociali (il cosiddetto regime vincolistico). Non è difficile immaginare quanto tutto ciò costituisse un solido presupposto per un'economia priva della dinamicità indispensabile per tentare di uscire dalla grande recessione economica.

Inoltre, per fronteggiare l'altrettanto grave dissesto finanziario, si attuò una politica monetaria errata a cui si aggiunse la decisione di aumentare la pressione fiscale, in misura rivelatasi poi insopportabile. Gli effetti immediati non furono negativi, eppure nel medio e lungo periodo da un lato le condizioni economiche dei ceti meno abbienti si aggravarono e dall'altro le riforme attuate non interpretarono pienamente gli interessi economici delle classi superiori. Paradigmatiche furono in tal senso, per es. in materia di manodopera agricola, le linee della politica legislativa imperiale chiamata a mediare, senza però conseguire apprezzabili successi, tra l'esigenza della produzione e l'altra, contrapposta eppure altrettanto essenziale, della difesa militare e dell'ordine pubblico.

I latifondisti, naturale espressione della classe dirigente, iniziarono a reagire tendendo sempre più a evitare gli incarichi di governo, a ritirarsi presso i propri possedimenti per trasformarli in entità autosufficienti e quasi indipendenti dallo Stato, alimentando in tal modo l'indifferenza sociale, e in alcuni versi persino l'ostilità, nei confronti della sorte del governo imperiale e prefigurando in definitiva lo sbocco verso il particolarismo medievale e i tratti dell'economia curtense.

In questo periodo si afferma prepotentemente una trasformazione del latifondo senatorio avente il proprio centro motore nella *villa*. Non si tratta più soltanto di un segmento dell'economia agricola romana, ma soprattutto del mutamento sensibile di un modello socio-economico. Dinanzi al duplice fenomeno di arretramento della presenza dello Stato sul piano della sicurezza (interna ed esterna) e di contro di una sua presenza forte e pressante sul piano fiscale, le grandi *villae* diventano sempre più microrealtà territoriali dotate di una propria peculiare esistenza autosufficiente finendo per porsi come punto di riferimento in un momento di crisi e di smarrimento generali. La villa tardoromana assumeva in questa età forme monumentali e fortificate (il *praetorium*, una sorta di palazzo fortificato di stampo urbano, tanto da richiamare alcuni castelli medievali) per rispondere a due prepotenti esigenze: sicurezza contro ruberie e incursioni barbariche, da un lato e difesa contro il prepotere dello stato centrale, dall'altro.

In maniera ambivalente le fattezze della *villa* tardoromana la caratterizzavano come una struttura aperta dal punto di vista economico, ma anche come una struttura chiusa per quanto riguardava la dimensione sociale. Segnata da una articolata organizzazione, la *villa* consentiva che in maniera permanente operassero, oltre ai contadini, artigiani anche di notevole qualità professionale; al tempo stesso i *domini* più attenti e abili consentivano anche lo svolgimento di mercati periodici (*nundinae*) e addirittura la presenza di vescovi (come è documentato per es. a proposito del fondo di Melania, una ricca possidente cristiana) per impedire che i *rustici* si recassero nei centri urbani per l'assistenza spirituale.

Oltre alle questioni di ordine economico e sociale, pure le implicazioni politiche non sono da sottovalutare, dal momento che in questo nuovo assetto andarono emergendo diversi e interessanti profili non scontati: 1) il distacco crescente, voluto o costretto dalle oggettive condizioni generali, dei senatori dalla vita pubblica; 2) il rapporto di alleanza trasversale tra *domini* e *coloni* registrato nelle fonti; 3) la contrapposizione rispetto allo Stato centrale.

Non sorprende allora l'insorgenza prepotente in questo contesto del *patrocinium* che legava gli *humiliores* in cerca di protezione, anche nei confronti del potere centrale, ai *potentiores* che tale protezione erano in grado di prestare:

> Salv., *De gubern. Dei* 5.39-40, 44: *Nec tamen grave hoc indignum arbitrarer, immo potius gratularer hanc potentium magnitudinem, quibus se pauperes dedunt, si patrocinia ista non venderent, si quod se dicunt humiles defensare, humanitati tribuerent non cupiditati. Illud grave ac peracerbum est, quod hac lege tueri pauperes videntur, ut spolient, hac lege defendunt miseros, ut miseriores faciat defendendo. Omnes enim hi, qui defendi videntur, defensoribus suis omnem fere substantiam suam prius quam defendantur addicunt* [...]. *Ac sicut solent aut hi, qui hostium terrore compulsi ad castella se conferunt, aut hi, qui perdito ingenuae incolumitatis statu ad asylum aliquod desperatione confugiunt, ita et isti, quia tueri amplius vel sedem vel dignitatem suorum natalium non queunt, iugo se inquilinae abiectionis addicunt, in hanc necessitatem redacti, ut extorres non facultatis tantum, sed etiam condicionis suae atque exulantes non a rebus tantum suis, sed etiam a se ipsis ac perdentes secum omnia sua et rerum proprietate careant et ius libertatis amittant.*
>
> [Tuttavia non lo riterrei grave o causa di indignazione, e manifesterei piuttosto la mia approvazione per questa magnanimità dei potenti, ai quali i poveri si affidano, se non vendessero i loro patrocinii, se il fatto di affermare di proteggere gli umili lo imputassero a umanità, non a cupidigia. La cosa grave e molto amara è che con questo fatto sembrano tutelare i poveri, per spogliarli, con questo fatto difendono i miseri, in modo da renderli, difendendoli, più miseri. In effetti, tutti questi, che appaiono protetti, cedono ai loro difensori praticamente tutte le loro proprietà, prima di venire tutelati ... E così usano fare questi che, spinti dal terrore dei nemici, si trasferiscono nei villaggi e questi che, avendo perso lo stato di *ingenuitas*, si rifugiano per disperazione in qualche asilo, così anche costoro, poiché non possono tutelare più efficacemente la sede e la dignità dei loro natali, si concedono all'abiezione della condizione di inquilino, ridotti a questa necessità dopo essere stati banditi non solo dai loro averi, ma anche dalla loro condizione, ed esuli non solo dalle loro cose, ma anche da se stessi, perdendo con sé tutti i loro averi, sono privati della proprietà delle cose e si lasciano togliere il diritto di libertà].

I numerosi risvolti del patrocinio sul piano del diritto privato e su quello del diritto pubblico erano così profondi da fargli ben presto assumere le fattezze di un pericoloso strumento con tratti e di illegalità e di eversione nella contrapposizione allo Stato che ne seguiva per garantire l'evasione fiscale parziale o addirittura totale dei protetti.

Insomma, tale modello produttivo e sociale insieme, efficacemente rappresentato nel trattato di Palladio o nell'opera di Olimpiodoro dedicati a tali *massae fundorum*, vedeva insistere schiavi e coloni, stanziati con le loro famiglie su lotti comunque riferibili alla *villa*, lavoratori, liberi affittuari, maestranze, religiosi, in un contesto reso peculiare anche dalla presenza di strutture di tipo urbano (*praetorium*, *ergastula*, ecc.), di fortificazioni e di corpi di difesa. Tutto ciò fece della *villa* una realtà con una vita interna dinamica e appetibile e perciò al tempo stesso un polo di attrazione del contado circostante quasi fosse una città (Olymp., *Frg*. 43).

Il quadro che in definitiva si ricava è quello di una società piramidale e fortemente gerarchizzata, fondata sul privilegio dei governanti, che aveva al suo vertice i *possessores* e, in posizione parassitaria, l'apparato burocratico-militare. Ma per comprendere bene il processo storico tormentato e non uniforme è essenziale lo studio della formazione delle classi subalterne in relazione al mutamento delle strutture economiche.

a) *Gli schiavi*. – Nelle trasformazioni dell'economia tardoromana, che determinarono un nuovo assetto socio-economico, rilevante fu la crisi del sistema schiavistico.

Le cause della decadenza della schiavitù costituiscono, ancora oggi, oggetto di intensi dibattiti tra gli studiosi. A chi individua la ragione principale nell'influenza del cristianesimo e del connaturato *favor libertatis* come impulsi per la rarefazione della manodopera schiavile, si contrappone chi invece preferisce sottolineare, assai più efficacemente, i limiti inesorabili mostrati da quel sistema di produzione fondato sull'espansione politica e militare e sulla conseguente cattività bellica. Limiti che pesarono difatti in maniera decisiva non appena si arrestò il processo di avanzamento delle frontiere imperiali e si affermò la necessità di una politica di collaborazione e di integrazione delle popolazioni barbariche che, a ridosso dei confini, pressavano per ottenere nuovi e più produttivi stanziamenti:

> Paneg. lat. 4.9.1: [...] *totis porticibus civitatum sedere captiva agmina barbarorum, viros attonita feritate trepidantes, respicientes anus ignaviam filiorum nuptas maritorum, vinculis copulatos pueros ac puellas familiari murmure blandientes, atque hos omnes provincialibus vestris ad obsequium distributos, donec ad destinatos sibi cultus solitudinum ducerentur.*
>
> [... sotto i portici di tutte le città siedono schiere di barbari prigionieri; uomini un tempo feroci tremano sbigottiti, vecchie madri e donne sposate guardano i figli e i mariti inoperosi, ragazzi e ragazze legati alle stesse catene conversano teneramente a bassa voce: tutti costoro sono assegnati a servizio agli abitanti delle varie vostre province, in attesa di raggiungere i luoghi incolti da lavorare a cui sono stati destinati].

A questa fondamentale ragione, si aggiungevano poi fattori di ordine prettamente economico. Le condizioni di mercato degli schiavi apparivano assai mutate per la consistente riduzione del flusso dei prigionieri bellici, dunque per la contrazione della forza lavoro, mentre acquistava maggior peso la considerazione della scarsa produttività in sé o comunque minore rispetto a quella di un uomo libero del lavoro schiavile tanto da costringere a guardare con crescente favore a forme alternative di organizzazione della produzione agraria.

In tale prospettiva i proprietari cominciarono a ritenere più conveniente il ricorso al lavoro libero: non avrebbero dovuto investire somme per acquistare gli schiavi; sarebbero venuti meno i costi del loro mantenimento e quelli necessari alla loro sorveglianza; non avrebbero più sopportato la perdita economica derivante dalla loro morte; la produttività si stimava in astratto più elevata perché il lavoratore libero sarebbe stato più interessato a una maggiore redditività della terra, ecc.

Naturalmente, è bene precisarlo, tale processo non portò alla scomparsa degli schiavi, anzi le guerre contro le popolazioni germaniche, il persistente fenomeno dell'esposizione dei neonati, ma anche l'insorgenza di un mercato illegale organizzato da briganti e mercanti che rapivano persone libere per ridurle in schiavitù e venderle, produssero una ripresa del flusso degli schiavi e del relativo traffico; un'importante lettera di Agostino costituisce al riguardo uno dei documenti più preziosi in tema di schiavitù tardoantica:

> Aug., *Epist.* 10.2-3: *Addo autem et aliud: Tanta est eorum qui vulgo "mangones" vocantur in Africa multitudo, ut eam ex magna parte humano genere exhauriant, transferendo quos mercantur in provincias transmarinas et paene omnes liberos. Nam vix pauci reperiuntur a parentibus venditi quos tamen non ut leges Romanae sinunt ad operas viginti quinque annorum emunt isti, sed prorsus sic emunt ut servos et vendunt trans mare ut servos; veros autem servos a dominis omnino rarissime. Porro ex hac multitudine mercatorum ita insolevit seducentium et depraedantium multitudo, ita ut gregatim ululantes habitu terribili vel militari vel barbaro et agrestia quaedam loca, in quibus pauci sunt homines, perhibeantur invadere et quos istis mercatoribus vendant violenter abducere.* [...] *Verum ego ipse cum inter illos, cum ex illa miserabili captivitate per nostram ecclesiam liberarentur, a quadam puella quaererem quomodo fuerit mangonibus vendita, raptam se dixit fuisse de domo parentum suorum; deinde quaesivi utrum ibi sola fuisset inventa; respondit praesentibus suis parentibus et fratribus factum. Aderat et frater eius qui venerat ad eam recipiendam et, quia illa parva erat, ipse nobis quomodo factum esset aperuit. Nocte enim dixit huiusmodi irruisse praedones, a quibus magis se quomodo poterant occultarent quam eis resistere auderent barbaros esse credentes. Mercatores autem si non essent, illa non fierent.*
>
> [C'è in Africa un sì gran numero d'individui chiamati comunemente «mangoni» (questo il nome dei trafficanti) che in gran parte essi svuotano dei suoi abitanti, deportando nelle province d'oltremare coloro ch'essi comprano e che sono quasi tutti liberi. In effetti se ne trovano a mala pena pochi che siano stati venduti dai genitori; i mangoni tuttavia non li comprano per occuparli in lavori per la durata di venticinque anni, come permettono le leggi romane, ma li comprano addirittura come schiavi e li vendono nei paesi

d'oltremare; dai padroni invece comprano dei veri schiavi solo in casi assolutamente rarissimi. Oltre a ciò, questa caterva di mercanti di schiavi ha fatto proliferare un'altra folla d'individui che preparano tranelli, e predoni così arroganti che – a quanto si narra – bande urlanti atterriscono con il loro contegno soldatesco o barbarico e piombano su località rurali isolate ove sono pochi abitanti e conducono via a forza le persone da vendere a siffatti mercanti. ... A una ragazza del gruppo di quelle persone che venivano riscattate da quella miserevole schiavitù per opera della Chiesa, domandai in che modo fosse stata venduta ai mercanti e rispose d'essere stata rapita dalla casa dei suoi genitori; le chiesi poi se fosse stata trovata in casa da sola e mi rispose che il fatto era avvenuto alla presenza dei genitori e dei fratelli. C'era anche un suo fratello venuto a riprenderla e, poiché essa era piccola, egli mi spiegò com'era accaduto il fatto. Disse che briganti di quel genere avevano fatto una razzia durante la notte e che gli abitanti, credendoli dei barbari, piuttosto che opporre loro resistenza, s'erano nascosti come avevano potuto. Ora, se non ci fossero dei mercanti [di schiavi], fatti di questo genere non accadrebbero].

Insomma, gli schiavi esistevano ed erano molto richiesti: l'apparato statale e l'economia continuarono a dipendere dalla manodopera servile e la presenza degli schiavi nell'età tardoantica è dimostrata ampiamente dal 25% dei testi dei *Digesta* concernenti gli schiavi (dato che non può spiegarsi semplicemente con la *reverentia antiquitatis* di Giustiniano). Ma non solo, in numerosi documenti di questi secoli si fa sempre più spesso riferimento a schiavi agricoltori e pastori; i latifondisti d'Antiochia, racconta Giovanni Crisostomo (*Omel. Vang. Matt.* 63.4), erano proprietari di migliaia di schiavi; e in Occidente si pensi, per fare un solo esempio, alla vasta proprietà di santa Melania coltivata da circa quattrocento schiavi (Geront., *Vita Melan.* 18).

Il fatto, poi, che tale stato di cose si protrasse nell'età successiva, come si desume dalla menzione della schiavitù in circa un terzo delle disposizioni normative dell'Editto di Rotari e delle Novelle di Liutprando, conferma che sotto un profilo generale e formale la società romana tardoantica continuò a fondarsi sulle tradizionali distinzioni tra *cives Romani* e non cittadini e tra schiavi e liberi.

Tuttavia sensibili furono i mitigamenti, ispirati dalla filosofia stoica prima e concretizzatisi sul piano normativo dopo grazie agli influssi cristiani, dello *status* giuridico servile. In questo senso è emblematico osservare, quale segno concreto del cambiamento, che, a differenza delle *Institutiones* gaiane in cui la *summa divisio* distingue gli *homines* in maniera lapidaria in *liberi* e *servi* (Gai. 1.9), nelle *Institutiones* di Giustiniano invece, pur senza alcun pronunciamento favorevole all'abolizione, la schiavitù viene qualificata come istituzione contraria al diritto naturale in quanto ciascun uomo nasce libero (I. 1.2.2: [...] *bella etenim orta sunt et captivitates secutae et servitutes, quae sunt iuri naturali contrariae, iure enim naturali ab initio omnes homines liberi nascebantur*).

È altresì evidente l'ispirazione cristiana a favore delle coppie servili nel divieto di separare le coppie unite da un vincolo stabile, vincolo che – sebbene riconosciuto dalla Chiesa come matrimonio – tuttavia mai assunse per l'ordinamento statale una rilevanza giuridica.

Così deve dirsi ancora a proposito della *manumissio in sacrosanctis ecclesiis* celebrata dinanzi al vescovo e ai fedeli, appunto quale prassi sorta nell'ambito delle prime comunità cristiane e in seguito legalizzata da Costantino.

b) *I ceti sociali inferiori.* – Sebbene non fosse venuta meno la divisione binaria giuridico-formale tra *honestiores* e *humiliores*, già affermatasi durante l'epoca classica e valida soprattutto nell'ambito del diritto criminale, tuttavia, per una migliore comprensione della società tardoromana, è opportuno affiancarne una diversa. Questa, sintetizzata con efficacia da un anonimo autore del IV secolo (Anon., *De reb. bell.* 2.4: *Ex auri copia privatae potentium repletae domus in perniciem pauperum clariores effectae, tenuioribus videlicet violentia oppressis*), appare fondata sul diverso parametro della ricchezza e in particolare, come già accennato, della proprietà agraria, in base al quale i cittadini venivano differenziati concretamente in *potentes* e *tenuiores*.

Prima di cominciare la descrizione essenziale dei ceti inferiori, è necessario porre all'attenzione la caratteristica comune sia alle masse rurali sia a quelle urbane, vale a dire il livellamento e la straordinaria omogeneità tra le stesse a causa della generale povertà e delle condizioni di semi-libertà imposte dal regime vincolistico volute dal regime imperiale. Tale stato influì talmente sullo sviluppo del diritto da avviare un processo di attenuazione della distinzione tra 'liberi' e 'non liberi', evidentissimo, come vedremo nelle prossime pagine, a proposito dei *coloni*.

α) *La plebs rustica e il colonato.* La popolazione rurale era costituita prevalentemente da lavoratori agricoli, legati in vario modo ai proprietari terrieri: quelli residenti appunto nella proprietà, ma con diritto di andarsene (*inquilini*); i salariati che avevano stipulato un *contractum* che prevedeva la prestazione lavorativa dietro la paga pattuita (*merces placita*: C. 11.48.8.1, a. 383 d.C.).

Non mancavano poi altre categorie di lavoratori: si pensi ai minatori oppure agli artigiani vari (tra cui anche gioiellieri e argentieri), la cui presenza nelle campagne, secondo il modello latifondista tardoantico prima menzionato, era finalizzata a rendere in qualche misura autosufficiente la vita all'interno delle grandi proprietà senatorie.

Se in generale la condizione di estrema povertà era abbastanza comune, la categoria più omogenea era senza dubbio quella dei *coloni*:

> C. 11.52.1.1 (Imppp. Theodosius, Arcadius et Honorius AAA. *Rufino pp.*): [...] *et licet condicione videantur ingenui, servi tamen terrae ipsius cui nati sunt aestimentur* [...]. (a. 371 d.C.)
>
> [... e quantunque per la loro condizione (i coloni) possano apparire nati liberi, tuttavia siano considerati servi della terra in cui sono nati ...].

La controversia storiografica sull'origine del colonato non si è mai sopita per la frammentarietà e la contraddittorietà delle notizie: nonostante i numerosi frammenti della legislazione imperiale contenuta nei codici teodosiano e giustinianeo non è pervenuta la legge istitutiva; di contro, si è conservata una costituzione di Valentiniano, Teodosio e Arcadio (C. 11.51.1) in cui si cita una non meglio identificata *lex a maioribus constituta*, espressione da alcuni intesa come un'allusione alla costituzione relativa ai provvedimenti coercitivi del *dominus* in caso di fuga del *colonus* adottata da Costantino nel 332 d.C.:

CTh. 5.17.1. IMP. COSTANTINVS AD PROVINCIALES. [...] *Ipsos etiam colonos, qui fugam meditantur, in servilem condicionem ferro ligari conveniet, ut officia, quae liberis congruunt, merito servilis condemnationis compellantur inplere.* (a. 332 d.C.)

[... Gli stessi coloni che meditano la fuga devono essere incatenati come schiavi per essere così obbligati, per effetto di una condanna servile, a svolgere i compiti dei liberi].

Ad ogni modo, sebbene esistano orientamenti diversi che vedono l'origine del colonato ora nelle riforme imperiali sulla fiscalità (Michel Carrié), ora in specifiche realtà regionali (Michail Ivanovič Rostovcev, Boudewijn Sirks, Jerzy Kolendo, Arnaldo Marcone), oppure ancora in un graduale processo involutivo che trasformò il piccolo affittuario al contadino colono vincolato alla terra (Numa Denis Fustel de Coulanges, Andrea Giardina), ciò che può dirsi con sicurezza è che non fu unica la ragione del suo formarsi. Oltre alla già accennata rarefazione della manodopera servile, fenomeno senza il quale la nascita del colonato resterebbe inesplicabile (Francesco De Martino), e alla scarsa redditività della stessa, che in astratto induceva a preferire il lavoro libero, oltre ancora alla formazione di un vasto e articolato strato sociale rurale, all'emersione del colonato concorsero molteplici fattori di ordine sociale (mutamento delle condizioni di popolamento), economico (mutamenti dei mercati a seguito del diverso atteggiarsi del rapporto città-campagna), amministrativo e fiscale (riforme dello Stato, pressione fiscale e angherie degli esattori), militare (contrapposizione tra l'esigenza di difesa e quella di manodopera per il lavoro delle terre).

Modellatosi sulla locazione dei fondi la cui elasticità permetteva una buona stabilizzazione organizzativa in ambito agrario, l'aspetto patrimoniale del colonato si sostanziava nel pagamento al proprietario del fondo di un canone in denaro o in natura, a cui si aggiungevano gli obblighi derivanti dalla *capitatio* e i cosiddetti *munera sordida*, dovuti dal fondo allo Stato. La questione principale di dibattito resta però quella della sua formazione. La nascita del colonato, o meglio alcuni suoi tratti e taluni aspetti delle sue dure condizioni, non sono, in effetti, collocabili interamente nell'età tardoantica. Infatti l'esistenza di un consistente ceto produttivo di piccoli coltivatori – liberi affittuari e proprietari coltivatori diretti – la cui debolezza e dipendenza dai latifondisti andò sempre più aggravandosi, risaliva già ai primi secoli del principato. Il progressivo fenomeno di sviluppo in dimensioni eccessive di singole unità fondiarie e la formazione del grande latifondo imperiale, avviatosi nel II secolo d.C. – ampiamente documentato da numerose epigrafi (in particolare quella relativa al *saltus Burunitanus*) e destinato a porsi come modello – risultarono fattori determinanti del conseguente disagio e crescente indebolimento dei piccoli coltivatori, proprietari o liberi affittuari nella loro differenziata tipologia, che lavoravano e convivevano, su parcelle distinte, nei latifondi insieme agli schiavi.

La coesistenza delle due categorie sociali è chiaramente attestata dalle fonti: è stato rilevato infatti come l'economia fondamentalmente schiavistica che affiora dal *Satyricon* di Petronio ad un certo momento vede prevalere un'economia colonica come dimostra la lettura delle *Metamorfosi* di Apuleio (Santo Mazzarino).

Tutto ciò dovette sempre più contribuire a una percezione indistinta, dal punto di vista sociale e, soprattutto, economico, ai fini dell'organizzazione produttiva, dell'attività delle due categorie. Cosicché un lento processo di «transizione» dalla figura del piccolo affittuario, a quella del colono nella forma tarda (Andrea Giardina) potrebbe aver costituito il presupposto, per l'età tardoantica, di un ulteriore passo verso una certa assimilazione giuridica (Luigi Capogrossi Colognesi). Ad ogni modo, ciò che affiora in maniera netta dai documenti antichi è la tendenza a stabilizzare, e a vincolare in modo più o meno forzato, i contadini alla terra.

Naturalmente il quadro descritto, nient'affatto lineare e uniforme, fu reso oltremodo difficile da ridurre su un piano di coerenza per l'esaurimento della spinta propulsiva della scienza giuridica romana tardoantica a procedere all'elaborazione e alla sistemazione giuridica: l'inerzia giurisprudenziale, insomma, ha impedito che si conseguissero un preciso inquadramento concettuale e una organica e unitaria configurazione del colonato.

La variegata terminologia offerta dalle fonti è del resto un indizio esplicito del fatto che probabilmente il colonato non sorse e non si sviluppò ovunque nello stesso modo. Diversi appaiono infatti i vincoli del lavoratore agricolo alla terra, tant'è che troviamo gli *adscripticii*, gli *originarii*, i *tributarii*, gli *inquilini*, i *casarii* secondo una terminologia variabile a cui corrispondeva in sostanza una simmetrica oscillazione terminologica per i proprietari denominati nelle fonti *patroni* o *domini*. Sono il complesso delle testimonianze antiche e delle nuove risultanze archeologiche che documentano un sistema produttivo agrario complesso e flessibile consolidato da tempo: grandi e medie fattorie, piccoli fondi a gestione diretta, grandi latifondi ripartiti totalmente o parzialmente tra coloni parziari, affittuari, o addirittura *servi quasi coloni*. Insomma coesistenza e integrazione produttiva di aree su cui insistevano grandi unità fondiarie e piccola proprietà.

E probabilmente basterebbe fermarsi alla costituzione imperiale del 529 d.C. (C. 11.48.20) per non restare imbrigliati nell'intricatissima querelle tipologica: Giustiniano, indicando al prefetto del pretorio Demostene tre tipi di fitto colonico (canone annuo aureo versato a scadenze fisse; canone in natura; canone misto, in natura e in oro), al di là della varietà tipologica, individuava la sostanza economica essenziale del colono, ovvero il modesto contadino – piccolo proprietario o addirittura nullatenente – che coltivava un fondo come fittavolo e versando un canone.

Soltanto tenendo presente simile complessità, a volte irta di confusione se non di contraddizioni, ci si rende conto delle difficoltà di decifrazione del quadro normativo del colonato. Alcuni studiosi tuttavia pensano che probabilmente man mano che i coloni andarono acquistando importanza nell'organizzazione produttiva, nelle costituzioni imperiali si cominciarono a distinguere i coloni liberi da quelli legati alla terra, qualificandoli diversamente con aggiunte di parole e frasi (Arnold Hugh Martin Jones). Non è poi neppure mancato chi nel solco della tesi della continuità tra antichità e medioevo ha riproposto il colonato come la scaturigine di un asservimento dell'uomo alla terra, cioè la prefigurazione di una condizione estremamente deteriore di ciò che nei secoli successivi si sarebbe chiamata servitù della gleba.

Eppure anche in questo caso le ricerche più attente oggi, dimostrando il carattere non perpetuo del vincolo del colono alla terra, negano una diretta derivazione del servo della gleba dal colonato. In realtà, il vincolo non poteva immaginarsi rigorosamente perpetuo: infatti posto il divieto per i proprietari di allontanare i coloni dai relativi fondi, perché mai un *dominus* avrebbe dovuto mantenere il rapporto con un colono che si era reso responsabile di gravi inadempienze? Nel caso di pessima redditività della terra che interesse avrebbe avuto il *dominus* a tenere il colono? E ancora, dinanzi a un andamento demografico buono, perché un *dominus* avrebbe dovuto mantenere vincolati al fondo tutti i figli del colono eccedenti rispetto ai bisogni e all'organizzazione produttiva?

In tutti questi casi è evidente che l'interesse del proprietario del fondo sarebbe stato quello esattamente contrario di disfarsi del colono di scarsa utilità e non deve escludersi che le vessazioni reiterate costituissero uno strumento indiretto per liberarsene. La rottura del vincolo del resto non doveva certo essere infrequente, come si evince da un lato dalle numerose e aspre costituzioni imperiali contro i coloni fuggitivi e dal fenomeno degli *agri deserti* (campi abbandonati) e da un altro lato da un passo di Sidonio Apollinare secondo cui il proprietario del fondo avrebbe anche potuto liberare il colono trasformando il suo *status* in *condicio plebeia*, rendendolo cioè plebeo nella condizione di *cliens* (Sid. Apoll., *Epist.* 5.19.2: *mox cliens factus e tributario plebeiam potius incipiat habere personam quam colonarium*). Con due costituzioni imperiali, una del 400 d.C. (CTh. 12.19.2) e un'altra del 419 d.C. (CTh. 5.18.1), Onorio interveniva in materia di *longi temporis praescriptio* applicata a *coloni fugitivi* per sancire l'impossibilità per i proprietari terrieri di richiamarli presso le sedi ove erano registrati nelle liste censuali.

Essendo funzionale dunque agli interessi produttivi del ceto latifondista e pure a quelli fiscali dello Stato, la politica legislativa imperiale tese a far divenire in breve tempo la condizione di *colonus* un vero e proprio *status* personale, che si acquistava in vario modo: per nascita, eredità, volontaria assunzione della condizione di colono, usucapione (30 per gli uomini, 20 anni per le donne), assegnazione imperiale di barbari prigionieri o mendicanti. A dimostrazione del fatto che la figura del *colonus* si connotasse come una condizione o uno stato della persona rilevavano, non tanto i limiti alla sua libertà di movimento, quanto il deteriore statuto giuridico. Oltre al vincolo con la terra e all'ereditarietà, il colono subiva gli effetti di qualunque negozio giuridico avente a oggetto il fondo, con la conseguenza che poteva essere trasmesso ad altri con questo come qualsiasi altra pertinenza; in caso di fuga poteva essere rivendicato mediante un'*actio in rem* nei confronti di coloro presso i quali era stato accolto; pur avendo diritto di essere titolare di un patrimonio (*peculium*), non ne aveva la piena disponibilità perché per l'alienazione dei beni immobili occorreva il consenso del *dominus*; il suo matrimonio era qualificato *contubernium* e i figli potevano essere venduti; questi ultimi potevano addirittura essere divisi tra i proprietari di più fondi, mentre un provvedimento di Costantino (CTh. 2.25.1, a. 325 d.C.) tutelava l'unità della famiglia degli schiavi.

Come è facile capire, la condizione dei coloni in certi casi appariva addirittura peggiore di quella dei servi. E non deve perciò stupire che una lettera di S. Agostino (*Epist.* 24.1) attesti come nei fatti si tendesse a trattarlo alla stregua di un servo. Non si tratta di un dato sociologico avente una precisa proiezione normativa. Tale ibrido intreccio di norme di diritto privato e pubblico stratificatosi nel tempo fece sì che si giungesse all'assimilazione coloni-servi in numerose disposizioni imperiali, tanto da scriversi che i coloni, «quantunque per la loro condizione possano apparire nati liberi, tuttavia siano considerati servi della terra in cui sono nati» (C. 11.52.1.1: [...] *et licet condicione videantur ingenui, servi tamen terrae ipsius cui nati sunt aestimentur* [...], a. 371 d.C.).

Ciononostante il *colonus* era in realtà un cittadino libero (*ingenuus*) legato da un nesso, come abbiamo detto, soltanto apparentemente inscindibile alla terra che coltivava, e tale nesso era formalmente suggellato dalla sua iscrizione nel censo con il relativo fondo (*adscripticius colonus*). Il nesso o il vincolo, non importa come lo si preferisca chiamare, avrebbe dovuto impedire, da un lato, la perdita dello *status* di *colonus*, cioè concretamente la possibilità di abbandonare la terra, mentre, da un altro lato, garantire al colono la terra da coltivare stante il divieto per il *dominus* di allontanarlo dal fondo, sia pure dinanzi a gravi inadempienze degli obblighi contrattuali.

β) *La plebs urbana e le corporazioni*. La plebe residente nelle città era composta, oltre che dallo strato più indigente, da operai, artigiani, commercianti e schiavi e liberti, i quali trovavano, come abbiamo prima visto, largo impiego anche come personale domestico dei ceti più abbienti.

Le sfavorevoli condizioni economiche di questo vasto strato sociale nel tempo si aggravarono ulteriormente a causa dell'estensione del regime vincolistico, che non riguardò soltanto i contadini. Uno dei tratti più salienti della struttura socioeconomica del tardoimpero consistette appunto nella trasformazione in corporazioni obbligatorie e cristallizzate delle associazioni professionali esercenti un servizio pubblico (*navicularii*, *pistores*, *suarii*, *catabolenses*, ecc.).

Finite sotto uno stretto controllo statale, gli appartenenti (*corporati*) a tali associazioni sottostavano a un vincolo, in origine soltanto di natura patrimoniale, finalizzato a fronteggiare i costi necessari all'espletamento del servizio:

> CTh. 12.19.1. IMPPP. ARCADIUS ET HONORIUS AA. VINCENTIO PP. GALLIARUM. [...] *plurimi si quidem collegiati cultum urbium deserentes agrestem vitam secuti in secreta sese et devia contulerunt. Sed talia ingenia huiusmodi auctoritate destruimus, ut, ubicumque terrarum repperti fuerint, ad officia sua sine ullius nisu exceptionis revocentur* [...]. (a. 400 d.C.)
>
> [... molti appartenenti ai collegi esercenti un servizio municipale disertavano e si dedicavano alla vita agreste, rifugiandosi in luoghi segreti e appartati. Ma reprimiamo tale comportamento con l'autorità di questa legge, in modo che, ovunque saranno trovati, essi saranno richiamati ai loro doveri senza alcuna eccezione].

Successivamente, intorno al III-IV secolo d.C., il vincolo si estese dalle corporazioni in quanto tali ai singoli lavoratori di determinate categorie produttive acquistando inoltre carattere personale attraverso l'introduzione di limiti alla libertà di movimento. Del resto, la gravosità degli oneri spingeva i corporati ad abbandonare la professione e a fuggire nelle campagne ([...] *plurimi si quidem collegiati cultum urbium deserentes agrestem vitam secuti, in secreta sese et devia contulerunt*, CTh. 12.19.1, a. 400 d.C.), aggravando ancor più la già difficile situazione economica.

Le linee di politica legislativa perseguite dagli imperatori per arginare il fenomeno mirarono, richiamandosi a una non chiara *prisca et inveterata consuetudo*, a vincolare in perpetuo il lavoratore, i suoi figli e i relativi patrimoni alla corporazione di appartenenza. Ma simili provvedimenti sortirono soltanto un irrigidimento del sistema a scapito della redditività dei servizi prestati e, conseguentemente, anche della condizione sociale dei corporati (CTh. 13.5.3, a. 319 d.C.; CTh. 14.6.2, a. 364 d.C.; CTh. 14.7.1, a. 397 d.C.).

È tuttavia opportuno precisare che gli interventi imperiali in materia ebbero carattere speciale e non generale. In altri termini, la linea di politica legislativa imperiale adottata intese assicurare, mediante una serie di provvedimenti particolari succedutisi nel tempo, un efficiente espletamento di quei servizi ritenuti essenziali. Ciò, appunto, non implicò affatto la scomparsa di associazioni di mestieri libere, come appare dimostrato dalla perdurante vigenza del *senatusconsultum* (II secolo d.C.) sul riconoscimento dei *collegia funeraticia* dei *tenuiores* (D. 47.22.1.1), né tantomeno sparirono i privati non corporati (*vacui*, *vacantes*, *immunes officio*). Anzi erano talmente diffusi da indurre Onorio a vincolarli alle *curiae* o ai *collegia* delle città di appartenenza (CTh. 12.1.179, a. 415 d.C.).

γ) *Il ceto medio e i curiales*. Il cosiddetto ceto medio era costituito da militari, personale amministrativo, coloro che esercitavano le professioni liberali (medici, insegnanti, avvocati), clero e ceti dirigenti municipali (*curiales* o *decuriones*).

Sebbene tutti appartenenti alla categoria degli *honestiores*, e dunque titolari di privilegi particolarmente rilevanti nel campo della giurisdizione criminale, non può proprio dirsi che la condizione sociale fosse del tutto omogenea, malgrado l'estensione del principio dell'ereditarietà della carica o della professione.

Notevolmente privilegiata era la condizione dei militari che godevano di particolari esenzioni fiscali; altrettanto lo era quella del clero che, in aggiunta, si vedeva riconosciuta dal governo imperiale una riserva di giurisdizione, la *episcopalis audientia*, sui propri membri e sui laici che ne avessero fatto richiesta (CTh. 1.27.1, a. 318 d.C.; CTh. 1.27.2, a. 408 d.C.; CTh. 16.2.47, a. 425 d.C.):

> C. 1.4.8 (Imppp. Arcadius, Honorius et Theodosius AAA. *Theodoro pp.*): *Episcopale iudicium sit ratum omnibus, qui se audiri a sacerdotibus elegerint, eamque illorum iudicationi adhibendam esse reverentiam, quam vestris referre necesse est potestatibus, a quibus non licet provocare. Per iudicium quoque officia, ne sit cassa episcopalis cognitio, definitioni exsecutio tribuatur.* (a. 408 d.C.)
>
> [La sentenza del vescovo sia valida per tutti coloro che hanno scelto di essere giudicati da sacerdoti, e, nei confronti delle decisioni di questi, si dimostri la stessa reverenza che deve essere manifestata alla vostra autorità, da cui non è permesso appellare. L'esecuzione di tali sentenze sia affidata anche agli uffici dei giudici (civili), affinché la cognizione episcopale non rimanga senza effetto].

Pure i *curiales* – cioè i membri dei consigli municipali, o più in generale la nobiltà cittadina discendente dai decurioni – in astratto occupavano nella gerarchia sociale una posizione ambita: poiché costituivano il *concilium* dei magistrati, essi detenevano in pratica il controllo della vita pubblica cittadina. Eppure progressivamente la loro condizione si deteriorò in misura assai grave per le crescenti spese associate alla carica di decurione. Obbligo principale era garantire con il proprio patrimonio l'esazione delle imposte gravanti sulle città. Inoltre erano tenuti a fronteggiare altri non indifferenti *munera*, come l'organizzazione dei giochi pubblici, la realizzazione di opere pubbliche, l'esercizio di servizi essenziali. Nota è l'attenzione che Libanio dedicava, in quanto grande estimatore, nei suoi scritti alle classi dirigenti cittadine, consapevoli del fatto che la salvaguardia delle città passava dal sostegno ai *curiales* e dall'alleggerimento della loro condizione.

Ma l'elemento che rese insostenibile la condizione di curiale – e che produsse all'interno dell'*ordo decurionum* il fenomeno della 'fuga sociale' – fu la formazione di una più elevata e ristretta aristocrazia, i cosiddetti *principales*, i cui appartenenti scaricavano sui restanti curiali l'intero peso degli oneri (CTh. 11.16.4, a. 328 d.C.; CTh. 9.35.2, a. 376 d.C.; CTh. 12.3.2, a. 423 d.C.).

Ancora una volta la risposta naturale che venne dal governo centrale si concretizzò in misure coercitive tendenti a trasformare i *curiales* in una classe ereditaria. È pur vero però che le costrizioni nei confronti dei decurioni risalivano già all'età severiana, perché di fatto e senza disposizioni normative precise al riguardo, solo i cittadini più facoltosi avrebbero potuto reggere l'onere finanziario implicato dalla carica; ma a partire dal riordinamento di Diocleziano la proliferazione di costituzioni imperiali, volte a limitare la libertà e a rendere coatto lo *status* di curiale, fu davvero notevole. Basta ricordare il divieto di accedere al senato, agli *officia* provinciali, al clero, all'esercito e l'ereditarietà dello *status* per i figli al compimento del 18° anno di età (CTh. 12.1.10, a. 325 d.C.; Nov. Val. 3.4, a. 439 d.C.).

Da qui è facile comprendere che le suddette disposizioni, lungi dal risolvere il problema, sortirono al contrario soltanto l'indurimento delle condizioni dei *curiales* e in definitiva ne aggravarono il fenomeno di rigetto.

L'assetto normativo sin qui delineato ha indotto non pochi studiosi a riconoscere l'esistenza di un rigido sistema di caste, come peculiarità dell'ordinamento sociale tardoantico. Eppure, alla tesi di una società segnata da un «blocco ferreo delle caste separate fra di loro da barriere invalicabili» (Géza Alföldy), se ne può contrapporre una diversa fondata sul dato messo in luce dall'enorme produzione di costituzioni imperiali volte a limitare la libertà dei cittadini, a fissare attraverso l'ereditarietà i diversi ceti sociali ai lavori e agli obblighi tradizionali. Questo fitto reticolato di norme insomma costituirebbe la spia di una realtà contrassegnata da una forte mobilità sociale (Arnold Hugh Martin Jones) ed evidenzierebbe un paradossale fenomeno: più aumentava la pressione statale per bloccare i ricambi e la mobilità sociale, maggiore diveniva la forza del mutamento. Così i coloni che fuggivano dai fondi di appartenenza per rifugiarsi in altri o nelle città; i corporati che abbandonavano i loro mestieri per nascondersi nelle campagne; i curiali che tentavano la scalata sociale attraverso l'ordine equestre o l'ingresso nella carriera ecclesiastica oppure nell'esercito, testimoniavano una larga mobilità sociale apparentemente non suffragata dai testi giuridici.

c) *I ceti sociali superiori*. – Il vertice della gerarchia sociale era costituito ancora dai due vecchi ordini: l'*ordo equester* e l'*ordo senatorius*. Molti storici moderni ritengono che a partire dal dominato di Costantino l'*ordo equester* cessò di esistere. Si tratta però di una visione corrispondente soltanto parzialmente al vero. Infatti, anche se recenti studi hanno messo in luce le ragioni dell'innegabile progressiva perdita di prestigio dell'ordine equestre, bisogna non estremizzare tale punto di vista sino a sostenere la sparizione dell'intero ordine, giacché i cavalieri continuarono a essere preferiti dagli imperatori come essenziale elemento di governo a livello centrale e periferico.

In sostanza, le ragioni del processo di decadenza si concentravano nella politica condotta dagli imperatori congiuntamente nei confronti dell'*ordo equester* e dell'*ordo senatorius*. Anzi, a tal proposito, deve dirsi che la comprensione dell'evoluzione sociale dei due ordini risulterebbe insoddisfacente se non interpretata alla luce del mutato atteggiamento imperiale, tradizionalmente improntato alla diffidenza, verso quello senatorio.

Prima di addentrarci oltre nella questione, deve però ricordarsi il sensibile mutamento già presente nel III secolo d.C.: dopo Marco Aurelio, all'interno della classe dirigente romana si era passati dalla bipartizione dei due tradizionali *ordines* (senatorio ed equestre) a una sostanziale tripartizione che vedeva inseriti, tra *senatores* ed *equites*, gli *egregii viri*, cioè una vera e propria burocrazia specializzata che, per quanto interna all'*ordo equester*, si qualificava con una propria specifica titolatura.

L'obiettivo fondamentale del governo centrale era quello di pervenire alla formazione di una solida e unitaria aristocrazia. Perciò gli imperatori vararono una serie di riforme per entrambi gli *ordines* per introdurre due grandi sostanziali novità: 1) la promozione *ex officio* dei *perfectissimi*, cioè i cavalieri di rango più elevato, al clarissimato, vale a dire all'*ordo* senatorio, sebbene al rango meno prestigioso; 2) la prassi di attribuire a *senatorii* importanti funzioni statali tradizionalmente espletate da membri dell'*ordo equester* (*praefectus Aegypti*, *praefectus annonae*, *praefectus vigilum*).

Naturalmente tale orientamento politico produsse conseguenze di un certo rilievo per entrambi gli *ordines*.

Per quanto concerne quello equestre, fu dunque proprio la politica di favore degli imperatori a causarne paradossalmente la decadenza: da un lato, personaggi equestri, anche non particolarmente illustri, accedevano sempre più facilmente al rango senatorio, dall'altro, ciò agevolò un parziale assorbimento dello strato più elevato dei cavalieri nell'ordine senatorio allargato. Assorbimento che, unito a una diffusione sempre più larga delle dignità inferiori al 'perfettissimato', favorì inevitabilmente una diminuzione del prestigio di tale titolo e in definitiva dell'intero ordine (CTh. 4.6.3, a. 336 d.C.; Eus., *Vita Const.* 4.1).

Un secondo effetto interessò l'*ordo senatorius*. La condizione dei *senatorii* (tre erano i ranghi: *illustres*, *spectabiles* e *clarissimi*), che sino ad allora era stata assai ambita in ragione dei privilegi riconosciuti (esenzioni fiscali, foro speciale del *praefectus urbi* di Roma o di Costantinopoli, ecc.), con tali riforme si inflazionò e al tempo stesso si accrebbe notevolmente in prestigio.

Attraverso una forte reintegrazione dei senatori nel servizio dello Stato infatti si dissolveva una secolare diffidenza nella prassi di governo e nei rapporti istituzionali e si introducevano indispensabili energie vitali: conseguentemente l'*ordo senatorius* assumeva sempre più le fattezze di ceto dirigente di assoluta preminenza nell'impero (Symm., *Epist.* 1.52; Symm., *Orat.* 6.1).

Un ultimo cenno deve dedicarsi alla formazione di un ulteriore livello di nobiltà: la cosiddetta *comitiva*. L'ordine dei *comites*, 'compagni' dell'imperatore, istituito da Costantino, in un certo senso si sovrapponeva in maniera direi trasversale ai due sinora visti, giacché non richiedeva necessariamente l'appartenenza ad alcuno di essi. In tal modo potevano esservi *comites* cavalieri o *comites* senatori, oppure ancora semplici *comites*. L'appartenenza alla *comitiva* si sostanziava in una carica con mansioni specifiche o se già detentori di un officio, in un titolo onorifico aggiuntivo, così come accadeva per i membri del *consistorium* che presero il titolo di *comites*.

15. *L'impero e il cristianesimo*

La storia dell'impero tardoantico è inevitabilmente anche la storia del conflitto tra impero romano e cristianesimo e poi del loro intreccio e infine compenetrazione. Non tenere conto di questo scontro durissimo poi tramutatosi in solida alleanza impedirebbe di capire le profonde trasformazioni dell'impero romano e perché ad esempio nel *Codex Theodosianus* si dedicò un intero libro ai rapporti tra Impero e Chiesa.

Dopo il periodo di benevola tolleranza che aveva contrassegnato i principati di Caracalla, Macrino ed Elagabalo, e poi addirittura il sentimento di ammirazione verso il cristianesimo di Severo Alessandro, la politica imperiale di sfavore verso i cristiani riprese con Massimino il Trace. Questi ritenne di abbandonare le simpatie cristiane manifestate sino ad allora e introdusse per la prima vota un elemento sistematico nella persecuzione dei cristiani sancendo la condanna degli esponenti del clero cristiano.

Nel 250 d.C., Decio, che aveva scalzato un nuovo imperatore filocristiano, Filippo l'Arabo, emanò un editto per imporre a tutti i *cives*, senza alcuna distinzione, il compimento pubblico, pena la morte, di atti di culto della religione romana tradizionale dinanzi a commissioni governative che avrebbero rilasciato apposita certificazione. Lo scopo era di realizzare una sorta di censimento religioso dei cittadini per identificare e isolare i cristiani; tuttavia l'editto di Decio, più incisivo sul piano propagandistico che sostanziale, fallì i suoi obiettivi, ma fece maturare la consapevolezza che, più che verso i credenti, bisognava sferrare l'attacco alla struttura organizzativa della Chiesa.

Infatti, subito dopo Decio, fu con Valeriano che si compì, sotto questo profilo, un salto di qualità nella strategia repressiva: con un primo editto del 257 d.C. si sancì la chiusura delle chiese e la confisca dei cimiteri e degli altri luoghi di culto e di adunanza; mentre con un successivo editto, emanato nel 258 d.C., Valeriano inasprì il conflitto disponendo la punizione di tutti i cristiani, qualunque fosse l'ordine di appartenenza (senatorio o equestre) e a prescindere dalla disponibilità o meno ad abiurare, con la perdita del rango e la confisca dei beni. Nei provvedimenti di Valeriano si abbandonava l'antico ancoraggio giuridico nel fenomeno delle persecuzioni, introdotto dal celebre rescritto di Traiano, in base al quale l'abiura sarebbe stata condizione sufficiente per la sospensione di qualunque provvedimento nei confronti degli accusati; con Valeriano l'abiura era utile soltanto a evitare la pena di morte per coloro che si fossero rifiutati di adorare gli dèi della religione tradizionale.

Ma, come è stato sottolineato, fu Valeriano per la prima volta a prendere in considerazione non tanto il cristianesimo come fede bensì l'esistenza della Chiesa con la sua diffusa e radicata struttura organizzativa. Per il futuro l'impero avrebbe avuto soltanto due strade alternative da percorrere: continuare a considerare la Chiesa una realtà illegale o intraprendere la strada del suo riconoscimento giuridico.

La politica di favore verso il cristianesimo fu avviata nel 262 d.C. da Gallieno con tre provvedimenti. Il primo fu un editto con cui si restituivano alla Chiesa gli antichi benefici e i luoghi di culto confiscati; poi seguirono due rescritti significativamente inviati ai vescovi, uno relativo all'Egitto e un altro per restituire alla Chiesa anche i cimiteri:

> Eus., *Hist. eccl.* 7.13.1: L'imperatore Gallieno Cesare Publio Licinio Gallieno Pio Fortunato Augusto a Dionigi e Pinna e Demetrio e agli altri vescovi. Ho dato ordine che il beneficio della mia concessione sia pubblicato in tutto il mondo, affinché (i pagani) se ne vadano dai luoghi di culto, e per questo anche voi possiate far uso dell'ordinanza contenuta nel mio rescritto, cosicché nessuno vi possa molestare. E questo può essere realizzato da voi secondo ciò che è possibile, già da molto tempo è stato concesso da me, e per questo Aurelio Quirinio, il quale sovrintende al patrimonio privato, osserverà l'ordinanza emessa da me.

Coerentemente con la sua cultura e con gli obiettivi prefissatisi, Diocleziano condusse sul piano religioso un conflitto con la confessione religiosa che più tra tutte stava impetuosamente dilagando nell'impero in maniera trasversale presso tutti gli strati sociali, da quelli più umili sino all'aristocrazia, dai ceti sociali che offrivano gli uomini all'accresciuto apparato burocratico sino ai militari. Lo stesso ancoraggio religioso della tetrarchia imponeva a Diocleziano la linea della persecuzione dei cristiani come una scelta politica dolorosa ma necessaria. Non era in gioco tanto l'osservanza delle leggi o il rispetto dell'ordine o i meccanismi di funzionamento dell'apparato imperiale. No, era la collisione tra la visione religiosa della Tetrarchia e quella cristiana. Se l'impero si era salvato grazie alla ripristinata *pax deorum* di cui i tetrarchi erano i custodi, occorreva che si continuasse a prestare la giusta e dovuta venerazione agli dèi che tanto favore concedevano ai principi e ai *cives* dell'impero.

Nelle fonti a nostra disposizione serpeggia l'esistenza di una duplice linea dentro il governo tetrarchico: a quella prudente di Diocleziano si contrapponeva, se così può dirsi, quella assai più estremista, aggressiva e, a seguire Lattanzio, persino sanguinaria di Galerio. Ad ogni modo, la stagione della grande persecuzione si aprì con i quattro editti del 303 d.C. e del 304 d.C.

Con il primo dall'esplicito carattere generale, emanato a Nicomedia il 23 febbraio, si introdusse una serie di misure repressive molto gravi: pur nell'intenzione di evitare ogni spargimento di sangue, il governo imperiale sancì la distruzione delle chiese cristiane, la consegna (*traditio*) e la distruzione dei libri sacri, la confisca dei beni della Chiesa, la soppressione della libertà di riunirsi per i cristiani, la perdita della capacità di intentare azioni giudiziarie, ecc. Il secondo editto emanato intorno alla metà del 303 d.C. sancì l'arresto dei membri appartenenti al clero ma fu motivato dai disordini scoppiati in Siria e Armenia. Il terzo (novembre del 303 d.C.) invece sembrerebbe originato forse dalle difficoltà di un'effettiva e capillare applicazione del primo editto, ma non dovettero essere aliene ragioni di propaganda e il prevalere della prudenza dioclezianea, giacché con esso si concesse, in occasione dei *vicennalia* di Diocleziano, l'amnistia a coloro che avessero accettato di sacrificare agli dèi. Il quarto invece emanato nel 304 d.C. introdusse l'obbligo di sacrificare per tutta la popolazione.

L'applicazione degli editti persecutori invero non fu omogenea: assai più larga e restrittiva in Oriente sotto la conduzione di Galerio; in Occidente invece la repressione fu blanda e senza spargimento di sangue nei territori sottoposti al governo di Costanzo Cloro, ma più dura in quelli controllati da Massimiano. Altrettanto disomogenea fu la repressione anticristiana dopo l'abdicazione di Diocleziano e a seguito dell'instabilità politica e istituzionale che derivò. Se Costantino e Massenzio – che, esclusi dal nuovo assetto politico, avevano occupato i territori dei rispettivi padri – esercitarono una certa tolleranza (soprattutto Massenzio, allo scopo di ingraziarsi i cristiani, nel 306 d.C. introdusse la piena libertà di culto e nel 311 d.C. la restituzione dei beni sequestrati durante le persecuzioni dioclezianee); in Oriente invece Galerio si abbandonava alla sua furia persecutrice con l'emanazione di ulteriori editti nel 306 d.C. e nel 309 d.C. Tuttavia la svolta era nell'aria e giunse proprio per mano di Galerio che, in punto di morte per un'improvvisa e terribile malattia, a sorpresa dichiarava la resa incondizionata dell'impero romano. Nel 311 d.C., a Serdica, l'imperatore faceva redigere un editto (pubblicato poi a Nicomedia il 30 aprile) di straordinaria importanza con il quale non solo ammetteva l'errore e il fallimento di una decennale attività persecutoria ai danni dei cristiani, ma ancor più, abrogando tutte le misure repressive delle libertà di culto e di riunione secondo il principio introdotto da Gallieno, li invitava a pregare il loro dio per salvare la vita dell'imperatore:

Lact., *De mort. pers.* 34.1-5: *Inter cetera quae pro rei publicae semper commodis atque utilitate disponimus, nos quidem volueramus antehac iuxta leges veteres et publicam disciplinam Romanorum cuncta corrigere atque id providere, ut etiam Christiani, qui parentum suorum reliquerant sectam, ad bonas mentes redirent, siquidem quadam ratione tanta eosdem Christianos voluntas invasisset et tanta stultitia occupasset, ut non illa veterum instituta sequerentur, quae forsitan primum parentas eorundem constituerant, sed pro arbitrio suo atque ut isdem erat libitum, ita sibimet leges facerent quas observarent, et per diversa varios populos congregarent. Denique cum eiusmodi nostra iussio extitisset, ut ad veterum se instituta conferrent, multi periculo subiugati, multi etiam deturbati sunt. Atque cum plurimi in proposito perseverarent ac videremus nec diis eosdem cultum ac religionem debitam exhibere nec Christianorum deum observare, contemplatione mitissimae nostrae clementiae intuentes et consuetudinem sempiternam, qua solemus cunctis hominibus veniam indulgere, promptissimam in his quoque indulgentiam nostram credidimus porrigendam. Ut denuo sint Christiani et conventicula sua componant, ita ut ne quid contra disciplinam agant. Per aliam autem epistolam iudicibus significaturi sumus quid debeant observare. Unde iuxta hanc indulgentiam nostram debebunt deum suum orare pro salute nostra et rei publicae ac sua, ut undique versum res publica praestetur incolumis et securi vivere in sedibus suis possint.*

[Fra le altre disposizioni che abbiamo sempre adottato per la comodità e l'utilità dello Stato, noi certamente avevamo voluto prima d'ora ricondurre ogni cosa secondo le antiche leggi e la disciplina pubblica dei Romani e provvedere a questo, che anche i cristiani, i quali avevano abbandonato la condotta di vita dei propri padri, ritornassero al buonsenso, poiché per una qualche ragione una tanto grande volontà aveva invaso gli stessi cristiani e li aveva presi una stoltezza tanto grande da non seguire quei costumi degli antichi, che forse inizialmente avevano fissato proprio i loro padri, ma da fare essi stessi per sé le leggi da rispettare ad arbitrio loro e come ad essi faceva piacere e da radunare i vari popoli in luoghi diversi. E poiché, infine, il nostro comando fu questo, che ritornassero ai costumi degli antichi, molti furono sottoposti a processo e molti furono anche distolti dalla loro condotta. Ma dal momento che moltissimi perseveravano nelle proprie intenzioni e vedevamo che essi medesimi non rendevano il culto e il religioso rispetto dovuto agli dèi né rispettavano il dio dei cristiani, per riguardo alla nostra mitissima clemenza, osservando anche la consuetudine costante, per la quale siamo soliti concedere il perdono a tutti gli uomini, abbiamo creduto opportuno offrire anche a costoro con grande disponibilità la nostra indulgenza, affinché di nuovo possano esistere i cristiani e possano dar vita alle loro adunanze, in modo tale che non facciano nulla contro la disciplina. Tramite un'altra missiva indicheremo ai giudici in che modo debbano comportarsi. E per questo motivo conformemente a questa nostra indulgenza essi dovranno pregare il loro dio per la salvezza nostra e dello Stato e loro, affinché dappertutto lo Stato rimanga incolume ed essi possano vivere sicuri nelle proprie sedi].

Di questo fondamentale editto, Eusebio di Cesarea ne curò personalmente una traduzione dal latino in greco:

Eus., *Hist. eccl.* 17.1.2-11: Per tutte le città fu diramato un editto imperiale, che conteneva l'abrogazione dei precedenti. Così esso recitava: «L'imperatore Cesare Galerio Massimiano, invitto Augusto, Pontefice Massimo, Germanico Massimo, Egiziaco Massimo, Tebaico Massimo, cinque volte Sarmatico Massimo, due volte Persico Massimo, sei volte Carpico Massimo, Armeniaco Massimo, Medico Massimo, Adiabenico Massimo, nella ventesima potestà tribunizia, diciannove volte *Imperator*, otto volte Console, Padre della Patria, Proconsole; e l'imperatore Cesare Flavio Valerio Costantino, Pio, Felice, invitto Augusto, Pontefice Massimo, investito di potestà tribunizia, cinque volte *Imperator*, Console, Padre della Patria, Proconsole; e l'imperatore Cesare Valerio Liciniano Licinio, Pio, Felice, invitto Augusto, Pontefice Massimo, nella quarta tribunizia potestà, tre volte *Imperator*, Console, Padre della Patria, Proconsole; salutano gli abitanti delle loro province. Noi abbiamo voluto, nelle disposizioni che abbiamo emanato per l'utilità e il profitto dello Stato, che per prima cosa tutto fosse conforme alle antiche leggi e alle pubbliche istituzioni romane. Prendemmo perciò provvedimenti affinché anche i Cristiani, che avevano abbandonato la religione dei loro antenati, ritornassero a giusto consiglio. Per un qualche loro modo di ragionare essi però sono stati presi da tale superbia [e pazzia]: non hanno seguito più le tradizioni degli antichi, le quali tradizioni erano state forse istituite dai loro antenati, ma a loro arbitrio, come ciascuno riteneva, fecero delle leggi per se stessi e queste osservavano; inoltre riunivano in vari luoghi diverse moltitudini. Per questo motivo, emanato da noi un editto, al fine che ritornassero alle istituzioni degli antenati, moltissimi furono colpiti da pena capitale, moltissimi altri furono torturati e sottoposti alle più diverse forme di morte. Poiché vedemmo che la maggior parte persisteva in quella follia, che essi non tributavano la dovuta venerazione agli dèi celesti e che neppure onoravano il Dio dei Cristiani, considerando la nostra benevolenza e la costante pratica di accordare il perdono a tutti, abbiamo ritenuto di dovere accordare, anche in questo caso, il perdono, in modo tale che di nuovo ci siano Cristiani e si costruiscano edifici in cui si riuniscano, così che nulla essi facciano contro le istituzioni. In un'altra lettera daremo ai giudici disposizioni circa quel che dovranno osservare. In conformità a quanto da noi disposto, essi sono tenuti a pregare il loro Dio per la salvezza nostra, dello Stato e di se stessi, affinché in ogni modo lo Stato si conservi integro ed essi possano vivere sereni nelle loro case». Tale era il tenore dell'editto. Noi lo abbiamo tradotto dal latino in greco, come meglio potevamo.

Per quanto limitato al conflitto contro il cristianesimo, l'editto di Galerio rappresenta una delle vere e cocenti sconfitte della tetrarchia. Oltre all'esplicita ammissione di Galerio, nei due testi riportati si percepisce nettamente l'atmosfera gravida di conseguenze. Infatti, da lì a breve, con la vittoria di Costantino contro Massenzio, si sarebbe aperto un poderoso varco addirittura alla cristianizzazione dell'impero. Secondo la tradizione, il pagano Costantino alla vigilia dello scontro ebbe una visione che interpretò come il segno d'incoraggiamento e benevolenza del dio dei cristiani; fece perciò incidere sugli scudi dei soldati un simbolo misterioso che fu considerato il monogramma cristiano (*in hoc signo vinces*). Si può discutere a lungo e forse anche inutilmente sulla vicenda, ma non c'è dubbio che in quei momenti drammatici, consapevolmente o meno, la scelta di Costantino riecheggiasse il motivo dell'alleanza con Dio/vittoria militare da tempo già presente nella cultura dell'impero grazie all'apologia di Origene («mettiamo l'ipotesi che tutto l'impero si unifichi nell'adorazione del vero Dio; in questo caso il Signore combatterebbe per i Romani, ed essi vincerebbero più nemici che non Mosè»).

Si giunge così al febbraio del 313 d.C., data di emanazione del cosiddetto Editto di Milano di Costantino e Licinio che introdusse la libertà di culto, nella versione giuntaci da Lattanzio, definito il "Cicerone cristiano":

Lact., *De mort. pers.* 48.2-12: *Cum feliciter tam ego* [*quam*] *Constantinus Augustus quam etiam ego Licinius Augustus apud Mediolanum convenissemus atque universa quae ad commoda et securitatem publicam pertinerent, in tractatu haberemus, haec inter cetera quae videbamus pluribus hominibus profutura, vel in primis ordinanda esse credidimus, quibus divinitatis reverentia continebatur, ut daremus et Christianis et omnibus liberam potestatem sequendi religionem quam quisque voluisset, quod quicquid est divinitatis in sede caelesti, nobis atque omnibus qui sub potestate nostra sunt constituti, placatum ac propitium possit existere. Itaque hoc consilium salubri ac reticissima ratione ineundum esse credidimus, ut nulli omnino facultatem abnegendam putaremus, qui vel observationi Christianorum vel ei religioni mentem suam dederet quam ipse sibi aptissimam esse sentiret, ut possit nobis summa divinitas, cuius religioni liberis mentibus obsequimur, in omnibus solitum favorem suum benivolentiamque praestare. Quare scire dicationem tuam convenit placuisse nobis, ut amotis omnibus omnino condicionibus, quae prius scriptis ad officium tuum datis super Christianorum nomine continebantur et quae prorsus sinistra et a nostra clementia aliena esse videbantur, ea removeantur. Et nunc libere ac simpliciter unus quisque eorum, qui eandem observandae religionis Christianorum gerunt voluntatem, citra ullam inquietudinem ac molestiam sui id ipsum observare contendant. Quae sollicitudini tuae plenissime significanda esse credidimus, quo scires nos liberam atque absolutam colendae religionis suae facultatem isdem Christianis dedisse. Quod cum isdem a nobis indultum esse pervideas, intellegit dicatio tua etiam aliis religionis suae vel observantiae potestatem similiter apertam et liberam pro quiete temporis nostri esse concessam, ut in colendo quod quisque delegerit, habeat liberam facultatem. Quod a nobis factum est. Ut neque cuiquam honori neque cuiquam religioni detractum aliquid a nobis videatur. Atque hoc insuper in persona Christianorum statuendum esse censuimus, quod, si eadem loca, ad quae antea convenire consuerant, de quibus etiam datis ad officium tuum litteris certa antehac forma fuerat comprehensa. Priore tempore aliqui vel a fisco nostro vel ab alio quocumque videntur esse mercati, eadem Christianis sine pecunia et sine ulla pretii petitione, postposita omni frustratione atque ambiguitate, restituant, qui etiam dono fuerunt consecuti, eadem similiter isdem Christianis quantocius reddant, etiam vel hi qui emerunt vel qui dono fuerunt consecuti, si petiverint de nostra benivolentia aliquid, vicarium postulent, quo et ipsis per nostram clementiam consulatur. Quae omnia corpori Christianorum protinus per intercessionem tuam ac sine mora tradi oportebit. Et quoniam idem Christiani non in ea loca tantum ad quae convenire consuerunt, sed alia etiam habuisse noscuntur ad ius corporis eorum id est ecclesiarum, non hominum singulorum, pertinentia, ea omnia lege quam superius comprehendimus, citra ullam prorsus ambiguitatem vel controversiam isdem Christianis id est corpori et conventiculis eorum reddi iubebis, supra dicta scilicet ratione servata, ut ii qui eadem sine pretio sicut diximus restituant, indemnitatem de nostra benivolentia sperent. In quibus omnibus supra dicto corpori Christianorum intercessionem tuam efficacissimam exhibere debebis, ut praeceptum nostrum quantocius compleatur, quo etiam in hoc per clementiam nostram quieti publicae consulatur. Hactenus fiet, ut, sicut superius comprehensum est, divinus iuxta nos favor, quem in tantis sumus rebus experti, per omne tempus prospere successibus nostris cum beatitudine publica perseveret. Ut autem huius sanctionis et benivolentiae nostrae forma ad omnium possit pervenire notitiam, prolata programmate tuo haec scripta et ubique proponere et ad omnium scientiam te perferre conveniet, ut huius nostrae benivolentiae nostrae sanctio latere non possit.*

[Essendoci con buona sorte incontrati tanto io, Costantino Augusto, quanto anche io, Licinio Augusto, presso Milano e avendo preso in esame tutti quanti i problemi che riguardavano il bene e la sicurezza della collettività, tra le altre disposizioni che vedevamo sarebbero state di giovamento alla maggioranza degli uomini, ritenemmo di dover regolare in primo luogo questi affari nei quali era contenuto il riverente rispetto per la divinità, per concedere e ai Cristiani e a tutti la libertà di seguire la religione che ciascuno voleva, perché tutto ciò che vi è di divino nella sede del cielo possa essere in atteggiamento di pace e benevolenza verso di noi e verso tutti coloro che sono sotto la nostra autorità. Perciò abbiamo creduto con spirito salutare e rettissimo di dover prendere questa decisione; non si dovrà [più] negare questa libertà assolutamente a nessuno che abbia aderito in coscienza alla religione dei cristiani, o a quella che abbia ritenuto la più adatta a sé; così la suprema divinità, al culto della quale ci inchiniamo [pure noi] con animo libero, potrà accordarci in tutte le circostanze il suo continuo favore e la sua benevolenza. Pertanto conviene che Vostra Eccellenza sappia che abbiamo deciso di annullare senza eccezione tutte le restrizioni già notificate per iscritto a codesto ufficio e aventi per oggetto il nome dei cristiani, e di abrogare altresì le disposizioni che possano apparire contrarie ed estranee alla nostra clemenza, permettendo [da] ora [in avanti] – a chiunque voglia osservare la religione dei cristiani – di farlo senz'altro con assoluta libertà, senza essere disturbato e molestato. Abbiamo creduto di dover comunicare per esteso alla tua sollecitudine queste decisioni, perché tu sappia che noi abbiamo concesso ai suddetti cristiani la facoltà libera e incondizionata di praticare la loro religione. Vedendo quello che abbiamo concesso ai [cristiani] stessi, la Tua Eccellenza comprende che una possibilità ugualmente libera e incondizionata di professare la propria religione è stata riconosciuta pure agli altri, come esige la nostra era di pace, sicché ognuno abbia il pieno diritto di prestare il culto che si è scelto. E questo lo abbiamo deciso perché deve risultare chiaro che da parte nostra non si è voluta arrecare la minima violazione a nessun culto e a nessuna religione. Inoltre, per quanto riguarda i cristiani, abbiamo ritenuto di dover fissare anche un'altra disposizione. I luoghi dove essi avevano in precedenza l'abitudine di riunirsi, e che nelle lettere inviate in passato alla tua amministrazione erano descritti in modo dettagliato, dovranno essere restituiti senza pagamento e senza nessuna richiesta d'indennizzo, evitando ogni frode e ogni equivoco, da parte di quelli che risultano averli acquistati in epoca precedente dal patrimonio statale o da chiunque altro. Anche quelli che abbiano ricevuto in dono [tali proprietà] devono restituirle al più presto ai cristiani; e se gli acquirenti o chi ha ricevuto donazioni richiederanno qualcosa alla nostra benevolenza si rivolgano al vicario, perché dia loro soddisfazione in nome della nostra clemenza. È tuo compito inderogabile che tutti questi beni vengano restituiti senza esitazione alla comunità dei cristiani. E poiché gli stessi cristiani si sa che possedevano non solo i luoghi per le loro abituali riunioni ma anche altri, appartenenti di diritto alla loro comunità, cioè alle chiese e non a singole persone, ordinerai di restituirli tutti ai cristiani, ossia alla loro comunità e alle loro chiese, secondo la procedura sopraesposta, senza nessun equivoco o contestazione. Vale solo la riserva enunciata prima: chi restituirà questi beni gratuitamente, come abbiamo detto, potrà contare su un risarcimento dalla nostra benevolenza. In tutti questi adempimenti sarà tuo dovere assicurare alla suddetta comunità dei cristiani il tuo sostegno più fattivo, in modo che il nostro ordine venga eseguito al più presto, e in questa faccenda grazie alla nostra clemenza sia tutelata la tranquillità pubblica. Solo a queste condizioni si ripeterà quel che si è visto prima: cioè il favore divino da noi sperimentato in circostanze così importanti continuerà a propiziare in ogni occasione i nostri successi, per la prosperità di tutti. Ma per far in modo che tutti possano essere informati del contenuto di questa nostra generosa ordinanza conviene che tu promulghi le suddette disposizioni con un tuo editto, affiggendolo ovunque e facendolo conoscere a tutti: così queste nostre decisioni, suggerite dalla nostra benevolenza, non potranno rimanere ignorate].

Incontratisi a Milano agli inizi del 313 d.C., Costantino e Licinio insieme ai loro collaboratori e consiglieri giuridici approntarono il testo edittale. Secondo le nuove disposizioni imperiali il cristianesimo diveniva in tal modo *religio licita*, protetta e sostenuta nei fatti dall'imperatore. Lattanzio, ben accolto presso la corte imperiale, aveva libero accesso agli archivi imperiali e dunque possiamo ritenere con buona sicurezza che il testo trasmessoci sia originale o assai vicino a quello. Tuttavia una parte consistente della storiografia moderna dubita dell'autenticità dell'editto costantiniano: in effetti non ci sono grandi e sostanziali differenze rispetto ai benefici concessi ai cristiani da Galerio, e così alcuni hanno pensato che Costantino e Licinio abbiano semplicemente esteso all'Italia la vigenza dell'Editto di Serdica. Eppure un'effettiva differenza rispetto a quest'ultimo l'Editto di Milano la conteneva e cioè la perdita della tradizionale religione pagana dello *status* di *religio* comunque privilegiata. Fu l'abile tattica politica di Costantino ad aiutare la penetrazione profonda e radicale del cristianesimo. Egli abbandonò le linee dure e aggressive dei predecessori e puntò a tagliare le due ali radicali del paganesimo e del cristianesimo: era il tentativo «di guadagnare nuovi consensi e di far breccia tra quei pagani colti lontani dalla *superstitio* del politeismo. Filosofi pagani entrano così in contatto con la corte ricevendo privilegi e favori; retori come Nazario finiscono paradossalmente col contribuire in modo assai efficace alla propaganda del nuovo corso costantiniano. Parallelamente, nei suoi rapporti con i cristiani, Costantino si tiene lontano da quelli più intransigenti, di matrice prevalentemente rurale, ed appoggia invece coloro che sono disposti a dialogare con le ideologie monoteistiche della cultura pagana. Gli intellettuali cristiani amici di Costantino, provenienti dai ceti urbani, sono ben sensibili ai problemi ed ai bisogni della vita cittadina e, sul piano culturale, formati in un cristianesimo di matrice orientale, impegnato, fin dai tempi di Clemente Alessandrino e di Origene, a non presentarsi come inconciliabile con le migliori tradizioni della filosofia ellenistica» (Lucio De Giovanni). Inoltre, Costantino varò una costituzione sovente sottovalutata con cui, estendendo gli *emolumenta* previsti da Aureliano per i sacerdoti del *templum Solis* ai ministri dell'*ecclesia catholica*, si equipararono, sia pure sul piano della retribuzione, le gerarchie ecclesiastiche a quelle dell'amministrazione imperiale (Eus., *Hist. eccl.* 10.6.1-3).

Il cammino trionfante del cristianesimo era ormai irreversibile, e a parte la parentesi di Giuliano l'Apostata, l'epilogo del clamoroso capovolgimento di *status* fu sancito con Teodosio I. Da una parte, con misure di favore verso il cristianesimo: con l'Editto di Tessalonica del 28 febbraio del 380 d.C. indirizzato *ad populum urbis Constatinopolitanae*, l'imperatore sancì il primato dell'esito del concilio di Nicea e la messa al bando, quale eresia, dell'arianesimo (CTh. 16.1.2); nel 381 d.C. con un altro provvedimento rafforzò la posizione dei vescovi riconosciuti come custodi dell'ortodossia nei territori sottoposti alla loro giurisdizione (CTh. 16.1.3). Da un'altra parte, con costituzioni punitive nei confronti dei pagani: nel 391 d.C. furono vietate le manifestazioni esterne di culti pagani a Roma (CTh. 16.10.10) e fu sancita la perdita dei diritti civili per coloro che, cristiani, erano tornati alla tradizionale religione pagana (CTh. 16.10.11); nel 392 d.C. infine con un ulteriore radicale provvedimento, Teodosio I proibì ogni forma di paganesimo in qualunque angolo dell'impero romano (CTh. 16.10.12). Il cattolicesimo cristiano diventava in tal modo, anche per il riconoscimento del suo carattere universale, religione di Stato. Non a caso nel *Codex Theodosianus*, prima codificazione ufficiale, un intero libro, il sedicesimo, venne riservato alla religione, alla Chiesa e ai suoi rapporti con l'impero.

Tuttavia gli schematismi devono essere sempre evitati, anche in una trattazione come questa. La svolta costantiniana non comportò una messa al bando delle élites pagane. Ciò avvenne proprio con Costantino, che ebbe come prefetti di Roma Annio Anulino, Aradio Rufino e Rufo Volusiano, esponenti politici interessati alla teologia solare e neoplatonici, come pure accolse presso la sua corte intellettuali neoplatonici come Ermogene e Sopatro. Tale atteggiamento fu perseverato tanto da Costantino II quanto dai Valentiniani in relazione a pagani ed eretici: così presso la corte imperiale convivevano i pagani Decenzio, Saluzio, Eutolmio Tatiano; gli ortodossi Aburgio e Sofronio; il priscillanista Macedonio, ecc. Insomma, le *diversitates* in materia religiosa non costituivano ostacolo al reclutamento e all'amicizia imperiale semmai garanzia di stabilità e di consenso.

Eppure, se sino ad allora era stato l'impero a porsi come centro politico condizionante, da quel momento le parti si capovolsero, persino nell'introduzione di segni esteriori come il calendario civile che teneva in conto le cadenze liturgiche. Dal IV secolo infatti in qualche misura può dirsi che la storia dell'impero romano possa leggersi in un peculiare rapporto biunivoco con la storia del cristianesimo e della sua Chiesa; furono secoli in cui le vicende della Chiesa, tormentata dalla formidabile e aggrovigliata controversia cristologica causa impressionante di dispute, scismi, eresie, concili, s'intrecciarono inestricabilmente con quelle della politica e delle lotte per il potere imperiale. Un quadro aggravato non solo dall'irriducibile rivalità che affliggeva le principali sedi episcopali in Oriente (Costantinopoli, Alessandria, Antiochia) tra loro e con il papato di Roma, ma ancor più dalla crisi politica e istituzionale della *pars Occidentis* e dal venir meno del relativo contributo legislativo imperiale.

Ma non solo. La Chiesa si dette, forte del riconoscimento ufficiale, una solida organizzazione gerarchica. Le comunità dei vari centri si organizzarono in episcopati (*dioecéses*); questi facevano capo a *metropolitae* situati nei capoluoghi, e su questi venne via via affermandosi il primato del vescovato di Roma. L'autonomia della Chiesa, poi, si consolidò grazie alla costituzione di ingenti patrimoni e alla concessione di numerosi privilegi ai chierici. A proposito di quest'ultimi si deve ricordare l'esenzione dalla prestazione dei *munera* curiali, come si apprende da una lettera inviata da Costantino ad Anulino, proconsole d'Africa:

> Eus., *Hist. eccl.* 10.7.1-2: (i chierici) sottratti da errore o caso sacrilego al culto dovuto alla divinità, ma, senza preoccupazioni di altro genere, servano la propria legge; infatti se essi venerano sommamente Dio, vantaggi immensi proverranno pure agli affari pubblici.

E, soprattutto nell'ambito dell'amministrazione della giustizia, oltre ai *privilegia fori*, era riconosciuta l'*episcopalis audientia*, cioè un binario giurisdizionale in materia civile parallelo alla giurisdizione statale riservato ai chierici (e in taluni casi anche ai laici) che potevano – se d'accordo – ricorrere al giudizio del vescovo, le cui pronunce possedevano forza esecutiva pari a quelle dei giudici statali.

Tutto ciò mostra in maniera eloquente che i successori di Teodosio I si trovarono ad affrontare il serio problema di arginare uno strapotere della Chiesa, non solo sul versante spirituale, ma soprattutto su quello politico ed economico: forte e centrale era ormai divenuto il potere del papato di Roma nello scacchiere politico in generale e negli equilibri costituzionali relativi alla *pars Orientis* dell'impero in particolare. Non a caso nel 494 d.C. papa Gelasio I con un'*epistula* inviata ad Anastasio I introduceva il concetto delle *dignitates distinctae*, Impero e Chiesa, come soggettività paritarie distinte e autonome.

Tutto ciò ci fa comprendere perché la Chiesa fondò il suo principale punto di forza ideologico nel raccogliere la tradizionale vocazione universalistica che sino ad allora era stata invece uno dei caratteri salienti di Roma e del suo impero.

16. *Gli eredi di Costantino*

Se da un certo punto di vista Costantino aveva ricostituito la riunificazione dell'impero da un altro il suo regno alimentò quella che era già *in fieri*, ovvero il dualismo tra Occidente e Oriente. Alla morte di Costantino (22 maggio del 337 d.C. a Nicomedia), l'impero venne diviso tra i suoi figli: il che significava la plastica affermazione del principio dinastico o ereditario assai gradito agli ambienti militari. Il passaggio del potere ai figli fu accompagnato dall'eliminazione dei parenti collaterali di Costantino; furono risparmiati soltanto due fratelli: Gallo, perché malato, e Giuliano, perché troppo piccolo. I tre figli di Costantino si riunirono a *Viminacium* in Mesia (l'odierna Kostolac, in Serbia) per spartirsi così l'impero: a Costantino II toccarono Gallie, Britannia e Spagna, a Costante Italia, Illirico e Africa, a Costanzo II Asia, Siria ed Egitto. Tuttavia, in questa sorta di triarchia, la concordia tra i fratelli si dissolse ben presto. Già nel 340 d.C. Costantino II venne in urto con Costante, ma la sorte avversa fece trovare al primo la morte e regalò al secondo il dominio dell'Occidente. Purtroppo però anche per Costante la fortuna fu breve, giacché nel volgere di qualche anno una furiosa rivolta popolare nelle Gallie rovesciò Costante e vide l'irrompere del militare Magnenzio. Eliminato anche il secondo fratello, Costanzo II intervenne prontamente contro Magnenzio ripristinando ancora una volta l'unicità del potere imperiale. Costanzo II, sentendosi sicuro, si dedicò direttamente alla guerra contro la Persia per fronteggiare la grande offensiva scatenata dall'imperatore sassanide *Shahpur* II. Nel frattempo emergeva, con prudenza, il giovane nipote di Costantino Giuliano. Scampato a un'accusa e allontanatosi ad Atene per un soggiorno di studi, Giuliano nel 355 d.C. fu richiamato a Milano dove ricevette il titolo di

Cesare a presidio delle Gallie. Soltanto quattro anni dopo, nel 359 d.C., quando Costanzo II gli chiese l'invio di truppe sul fronte persiano, i soldati non vollero abbandonare il loro giovane comandante e a Parigi nel 360 d.C. lo acclamarono *Augustus*. Agli occhi di Costanzo II quell'acclamazione suonava come un'usurpazione e mosse contro Giuliano morendo però improvvisamente nel novembre del 361 d.C.

Giuliano si trovò dunque imperatore unico e avviò una breve stagione di riforme, stroncata da una prematura morte sul fronte persiano (363 d.C.). Di quelle riforme, come l'importante tentativo di riordinamento delle finanze, o l'obiettivo di riduzione della pressione fiscale, la politica deflazionistica e di contenimento della spesa pubblica, per lo più si tace, mentre si tende a ricordare unicamente il deciso favore verso la religione pagana che gli valse l'appellativo di Apostata.

Morto Giuliano, l'impero, dopo la brevissima parentesi di Gioviano, ritornava saldamente nelle mani di imperatori cristiani con i fratelli Valentiniano I e Valente, l'uno per l'Occidente e l'altro per l'Oriente. La decisa fede cristiana dei due Augusti li spinse a varare politiche di favore delle classi più umili e va considerata in questa luce la trasformazione del *defensor civitatis* in *defensor plebis*. Morto Valentiniano I nel 375 d.C., assurse alla porpora imperiale il figlio Graziano e accanto a lui, sebbene sotto tutela, venne posto Valentiniano II.

Mentre l'Occidente viveva un periodo di relativa tranquillità, fu l'Oriente a essere scosso dalle pressioni di popolazioni barbariche. Le poderose migrazioni nel continente asiatico si ripercuotevano sui confini romani. Così, gli aggressivi Unni, popolazione di origine mongolica, spinsero i Goti verso Ovest e a ridosso del *limes* romano. Valente provò a venire subito a patti con i Goti, pattuendo attraverso l'istituto dell'*hospitalitas* il loro stanziamento in Tracia, rivelatosi però insufficiente. Lo scontro militare fu inevitabile e, per l'improvvida decisione di Valente di non attendere l'esercito di Graziano, si concluse con una delle peggiori disfatte della storia militare di Roma ad Adrianopoli nell'agosto del 378 d.C.

La scomparsa di Valente fece comprendere a Graziano di non poter dirigere da solo l'impero e subito si indusse a chiamare accanto a sé come Augusto un carismatico generale di origini ispaniche: Teodosio I. Appena qualche anno dopo, nel 383 d.C., Graziano veniva assassinato nel corso dell'usurpazione di Magno Massimo e dieci anni dopo, nel 392 d.C., spariva anche Valentiniano II, morto strangolato, probabilmente per il suo aspro conflitto con il franco Arbogaste, *magister militum praesentalis* che, destituito appunto dal giovane imperatore, fece proclamare Augusto Flavio Eugenio, un cristiano paganeggiante, insegnante di retorica.

Quello di Teodosio I fu sostanzialmente un impero a guida unica. Invero, si trattò di un regno difficile, stretto come fu, l'imperatore, a muoversi tra le esigenze militari (riuscì a stipulare un trattato con i Goti che da quel momento mantennero lo status di *foederati*), quelle della politica (dovette fronteggiare, per uscirne alla fine vincitore, le pretese dell'usurpatore Magno Massimo) e quelle religiose. Sotto quest'ultimo aspetto giova qui ricordare che con Teodosio I si affermò l'ortodossia nicena e il 27 febbraio del 380 d.C. veniva pubblicato l'editto di Tessalonica con cui si trasformava l'impero romano in Stato confessionale. Durissimo avversario degli eretici, Teodosio I tuttavia ebbe un conflitto acceso con il vescovo Ambrogio, dal quale subì agli inizi del 390 d.C. persino la scomunica a seguito di un brutale massacro dei cittadini di Tessalonica ordinato dall'imperatore in rappresaglia di un incidente in cui era stato ucciso il goto Buterico, *magister militum per Illyricum*. A Teodosio I quella strage apparve l'unico rimedio per mantenere salda l'alleanza con i Goti, attirandosi però l'ira di Ambrogio. Soltanto nel Natale di quell'anno, dopo pubbliche ammissioni di colpa, Teodosio I fu riammesso alla comunione da Ambrogio.

Teodosio I fu un imperatore energico che seppe assicurare una guida forte e unitaria in un momento particolarmente delicato soprattutto dopo la terribile *clades* di Adrianopoli; morì ancora nel pieno del vigore a 50 anni nel 395 d.C., non senza però aver provveduto alla successione con le chiare designazioni dei due giovanissimi figli, già *Augusti*: Arcadio di 18 anni e Onorio di 11 anni, e per tale ragione affidati alla tutela del *magister utriusque militiae* Flavio Stilicone, un valente generale di stirpe vandala coniugato con Serena, nipote e figlia adottiva di Teodosio I.

La reggenza di Stilicone fu saggia, prudente, sagace sul piano militare, soprattutto nella strategia verso le popolazioni germaniche e i Goti, per quanto fosse sempre latente il conflitto con i Visigoti di Alarico, ma fu politicamente assai avversata dall'aristocrazia senatoria presso cui albergava il più radicale sentimento nazionale romano e antigermanico. L'astro di Stilicone cominciò infatti ben presto a oscurarsi anche grazie all'ostilità di Arcadio ben alimentata da ambienti ostili al *magister militum* vandalo. Le divisioni interne all'impero divennero parossistiche nel 397 d.C., quando, proprio nel momento in cui Stilicone stava per raccogliere il successo finale contro Alarico, giungeva da Costantinopoli una doccia gelata: la nomina di *magister militum per Illyricum* per Alarico e simmetricamente la dichiarazione di *hostis publicus* per Stilicone. Il cambio della strategia stiliconiana fu evidente e si sancì con il trattato del 399 d.C. Ma appena due anni dopo Alarico violava il trattato dirigendosi verso l'Italia e ponendo sotto assedio Milano. Dopo un nuovo smacco militare inflitto ai Visigoti, Stilicone costringeva Alarico a un nuovo *foedus*, anch'esso subito violato. Il lungo braccio di ferro continuò, nonostante i ripetuti successi militari di Stilicone, che costringevano Alarico a rifugiarsi nell'Illirico rimanendo comunque una minaccia. Nel 408 d.C. moriva Arcadio e Stilicone convinceva Onorio a conferirgli il mandato per assumere la tutela del piccolo imperatore d'Oriente Teodosio II. Ma il partito antistiliconiano non restò inerte e abilmente diffuse la voce che il generale vandalo volesse in realtà destituire Teodosio II e insediare sul trono d'Oriente il figlio Eucherio. Gli effetti di questa propaganda ostile e aggressiva furono terribili per Stilicone: egli tentò ogni scontro tra Romani e *foederati* Goti, ma l'imperatore Onorio, ormai politicamente nelle mani del partito antigermanico, insieme al nuovo *magister officiorum* Olimpio ordì l'inganno ai danni del leale e sfortunato Stilicone che trovò la morte per decapitazione.

Scomparsa la più abile e duttile intelligenza militare in quel momento a disposizione dell'impero, la minaccia visigotica ritornò impetuosa. Nel 408 d.C. Alarico penetrò di nuovo in Italia e, mentre Onorio si rinchiudeva a Ravenna, giungeva indisturbato alle porte di Roma cingendola d'assedio. Si succedettero due anni convulsi di trattative, armistizi, ricatti, tregue, ma il 24 agosto del 410 d.C., qualcuno apriva la porta Salaria all'esercito visigoto e furono giorni di saccheggi, violenze, distruzioni. Il grande, terrificante trauma si era consumato e avrebbe lasciato segni indelebili.

Negli anni successivi si susseguirono scontri, usurpazioni (Giovino in Germania, Eracliano in Africa), la pericolosa divaricazione politica e istituzionale tra le due *partes imperii*, la cui maggiore punta di gravità si raggiunse nel 421 d.C. quando la corte imperiale di Teodosio II non riconobbe Costanzo nuovo Augusto accanto a Onorio. Alla morte di quest'ultimo nel 423 d.C., Teodosio II pensò di ripristinare l'unità politica dell'impero, ma a questo disegno si oppose Galla Placidia. Figlia di Teodosio I, a lungo ostaggio dei Visigoti, poi sposa del re Ataulfo e in seguito del *patricius* Costanzo, Galla Placidia riuscì alla fine a realizzare i propri ambiziosi disegni imperiali riuscendo a condurre sul soglio imperiale il giovane figlio Valentiniano III, avuto da Costanzo.

Fu l'ultima grande stagione di imperatori che tentarono di garantire la tenuta dell'impero. Nella costituzione programmatica del *Codex Theodosianus*, Teodosio II e Valentiniano III affermavano solennemente che l'impero romano era *unum et coniunctissimum* pur in presenza di due Augusti, sin dai tempi di Diocleziano (CTh. 1.1.5), e *commune imperium divisis tantum sedibus*, come scriveva Orosio (*Hist. adv. pag*. 7.36.1). Valentiniano III e Aezio, *magister militum*, furono in grado di assicurare all'impero anche l'ultima fase di tranquillità esterna, affrontando con successo la minaccia unna condotta da Attila (grazie ai Visigoti Aezio sconfisse l'orda unna nel 451 d.C. ai Campi Catalaunici) e negoziando con i Vandali di Genserico.

Con la morte di Valentiniano III nel 455 d.C., che seguiva l'uccisione di Aezio, si spegneva la linea maschile della dinastia teodosiana e con l'acclamazione di Petronio Massimo, facoltoso senatore e capo dell'opposizione a Valentiniano III, si apriva un terribile ventennio di crisi politica e di instabilità istituzionale che avrebbe portato al fatidico 476 d.C.

17. *476 d.C. Romolo Augustolo e Odoacre: 'caduta senza rumore' dell'impero romano d'Occidente?*

Il grande trauma, secondo l'ufficiale e plurisecolare tradizione storiografica, si verificò nel 476 d.C., con la destituzione del piccolo Romolo Augustolo da parte dello sciro Odoacre. Questo e subito dopo Teoderico paiono affermarsi come i sovrani germanici di nuovi *regna* sorti sulle ceneri dei fasti imperiali della romanità. Quelle vicende rappresenterebbero la caduta rovinosa dell'impero romano d'Occidente e l'ingresso dell'Italia nel Medioevo e in un'Europa dalla chiara impronta germanica. Su tanta certezza però grava una densa nuvola: perché nessun contemporaneo attribuì quel significato traumatico alla destituzione dell'ultimo imperatore romano d'Occidente? Perché in nessun documento è rimasta traccia della caduta del più grande, potente e longevo impero dell'antichità, tanto da costringere Arnaldo Momigliano a parlare di una caduta 'senza rumore'?

Una semplice scorsa alle fonti basta a far sorgere forti dubbi sull'attendibilità del canone storiografico del 476 d.C. quale trauma epocale per il mondo antico. E per provare davvero a comprendere le terribili convulsioni dell'impero romano in Occidente, cioè nella sua parte una volta più ricca e avanzata, bisogna inoltrarsi in una selva densa e profonda di sconvolgimenti istituzionali da non essere più in grado di districarsi, rischiando di rimanere così imprigionati tra i rovi di un intrico vertiginoso di oltre un secolo e mezzo di tumultuose crisi, sanguinose congiure, repentine destituzioni, effimere usurpazioni (basti pensare a quelle su base provinciale di Costantino III, Giovino, Geronzio), alla ricerca del principio di legittimità che era divenuto un vero e proprio *rebus* istituzionale.

Inoltre, non bisogna neppure trascurare le straordinarie e infauste conseguenze politiche dell'uccisione di Valentiniano III, evento che oltre a spazzar via la dinastia teodosiana, cancellò repentinamente quell'insieme di relazioni con i Vandali decisive per la tranquillità della *pars Occidentis*: da quel momento, la crisi sembrò avvitarsi ancor più in un turbolento, lungo, e pure sanguinoso, ventennio di destabilizzazione istituzionale. Ricordiamo sia pure *per indicem* le convulse vicende: Petronio Massimo, uno dei più autorevoli ispiratori della congiura, riusciva a regnare soltanto undici settimane, mentre il suo *magister militum per Gallias*, Marco Mecilio Eparchio Avito in breve tempo fu proclamato e riconosciuto imperatore anche da Marciano. Appena un anno dopo però, nel 456 d.C., Avito veniva deposto, e consacrato vescovo di Piacenza, da Ricimero e Maggioriano. Quest'ultimo acclamato imperatore l'1 aprile del 457 d.C. dalle sue truppe, riceveva un secondo riconoscimento dal senato romano il 28 dicembre 457 d.C., ma il terzo, e fondamentale, riconoscimento da parte dell'*Augustus* Leone I giungeva soltanto nel marzo del 458 d.C. Nel 461 d.C. Maggioriano veniva arrestato e messo a morte dall'ex alleato, lo svevo *magister utriusque militiae*, Ricimero, che insediava un ricco possidente lucano, Libio Severo, il quale non solo non otteneva dall'imperatore Leone I il necessario riconoscimento, ma non riusciva neppure a godere del favore di autorevoli personaggi come Egidio, *magister militum* delle Gallie, e Marcellino, *comes* di Dalmazia. E così, nel 465 d.C., eliminato il debole Libio Severo, forse avvelenato dallo stesso Ricimero, da Costantinopoli giungeva l'indicazione di Antemio come nuovo Cesare inviato in Italia con truppe al seguito, il quale veniva proclamato unanimemente Augusto il 12 aprile del 467 d.C. Tuttavia, passarono pochi anni e i rapporti tra il nuovo imperatore e Ricimero, che nel frattempo ne aveva sposato la figlia, si deteriorarono irreversibilmente per sfociare in aperta ostilità. Infatti, nel 472 d.C. il potente Ricimero, ancora una volta arbitro dello scenario politico occidentale, deponeva Antemio, in seguito assassinato dal burgundo Gundobado, per aprire la successione al senatore Anicio Olibrio, che però andava incontro alla morte il 2 novembre dello stesso anno. Nel 473 d.C. Gundobado, *patricius* e *magister militum*, favoriva la proclamazione di Glicerio, acclamato imperatore dalle sue truppe, senza il riconoscimento di Leone I, che nominava invece Augusto per l'Occidente Giulio Nepote, *magister militum* in Dalmazia. Questi nel 474 d.C. destituiva Glicerio, dietro il compromesso accettato di buon grado di scambiare il soglio imperiale con il bastone pastorale di vescovo di Salona. Il 24 giugno dello stesso anno, a Ravenna, Gundobado nominava *magister militum utriusque militiae* e *patricius* Oreste, un romano della Pannonia con un esperienza giovanile a fianco di Attila. Rientrato in Gallia, Gundobado diveniva *rex* di una parte del regno burgundo. Il 31 ottobre del 475 d.C. Oreste, deposto Giulio Nepote, insediava sul trono imperiale il piccolo figlio Romolo Augustolo a sua volta, appena un anno dopo, destituito da Odoacre.

Cosa induce a credere allora che un'opinione pubblica sfibrata e disillusa, da tempo spettatrice di 'vuoti di potere', di periodi più o meno lunghi di vacanza del trono occidentale, considerasse poi nel 476 d.C. la vacanza del trono della *pars Occidentis* come un fatto istituzionale epocale, impressionante, traumatizzante?

Perché in questa interminabile catena di caotiche e illegali successioni, ben nove imperatori dal 455 d.C. al 476 d.C. – segno macroscopico dello sgretolamento del potere imperiale, e causa persino di errori nell'onomastica dei vari imperatori, se non addirittura di scambi di persona di cui è rimasta chiara traccia nei documenti sopravvissuti – il trauma si sarebbe consumato attraverso la destituzione di un piccolo e insignificante imperatore?

Era forse imperatore legittimo il piccolo Romolo Augustolo insediato dal padre Oreste a seguito della destituzione di Giulio Nepote nell'anno precedente? Giulio Nepote, in esilio in Dalmazia, fu invece sempre considerato da Costantinopoli sino alla sua uccisione (nel 479 o 480 d.C.) come il vero e legittimo imperatore d'Occidente. E allora perché guardare come 'usurpatore' Odoacre che al contrario rese un servizio a Costantinopoli, destituendo quello che era considerato il vero 'usurpatore', cioè Romolo Augustolo?

Perché di simile trauma non restò sostanzialmente traccia nella coscienza dell'Occidente, già profondamente turbata da tanto caos? In questo senso poi, c'è da domandarsi quanto sia storiograficamente accettabile non sottolineare la differenza nella percezione dell'opinione pubblica tra il 476 d.C. e la grande paura e le devastazioni del sacco di Roma perpetrato dai visigoti di Alarico nel 410 d.C. Quello costituì davvero un fatto enorme nella millenaria storia di Roma e sinceramente avvertito come una grave e profonda lacerazione; dalla grande e collettiva angoscia suscitata non andò immune Sant'Agostino che dal terribile shock trasse fonte di ispirazione del suo capolavoro *La città di Dio*. Un dato materiale assai interessante, che gli studiosi farebbero bene a non sottovalutare, è quello della comunicazione epigrafica, la cui sostanziale interruzione è imputabile proprio al sacco alariciano.

Odoacre in realtà non abbatté l'impero romano d'Occidente e la destituzione dell'insignificante Romolo Augustolo, usurpatore del trono di Giulio Nepote legittimo imperatore in esilio in Dalmazia, fu concordata con il senato romano ed era assai gradita allo stesso Zenone, imperatore della *pars Orientis*. Ci informa dei fatti, persino nei dettagli, una straordinaria pagina di un contemporaneo, lo storico di corte *Malchus* di Filadelfia:

> Malch., *Byzant.* 10: «Quando Augusto, figlio di Oreste, seppe che Zenone era tornato sul trono d'Oriente cacciando Basilisco, costrinse il senato a mandare un'ambasceria per comunicare a Zenone che non avevano bisogno di un impero separato, ma che egli, essendo il solo imperatore, sarebbe stato sufficiente per entrambe le parti dell'impero. Odoacre, poi, lo aveva scelto il senato: in quanto dotato di abilità politica e militare, era in grado di proteggere i loro interessi. Chiedevano quindi a Zenone di conferirgli la dignità di patrizio e di concedergli il governo degli Italiani. Giunsero dunque a Bisanzio dei membri del senato di Roma con questo messaggio e negli stessi giorni arrivarono dei messi da parte di Nepote, per congratularsi con Zenone del successo e, insieme, anche per chiedere che si impegnasse energicamente nella riconquista dell'impero per Nepote [...]. Zenone rispose ai messi del senato, che avevano ricevuto due imperatori dall'Oriente, ma uno lo avevano cacciato, l'altro, Antemio, ucciso. Ora, disse, sapevano bene il da farsi: visto che c'era un imperatore, non dovevano avere altro pensiero che accogliere di buon grado il suo ritorno. Ai messi del barbaro disse che Odoacre avrebbe fatto bene a ricevere dall'imperatore Nepote la dignità di patrizio: egli stesso gliel'avrebbe inviata, a meno di essere preceduto da Nepote. Si compiaceva per questa prima dimostrazione di voler conservare l'ordinamento che si conviene ai Romani e ne traeva la speranza che, essendo disposto a comportarsi rettamente, presto avrebbe accolto l'imperatore che gli aveva concesso questo onore. Mandò una lettera imperiale in cui si comunicava ad Odoacre, oltre alle sue volontà, anche la nomina a patrizio [...]».

Odoacre fu rispettoso dell'autorità imperiale e in tal senso rimandò a Costantinopoli gli *ornamenta palatii* che potevano essere indossati soltanto da un imperatore legittimo e governò in ciò che restava dei territori occidentali quale rappresentante dell'unico imperatore romano residente a Costantinopoli, come attestano univocamente tutte le fonti di tradizione manoscritta, epigrafiche, numismatiche, annalistiche, patristiche.

Tuttavia più tardi i rapporti con Zenone si guastarono, e questi ritenne più conveniente sbarazzarsi di Odoacre inviandogli contro i Goti di Teoderico l'Amalo.

18. *Il protettorato gotico di Teoderico*

Dietro un accordo documentato ambiguamente tra Zenone e Teoderico l'Amalo, il dominio di Odoacre in Italia venne soppiantato nel 493 d.C. da quello del leader goto. Sbaragliato in Italia l'esercito dello sciro, Teoderico aprì un'inedita e straordinaria stagione di governo. Profondamente romanizzato, *civis Romanus, consul, patricius, magister militum praesentalis,* Teoderico tentò di incarnare la figura del funzionario imperiale leale, devoto e orgoglioso della romanità e del suo compito di ripristinarne la *civilitas* e i fasti perduti in Occidente secondo il mandato conferitogli dall'imperatore romano Zenone.

Tuttavia per diversi anni i rapporti tra Teoderico e l'impero romano furono assai difficili. Morto Zenone e divenuto Augusto il suo *silentiarius* Anastasio I, l'empasse venne superata grazie a un compromesso politico-religioso. Non bisogna dimenticare quanto influirono infatti le vicende ruotanti attorno all'*Henotikón*. Emanato da Zenone nel 482 d.C. dopo la radicale parentesi monofisita di Flavio Basilisco, l'Enotico si riferiva al simbolo niceno come all'unica vera definizione di fede. A questo discusso e ambiguo documento imperiale, convincentemente qualificato più un manifesto politico-religioso che un vero e proprio atto normativo (Elio Dovere), reagiva in Occidente il papa Felice III che in sinodo scomunicava e deponeva Acacio, patriarca di Costantinopoli, vero ispiratore dell'Enotico e nemico del Concilio di Calcedonia. Dunque, quel documento che avrebbe dovuto funzionare da cerniera tra Oriente e Occidente quale compromesso tra la cristologia calcedonese e quella monofisita stette invece alla base di una rottura, di un solco profondo prodottosi con lo scisma acaciano.

In questo quadro dinamico e fluido, ricco di contraddizioni, l'ennesima ambasceria inviata da Teoderico, stavolta guidata dal *princeps senatus* di Roma Rufo Postumio Festo, giungeva ancora una volta a corte. Politica e religione inestricabilmente intrecciate costituivano la trama del negoziato e l'essenza dell'accordo: l'imperatore Anastasio I avrebbe riconosciuto Teoderico, non solo come *rex* delle sue genti, ma soprattutto come reggente dell'Occidente in nome e per conto dell'imperatore romano, mentre il nuovo papa avrebbe finalmente sottoscritto l'*Henotikón*. L'intesa improvvisamente si raggiungeva e così un senatore occidentale veniva designato console e Anastasio I scioglieva ogni ambiguità con Teoderico, inviandogli tutti gli *ornamenta palatii* precedentemente trasmessi da Odoacre a Costantinopoli dopo la deposizione dell'usurpatore Romolo Augustolo. Dopo vent'anni, finalmente essi tornavano nell'Urbe. Il gesto era notevole sul piano simbolico e politico:

com'è noto, gli *ornamenta palatii* rappresentavano oggetti e vestiario imperiali e non potevano essere indossati né posseduti da un *privatus*.

Naturalmente si trattò di una svolta politica rilevante: attraverso la restituzione e la definitiva permanenza a Roma degli *ornamenta palatii*, l'imperatore romano sanciva che non vi erano più usurpatori, che la situazione istituzionale si era normalizzata e che si riconosceva il governo di Teoderico sulla *pars Occidentis* dell'impero come legittimo ed esercitato per conto dell'unico imperatore romano. Il loro ritorno a Roma dunque stava semplicemente a significare che l'Urbe rimaneva formalmente il millenario centro dell'impero romano e che quelle terre erano e sarebbero rimaste romane, come decenni dopo Belisario ebbe esattamente a dire alla delegazione di notabili goti di Vitige. Insomma, la *pars Occidentis* continuava a esistere e non si era affatto trasformata in un regno goto.

Col passare degli anni, e dietro una forte alleanza con l'aristocrazia senatoria occidentale fondata sul governo prudente e saggio, Teoderico però andò sperimentando una forma istituzionale e un modello sociale di convivenza tra Romani e Goti davvero originale. Sul piano istituzionale, mantenne le strutture imperiali romane. *In primis* certamente il senato di Roma, ma erano l'intero impianto burocratico centrale e quello periferico a rimanere sostanzialmente immutati e nelle loro forme romane: *quaestor sacri palatii, magister officiorum, comes sacrarum largitionum, comes rei privatae, praefectus praetorio*; addirittura per i governatori delle province si conservò la nomenclatura dioclezianea-costantiniana con la corrispondenza di rango: *consulares, correctores* e *praesides*. Non solo si mantenne un prefetto del pretorio dell'Italia, un *vicarius urbis Romae* e un *praefectus urbi Romae*, ma Teoderico istituì persino un vicario e successivamente un prefetto del pretorio della Gallia dopo la sua riconquista nel 512 d.C.

Ben presto, però, a fianco della permanenza dell'impianto burocratico imperiale centrale e periferico, costruì sapientemente un apparato di esclusiva matrice gota con funzione di protezione della struttura amministrativa romana. Teoderico, mentre rifiutava le insegne e il titolo di *basileús* per continuare a farsi chiamare *rex*, procedette senza indugi alla progressiva instaurazione di una sorta di 'Protettorato' sull'Italia e su ciò che restava della *pars Occidentis* sia pure in formale accordo con Costantinopoli. Alla ricordata sopravvivenza delle strutture amministrative romane andò affiancando un apparato burocratico-militare gotico, secondo un impianto a tendenza centralista. L'Italia venne così divisa in *comitivae* aventi al proprio vertice un *comes Gothorum*. Lungo i confini furono create entità amministrative di maggiore consistenza governate a volte da un *dux* (*ducatus Retiarum*), altre volte da un *princeps* (*princeps Dalmatiarum*). Per altre funzioni si mantennero antiche cariche come i *praefecti vigilum*, per talune altre s'introdussero nuove figure come il *vicarius Portus*, preposto al controllo dei traffici e dei passaggi delle merci nel porto di Roma; oppure ancora fece la sua apparizione il *defensor cuiuslibet civitatis*, una sorta di rappresentante del governo centrale nelle città. Per l'amministrazione del patrimonio personale di Teoderico fu invece istituito il *comes patrimonii*.

Alla stessa stregua il sistema di amministrazione della giustizia si snodava lungo un doppio binario: uno per i Romani (affidato a *iudices* romani) e l'altro riservato ai Goti (di competenza dei *comites* goti); mentre per le liti miste (tra Romani e Goti) avrebbe dovuto giudicare un *comes Gothorum* assistito da un giurista romano.

Agli ordini di Teoderico agiva un corpo di funzionari romani con compiti esecutivi (i cosiddetti *comitiaci*), a cui ben presto furono affiancati i *saiones*, peculiari figure di inviati regi di estrazione gota di assoluta fedeltà e dalle mansioni più disparate, con il compito generale di tenere sempre vivi e saldi i rapporti tra centro e periferia. I *saiones* finirono così per costituire un corpo di polizia che, se non duplicava, certamente somigliava molto a quello degli *agentes in rebus*. Infine, e non a caso, la funzione della difesa militare di Roma, del suo fasto, della sua *civilitas* era assunta totalmente dai Goti: *Vos autem, Romani, magno studio Gothos diligere debetis, qui et in pace numerosos vobis populos faciunt et universam rem publicam per bella defendunt* (Cassiod., *Var*. 7.3.3).

Nella difesa militare assegnata a un''entità estranea' risiede poi uno dei perni principali del protettorato quale sistema di governo gotico costruito gradualmente da Teoderico, quasi secondo quel pragmatismo che aveva reso possibile le varie articolazioni in cui storicamente Roma impose ed esercitò il proprio dominio sul mondo antico. L'anomala e ibrida sostanza istituzionale, di cui la critica moderna ancora non ha colto sino in fondo l'originalità, invero era assai chiara ai contemporanei se uno storiografo di origine gotica come Jordanes così scriveva in un significativo, ma assai poco valorizzato, frammento del suo sommario di storia romana:

> Jord., *Rom.* 349: [...] *regnum gentis sui et Romani populi principatum prudenter et pacifice per triginta annos continuit.*
>
> [... (Teoderico) per 30 anni con prudenza e pacificamente continuò a reggere il regno della sua gente e il principato del popolo Romano].

Non vi era un *regnum* gotico in Italia nel senso territoriale in cui si intende. La regalità germanica aveva un carattere particolare, essa cioè era intesa come dominio sulle proprie genti ma senza alcun nesso territoriale, com'era naturale per una popolazione nomade sempre alla ricerca di nuovi territori su cui stanziarsi. Roma, pertanto, non era divenuta una città ostrogota e Teoderico, nonostante fosse re delle sue genti, continuò a tenere in vita il principato per tre lunghi decenni *prudenter et pacifice*: la *pars Occidentis* dell'impero dunque non era venuta meno né con Odoacre né con Teoderico. L'impianto del Protettorato gotico trovava un suggello nella ripartizione di compiti: le cariche dell'amministrazione civile restarono esclusivamente riservate ai Romani e mai nessun Goto fu ammesso in senato; mentre compiti militari e difesa dell'impero romano riservati ai Goti.

Il sistema duale escogitato da Teoderico trovava per giunta un chiaro riflesso sul piano sociale: nonostante si continui a insegnare di un presunto obiettivo del leader goto di fondere i due elementi etnici della popolazione (Romani e Goti), in realtà ciò non fu mai neppure ipotizzato da Teoderico: Goti e Romani restavano su due piani distinti; i Goti non furono mai romanizzati né pretesero la cittadinanza e restarono sempre nella condizione giuridica di *foederati*; ai Romani si applicava il diritto romano, ai Goti le consuetudini germaniche con un doppio binario di giurisdizione romana e gotica, mentre in caso di liti miste la competenza era attribuita a un *comes Gothorum* che, affiancato da un *prudens* romano, avrebbe risolto la controversia secondo equità. Ma non è tutto. Il dualismo romano-gotico si estrinsecava poi plasticamente sul piano religioso: cattolici i Romani, ariani i Goti.

Un'esperienza davvero inedita, e se volessimo accostare ad essa qualcosa di simile dovremmo risalire al principato di Gallieno, quando al principe di Palmira si conferì il mandato di eliminare la minaccia persiana e le incursioni gotiche, affidandogli i titoli di *imperator*, *dux* e *corrector totius Orientis*, ovvero la grande fascia di confine orientale, dall'Asia Minore e dalla Siria sino al confine persiano.

In definitiva la stagione politica e istituzionale di Teoderico fu tanto straordinaria e irripetibile, a partire dai suoi immediati successori, da indurre Ernst Stein a definirlo come il più grande uomo di Stato dopo Diocleziano.

L'analisi serrata, rigorosa e scevra da preconcetti di tutta la documentazione esistente (fonti giuridiche, storiche, patristiche, annalistiche, epigrafiche, papirologiche, numismatiche, ecc.) attestano che dapprima Odoacre e successivamente Teoderico agirono nel nome e per conto dell'imperatore romano – da quel momento unico, come *unum et coniunctissum* era l'impero (CTh. 1.1.5), e residente a Costantinopoli – come funzionari imperiali (*patricii* e *magistri militum praesentales*): Roma e l'Occidente continuavano la propria esistenza seppure ormai come periferia del potere politico imperiale.

L'inedita e irripetibile esperienza di Teoderico, che ebbe la sua giusta e meritata fortuna, fu possibile perché frutto di una accortissima strategia, collocata nel solco dei grandi e politicamente sagaci condottieri di etnia barbara come Stilicone, Aezio, e ancora Aspar, Ataulfo, Ricimero e Oreste, *consules*, *patricii*, ma soprattutto *magistri militum praesentales*, 'generalissimi' e veri e propri '*Kingmakers*' o '*Kaisermacher*', operanti sin dai tempi di Teodosio I, quando appunto ad essi, posti a capo di eserciti costituiti in maggioranza da germanici, ricorrevano gli imperatori che si disputavano il dominio occidentale.

19. *La riconquista giustinianea*

Non c'è dubbio d'altra parte che, trovandoci comunque davvero allo stadio terminale, è nelle contraddizioni dell'esperienza di Teoderico e nelle speculari ambiguità di Costantinopoli che vanno ricercate le ragioni ultime della fine della *pars Occidentis*. In ogni caso, malgrado significativi sforzi, il tentativo teodericiano non riuscì neppure a tirar fuori l'Italia dalla formidabile crisi economica in cui era da tempo sprofondata; crisi poi enormemente aggravatasi con la cosiddetta guerra greco-gotica intrapresa da Costantinopoli (535-553 d.C.). La seconda fase dell'esperienza teodericiana recava in sé i germi di quella che presto si sarebbe tradotta in una reale, profonda discontinuità: il suo dominio era infatti parte di un unico impero eppure ormai anche qualcosa di significativamente diverso e ciò condusse Teoderico a praticare in costante aumento una politica internazionale autonoma e originale nei confronti degli altri popoli barbari ormai insediati negli ex territori dell'impero d'Occidente.

Con i successori di Teoderico la situazione mutò sensibilmente. Assai più dell'ultimo Teoderico, Teodato, Vitige, Totila e infine Teia non si sentivano più delegati dell'imperatore romano ma agivano, in sincera convinzione, quasi come sovrani autonomi di un *regnum* gotico. Un esito pertanto inaccettabile per il governo imperiale: il sogno gotico di Teoderico non fu dunque raccolto dai suoi successori (modesti e inadeguati a garantire quel sapiente modello di convivenza sociale e istituzionale dualistico), e finì presto per infrangersi contro le armate bizantine di Belisario e poi di Narsete inviate da Giustiniano secondo il poderoso disegno della ricostituzione dell'intero impero romano retto un unico imperatore residente a Costantinopoli.

Riconquistata l'Africa all'impero nel 534 d.C., seguirono infatti i 18 anni terribili della guerra gotica (535-553 d.C.): si trattò di un conflitto aspro, sanguinoso e interminabile che lasciò in Italia segni profondissimi di sofferenza e di devastazione economica e di disgregazione e lacerazione del tessuto sociale, aggravati pure da epidemie e carestie. Ad ogni modo l'esito di quella guerra assicurò, per quanto brevemente, una vasta ricostituzione dell'impero romano.

La *renovatio imperii* giustinianea però si concretizzava nel quadro degli assetti imperiali come si erano determinati da Zenone in avanti, cioè abbandonando la ripartizione duale tra Occidente e Oriente. Anche nell'ottica giustinianea, il tema non era affatto quello della ricostituzione delle due *partes imperii*, ma della riconquista dei territori perduti attraverso un secolare processo di sgretolamento dei confini. Già da oltre un cinquantennio sia in Occidente sia in Oriente non si discuteva più dell'esistenza di due Augusti, non era insomma quello l'orizzonte del dibattito politico e delle strategie militari del governo imperiale romano bensì l'altro assai più grande del recupero dei fasti di Roma, dell'Italia, e dell'Occidente in generale. Il consolidamento di questa prospettiva evidentemente aveva prodotto un profondo mutamento delle relazioni e delle concezioni tra Oriente e Occidente, di cui è esemplare la *Pragmatica sanctio pro petitione Vigilii* di Giustiniano, che merita di essere ricordata principalmente quale espressione massima del programma di riorganizzazione amministrativo-costituzionale dell'Italia voluto da Giustiniano e soprattutto per l'affermazione del principio dell'unità giuridica dell'impero romano.

Sotto il primo profilo – per quanto apparentemente in linea di continuità con l'assetto amministrativo dato alla penisola tra la fine del III e la metà del IV secolo d.C. – l'Italia, vecchio baricentro occidentale romano, sottoposta al governo del *praefectus praetorio per Italiam*, già nel 554 d.C., all'indomani della devastante guerra greco-gotica, subiva con la *Pragmatica sanctio* il mutamento della sua denominazione da *dioecesis* o *praefectura* in *provincia Italiae*. Il formale declassamento dell'Italia in provincia, in altri termini, esprimeva il punto più basso della sua parabola discendente ovvero il suo ridimensionamento ormai a vero e proprio dominio bizantino, che nulla aveva a che vedere con la condizione di privilegio che per secoli con Roma aveva goduto. Ma forse sta proprio qui l'origine vera della frattura grave tra Occidente e Oriente.

Sotto il secondo profilo, alla riconquista militare dell'Occidente, si affiancava la perentoria affermazione dell'unità giuridica dell'impero sancita dal cap. 11 (App. Nov. 7, cap. 11: UT LEGES IMPERATORUM PER PROVINCIAS IPSORUM DILATENTUR. *Iura insuper vel leges codicibus nostris insertas, quas iam sub edictali programmate in Italiam dudum misimus, obtinere sancimus. Sed et eas, quas postea promulgavimus constitutiones, iubemus sub edictali propositione vulgari, <et> ex eo tempore, quo sub edictali programmate vulgatae fuerint, etiam per partes Italiae obtinere, ut una deo volente facta republica legum etiam nostrarum ubique prolatetur auctoritas*).

In questo assai noto escerto della *Pragmatica* è condensato il nocciolo forte del motivo ideologico dell'unità giuridica dell'impero, concretizzata dalla vigenza nell'intero impero delle *Institutiones*, dei *Digesta*, del *Codex* e in futuro della produzione normativa imperiale cioè delle *Novellae*. La chiusa finale *ut una deo volente facta republica legum etiam nostrarum ubique prolatetur auctoritas* dimostra quanto i successori di Teoderico si fossero allontanati molto dall'impero tanto da essere percepiti come cosa diversa e pertanto da riconquistare. Ciò tuttavia non ricomponeva affatto quella frattura di cui si è detto. L'Occidente, l'Italia, Roma in particolare, nonostante l'amore professato da Giustiniano come *patria legum* e *fons sacerdotii* (Nov. 9), dove si parlava quell'idioma dallo stesso imperatore definito πάτριος φωνή, erano ormai soltanto territori da riconquistare all'impero. I limiti della grandiosa concezione universalistica alla base del tentativo giustinianeo di *renovatio imperii* erano purtroppo evidenti. La stessa Sicilia fu considerata come uno speciale possedimento dell'imperatore con un'amministrazione distinta da quella ravennate: il *praetor Siciliae*, che risiedeva a Siracusa secondo l'antica ottica romana, non dipendeva dal prefetto del pretorio d'Italia ma direttamente da Costantinopoli competente anche sugli appelli avverso le sentenze del duca preposto alla difesa militare dell'isola.

La restaurazione giustinianea, realizzata nel segno della riorganizzazione politico-territoriale e dell'unificazione giuridica, che aveva fatto ormai irreversibilmente di Costantinopoli la nuova e unica sede legittimante del potere imperiale, trovava un ulteriore momento di compimento su un terzo versante, quello religioso nel segno dell'unità ortodossa con la *pax christiana.* La riconquista dell'orbe romano ricorre costantemente nelle costituzioni giustinianee, secondo una concezione santa e fideistica, ma che è pure etica. L'imperatore si pone ormai come immagine di Dio in quanto riflette, nella sua azione di governo o esercizio del potere imperiale, gli attributi che Dio manifesta nel governare l'universo: lungo questo motivo propagandistico era passo logico e breve giustificare che l'esercizio concreto del potere imperiale fosse benefico.

Nel gennaio del 535 d.C., Giustiniano poteva così vantare i risultati conseguiti (Nov. Iust. 30.11.2: *Atque integre subditis nostris* [*id quod saepe diximus*] *utetur, quae res summo nobis studio est et effecit ut magnam pecuniam neglegeremus vel in tantis sumptibus et bellis magnis, per quae deus nobis dedit ut et Persas ad pacem adduceremus et Vandalos et Alanos et Mauros subigeremus et Africam totam atque insuper Siciliam quoque recuperaremus, utque bonas spes habeamus fore ut etiam reliquorum imperium nobis deus adnuat, quae veteres Romani ad fines utriusque oceani subacta deinceps socordia sua amiserunt*).

Com'è stato messo bene in luce, le campagne militari di cui si gloriava Giustiniano furono guerre volte alla riappropriazione romana di territori e al conseguente ripristino della normalità, in un quadro di assoluta legittimità sacrale, che oggi finirebbe per essere qualificato di 'guerra giusta'.

In definitiva, una rottura radicale e irreversibile fu segnata – come per un classico paradosso della storia o, se vogliamo, un caso esemplare di eterogenesi dei fini – proprio da Giustiniano, cioè dal protagonista dell'ultimo – storicamente e duraturamente – impossibile tentativo di restaurazione della romanità giocata su tre complicati quanto delicati fronti di unificazione: politica, religiosa, giuridica. Per questo credo che sia tutt'ora valida, e soprattutto felice, la formula di uno dei più grandi bizantinisti del Novecento, Georg Ostrogorsky, che riconosce Giustiniano come «l'ultimo imperatore romano sul trono bizantino».

20. *La fine della* pars Occidentis*: l'invasione dei Longobardi e le riforme di Maurizio e di Eraclio*

Quando, allora, si discute del 476 d.C. non dovrebbe parlarsi di fine dell'impero romano d'Occidente, innanzitutto per la semplice ragione che non vi erano due imperi, ma uno solo e questo, dopo il 476 d.C., continuò a vivere, seppure ritraendosi vieppiù nella sua *pars Orientis* per il mutamento dei confini via via che si perdevano gli antichi domini occidentali. Ma non dovrebbe parlarsi neppure di fine della *pars Occidentis*. Si trattava in verità soltanto di un canone storiografo, che sembrava inossidabile, soprattutto grazie alle dinamiche culturali, ideologiche e politiche che s'innervavano nella storiografia ottocentesca. Pulsioni nazionalistiche suscitate dalla fine della centralità di Roma e dall'ansia di un recupero della stessa; spinte di ordine religioso fondate su un millenario dualismo tra un Occidente romano che aveva nella Chiesa cattolica la custode della tradizione imperiale e un Oriente cristiano ma ortodosso che non riconosceva per ragioni politiche e dogmatiche il primato del vescovo di Roma; obiettivi di egemonia non solo culturale che imponevano la visione delle radici di un'Europa fortemente segnata dall'impronta germanica affondanti nelle ceneri della *pars Occidentis* dell'impero romano.

La convergenza di tutto ciò ha contribuito alla fortuna del 476 d.C. come anno della fine dell'impero e alba del Medioevo a Roma e in Europa. Dunque, un Medioevo di prevalente matrice germanica, ovvero di un germanesimo inteso come nuova energia vitale dell'Europa. L'affermazione di nette cesure tra Oriente e Occidente, come ancora nel 1922 quella del medievista Pietro Egidi che disinvoltamente continuava a teorizzare che il mondo bizantino apparteneva «alla storia medievale non italiana».

Un approccio talmente vasto da provocare un profondo condizionamento culturale: è noto come anche nel nostro lessico sia largamente penetrata un'accezione non storica di 'bizantino' e 'bizantinismo', addirittura quali categorie negative di una deteriore mentalità, indicative di crudeltà e di astrusità come tratti antropologici di un Oriente sovente corrotto e marcato da un dispotismo istituzionale dal forte tratto assolutistico del tutto inaccettabile sia dalla cultura liberale, e cattolica europea, e sia, prima ancora, da quella illuministica.

Oggi quel canone storiografico mostra il profondo logorìo del tempo. La storia millenaria dell'impero romano non si concluse né con Odoacre, né con Teoderico, ma più avanti, quasi un secolo dopo, a seguito dell'effimera stagione giustinianea. Solo allora la storia avrebbe diviso definitivamente i destini delle due *partes imperii*. Sarebbero passati ancora soltanto pochi decenni quando, a seguito dell'invasione dei Longobardi nel 568 o 569 d.C. (ma presenti, anche stavolta soltanto per un capriccio della storia?, per la prima volta in Italia nel 552 d.C. quali mercenari sotto il comando di Narsete) e i disastri militari che ne derivarono, nel 584 d.C. l'imperatore Maurizio (582-602 d.C.) avrebbe sancito la rottura definitiva e irreversibile.

Anche Maurizio, che si pone come figura centrale e al tempo stesso di cesura nella storia del tardo impero, tuttavia deve essere ben compreso nella complessità delle sue contraddizioni. Da un lato la sua concezione imperiale e più in generale della politica costantinopolitana verso l'Occidente: è sufficiente richiamare sul punto l'acuta notazione di Georg Ostrogorsky, per il quale «quanto poco Maurizio pensasse a rinunciare ai possedimenti occidentali è dimostrato dal testamento che redasse nel 597 d.C., quando fu colpito da una grave malattia. Secondo questo testamento il suo figlio maggiore Teodosio avrebbe dovuto governare sulle province orientali, risiedendo a Costantinopoli, e il figlio minore Tiberio sull'Italia e sulle isole occidentali, con sede a Roma. Roma avrebbe cioè dovuto tornare ad essere città imperiale e seconda capitale. Non si era rinunciato all'idea dell'impero universale, né a quella dell'unico impero romano governato collegialmente, con amministrazione distinta delle sue due parti».

Dall'altro lato – ancorché l'attuale fase degli studi tardoantichi sia caratterizzata dalla valorizzazione della continuità tra antico e Medioevo, tanto da giungere persino al ridimensionamento di quella che fu proprio la frattura più grave rappresentata dall'irruzione dei Longobardi e dall'instaurazione del loro dominio – la portata della trasformazione più profonda e irreversibile della struttura statale dioclezianea-costantiniana: con l'istituzione dell'esarcato d'Italia (Ravenna), Maurizio sanciva «al massimo livello amministrativo il predominio dei militari sulla società civile». Con il preannuncio del sistema dei temi, poi forse attuato da Eraclio, di conseguenza quella parte minoritaria dell'Italia non sottoposta ai Longobardi e Roma medesima declinavano apertamente come avamposti occidentali di un impero romano ormai irreversibilmente sbilanciato a Oriente. Non a caso da quel momento al dissolvimento del sistema politico si accompagnò anche il definitivo tramonto del sistema di potere senatorio, e della sua ancor più resistente ideologia, che pur sempre con Odoacre e Teoderico aveva esercitato, o comunque combattuto per recuperare, un ruolo centrale. Simmetricamente, con Eraclio nel 629 d.C., l'imperatore romano assumeva la titolatura di πιστοὶ ἐν Χριστῷ βασιλεῖς: la nuova titolatura che associava alla fede la figura imperiale era in netta discontinuità con la precedente, complessa titolatura (*imperator, Caesar, semper Augustus*, ecc.) rigorosamente mantenuta dagli imperatori romani sino a Giustiniano.

Lungo quell'orizzonte si stagliava un epilogo ineluttabile: da quel momento sarebbe cessato davvero ogni alito vitale della parte occidentale dell'impero romano destinata a disintegrarsi ancor più rapidamente nei vari *regna* romanogermanici e miseramente degradata a teatro di guerre, incursioni e nuovi insediamenti barbarici.

Sezione seconda

Le fonti del diritto

1. *Le fonti del diritto. Premessa*

Da qualche tempo la visione monolitica del dominato, convenzionalmente avviato da Diocleziano e protrattosi sino alla cesura del 476 d.C., appare superata. Si è affermata di contro una tendenza assai più sensibile all'articolazione dell'analisi e delle ricostruzioni volta a cogliere tutta la complessità dell'età tardoantica.

Infatti, sul piano istituzionale oggi si tende a riconoscere che molte di quelle novità, che nel breve volgere di qualche decennio sarebbero apparse come le più dirompenti dello Stato imperiale tardoantico, furono introdotte seppure embrionalmente nel periodo della cosiddetta anarchia militare; sul versante del sistema delle fonti di produzione del diritto invece non si registrano sino all'età dioclezianea-costantiniana particolari e sostanziali novità. Sicché è possibile individuare *grosso modo* e schematicamente quattro fasi: la fase epiclassica; la fase dioclezianea; la fase costantiniana; la fase delle codificazioni.

Tuttavia, prima di entrare nel vivo della trattazione di questo ambito, appare necessaria ancora un'avvertenza: nonostante le fonti non forniscano alcun preciso riscontro al riguardo, nella letteratura scientifica manualistica e trattatistica campeggia la dicotomia *iura* e *leges*, intendendo con il primo termine le opere della giurisprudenza mentre con il secondo il complesso della normativa imperiale. In realtà un'attenta analisi delle fonti dell'epoca, già condotta da Jean Gaudemet, fa emergere come si seguitasse a definire *iura* tanto le opinioni dei *prudentes* quanto il diritto introdotto dalle costituzioni imperiali, secondo una linea di continuità già presente nel catalogo gaiano (Gai. 1.2).

2. *Le costituzioni imperiali*

a) *Dalla fine dei Severi all'avvento di Diocleziano.* – Le vicende costituzionali, sin qui esaminate e tra queste in primo luogo l'ulteriore torsione autoritaria attorno alla figura dell'imperatore, ebbero, com'è ovvio, immediate ripercussioni sul sistema delle fonti di produzione del diritto. Fu sempre più l'imperatore a porsi come il motore centrale della produzione normativa con ripercussioni assai significative sul ruolo della giurisprudenza, come avremo modo di vedere tra breve. Non a caso simile centralità dell'imperatore, e pertanto della sua cancelleria, per la verità largamente affermatasi già a seguito delle riforme adrianee, ha indotto la critica moderna a parlare di passaggio da un diritto 'giurisprudenziale' a un diritto 'autoritativo' e poi 'legislativo' in quanto derivante direttamente dal governo imperiale e fondato sulla *lex*.

Tuttavia, per evitare astratti schematismi occorre sempre guardare alle vicende giuridiche con la freddezza necessaria per seguirne la duttilità e i cambiamenti che si susseguirono nei secoli della tardoantichità.

Innanzitutto, bisogna accantonare quel luogo comune ancora troppo diffuso, secondo cui la cosiddetta fase dell'anarchia militare costituì un vuoto: abbiamo già visto come non possa affatto sostenersi questa idea sul piano istituzionale; ancor più le perplessità valgono sul piano della produzione del diritto. In questi lunghi e tormentati decenni, infatti i *rescripta* continuarono a essere la forma di costituzione imperiale più invalsa. L'alta qualità stessa dei rescritti emessi – si pensi alla cancelleria di Gordiano III ma anche di Aureliano – ancorava questa fonte del diritto alla tradizione imperiale classica, denotando come i giuristi non solo continuassero a far parte della cancelleria imperiale ma che dei *rescripta* fossero ancora gli ispiratori o se non anche gli estensori.

Questa linea si mantenne con Diocleziano. Anzi di più. Alla svolta accentratrice e di ristrutturazione dell'impero nel segno della restaurazione della romanità classica corrispose un'imponente produzione di *rescripta* della cancelleria imperiale dioclezianea di cui è testimonianza la significativa documentazione sopravvissuta. Una novità, se vogliamo, si riscontra sotto il profilo terminologico visto che da questo momento si parlerà di *rescripta ad consultationes emissa* e di *rescripta ad preces emissa*.

In questo senso deve anche leggersi la nascita del fenomeno delle raccolte imperiali dapprima di carattere privato, e poi sfociato nei codici ufficiali, di cui sono esempio quelle dei giuristi Gregoriano ed Ermogeniano.

Ma l'aspetto più interessante forse è proprio l'insorgenza in età dioclezianea dell'esigenza di porre rimedio alla pratica deteriore, connessa alla *recitatio* (cioè la prassi di esibire in giudizio copie o estratti di rescritti relativi a casi analoghi), di produrre in giudizio *rescripta* apocrifi, non autentici, o fraudolentemente manipolati da avvocati spregiudicati. La risposta di Diocleziano, assolutamente coerente con la centralità dei *rescripta*, venne nel 292 d.C. e fu forte proprio per difendere la sicurezza del sistema normativo e soddisfare il principio fondamentale della certezza del diritto:

> C. 1.23.3 (Impp. Diocletianus et Maximianus AA. *Crispino praesidi provinciae Phoenice*): *Sancimus, ut authentica ipsa atque originalia rescripta et nostra manu subscripta, non exempla eorum, insinuentur.* (a. 292 d.C.)

[Stabiliamo che siano esibiti in giudizio i rescritti autentici e originali e sottoscritti di nostro pugno, e non le loro copie].

Sino a qualche tempo fa, si è ritenuto che questa costituzione riguardasse il profilo delle modalità di trasmissione dei rescritti inviati ai privati e si è pensato che con tale costituzione Diocleziano avesse voluto ripristinare la prassi di inviare il rescritto al richiedente. Senonché successive ricerche hanno dimostrato che quella prassi non aveva da essere ripristinata perché mai abbandonata. L'oggetto di C. 1.23.3 doveva riguardare ben altro che la modalità di trasmissione dei rescritti e cioè la volontà imperiale di garantire l'autenticità dei rescritti prodotti in giudizio: ecco perché Diocleziano, per scongiurare esiti processuali falsati da rescritti apocrifi, ritenne che la strada più sicura fosse quella di ammettere l'allegazione soltanto dei rescritti originali e non delle copie.

Infine, per evitare sino in fondo di assecondare opinioni tanto comode quanto infondate, bisogna avvertire che Diocleziano fece un ricorso possente anche agli *edicta*. Per quanto le tracce si siano serbate nella letteratura non giuridica, numerose sono le notizie di editti dioclezianei in materia di riorganizzazione dello Stato, o in ambito religioso (si pensi all'editto contro i Manichei in Coll. 15.3), o ancora in economia (basti per tutti l'*Edictum de pretiis rerum venalium*).

b) *La svolta costantiniana*. – Nonostante la permanenza dei *rescripta*, quale prevalente modello tradizionale di fonte di produzione normativa imperiale, durante il regno di Costantino la loro quantità si ridusse sensibilmente a favore di un nuovo tipo di costituzione: la *lex generalis*, che appare per la prima volta, stante la nostra documentazione, con un intervento nel 321 d.C. relativo alla concessione a tutti i consigli municipali della facoltà di ammettere alle curie i Giudei (CTh. 16.8.3); oppure, secondo un altro orientamento che ne arretra l'origine, con la costituzione che colpiva i delatori (CTh. 10.10.2) emanata nel dicembre del 312 d.C. subito dopo la vittoria su Massenzio. Bisogna tuttavia avvertire che questo dato meramente quantitativo non rende del tutto sicuro l'assunto: poiché i dati in nostro possesso derivano dai *Codices Gregorianus*, *Hermogenianus* e *Theodosianus*, il rapporto quantitativo tra *rescripta* e *leges generales* può essere dovuto più alle scelte dei compilatori dei codici che a differenti linee di politica normativa tra Diocleziano e Costantino. In ogni caso, i *rescripta* continuano a essere emanati, come dimostrano le fonti proprio a proposito di Costantino in materia religiosa.

Ma torniamo alla *lex generalis*. Non si tratta soltanto di una novità nominalistica, cioè il termine *lex*, pur sganciato dalla sua tradizionale matrice popolare, restò a indicare un comando di carattere generale e astratto, assoluto e imperativo. L'affermarsi della nuova forma di costituzione imperiale (*lex*, legge e non più interpretazione per quanto autorevolissima dello *ius*) incontrava sempre più il gradimento degli imperatori. La concezione dell'imperatore quale unica fonte del diritto e unica autorità in grado di interpretarlo e di aggiornarlo, appariva coerente con l'ulteriore torsione autoritaria del regime imperiale (CTh. 11.39.1, a. 325 d.C.), ma tutto avvenne comunque gradualmente e secondo una modalità tradizionale della cultura giuridica romana, quella cioè di piegare, plasmare, 'aggiustare', strumenti e forme già esistenti alle mutate esigenze.

La nascita della *lex generalis* non fu il frutto di una statuizione ufficiale di Costantino, ma l'adattamento del tipo di costituzione imperiale di età classica che per i suoi caratteri di generalità e astrattezza meglio si prestava al disegno di riordinamento del sistema delle fonti di produzione cioè l'*edictum*. Fu, infatti attraverso ripetuti interventi imperiali che si precisarono i requisiti attraverso i quali si individuava la generalità di una *lex imperialis* ed evitare inutili e nocive indagini:

> C. 1.14.3 (Impp. Theodosius et Valentinianus AA. *ad senatum*): *Leges ut generales ab omnibus aequabiliter in posterum observentur, quae vel missa ad venerabile coetum oratione conduntur vel inserto edicti vocabulo nuncupantur, sive eas nobis spontaneus motus ingesserit sive precatio vel relatio vel lis mota legis occasionem postulaverit. Nam satis est edicti eas nuncupatione censeri vel per omnes populos iudicum programmate divulgari vel expressius contineri, quod principes censuerunt ea, quae in certis negotiis statuta sunt similium quoque causarum fata componere. Sed et si generalis lex vocata est vel ad omnes iussa est pertinere, vim obtineat edicti* [...]. (a. 426 d.C.)
>
> [Come leggi generali si osservino in futuro, da tutti ugualmente, quelle che o, essendo inviate alla venerabile assemblea (senatoria), sono composte come orazione ovvero sono denominate con il termine 'editto' in esse inserito; sia che una decisione spontanea le abbia a noi suggerite, sia che una richiesta dei privati o una richiesta dei funzionari a una controversia iniziata abbia dato occasione alla legge. Infatti è sufficiente che esse siano individuate con il nome di editto oppure siano rese note a tutte le popolazioni con un proclama dei funzionari periferici, oppure ancora che espressamente vi sia contenuto che i principi hanno assunto una decisione valida anche per i casi simili. Ma anche se una legge è chiamata generale o è stato decretato che concerna tutti, otterrà la forza dell'editto ...].

Requisiti che possiamo dunque riassumere così:

1) la qualificazione di *edictum*;

2) la comunicazione ai prefetti del pretorio di notificare nel territorio imperiale l'emanazione della costituzione;

3) l'indicazione esplicita che le disposizioni contenute nel provvedimento imperiale, per quanto assunte per la soluzione di una specifica controversia, dovevano applicarsi anche per i casi simili.

Per quanto sufficiente a racchiudere il fenomeno, la denominazione di *lex generalis* era generica e mostrava al suo interno una variegata articolazione delle forme delle *leges generales* (C. 1.14.3):

1. *orationes ad senatum*

2. *edicta ad praefectos praetorio*
3. *edicta* a funzionari imperiali e a vescovi della Chiesa
4. *edicta ad populum*
5. *sanctiones pragmaticae*

Come abbiamo già accennato, sopravvivevano, anch'esse nella tradizionale varietà tipologica, le forme delle *leges speciales*, consistenti in sentenze giudiziali o in risposte alle istanze provenienti da privati, magistrati, giudici, comunità:

1. *decreta*
2. *mandata*
3. *rescripta*
4. *adnotationes*

Esauriti nella loro originaria funzione *decreta* e *mandata*, diverso discorso deve farsi per i *rescripta*. Correggendo una visione sino a qualche tempo fa dominante, essi con Costantino non vengono affatto relegati in soffitta. Anzi, come testimoniano, a mo' d'esempio, il rescritto di Spello con cui si mise al bando ogni forma di *superstitio* legata al culto imperiale e quello relativo all'introduzione della cosiddetta *longissimi temporis praescriptio*, quale nuovo modo di acquisto della proprietà, può senz'altro dirsi che Costantino fece ricorso intelligente ai *rescripta* anche su questioni o innovazioni di istituti di una certa rilevanza. Questione diversa e, senza alcun dubbio, assai più complicata e delicata riguarda invece l'efficacia e l'utilizzazione dei rescritti, tema verso cui i governi imperiali mostrarono una certa sensibilità e predisposizione al contenimento. E ciò sia con Diocleziano a proposito del divieto di esibizione di copie al posto degli originali (C. 1.23.3, a. 292 d.C.); sia con Costantino, del quale si è certi che innanzitutto tentò di sradicare la pratica dei rescritti *contra ius*:

CTh. 1.2.2. IMP. CONSTANTINUS A. AD POPULUM. *Contra ius rescribta non valeant, quocumque modo fuerint impetrata* [...]. (a. 315 d.C.)

[I rescritti contrari al diritto sono privi di valore, in qualsiasi modo essi siano stati ottenuti ...].

Sempre Costantino si riservò, appena un anno dopo, la facoltà di derogare dinanzi a un caso concreto allo *ius* per lasciar posto a un giudizio equitativo (CTh. 1.2.3 = C. 1.14.1, a. 316 d.C.); e infine precisò ulteriormente che i rescritti, per quanto conformi al diritto, non sarebbero stati utilizzabili se non a seguito dell'accertamento della veridicità dei fatti (CTh. 1.2.6, a. 333 d.C.).

Ma anche dinanzi a queste enunciazioni di principio, accadeva che ci si discostasse, come nel caso del rescritto costantiniano citato dall'avvocato del fisco nonostante fosse stato emesso per un altro caso (P. Col. VII.175 = *FIRA* III, n. 101), che dimostra l'esistenza di una prassi giudiziale in virtù della quale essi continuavano a essere utilizzati.

Per questa ragione la linea di politica legislativa in materia di fonti di produzione del diritto e in particolare di limitazione dell'uso dei *rescripta* fu ribadita nel 398 d.C. con una costituzione di Arcadio e Onorio che estendeva il divieto dioclezianeo ai *rescripta* emessi o da emettere in risposta ai giudici imperiali per le cause di cui erano investiti:

CTh. 1.2.11. IMPP. ARCADIUS ET HONORIUS AA. EUTYCHIANO PP. *Rescripta ad consultationem emissa vel emittenda, in futurum his tantum negotiis opitulentur, quibus effusa docebuntur.* ET CETERA. (a. 398 d.C.)

[I rescritti emessi o da emettersi su richiesta dei funzionari, in futuro gioveranno soltanto a quelle cause in relazione alle quali sono stati emanati. ECCETERA.].

Disposizioni simili furono ribadite ancora nel corso del V secolo. Con Valentiniano III nel 426 d.C., nell'ambito della regolamentazione introdotta dalla cosiddetta 'legge delle citazioni': nel distinguere tra *leges generales* e *rescripta*, la cancelleria ravennate sancì l'obbligo dei giudici di non utilizzare i rescritti ottenuti *contra ius* né quelli emanati sulla base di dichiarazioni non veritiere (CTh. 1.4.3). Mentre cinquant'anni dopo, Zenone condizionava ancora la concessione di *rescripta* al *si preces veritate nituntur* (C. 1.23.7, a. 477 d.C.; analoga disposizione fu emanata da Anastasio I e conservata in C. 1.22.6, a. 491 d.C.?).

A proposito dell'utilizzazione processuale dei rescritti, la letteratura più recente ha rivisto l'opinione tradizionale (avanzata da Paul Collinet e ripresa da Edouard Andt) secondo cui in età postclassica il rescritto avrebbe mutato la sua natura divenendo un atto di natura processuale in grado di alterare l'ordinario svolgimento del processo per il quale era stato emanato. Lucio Maggio ha ritenuto così di poter sostenere che soltanto in merito ai *rescripta ad consultationes* è opportuno parlare di efficacia processuale che prendeva corpo in uno speciale processo, detto *per relationem*, con caratteristiche peculiari rispetto alle forme ordinarie.

Per quanto concerne infine l'*adnotatio*, essa inizialmente consisteva in una nota dell'imperatore apposta in calce alla supplica del privato, da convertire in rescritto a pena d'invalidità. Successivamente, divenne forma autonoma quale atto imperiale di concessione di privilegi.

c) *Il processo di formazione delle leggi*. – L'*iter* legislativo tardoantico, naturalmente, non aveva nulla in comune con quello repubblicano relativo alle *leges publicae* per la totale assenza della partecipazione popolare. L'avvio consisteva normalmente in una proposta (*suggestio*) avanzata da un funzionario imperiale a cui l'imperatore si era rivolto *ratione materiae*, mentre nelle questioni religiose l'iniziativa poteva essere presa da un vescovo; una volta avanzata, la *suggestio* era oggetto di un dibattito il più delle volte tra i *comites* consistoriali; quindi sottoposta all'approvazione dell'imperatore. A questo punto, si procedeva alla redazione di una versione consona a un testo legislativo, attraverso il *quaestor sacri palatii* o anche il *magister memoriae*, per l'emanazione imperiale:

C. 1.14.8 (Impp. Theodosius et Valentinianus AA. *ad senatum*): *Humanum esse probamus, si quid de cetero in publica vel in privata causa emerserit necessarium, quod formam generalem et antiquis legibus non insertam exposcat, id ab omnibus antea tam proceribus nostri palatii quam gloriosissimo coetu vestro, patres conscripti, tractari et, si universis tam iudicibus quam vobis placuerit, tunc allegata dictari et sic ea denuo collectis omnibus recenseri et, cum omnes consenserint, tunc demum in sacro nostri numinis consistorio recitari, ut universorum consensus nostrae serenitatis auctoritate firmetur. Scitote igitur, patres conscripti, non aliter in posterum legem a nostra clementia promulgandam, nisi supra dicta forma fuerit observata* [...]. (a. 446 d.C.)

[Riteniamo giusto che se, fra l'altro, dovesse rendersi necessario in questioni pubbliche o private ciò che non è previsto da una norma generale o dalle antiche leggi, ciò, o senatori, sia prima trattato tanto dalle dignità palatine quanto dal vostro gloriosissimo consesso, e se la soluzione sarà piaciuta tanto a tutti i giudici quanto a voi, allora essa sarà redatta in forma di legge; e così, di nuovo, raccolti tutti i pareri, essa sarà riesaminata, e avendo tutti espresso un parere favorevole, allora finalmente sarà letta nel nostro consistorio, affinché il consenso di tutti sia confermato dalla nostra autorità. Sappiate dunque, o senatori, che in futuro una legge non sarà promulgata, se non con l'osservanza della procedura sopra descritta ...].

d) *Il cosiddetto dualismo legislativo*. – A proposito della generale vigenza delle leggi imperiali in tutto il territorio imperiale un problema che ancora affanna la critica giusromanistica è quello del presunto dualismo legislativo. Dinanzi alla divisione dell'impero in due *partes* amministrative ben distinte (*Occidentis* e *Orientis*) ciascuna con un proprio apparato istituzionale e burocratico, gli studiosi si sono posti il problema se le leggi emanate da un Augusto vigessero *ipso iure* anche nella *pars imperii* del collega. In generale ci si divide tra chi sostiene che a fronte della ripartizione organizzativa si preservò l'unità legislativa e chi al contrario sostiene che si sarebbe in presenza di un vero e proprio fenomeno di dualismo legislativo, in virtù del quale una *lex generalis* emanata in una *pars imperii* non avrebbe acquistato vigenza nell'altra *pars* senza il formale consenso del relativo Augusto.

Pur riconoscendo che la questione appare meritevole di rinnovati studi, non si può prescindere da:

CTh. 1.1.5. IMPP. THEODOSIUS ET VALENTINIANUS AA. AD SENATUM. [...] *In futurum autem si quid promulgari placuerit, ita in coniunctissimi parte alia valebit imperii, ut non fide dubia nec privata adsertione nitatur, sed ex qua parte fuerit constitutum, cum sacris transmittatur adfatibus in alterius quoque recipiendum scriniis et cum edictorum sollemnitate vulgandum* [...]. (a. 429 d.C.)

[... In futuro se si riterrà di promulgare qualcosa, avrà efficacia nell'altra parte del congiuntissimo impero in modo tale da non fondarsi su una fede dubbia o su un'affermazione privata, bensì sia inviato con una dichiarazione imperiale dalla parte in cui sarà stato statuito, al fine di essere recepito negli archivi imperiali dell'altra e divulgato con il sistema degli editti ...].

A nessuno innanzitutto sfugge il senso del provvedimento normativo di Teodosio II che non si poneva il problema della validità universale delle *leges generales* emanate in una *pars imperii*, bensì quello delle modalità di comunicazione delle stesse, per tenere aggiornati gli archivi imperiali, ovviare a carenza di informazioni sui provvedimenti imperiali e fronteggiare eventuali strumentali invocazioni di presunti provvedimenti emanati in una delle due *partes imperii*, come nel caso del 398 d.C., quando curiali di origine ebraica di talune città dell'Italia meridionale tentarono di sottrarsi ai relativi *munera* (CTh. 12.1.158, a. 398 d.C.).

Ma oltre a ciò deve dirsi che:

α) il problema riguardava eventualmente le *leges generales* e non le costituzioni emanate per casi singoli come i *rescripta*;

β) nonostante il separatismo burocratico, l'unità costituzionale dell'impero, ribadita da Teodosio II in CTh. 1.1.5, non era prevalentemente formale come si tende a volte a credere, ma sostanziale: basti pensare ad esempio che nella successione imperiale occorreva il consenso dell'Augusto in carica per avere una piena ed effettiva legittimazione;

γ) le *inscriptiones* delle costituzioni imperiali contenevano sempre i nomi degli Augusti in carica, ed è difficile che ciò fosse soltanto il rispetto di una formalità protocollare;

δ) nel 429 d.C. Valentiniano III dispose le condizioni perché una *lex generalis* emanata in una *pars imperii* avesse vigore anche nell'altra *pars*: informazione ufficiale attraverso una *sanctio pragmatica* all'Augusto collega e suo riconoscimento; con ciò Valentiniano III non ufficializzò affatto il dualismo legislativo ma intese sgombrare un campo così delicato come quello della produzione legislativa e della sua vigenza da confusione e da cause di fraintendimento e di ostilità tra gli Augusti; infatti le procedure di ricezione o imitazione assicuravano una sostanziale uniformità legislativa tra Occidente e Oriente;

ε) non esiste dunque alcun documento ufficiale da cui possa trarsi la statuizione dell'autonomia legislativa delle due *partes imperii*; ed eventuali divergenze in campo legislativo tra Oriente e Occidente, messe in luce da Mario Antonio De Dominicis e Jean Gaudemet, non depongono sempre a favore di un dualismo legislativo, potendo ben trattarsi di diversità nascenti dalla forte disomogeneità sia di territori sia di popolazione dell'impero, che inducevano gli imperatori a differenziare rispetto a determinati istituti giuridici le discipline normative modulate secondo le esigenze di ciascuna delle due *partes imperii*: sono infatti numerose le *leges* dal carattere locale talmente accentuato da impedirne l'applicazione al di fuori della *pars imperii* di emanazione;

ζ) le difformità normative, indubbiamente esistenti, dimostrano così che sovente si fondavano su valutazioni di natura regionale;

η) ancorché quello che è stato definito dualismo legislativo sia effettivamente esistito, almeno di fatto, implicando l'esistenza di due distinte tradizioni legislative, il varo del *Codex Theodosianus* dimostrerebbe, da un lato, che tale fenomeno, laddove e quando ebbe a manifestarsi, non fu il frutto di un'esplicita e ufficiale volontà di separazione dell'impero in due parti autonome e distinte bensì conseguenza di problemi e vicende in cui incorse l'impero romano e, dall'altro lato, che a partire dal 439 d.C. Teodosio II manifestò la ferma volontà imperiale di ripristinare l'unità legislativa.

3. *L'apparizione dei* codices. *Le raccolte private: i* codices Gregorianus *e* Hermogenianus *e le* constitutiones Sirmondianae

Una delle spie più luminose dei processi di trasformazione (sociali, economici, culturali, istituzionali) che investirono la società romana sin dal II secolo d.C., seppure prorompenti nei decenni a cavallo del III e IV secolo d.C., fu il mutamento della forma libraria anche per i testi giuridici: una vera e propria rivoluzione editoriale consistente nell'affiancamento del *codex* al rotolo (*volumen*) e nella rapida obsolescenza di quest'ultimo a vantaggio del primo.

In quel torno di tempo, come abbiamo più volte accennato, si manifestarono sempre più impetuosamente marcate esigenze di riordino dell'ordinamento giuridico, di liberazione dalla confusione legislativa che affannava la vita processuale, e di assestamento del sistema di produzione normativa in cui si stagliava ormai come unica fonte la volontà imperiale. Emblematiche le rappresentazioni dello stato della cultura giuridica trasmessi dai documenti sopravvissuti: la legislazione caotica che rendeva sempre più incerta la conoscenza del diritto, il materiale giurisprudenziale sottoposto a continue manipolazioni, l'ignoranza e la corruzione che segnavano la diuturna attività di avvocati e giudici dei tribunali costituivano problemi molto seri rispetto ai quali il potere imperiale proprio in ragione della sua forte fisionomia assolutistica non poteva restare insensibile.

Se volessimo avere un'idea precisa del degrado in cui versava lo stato del diritto basterebbe richiamare il desolante resoconto di Ammiano Marcellino di ciò che accadeva nei tribunali:

> Amm. Marc., *Res gest.* 30.4.2: [...] *ille (Valens) ad humilitandam celsitudinem potestatis negotiorum examina spectanda instituta esse arbitratus, ut monebat (Modestus), abstinuit penitus, laxavitque rapinarum fores quae roborabantur in dies, iudicum advocatorumque pravitate sentientium paria, qui tenuiorum negotia militaris rei rectoribus, vel intra palatium validis venditantes, aut opes aut honores quaesivere praeclaros.*
>
> [... (Valente), poiché riteneva, come gli suggeriva (Modesto), che l'esame di un gran numero di cause fosse stato introdotto per avvilire la maestà dell'imperatore, se ne astenne completamente e aprì le porte alle ruberie che di giorno in giorno aumentavano grazie alla malvagità dei giudici e degli avvocati i quali, pari nella perversità dei sentimenti, vendevano le cause dei poveri ai funzionari militari oppure ai potenti di corte e si guadagnavano ricchezze od onori insigni].

Corruzione dei giudici, spregiudicatezza, approssimazione e incultura giuridica degli avvocati, pronti a citare a sproposito, e addirittura falsamente, autori e leggi antiche. Certo non sorprende che proprió nella vita dei tribunali si concentrasse l'attenzione, poiché quella è stata e sempre sarà la dimensione in cui verificare il grado di funzionamento di un sistema giudiziario di una comunità; ma il tema dello scadimento della vita giuridica, dell'immoralità dilagante soprattutto nella prassi dei tribunali, era in effetti fortemente avvertito se in un anonimo scritto del IV secolo, il cui lessico sembrerebbe tradire l'autore quale burocrate dell'apparato imperiale ormai lontano dalla vita attiva, leggiamo la medesima denuncia e un accorato appello all'imperatore:

Anon., *De reb. bell.* 21.1-2: *Divina providentia, sacratissime imperator, domi forisque rei publicae praesidiis comparatis, restat unum de tua serenitate remedium ad civilium curarum medicinam, ut confusas legum contrariasque sententias, improbitatis reiecto litigio, iudicio augustae dignationis illumines. Quid enim sic ab honestate consistit alienum quam ibidem studia exerceri certandi ubi, iustitia profitente, discernuntur merita singulorum?*

[O imperatore quanto mai sacro, quando la difesa della cosa pubblica sarà stata garantita all'interno e all'esterno grazie alla divina provvidenza, ci attendiamo dalla tua serenità un'ultima medicina per curare i problemi civili: che, con il giudizio proprio dell'augusta degnazione, tu illumini le confuse e contrarie disposizioni delle leggi, eliminando in tal modo le cause mosse dall'improbità. Che cosa infatti è più alieno dall'onestà che esercitare la passione per le liti giudiziarie proprio in quei luoghi dove, quando si manifesta la giustizia, è possibile discernere quello che ciascuno merita?].

L'imperatore, in una rinnovata enunciazione del suo primato legislativo, era visto dunque come rimedio, *medicina* dei problemi civili, innanzitutto per ovviare alla sconcertante *confusio* che affliggeva le *leges*. Non bisogna dimenticare che il primato della norma imperiale, balenato nella redazione dei *Libri constitutionum* di Papirio Giusto, appare già negli scritti di Callistrato che riconosceva esplicitamente alla legislazione imperiale il potere di delineare i contorni e la fisionomia dell'ordinamento giuridico: «le leggi assicurano la protezione, in modo eguale, a tutti gli uomini» (D. 48.19.28.7).

Fu in questo quadro problematico, tumultuoso e contradditorio che cominciò a delinearsi, già nell'ultimo scorcio del III secolo d.C., nella vita e nella cultura giuridica dell'impero, un'intensa e diffusa attività di raccolta, di natura compilatoria, dei provvedimenti imperiali, spesso indicata come codificatoria, non in senso tecnico, ma con riferimento alla forma libraria, *codex*, che la conteneva. Essa fu inizialmente di segno privato, cioè senza il crisma dell'ufficialità del potere politico e conseguentemente priva di carattere autoritativo. E così, alla fine del III secolo d.C., a opera di due giuristi (plausibile ritenerli anche autorevoli membri della burocrazia imperiale) entravano in circolazione i *codices Gregorius* (o *Gregorianus*) e *Hermogenianus*. Nasceva, in buona sostanza, un nuovo genere di opera giurisprudenziale scaturente dalla consapevolezza dei giuristi tardoantichi che il *princeps* fosse ormai l'unico legislatore e interprete delle *novae leges* e che fosse non opportuna bensì necessaria la codificazione dei *rescripta*.

a) Il primo *codex* fu una raccolta di costituzioni imperiali, divisa in *libri* (14 o forse 16) e *tituli*, confezionata pare dal giurista *Gregorianus*, stante la sua menzione in CTh. 1.4.3 accanto a Ermogeniano, Gaio, Papiniano e Paolo. È ancora in corso un vivace dibattito sull'individuazione di Gregoriano e sulla ricostruzione della sua carriera, che vede gli studiosi dividersi tra chi lo rappresenta come un funzionario imperiale data l'operatività in quegli anni di un Gregoriano *magister memoriae* di Diocleziano o Galerio nel 295 d.C., che avrebbe redatto il *codex* per proprio uso privato, e chi invece lo considera come un *antecessor*, cioè un maestro di diritto, attivo presso la scuola di Berito. Alla luce della documentazione esistente che dimostra tra l'altro l'origine orientale del *Codex Gregorianus*, le più recenti ricerche tracciano un profilo di Gregoriano quale professore di diritto a Beirut nella provincia di *Syria*, che si impegnò in tale raccolta di testi imperiali, dando ad essi un buon impianto sistematico secondo le linee dell'ordine dell'editto e con un segno che denota nell'autore un interesse storico non calibrato soltanto sulle esigenze della mera pratica.

b) Di segno in qualche misura diverso è il secondo *codex* privato, cioè quello redatto da *Hermogenianus*, giurista e *magister libellorum* presso la corte di Diocleziano sino al 294 d.C. Che Ermogeniano fosse un funzionario imperiale lo fanno credere forti indizi come la celerità con cui fu redatto il codice e l'evidente accesso ai regesti imperiali di cui l'autore godette. Contenente, come il precedente, rescritti imperiali, sebbene limitati al biennio 293-294 d.C., sino a qualche tempo fa si riteneva che il *Codex Hermogenianus* fosse un supplemento cronologico del *Codex Gregorianus*, cioè nel senso che Ermogeniano continuò la raccolta delle costituzioni imperiali successive laddove si era fermato Gregoriano. Tuttavia non solo questa tesi non trova riscontro testuale, ma ciò che oggi appare dimostrato è la diversità del *Codex Hermogenianus* per natura e scopo: il contenuto limitato alle costituzioni imperiali più recenti, la distribuzioni in *tituli* ma non in *libri*, la redazione affrettata e una meno apprezzabile elaborazione inducono a ritenere che la raccolta avesse finalità pratiche e meno scientifiche di quelle del *Codex Gregorianus*.

Entrambi i *codices* non ci sono giunti direttamente ma attraverso altre compilazioni, mentre residuano chiare tracce di aggiunte di altre costituzioni imperiali di epoca più avanzata subite successivamente alla loro redazione. Il dato che comunque appare indiscutibile è l'importanza delle due raccolte, certamente tra le più autorevoli in circolazione e apprezzate dalla comunità dei giuristi e degli operatori del settore. La novità era indubbia e, per quanto forse sopravvalutata come nel caso del *Codex Gregorianus* che Theodor Mommsen descrisse come una tappa fondamentale del «passaggio dell'attività giuridicoletteraria dall'Occidente latino all'Oriente greco», essa apriva il varco alle aspettative verso un intervento del medesimo segno del governo imperiale.

c) A completamento delle raccolte non ufficiali di costituzioni imperiali, un cenno meritano anche le cosiddette costituzioni *Sirmondianae* o *Sirmondi*, dal gesuita e insigne studioso di patrologia Jacques Sirmond che ne curò la prima edizione nel 1631. Si tratta di una raccolta di 16 costituzioni imperiali tutte in materia di rapporti tra Stato e Chiesa, congegnata senza alcun dubbio in ambienti romano-cristiani della Gallia. La raccolta per quanto modesta è utile sotto l'aspetto testuale: alcune costituzioni infatti appaiono in una versione assai più ampia di quella mostrata dalle corrispondenti costituzioni accolte nel *Codex Theodosianus*, prova inconfutabile della precedenza cronologica della raccolta rispetto al codice imperiale e di una loro versione più ampia e dunque plausibilmente assai più vicina all'originale.

4. *Il primo codice ufficiale: il* Codex Theodosianus

In seno al governo imperiale la necessità di una radicale svolta sul piano delle fonti del diritto e dell'utilizzazione del vasto materiale normativo era ampiamente matura già nel terzo decennio del V secolo. Il primo forte sintomo prese corpo nel 426 d.C., in Occidente, con l'emanazione da parte di Valentiniano III di un provvedimento denominato 'Legge delle citazioni', destinato alla efficacia normativa e alla regolamentazione dei *iura*.

La risposta orientale alla 'Legge delle citazioni' non tardò a venire e giunse il 26 marzo del 429 d.C. con l'*oratio ad Senatum* pronunciata a Costantinopoli da Teodosio II, il cui testo è conosciuto grazie ai *Gesta Senatus Romani de Theodosiano publicando*. L'imperatore illustrava un poderoso progetto, affidato a giuristi che ad eccezione di uno erano tutti funzionari di palazzo (tra cui un *magister memoriae* e diversi *magistri scriniorum*), articolato in due distinti *codices* rispondenti a scopi diversi da realizzare *ad similitudinem Gregoriani atque Hermogeniani codicis*:

> CTh. 1.1.5. IMPP. THEODOSIUS ET VALENTINIANUS AA. AD SENATUM. *Ad similitudinem Gregoriani atque Hermogeniani codicis cunctas colligi constitutiones decernimus, quas Constantinus inclitus et post eum divi principes nosque tulimus, edictorum viribus aut sacra generalitate subnixas. Et primum tituli, que negotiorum sunt certa vocabula, separandi ita sunt, ut, si capitulis diversis expressis ad plures titulos constitutio una pertineat, quod ubique aptum est, collocetur; dein, quod in utramque dici partem faciet varietas, lectionum probetur ordine non solum reputatis consulibus et tempore quaesito imperii, sed ipsius etiam compositione operis validiora esse, quae sunt posteriora, monstrante; post haec, ut constitutionum ipsa etiam verba, quae ad rem pertinent, reserventur, praetermissis illis, quae sanciendae rei non ex ipsa necessitate adiuncta sunt. Sed cum simplicius iustiusque sit praetermissis eis, quas posteriores infirmant, explicari solas, quas valere conveniet, hunc quidem*

codicem et priores diligentioribus conpositos cognoscamus, quorum scholasticae intentioni tribuitur nosse etiam illa, quae mandata silentio in desuetudinem abierunt, pro sui tantum temporis negotiis valitura. Ex his autem tribus codicibus, et per singulos titulos cohaerentibus prudentium tractatibus et responsis, eorundem opera, qui tertium ordinabunt, noster erit alius, qui nullum errorem, nullas patietur ambages, qui nostro nomine nuncupatus sequenda omnibus vitandaque monstrabit [...]. (a. 429 d.C.)

[Decretiamo che, sul modello dei codici Gregoriano ed Ermogeniano, siano raccolte tutte le costituzioni che sono state emanate dal glorioso Costantino e dopo di lui dai divini imperatori, fino a noi stessi, le quali abbiano forza di editti o siano sacri precetti imperiali muniti di efficacia generale. In primo luogo, i titoli, che indicano le materie, sono da disporre in modo tale che, se un'unica costituzione, articolata in diversi capi, attenga a più titoli, sia posto ciò che è appropriato nella sua giusta collocazione. In secondo luogo, ove si manifestino contraddizioni fra le disposizioni, esse saranno risolte in base all'ordine dei testi e non sarà soltanto la considerazione dell'anno del consolato e del tempo del regno, ma anche la stessa sistemazione dell'opera a mostrare che le leggi più recenti sono le più valide. Siano inoltre mantenute le medesime parole delle costituzioni, sempreché attengano alla materia trattata. Quelle parole che invece sono state aggiunte non per vera necessità di stabilire regole siano omesse. Sebbene sia più semplice e maggiormente consono al diritto tralasciare le costituzioni abrogate da disposizioni posteriori e accogliere solo quelle che sono in vigore, nondimeno giudichiamo questo codice e quelli precedenti essere frutto dell'opera di uomini ricchi di zelo, le cui ricerche erudite hanno reso possibile conoscere anche quelle norme che, passate sotto silenzio, caddero in desuetudine, perché destinate a valere solo per casi propri del tempo che fu. Da questi tre codici e dai trattati e responsi giurisprudenziali che siano attinenti alla materia di ciascun titolo, ad opera degli stessi uomini che redigeranno il terzo codice, sarà tratto un altro nostro codice che non permetterà alcun errore o ambiguità. Esso porterà il nostro nome e mostrerà a tutti ciò che deve essere compiuto e ciò che deve essere evitato ...].

Naturalmente, nonostante l'apparenza, questa avvertenza non deve essere interpretata come la semplice realizzazione di un codice complementare a quelli privati, ma di una vera e fondamentale novità. Nelle previsioni programmatiche, il primo codice sarebbe stato una raccolta di *leges generales* emanate da Costantino in avanti, secondo lo schema invalso per i codici precedenti, organizzate in libri e titoli a prescindere dalla loro vigenza. La peculiare composizione di questo primo codice ufficiale si spiega perché diretto a soddisfare prevalentemente ragioni di studio e di scuola, tanto che il mandato di Teodosio II imponeva ai commissari teodosiani il limite del rispetto dei testi delle costituzioni imperiali.

La seconda raccolta invece avrebbe dovuto contenere tutte le costituzioni in vigore tratte dai due codici privati (Gregoriano ed Ermogeniano) e dal primo codice teodosiano, opportunamente affiancate da brani giurisprudenziali. Lo scopo eminentemente pratico di questa seconda raccolta era enunciata dallo stesso imperatore: essa, «esclusa ogni contraddizione normativa» avrebbe avuto «la funzione di dirigere la vita», cioè di mostrare «quel che tutti devono seguire e quel che devono evitare»: insomma un *magisterium vitae* privo perciò di contraddizioni, incoerenze e ambiguità (CTh. 1.1.5).

Poiché i lavori evidentemente non procedettero con l'alacrità attesa, Teodosio II nel 435 d.C. dispose qualche modifica parziale del programma, in particolare l'accantonamento dell'utilizzazione dei brani giurisprudenziali, un potenziamento della commissione che passò da 8 a 16 membri con qualche avvicendamento tra i commissari stessi. Alla fine del 437 d.C. la nuova commissione consegnava il prodotto del lavoro di un lungo decennio: un codice articolato in 16 libri, ogni libro suddiviso in titoli, e le costituzioni (*leges generales* in vigore o abrogate) raggruppate sotto rubriche a seconda delle materie e cronologicamente ordinate.

La raccolta realizzata dai commissari, ai quali l'imperatore concesse ampia facoltà di intervenire sui testi delle costituzioni per eliminare «la vuota abbondanza verbale» e le parti ambigue e contradditorie affinché risultassero armonizzate con l'evoluzione del diritto, sostanzialmente coincideva con la prima raccolta dell'originario progetto codificatorio. Sebbene, come si è appena detto, Teodosio II avesse rinunciato a inserire antologicamente brani dei giuristi, tuttavia non si disinteressò del tutto della cruciale questione dell'utilizzazione delle opere giurisprudenziali e a tal fine dispose l'inserimento nel *Codex* della 'Legge delle citazioni' che appunto ne ammetteva e ne disciplinava l'uso processuale.

Redatto in duplice copia, il *Codex Theodosianus* fu consegnato a Costantinopoli al prefetto del pretorio d'Italia e a quello d'Oriente direttamente da Teodosio II nel giorno delle nozze della figlia con Valentiniano III, perché entrasse in vigore l'1 gennaio del 439 d.C.

Del codice fu disposta anche una duplice formalità per assicurarne conservazione e diffusione: da un lato si prevedevano preparazione e deposito di copie negli archivi ufficiali e da un altro lato si ordinò ai prefetti del pretorio di garantire la pubblicità della raccolta imperiale attraverso *edicta* «per portare a conoscenza di tutti i popoli, di tutte le province» come e quali costituzioni imperiali dal 439 d.C. un cittadino avrebbe potuto utilizzare per sostenere in giudizio le proprie ragioni (Nov. Theod. 1, 15 febbraio 438 d.C.).

Il codice Teodosiano non ci è pervenuto né integralmente né direttamente, ma ne conosciamo una gran parte attraverso la tradizione manoscritta della *Lex Romana Wisigothorum* (o *Breviarium Alaricianum*). Tuttavia possiamo dire che le materie trattate sono prevalentemente di diritto pubblico e, proprio per questa ragione, non si può prescindere dal materiale normativo per comprendere l'architettura costituzionale dello Stato romano tardoantico e le relative strutture dell'apparato burocratico; ampia trattazione poi è stata riservata ai rapporti tra Stato e Chiesa, tanto da far pensare che si trattasse in definitiva di una raccolta delle costituzioni generali degli imperatori cristiani: tesi questa che per quanto autorevolmente sostenuta non trova un solido fondamento e rispetto alla quale è sufficiente obiettare che il *Codex* contiene persino alcuni provvedimenti di Giuliano l'Apostata.

Il codice Teodosiano, per quanto fosse la prima raccolta ufficiale di testi normativi imperiali, non fece venir meno le due precedenti raccolte private, anzi Teodosio II le confermò sin dal giorno in cui diede inizio ai lavori compilatori nel 429 d.C.

Non si è smesso di discutere se tra il progetto originario e quello realizzato ci fosse continuità o rottura; è ancora assai controverso il tema degli scopi della codificazione (un codice senza contraddizioni o una raccolta di testi che fosse una fonte di cognizione da cui trarsi attraverso lo studio la norma adeguata al caso concreto?): una cosa è certa, il codice Teodosiano rispose a esigenze teoriche e pratiche attraverso la semplificazione dei testi imperiali, l'indicazione di criteri espliciti per l'allegazione di brani delle opere giurisprudenziali in sede processuale e tutto ciò nel segno dell'affermazione dell'autorità imperiale in materia di produzione normativa (compresa l'interpretazione) e di ufficialità delle fonti di cognizione. Una straordinaria novità, dunque, come si è detto? Neppure tanto. Sembra paradossale, e per certi versi quasi banale, ma alla base della concezione e della elaborazione del *Codex Theodosianus* riaffiorava – in un assetto dello Stato romano e del potere politico fortemente autoritario – dopo circa otto secoli il medesimo motivo, perno di quella forte e feconda rivendicazione popolare, travaglio dei decenni iniziali della giovane 'democrazia militare', che sarebbe sfociata nella Legge delle XII Tavole: la certezza del diritto.

Naturalmente l'attività normativa imperiale non si arrestò con la pubblicazione del *Codex*, ma continuò incessante con le cosiddette *Novellae post-theodosianae* emanate dallo stesso Teodosio II, da Valentiniano III e dai loro successori. Raccolte poi in compilazioni non ufficiali, esse appaiono sovente originate da problemi di applicazione delle costituzioni imperiali codificate. Il *Codex Theodosianus* restò in vigore sino all'emanazione del *Novus Codex*, ovvero il primo *Codex Iustinianus* pubblicato con la costituzione *Summa rei publicae* il 7 aprile del 529 d.C.

5. *I caratteri della giurisprudenza tardoantica*

Tra i più importanti motori di trasformazione tardoantica dell'universo giuridico si annovera la giurisprudenza. Tuttavia, per le ragioni esaminate nelle pagine precedenti, a partire dalla seconda metà del III secolo si andò delineando il venir meno delle forme classiche della giurisprudenza romana isolabili in due aspetti: l'isterilimento progressivo di una giurisprudenza assai attiva sul piano della letteratura scientifica e l'estinzione della funzione nomogenetica del giurista attraverso la sua diuturna attività tecnico-giuridica (soprattutto il *respondere de iure*) quali pilastri sino ad allora dello *ius controversum*.

La nuova fisionomia assunta dai *prudentes* e la rimodulazione del loro essere e della loro attività nell'età tardoantica ebbero ripercussioni rilevanti. Le conseguenze furono tanto profonde quanto forte fu lo scarto del passaggio a un impianto del sistema della produzione del diritto il cui modulo dominante restava sì quello dell'elaborazione casistica, però imperniata sulla figura dell'imperatore quale unico centro politico e sulla cancelleria imperiale sostituitasi ai giuristi.

In questo quadro, il tradizionale rapporto dialettico tra potere imperiale e giuristi dell'epoca classica si semplificò molto. Gli studi più recenti hanno bene evidenziato l'assetto precedente fondato sul 'compromesso' tra *principes* e *prudentes*: da un lato, il riconoscimento imperiale ai giuristi del loro ruolo primario di determinare le linee evolutive dell'ordinamento giuridico romano e, da un altro lato, l'accettazione da parte dei giuristi della svolta autoritaria di accentramento del sistema delle fonti di produzione normativa in capo all'imperatore, almeno a partire da Adriano.

Tuttavia alla fine del III secolo d.C. il quadro mutava repentinamente: la crisi economica, finanziaria, militare, politica produceva visibilmente fenomeni di disgregazione e frantumazione a cui si rispose con ristrutturazioni assolutistiche portatrici di esigenze di una regolamentazione legislativa della società, pervasiva e uniforme, quale mai avrebbe potuto essere affidato ai giuristi, ma che doveva apparire come un'emanazione diretta della volontà dell'imperatore. Inevitabilmente, tali dinamiche dissolsero le fondamenta di quel 'compromesso' tra *principes* e *prudentes*.

È facile scorgere la 'solitudine giuridica' degli imperatori, ormai sempre più militari che espressione della società civile: e accanto a loro non più grandi figure di giuristi, non più giuristi-prefetti ma condottieri militari (per lo più *magistri militum*). Il giurista arretrava dai vertici politici dell'impero nelle anonime retrovie dell'apparato burocratico. Era cambiato l'impero, non prevalevano più le logiche espansionistiche bensì quelle di difesa dei confini sotto l'arrembante pressione dei giganteschi flussi migratori dal nord Europa e dall'est del continente asiatico. La *civilitas* romana era in pericolo e non c'era più spazio neppure per figure di imperatori colti o intellettuali, ancorché eccellenti strateghi militari, come Adriano o Marco Aurelio, salvo eccezioni come Giuliano, ma assai più per esperti e duri generali come la sequenza dei '*restitutores* illirici' ci ha mostrato.

Il giurista che sceglieva di svolgere il proprio 'mestiere' fuori dall'apparato burocratico imperiale orientò la sua attività verso due canali: il mondo scolastico e dunque dell'insegnamento, e la rielaborazione intensa, incessante dell'immenso patrimonio del genere letterario giuridico. La nuova fase faceva apparire irripetibile la stagione della fiorente letteratura scientifica dell'età severiana: salvo qualche sporadica eccezione, i giuristi non s'impegnarono più nella redazione di opere originali o almeno non costituì di certo questo il loro campo di interesse primario. Abbandonando la tradizionale attività scientifica scritta che sino ad allora aveva preso corpo in opere di raccolta, sistemazione e commento, essi si dedicarono a un'intensa attività di parafrasi, antologie, epitomi. Niente di davvero originale nel panorama scientifico, da qui autorevoli studiosi hanno tratteggiato un quadro enfaticamente drammatico della giurisprudenza tardoantica: alcuni hanno parlato di collasso della giurisprudenza (Fritz Schulz); altri addirittura del ritrarsi della grazia di Dio (Gerhard von Beseler); mentre più recentemente si è fatto ricorso alla metafora meno radicale e più convincente di 'abdicazione' (Aldo Schiavone) o di 'eclissi' della giurisprudenza romana nel senso di un suo evidente oscuramento (Valerio Marotta) o forse ancor più adeguatamente sarebbe utile parlare di 'inabissamento'.

Parlare invece di un esaurimento del ceto dei giuristi non ha alcun senso, perché essi, nonostante il progressivo sgretolamento del loro ruolo di autonomia da parte dell'imperatore nel campo della produzione normativa, non furono cancellati e invece restarono comunque in campo – attraverso la loro tradizionale attività interpretativa, esercitata sovente anche nella cancelleria o nel tribunale imperiale e quella altrettanto incisiva di commento – a dar corpo e profondità agli interventi normativi imperiali da sostenere nel diuturno gioco dell'applicazione del diritto nel cangiante fenomeno della prassi negoziale e/o processuale. Dall'età epiclassica in avanti si assistette a una divaricazione dei fondamentali tratti identitari della grande giurisprudenza classica: da un lato una continuazione del modello classico di giurista come operatore pratico del diritto esclusivamente all'interno della cancelleria imperiale, da un altro lato, in via separata ed esterna all'apparato imperiale, si affermava la figura del giurista-professore che avrebbe assunto più avanti fattezze definitive nel suo diuturno impegno nelle scuole di diritto.

Come vedremo nelle prossime pagine, sebbene non come in passato, 'l'onnipresenza del giurista', efficace espressione di Rudolph von Jhering, restava anche nell'età tardoantica un'autentica costante della storia del diritto romano. E in fin dei conti non può non ammettersi che le attività tipiche dei giuristi tardoantichi restarono tradizionalmente ancorate sui terreni della produzione letteraria (opere originali oppure opere di compilazione o rielaborazione di opere classiche), dell'attività forense e delle scuole: tre segmenti diversi ma incessantemente e inestricabilmente intrecciati.

In effetti dopo la morte di Erennio Modestino, segretario *a libellis* tra il 223 e il 225 d.C. e *praefectus vigilum* intorno al 240 d.C., considerato l'ultimo grande giurista d'età severiana, non è che manchino tracce di giuristi e della loro produzione letteraria. Certo furono anni durissimi di frantumazione del potere politico in cui il clamore delle armi concedeva stretti margini a giuristi e intellettuali, ma sono sopravvissute le notizie di un *Innocentius*, secondo una testimonianza ultimo giurista al quale fu concesso lo *ius publice respondendi*, e *Iulius* (*Gallus*?) *Aquila*, autore di una raccolta di *responsa*; e ancora *Furius Anthianus* e *Rutilius Maximus*. Tra tutti spiccavano quei giuristi viventi e attivi in età dioclezianea di cui si è salvata una parte della loro produzione scientifica: Aurelio Arcadio Carisio, Ermogeniano, Gregoriano.

Durante questi anni di profonda ristrutturazione statale, nel panorama della letteratura giuridica appare il *Liber singularis de officio praefecti praetorio*

(*Libro del prefetto del pretorio*) di Aurelio Arcadio Carisio. Giurista e *magister libellorum*, prima di Massimiano e poi di Diocleziano, Arcadio Carisio appare ai nostri occhi ancora come un epigono di quella eccellente tradizione classica di giuristi capaci di saldare l'impegno intellettuale e scientifico con quello politico più alto, sin nel cuore dell'apparato amministrativo centrale dell'impero. Con la sua opera, almeno nella parte e nella veste in cui ci è giunta grazie al parziale salvataggio dei commissari giustinianei (D. 1.11.1*pr.*-2), Arcadio Carisio dimostra il tentativo di sistematizzare le novità introdotte nell'età dioclezianea, proponendo un segno di continuità con le innovazioni augustee nell'impianto repubblicano. Il documento è importante perché offre alcune coordinate della riflessione giuspubblicistica tardoantica sulla nuova concezione del potere imperiale, sulle istituzioni di governo e sui tentativi di armonizzare le potenti trasformazioni attuate. In questa monografia dedicata al prefetto del pretorio, Arcadio Carisio modella infatti un sistema in cui, da un lato, l'imperatore viene prepotentemente presentato come la fonte di legittimazione di ogni carica pubblica e accostato alla dittatura: unica differenza era la durata limitata della carica magistratuale rispetto alla durata perpetua degli imperatori. Mentre, da un altro lato, il prefetto del pretorio, nella visione e nell'analisi politica del giurista, viene qualificato senza tentennamenti come magistrato: insomma, un modello che per quanto incentrato sul rapporto imperatore/prefetto del pretorio offre «il paradigma dell'assetto complessivo delle "autorità" e delle funzioni di governo, come si viene costruendo nella teoria e nella pratica di età dioclezianea» (Francesco Grelle).

Ermogeniano, da identificare con il *praefectus praetorio* di Costanzo Cloro e probabilmente con l'autore della raccolta privata di *rescripta* nota come *Codex Hermogenianus*, fu lo stesso compositore dei *libri iuris epitomarum*.

Lo stesso è da dirsi a proposito di Gregoriano, sebbene assai discussi come abbiamo accennato prima siano identità e profilo, se cioè fu funzionario imperiale o *antecessor*. Gregoriano, operante comunque a stretto contatto con la corte imperiale quantomeno per l'accesso agli archivi, fu autore di un'altrettanto fortunata compilazione di costituzioni imperiali, il già ricordato *Codex Gregorianus*, che per quanto di carattere privato nei secoli successivi fu confermata come valida sino all'emanazione del codice giustinianeo.

Eppure l'idea del giurista burocrate, nel senso deteriore del termine, rigido, statico, privo di iniziativa e in attesa di ordini gerarchicamente provenienti dall'imperatore non regge ed è certamente ingiusta. I giuristi tardoantichi, invece, declinarono il cambiamento a favore di una duplice tipologia del loro impegno letterario e intellettuale: innanzitutto perché il germe fecondo della codificazione nacque in seno a essi; e poi perché mostrarono una notevole attitudine nella rielaborazione del gigantesco materiale giuridico (*iura* e *leges*) stratificatosi nel corso dei secoli di cui in effetti si avvertiva un formidabile bisogno di riordinamento e di adeguamento alle mutate esigenze dei nuovi tempi sia per finalità didattiche sia per altrettanto pressanti scopi pratici.

L'impianto del commento restava solido, ma si coniugava con la riedizione semplificata dei testi classici e delle costituzioni imperiali: come è stato detto, la cifra del lavoro del giurista tardoantico era l'edizione e la glossa. In questo senso è efficace la fotografia che Aldo Schiavone consegna del giurista: innanzitutto editore prima che interprete. In realtà non vi è un *prius*, perché è vero che il giurista si faceva editore ma ciò poteva avvenire soltanto grazie alla sua attività interpretativa, di riadattamento, magari anche soltanto di semplificazione dei testi della grande giurisprudenza severiana alla nuova realtà tardoantica. Ma il segno del mutamento stava proprio nella nuova essenza di questa attività che conduceva, in coerenza con l'assetto istituzionale imperiale, dallo *ius controversum* allo *ius receptum*.

L'attività di rielaborazione non era naturalmente confinata a scopi teorici e di studio, ma aveva una immediata ricaduta in ambito forense, dove da tempo si era consolidata la prassi della cosiddetta *recitatio*. Se c'è infatti un versante su cui è possibile misurare l'importanza della giurisprudenza tardoantica questo è proprio quello dell'attività forense, della prassi giudiziaria. Nel contesto difficile, complesso e assai dinamico, dell'età tardoantica segnata da un materiale giuridico stratificatosi lungo secoli così vasto ed eterogeneo da rendere assai difficile il districarsi, fu netto e determinato l'atteggiamento preoccupato del governo imperiale verso i problemi relativi all'utilizzazione degli *iura* in sede processuale.

La prassi della *recitatio* – cioè la prassi della lettura in giudizio sia di costituzioni imperiali sia degli scritti dei giuristi classici che studi più recenti ritengono sorta già in età precostantiniana – sollevò problemi rilevanti che chiamarono in causa direttamente il potere imperiale: come orientarsi nell'oceano immenso di opinioni disparate e disperse in una sedimentata vastità di opere e libri? E quali garanzie circa l'autenticità assicuravano i fruitori vuoi per lo stato delle biblioteche, vuoi per il difficile accesso agli archivi e ai depositi librari? Soprattutto i dubbi sull'effettiva autenticità del materiale giuridico che si produceva in giudizio, dubbi fondati sull'inevitabile fenomeno di inquinamento consapevole o meno nel corso dei processi di trasmissione, circolazione, adattamento e semplificazione dei testi classici da parte della giurisprudenza tardoantica insieme alla spregiudicatezza di un ceto forense aduso alla produzione in giudizio di testi apocrifi, spinsero gli imperatori a intervenire ripetutamente in materia.

In ogni caso il problema in questo inestricabile intreccio di difficoltà consisteva nel superamento di un tratto genetico della giurisprudenza romana repubblicana e classica consistente nello *ius controversum*, cioè di uno *ius* la cui incessante scaturigine stava nelle *dissensiones iurisconsultorum* ovvero nel confronto delle idee e delle opinioni giurisprudenziali: in estrema sintesi obiettivo del potere imperiale assecondato dalla giurisprudenza tardoantica fu appunto '*purgare*' il diritto dalle controversie dottrinali. Immediate e concrete conseguenze si riscontrarono da un lato nella produzione letteraria in cui non ci fosse più spazio per uno *ius controversum* bensì per uno *ius receptum*, cioè soluzioni e dottrine consolidate sottratte alla disputa dottrinale; da un altro lato, nell'adozione di quei provvedimenti imperiali volti a disciplinare l'uso non solo dei *rescripta* ma delle stesse opere della giurisprudenza.

Compaiono così opere che mosse dal desiderio di dominare gli *iura controversa* erano dirette a isolare quelle opinioni rispetto alle quali si era agglutinato un vasto consenso. Ecco quindi le *Epitome iuris* di Ermogeniano e le *Pauli Sententiae*, ancora controverse nella loro paternità, ma programmaticamente chiare sin dal loro titolo '*Pauli Sententiarum receptarum ad filium libri quinque*'.

Lungo questa prospettiva di esigenze diremmo combinate di accentramento della produzione del diritto, della sua interpretazione e di certezza dell'autenticità, l'attività privata di studio e rielaborazione della giurisprudenza cominciò a un certo momento a ricevere sanzione imperiale. Nel 321 d.C. Costantino dispose l'invalidità delle *notae* (cioè commenti ed esplicazioni) di Paolo e Ulpiano ai testi di Papiniano (CTh. 1.4.1). Qualche anno dopo, nel 328 d.C., lo stesso Costantino affermò la validità di tutta l'opera di Paolo (CTh. 1.4.2), comprese le *Sententiae* pseudo-paoline, ancorché generalmente si ritenga fuor di dubbio la spettanza della loro paternità a un oscuro maestro occidentale. All'imperatore in altri termini non interessava tanto sanzionare l'autenticità del materiale raccolto nelle *Pauli Sententiae* quanto affermare che quello era *ius receptum*, non controvertibile, frutto comunque di una straordinaria semplificazione:

> CTh. 1.4.2. IMP. CONSTANTINUS A. AD MAXIMUM PP. *Universa, quae scriptura Pauli continentur, recepta auctoritate firmanda sunt et omni veneratione celebranda. Ideoque sententiarum libros plenissima luce et perfectissima elocutione et iustissima iuris ratione succintos in iudiciis prolatos valere minime dubitatur.* (a. 328 d.C.)
>
> [Tutto ciò che è contenuto negli scritti di Paolo, riconosciutane l'autorità, è da confermare e da considerare degno di ogni venerazione. Perciò non vi è il minimo dubbio che i suoi libri di *sententiae*, dotati della massima chiarezza, dello stile più raffinato e della migliore dottrina giuridica, hanno valore quando sono addotti in giudizio].

In questo contesto della cultura giuridica desiderosa di un disciplinamento forte della *recitatio* si colloca il provvedimento normativo più significativo della strategia legislativa imperiale in materia di utilizzazione giudiziaria degli scritti di rielaborazione e riadattamento delle opere della giurisprudenza classica, ossia la cosiddetta 'Legge delle citazioni':

> CTh. 1.4.3. IMPP. THEODOSIUS ET VALENTINIANUS AA. AD SENATUM URBIS ROMAE. POST ALIA. *Papiniani, Pauli, Gai, Ulpiani atque Modestini scripta universa firmamus ita, ut*

Gaium quae Paulum, Ulpianum et ceteros comitetur auctoritas lectionesque ex omni eius corpore recitentur. Eorum quoque scientiam, quorum tractatus atque sententias praedicti omnes suis operibus miscuerunt, ratam esse censemus, ut Scevolae, Sabini, Iuliani atque Marcelli omniumque, quos illi celebrarunt, si tamen eorum libri propter antiquitatis incertum codicum collatione firmentur. Ubi autem diversae sententiae proferuntur, potior numerus vincat auctorum, vel, si numerus aequalis sit, eius partis praecedat auctoritas, in qua excellentis ingenii vir Papinianus emineat, qui ut singulos vincit, ita cedit duobus. Notas etiam Pauli atque Ulpiani in Papiniani corpus factas, sicut dudum statutum est, praecipimus infirmari. Ubi autem eorum pares sententiae recitantur, quorum par censetur auctoritas, quos sequi debeat, eligat moderatio iudicantis. Pauli quoque sententias semper valere praecipimus. (a. 426 d.C.)

[Confermiamo tutti gli scritti di Papiniano, Paolo, Gaio, Ulpiano e Modestino; così a Gaio deve essere riconosciuta la stessa autorità che a Paolo, a Ulpiano e agli altri, e dall'intera sua opera si possono trarre i brani da «recitare» dinanzi al giudice. Vogliamo che sia valida anche la dottrina di coloro, le cui discussioni e opinioni tutti i giuristi ora menzionati inserirono nelle loro opere: è il caso di Scevola, Sabino, Giuliano e Marcello, e di tutti gli altri che quei giuristi citarono, purché la natura autentica dei loro libri, per l'incertezza dovuta alla loro antichità, sia garantita dalla collazione dei manoscritti. Quando poi vengono avanzate opinioni diverse, prevalga anzitutto la maggioranza degli autori, oppure, se il numero è uguale, preceda l'autorità di quella parte in cui spicca Papiniano, uomo d'ingegno straordinario; se prevale sui singoli, egli però deve cedere rispetto a due. Inoltre decidiamo che siano considerate invalide, come da tempo è stabilito, le note di Paolo e di Ulpiano all'opera di Papiniano. Quando poi siano citate in egual numero opinioni contrastanti, e queste appartengano a quei giuristi la cui autorità è riconosciuta eguale, la prudenza del giudice sceglierà quali siano da seguire. Avvertiamo anche che valgono sempre le «Sentenze» di Paolo].

Varata in Occidente da Valentiniano III nel 426 d.C., il primo obiettivo della costituzione imperiale era l'attribuzione della forza di legge a determinate opere della giurisprudenza classica; al contempo introduceva criteri alquanto rigidi e meccanicistici di utilizzazione di quelle opere nella prassi dei tribunali. Secondo Valentiniano III ai fini processuali poteva addursi soltanto materiale proveniente dalle opere di 5 giuristi: Papiniano, Paolo, Ulpiano, Gaio e Modestino. In caso di opinioni divergenti, il giudice nella ricerca della soluzione della lite avrebbe dovuto seguire l'opinione offerta dalla maggioranza di tali giuristi (*potior numerus vincat auctorum*). Poteva però non riscontrarsi tra i cinque un'opinione maggioritaria e ricadersi allora in due diversi casi: a) nel caso di opinioni divergenti paritariamente sostenute il giudice avrebbe dovuto applicare l'opinione sostenuta dall'autorevole Papiniano (*si numerus aequalis sit, eius partis praecedat auctoritas, in qua excellentis ingenii vir Papinianus emineat*); b) nel caso in cui neppure tra gli scritti di Papiniano fosse stato possibile rinvenire la soluzione adeguata alla controversia, il giudice avrebbe riacquistato l'antica libertà di scegliere l'opinione che più l'avesse convinto (*quos sequi debeat, eligat moderatio iudicantis*).

La costituzione di Valentiniano III riaffermava poi i provvedimenti di Costantino e cioè sia la vigenza del divieto di utilizzazione delle *notae* paoline e ulpianee ai testi di Papiniano sia l'utilizzazione giudiziaria delle *Pauli Sententiae*.

Secondo il convincimento di Fritz Schulz, questo provvedimento fu inserito nel *Codex Theodosianus* (vedi *infra*) in una versione ampliata che permetteva la produzione in giudizio degli scritti di altri giuristi oltre i cinque prima ricordati a determinate condizioni: a) che questi ulteriori giuristi fossero appunto citati dai cinque; b) che sulle opinioni di tali altri giuristi non gravasse l'ombra della non autenticità, ragione per cui l'imperatore prescrisse che si disponesse di lezioni non contraddittorie affermate dalla collazione dei codici manoscritti (*si tamen eorum libri propter antiquitatis incertum codicum collatione firmentur*).

Dalla legge di Valentiniano III si ricavano quindi due dati di particolare importanza:

1) nonostante gli sforzi del potere imperiale e quelli dei giuristi tardoantichi di superare lo *ius controversum*, con la gerarchia tra giuristi e prospettando in sede giudiziaria una variabilità delle soluzioni giuridiche sulla base dell'individuazione o meno di maggioranze si restava in qualche misura agganciati allo *ius controversum* ancora resistente grazie alle sue secolari radici. Tuttavia è innegabile che la riforma imperiale al contempo aprisse una strada verso la cristallizzazione, verso un irrigidimento della flessibilità dello *ius controversum* che avrebbe visto il pieno superamento in età giustinianea, quando con la *Deo auctore* sarebbe stata abolita la gerarchia tra i giuristi;

2) dal III secolo in avanti il materiale giuridico giurisprudenziale di preponderante riferimento era ulpianeo, papinianeo e gaiano, con una centralità di quello paolino: non è certo un caso se tutte le opere tardoantiche rivolte alla prassi utilizzino cospicuamente le *Pauli Sententiae*.

Tuttavia una migliore attenzione alla 'Legge delle citazioni' permette di restituirla nelle sue linee essenziali ed originarie come un provvedimento generale (un'*oratio* redatta dalla cancelleria imperiale ravennate e indirizzata al senato di Roma) di riforma delle regole di utilizzazione giudiziaria sia delle opere giurisprudenziali sia dei rescritti imperiali nello spirito di diradare la nebbia che avvolgeva lo svolgimento dei processi nella ricerca delle soluzioni dei casi.

In definitiva, appare chiara la distorsione di pensiero a cui siamo stati abituati, credere cioè che le più significative riforme, dalle raccolte ufficiali di costituzioni imperiali a quelle relative all'utilizzazione di *iura* in sede processuale, siano state il frutto dell'ingegno di questo o di quell'altro imperatore lasciando i giuristi tardoantichi sullo sfondo, se non addirittura facendoli sparire come fantasmi. Ed è altrettanto chiaro quanto sia errato tratteggiarli anche come uomini incapaci di produrre opere originali, e concepire come povera e rozza la loro cultura giuridica. Funzionari imperiali centrali, membri della cancelleria, insegnanti di diritto, avvocati, i giuristi tardoantichi ripensavano la propria funzione in una società secolarizzata e assai più verticistica del passato, con grandi e rapide capacità di adattamento e di dialogo con un forte potere imperiale, tali comunque da consentire una molteplice articolazione della traduzione in pratica del loro sapere.

Come vedremo meglio nelle prossime pagine, dovremmo capovolgere la visione tradizionale, riconoscendo un ruolo primario d'impulso ai giuristi: laddove si garantivano condizioni di stabilità istituzionale, laddove si creavano presupposti per un potere politico meno frammentato e solido maturavano progetti riformatori ed emergevano figure di giuristi di tutto rispetto. Collocato all'interno dell'assolutismo imperiale politico e legislativo, i giuristi tardoantichi sostennero lo spostamento del baricentro della produzione normativa verso l'approdo al modello codicistico. Ai giuristi tardoantichi e a quelli che, impropriamente, vengono chiamati bizantini dobbiamo invece il merito inestimabile di aver assicurato navigazione lungo secoli e approdo di parte dello straordinario patrimonio giuridico romano base fondamentale della odierna scienza giuridica.

6. *Le opere della giurisprudenza tardoantica*

Abbiamo detto che provare a delineare una storia della giurisprudenza romana, anche e forse soprattutto di quella tardoantica, sganciata dalle vicende politiche e costituzionali dell'impero è cosa vana; altrettanto deve dirsi che provare a decifrarla senza una reale comprensione dell'attività delle scuole di diritto appare tentativo infruttuoso. Furono principalmente le scuole di diritto a raccogliere il compito fondamentale di formare avvocati e funzionari imperiali provando a dominare e a selezionare il gigantesco materiale giuridico sedimentatosi lungo i secoli. Anche questo aspetto non costituisce più un punto di divisione tra gli studiosi, ne permane tuttavia un altro più insidioso e assai fuorviante.

Negli studi romanistici sembra che si sappia tutto delle scuole di diritto tardoantiche, e solitamente ci si imbatte in uno schematismo tanto di comodo quanto artificiale. Basta sfogliare manuali e trattati anche recenti per imbattersi nell'elogio delle scuole orientali, dinamiche, brillanti, vivaci, di grande fama come quella di Berito, rinomate anche quelle di Antiochia, Alessandria, Costantinopoli: si dice che i maestri di diritto operanti in questa epoca mostrassero una tendenza all'astrazione, propendessero per attività classificatorie e definitorie e, secondo questo orientamento largamente maggioritario, avessero il merito di aver rinnovato la tradizione di studio diretto sui testi classici che sarebbe stato più tardi alla base del grandioso e visionario progetto compilatorio di Giustiniano.

In direzione opposta, invece, viene descritto lo stato della cultura giuridica occidentale, particolarmente segnata da povertà e incapacità di elaborazione scientifica del diritto: un vero e proprio spettro rispetto all'età d'oro di qualche secolo prima.

Tuttavia, se andiamo appena oltre una facile descrizione, ci si accorge per esempio, che il complesso delle informazioni di cui disponiamo non giustifica, o non sorregge così come ci si aspetterebbe, l'enfatica esaltazione dell'importanza delle scuole orientali rispetto a quelle occidentali. Delle prime in verità cominciamo ad avere idee più chiare su funzionamento, *curricula* e metodi soltanto grazie ai testi giustinianei, e riesce poco comprensibile come l'assenza di informazioni sia compatibile con il presunto rifiorire rigoglioso degli studi giuridici in Oriente su basi culturali di maggiore elevazione rispetto a quanto accadeva in Occidente.

Mentre assai più cospicue e a volte persino dettagliate sono le informazioni sulle scuole occidentali, sulla loro importanza e diffusione in talune territori dell'impero, come nella Gallia, addirittura capillare, con centri floridi e di primaria rilevanza come Marsiglia, Autun, Tolosa, Narbona, e ovviamente Roma. CTh. 14.9.1 contiene una costituzione del 370 d.C. di Valentiniano I, collocata sotto la rubrica *De studiis liberalibus urbis Romae et Constatinopolitanae*, rivolta agli studenti provinciali che sceglievano Roma come meta della loro formazione: a tal proposito, Sidonio Apollinare ricordava come Roma godesse ancora di ogni considerazione in quanto *domicilium legum* (Sid. Apoll., *Ep*. 1.6.2); mentre Libanio osservava con vivo disappunto quanto spesso i senatori orientali inviassero i propri figli nelle scuole di diritto non solo di Berito o di Costantinopoli, ma anche in quelle di Roma (Lib., *Or*. 48.22; *Ep*. 961), segno di una persistente autorevolezza occidentale della tradizione degli studi giuridici presso le aristocrazie imperiali della *pars Orientis*.

La stessa vicenda della 'Legge delle citazioni' è paradigmatica: considerata un testo rozzo e meccanicistico, frutto della deteriore cultura giuridica dell'Occidente, in realtà la sua bontà fu sperimentata anche dalla presunta più colta e raffinata cultura giuridica orientale tanto da essere inserita nel *Codex Theodosianus*. Del resto, è noto che nella redazione di questo codice stretta, perché indispensabile, fu la collaborazione della cancelleria di Teodosio II con l'Occidente forte, quest'ultimo, degli antichi archivi e dei ricchi depositi librari.

E sul piano più squisitamente di merito scientifico si può addurre come esempio il fatto che in Occidente fosse attestata l'applicazione della teoria dell'*universitas*, ritenuta erroneamente frutto della sagace elaborazione teorica degli ambienti giurisprudenziali e didattici ellenistici. E si potrebbe andare ancora avanti con gli esempi.

Insomma, per quanto ancora oggi campeggi negli studi romanistici, lo schema di un Occidente in cui contava pochissimo il sapere giuridico e da cui si erano persino separati i ceti aristocratici, rispetto a un Oriente culturalmente florido e avanzato, in verità esso non appare fondato sulle fonti. Ciò che ci è pervenuto dell'esperienza tardoantica non è poco. Anzi, bisogna ammettere che proprio le fonti occidentali sopravvissute, per quanto frammentarie, disegnano una catena ininterrotta da Costantino a Giustiniano tale da offrire agli studiosi un privilegiato punto di osservazione dell'evoluzione del diritto tardoantico e talvolta anche dei fattori e delle cause sottostanti. Disponiamo infatti di un complesso di opere i cui tratti generali hanno permesso una tradizionale suddivisione fondata sul criterio del materiale normativo utilizzato: sicché si distingue tra opere che rielaborano esclusivamente materiale giurisprudenziale e per questo classificate come 'compilazioni di *iura*' e opere che trattano insieme materiale legislativo imperiale e materiale di giuristi classici perciò denominate 'compilazioni miste di *iura* e *leges*' o 'compilazioni a catena'.

Poiché lo studio della peculiare produzione giurisprudenziale tardoantica è dunque importante non tanto per fini nozionistici ma per l'aiuto che potrebbe offrire nella correzione di una distorsione storiografica, a tal proposito nella esposizione che seguirà anziché seguire la tradizionale bipartizione appena richiamata, si è preferito ricorrere a un criterio geografico che suddividesse la sopravvissuta produzione giurisprudenziale tardoantica in occidentale e orientale.

A parte saranno trattate invece le raccolte contenenti esclusivamente diritto legislativo imperiale per la loro evidente peculiarità e per il loro valore di anticipazione del fenomeno codificatorio ufficiale che avrebbe preso corpo nel *Codex Theodosianus* e nella compilazione giustinianea.

a) *La produzione delle scuole occidentali*. – 1) *Tituli ex corpore Ulpiani*. I *Tituli ex corpore Ulpiani* (o anche *Epitome Ulpiani*), conosciuti soprattutto grazie al manoscritto *Vaticanus Reginae* 1128, risalente al X secolo ma scoperto in Francia nel Cinquecento, poi smarritosi e infine rintracciato nel XIX secolo da Friedrich Karl von Savigny, sembrano essere il frutto del lavoro di un anonimo giurista compiuto a cavallo del III e IV secolo.

Il testo, strutturato in 29 titoli, per qualche riferimento al *Liber singularis regularum* di Ulpiano, una non meglio identificata opera del giurista severiano nota anche attraverso due frammenti dei *Digesta*, ha scatenato il dibattito tra gli studiosi. A parte i dubbi circa l'esistenza di un'originale opera di Ulpiano con questo titolo o piuttosto di un'epitome tardoantica, alcuni vi hanno ravvisato una trattazione sintetica delle Istituzioni di Gaio, contaminata peraltro da alcuni passi di matrice ulpianea. Altri hanno più semplicemente proposto trattarsi di un'antologia di passi scelti di Ulpiano. Pur nel solco della tesi della contaminazione non è mancato chi in posizione mediana ha pensato di trovarsi tra le mani una compilazione mista del *Liber singularis regularum* ulpianeo e delle *Institutiones* gaiane.

2) *Pauli Sententiae*. Grande fortuna riscossero invece le *Pauli Sententiae*. Anche in questo caso, come accennato, molto probabilmente non si tratta della mera rielaborazione di un'opera originale di Paolo ma di una crestomazia di testi paolini, frammisti a testi di altri giuristi, ancorché non citati, e da numerosi sunti di costituzioni imperiali privi di riferimenti precisi come le più recenti ricerche hanno dimostrato. La conoscenza delle *Pauli Sententiae*

ci proviene soprattutto dalla *Lex Romana Wisigothorum*, ma non sono trascurabili al riguardo i materiali contenuti nei *Fragmenta Vaticana*, nella *Collatio*, nella *Consultatio*, nella *Lex Romana Burgundionum*, persino nei *Digesta* giustinianei.

L'opera, strutturata in cinque libri a loro volta suddivisi in titoli, si segnala per la sua chiarezza e per le sue finalità piuttosto pratiche (secondo l'idea più seguita si tratterebbe di un prontuario ad uso degli avvocati) che didattiche. Eppure la denominazione integrale *Pauli Sententiarum receptarum ad filium libri V* tradisce forse finalità didattiche e lascia margini per immaginare che l'autore delle *Pauli Sententiae* volesse fornire un testo introduttivo alla lettura dei grandi commentari e dei *libri de officio* della giurisprudenza severiana e delle opere di Papiniano.

Ad ogni modo, le *Pauli Sententiae* rappresentano uno dei testi più importanti e paradigmatici dell'attività giurisprudenziale tardoantica, la quale si faceva apprezzare per le chiare e puntuali capacità di sintesi e di riadattamento interpretativo dell'inestimabile patrimonio giuridico classico nel quadro del nuovo ruolo esercitato dall'assorbente produzione normativa imperiale.

Nate in Occidente le *Pauli Sententiae* godettero subito di larga attenzione e diffusione anche in Oriente, dal momento che in esse si trova la cifra della cultura giuridica e l'impianto del modello didattico occidentale oltre ad alcuni esempi concreti di elaborazione teorica e di nuovi concetti e istituti. Anche per queste ragioni, le *Pauli Sententiae* furono riprese da altre opere, ne apparvero nuove edizioni in cui si serbano pure tracce di rimaneggiamenti, e godettero persino del favore imperiale sancito da una costituzione di Costantino che nel 328 d.C. ne elogiava il testo: dell'opera perfetta per concetti, linguaggio e razionalità giuridica era pienamente legittimo l'uso nei tribunali (CTh. 1.4.2). Al di là dell'enfasi imperiale, ci troviamo dinanzi a un'esplicita testimonianza dell'effervescente e importante attività delle scuole di diritto occidentali solitamente disprezzate rispetto al mondo culturale e giuridico della *pars Orientis* dell'impero, capaci di alimentare dibattiti, discussioni sia sul piano dottrinale sia su quello dell'autenticità dei testi.

3) *Vaticana Fragmenta*. Si tratta di una compilazione di 341 frammenti di *iura* e *leges* giuntaci incompleta e mancante del titolo originale e dunque così denominata grazie al palinsesto della Biblioteca Vaticana che la contiene. Nel 1821 il cardinale Angelo Mai, intento a leggere il codice si accorse che sotto la *scriptura* più recente se ne annidava una più antica risalente al IV-V secolo d.C. I passi dei *Vaticana Fragmenta*, raggruppati sotto rubriche e concernenti esclusivamente materie di diritto privato, provengono dai consueti giuristi severiani (Paolo, Ulpiano e Papiniano) e da costituzioni imperiali. Di queste ultime, in particolare, in gran parte rescritti dioclezianei, la costituzione più antica risale al 205 d.C. mentre le più recenti appartengono a Costantino, sebbene compaia anche un provvedimento di Valentiniano, Valente e Graziano

databile tra il 369 e il 372 d.C. che ragionevolmente sembra il frutto di un'aggiunta posteriore. L'opinione secondo cui i *Vaticana Fragmenta* siano stati redatti in età costantiniana è avvalorata inoltre dal fatto che l'anonimo compilatore da un lato sembra ignorare i *codices Gregorianus* e *Hermogenianus* e dall'altro che ha utilizzato una versione delle costituzioni imperiali assai più estesa di quella che le medesime costituzioni presentano nel *Codex Theodosianus*.

4) L'*Epitome Gai*. L'*Epitome Gai* è un riassunto del manuale istituzionale di Gaio. Essa è contenuta nella *Lex Romana Wisigothorum* ove compare con il nome di *Liber Gai*, mentre la denominazione di *epitome* è assai più recente in quanto attribuita dalla critica moderna a seguito del confronto con il testo riscoperto del Gaio veronese.

Il dibattito scientifico circa origini e natura dell'*Epitome Gai* ha rappresentato una delle pietre miliari della moderna ricerca storico-giuridica. Tra chi ha visto nel riassunto gaiano la mano dei compilatori del Breviario visigoto di Alarico II e chi ha invece attribuito l'opera alla tarda tradizione scolastica occidentale, in ultimo ha prevalso la tesi di Gian Gualberto Archi. Lo studioso italiano, osservando l'assenza del commentario destinato al processo formulare ormai desueto, ma soprattutto parzialità, semplificazione, abbreviazione e aggiornamento del sunto rispetto al testo dell'originale gaiano, ha decifrato l'*Epitome* come un'opera essenzialmente diretta a scopi pratici: insomma redatta in Occidente prima della *Lex Romana Wisigothorum*, essa stessa era un'*interpretatio* delle Istituzioni di Gaio al pari alle altre *interpretationes* visigotiche e come tale agevolmente assunta dai compilatori di Alarico.

Resta solo un dubbio: perché, allora, nel VI secolo d.C. fu redatto un manoscritto delle *Institutiones* gaiane nella loro versione integrale, cioè il celeberrimo Gaio Veronese? Quali interessi e orientamenti muovevano dunque l'attività e la selezione del sapere giuridico delle scuole di diritto, e più in generale degli ambienti colti, occidentali a tal proposito?

5) *Fragmenta Augustodunensia*. Il permanere dell'importanza delle *Institutiones* gaiane in età tardoantica è confermato dalle diverse notizie dirette e indirette di parafrasi circolanti in Occidente. Oltre all'*Epitome* appena esaminata, un esempio di questi sunti è costituito dai *Fragmenta Augustodunensia*. Rinvenuti parzialmente in un palinsesto della biblioteca di Autun (l'antica *Augustodunum*, in Gallia), in generale si ritiene che i *Fragmenta Augustodunensia*, a differenza della più importante *Epitome Gai*, costituiscano un modesto riassunto del manuale di Gaio limitato ai libri I, II e IV, redatto in Gallia e contrassegnato da mancanza di gusto e scarsa dottrina del suo autore. In realtà l'operetta, come è stato messo in luce da Edoardo Volterra, ha i suoi pregi: si ravvisano chiarezza espositiva e in taluni casi disquisizioni dogmatiche e scientifiche improntate tutt'altro che a rozzezza e sciatteria. In tal senso è sufficiente ricordare il paragrafo in cui, trattando del fedecommesso universale, l'ignoto maestro occidentale ebbe modo di esporre la dottrina in

materia di successione universale, solitamente attribuita agli ambienti giuridici ellenistici e poi accolta nella compilazione giustinianea.

La presenza, a differenza di quanto constatato per l'*Epitome Gai*, del commento del IV libro del manuale gaiano dedicato al processo formulare non più vigente fa pensare che redazione e circolazione dell'operetta risalissero ad anni precedenti alla redazione dell'*Epitome*, e che il testo confezionato avesse finalità scolastiche: è appena il caso di osservare che l'*Epitome* soppiantò le *Institutiones* gaiane e a maggior ragione commenti come quello dei *Fragmenta Augustodunensia*.

6) *Collatio legum Mosaicarum et Romanarum*. Detta anche *Lex Dei*, la *Collatio legum Mosaicarum et Romanarum* costituisce un'opera davvero *sui generis*, trattandosi dell'unico vero esempio proveniente dal mondo antico di sistematica comparazione di due ordinamenti giuridici diversi: norme della legislazione mosaica e norme di diritto romano. Il metodo adottato appare rigoroso: alle norme mosaiche tradotte in latino seguono nel loro testo originale escerti di brani giurisprudenziali (soprattutto Paolo, ma anche Gaio, Papiniano, Ulpiano e Modestino) e di costituzioni imperiali provenienti dai codici Gregoriano ed Ermogeniano, ad eccezione di una sola costituzione emanata nel 390 d.C. (ritenuta però un'aggiunta posticcia). Non essendovi traccia di conoscenza del *Codex Theodosianus* si ritiene che la *Collatio* vada plausibilmente collocata a cavallo del III-IV secolo.

La *Collatio* è giunta in maniera incompleta; nei sopravvissuti 16 titoli dedicati al diritto penale fanno eccezione uno relativo al deposito e un secondo in materia di successione legittima. Secondo l'opinione più seguita, la paternità dell'operetta dovrebbe ricercarsi in Occidente o negli ambienti cristiani interessati a dimostrare propagandisticamente la derivazione del diritto romano dai precetti divini o la sua conformità, oppure nelle comunità giudaiche come strumento pratico per l'applicazione consapevole del diritto romano.

7) *Consultatio veteris cuiusdam iurisconsulti*. Singolare compilazione anonima di provenienza occidentale (Borgogna o Italia) e risalente alla fine del V secolo, la *Consultatio* fu rinvenuta nella seconda metà del Cinquecento da Antoine Loisel, allievo del laboratorio cuiaciano, in un antico manoscritto di un'ignota biblioteca. Pubblicato da Jacques Cujas, l'anonima raccolta contiene un insieme di pareri giuridici redatti da un esperto di diritto (è incerto se trattarsi di un avvocato o un insegnante di diritto). I pareri, di modesto valore dottrinale, sono formulati sulla base di fonti giuridiche romane provenienti da costituzioni imperiali, tratte dai codici Gregoriano, Ermogeniano e Teodosiano, e dalle *Pauli Sententiae*.

L'esame del latino e l'impostazione giuridica dei quesiti proposti inducono a collocare la compilazione dell'operetta negli ambienti scolastici occidentali del V secolo della Gallia meridionale (forse ad Autun). Resta invece non ancora definitivamente risolto il dibattito tra i critici moderni sulla reale natura della *Consultatio*, cioè se destinata a fini meramente pratici oppure se, nonostante il suo modesto profilo, fosse concepita per ragioni didattiche.

Infine una particolarità della *Consultatio*: nonostante la sua mediocrità qualitativa, ciò che la rende meritevole d'attenzione è costituito dalla misteriosa presenza di 7 costituzioni di Valentiniano I e Valente non contenute dal *Codex Iustinianus* e che si esclude possano far parte del Codice Teodosiano perché indirizzate a privati o prive del carattere di *leges generales*. L'unica spiegazione alternativa, allo stato delle conoscenze, è che l'anonimo giurista le trasse da una raccolta ancora oggi a noi sconosciuta.

b) *La produzione delle scuole orientali*. – Ciò che resta della produzione del mondo delle scuole orientali di diritto si riduce sostanzialmente davvero a ben poco: gli *Scholia Sinaitica*, il Libro siro-romano di diritto, il trattatello *de actionibus*. Vedremo subito come questo opere costituiscano una dimostrazione opposta di quanto si affermi, e cioè un contesto di scuole, ad eccezione delle eccellenze come Berito, scarsamente produttive e della scarsa originalità della giurisprudenza pregiustinianea; e che la rinascita fu invece il frutto delle concezioni visionarie di un imperatore e di un quadro politico istituzionale incommensurabilmente più solido di quello occidentale.

1) *Scholia Sinaitica*. Di origine orientale, gli *Scholia Sinaitica* così chiamati perché rinvenuti nel XIX secolo in un monastero del monte Sinai, costituiscono una raccolta di scoli (cioè brevi commenti) ai libri 35-38 del commentario *ad Sabinum* di Ulpiano. Probabilmente concepiti nell'ambiente scolastico di Beyrut, gli *Scholia Sinaitica* comprendono anche escerti di altre opere ulpianee e di altri giuristi, come Paolo, Florentino, Marciano, Modestino, combinati con brani di costituzioni imperiali provenienti dai tre *codices*. Secondo l'opinione maggioritaria, si ritiene che gli *Scholia Sinaitica* siano stati redatti prima della codificazione giustinianea stante il divieto di utilizzazione dei tre codici introdotto nell'aprile del 529 con la *const. Summa rei publicae* 3.

2) *Libro siro-romano di diritto*. Dalle molteplici denominazioni, Libro siro-romano di diritto è quella più recente, ma anche *Leges saeculares*, il vero nome di questa crestomazia compilata in Oriente è Δικαιώματα o anche *Leges Constantini Theodosii Leonis*. Redatto intorno alla fine del V secolo, del Libro siro-romano esistono diverse versioni una in siriaco composta nell'VIII secolo, altre in lingua armena e araba. Nonostante la sua origine orientale (probabilmente redatta ad Antiochia), si tratta di una compilazione di norme romane di diritto privato (antico *ius civile* e diritto proveniente da senatoconsulti e costituzioni imperiali, mentre manca ogni minimo riferimento allo *ius honorarium*) prive di significative contaminazioni di diritti stranieri.

Si discute ancora sulla natura dell'operetta e recentemente i curatori di una nuova edizione hanno prospettato la tesi che essa sia nata negli ambienti dell'insegnamento del diritto e dunque con evidenti finalità didattiche. In realtà, il complesso della raccolta sembra estraneo agli ambienti accademici orientali e per l'aderenza alla pratica e l'attenzione ai documenti mostrate dal Libro siro-romano resta più convincente l'opinione che i suoi obiettivi fossero di ordine pratico; inoltre la sua diffusione e la redazione di versioni nell'VIII secolo sembrano dimostrare che fosse assai utile alle esigenze elementari dei cristiani di cultura romana residenti nelle cittadine e nei villaggi della Mesopotamia musulmana.

3) *Trattato De actionibus.* Operetta di chiara matrice orientale e redatta in greco, illustrava con rapide definizioni struttura e fini delle *actiones* più in uso. Si trattò probabilmente di una sorta di agile strumento didattico molto diffuso in Oriente.

In definitiva, la rassegna svolta delle opere tardoantiche sopravvissute all'oblio dei secoli di per sé fa comprendere quanto si debba rivalutare la giurisprudenza tardoantica, la quale certamente non fu pari a quella severiana, e neppure volle con essa concorrere. Ciononostante, il senso pratico a essa connaturato, il mantenimento del tradizionale modulo espositivo del commento, l'attività interpretativa di adattamento di norme e principi alle mutate esigenze del tempo nella formidabile temperie della crisi e delle trasformazioni epocali di carattere economico, sociale, politico e istituzionale che avvolsero e travagliarono l'impero romano dal III secolo in avanti, fanno comunque della giurisprudenza tardoantica la vera erede della precedente e la legittima continuatrice della plurisecolare tradizione giuridica romana.

7. *La consuetudine e la prassi: il fenomeno della volgarizzazione del diritto*

In un frammento molto discusso, e certamente interpolato, del libro 84 dei *Digesta* di Salvio Giuliano compare la *consuetudo* come fonte diversa, autonoma rispetto ai *mores maiorum* e con forza addirittura abrogatrice della *lex*. Se è diffuso il rigetto dell'idea di una *consuetudo contra legem*, la critica romanistica si è invece divisa tra chi ha riconosciuto la nascita nel sistema delle fonti di una *consuetudo* distinta dai *mores maiorum* (Antonio Guarino) e chi ha argomentato persino l'esistenza di una desuetudine della legge, cioè dell'abrogazione attraverso lunga, inveterata e generale espressione della sovranità popolare (Filippo Gallo):

> D. 1.3.32 (Iul. 84 *dig.*): *De quibus causis scriptis legibus non utimur, id custodiri oportet, quod moribus et consuetudine inductum est: et si qua in re hoc deficeret, tunc quod proximum et consequens ei est: si nec id quidem appareat, tunc ius, quo urbs Roma utitur, servari oportet. Inveterata consuetudo pro lege non immerito custoditur, et hoc est ius quod dicitur moribus constitutum. Nam cum ipsae leges nulla alia ex causa nos teneant, quam quod iudicio populi receptae sunt, merito et ea, quae sine ullo scripto populus*

probavit, tenebunt omnes: nam quid interest suffragio populus voluntatem suam declaret an rebus ipsis et factis? Quare rectissime etiam illud receptum est, ut leges non solum suffragio legis latoris, sed etiam tacito consensu omnium per desuetudinem abrogentur.

[Per quei casi per i quali non utilizziamo leggi scritte, si deve osservare ciò che è stato stabilito dal costume e dalla consuetudine; se poi per qualche caso ciò mancasse, allora si deve osservare ciò che è più vicino e conseguente; e se neanche questo si rinviene, allora dobbiamo osservare il diritto di cui si serve la città di Roma. La inveterata consuetudine non senza ragione è osservata come legge ed è questo il diritto che si dice stabilito dal costume. Infatti, dal momento che le leggi non obbligano per nessun'altra ragione che per il fatto di essere state recepite per decisione del popolo, giustamente anche ciò che il popolo approvò senza scrittura obbligherà tutti: che cosa importa infatti se il popolo dichiara la sua volontà col voto oppure con il comportamento? Per la qual cosa è stato giustamente recepito anche il principio che le leggi possono essere abrogate non solo dalla volontà del legislatore, ma anche dal tacito consenso di tutti per desuetudine].

Senza poter entrare, in questa sede, nel merito della discussa genuinità del passo giulianeo, appare condivisibile la prima ricostruzione secondo cui sin dagli inizi dell'età classica si era cominciata a registrare una ripresa di vitalità normativa su base consuetudinaria. Ciò tuttavia rispetto al passato avveniva dietro una concezione del tutto nuova che non postulava l'equazione *consuetudo = mores maiorum*. Si trattava di qualcosa diverso dalle antiche costumanze preciviche e gentilizie che avevano formato l'antico nucleo dell'ordinamento giuridico romano; riguardava invece usi locali (*mos regionis*) che sempre più sul piano della prassi andavano intrecciandosi, influenzandolo e restandone però anche a loro volta influenzati, con il diritto romano. La legittimazione di tale '*consuetudo*' nella riflessione giulianea era la *voluntas populi* in quanto non fondata sull'*auctoritas* dei giuristi. Tuttavia è difficile ammettere che la portata della *consuetudo*, malgrado l'effettivo valore giuridico e la forza integrativa delle lacune legislative, arrivasse sino alla parificazione alla legge all'interno del sistema delle fonti di produzione del diritto. Infatti in questa epoca e ancor più in età giustinianea si affermò una ben delineata gerarchia tra le fonti entro la quale la *consuetudo* e le antiche usanze, pur riconosciute, rivestirono una posizione inequivocabilmente subordinata alla legge [C. 8.52(53).2: *Consuetudinis ususque longaevi non vilis auctoritas est, verum non usque adeo sui valitura momento, ut aut rationem vincat aut legem*].

Quanto sinora detto va inscritto nell'orizzonte di quelle potenti trasformazioni – il cui incremento andò di pari passo con l'accrescersi dell'impero romano e con l'estensione progressiva e definitiva (con la *constitutio Antoniniana* del 212 d.C.) della cittadinanza a popoli di cultura e tradizioni giuridiche assai lontane – che segnarono l'esperienza giuridica del tardoimpero: sebbene uno e soltanto uno fosse ormai il diritto vigente, cioè quello romano, tradizioni giuridiche e diritti locali indigeni non sparirono affatto all'indomani della riforma di Caracalla.

I papiri e altri documenti della prassi negoziale e processuale dimostrano una realtà giuridica segnata da un dinamismo e da fenomeni di trasformazione assai significativi. Anzi, l'accresciuto peso politico delle province rispetto all'Italia nel quadro dei rapporti con il potere imperiale rese più consistente la 'cifra' dell'influenza reciproca tra diritto romano e diritti locali soprattutto dell'oriente ellenico, sul piano della prassi negoziale e giudiziale, vista la loro incessante commistione, a cui restano anche da aggiungere le innovazioni provenienti dagli influssi del cristianesimo. Insomma, influenze che presto condussero a sensibili mutamenti dell'ordinamento giuridico che gli studiosi interpretano come un preciso fenomeno giuridico e che amano denominare '*Vulgarismus*', ossia 'volgarizzazione' del diritto romano classico o 'diritto volgare'.

La tesi del '*Vulgarrecht*' – formulata nel 1880 da Heinrich Brunner, ripresa e precisata nel 1891 da Ludwig Mitteis, che distingueva a sua volta il '*Volksrecht*', cioè il diritto popolare, tipico delle province, e perfezionata a metà del Novecento da Ernst Levy (secondo cui si sarebbe trattato di diritto di origine romana, corrotto e aberrante) – è da oltre un secolo oggetto di un serrato dibattito, ancora nient'affatto sopito, e di continui approfondimenti anche dalla storiografia giuridica più recente.

Per quanto suggestiva, affascinante ed elegantemente elaborata, la tesi in questione va incontro a una serie non indifferente di obiezioni, e in questa sede appare sufficiente ricordare quelle riserve che puntano a rimuovere fittizie contrapposizioni (volgarismo e classicismo) e gabbie dogmatiche: il volgarismo «è un fenomeno, il quale ebbe importanza notevolissima, se pur varia, in tutte le epoche del diritto romano, forse sopra tutto in età così detta preclassica [...]. Il volgarismo, in altri termini, è un fenomeno generale e, sul piano storico, non meno legittimo del tecnicismo giuridico; esso rappresenta il parere dell'uomo della strada» (Antonio Guarino); mentre a proposito della prassi tardoantica si osserva che è «la saggezza attuata dal popolo, che sa, con tutti i mezzi, mettere in armonia la tradizione antica con quel ch'è utile e necessario nella vita del diritto» (Salvatore Riccobono).

Insomma, ciò che deve dirsi è che un 'diritto volgare' come entità normativa autonoma e stilisticamente ben definita in antitesi al diritto classico è soltanto un abbaglio: classicismo e volgarismo sono semplicemente atteggiamenti della formazione storica del diritto e dunque il '*Vulgarismus*' è definibile in senso ampio quale fenomeno culturale che attraversa l'intera esperienza giuridica romana e non un tratto peculiare del diritto romano tardoantico.

Discorso a parte merita invece l'Occidente romano, dove la *consuetudo* nel suo rapporto con la *lex* ebbe un esito assai diverso. Nel far propria, sebbene per esigenze assai diverse, la fase codificatoria romana, i sovrani germanici produssero una significativa attività legislativa compilatoria con un interessante e potente fenomeno di ibridazione riguardante *lex* e *consuetudo*. Le compilazioni germaniche o romano-germaniche erano il tentativo di far approdare a un assai più elevato standard la civiltà giuridica germanica, fondata su un diritto orale di carattere consuetudinario. Versando nella forma scritta e nella lingua latina le loro regole, la *consuetudo* finì per assumere i connotati di una *lex* in potenza, simmetricamente il concetto di *lex* si modificava verso quello di consuetudine certificata, entrambe legate da una relazione osmotica incessante. La *lex* diventava, se è passabile la metafora, un deposito di diritto consuetudinario nel caso delle leggi germaniche o di diritto imperiale e giurisprudenziale nel caso delle raccolta cosiddette romano-germaniche. In questo anomalo rapporto osmotico tra *lex* e *consuetudo* si realizzava un altro significativo mutamento: la *consuetudo* finiva di essere uso locale, fonte subalterna alla *lex*, per ridivenire *mos*; fu questa la grandezza dell'effetto dell'ibridazione che non riguardò soltanto le popolazioni germaniche, ma venne introiettato anche dalla cultura giuridica romana occidentale.

Insomma, in Occidente si consumava una divaricazione rispetto alla visione orientale e giustinianea: il rapporto *lex-consuetudo* diventava un rapporto particolare, gravido di futuri esiti teorici, in cui *lex* e *consuetudo* si fondevano ormai in un'unica matrice riconducibile alla sovranità popolare mentre la seconda veniva allineata ai *mores maiorum*. I giuristi romani che sorreggevano, anzi dovremmo dire orientavano, i sovrani germanici nelle opzioni teoriche in materia di fonti di produzione normativa, disponevano di materiali utili a tal proposito, come la definizione dei *mores* contenuta nei *Tituli ex corpore Ulpiani*, quale tacito consenso del popolo reso antico da una lunga consuetudine: una *definitio* che agli occhi germanici appariva del tutto compatibile con la loro rudimentale cultura giuridica.

Ma non solo. Se da una parte, la *lex* partecipava dell'accezione di *ius* e più precisamente del *Volksrecht*, quale redazione scritta di un complesso normativo consuetudinario; da un'altra parte, essa non era più intesa soltanto come il frutto esclusivo della volontà del sovrano, secondo il modello della *lex* imperiale delineatosi in età costantiniana. La *lex* in Occidente tornava a manifestarsi come l'esito di un concorso di più soggetti, avvicinandosi in ciò alla *lex publica* romana dell'era precristiana: non a caso gli *iter* legislativi delle compilazioni romano-germaniche o germaniche prevedevano una sorta di 'ratifica popolare'.

Per quanto embrionale, anche rozzo se vogliamo, ma inequivocabile, affiorava nuovamente il fondamento del principio della sovranità legislativa del popolo, che avrebbe avuto una più compiuta definizione nella giurisprudenza medievale. Se San Alberto Magno definiva la *lex* una *constitutio populi*, un chiaro eco di Isidoro di Siviglia (*Etym.* 2.10.1: *Lex est constitutio populi*), frutto della convergenza della volontà popolare, del contributo del giurista e dell'autorità del principe, fu poco dopo, con Bartolo da Sassoferrato, a giungersi a una solida elaborazione dottrinale del diritto consuetudinario nell'ottica della sovranità legislativa popolare: *tacitus et expressus consensus aequiparantur et sunt paris potentiae.*

Un aspetto infine diverso, e da non sottovalutare, fu la reciproca contaminazione tra diritto romano e diritti germanici dovuta agli intensi rapporti di vicinanza tra militari barbari e popolazioni civili provinciali. Due casi, a mo' di esempio, sono da ricordare:

1) Il *Pactus legis Salicae*, il cui nocciolo sarebbe stato un regolamento militare, forse una *lex romana data*, destinata a regolare la vita delle truppe ausiliarie franche di stanza nel IV secolo d.C. tra le Ardenne e il Reno; mentre per i cosiddetti *Canones Wallaci* un'ipotesi in campo è che si tratti di una *lex data* e, al tempo stesso, di una legge etnica redatta da Aezio nel 445 d.C., per giungere a una pacificazione tra Bretoni e militari germanici insediati dal governo imperiale romano nel *tractus Armoricanus* e sedare, così, le rivolte dei *Bagaudae*;

2) La concessione della facoltà di testare, nella loro qualità di *milites*, con i privilegi propri del testamento militare romano, prevista nell'*Edictum Theoderici* (Ed. Theod. *cap*. 32). Siamo nell'ambito del testamento militare, materia delicata che nella tradizione giuridica romana era sempre stata affrontata con norme d'eccezione. Dall'arcaico *testamentum in procinctu* ammesso nell'imminenza della battaglia si era passati da Cesare in avanti, con Tito, Domiziano, Nerva e Traiano, all'assenza di forme per i *milites*. Non era più necessario l'elemento temporale, cioè che ciò avvenisse alla vigilia dello scontro militare ma si consentiva la libertà assoluta di forme se connessa allo *status* di militare. Ulpiano ricordava che attraverso costituzioni imperiali era stato concesso loro di testare *quo modo volent* e *quo modo potuerint* – Gaio aggiungeva *propter nimiam inperitiam* (a causa della loro eccessiva imperizia – sulla semplice base della *nuda voluntas testatoris* [Ulp. l. 45 *ad ed.*, D. 29.1.1]). Il *caput* teodericiano contempla l'estensione di questo disciplinamento d'eccezione ai Barbari che avrebbero potuto testare liberamente *quomodo voluerint et potuerint* a condizione che fosse certo che militassero per l'impero. Non qualunque barbaro dunque, ma soltanto quelli che erano *milites* imperiali. La portata innovativa è rilevante: sia perché modificò radicalmente il sistema ereditario germanico fondato soltanto sulla successione legittima, sia perché realizzò mediante l'estensione generale del principio di libertà di forme in relazione ai *milites*, romani o barbari che fossero, un'eguaglianza di trattamento.

8. *Il problema dell'autenticità dei testi: interpolazioni tardoantiche e massimazione delle costituzioni imperiali*

Uno dei problemi più complessi e al contempo affascinanti dell'età tardoantica è quello dell'autenticità dei materiali normativi. Si tratti di costituzioni imperiali o di opere giurisprudenziali, lo studioso deve fare sempre i conti con il cosiddetto fenomeno dell'inquinamento delle fonti antiche. Vi è stata una stagione floridissima degli studi romanistici volta alla ricerca ossessiva delle interpolazioni giustinianee, cioè di quelle modifiche a principi e regole del diritto classico imputabili alla mirabile squadra di commissari giustinianei per adeguare il grande patrimonio giuridico alle mutate esigenze dei loro tempi. La critica romanistica, perciò detta 'interpolazionistica', era mossa dalla magnifica ossessione di ripristinare il diritto classico romano nella sua purezza. Secondo questo canone, a volte un *et* o un *sed* presenti in un brano erano interpretati come indizio di interpolazione e conducevano frettolosamente al rifiuto di quel testo.

Quella stagione, che comunque ebbe suoi grandi meriti, oggi è fortunatamente superata, eppure resta sul terreno il problema dell'autenticità dei documenti sopravvissuti all'oblio dei secoli. In effetti non si tratta soltanto di scovare i rimaneggiamenti imputabili a Triboniano e ai suoi commissari, ma di comprendere le diverse sfaccettature presentate dal problema: la non genuinità di un testo può derivare da alterazioni tardoantiche, pregiustinianee, da parte della giurisprudenza dell'epoca per adattare il diritto classico a nuove e diverse esigenze; ma rimaneggiamenti e manipolazioni degli scritti dei giuristi classici possono anche essere stati il frutto di mani ignote e persino inconsapevoli nel corso della millenaria tradizione manoscritta, che inevitabilmente ha prodotto multiformi processi di corruzione dei testi.

Problema ulteriormente diverso e specifico è quello del rimaneggiamento ufficiale delle costituzioni imperiali. Esistono molteplici esempi di costituzioni imperiali giunteci in duplice versione: una ridottissima, a volte persino lapidaria, come accade per quelle contenute nei codici imperiali e un'altra estesa, ampia, ridondante, verosimilmente corrispondente all'originale, come invece accade a proposito dei testi delle costituzioni pervenuteci per via epigrafica o papirologica. Lo studio attento basato sul confronto di tali diverse versioni di una medesima costituzione imperiale e del conseguente stile hanno indotto Edoardo Volterra a formulare la tesi della cosiddetta 'massimazione' delle costituzioni imperiali: secondo l'insigne studioso italiano, giuristi, magistrati e funzionari e soprattutto compilatori delle raccolte ordinate e sistematiche, private e ufficiali delle costituzioni imperiali, esercitarono un'intensa attività di riduzione e di sunteggiatura per evidenti e ovvie ragioni pratiche. L'attività di rimaneggiamento, sostanzialmente consistente nell'enucleazione di un astratto e coordinato principio da un caso singolo per renderlo applicabile ai casi analoghi, trasformò così potentemente la portata delle decisioni imperiali emanate per casi singoli in norme astratte e generali. In definitiva, magistrati, funzionari e giuristi finirono per produrre – forse anche inconsciamente – un complesso normativo unitario riconducibile alla volontà dell'imperatore e che pertanto «si suole designare col nome di diritto e di legislazione imperiale e che si differenzia da quello di *ius civile* e da quello formatosi attraverso l'esercizio della giurisprudenza pretoria» (Edoardo Volterra).

9. Leges *romano-germaniche:* Lex Romana Wisigothorum, Codex Eurici, Lex Romana Burgundionum, Edictum Theoderici

Il progressivo collasso dell'impero romano in Occidente produsse la nascita di regni barbarici che tuttavia non recisero del tutto i rapporti con l'impero romano il cui baricentro politico e costituzionale si era ormai definitivamente spostato a Oriente e a Costantinopoli. I sovrani germanici stanziatisi con le loro popolazioni nei territori occidentali perduti dall'impero riconoscevano formalmente la superiorità dell'imperatore romano di cui si professavano rappresentanti, chiedevano di essere adottati come figli entrando in tal modo nella famiglia imperiale, e, facendosi legislatori, abbandonavano il loro tradizionale impianto di diritto consuetudinario orale a favore della *lex* in quanto provvedimento autoritativo scritto e approvato da assemblee.

Tuttavia, pur nella loro indipendenza politica e legislativa, e per quanto la loro concezione del diritto fosse informata al principio della personalità del diritto, essi riconoscevano il primato del diritto romano e si distinsero anche quali committenti di compilazioni di *leges* e *iura* dirette soprattutto all'elemento romano delle popolazioni dei nuovi regni germanici.

1) Il *Codex Eurici*. Restando in terra visigota, alla fine del V secolo, forse intorno al 475 d.C., Eurico, re dei Visigoti di Spagna e di Gallia occidentale, emanò un provvedimento normativo, *codex* o forse anche *edictum* in sostituzione del prefetto di Gallia, da applicarsi tanto ai Romani quanto ai Visigoti.

Per quanto un testo di Isidoro di Siviglia (*Hist. Goth.* 35: *Sub hoc rege Gothi legum scriptis habere coeperunt. Nam antea tantum moribus et consuetudine tenebantur*) dica che sotto il re Eurico i Visigoti per la prima volta ebbero leggi scritte, testo che ha fatto pensare che il *Codex* si applicasse dunque in modo particolare ai sudditi germanici di Eurico, è più probabile che Isidoro volesse piuttosto riferirsi all'abbandono del diritto consuetudinario e alla legislazione propriamente visigota che non al *Codex* in questione.

Ad ogni modo, il *Codex Eurici*, pervenutoci parzialmente, nonostante sia stato definito da Alvaro D'Ors «un monumento di diritto romano volgare», costituisce una raccolta di scarsa raffinatezza, divisa in *tituli*, le cui fonti sono le consuete opere tardogiurisprudenziali sin qui esaminate oltre a frammenti di costituzioni imperiali tratte dai tre codici.

2) La *Lex Romana Wisigothorum* (detta anche *Breviarium Alaricianum*) è per ampiezza, articolazione e fattura, la più importante di queste compilazioni. Emanata da Alarico II nel febbraio del 506 d.C., era una raccolta normativa destinata ai sudditi romani del regno visigoto (comprendente Spagna e Francia meridionale) e restò in vigore per circa 150 anni sino alla sua abolizione per volontà di Chindasvindo o Recesvindo. Alarico II si mosse secondo uno schema che sembra in qualche misura rifarsi a quanto invalso nell'ambiente imperiale: l'*iter* si avviò con una consultazione preventiva di sacerdoti e nobili;

poi seguì una commissione di *prudentes* per la selezione dei brani corredati da opportuna interpretazione e la redazione del *corpus* unitario in un solo libro; infine giunse l'approvazione della raccolta da parte dei vescovi e dei notabili del regno.

Secondo il *Commonitorium*, lo scopo eminentemente pratico della codificazione richiedeva che si diradasse «ogni oscurità delle leggi romane e dell'antico *ius*» e nulla di ambiguo residuasse ai fini delle liti, e infine che nei tribunali non si ardisse «proporre nessun'altra legge o formula di *ius*». Le fonti della *Lex Romana Wisigothorum* furono il *Codex Theodosianus*, in una forma abbreviata, le *Novellae post-theodosianae*, l'*Epitome Gai* (di cui si è a torto ipotizzato che sia stato il frutto della penna dei commissari alariciani), le *Pauli Sententiae* e svariate costituzioni proveniente dai codici Gregoriano ed Ermogeniano e un responso di Papiniano.

Nonostante la rozzezza, la *Lex Romana Wisigothorum* si lascia apprezzare per il suo impianto, embrionale rispetto alle fattezze del progetto compilatorio giustinianeo, fatto di materiale legislativo e giurisprudenziale.

3) La *Lex Romana Burgundionum*. Come la precedente raccolta, anche ai primissimi anni del VI secolo risale la cosiddetta *Lex Romana Burgundionum* redatta per volontà di Gundobado, prima *magister militum* operante nella *pars Occidentis*, in seguito re dei Burgundi stanziatisi nella Gallia orientale. Nelle intenzioni del sovrano la raccolta (da non confondere con la *Lex Burgundionum*), composta da 47 titoli, con la sua combinazione di costituzioni imperiali (tratte dai tre codici Gregoriano, Ermogeniano e Teodosiano e dalle novelle post-teodosiane) e di brani giurisprudenziali derivanti dalle *Pauli Sententiae* e da Gaio, avrebbe dovuto regolare soltanto i rapporti tra Romani. Nella prima *constitutio* della *Lex Burgundionum*, si esplicitava come il principio alla base della legislazione burgunda fosse quello della personalità del diritto. Nell'*incipit* della raccolta delle norme burgunde, infatti si annunciava programmaticamente ciò che sarebbe stata la *Lex Romana*: non un codice unico per Romani e Burgundi, ma una raccolta di materiale normativo romano ad uso dei giudici per dirimere le controversie tra i *cives* romani (ecco perché *forma et expositio legum*).

Il carattere personale della *Lex Romana Burgundionum*, d'altronde si dimostra scorrendone i *capita*. Essi evidenziano un carattere funzionale, che è logica conseguenza della premessa alla collezione burgunda: le norme, in gran parte, indicano la fonte romana a cui attingere perché i giudici risolvessero il caso, fosse essa una costituzione contenuta nei *codices* privati o in quello Teodosiano, o si dovesse trarre da opere giurisprudenziali, come nel caso delle *Pauli Sententiae*. Per i rapporti tra Burgundi o per quelli misti tra Burgundi e Romani, invece, avrebbe trovato applicazione il diritto consuetudinario germanico. Le interessanti *interpretationes* fanno della *Lex Romana Burgundionum* un *corpus* normativo tardoantico davvero peculiare e meritevole di più approfondite indagini.

4) L'*Edictum Theoderici*. Alla produzione legislativa romano-germanica si ascrive anche il cosiddetto *Edictum Theoderici*, al quale tuttavia deve riservarsi un'attenzione diversa. Si tratta di un piccolo e strano codice composto di 154 *capita* le cui norme sono di chiara matrice romana provenienti da opere giurisprudenziali come le *Institutiones* di Gaio e la loro *Epitome*, i *Tituli ex corpore Ulpiani*, le *Pauli Sententiae*, i *Vaticana Fragmenta*; ci si imbatte anche in disposizioni altrimenti corrispondenti a frammenti dei *Digesta* giustinianei o corrispondenti a precetti imperiali seppur diversamente formulati nei *Codices Theodosianus* e *Iustinianus* o in raccolte private come il *Codex Gregorianus* oppure ancora corrispondenti a passi delle *Institutiones* giustinianee o in diverse altre *novellae*.

L'Editto sin dall'anno della sua pubblicazione, 1579 ad opera di Pierre Pithou allievo di Jacques Cujas (Cuiacio), è stato sostanzialmente attribuito a Teoderico l'Amalo, il grande sovrano di stirpe ostrogota. Secondo tale orientamento largamente maggioritario, intorno al 500 d.C. Teoderico avrebbe disposto una compilazione per favorire la fusione tra Romani e Goti all'interno del suo regno italico.

Questa opinione si mostra largamente infondata anche sul piano teorico. Rimandando a quanto già detto a proposito della distorsione della vulgata sulle vicende della fine dell'impero romano d'Occidente, è importante ricordare come Teoderico avesse costruito un sistema duale di convivenza tra Romani e Goti ispirato al principio della personalità del diritto: i Romani secondo il diritto romano e i Goti secondo le *belagines* (o meglio **bilageineis*, cioè le loro consuetudini germaniche); con un altrettanto sistema binario di giurisdizione; mentre per le liti miste si incaricava un giurista romano, affiancato al *comes Gothorum*, perché si giudicasse con equità. In altri termini, non fu mai un obiettivo politico di Teoderico quello di perseguire la fusione tra i due elementi etnici, al contrario, i documenti sopravvissuti dimostrano inconfutabilmente che Romani e Goti dovevano restare ben divisi.

Ad ogni modo, l'esiguità delle notizie, le vicende della sua tradizione manoscritta, le peculiarità e talune anomalie del testo hanno scatenato un intenso dibattito intorno alla ricerca della vera paternità dell'*Edictum*, allargando il ventaglio delle ipotesi da Odoacre a Teoderico II re dei Visigoti, da Magno di Narbona a Maggioriano, da Teodato a Totila, persino a Gundobado, senza superare però la soglia di un'astratta possibilità.

Eppure una lettura attenta dell'Editto induce a seguire altre strade: è davvero inverosimile che la cancelleria ravennate, che aveva pur sempre collaborato con quella di Costantinopoli appena qualche decennio prima alla redazione del *Codex Theodosianus* e che si era anche distinta per la redazione della cosiddetta legge delle citazioni, abbia poi confezionato quel testo confuso, infarcito di errori e di grossolanità, disordinato persino nella sequenza delle disposizioni, in cui non mancano ripetizioni e duplicazioni. Sembra davvero una grossa ingenuità storiografica quella di immaginare quale autrice di una simile raffazzonata compilazione la cancelleria di Ravenna: un'idea stridente soprattutto alla luce della Legge delle citazioni, provvedimento importante che dimostrerebbe una cancelleria imperiale di ben altro livello e munita di archivi e ricchi depositi librari. Stile, contenuto, organizzazione della compilazione fanno invece pensare a una modesta 'compilazione a grappoli', frutto del lavoro di un'anonima mano di sicura formazione romana per scopi prevalentemente pratici che aggregava a norme e principi di diritto romano talune novità giuridiche introdotte da Teoderico attraverso suoi *edicta*.

Anche lo stile conciso delle disposizioni ricorda, piuttosto che un'opera autonoma ufficiale, le *interpretationes* visigotiche o per certi aspetti il testo delle stesse costituzioni imperiali a seguito della cosiddetta 'massimazione'; se ciò è vero, si rafforza l'idea che l'anonimo compilatore si avvalse ampiamente di materiale giuridico già consolidato e circolante per le scuole e per gli ambienti forensi.

Sezione terza

Diritto e processo criminale

1. *La nuova architettura giudiziaria*

La torsione autoritaria impressa allo Stato romano e alla società in età tardoantica naturalmente esplicò effetti significativi anche nel campo della giurisdizione. La definitiva scomparsa del processo formulare, secondo alcuni avvenuta nel 342 d.C. con una costituzione di Costanzo e Costante (C. 2.57[58].1), era la conseguenza della piena affermazione della *cognitio extra ordinem*, che nel corso del principato aveva sempre più preso piede, quale modello ordinario di giurisdizione civile e, per quanto in questa sede ci riguarda, criminale. A un impero sempre più ruotante attorno alla figura dell'imperatore autocrate, i cui poteri finirono anche per assumere, almeno in parte, fondamento divino, corrispose una conseguente riorganizzazione dell'architettura giudiziaria aderente alla riforma della macchina burocratica centrale e periferica varate nell'età dioclezianea-costantiniana.

Province, diocesi e prefetture costituirono, *grosso modo*, i gradi di giurisdizione e anche i distretti territoriali della piramide giudiziaria imperiale tardoantica, che sostanzialmente finiva per essere un tutt'uno con la gerarchia amministrativa generale.

I governatori provinciali erano dunque i giudici di primo grado. Tuttavia per i reati meno gravi era consentita la giurisdizione dei magistrati municipali e del *defensor civitatis*, alle decisioni dei quali poteva avanzarsi appello al governatore della provincia; mentre in casi eccezionali i governatori potevano delegare l'esercizio della repressione dei crimini a giudici inferiori, i cosiddetti *iudices pedanei* (C. 3.3).

Normalmente giudicavano in grado di appello i vicari o i prefetti avverso le sentenze dei governatori provinciali, ad eccezione dei *proconsules* non sottoposti né a vicari né a prefetti ma soltanto all'imperatore. La giurisdizione d'appello spettava all'uno (*vicarius*) o all'altro (*praefectus praetorio*) a seconda della maggiore vicinanza della sede del vicariato o della prefettura entro cui ricadeva quella provincia. Eppure, anche i vicari e i prefetti erano titolari di una giurisdizione di primo grado nei casi di giustizia denegata dal governatore provinciale o nel caso di sospetti di corruzione dello stesso.

Per quanto sostanzialmente sgravato dell'esercizio materiale della giurisdizione, tuttavia anche l'imperatore partecipava. Infatti, egli delegava (*vice sacra*) il prefetto del pretorio a giudicare in grado di appello, le cui sentenze erano pertanto inappellabili, sebbene a partire dal IV secolo questioni di opportunità spinsero ad ammettere che il caso potesse essere riesaminato dall'imperatore. L'imperatore inoltre continuava a essere il solo giudice d'appello sulle sentenze dei proconsoli e del *praefectus Urbi*, mentre operava come giudice di terzo grado avverso le sentenze dei vicari:

> CTh. 11.30.16. IMP. CONSTANTINUS A. AD UNIVERSOS PROVINCIALES. *A proconsulibus et comitibus et his qui vice praefectorum cognoscunt, sive ex appellatione sive ex delegato sive ex ordine iudicaverint, provocari permittimus, ita ut appellanti iudex praebeat opinionis exemplum et acta cum refutatoriis partium suisque litteris ad nos dirigat. A praefectis autem praetorio, qui soli vice sacra cognoscere vere dicendi sunt, provocari non sinimus* [...]. (a. 331 d.C.)
>
> [Noi permettiamo che si possa appellare nei confronti dei proconsoli, dei *comites* e di coloro che giudicano in luogo dei prefetti, sia che abbiano giudicato in grado d'appello, sia per delega, sia nella loro ordinaria giurisdizione, così che il giudice consegni all'appellante una copia della sentenza e trasmetta a noi gli atti (del processo) unitamente alle obiezioni delle parti alle sue lettere. Non permettiamo, inoltre, che si possa appellare nei confronti dei prefetti del pretorio, con riguardo ai quali soltanto va detto giustamente che essi possono giudicare in rappresentanza della nostra sacra persona ...].

Uno statuto di particolare privilegio era riconosciuto a Roma, poi esteso anche a Costantinopoli (ove però non fu istituito il *praefectus annonae*). Sull'Urbe e sul territorio circostante sino al tradizionale limite delle cento miglia dal pomerio, la giurisdizione era affidata al *praefectus Urbi* nominato direttamente dall'imperatore. Egli era anche giudice d'appello, nonostante la presenza del *vicarius Urbis Romae* e dell'altro *vicarius Italiae*, delle sentenze pronunciate dai giudici minori e dai governatori di alcune province della diocesi italiciana.

Sottordinati al *praefectus Urbi*, il *praefectus vigilum* era competente per i reati minori connessi alle sue storiche funzioni di polizia e il *praefectus annonae* per quelli annonari.

Esistevano infine dei fori speciali, come quello per i senatori che godettero del privilegio di essere giudicati nella provincia di residenza, sino all'abolizione di Costantino (316-317 d.C.); o come l'*episcopalis audientia*, cioè il foro cristiano del vescovo.

2. *Il processo*

Il dilagare della *cognitio* dell'imperatore e dei suoi funzionari condusse alla fine dell'*ordo iudiciorum* di età classica, preludio di una sostanziale unificazione della repressione criminale, e al passaggio dal sistema accusatorio a quello inquisitorio. Se un carattere generale spicca nella politica legislativa tardoantica in materia di repressione criminale questo è da individuare nella tendenza ad avocare allo Stato romano il potere di punire e di limitare al massimo la reazione privata e l'autodifesa.

Rimessa agli organi imperiali la repressione dei reati, l'avvio di ogni processo dipendeva dall'iniziativa del funzionario competente. Sebbene nelle fonti ricorra ancora il termine *accusatio*; ormai si trattava dello stravolgimento dell'iniziativa processuale criminale privata cardine del vecchio processo per *quaestiones perpetuae*, che in questa età si configurava come una semplice denuncia utile all'attivazione del giudice competente:

CTh. 9.3.1*pr*. IMP. CONSTANTINUS A. AD FLORENTIUM RATIONALEM. *In quacumque causa reo exhibito, sive accusator exsitat sive eum publicae sollicitudinis cura perduxerit, statim debet quaestio fieri, ut noxius puniatur, innocens absolvatur* [...]. (a. 320 d.C.)

[In qualunque causa sia stato condotto un imputato, sia che esista un accusatore sia che si proceda d'ufficio, subito si aprirà il processo, affinché, se ritenuto colpevole, venga punito, se innocente, assolto ...].

L'*accusatio*, quale atto di denuncia riconducibile al privato, tuttavia, fu sempre più minuziosamente disciplinata dal governo imperiale per limitarne ogni forma di eccesso, scoraggiandone la *temeritas* e il carattere anonimo, in un assetto giudiziario in cui essa non era ritenuta necessaria (ad esempio CTh. 9.3.1 = C. 9.4.1, relativo al *crimen falsi*, con cui Costantino sanciva l'obbligo di perseguire il reato «sia che esista un accusatore, sia che il reo sia tradotto in giudizio ad opera della pubblica autorità»).

Era dunque il funzionario imperiale che assumeva prevalentemente d'ufficio l'iniziativa processuale, conduceva il procedimento e ne assicurava l'esito. Queste linee evolutive ebbero una pesante, negativa ripercussione sul carattere della pubblicità dei processi (cominciarono infatti a dilagare le *cognitiones* segrete che si svolgevano nei *secretaria* dei funzionari imperiali) e incrinarono l'antico equilibrio tra accusa e difesa a detrimento della forza ed efficacia di quest'ultima, soprattutto sulla produzione delle prove e sull'ammissibilità dei testimoni.

Il ruolo del funzionario era dunque decisivo, giacché soltanto dalle sue determinazioni e dalle modalità di conduzione dell'interrogatorio dipendevano le sorti di un accusato. È però altrettanto vero che l'impianto autoritario e al contempo legalistico restrinsero il margine di discrezionalità del giudice sulla misura della pena da irrogare. Da un certo momento infatti i giudici furono sempre più costretti a condannare i colpevoli alle pene e secondo le misure stabilite in maniera rigida dalle costituzioni imperiali.

A questo forte affievolimento del principio della pubblicità tuttavia fece da contraltare l'affermarsi della prassi di redigere accurati verbali. Tale prassi, per la verità già emersa in età precedente, si consolidò definitivamente per essere attentamente disciplinata stante la complessa architettura delle competenze e l'articolazione dei vari gradi di giurisdizione tra i vari organi, che esigevano comunque un quadro preciso dello svolgimento e della documentazione del primo grado ai fini del processo d'appello.

3. *Reati e pene*

In età tardoantica il quadro del diritto criminale sostanziale restò fondamentalmente invariato, sebbene fosse assai netta la tendenza della legislazione verso l'attrazione nell'ambito della repressione pubblica di *delicta* tradizionalmente perseguiti nelle forme del processo privato (*furtum*, *iniuria*, rapina). Ad ogni modo, numerose fattispecie di reato subirono delle estensioni dei loro perimetri verso altre condotte, come per esempio la *calumnia* che finì per ricomprendere qualunque accusa infondata o con esito favorevole all'accusato; altri invece ne mutarono profondamente la fisionomia, come ad esempio il *crimen ambitus* che, per il venir meno delle funzioni elettorali dei comizi popolari, finì per consistere nel cosiddetto *contractus suffragii*, ossia l'acquisto illegale di una carica palatina o di un *honor* la cui concessione era rimessa alla discrezionalità dell'imperatore. A tale fenomeno estensivo, soggiacquero anche i crimini politici più rilevanti, come il *crimen maiestatis*, quelli contro la fede pubblica e contro l'amministrazione della giustizia. Una forte estensione e significativi aggravamenti delle pene riguardarono anche la sfera dei reati contro la persona (dal parricidio, all'infanticidio, dal plagio all'*iniuria*).

Infine, su interi settori del diritto criminale, in particolare in materia di matrimonio e di morale, un'influenza profonda fu esercitata dal pensiero cristiano: dall'adulterio allo *stuprum*, dal *repudium* (divorzio unilaterale attratto nella sfera criminale e disciplinato da Costantino: CTh. 3.16.1) al ratto; dall'incesto al lenocinio, che divenne una fattispecie criminale autonoma, per quanto ancora costituisca tema vivacemente dibattuto dagli studiosi moderni. Ma il terreno ove certamente implacabile si dispiegò l'ideologia cristiana nel condizionamento del governo imperiale verso un'intransigente politica legislativa di repressione fu l'ambito dei delitti di fede, la cui sfera si ampliò enormemente, soprattutto a seguito dell'assunzione del cristianesimo come religione di Stato decisa nel 380 d.C. da Teodosio I.

Tutto ciò s'inscriveva in un clima culturale e ideologico – di cui è serbata traccia nel legislatore tardoantico, ma soprattutto nello spirito e nella lettera delle Novelle giustinianee – segnato dal 'ritorno' di un tema antico, quello cioè della 'consustanzialità' tra delitto e peccato, con la tendenza a indurre il convincimento che l'espiazione del misfatto non si consumava del tutto nella vicenda terrena, ma aveva una terribile prosecuzione anche nella dimensione ultraterrena attraverso l'applicazione di dure pene celesti.

Per quanto concerne le pene, invece, oltre a un aggravamento delle tradizionali sanzioni, da quelle corporali e pecuniarie all'esilio (tramutatosi nelle forme di *deportatio in insulam*, più grave e definitiva, o di *relegatio in insulam*, più lieve e temporanea), oltre all'introduzione di pene atroci (l'ingestione di piombo fuso, la vivicombustione, il taglio delle mani o della lingua, la disarticolazione degli arti, ecc.), assai grave fu l'utilizzazione sistematica della tortura nel corso dell'interrogatorio nei confronti dell'inquisito (e anche dei testimoni), con immaginabili effetti distorsivi rispetto all'effettivo e obiettivo accertamento dei fatti attraverso prove testimoniali incontrovertibili o una reale confessione del reo come prescritto da una costituzione di Costantino (CTh. 9.40.1). Mentre il carcere mantenne sempre la sua funzione di custodia piuttosto che come pena in sé.

Ciò che in definitiva si ricava dalla lettura delle costituzioni imperiali è l'impressione che gli imperatori puntassero più all'aspetto deterrente della pena minacciata (Barone Adesi) che preoccuparsi di dare processi rapidi ed efficaci da garantire la certezza dell'applicazione della pena. Infatti, tale approccio, da alcuni qualificato di 'terrorismo legislativo', diede al volto della macchina giudiziaria impegnata nella repressione criminale una temibile fisionomia.

Non solo asprezza di pene, ma anche profonda disuguaglianza tra i *cives*. Uno dei cambiamenti più atroci e intollerabili infatti fu la disuguaglianza formale, e non soltanto fattuale, dinanzi alla legge tra liberi a seconda della classe sociale di appartenenza: la dicotomia *honestiores/humiliores* (esponenti delle classi più abbienti e appartenenti ai ceti inferiori) – che si aggiungeva, e in qualche misura anche parzialmente si sovrapponeva, a quella tradizionale *liberi/servi* – per quanto già presente in età classica, costituì una radicale peculiarità del diritto e del processo criminali dell'età tardoantica. In altri termini, chi commetteva una medesima fattispecie criminale non veniva processato e punito secondo un unico regime, ma diversamente sulla base di un sistema binario di pene per ciò che socialmente era. Pertanto nei confronti di un *honestior* ad esempio non era consentito l'uso della tortura né erano irrogate pene infamanti come la crocifissione, la vivicombustione e la *damnatio ad metalla*, trattamento invece certamente riservato agli *humiliores* e agli schiavi:

> CTh. 9.10.4*pr*. IMPPP. VALENTINIANUS, THEODOSIUS ET ARCADIUS AAA. AD ALBINUM PU. [...] *Viles autem infamesque personae et hi, qui bis aut saepius violentiam perpetrasse convincentur, constitutionum divalium poena teneantur.* (a. 390 d.C.)
>
> [... Le persone spregevoli e infami e coloro, in relazione ai quali si provi che per due o più volte hanno commesso violenza, saranno soggetti alla pena prevista dalle costituzioni imperiali].

Non è difficile immaginare quanto ciò fosse causa di distacco dalle istituzioni e di disordine sociale. E per avere un'idea dell'assenza di elementi di garanzia dell'accusato e degli ampi margini di arbitrio, spesso sfocianti in corruzione, in cui i funzionari-giudici esercitavano la loro giurisdizione, e dunque per capire le caotiche condizioni generali in cui versava la giustizia tardoantica, è sufficiente la radiografia offerta dalla *Historia* di Prisco: «nell'impero romano le leggi non sono uguali per tutti; se un ricco infrange la legge può scappare pagando una multa, ma se si tratta di un povero non a conoscenza dei metodi per salvarsi, subisce il castigo della legge – se non muore prima di essere giudicato – e paga enormi somme nei processi, Questo è il fatto più mostruoso di tutti: il dover pagare la giustizia. L'accusato non può essere ascoltato a meno di pagare il giudice e i suoi assistenti» (Prisc., *Hist. frg.* 8 [FHG, IV]).

In età giustinianea, coerentemente con i disegni compilativi imperiali, anche la sfera criminale ricevette una più organica sistemazione attraverso i cosiddetti *libri terribiles* dei *Digesta* (D. 47 e 48) e l'intensa attività novellare. Il legislatore giustinianeo restò sostanzialmente nell'alveo di quello tardoantico sebbene con alcune novità, soprattutto dettate dallo stato della giustizia penale appena descritto, fonte di serie preoccupazioni presso l'imperatore. In tal modo affiorò la tendenza a punire più severamente i reati contro l'amministrazione della giustizia e in particolar modo la corruzione dei giudici; mentre si fece strada una linea di mitigazione delle sanzioni corporali più atroci, si pensi a quelle mutilanti, mentre su quelle a contenuto patrimoniale si tese a non pregiudicare in maniera radicale gli eredi del condannato.

Sezione quarta

La compilazione giustinianea

(***Francesco Arcaria***)

1. *Giustiniano*

L'ultima tappa fondamentale dell'evoluzione del sistema romano delle fonti normative è strettamente collegata al *Corpus Iuris Civilis* (o, più brevemente, *Corpus Iuris*), cioè a quella grandiosa compilazione, che influenzò in maniera determinante e per lunghissimo tempo la successiva cultura giuridica costituendo una sorta di ponte che collega il distillato dell'esperienza giuridica romana con le nostre attuali dell'Europa continentale, realizzata in Oriente dall'imperatore Giustiniano, in ordine alla cui figura occorre perciò preliminarmente soffermarsi.

Nato da un'umile famiglia romanizzata dell'Illiria nel 482 d.C., ma nipote dell'imperatore Giustino I, salito al trono nel 518 d.C. ed anch'egli originario della stessa regione, Giustiniano venne adottato dallo zio ed associato al trono nel 527 d.C., per restarne poi unico detentore, in seguito alla morte del parente, nell'agosto dello stesso anno e fino alla sua morte, avvenuta nella notte fra il 14 ed il 15 novembre del 565 d.C.

Nei ben trentotto anni del suo regno sono però individuabili, dal punto di vista dell'attività giuridica, tre distinti periodi aventi connotazioni completamente diverse. Il primo, ricompreso tra il 528 ed il 534 d.C., contrassegnato dalla preparazione e pubblicazione delle tre grandi compilazioni (Codice, Digesto ed Istituzioni) e, perciò, il più importante e da sempre il più studiato. Il secondo, che va dal 535 al 542 d.C., contraddistinto da un'intensa legislazione corrente esplicantesi mediante *novellae constitutiones* aventi ad oggetto, a differenza del primo periodo, il diritto pubblico. Il terzo, che copre l'ampio arco temporale che va dal 543 al 565 d.C., caratterizzato da una produzione legislativa novellare quantitativamente sempre più scarsa e qualitativamente più scadente e, per questo motivo, il meno studiato.

Pur vivendo in pieno VI secolo d.C. ed in un ambiente, quale era quello bizantino della superstite *pars Orientis* dell'impero romano, in cui di romano si conservava poco più che il ricordo e della tradizione culturale, politica e giuridica romana solamente una mera esteriore vernice ufficiale, Giustiniano sentì fortemente il richiamo ed il fascino della 'romanità', da subito utilizzata come motore inesauribile dell'azione imperiale nei diversi ambiti in cui essa si esplicava, e, insieme, la necessità di realizzare il proprio progetto di monarchia universale attraverso il binomio *arma et leges* ed il ritorno all'unità della fede.

E ciò a tal punto che, nel quadro di una politica intesa appunto ad esaltare e far rivivere la grandezza di Roma imperiale (e, in tal senso, significativa appare la gelosa conservazione del nome 'Romani' per gli abitanti dell'impero, restando riservato il nome di 'Bizantini' agli abitanti di Costantinopoli, fondata sulle rovine dell'antica Bisanzio ed ora chiamata anch'essa 'Nuova Roma'), concepì un triplice ambizioso disegno: la riconquista dei territori che erano appartenuti all'impero romano d'Occidente in vista di un'agognata generale riunificazione delle due *partes imperii* (e da qui le vittoriose campagne militari condotte dai generali Belisario e Narsete in Africa contro i Vandali ed in Italia contro i Goti); il raggiungimento della pace religiosa tra monofisiti (che sostenevano la presenza in Cristo di una sola natura, avendo quella divina assorbito l'umana) e calcedoniani (che avversavano tale dottrina, sconfessata dal concilio di Calcedonia nel 451 d.C.); l'opera di codificazione che avrebbe riunito in sé quanto della tradizione giuridica romana si reputava degno di sopravvivere nei secoli, in un sistema autosufficiente sul quale fondare il vivere civile della nuova grande realtà politica assicurata dalle armi e dalla *pax* religiosa.

Di tali intendimenti, però, il primo sembrò inizialmente realizzarsi con l'annessione di Africa ed Italia all'impero romano d'Oriente, ma, in realtà, essa fu di effimera durata producendo così frutti assai limitati e deludenti, ed il secondo non fu mai raggiunto risolvendosi in un clamoroso fallimento sinistramente tinteggiato di sangue, mentre trovò piena realizzazione solamente l'ultimo, che si concretizzò in una grande compilazione che, da un canto, ebbe valore e vigore come legislazione attuale per i sudditi di Giustiniano e, dall'altro, consegnò ai posteri, affinché fossero sottratti alla dispersione ed all'oblio e messi al riparo da ogni arbitraria alterazione testuale, quei tesori di sapienza giuridica che erano costituiti dagli antichi *iura* e dalle *leges* dei suoi predecessori e che rappresentavano certamente il frutto più caratteristico e duraturo del genio romano, destinato così a rappresentare per molti secoli e fino ad oggi il centro di gravità degli ordinamenti giuridici della maggior parte dei paesi europei e di nazioni poste alle più diverse latitudini.

Prima di esaminare le quattro parti nelle quali si articola la compilazione giustinianea, e cioè il *Codex*, i *Digesta*, le *Institutiones* e le *Novellae*, occorre però soffermarsi su due importanti aspetti che contribuiscono a gettare non poca luce sul contesto nel quale venne concepito il grandioso disegno giustinianeo, che, probabilmente non chiaro e ben definito sin dall'inizio, prese forma in momenti successivi ed in tempi estremamente ravvicinati.

Il primo è costituito dall'ideologia politica che stava a fondamento del potere imperiale di Giustiniano, il quale, alla luce della dottrina cristiana, fece di tutto per apparire ai suoi sudditi come il rappresentante di Dio in terra e, in quanto tale, investito di fare da tramite tra Dio stesso e gli uomini non tanto per il raggiungimento del bene dei singoli, quanto piuttosto per la compiuta realizzazione della monarchia universale che si sarebbe potuto attuare unicamente, come si è già ricordato, appunto mediante la ricomposizione territoriale, l'ordinamento giuridico nel suo complesso e la pace religiosa. In questo quadro, l'idea fondamentale alla quale si ispirò Giustiniano fu quella della *táxis*, cioè dell''ordine', un concetto, questo, che, per un verso, esigeva pochi cambiamenti e, quindi, un'organizzazione statale e sociale fortemente gerarchizzata e tendenzialmente statica e pacifica e, per altro verso, ammetteva, come sua sola variante, quella meritocratica, ciò di cui lo stesso Giustiniano, giunto dal nulla al soglio imperiale, era l'espressione più lampante.

Sul piano strettamente giuridico da ciò derivava allora che l'imperatore era l'unica fonte di produzione del diritto e, insieme, il titolare di un connesso potere interpretativo connotato peculiarmente per il suo carattere esclusivo (facendo così cadere le altre forme di interpretazione e, in primo luogo, quella dottrinale) ed autentico (consentendo l'interpretazione di una qualsiasi norma da parte di una nuova legge imperiale), sicché, in tale ottica programmaticamente monopolistica del *ius*, la compilazione giustinianea avrebbe dovuto rappresentare il definitivo superamento di ogni ambiguità ed incertezza, divenendo così la componente fondamentale di un più ampio disegno finalizzato a perseguire l'irrinunciabile valore della certezza del diritto, che poteva essere realizzata solamente configurando il potere imperiale come l'unica garanzia contro il disordine e la confusione. Ed è proprio a questo monopolio legislativo ed interpretativo imperiale, essenzialmente finalizzato a stabilire sull'*unum imperium* l'*unum ius*, cioè un diritto unico fondato sul valore universale della sapienza giuridica romana e sull'attività normativa di sé medesimo e dei *sacratissimi principes* suoi predecessori, che va riconnessa l'assenza di altre fonti del diritto capaci di contrastare tale supremo potere, restando così esclusi dalla gerarchia delle fonti, della quale pure continuava a far parte, seppure in un posto sempre più secondario e con un carattere sussidiario rispetto alla legge imperiale, la *consuetudo* (probabilmente solo quella *secundum legem* e non anche quella *praeter legem* o, addirittura, la *desuetudo legis*) e provvedimenti probabilmente di non trascurabile rilevanza pratica quali gli editti dei prefetti del pretorio.

Il secondo aspetto si riassume nella constatazione che alla realizzazione della compilazione giustinianea concorsero, dandovi un apporto decisivo, alcune spiccate personalità della corte costantinopolitana, tra i quali emersero Giovanni di Cappadocia e, soprattutto, Triboniano. Ora, che questa fioritura di personaggi di non comune capacità e dottrina (tra i quali vanno pure ricordati Teofilo, Doroteo, Cratino ed Anatolio) sia stata un mero caso o, al contrario, il frutto di felici intuizioni di Giustiniano non è facile a dirsi e, tuttavia, un dato è incontestabile, e cioè che, allorquando essi vennero meno (il primo per morte nel 542 d.C. ed il secondo in seguito ad una congiura di palazzo ordita da Teodora, moglie di Giustiniano dotata di forte personalità e spesso ispiratrice del marito tanto nel campo politico quanto in quello legislativo, nel 541 d.C.), iniziò il periodo più statico, dal punto di vista legislativo, del regno giustinianeo.

Giovanni, il primo prefetto del pretorio di Giustiniano e la personalità forse di maggior rilievo complessivo fra tutti i suoi collaboratori, fu l'ispiratore delle più importanti riforme amministrative e fiscali attuate a partire dal 535 d.C. e finalizzate al ripristino della funzionalità della macchina statale mediante la lotta alla degenerazione ed alla corruzione dell'apparato burocratico centrale e, soprattutto, periferico, i tagli alla spesa pubblica e l'aumento delle entrate.

Triboniano, il più importante dei *quaestores sacri palatii* di Giustiniano, fu la figura centrale ed il vero artefice della compilazione giustinianea e, per lungo tempo, anche della legislazione novellare, e ciò a tal punto da reggere il confronto, per *dignitas* e *scientia*, con i maggiori giuristi dell'epoca classica.

Consigliere politico, Giovanni, e consigliere giuridico, Triboniano, pur non di rado fra loro in contrasto talvolta latente e talora più scoperto (come, ad es., in riferimento alla questione linguistica, che si riassumeva nella secca alternativa tra la conservazione del latino come lingua ufficiale e, quindi, giuridica, propugnata da Triboniano, e l'uso del greco, caldeggiato da Giovanni), ci appaiono, in ogni caso, come personaggi complementari, nel senso cioè che alcune direttive politiche del primo non avrebbero trovato adeguata espressione giuridica senza le capacità tecniche del secondo e, viceversa, l'ambizioso progetto giuridico di quest'ultimo non avrebbe potuto realizzarsi appieno senza il lucido pragmatismo e le spiccatissime capacità organizzative del suo antagonista. Ed il merito di questa non sempre tranquilla sinergia tra l'operato dell'uno e dell'altro va ascritto probabilmente a Giustiniano, il quale, rendendosi perfettamente conto del forte carattere di entrambi, seppe smussarne gli angoli coinvolgendoli, su un piano di parità, nella comune progettazione di interventi concernenti tanto il diritto privato quanto quello pubblico ed amministrativo e, a sua volta, subendo talora l'ingerenza delle loro scelte in sede di concreta realizzazione dei suoi propositi legislativi.

2. *Il* Codex

Il 13 febbraio del 528 d.C., con una costituzione detta dalle parole iniziali *Haec quae necessario* (a somiglianza di quanto avveniva per le bolle papali), Giustiniano, salito al trono da meno di un anno, rivolgendosi al senato, annunciò il suo primo 'progetto' giuridico ordinando la compilazione di un *Codex*, cioè di una raccolta di costituzioni imperiali:

> c. Haec quae necessario *pr.*: *Haec, quae necessario corrigenda esse multis retro principibus visa sunt, interea tamen nullus eorum hoc ad effectum ducere ausus est, in praesenti*

rebus donare communibus auxilio dei omnipotentis censuimus et prolixitatem litium amputare, multitudine quidem constitutionum, quae tribus codicibus Gregoriano et Hermogeniano atque Theodosiano continebantur, illarum etiam, quae post eosdem codices a Theodosio divinae recordationis aliisque post eum retro principibus, a nostrea etiam clementia positae sunt, resecanda, uno autem codice sub felici nostri nominis vocabulo componendo, in quem colligi tam memoratorum trium codicum quam novellas post eos positas constitutiones oportet. (a. 528 d.C.)

[Quel riordinamento che, in passato, parve necessario a molti imperatori, e che tuttavia nessuno di loro osò portare a termine, abbiamo decretato che sia compiuto per il bene comune, con l'aiuto di Dio onnipotente, e che venga così posta fine alla lungaggine dei processi. Poiché si deve sfrondare il gran numero delle costituzioni contenute nei tre codici Gregoriano, Ermogeniano e Teodosiano e di quelle emanate, dopo la redazione di questi codici, da Teodosio, di cui è sacro il ricordo, e dagli imperatori che a lui sono seguiti, nonché dalla nostra clemenza, occorre che sia compilato un unico codice, che porterà il nostro fausto nome, nel quale siano accolte tanto le costituzioni dei tre suddetti codici, quanto quelle ad esse posteriori].

Giustiniano, dopo avere ricordato i tentativi compiuti, senza successo, dai suoi precedessori, chiarì dunque che lo scopo del Codice era principalmente pratico, e cioè quello di ridurre la lunghezza delle cause (*prolixitatem litium amputare*) e, quindi, facilitare la risoluzione delle liti, venendo incontro in tal modo, con l'aiuto divino, ai bisogni della collettività, e specificò inoltre che la base della raccolta sarebbere stata costituita dai tre precedenti codici Gregoriano, Ermogeniano e Teodosiano (che venivano così abrogati), integrati con la successiva legislazione imperiale.

Alla commissione di dieci membri *ad hoc* nominata (della quale facevano parte sei eminenti funzionari dell'amministrazione imperiale, tra cui Triboniano, seppure non ancora *quaestor sacri palatii*, un professore di diritto di Costantinopoli, che però era anche *comes sacri consistorii*, Teofilo, e due avvocati patrocinanti presso il tribunale supremo del prefetto del pretorio) e presieduta da Giovanni (tradizionalmente identificato con Giovanni di Cappadocia, ma verosimilmente altro personaggio), nella quale prevaleva dunque nettamente la componente burocratica (sancendo così la prevalenza del criterio dell'importanza delle cariche su quello dell'effettiva e specifica competenza), venne data ampia facoltà di modificare, dividere, accorpare, abbreviare, coordinare, adattare, aggiornare e rimodernare i testi delle costituzioni collazionate in coerenza con il diritto vigente, salvo soltanto il rispetto della cronologia, nonché di attribuire valore generale anche a quelle indirizzate a singole persone, e ciò appunto al dichiarato scopo pratico di snellire il lento e farraginoso procedere delle cause giudiziarie che aveva condotto ad una preoccupante situazione di stallo di tutti i tribunali dell'impero.

Da tali compiti emergono allora con grande evidenza l'assenza, nel progetto giustinianeo, di ogni tensione scientifica, ciò che è testimoniato dal mancato rispetto delle dimensioni originarie delle costituzioni messe a partito, ed insieme il proposito di giungere ad un formulazione di tali *leges*, delle quali si tentò pure una sistemazione razionale, in termini generali ed astratti.

Il lavoro fu portato a termine in breve tempo, e precisamente in poco più di un anno (il che fa pensare che esso fosse una sorta di ampliamento del Codice di Teodosio, che ne avrebbe così costituito una solida piattaforma), giacché venne pubblicato il 7 aprile del 529 d.C. (per entrare in vigore nove giorni dopo) con la costituzione *Summa rei publicae*, che, richiamando gli scopi pratici e le fonti dell'opera, la composizione della commissione e le istruzioni ad essa fornite, vietò, sotto pena di falso, l'utilizzazione giudiziale delle costituzioni non comprese nel Codice od in veste diversa rispetto a quelle in esso contenute. Dal che può dedursi che, durante i lavori della commissione, era probabilmente maturata o, forse, si era fatta più consapevole l'idea dell'esaustività e dell'autosufficienza della nuova codificazione, se non addirittura della sua tendenziale immutabilità ed eternità.

Il Codice, sfortunatamente, non ci è però pervenuto, anche se sappiamo con certezza che constava di 12 libri e che rappresentò solamente il primo provvisorio momento dell'attività codificatoria di Giustiniano, venendo dopo pochi anni rifuso in una seconda edizione, questa sì per fortuna pervenutaci, che prese il nome di *Codex repetitae praelectionis* e che viene comunemente ricordato come secondo Codice o, senz'altro, come Codice di Giustiniano.

Se di tale Codice non risulta l'esistenza di una costituzione che abbia dato inizio ai lavori, sicché è del tutto ignota la data in cui ne venne ordinata la compilazione (verosimilmente agli inizi del 534 d.C.), siamo invece a conoscenza del fatto che, già pubblicati ed entrati in vigore da un anno il Digesto e le Istituzioni, il 16 novembre del 534 d.C., con la costituzione *Cordi* (dalla quale si apprende che il compito di redigere il secondo Codice venne affidato ad una commissione di cinque membri, tutti reduci dal lavoro di redazione del Digesto, presieduta da Triboniano e composta da un professore di diritto già estensore anche delle Istituzioni, Doroteo, e da tre avvocati del supremo tribunale costantinopolitano, Mena, Costantino e Giovanni), Giustiniano pubblicò la nuova edizione del Codice destinata a sostituire la raccolta di costituzioni del 529 d.C., stabilendo che, a partire dalla sua entrata in vigore (29 dicembre del 534 d.C.), avrebbero perso valore tutte le costituzioni non comprese nel Codice e, quindi, lo stesso primo Codice:

> c. Cordi 4: *His igitur omnibus ex nostra confectis sententia* [...] *iussimus in secundo eum ex integro conscribi non ex priore compositione, sed ex repetita praelectione, et eum nostri numinis auctoritate nitentem in omnibus iudiciis solum, quantum ad divales constitutiones pertinet, frequentari ex die quarto kalendarum Ianuariarum quarti nostri felicissimi consulatus et Paulini viri clarissimi, nulla alia extra corpus eiusdem codicis constitutione legenda, nisi postea varia rerum natura aliquid novum creaverit, quod nostra sanctione indigeat. Hoc etenim nemini dubium est, quod, si quid in posterum melius inveniatur et ad constitutionem necessario sit redigendum, hoc a nobis et constituatur et in aliam congregationem referatur, quae novellarum nomine constitutionum significetur.* (a. 534 d.C.)

[Portata a compimento l'opera in conformità alle nostre direttive ... abbiamo ordinato che (il Codice Giustiniano) venga trascritto per intero non già nella prima versione, ma in quella riveduta, e che, a far data dal quarto giorno delle calende di gennaio del felicissimo consolato nostro e del chiarissimo Paolino, questo solo sia utilizzato in tutti i giudizi per ciò che attiene alle costituzioni imperiali. Non sarà, infatti, consentito valersi di qualsivoglia altra costituzione che non sia inclusa in questo codice, a meno che, in futuro, dalla mutevole natura delle cose nasca alcunché di nuovo che richieda il nostro intervento per essere regolato. Non vi è dubbio, infatti, che, se in futuro si concepiranno norme migliori che richiedano la redazione in forma di costituzione, esse verranno da noi emanate e successivamente raccolte in un'altra compilazione designata con il nome di Novelle costituzioni].

Non essendoci pervenuto il primo Codice, non è ovviamente possibile stabilire esattamente quanto da questo fosse diverso il secondo, che aveva comunque, al pari del primo, un dichiarato carattere rigorosamente esaustivo, non ammettendosi, come si legge nel testo ora riportato, citazione di altro materiale legislativo che non fosse in esso ricompreso. Tuttavia, grazie al fortunato ritrovamento di un papiro egizio recante un indice delle costituzioni ricomprese nel primo libro del primo Codice (che, tra l'altro, rende nota la circostanza che Giustiniano, nel suo primo Codice, confermava la validità della Legge delle citazioni, inducendo così a ritenere che Giustiniano, attenendosi ai criteri fissati da tale Legge, non pensasse ancora ad una compilazione di *iura*) e sulla scorta dei pochi materiali a nostra disposizione, che pure certificano l'assoluta impossibilità di ricostruire il contenuto del primo Codice, sembra che le differenze e le discordanze tra quest'ultimo ed il secondo fossero notevoli, concernendo sia l'ordine delle due codificazioni e sia le innovazioni apportate, nella forma di inserimenti, spostamenti e rimozioni di costituzioni, nel secondo Codice. E ciò non deve stupire, dal momento che, come ebbe modo di precisare Giustiniano nella costituzione *Cordi*, il primo Codice era stato, nella nuova edizione, completamente revisionato, ristrutturato, integrato e trascritto, e non semplicemente emendato in qualche sua parte, rendendone ferma l'ossatura di base, puntualizzando altresì Giustiniano che, ove si fosse reso necessario, si sarebbe predisposta in futuro una successiva raccolta delle proprie costituzioni, dette «*novellae constitutiones*».

In ogni caso, è certo che nella nuova edizione vennero inserite molte costituzioni emanate nel frattempo da Giustiniano per gli scopi più diversi, come le *Quinquaginta decisiones* di cui si dirà nel prossimo paragrafo, le *constitutiones ad commodum propositi operis pertinentes*, cioè quelle costituzioni emanate, probabilmente tra il 531 ed il 532 d.C., per risolvere disparità di opinioni, controversie e problemi sorti durante il lavoro di compilazione dei *Digesta*, e tutte quelle altre che, per motivi cronologici, non avevano potuto trovare posto nel primo Codice (sicuramente molte e di non poco momento, vista la fecondità dell'attività legislativa giustinianea tra il 529 ed il 533 d.C., finalizzata a far fronte alle diverse esigenze politiche ed amministrative dell'impero). Al contempo, vennero eliminate tutte le costituzioni divenute superflue od alle quali era stato tolto, esplicitamente od implicitamente, vigore dalle nuove riforme introdotte dallo stesso Giustiniano e quelle che risultassero simili o contrastanti fra di loro e, ancora, vennero completate quelle lacunose e rese chiare quelle oscure, sicché la più antica, fra le oltre 4600 costituzioni di tale Codice (il cui gruppo più numeroso appartiene ai Severi e, soprattutto, a Diocleziano, al quale appartengono più di 1200 *constitutiones*), risale ad Adriano e l'ultima (del novembre del 534 d.C.), ovviamente, a Giustiniano.

Ed è verosimile ritenere che i compilatori avessero tratto le costituzioni emanate da Adriano fino alla pubblicazione del Codice Teodosiano unicamente da tale codice e da quelli Gregoriano ed Ermogeniano, invece di attingerle *aliunde* effettuando ricerche d'archivio probabilmente destinate a restare infruttuose. Ipotesi quest'ultima che appare improbabile non tanto perché dalla costituzione *Cordi*, e così pure da quelle *Haec quae necessario* e *Summa rei publicae,* sembrerebbe emergere un implicito divieto posto in tal senso ai commissari, quanto piuttosto per l'assenza, in queste tre costituzioni, di un'espressa menzione dell'eventuale lavoro svolto da tali commissari sulle *constitutiones* non ricomprese nei tre precedenti codici, che, costituendo motivo di onore per la commissione e di riflesso anche per l'opera da essi compiuta, Giustiniano non avrebbe sicuramente passato sotto silenzio.

Il *Codex repetitae praelectionis,* al pari del primo, constava di 12 libri (richiamando tale numero quello della Legge delle XII Tavole, composta, per di più, da un collegio di *decemviri* che era numericamente uguale a quello della commissione giustinianea, ciò che, stante il più sopra ricordato fascino della 'romanità' subito da Giustiniano, finisce allora per non apparire come il frutto del caso), ciascuno diviso in titoli, ognuno dei quali recante a sua volta una rubrica e comprendente, in ordine cronologico, un numero variabile di costituzioni, la maggior parte delle quali in lingua latina, che non compaiono nell'originario testo integrale (come si evince dal raffronto tra le due versioni della medesima costituzione riportate nel codice giustinianeo ed in quello teodosiano), ma risultano abbreviate in varia misura, e che sono fornite di una *inscriptio* recante il nome dell'imperatore o degli imperatori che le avevano emanate e dei destinatari di esse (privati, funzionari, senato) e di una *subscriptio* contenente l'indicazione del luogo e della data di emanazione o pubblicazione.

I commissari giustinianei svolsero infatti un'attività di 'massimazione' delle costituzioni imperiali da inserire nel Codice consistente in un adattamento testuale che si connotava precipuamente per l'eliminazione dal dettato delle singole *constitutiones* di tutto ciò che era contingente e superfluo al fine di isolarne e valorizzarne il principio e, quindi, coglierne la portata normativa. Opera, questa, che si rendeva necessaria dal momento che, a differenza di quanto era accaduto per la Legge delle XII Tavole e per le stesse *leges* repubblicane, nelle quali, di regola, il conciso ed asciutto dettato si identificava con il precetto normativo e, se del caso, con la sanzione (ciò che deve dirsi anche per quelle emanate alla fine dell'epoca repubblicana, nelle quali il dettato normativo, divenuto più minuzioso ed ampio, non era comunque inquinato da considerazioni estranee ed ulteriori rispetto al nucleo dispositivo di comandi, ordini e sanzioni), lo stile legislativo delle costituzioni imperiali era peculiarmente caratterizzato da un'ampollosa e ridondante esposizione – spesso intrisa di retorico autoelogio tendente a mettere in evidenza la preoccupazione per il bene comune, l'illuminata saggezza e la sincera devozione religiosa dell'imperatore che ne era autore – dei motivi e delle finalità fondanti l'intervento dell'imperatore che finiva per ridurre al minimo la parte dispositiva e, cosa ben più grave, rendere spesso assai difficile, per gli operatori del diritto (avvocati, magistrati e funzionari), la sua concreta individuazione.

Quanto poi al contenuto del Codice, va detto che, a differenza del Codice Teodosiano, vi è una preponderanza, sia pur non nettissima, del diritto privato (al quale sono dedicati, insieme al processo civile, ben sette libri, cioè quelli dal II all'VIII) su quello pubblico (ricompreso nei rimanenti cinque, dei quali il I concerne il diritto ecclesiastico – sottolineando la scelta di porlo in testa all'opera, a differenza del Codice Teodosiano che lo poneva in coda, la preminenza della religione anche nell'ambito dell'ordinamento giuridico – e le fonti del diritto, il IX il diritto e processo criminale ed i X-XII il diritto amministrativo e finanziario), determinata dall'apporto prevalente dei materiali provenienti dai Codici Gregoriano ed Ermogeniano.

3. *I* Digesta

Giustiniano, con il primo Codice, aveva sì riportato ordine in ambito legislativo, ma non aveva tuttavia risolto i problemi legati all'uso delle opere giurisprudenziali romane, in ordine alle quali si era rimasti ancora nell'ottica teodosiana della Legge delle citazioni, della quale perciò non a caso il Codice ribadiva la vigenza.

Tuttavia, nel periodo successivo alla redazione di tale Codice, Giustiniano si andò convincendo della necessità di intervenire anche sul versante dei *vetera iura*, in ciò confortato da Triboniano, già componente della commissione nominata per la stesura del Codice e divenuto nel frattempo *quaestor sacri palatii*, al cui gusto 'antiquario' dovette apparire non ulteriormente procrastinabile un intervento di coordinamento del materiale giurisprudenziale del passato che sfociasse in una vera e propria compilazione di *iura*. Pertanto, probabilmente tra l'agosto ed il novembre del 530 d.C., Giustiniano emanò una serie di costituzioni, alle quali fu assegnato il nome di *Quinquaginta decisiones*, con le quale affrontò non pochi punti controversi di diritto e, specialmente, dubbi e disparità di opinioni rinvenibili nelle opere giurisprudenziali classiche.

Ora, diversi sono i problemi posti da tali *decisiones*, giacché non sappiamo con certezza, in primo luogo, se esse fossero cinquanta o, al contrario, se tale numero riguardasse le decisioni dell'imperatore sui punti controversi (nel qual caso tali costituzioni potrebbero essere numericamente assai inferiori); in secondo luogo, se di esse fosse stata fatta, o meno, una raccolta sistematica ufficiale ed a sé stante; in terzo luogo, se e quanto di questo materiale legislativo fosse rifluito nel secondo Codice di Giustiniano; infine, se esse fossero state emanate in vista di una più ampia opera di revisione dei *vetera iura*, costituendo così una sorta di lavori preparatori del Digesto, o, al contrario, in maniera del tutto non funzionale a tale progetto.

Tuttavia, un dato appare incontrovertibile, e cioè che l'ultima di tali *decisiones* fu emanata il 27 novembre del 530 d.C., cioè appena venti giorni prima che Giustiniano, con la costituzione *Deo auctore* del 15 dicembre del 530 d.C., desse incarico a Triboniano di formare una commissione avente il compito di condensare in un'unica esaustiva raccolta il secolare prodotto dell'esperienza giurisprudenziale romana, al duplice scopo di salvare dalla dispersione e dall'oblio gli scritti della giurisprudenza romana e di utilizzare tali opere, a fini pratici, come testo di legge vigente applicabile in tutti i processi, sia futuri e sia ancora pendenti:

> c. Deo auctore 2: *Hocque opere consummato* [...] *cum ex paucis et tenuioribus relevati ad summam et plenissimam iuris emendationem pervenire properaremus et omnem Romanam sanctionem et colligere et emendare et tot auctorum dispersa volumina uno codice indita ostendere, quod nemo neque sperare neque optare ausus est, res quidem nobis difficillima, immo magis impossibilis videbatur. Sed manibus ad caelum erectis et aeterno auxilio invocato eam quoque curam nostris reposuimus animis, deo freti, qui et res penitus desperatas donare et consummare suae virtutis magnitudine potest.* (a. 530 d.C.)
>
> [Terminata l'opera di redazione del (primo) codice ... e sollevati così dal lavoro più leggero e meno impegnativo, ci affretteremo a pervenire alla più ampia e completa revisione del diritto, a raccogliere e correggere tutto il diritto romano ed a mostrare, inserito in un solo codice, ciò che è disperso nei volumi di tanti autori. Questa impresa, che nessuno ha mai osato sperare o desiderare, sembrava anche a noi difficilissima, anzi addirittura impossibile. Levate, però, le mani al cielo ed invocato il soccorso divino, ricacciammo ogni preoccupazione dal fondo dell'animo nostro, confidando in Dio, che, per la grandezza della sua bontà, può concedere di portare a termine anche le imprese più disperate].

Dalla semplice lettura del testo si evince con chiarezza che, rispetto alla compilazione di un nuovo codice, una raccolta contenente tutta la ricchezza del patrimonio che si era andato accumulando attraverso l'opera dei giureconsulti romani dei secoli passati era un'operazione di una complessità senza precedenti e presentava certamente così tante difficoltà ed incognite da apparire a Giustiniano «*difficillima*», se non addirittura «*impossibilis*» e «*desperata*», giacché, per un verso, il materiale da mettere a partito era sterminato e, per altro verso, non esisteva alcun precedente modello ufficiale al quale ispirarsi, senza contare poi che il simile progetto di Teodosio II di affiancare ai testi delle costituzioni imperiali brani scelti dei giuristi era miseramente fallito.

Per la compilazione del Digesto, Giustiniano fece pieno affidamento sulle capacità, già sperimentate durante la redazione del Codice, di Triboniano, al quale venne concesso di scegliersi i collaboratori preferiti, che formarono così la commissione – presieduta dallo stesso Triboniano e composta da quattro professori di diritto (il già ricordato Teofilo e Cratino dell'univesità di Costantinopoli e Doroteo ed Anatolio dell'università di Berito), un alto funzionario dell'amministrazione imperiale (il *comes sacrarum largitionum* e *magister scrinii libellorum sacrarumque cognitionum* Costantino) ed undici avvocati patrocinanti presso il supremo tribunale imperiale (Stefano, Mena, Prosdocio, Eutolmio, Timoteo, Leonida, Leonzio, Platone, Giacomo, Costantino e Giovanni), con evidente prevalenza dunque sulla componente burocratica da parte degli *antecessores* e dei *togati*, seppure la maggioranza numerica di questi ultimi non fosse equivalente al maggior prestigio riconosciuto da Giustiniano ai primi – avente il compito, del resto già desumibile dal termine *Digesta* (mutuato da uno dei tanti tipi di opere della giurisprudenza classica e derivante dal verbo *digerere*, che significa 'ripartire', 'distribuire', 'ordinare'), di scegliere ed estrarre dalle opere dei giuristi romani brani da distribuire ordinatamente per materia (seguendo gli schemi del Codice e, soprattutto, dell'Editto perpetuo, del quale si riprendeva la divisione in sette parti, e ciò anche in connessione con la struttura dei corsi universitari dell'epoca) e ripartire in 50 libri, a loro volta suddivisi in titoli.

Lo stesso Giustiniano diede però ai commissari delle precise indicazioni in ordine alle fonti da raccogliere e da trattare, stabilendo innanzitutto che dovesse essere eliminata ogni *similitudo* o *discordia* tra i brani giurisprudenziali messi a partito, dando così luogo ad un'antologia finalizzata ad una trattazione unitaria e completa non inficiata da imperfezioni e prolissità, e, in maniera persuasivamente argomentata, che non vi fosse alcuna discriminazione o preferenza tra le opinioni dei giuristi, ponendo quindi sullo stesso piano, a differenza di ciò che era avvenuto per la Legge delle citazioni, quelle dei più prestigiosi e quelle dei meno autorevoli:

> c. Deo auctore 5-6: [...] *omnibus auctoribus iuris aequa dignitate pollentibus et nemini quadam praerogativa servanda, quia non omnes in omnia, sed certi per certa vel meliores vel deteriores inveniuntur. Sed neque ex multitudine auctorum quod melius et aequius et iudicatote, cum possit unius forsitan et deterioris sententia et multos et maiores in aliqua parte superare* [...]. (a. 530 d.C.)
>
> [... è da riconoscere pari dignità a tutti i giuristi ed a nessuno di essi è da riservare una qualsiasi preferenza, poiché ognuno potrà essere trovato migliore o peggiore non in tutto, quanto piuttosto relativamente a questa od a quella materia. Né un'opinione sia giudicata migliore e maggiormente equa a seconda del numero di autori che la condividono, giacché può accadere che, per avventura, il parere di uno, anche dei meno prestigiosi, sia da preferire, in qualche caso, a quello espresso da molti, compresi i più autorevoli ...].

Ancora, Giustiniano prescrisse significativamente che i frammenti giurisprudenziali confluiti nel Digesto fossero assimilati alle costituzioni imperiali, come voce dello stesso imperatore, e chiarì il rapporto esistente tra il Digesto e le *leges*, avallando gli interventi compiuti sulle costituzioni riportate o citate dai giuristi, e quello tra il Digesto ed il Codice, vietando che tra di essi vi fosse ogni ripetizione ed antinomia, e ciò in maniera tale che tutto l'ordinamento giuridico riposasse su questi due pilastri, l'uno di *iura* e l'altro di *leges*, preannunciandosi che ad essi se ne sarebbe presto aggiunto un terzo, avente natura di opera istituzionale.

Infine, Giustiniano introdusse il divieto non solo di *sigla*, cioè di abbreviazioni, nella stesura dell'opera, ma anche, e soprattutto, di *commentarii* all'opera ultimata, al fine di evitare un nuovo accumulo di contrastanti interpretazioni giurisprudenziali:

> c. Deo auctore 12: [...] *nullis iuris peritis in posterum audentibus commentarios illi applicare et verbositate sua supra dicti codicis compendium confundere: quemadmodum et in antiquioribus temporibus factum est, cum per contrarias interpretantium sententias totum ius paene conturbatum est* [...]. (a. 530 d.C.)
>
> [... nessun giurista osi in futuro fare commentari (al Digesto) ed offuscare la sintesi dell'opera con la sua verbosità, come avvenne in tempi passati, quando tutto il diritto rimase completamente confuso a causa delle discordi opinioni degli interpreti ...].

I *Digesta* vennero pubblicati con la costituzione bilingue latino-greca *Tanta – Dédoken* del 16 dicembre del 533 d.C., entrando in vigore il 30 dicembre dello stesso anno. Tale *constitutio*, che riaffermò il carattere sostanzialmente esaustivo del Codice, del Digesto e delle Istituzioni, vietò per il futuro che i frammenti utilizzati venissero confrontati con la formulazione originaria delle opere dalle quali erano stati estratti ed interdisse in generale l'uso di queste, prevedendo inoltre pene severe per chi avesse redatto opere di rielaborazione dei *Digesta* ed ammettendo, tutt'al più, traduzioni letterali in lingua greca (in realtà, rese inevitabili in un mondo grecoloquente quale era quello orientale), note riassuntive dei titoli (*indices*) e richiami in calce ai singoli titoli con i testi di conferma od ai quali si rimandava.

Confrontando le costituzioni *Deo auctore* e *Tanta*, si può allora evidenziare un più marcato ed appagato senso di unitarietà e completezza dell'ordinamento giuridico che connotava peculiarmente la seconda (che pure non escludeva la possibilità dell'emergere in futuro di nuove situazioni non previste in alcun modo dal *ius* ora codificato, ribadendosi, in tal caso, la necessità di fare ricorso all'imperatore come la sola autorità legittimata ad intervenire per integrare tali lacune), giacché in quest'ultima il discorso non era più ristretto, come nella prima, al pur fondamentale problema dei rapporti tra *iura* e *leges*, ma esplicitava la precisa idea che lo Stato dovesse assumersi, oltre al compito della produzione delle norme, anche l'onere del loro coordinamento in un ordinato sistema. Anche se va detto che era stata proprio la c. *Deo auctore* a porre in risalto come il bene supremo dello Stato consistesse nell'avere a fondamento l'autorità della legge e, in particolare, come quest'ultima dovesse essere chiara per potere adempiere pienamente la funzione di sostegno, con la conseguenza che erano la chiarezza e l'ordine a dovere regnare in tutta la sfera del diritto e, quindi, tanto nella legislazione imperiale quanto nel retaggio della giurisprudenza. E, in questo senso, il Digesto appare a nostri occhi come una vera e propria 'appropriazione della giurisprudenza' operata da Giustiniano, nel senso che il contenuto di tale compilazione gli apparteneva in quanto da lui scaturiva l'*auctoritas* che stava a fondamento della sua validità.

Peraltro, dall'esame dei 9142 frammenti giurisprudenziali messi a profitto nell'opera si evince che ben 1/3 proviene da Ulpiano, 1/6 da Paolo e la rimanente parte è ricavata da un nucleo di trentasette giuristi, mentre gli 11/12 del Digesto sono dovuti a dodici giuristi (Giuliano, Giavoleno, Pomponio, Africano, Marcello, Cervidio Scevola, Gaio, Ulpiano, Paolo, Papiniano, Marciano e Modestino) ed 1/12 (pari a 535 frammenti) ai rimanenti ventisette giuristi. Da ciò, ed insieme dal rilievo che più dei 2/3 dei frammenti del Digesto (precisamente, 6137) proviene dalle opere dei cinque giuristi della Legge delle citazioni (Gaio, Paolo, Ulpiano, Papiniano e Modestino), può ricavarsi allora che tale diverso peso dei singoli giuristi, riflettentesi nella decisa prevalenza quantitativa delle opere della giurisprudenza severiana, fosse determinato non tanto dalla qualità delle opere di quest'ultima (che pure ebbe sicuramente un rilievo non secondario), quanto piuttosto dalla loro minore risalenza nel tempo e, insieme, dall'avere rielaborato e sistemato la precedente produzione giurisprudenziale, della quale finirono così per costituire il vero e proprio deposito dal quale attinsero a piene mani i commissari giustinianei.

Ancora, si può evidenziare che vennero escerpite pure opere di giuristi privi del *ius publice respondendi*, ciò che deve dirsi non solo per Quinto Mucio Scevola, Alfeno ed Elio Gallo, tutti di età repubblicana, ma anche, in particolare, per Gaio.

Infine, i libri confluiti nel Digesto furono 1625, quindi un numero inferiore a quello di quasi 2000 che Giustiniano aveva affermato, nella c. *Tanta*, essere a disposizione dei commissari, anche se non può affatto escludersi la lettura di altre opere poi non ricomprese nel Digesto.

L'esatto numero dei libri messi a partito nel Digesto si evince dall'*Index Florentinus*, cioè da quell'elenco elenco dei giuristi e delle opere utilizzate nella redazione dell'opera che Giustiniano, con la c. *Tanta*, ordinò di *inscribere* all'inizio del Digesto, avendo però cura di specificare che ciò non avrebbe comunque pregiudicato la ribadita posizione di parità dei giuristi prescelti.

Ora, la singolarità di diversi aspetti di tale *Index*, nel quale i giuristi si susseguono in ordine cronologico (salva la precedenza, data a titolo d'onore, a Giuliano e Papiniano) e le opere di ciascuno di essi sono sistemate per mole decrescente, è tale da lasciare perplesso l'interprete moderno. Così, più di venti opere ricomprese nel Digesto non compaiono nell'*Index*, che, viceversa, menziona quasi altrettanti scritti di cui il Digesto non reca alcuna traccia. Ancora, nell'*Index* talvolta alcune opere sono attribuite a giuristi diversi da quelli menzionati nel Digesto, talora la stessa opera del medesimo giurista è riportata due volte e talaltra si menziona un'opera giurisprudenziale come unitaria, fondendo così due opere dello stesso giurista che nel Digesto appaiono invece distinte. Infine, in qualche caso nell'*Index* vengono citate in originale alcune opere di giuristi che nel Digesto compaiono invece solo nei sunti di altri giuristi ad essi successivi. Appare allora versosimile ritenere che l'*Index* sia stato redatto alla svelta all'inizio dei lavori del Digesto o, comunque, sulla scorta di altri elenchi già a disposizione dei commissari, ma da questi mai più successivamente aggiornati, ciò che spiegherebbe perché nell'*Index* si trovano incluse opere delle quali si prevedeva l'utilizzo ma che vennero successivamente accantonate e, per converso, non si menzionano in esso altre opere pervenute in seguito ai commissari e da questi inserite nel Digesto. Il fatto poi che l'*Index* sia scritto in gran parte in greco, costituendo così l'unico corredo ufficiale del Digesto in tale lingua, e insieme, la circostanza, priva di alcuna *ratio*, che, a differenza della maggioranza dei giuristi citati, alcuni di essi siano translitterati in latino, fa supporre che probabilmente la commissione fosse stata colta alla sprovvista dal tardivo ordine di Giustiniano di allegare al Digesto un indice (che attesterebbe pertanto il recupero di un'embrionale coscienza storico-filologica) e che perciò non fece in tempo a confezionarne uno migliore.

Il Digesto si compone di 50 libri, ciascuno dei quali diviso in titoli, recanti ognuno una rubrica indicante l'argomento al quale il contenuto del titolo stesso è dedicato (ciò che non si verifica però per i libri 31, 32 e 33, che non sono divisi in titoli, ma riguardano un unico argomento, e cioè i legati ed i fedecommessi). All'interno di ogni titolo sono collocati ed ordinati progressivamente i vari frammenti escerpiti dalle opere della giurisprudenza, preceduti da una *inscriptio* recante il nome del giurista, il titolo dell'opera ed il numero del libro di essa, da cui i commissari avevano ritagliato il brano. I frammenti più lunghi sono stati poi divisi – però non dai commissari, bensì dagli interpreti medievali – in un *principium* ed in succesivi paragrafi e, analogamente, sono stati numerati progressivamente i frammenti nell'ambito di ciascun titolo.

Come si evince dalle già menzionate date della c. *Deo auctore* e della c. *Tanta*, la commissione portò a termine la compilazione dei *Digesta* in soli tre anni, e cioè in un tempo assai breve ove si consideri la grande mole di lavoro che essa comportava, giacché si trattava di esaminare un'enorme massa di opere, procedere ad una scelta dei brani da utilizzare, estrarli dal loro contesto originario e, quindi, riordinare tali frammenti inserendoli nei vari titoli ed apportandovi altresì tutte le modifiche (formali e sostanziali) che si rendessero necessarie, sia per ridurre al minimo il materiale utilizzato, sia per coordinarli nel nuovo sistema, sia per armonizzarli fra di loro e sia per adeguarli alle mutate condizioni della società bizantina del VI secolo d.C.

Per spiegare la celerità con cui l'opera venne realizzata, che appare non facilmente comprensibile anche alla luce di altre considerazioni (quali, ad es., la necessità di un congruo periodo iniziale per rodare la macchina commissariale ed uno conclusivo per la stesura delle copie; la circostanza che nel medesimo lasso di tempo tre commissari, Triboniano, Teofilo e Doroteo, erano impegnati nella stesura delle Istituzioni; il rilievo che tutti i commissari non poterono certo trascurare del tutto le loro attività di funzionari, docenti ed avvocati; il fatto che, nel 532 d.C., una rivolta interna alla città Costantinopoli portò gli insorti ad assaltare il palazzo imperiale ed a mettere in pericolo la vita di Giustiniano e Triboniano, certo non facilitando in tal modo il sereno e meticoloso lavoro dei commissari), sono state perciò avanzate ipotesi disparate in ordine al metodo di lavoro adottato dai compilatori.

Il primo tentativo di spiegazione, elaborato nei primi decenni dell'Ottocento e ricordato comunemente come 'teoria delle masse', fa leva sul fatto che, all'interno dei titoli e salvo eccezioni marginali, i frammenti giurisprudenziali non si succedono in modo casuale, ma secondo gruppi di opere (dette appunto 'masse') che si ripetono costantemente, sia pure non nello stesso ordine, in ciascun titolo. Si possono così individuare quattro masse, tre più consistenti (dette 'sabiniana', 'edittale' e 'papinianea', in quanto aventi ad oggetto opere rispettivamente di diritto civile quali i commenti ai *libri ad Sabinum*, di diritto pretorio quali i commentari *ad edictum* e la problematica casistica rappresentata dalle *quaestiones* e dai *responsa* in cui eccelse Papiniano) ed una quarta (detta *Appendix*), residuale, formata da un piccolo gruppo sparso di tredici opere prive di denominatore comune e non di rado immediatamente posposta alla terza massa, da cui anche la qualifica di 'massa postpapinianea'. Sulla base di esse, per la verità dal contenuto non sempre omogeneo, si è allora immaginato che la commissione si fosse divisa in tre sottocommissioni, ciascuna delle quali avrebbe proceduto separatamente allo spoglio solamente di un gruppo ben determinato di opere, corrispondente in sostanza ad ogni singola massa, occupandosi una di tali commissioni anche dell'*Appendix*, le cui opere sarebbero pervenute a lavori già in corso. Concluso il lavoro di spoglio avente ad oggetto i diversi gruppi di opere, la commissione si sarebbe poi riunita in seduta plenaria per confrontare i risultati raggiunti, eliminare le ripetizioni e le contraddizioni e sistemare il materiale raccolto in ciascun titolo.

Questa ipotesi è stata sottoposta a critica a partire dall'inizio del Novecento, proponendosi così altri tentativi di spiegazione tutti accomunati, in buona sostanza, dal fatto di presupporre l'esistenza di compilazioni a catena private pregiustinianee, i c.d. 'Predigesti', che sarebbero stati utilizzati soprattutto nelle scuole come antologie di scritti giurisprudenziali classici, la cui esistenza avrebbe perciò facilitato ed abbreviato il lavoro della commissione, che a tali compilazioni di uso scolastico, prese a modello dell'opera che stava realizzando, avrebbe infatti attinto a piene mani.

In seguito, si è cercato di conciliare l'inoppugnabile dato dell'esistenza delle masse con il credibile apporto dato dai Predigesti elaborati nelle scuole orientali postclassiche nel senso di ritenere che tali compilazioni scolastiche avrebbero non eliminato, bensì semplicemente agevolato, il lavoro dei compilatori, i quali se ne sarebbero serviti per una parte delle opere classiche (quantificabile in 1/4 od anche più), procedendo invece allo spoglio diretto per la rimanente parte. Più recentemente, partendo dall'indubbio rilievo della macchinosità e lentezza connotante un gruppo di lavoro così ampio, si è invece cercato di rivalutare gli apporti individuali dei singoli commissari e, in particolare, degli *antecessores*, immaginandosi che ciascuna delle tre sottocommissioni avrebbe avuto solamente due commissari stabili (sottocommissione sabiniana: Triboniano e Doroteo; sottocommissione edittale: Teofilo ed Anatolio; sottocommissione papinianea: Giovanni e Cratino), che avrebbero avuto piena autonomia nella scelta e nella modifica dei materiali ed ai quali sarebbero stati aggregati, di volta in volta e per specifici compiti ausiliari, gli undici avvocati.

Nonostante tale ricostruzione abbia il pregio di spiegare la rapidità dei tempi di gestazione del Digesto sulla base della estrema duttilità del metodo di lavoro dei suoi compilatori, non può tuttavia disconoscersi che essa appaia eccessivamente arzigogolata e, soprattutto, non poco carente sul piano dimostrativo (ad es., laddove presuppone, in maniera non documentata, che i commissari avessero la disponibilità di una o più copie della medesima opera giurisprudenziale). E ciò a dimostrazione che la strada per raggiungere risultati più sicuri in ordine al procedimento di formazione dei *Digesta*, per quanto battuta da più recenti e rinnovate indagini (che hanno dimostrato, ad es., come le opere ricomprese nell'*Appendix* non fossero state vagliate dalla sottocommissione papinianea, bensì da quella sabiniana), sia ancora lunga da percorrere.

Strettamente connesso al problema delle metodologie compilatorie è poi quello, anch'esso non di poco conto, delle interpolazioni, cioè le modificazioni, nella forma di aggiunte, soppressioni e, in genere, variazioni, apportate dai commissari, su esplicita richiesta di Giustiniano, ai testi giurisprudenziali confluiti nel Digesto.

La tematica delle interpolazioni, dette anche *emblemata Triboniani*, è, invero, articolata e complessa, ma un dato di fondo è incontestabile, e cioè che le alterazioni ai testi dei giuristi classici sono una realtà storica che non può essere messa in discussione. Qui basterà ricordare che esse, rinvenibili, in misura certamente minore, anche nel Codice e nelle Istituzioni, possono talvolta non essere state opera dei compilatori giustinianei, risalendo invece ad un periodo precedente, che alla loro individuazione si è proceduto utilizzando, spesso combinati tra loro, diversi criteri d'indagine (testuale, storico, logico, esegetico, legislativo, giuridico, filologico, grammaticale, sistematico, metodologico e diplomatico) e, infine, che l'esito di un intervento di interpolazione può essere stato quello di una modificazione meramente formale del testo, lasciandone inalterata la portata normativa, oppure di una vera e propria modificazione sostanziale, attraendo così un istituto giuridico ad una diversa disciplina, in consonanza con il sistema giustinianeo.

In realtà, il quesito più importante posto dalle interpolazioni concerne la loro quantità, dovendosi rilevare in proposito che, dopo un periodo di ricerca affannosa della loro presenza sorretta da una pressoché incondizionata fiducia nei criteri ora ricordati che ha dominato gli studi romanistici degli ultimi decenni dell'Ottocento ed i primi del secolo scorso e che ha visto nelle interpolazioni il risvolto ideologico dello scontro o, forse meglio, della meccanica contrapposizione tra una mentalità 'romana' o 'latina' ed una mentalità, vista come deteriore, 'bizantina' od 'orientale', si tende oggi a ridimensionare drasticamente il loro numero (o, meglio, quello delle interpolazioni sostanziali, rimanendo invece assai elevato quello delle interpolazioni formali) e di convergere, semmai, verso una più complessa indagine delle stratificazioni testuali finalizzata a ricostruire le vicissitudini attraversate dai frammenti giurisprudenziali e, più in generale, dai testi giuridici confluiti nell'intera compilazione giustinianea dalla loro originaria formulazione fino alla loro recezione nel Digesto e nelle rimanenti parti del *Corpus Iuris*. In tale maniera, i contrasti del pensiero giurisprudenziale rinvenibili nel Digesto non sono stati attribuiti tanto all'intervento dei commissari giustinianei, quanto piuttosto alla diversa sensibilità ed alle peculiari vedute dei giureconsulti classici, dei quali vengono ora ad essere indagati – grazie anche al proficuo raffronto operato tra i medesimi testi contenuti nel Digesto e pervenutici attraverso le compilazioni postclassiche pregiustinianee oppure all'accertamento della compatibilità di determinate affermazioni contenute in un frammento giurisprudenziale con la configurazione dell'istituto nel periodo al quale risale tale testo o, al contrario, con il preciso indirizzo riconducibile all'epoca ed alla mentalità giustinianea – la personalità scientifica, i condizionamenti sociali ed i rapporti con il potere politico al precipuo scopo di dimostrare, in un'ottica del tutto antitetica a quella interpolazionistica, la loro assoluta infungibilità e, addirittura, la possibilità che le diverse opinioni espresse dallo stesso giurista in due o più testi contrastanti siano addebitabili ad un'evoluzione interna al pensiero del medesimo giurista. Anche se non ci si può nascondere che, condotta senza le opportune cautele, tale diagnosi sulla 'classicità' dei testi giurisprudenziali contenuti nel Digesto rischia di cadere nell'eccesso opposto di ammettere senza riserve la loro genuinità, dimenticando così l'affermazione di Giustiniano, contenuta nella c. *Tanta*, secondo cui numerosi e di notevole importanza furono gli interventi operati dai suoi commissari sui frammenti dei giuristi classici.

In questo senso, bisogna allora riconoscere che il Digesto, considerato nel suo aspetto di legge vigente per tutti i sudditi dell'impero romano d'Oriente, appare agli occhi dell'interprete moderno come un'opera assolutamente inidonea a raggiungere tale obiettivo legislativo, in quanto assurda ed anacronistica. Assurda, dal momento che i precetti ricavati dall'enorme numero delle opere dei giuristi romani, nella misura in cui consideravano, teorizzavano, classificavano e sistemavano prevalentemente casi singoli pratici o teorici e, quindi non formulavano norme giuridiche generali ed astratte, avevano ovviamente finalità ben diverse da quella legislativa. Anacronistica, perché, nonostante Giustiniano avesse autorizzato le necessarie alterazioni e gli indispensabili aggiornamenti testuali, il diritto del Digesto era stato comunque concepito in un ambiente assai diverso da quello bizantino e, per di più, rimaneva sempre alquanto antiquato rispetto ai tempi di tale imperatore.

Questi due rilievi inducono allora a chiedersi se, al di là del formale conferimento ai frammenti giurisprudenziali del Digesto dello stesso valore legislativo delle costituzioni imperiali contenute nel Codice da parte di Giustiniano, i *iura* classici potessero avere, nella vita giuridica concreta dell'epoca giustinianea, un valore ed un'incidenza identici a quelli delle *leges*. E la risposta a tale interrogativo è data proprio dai documenti della prassi, dai quali si evince che il Digesto, al contrario del Codice, delle Novelle e persino delle Istituzioni, non appare mai utilizzato in sede giudiziale e negoziale, bensì unicamente come opera scolastica. Tale circostanza e, insieme, il fatto che la successiva legislazione giustinianea e, in particolare, le Novelle quasi mai apportarono modifiche al Digesto, mentre numerose furono quelle concernenti le costituzioni presenti nel Codice, fanno allora supporre che il valore assunto dal Digesto nella pratica non fosse affatto quello di un vero e proprio testo legislativo, bensì una raccolta di materiali autoritativi particolarmente idonei a formare ed alimentare la coscienza e le convinzioni giuridiche dei giudici e, più in generale, degli operatori del diritto dell'epoca.

E, del resto, che quest'ambiguità del Digesto, oscillante tra una dimensione più strettamente normativa ed una vocazione e destinazione latamente culturale, possa non essere stata del tutto estranea alle intenzioni dello stesso Giustiniano, sembra trovare conferma nel 'classicismo' di questo imperatore. Concetto, questo, ancor oggi di controversa interpretazione con il quale sembra farsi riferimento ad un preciso atteggiamento di Giustiniano verso il passato non tanto finalizzato a rimettere in vigore il diritto classico come sistema normativo restaurato che si sostituisse al c.d. 'diritto volgare' formatosi nella prassi dei secoli immediatamente precedenti o, al contrario, tendente alla mera conservazione stilistica di un diritto che poteva adattarsi, plasmandolo, a qualsiasi contenuto, quanto piuttosto culturalmente consapevole del fatto che il diritto imperiale rischiava di essere, senza l'apporto dei *iura*, privo di ogni tessuto connettivo. Anche se, a ben vedere, tale convinzione, che comportava il riconoscimento dell'impossibilità di separare il diritto romano dalla sua storia e, dunque, di fare a meno di quei *iura* che di tale storia avevano costituito sicuramente la parte più significativa, non era certo un'idea originale di Giustiniano, che pure aveva operato una saldatura politica tra la restaurazione dell'impero e la sistemazione di tali *iura*, ma si riallacciava alla concezione postclassica pregiustininaea della non eliminabilità delle opere giurisprudenziali del passato dal contesto normativo imperiale del presente, che solo tramite quest'ultime poteva essere pienamente compreso nelle scuole di diritto e correttamente applicato nei tribunali. Di questa persuasione, cioè della necessità di onorare il passato per quanto utile al presente e, in prospettiva, anche al futuro, Giustiniano fu allora non tanto l'ideatore, quanto piuttosto l'erede, dovendosi tuttavia riconoscere che egli, ponendosi nell'ottica di una continuità del diritto che poteva essere garantita solamente attraverso l'appropriata conservazione ed il sapiente riutilizzo delle fonti antiche, percepì più nitidamente dei suoi predecessori la fondamentale importanza dell'esperienza del passato come strumento privilegiato per lumeggiare l'ordinamento del presente.

4. *Le* Institutiones *e lo studio del diritto*

Mentre era ormai avviata al termine l'opera di compilazione dei *Digesta*, Giustiniano, dando attuazione ad un suo proposito già esplicitato nell'undicesimo paragrafo della c. *Deo auctore*, diede incarico ad una ristretta commissione di soli tre membri (presieduta da Triboniano e composta da due professori di diritto, i già ricordati Teofilo e Doroteo, tutti quindi facenti parte anche della commissione di redazione del Digesto) di confezionare un testo istituzionale in quattro libri destinato alle esigenze della scuola, che servisse ad impartire ai giovani le nozioni fondamentali per iniziarli allo studio del diritto e sostituisse le ormai vetuste opere istituzionali classiche e, in particolare, la più diffusa tra esse, le Istituzioni di Gaio:

> c. Tanta 11: [...] *Et ideo Triboniano viro excelso, qui ad totius operis gubernationem electus est, nec non Theophilo et Dorotheo viris illustribus et facundissimis antecessoribus accersitis mandavimus, quatenus libris, quos veteres composuerunt, qui prima legum argumenta continebant et institutiones vocabantur, separatim collectis, quidquid ex his utile et aptissimum et undique sit elimatum et rebus, quae in praesenti aevo in usu vertuntur, consentaneum invenitur, hoc et capere studeant et quattuor libris reponere et totius eruditionis prima fundamenta atque elementa ponere, quibus iuvenes suffulti possint graviora et perfectiora legum scita sustentare* [...]. (a. 533 d.C.)
>
> [... Convocati dunque l'eccelso Triboniano, al quale è stata affidata la direzione dell'intera opera, nonché Teofilo e Doroteo, uomini illustri ed eloquentissimi docenti di diritto, abbiamo dato incarico, una volta raccolte separatamente tutte le opere degli antichi contenenti i primi elementi del diritto e denominate perciò Istituzioni, di trarre da esse quanto vi si trovi di utile, di più adatto, di puntuale e di consono alle esigenze del tempo presente, di disporlo in quattro libri e di porre così le fondamenta e gli elementi primi dell'intera scienza, sorretti dai quali i giovani possano affrontare studi giuridici più impegnativi ed approfonditi ...].

Della costituzione con la quale Giustiniano conferì formalmente il mandato ai tre commissari non esiste traccia (ciò che, come si è visto, si era verificato anche per il *Codex repetitae praelectionis*) e, tuttavia, ci è giunta la costituzione *Imperatoriam maiestatem*, indirizzata alla *cupida legum iuventus*, che, il 21 novembre del 533, pubblicò questo trattatello elementare.

Le Istituzioni, pur essendo state concepite principalmente con finalità didattiche e, precisamente, come strumento offerto ai giovani per apprendere i *prima legum cunabula*, ebbero anch'esse, al pari del *Codex* e dei *Digesta*, valore legislativo attuale, costituendo così legge vigente da applicare nei tribunali e nella pratica ed entrando in vigore, insieme ai *Digesta*, il 30 dicembre del 533 d.C. E, in proposito, va detto che, per quanto appaia effettivamente sorprendente agli occhi dell'interprete moderno l'attribuzione di valore normativo ad un manuale istituzionale, tale opera rappresenta, proprio per le sue finalità didattiche, il momento di maggior sintesi e, insieme, di più pacata riflessione e presa di coscienza nell'intero ciclo delle compilazioni giustinianee, lasciando così trasparire i veri intendimenti normativi di Giustiniano, che ebbe perciò modo colmare alcune lacune ancora esistenti e ripensare a soluzioni delle quali ora si focalizzava appieno la portata, dando così conto, all'interno di tale manuale, di istituti poco considerati o addirittura trascurati dal Digesto (come, ad es., la categoria, prevalente nella prassi, dei contratti scritti) e persino dal Codice e, ancora, di novità legislative e riforme che non avevano trovato accoglienza nelle altre due raccolte (come, ad es., quelle concernenti l'età minima richiesta per operare le manomissioni testamentarie e l'estensione a tutto l'impero, per evidenti ragioni di uniformità giuridica, dell'*usus iudiciorum* formatosi nei tribunali di Costantinopoli). Alla luce di tali rilievi, non può perciò negarsi che le Istituzioni esprimessero un'autonoma posizione, espositiva e, quel che più conta, concettuale, rispetto alle altre due parti della compilazione giustinianea, che talvolta, come si è ora visto, si traduceva anche in un'evidente superiorità.

I testi messi a partito per la redazione delle Istituzioni furono in primo luogo le Istituzioni di Gaio e le *Res cottidianae* dello stesso autore, in secondo luogo i manuali istituzionali scritti dagli altri giuristi classici (in particolare, da Marciano, Fiorentino ed Ulpiano, mentre dubbio è l'apporto delle Istituzioni di Paolo e, forse, addirittura assente quello del manuale di Callistrato) e, infine, alcuni brani attinti da diverse opere classiche non istituzionali (scritte da Celso, Pomponio, Gaio, Callistrato, Paolo ed Ulpiano). Ed insieme a questi materiali di origine giurisprudenziale non mancano i riferimenti ad innovazioni introdotte dagli imperatori del passato e, in particolare, dallo stesso Giustiniano.

L'opera, divisa in quattro libri, presenta fondamentalmente la stessa struttura e la medesima sistematica (salvo qualche lieve spostamento e ritocco) delle Istituzioni di Gaio e, tuttavia, ciascun libro è suddiviso in titoli recanti una rubrica che ne segnala l'argomento ed ogni titolo è a sua volta diviso in un *principium* ed in una serie di paragrafi.

A differenza dei *Digesta* e del *Codex*, che si configurano nella loro struttura esteriore come una raccolta di materiale precedente nella quale i singoli frammenti utilizzati erano sì ordinati uno dopo l'altro in maniera logico-sistematica e, tuttavia, tenuti distinti l'uno dall'altro in quanto ciascuno di essi era presentato sotto il nome del giurista (per i *Digesta*) o dell'imperatore (per il *Codex*) che ne era stato l'autore, le *Institutiones* si appalesano invece come un unico discorso continuativo ed organico condotto con il *nos* maiestatico da Giustiniano, come se si trattasse di un'opera scritta di getto e di pugno dallo stesso imperatore. Inoltre, dal momento che in riferimento ad ogni istituto trattato viene fornito un *excursus* storico che percorre le tappe più salienti della sua evoluzione, le *Institutiones* mostrano il profondo senso della storia che, pur essendo concepita ed utilizzata spesso in funzione di opposizione dialettica al regime vigente e non come portatrice di valori autonomi (funzione, quest'ultima, che trova esplicazione laddove l'*excursus* storico concerneva istituti non riformati dalle costituzioni imperiali), connotava peculiarmente la concezione didattico-giuridica dei suoi autori, che finirono così per trasformare ampi settori dell'opera come una sorta di manuale di storia del diritto classico. Infine, deve sottolinearsi che, a differenza delle Istituzioni gaiane ed a somiglianza invece di quelle di Marciano, il manuale giustinianeo non era limitato solamente al diritto privato ed al diritto processuale civile, ma comprendeva anche, sia pure in maniera non approfondita, il diritto ed il processo penale, alla cui tematica era dedicata una parte del quarto libro (precisamente, l'ultimo titolo, il diciottesimo, dell'intera opera), che, occupandosi dal sesto titolo in poi di alcuni nuovi aspetti del processo civile, finiva così per configurarsi come un'autonoma area pubblicistica.

Peraltro, la circostanza che le Istituzioni imperiali furono condotte a termine molto rapidamente ha fatto sorgere l'analogo problema che si è posto per i *Digesta* concernente il piano di lavoro seguito dai tre commissari nella stesura dell'opera, dando luogo così ad una non meno *vexata quaestio* che ha visto fronteggiarsi anche in questo caso le ipotesi più disparate, giacché si è immaginato che il lavoro di compilazione fosse stato semplicemente diretto da Triboniano e materialmente compiuto dagli altri due commissari (ciascuno dei quali avrebbe redatto due libri) oppure che la divisione del lavoro avesse avuto luogo non per libri ma per materie (con la conseguenza che vi sarebbero stati allora tre nuclei espositivi – persone e successioni, diritti reali ed obbligazioni, azioni – alla cui redazione avrebbero partecipato distintamente tutti e tre i commissari o, forse, i soli *antecessores*, rimanendo a Triboniano il compito di coordinare il loro lavoro) oppure, ancora, che Triboniano si fosse limitato ad intervenire in prima persona solamente in relazione agli interventi legislativi giustinianei (che certamente costituivano la parte più delicata di un manuale istituzionale che aveva anche valore di legge) o, forse, unicamente per la stesura delle parti storiche del manuale. E, in analogia con i Predigesti ricordati nel paragrafo precedente, si è pure ipotizzata, per la verità in maniera talmente azzardata e poco argomentata da lasciare assai perplessi, l'esistenza di 'Preistituzioni' di origine greca (che peraltro sarebbero state utilizzate anche successivamente, come nel caso della Parafrasi greca delle Istituzioni giustinianee di Teofilo, di cui si dirà tra breve), delle quali i commissari si sarebbero serviti, tralasciando quindi di consultare i manuali istituzionali dei giuristi classici, completandole, correggendole ed armonizzandole con le altri parti della compilazione giustinianea, sicché le Istituzioni giustinianee sarebbero state il frutto del rimaneggiamento di tali precedenti trattatelli elementari di uso scolastico.

Il 15 dicembre del 533 d.C., e cioè meno di un mese dopo la pubblicazione delle Istituzioni e pressoché contemporaneamente alla pubblicazione dei *Digesta*, Giustiniano, con la costituzione *Omnem* indirizzata ad otto professori di diritto che insegnavano nelle università di Berito e Costantinopoli (i già ricordati Teofilo, Doroteo, Anatolio e Cratino ed inoltre Teodoro, Isidoro, Taleleo e Salaminio), provvedette ad una profonda riforma dell'ordinamento degli studi giuridici universitari che si incentrava ora sull'utilizzazione in chiave didattica non solo, come era ovvio, delle *Institutiones* (indicato come testo-base per le matricole di giurisprudenza, in sostituzione delle ormai superate Istituzioni di Gaio), ma anche del *Codex* e dei *Digesta*.

Si stabilirono così, con ricchezza di particolari (concernenti anche l'obbligo della frequenza, la chiusura delle scuole giuridiche di Alessandria, Cesarea e di altre città ed il divieto di tenere feste studentesche, in quanto occasione di commissione di vari crimini e, specialmente, nei confronti delle matricole), i nuovi programmi universitari, che, vertendo sullo studio delle *Institutiones* nel primo anno di corso, dei *Digesta* nel secondo, terzo e quarto (in realtà, 36 libri letti effettivamente ed i rimanenti 14 solamente consegnati agli studenti per una successiva lettura ed utilizzazione pratica) e del *Codex* nel quinto, conducevano, in definitiva, ad una lettura pressoché totale della compilazione giustinianea e, quindi, ad una notevole razionalizzazione e modernizzazione degli studi giuridici e, al contempo, ad una loro più accentuata severità.

Va detto però che in tale costituzione nessun particolare rilievo venne dato alla maggiore difficoltà degli studi, cioè quella di natura linguistica rappresentata dal fatto che la maggior parte degli studenti conosceva bene solamente il greco e, al contrario, gruppi sparuti di essi, provenienti dalle regioni latine d'Oriente o, addirittura, dall'Occidente, conoscevano invece il latino, con la conseguenza che si rese necessaria l'approntamento di versioni in greco del Digesto, del Codice e delle Istituzioni e, viceversa, in latino, delle Novelle.

A ciò provvedettero gli *antecessores* che insegnavano nelle scuole di diritto dell'epoca, in ordine alle quali Giustiniano dettò una severa disciplina:

c. Omnem 7: *Haec autem tria volumina a nobis composita tradi eis tam in regiis urbibus quam in Berytiensium pulcherrima civitate, quam et legum nutricem bene quis appellet, tantummodo volumus* [...] *quia audivimus etiam in Alexandrina splendidissima civitate et in Caesariensium et in aliis quosdam imperitos homines devagare et doctrinam discipulis adulterinam tradere: quos sub hac interminatione ab hoc conamine repellimus, ut, si ausi fuerint in posterum hoc perpetrare et extra urbes regias et Berytiensium metropolim hoc facere, denarum librarum auri poena plectantur et reiciantur ab ea civitate, in qua non leges docent, sed in leges committunt.* (a. 533 d.C.)

[È nostro volere che le tre opere da noi composte siano insegnate ad essi (gli studenti) solamente nelle città imperiali e nella magnifica città di Berito, detta a ragione da alcuni nutrice del diritto ... poiché abbiamo udito che perfino nella splendida città di Alessandria, così come a Cesarea ed in altre città, certi personaggi incompetenti vaneggiano e trasmettono ai discepoli insegnamenti fallaci. Costoro noi intendiamo distogliere da tale comportamento sotto questa minaccia: che, se oseranno in futuro compiere un simile affronto, insegnando fuori dalle città dell'impero e dalla città di Berito, essi siano puniti con la pena di dieci libbre d'oro ed espulsi da quella città in cui non già insegnano il diritto, ma contravvengono ad esso].

Come si evince dalle invettive contro i vaneggiamenti di quei docenti che trasmettevano agli studenti insegnamenti fallaci, Giustiniano si mostrò fortemente critico nei confronti dell'organizzazione e dei metodi di insegnamento adottati in ambito scolastico, di cui lamentava la confusione e la dispersione che conducevano ad una preparazione superficiale ed inadeguata degli allievi, sicché, non potendo correre il rischio che la sua compilazione fosse male utilizzata proprio in quelle scuole che avrebbero dovuto formare le nuove classi dirigenti, indicò le città di Costantinopoli e di Berito come sedi delle scuole ufficiali dell'impero deputate a risollevare le sorti dell'insegnamento del diritto attraverso lo studio della migliore tradizione giuridica romana, seppure adattata alle contingenze dell'epoca, impartito dagli *antecessores* mediante una rinnovata metodologia didattica finalizzata, in primo luogo, a rendere i testi accessibili ai discenti e, in secondo luogo, alla loro spiegazione attraverso notazioni, richiami e quesiti.

Dai frammenti pervenutici delle opere di tali professori di diritto, appunto derivanti quasi sempre direttamente dalla loro attività di insegnamento, si evince infatti che essi scrissero sommari più o meno estesi, che, nati come brevi sunti, finivano per divenire libere traduzioni e persino parafrasi, non di rado intercalate da digressioni esplicative, ancora versioni letterali, richiami a testi paralleli, domande e risposte e, infine, note di commento. Attività, questa, che, nel suo complesso, dimostra come l'attività scientifica di questi *antecessores* non fosse più quella, tipica dei giuristi classici, di proporre nuove soluzioni, bensì, più limitatamente, di spiegare quelle già adottate, dovendosi così essi, vincolati autoritativamente ai testi, attenersi alla loro comprensione ed esegesi, che non poteva perciò essere critica, ma unicamente diretta all'armonizzazione, riducendo pertanto ogni contraddizione testuale a mera apparenza.

Di queste opere, particolare menzione va fatta dei commentari di Doroteo, Isidoro, Cirillo e, soprattutto, di Teofilo e Stefano al Digesto e di quelli di Isidoro,

Anatolio, Stefano, Teodoro e, soprattutto, di Taleleo al Codice, nonché, in special modo, della più sopra ricordata Parafrasi greca delle Istituzioni giustinianee di Teofilo, che si connota peculiarmente perché triplica l'originale, del quale si rispettano l'ordine espositivo e le partizioni ma non anche il contenuto (probabilmente perché la parafrasi teofilina venne redatta sulla base di un archetipo di matrice gaiana, e cioè le *Institutiones*, forse in una versione parafrasata greca d'incerta paternità, od una loro *interpretatio* postclassica), con ampie spiegazioni, vari commenti ed abbondanti esemplificazioni che, per un verso, dimostrano l'alto livello raggiunto dalla scuola giustinianea e, per altro verso, spiegano la fortuna di quest'opera presso i bizantini, che vi ravvisarono il loro manuale istituzionale. Ed è significativo rimarcare come tali commentari fossero stati redatti tutti quando Giustiniano era ancora vivo e, per di più, molti di essi in spregio all'espresso divieto di ogni forma di commento al Digesto stabilito da Giustiniano nel più sopra riportato dodicesimo paragrafo della c. *Deo auctore* e poi ribadito nel ventunesimo paragrafo della c. *Tanta*. Ciò che può spiegarsi non tanto ritenendo che Giustiniano avesse rinunciato a perseguire le violazioni di tale divieto, quanto piuttosto immaginando che egli non avesse voluto inibire i commentari in sé considerati, bensì unicamente il sorgere di quel *ius controversum* di cui la compilazione giustinianea aveva intenzionalmente decretato la fine, per sostituirlo con un diritto 'codificato' e 'statuale' che non poteva non promanare dall'imperatore, che assumeva così l'assoluto ed incontrastato monopolio non solo dell'emanazione e dell'attuazione delle norme giuridiche, ma anche della loro interpretazione. Conclusione, questa, dalla quale può allora farsi ragionevolmente discendere che il divieto di commento al Digesto o, meglio, di ogni sua privata *interpretatio* dovesse avere una valenza più ampia, estendendosi implicitamente anche al Codice ed alle Istituzioni e, a maggior ragione, a quelle costituzioni di sua diretta emanazione che erano le Novelle.

5. *Le* Novellae

Nel più sopra riportato quarto paragrafo della costituzione *Cordi*, Giustiniano aveva previsto anche una raccolta ufficiale delle costituzioni che egli avrebbe emanato successivamente a tale Codice.

Tale raccolta rimase però sulla carta e, tuttavia, l'imponente mole di costituzioni emanate da Giustiniano dopo il 534 d.C. e fino alla sua morte (l'ultima, del 565 d.C., diretta a riordinare, dopo gli interventi precedenti, la *creatio* dei vescovi e dei chierici, venne emanata quasi alla vigilia del trapasso dell'imperatore, dimostrando significativamente il suo interesse per la materia religiosa anche *in limine mortis*), che prese il nome di *Novellae constitutiones* o, più semplicemente, *Novellae* (sottendendo tale termine appunto una posteriorità cronologica rispetto ad una codificazione), venne a costituire, accanto al *Codex*, ai *Digesta* ed alle *Institutiones*, la quarta parte del *Corpus Iuris* giustinianeo.

Anche se va detto che, a differenza delle prime tre, che contenevano testi classici giurisprudenziali (i *Digesta* e le *Institutiones*) ed imperiali (il *Codex*), scritti peraltro quasi tutti in lingua latina, le *Novellae* non furono messe insieme utilizzando materiale precedente, ma furono dettate direttamente da Giustiniano, e per di più quasi tutte in lingua greca, allontanandosi così completamente dal diritto antico al quale erano invece fondamentalmente ispirati il *Codex*, i *Digesta* e le *Institutiones*.

Infatti, dopo la pubblicazione delle prime tre parti del *Corpus Iuris*, l'attività legislativa di Giustiniano, che, al pari di Teodosio II, si era reso perfettamente conto che la sua compilazione non era pienamente rispondente, specie per alcune materie, ai bisogni sempre nuovi della società del tempo, non si arrestò, ma continuò inesausta praticamente fin quasi alla vigilia della sua morte (anche se un sensibile calo, sul piano quantitativo e tecnico, della produzione normativa giustinianea si ebbe a partire dal 542-543 d.C., verosimilmente in seguito alla morte di Triboniano ed all'allontanamento dalla corte di Giovanni di Cappadocia), introducendo molteplici innovazioni ed importanti riforme di intere branche del diritto, più frequentemente in campo pubblicistico (amministrativo, burocratico, tributario, ecclesiastico e penale) che in quello privatistico (nel quale spiccano certamente la Novella relativa alle disposizioni testamentarie a titolo particolare, la Novella in tema di garanzie personali e, infine, le Novelle che disciplinarono *ex novo* la successione *ab intestato*) e processuale (nel quale si segnala la Novella relativa all'appello civile), ed assumendo spesso il tono e l'andamento dei moderni 'testi unici' (come nel caso, ad es., della Novella ricordata comunemente come il 'codice matrimoniale cristiano').

Sul piano formale, le *Novellae* si presentano in genere con un testo più ampio ed articolato delle costituzioni raccolte nel Codice, e ciò perché, come si è or ora ricordato, delle Novelle, ad onta del preannuncio di Giustiniano, non si realizzò mai una raccolta ufficiale, sicché esse non subirono quel processo di massimazione, tendendente ad enuclearne il puro principio giuridico, al quale furono invece sottoposte, come si è già rilevato, le *constitutiones* ricomprese nel Codice. Le Novelle erano perciò dotate di un proemio, in cui Giustiniano esponeva i motivi del proprio intervento e, non di rado, con una serie di molteplici argomenti trattati in rapida successione ed assai poco omogenei tra loro, ed erano divise in una *praefatio*, cioè il testo dispositivo (stilisticamente assai ridondante e sostanzialmente equiparabile a quelli che, con terminologia moderna, vengono detti 'lavori preparatori' della norma) a sua volta eventualmente articolato in più *capita* (capitoli, che, insieme alle *praefationes*, sono stati poi ulteriormente ripartiti in *principia* ed ulteriori paragrafi), ed in un epilogo.

Depositate e custodite nell'archivio del *quaestor sacri palatii*, le Novelle erano pubblicate ogni sei mesi, sicché è proprio sulla base di tali periodiche pubblicazioni che si formarono le tre raccolte private che ci sono pervenute: l'*Epitome Iuliani*, l'*Authenticum* e la *Collectio graeca*.

La prima è una raccolta di 124 Novelle (in realtà 122, per via di due duplicazioni), l'ultima delle quali risale al 555 d.C., non nel testo originale, ma in un riassunto in latino, operata da Giuliano, professore di diritto nell'università di Costantinopoli, e coincidente, con ogni probabilità, con un corso di lezioni tenuto nel 555-557 d.C. La seconda, databile intorno al 1000 d.C. e basantesi forse su un archetipo di età giustinianea, raccoglie il testo integrale di 134 Novelle, l'ultima delle quali emanata nel 556 d.C., in originale se latino ed in una traduzione letterale (non sempre affidante) latina se greco (ciò che ha fatto supporre anche per essa un'origine costantinopolitana con finalità scolastiche), e deve il suo nome ai dubbi suscitati in ordine alla sua autenticità, dapprima negata e infine riconosciuta dal grande giurista Irnerio, fondatore nell'XI secolo della scuola giuridica di Bologna (ciò che determinò una grande fortuna di tale raccolta in ambito occidentale, sostituendosi così nell'uso all'*Epitome Iuliani*). La terza raccoglie 168 Novelle (in realtà 165, per via di tre duplicazioni), delle quali 158 di Giustiniano, 4 di Giustino II (565-576 d.C.), 3 di Tiberio II (durante il cui regno, 578-582 d.C., fu compilata) e 3 editti di prefetti del pretorio, tutte nel testo integrale e nella lingua originale greca, da cui essa prese in nome.

Ora, premesso che epitomi greche delle Novelle furono redatte da Atanasio e Teodoro e ancora che, non potendo ovviamente la più sopra ricordata c. *Omnem* prevedere l'insegnamento delle Novelle, si è immaginato che un anno di corso dedicato al loro insegnamento fosse stato aggiunto all'originario programma quinquennale forse nel 551 d.C. (in concomitanza con la soppressione della scuola di Berito), va detto che, di queste tre raccolte private, la più autorevole è la terza e quella di minor rilievo la prima, che però ebbe maggior fortuna in Italia, dove fu arricchita in appendice di altre costituzioni, tra le quali la famosa *Pragmatica sanctio pro petitione Vigilii*.

Infatti, il 13 agosto del 554 d.C., in risposta ad una sollecitazione del papa Vigilio, Giustiniano emanò appunto una *pragmatica sanctio* (cioè un tipo di costituzione affermatasi in età postclassica avanzata ed avente le caratteristiche sia dei *rescripta* e sia, per alcuni aspetti, delle *leges generales*), con la quale si estendeva all'Italia la vigenza del *Codex*, dei *Digesta* e delle *Novellae* fino a quel momento emanate e, quindi, di quasi tutto il *Corpus Iuris*. La pubblicazione edittale dei testi giustininaei in Italia sortì così l'importante effetto di isolare il destino giuridico di tale provincia da quello delle altre province romanizzate dell'antica parte occidentale dell'impero, che, divenute ormai da tempo regni barbarici, rimasero soggette al Codice Teodosiano e, più in generale, alla *Lex Romana Wisigothorum* (ciò che è in effetti testimoniato dall'assenza di prove in ordine alla pratica della compilazione giustinianea in Francia ed in Spagna), e di porre pertanto le basi di quel rinascimento giuridico che si verificherà proprio nella nostra penisola (anche se a partire solamente dall'undicesimo secolo, dal momento che l'Italia continuò ancora per molto tempo a rimanere saldamente ancorata al diritto teodosiano grazie all'enorme diffusione delle compilazioni romano-barbariche, alla conquista longobarda del 568 d.C. ed all'influenza della Chiesa, destinataria di un trattamento di favore da parte della legislazione pregiustinianea) e che fece assurgere il *Corpus Iuris* giustinianeo a fonte principale del diritto ed a corpo del diritto scritto per eccellenza nei secoli futuri e, successivamente, a fondamento di quasi tutte le codificazioni moderne dell'Europa continentale.

6. *Il diritto bizantino*

La grande importanza della compilazione giustinianea e lo spirito che la sorreggeva ed animava possono essere meglio compresi gettando lo sguardo al periodo successivo a Giustiniano, che si connotò in termini negativi per la progressiva obsolescenza del *Corpus Iuris*, il rapido svilimento della legislazione imperiale, il sopravvento della formazione pratica sull'insegnamento scientifico del diritto e la carente preparazione giuridica di avvocati, magistrati e funzionari, che sempre meno padroneggiavano la lingua latina.

Per ovviare a questi gravi inconvenienti e, più in generale, alla decadenza giuridica, che era anche un riflesso di quella politica e culturale, della Bisanzio del periodo ricompreso tra il VII secolo e la metà del IX, venne aperta la via ad una serie di opere, aventi carattere di compendio o di manuali riassuntivi rispondenti alle necessità pratiche dei giudici, redatte, al contrario di quanto era avvenuto con Giustiniano, con il beneplacito e, non di rado, su ordine degli stessi imperatori bizantini.

A questo genere di opere, che nulla a che spartire avevano con la compilazione giustinianea e nemmeno con la ricca produzione interpretativa degli *antecessores* costantinopolitani e beritensi, può ascriversi l'Ecloga, redatta nella prima metà dell'VIII secolo d.C. sotto gli imperatori Leone III l'Isaurico e Costantino V Copronimo, che era una silloge delle principali norme di diritto privato e penale contenute nel *Corpus Iuris*, nelle Novelle di Giustiniano ed in quelle dei suoi successori, anche se va detto che, non di rado, la mera rielaborazione dei materiali giustinianei rimase tale solamente nelle intenzioni dei due imperatori, rappresentandone nella sostanza una deviazione. E così pure alcune compilazioni monotematiche dedicate a singole branche del diritto, come i prontuari pratici di diritto agrario (*Nómos gheorghikós*), certo la più antica (composta tra la fine del VII e l'inizio dell'VIII secolo d.C.) e valida giuridicamente di tali opere, di diritto militare (*Nómos stratiotikós*), una sorta di codice disciplinare, e di diritto marittimo (*Nómos Rhodíon nautikós*), in pratica un regolamento marittimo che solo nominalmente si richiamava all'antica *lex Rhodia*.

Tuttavia, nella seconda metà dell'IX secolo d.C. lo stato bizantino riacquistò vigore e prestigio in campo culturale e giuridico, sicché il primo sovrano della dinastia macedone, Basilio I (867-886 d.C.), abrogata l'Ecloga, fece redigere due nuove manuali, il Prochiron (fornito anche di autorità legislativa) e l'Epanagoge, che, pur restando sul piano di un modesto uso pratico, manifestarono tuttavia la precisa intenzione di procedere ad un radicale riordino di tutto il materiale giustinianeo o, per meglio dire, ad un sostanziale rifacimento della compilazione di Giustiziano.

Tale imperatore, in verità, non ebbe modo di completare il suo ambizioso disegno, che si realizzò ad opera del figlio succeduto al trono, Leone VI il Saggio (886-911 d.C.), il quale nominò una commissione, presieduta dal protospatario Simbazio, che diede vita, già nei primi anni del regno di Leone (del quale ci è pure pervenuta una raccolta delle Novelle da lui emanate fino all'anno prima della sua morte), ad un'opera nota con il nome di Basilici (*Tà basiliká nómina*, cioè leggi imperiali) od anche di *Hexábiblos* o *Hexekontábiblos*, per descrivere, rispettivamente, la divisione materiale in sei volumi o la distribuzione interna in sessanta libri.

I Basilici contengono il riassunto in greco, testo per testo, del materiale della compilazione giustinianea, emendato dal superfluo, proveniente dal Digesto, dal Codice, dalle Novelle e, in piccola parte, dalle Istituzioni ed organizzato secondo il sistema del Codice giustinianeo. E la fortuna di tale opera, che finì per eliminare il *Corpus Iuris* dall'uso corrente in Oriente, fu dovuta proprio all'essere redatto in lingua greca e, soprattutto, all'estrema comodità di trovare tutto il materiale giustinianeo sotto ciascun titolo di ogni libro.

Va detto però che i commissari non svolsero un lavoro originale di traduzione, ma si limitarono a trascrivere i riassunti dagli indici dei maestri del VI-VII secolo d.C., con particolare preferenza per Taleleo quanto al Codice, per Teodoro quanto alle Novelle ed all'Anonimo – cioè ad un ignoto giurista del VII secolo d.C. autore di un'ampia parafrasi *per indicem* (*Summa*) del Digesto – quanto a quest'ultima *pars*. Nel X secolo d.C., probabilmente durante il regno di Costantino VII Porfirogenito, il testo dei Basilici venne poi corredato di un apparato di numerose ed estese note di commento, detti *scholia*, in gran parte risalenti ai maestri del VI e VII secolo d.C. più sopra già ricordati, che si arricchirono successivamente delle annotazioni più recenti elaborate tra il X ed il XIII secolo d.C. Ed è proprio il processo di formazione ora descritto che rende i Basilici un'opera preziosa per gli interpreti moderni, giacché ad essa e, in particolare, agli *scholia* più risalenti dobbiamo in massima parte la conoscenza delle metodologie di lavoro della scuola giustinianea e postgiustinianea e, più in generale, delle tendenze della mentalità bizantina e, addirittura, in qualche caso, la restituzione di testi stessi del *Corpus Iuris*, nei cui confronti gli *scholia* presentano talora divergenze dovute alla circostanza che i compilatori dei Basilici tennero conto, fornendone appunto la traduzione greca, di testi classici genuini, cioè esenti dalle alterazioni ad essi apportati dai commissari giustinianei.

Come si è già accennato, pur non essendo stata espressamente abrogata, la compilazione giustinianea venne abbandonata, sicché si iniziò ancora una volta ad operare sintesi e schematizzazioni della nuova opera voluta da Basilio e Leone, che, nel suo immenso impianto, certamente sproporzionato alla generale cultura del tempo e difficilmente fruibile nella prassi, finì così per condizionare l'intera produzione giuridica bizantina, la quale, volgendosi unicamente ad essa, cercò di renderla ancora più accessibile a tutti gli operatori del diritto attraverso la costante ricerca di strumenti il più possibile semplici ed agili. Tra questi, merita di essere segnalata la *Synopsis maior*, un ampio indice alfabetico dei Basilici redatto dopo la metà del X secolo d.C. o, più probabilmente, nell'XI secolo d.C. e così chiamato per distinguerlo dall'analoga e più breve *Synopsis minor* del XIII secolo d.C., e specialmente il Tipucito, un'opera della fine dell'XI secolo d.C. che, rispettando fedelmente la struttura dei Basilici in libri (alcuni dei quali, smarriti, ci sono noti proprio grazie a quest'opera) ed in titoli, forniva un riassunto dei testi di tale opera ed un repertorio dei problemi in essa via via corredati di numerosi rinvii ai passi paralleli della medesima compilazione.

Per questa via, la produzione manualistica bizantina si arricchì ulteriormente e variamente, investendo addirittura opere antecedenti ai Basilici, come il Prochiron, l'Epanagoge e la stessa Ecloga, rielaborate ora nella forma di *Ecloga privata aucta*, *Ecloga ad Prochirum mutata*, *Epanagoge aucta* e *Prochirum auctum*, e trovando la sua ultima espressione nell'*Hexábiblos* o *Manuale legum*, fortunato prontuario del giudice di Tessalonica Costantino Armenopulo composto nel 1345 d.C. in sei libri ed utilizzato come base del diritto vigente nella Grecia moderna fino all'entrata in vigore nel 1941 di un codice civile modellato su quello tedesco, che, pur fondandosi su precedenti testi bizantini e, quindi, essendo ormai lontano culturalmente e temporalmente dallo spirito della compilazione giustinianea, rappresentò comunque l'ultima *summa* dei principii di diritto romano in vigore in Oriente e, al contempo, l'estrema sintesi del diritto bizantino.

Nato in seguito all'adattamento ed alla semplificazione dei testi di origine giustinianea, il diritto bizantino, caduta ben presto Ravenna in mano ai Longobardi, trovò applicazione anche nell'Italia meridionale ed in Sicilia, dove il dominio bizantino si protrasse più a lungo, terminando formalmente solamente con la resa di Bari nel 1071 d.C., e trovarono rifugio, sotto la guida dei loro monaci (nei cui monasteri fiorirono delle scuole di *artes liberales* dove veniva impartito, come complemento della retorica, anche l'insegnamento del diritto a beneficio di coloro che aspiravano a diventare *iudices*, *advocati* e *notarii*), gruppi di popolazione scacciati dall'Oriente e dai Balcani dagli Arabi e dagli Slavi, creando centri di lingua e vita greca che si conservarono intatti anche durante la dominazione araba in Sicilia e quelle successive dei normanni, degli svevi, degli angioini e degli aragonesi. E fu proprio in questo contesto culturale che si sviluppò la conoscenza delle opere giuridiche bizantine, di cui un sicuro esempio è rappresentato dal *Prochiron legum*, un manuale composto probabilmente in Calabria alla fine del X secolo d.C. utilizzando l'Ecloga, il Prochiron, l'Epanagoge ed altre fonti bizantine ed in seguito rimaneggiato fino alla seconda metà del XII secolo d.C. Un testo, questo, spesso richiamato nei numerosi documenti della prassi giuridica in lingua greca sviluppatasi subito dopo la sua apparizione ed esauritasi all'inizio del XV secolo d.C., ciò che dimostra allora la persistente vitalità di un diritto, quello bizantino, che, staccatosi dalla sua originaria matrice orientale, divenne comune anche ad altri territori dell'impero, impregnandosi così delle loro consuetudini locali e soggiacendo poi agli ordinamenti giuridici fondamentalmente diversi che lo circondavano.

Indice delle fonti

I. FONTI DI TRADIZIONE MANOSCRITTA

II. FONTI EPIGRAFICHE E PAPIROLOGICHE

Sintesi cronologica

Egeo e Vicino Oriente	*Roma*	*il diritto a Roma*
3000 a.C. – Inizi della cultura minoica a Creta.		
2700-2000 a.C. – Periodo sumerico in Mesopotamia.		
2112-2095 a.C. – Codice di Ur-Nammu, re di Ur.		
2000-1600 a.C. – Dominio marittimo di Creta.	2000 a.C. – Età del Bronzo. Tracce di presenza umana presso il Tevere, i colli Albani e nelle coste laziali.	
1934-1924 a.C. – Codice di Lipit-Ištar, re d'Isin.		
1792-1750 a.C. – Codice di Hammurapi, re di Babilonia.		
1770 a.C. – Leggi di Ešnunna.		
1530-1070 a.C. – Egitto, Nuovo Regno.		
1430-1350 a.C. – I Micenei fanno parte dell'élite dominante di Cnosso.		
1420-1200 a.C. – Nuovo regno ittita nell'Asia Minore centrale.		
1400-1050 a.C. – Stato assiro nell'alta Mesopotamia.		
1350 a.C. – Tramonto dell'era palaziale a Creta.		
1200 a.C. – Conquista israelita di Canaan.		
1010-970 a.C. – David re d'Israele.		

Egeo e Vicino Oriente	*Roma*	*il diritto a Roma*
1000 a.C. – Inizio dell'espansione fenicia nel bacino del Mediterraneo.	1000-900 a.C. – Età del Ferro. Insediamenti umani sul Palatino e nell'area dove sorgerà il Foro.	
970-930 a.C. – Salomone re d'Israele.	900-700 a.C. – Periodo villanoviano nell'Italia centrale.	
883-610 a.C. – Impero neo-assiro.		
776 a.C. – Data tradizionale dei primi giochi olimpici.		
775 a.C. – Prima scrittura alfabetica greca.		
750-700 a.C. – Omero ed Esiodo.	754 a.C. – Periodo dei re. Data tradizionale della fondazione di Roma.	754-519 a.C. – *Mores maiorum* e legislazione regia.
800-700 a.C. – Emergono le *poleis* nella Grecia continentale.	660-500 a.C. – Predominio etrusco in Italia.	
621 a.C. – Dracone e le prime leggi scritte ad Atene.		
605-539 a.C. – Regno neo-babilonese.		
594 a.C. – Solone, arconte di Atene, emana le sue leggi.		
586 a.C. – Nabucodonosor conquista Gerusalemme.		
582-573 a.C. – Istituzione dei giochi panellenici a Delfi, Istmia e Nemea.		
550-530 a.C. – Impero persiano in Asia Minore.		
539 a.C. – I Persiani conquistano Babilonia.		
525 a.C. – I Persiani conquitano l'Egitto.	510-509 a.C. – Caduta della monarchia etrusca e istituzione del consolato repubblicano. Primo trattato fra Roma e Cartagine.	510-509 a.C. – *Lex Valeria de provocatione*.

Egeo e Vicino Oriente	*Roma*	*il diritto a Roma*
508-507 a.C. – Riforme democratiche di Clistene ad Atene.		
	494 a.C. – Secessione della plebe e istituzione del tribunato.	
	493 a.C. – Spurio Cassio conclude un trattato con i Latini (*foedus Cassianum*).	
490 a.C. – Battaglia di Maratona.		
480 a.C. – Serse invade la Grecia.	477 a.C. – Disfatta dei Romani al Cremera.	
	451-450 a.C. – Il decemvirato.	451-450 a.C. – Legge delle XII Tavole.
	449 a.C. – Restaurazione della diarchia consolare.	449 a.C. – *Leges Valeriae-Horatiae*.
	444 a.C. – Il potere politico è affidato ai *tribuni militum consulari potestate*.	445 a.C. – Il plebiscito Canuleio abroga il divieto di *conubium* tra patrizi e plebei.
	443 a.C. – Istituzione della censura.	
431-404 a.C. – La guerra del Peloponneso.		
415-413 a.C. – Spedizione ateniese in Sicilia.		
	406-396 a.C. – Guerra contro Veio.	
	390 a.C. – Sconfitta romana presso il fiume Allia. I Galli incendiano Roma.	390 a.C. – Distruzione delle XII Tavole durante l'incendio gallico?
		367-366 a.C. – Compromesso Licinio Sestio: i plebei ammessi al consolato e istituzione della pretura riservata ai patrizi.
359-336 a.C. – Regno di Filippo II in Macedonia.		

Egeo e Vicino Oriente	*Roma*	*il diritto a Roma*
	348 a.C. – Secondo trattato fra Roma e Cartagine.	
	343-341 a.C. – Prima guerra sannitica.	
	340-338 a.C. – Guerra latina.	
336-322 a.C. – Regno di Alessandro Magno in Macedonia.		
334-323 a.C. – Conquiste asiatiche di Alessandro Magno.	326-304 a.C. – Seconda guerra sannitica.	326 a.C. (o 313 a.C.?) – *Lex Poetelia Papiria de nexis* (sulla servitù per debiti).
	326 a.C. – La creazione delle promagistrature.	
323 a.C. – Alessandro Magno muore a Babilonia.		
	306 a.C. Terzo trattato fra Roma e Cartagine.	
		304 a.C. – *Ius Flavianum*.
305-282 a.C. – Regno di Tolemeo I in Egitto (inizia la dinastia tolemaica).	298-290 a.C. – Terza guerra sannitica.	300 a.C. – La *lex Ogulnia* ammette i plebei nel collegio dei *Pontifices* e degli *Augures*.
		287 a.C. – *Lex Hortensia de plebiscitis* (parificazione dei plebisciti alle leggi).
		286 (?) a.C. – *Lex Aquilia de damno* (sulla responsabilità extracontrattuale).
	281-272 a.C. – Guerra contro Taranto.	
	278 a.C. – Nuovo trattato con Cartagine.	
	264-241 a.C. – Prima guerra punica.	
240-197 a.C. – Regno di Attalo I (regno attalide, Pergamo).	241 a.C. – Istituzione del *praetor peregrinus*.	
	238-237 a.C. – Roma conquista Sardegna e Corsica.	

Egeo e Vicino Oriente	*Roma*	*il diritto a Roma*
223-187 a.C. – Regno di Antioco III (regno seleucidico, Asia).	227 a.C. – Con Sicilia e Sardegna-Corsica nasce il sistema di governo provinciale.	
221-179 a.C. – Regno di Filippo V (regno antigonide, Macedonia).		
	219 a.C. – Annibale assedia Sagunto.	
	218-202 a.C. – Seconda guerra punica.	
	214-205 a.C. – Prima guerra macedonica.	204. a.C. – *Lex Cincia de donis et muneribus* (sulle donazioni).
	202 a.C. – Publio Scipione sconfigge Annibale a Zama.	
	201 a.C. – Pace fra Roma e Cartagine.	
	200-197 a.C. – Seconda guerra macedonica.	199 a.C. – *Leges Porciae de provocatione.*
197-158 a.C. – Regno di Eumene II (regno attalide, Pergamo).		198 a.C. – I *Tripertita* di Sestio Elio Peto Cato.
	192-189 a.C. – Guerra siriaca.	
190 a.C. – Battaglia di Magnesia e fine del dominio seleucidico in Asia Minore.		
179-168 a.C. – Regno di Perseo (regno antigonide, Macedonia).		
175-164 a.C. – Regno di Antioco IV (regno seleucidico, Asia).		
168 a.C. – Battaglia di Pidna.		
	149-146 a.C. – Terza guerra punica.	149 a.C. – Consolato di Manio Manilio, autore dei *Monumenta* e delle *Venalium vendendorum actiones*.
	148 a.C. – Istituzione della provincia di Macedonia.	

Egeo e Vicino Oriente	*Roma*	*il diritto a Roma*
	146 a.C. – Sacco di Cartagine. Sacco di Corinto: la provincia di Macedonia si estende alla Grecia meridionale.	
		140 (?) a.C. – Pretura di M. Giunio Bruto, autore di un'opera sullo *ius civile*.
	133 a.C. – Tribunato della plebe di Tiberio Sempronio Gracco.	133 a.C. – Consolato di P. Mucio Scevola che pubblica gli *Annales Maximi*.
	123-122 a.C. – Tribunati della plebe di Gaio Sempronio Gracco.	
	107 a.C. – Primo consolato di Gaio Mario.	
		95 a.C. – Consolato di Q. Mucio Scevola, autore dei *Libri XVIII iuris civilis*.
	91-88 a.C. – Il *Bellum sociale*. Gli italici acquistano la cittadinanza romana.	
	88-85 a.C. – Guerra mitridatica affidata al console Lucio Cornelio Silla.	
	86 a.C. – I Romani saccheggiano Atene.	
	82-80 a.C. – La *res publica* di Silla.	
		66. a.C. – C. Aquilio Gallo, pretore collega di Cicerone, introduce le *formulae de dolo*.
	62 a.C. – Congiura di Catilina.	
	56 a.C. – Accordo a Lucca dei triumviri Pompeo, Cesare e Crasso.	
		51 a.C. – Consolato del giurista Servio Sulpicio Rufo.
	49-45 a.C. – Guerra civile.	
	44 a.C. – Cesare è *dictator perpetuus*. Idi di marzo: Cesare ucciso alla vigilia della spedizione partica.	

Egeo e Vicino Oriente	*Roma*	*il diritto a Roma*
	43 a.C. – Il secondo triumvirato di Antonio, Lepido e Ottaviano.	
	43-33 a.C. – Guerre civili.	
		39 a.C. – Alfeno Varo, autore dei *Digesta*, è *consul suffectus*.
37-4 a.C. – Erode re di Giudea.		
	31 a.C. – Ottaviano sconfigge ad Azio Antonio e Cleopatra.	
	27 a.C. – Ottaviano restituisce la *res publica* al popolo e al senato e ottiene il titolo di *Augustus*.	
	23 a.C. – Si consolida il potere di Augusto e comincia a forgiarsi il nuovo regime del Principato.	
		18 a.C. – Riforme augustee: *lex Iulia de maritandis ordinibus; lex Iulia de adulteriis coercendis; lex Iulia de ambitu; leges Iuliae iudiciorum publicorum et privatorum*.
		7-6 a.C. – Editti augustei ai Cirenei.
6 d.C. – Censimento di Quirinio.		
		9 d.C. – *Lex Papia Poppaea nuptialis*.
	14 d.C. – Augusto muore a Nola (Campania).	
	14-68 d.C. – Dinastia Giulio-Claudia: Tiberio (14-38); Caligola (38-41); Claudio (41-54); Nerone (54-68).	22 d.C. – Masurio Sabino, autore dei *Libri III iuris civilis*, fonda la *secta* dei Sabiniani. Riceve lo *ius respondendi* dall'imperatore Tiberio.
66 d.C. – Rivolta ebraica in Giudea: distruzione del Tempio di Gerusalemme.		
	69 d.C. – Anno dei quattro imperatori: Galba, Otone, Vitellio e Vespasiano.	

Egeo e Vicino Oriente	*Roma*	*il diritto a Roma*
	69-96 d.C. – Dinastia dei Flavi: Vespasiano (69-79); Tito (79-81); Domiziano (81-96).	
		96-98 d.C. – Con la legge agraria di Nerva si esaurisce la legislazione comiziale.
132-133 d.C. – Rivolta di Bar Kochba in Giudea.	96-192 d.C. – Dinastia degli Antonini: Nerva (96-98); Traiano (98-117); Adriano (117-138); Antonino Pio (138-161); Marco Aurelio (161-180, con Lucio Vero sino al 169); Commodo (180-192).	117-138 d.C. – L. Nerazio Prisco, P. Giuvenzio Celso figlio e Salvio Giuliano siedono nel *consilium principis* di Adriano. Sesto Pomponio redige l'*Enchiridion* e pubblica i *Libri ad Quintum Mucium*. Giuliano attende alla stesura dei *Digesta*.
		138-161 d.C. – Gaio e le sue *Institutiones*.
	192-193 d.C. – Sul trono imperiale si susseguono Pertinace, Didio Giuliano, Pescennio Nigro, Clodio Albino.	180-192 d.C. – L'era dei giuristi prefetti. Paolo redige i *Libri ad Sabinum*.
	193-235 d.C. – Dinastia dei Severi: Settimio Severo (193-211); Caracalla (211-217); Macrino (217-218); Elagabalo (218-222); Alessandro Severo (222-235).	193-211 d.C. – Callistrato stende il *De cognitionibus*.
		203-211 d.C. – Papiniano è *praefectus praetorio* di Settimio Severo.
		212 d.C. – *Consitutio Antoniniana*. Caracalla ordina l'assassinio di Papiniano.
		222 d.C. – Ulpiano e Paolo *praefecti praetorio* di Alessandro Severo.
		223 d.C. – I pretoriani eliminano Ulpiano.
240-272 d.C. – Regno di Shahpur I, Persia.	235-284 d.C. – Periodo della cosiddetta 'anarchia militare' per l'enorme influenza acquistata dagli eserciti nelle dinamiche di successione al trono.	224-244 d.C. – Erennio Modestino ricopre la carica di *praefectus vigilum*.

Egeo e Vicino Oriente	*Roma*	*il diritto a Roma*
	267-268 d.C. – I Goti saccheggiano Atene.	
	284-305 d.C. – Diocleziano e la Tetrarchia.	284-305 d.C. – Inizia l'esperienza codificatoria con i codici privati: il *Codex Gregorianus* e il *Codex Hermogenianus*.
	306-321 d.C. – Costantino e Licinio.	306-337 d.C. – Aurelio Arcadio Carisio, *magister libellorum*, autore del *De officio praefecti praetorio*. *Collatio legum Mosaicarum et Romanarum; Fragmenta Vaticana, Epitome Ulpiani.*
		311 d.C. – Editto di tolleranza di Galerio pubblicato a Serdica.
		313 d.C. – Editto di Milano promulgato da Costantino e Licinio.
	321-337 d.C. – Costantino unico imperatore e piena affermazione del principio dinastico.	321-337 d.C. – Compare la *lex generalis* quale nuovo atto di manifestazione della volontà normativa imperiale.
	325 d.C. – Primo Concilio ecumenico di Nicea e nascita del Cesaropapismo.	
	330 d.C. – Inaugurazione della nuova capitale Costantinopoli quale 'Seconda Roma'.	
	337-363 d.C. – Dinastia dei Costantinidi: Costantino II (337-340); Costanzo II (337-361); Giuliano (360-363).	
	363-364 d.C. – Gioviano.	
	364-375 d.C. – Valentiniano I.	
	364-378 d.C. – Valente.	
	367-383 d.C. – Graziano.	

Egeo e Vicino Oriente	*Roma*	*il diritto a Roma*
	375-392 d.C. – Valentiniano II.	
	378 d.C. – L'esercito romano è annientato dai Goti di Fritigerno presso Adrianopoli (Tracia).	
	379-395 d.C. – Teodosio I.	
		380 d.C. – Editto di Tessalonica: Teodosio I promuove il cristianesimo come religione di Stato.
	395-408 d.C. – Arcadio (in Oriente).	
	395-423 – Onorio I (in Occidente).	
	408-450 d.C. – Teodosio II (in Oriente).	
	410 d.C. – Il goto *magister utriusque militae* Alarico, con il suo esercito, assedia e mette a ferro e fuoco Roma.	
	421 d.C. – Costanzo III coreggente di Onorio.	
	425-455 d.C. – Valentiniano III (in Occidente).	
		426 d.C. – Legge delle citazioni.
		429 d.C. – Primo progetto codificatorio di Teodosio II.
		439 d.C. – Entra in vigore il *Codex Theodosianus*, primo codice pubblico.
	450-457 d.C. – Marciano (in Oriente).	
	451-453 d.C. – Attila e i suoi Unni dilagano in Occidente e in Italia.	
	455 d.C. – Petronio Massimo (in Occidente).	

Egeo e Vicino Oriente	*Roma*	*il diritto a Roma*
	455-456 d.C. – Avito (in Occidente). 457-474 a.C. – Leone I (in Oriente). 457-461 d.C. – Maggioriano (in Occidente). 461-465 d.C. – Libio Severo (in Occidente). 467-472 d.C. – Antemio (in Occidente). 472 d.C. – Olibrio (in Occidente). 473-474 d.C. – Glicerio (in Occidente). 474-475 d.C. – Giulio Nepote (in Occidente). 475-476 d.C. – Romolo Augustolo, usurpatore. 476 d.C. – Patto tra Odoacre e il Senato di Roma e Romolo Augustolo rimette la carica imperiale. Cessa la sequenza degli imperatori con residenza in Occidente. Da questa data in avanti vi sarà un unico imperatore romano con stabile residenza a Costantinopoli. 474-491 d.C. – Zenone, unico imperatore. 489 d.C. – Accordo tra Zenone e Teoderico per eliminare Odoacre. 489-491 d.C. – Spedizione in Italia di Teoderico e dei suoi Ostrogoti.	

Egeo e Vicino Oriente	*Roma*	*il diritto a Roma*
	491-518 d.C. – Anastasio I, unico imperatore.	
	493 d.C. – Teoderico si fa acclamare *rex* dai suoi goti.	
	497 d.C. – Accordo tra Anastasio I e Teoderico: quest'ultimo, riconosciuto dall'imperatore romano quale suo rappresentante nella *pars Occidentis*, costruisce il Protettorato gotico.	
		506 d.C. – *Lex Romana Wisigothorum*.
	526 d.C. – Muore Teoderico. Si deteriorano i rapporti con l'impero.	
	518-527 d.C. – Giustino I.	
	527-565 d.C. – Giustiniano I.	
	529 d.C. – Giustiniano chiude la Scuola di Atene e vieta l'insegnamento della filosofia.	529 d.C. – Promulgazione del primo *Codex* giustinianeo.
	533 d.C. – Giustiniano conquista l'Africa.	533 d.C. – Promulgazione dei *Digesta* e delle *Institutiones*.
		534 d.C. – Promulgazione del *Codex repetitae praelectionis*.
	535-540 d.C. – Guerre gotiche.	535-565 d.C. – Novelle giustinianee.
	567-578 d.C. – Giustino II.	
	568 d.C. – Comincia l'invasione longobarda in Italia.	
	578-582 d.C. – Tiberio I Costantino.	
	582-602 d.C. – Maurizio.	
	602-610 d.C. – Foca.	
	610-641 d.C. – Eraclio.	

Finito di stampare nel mese di ottobre 2014
nella Stamperia Artistica Nazionale S.p.A. – Via M. D'Antona, 19 - 10028 Trofarello (TO)